Education & Study

"教与学的革命"珞珈论坛

人才培养质量保障

武汉大学2024年"教与学的革命"珞珈论坛优秀论文集

■ 吴 丹 主编

WUHAN UNIVERSITY PRESS

武汉大学出版社

图书在版编目(CIP)数据

人才培养质量保障：武汉大学 2024 年"教与学的革命"珞珈论坛优秀论文集／吴丹主编 . -- 武汉：武汉大学出版社,2025.8. -- "教与学的革命"珞珈论坛. -- ISBN 978-7-307-25143-4

Ⅰ. G649.2-53

中国国家版本馆 CIP 数据核字第 2025SS1637 号

责任编辑:陈 红 责任校对:鄢春梅 版式设计:马 佳

出版发行:**武汉大学出版社** (430072 武昌 珞珈山)

(电子邮箱:cbs22@whu.edu.cn 网址:www.wdp.com.cn)

印刷:武汉中科兴业印务有限公司

开本:787×1092 1/16 印张:43.25 字数:994 千字 插页:2

版次:2025 年 8 月第 1 版 2025 年 8 月第 1 次印刷

ISBN 978-7-307-25143-4 定价:148.00 元

人才培养质量保障

武汉大学2024年"教与学的革命"珞珈论坛优秀论文集

编 委 会

序

习近平总书记在 2024 年全国教育大会上指出，要统筹实施科教兴国战略、人才强国战略、创新驱动发展战略，一体推进教育发展、科技创新、人才培养。高校作为科技人才集聚地、拔尖人才输出地、科技创新策源地和科技创新成果汇聚地，是提升人才竞争力的重要引擎。高校要以科技发展、国家战略需求为牵引，着眼提高创新能力，加强基础学科、新兴学科、交叉学科建设和拔尖人才培养，为全面推进教育强国建设提供有力支撑。

武汉大学坚持以习近平新时代中国特色社会主义思想为指导，深入贯彻落实党的二十大和二十届二中、三中全会精神，深入贯彻落实全国教育大会、全国科技大会精神和习近平总书记重要回信精神，进一步全面深化改革，统筹推进教育科技人才一体发展，着力提升学校硬核实力和核心竞争力，奋力开启加快建设中国特色世界一流大学新征程。学校始终坚持以立德树人成效作为检验一切工作的出发点和落脚点，在办学观、育人观、教学观、动力观、目的观"五观"一体的本科人才培养思想体系指引下，构建起以"学生全面健康成长成才"为核心，教师、管理人员、职工和校友等全参与，质量标准全覆盖，教学环节全贯通，育人保障全方位，评估监测全流程，反馈改进全闭环的质量保障体系。

为进一步聚焦提升人才自主培养能力，促进学生全面健康成长成才，加快建设高水平本科教育教学质量保障体系，第五届"教与学的革命"珞珈论坛以"人才培养质量保障"为主题，在全校组织开展论坛活动。通过举办工作坊、专题研讨会、师生座谈会、调研会、报告会、经验分享会、示范课、教学竞赛、社会实践等系列活动，持续围绕本科人才培养质量保障展开研讨、交流与改革实践。本次论坛对进一步强化人才培养中心地位，落实立德树人根本任务，创新人才培养理念，深化人才培养体制机制改革，完善本科教育质量保障体系，全面提升人才自主培养质量和能力具有重要促进作用。

在论坛开展期间，广大教师和学生积极参与研讨并撰写相关教学研究论文。为促进经验交流与分享，我们特编纂了这本优秀论文集。论文作者从不同角度、不同层面，对人才培养质量保障的理念、质量标准、质保机制和质量文化等进行深入思考，为不断提高学校人才培养质量保障能力提供了宝贵经验和有益参考与借鉴。让我们携手同心，共同努力培养担当民族复兴大任的时代新人，为全面建设社会主义现代化国家提供坚强的人才保障和智力支持！

吴 丹

目　录

教　师　编

1

学 生 编

教师编

高校大学生科研创新能力培养困境和优化路径探究

（武汉大学 城市设计学院，湖北 武汉 430072）

【摘 要】新工科建设注重学科的应用性、交叉性与综合性。新工科视域下高校重视大学生科研创新能力培养。大学生科研创新能力存在创新思维不足、科研实践能力有待加强、科学研究能力不足、原创性成果较少等问题。围绕大学生科研创新能力培养，我们提出建立课程教学、科创项目、学科竞赛、创新实践、学术论文、毕业设计论文"六位一体"的培养载体，健全选题机制、立项机制、指导机制、研究机制、考评机制"五位一体"的项目化管理机制，构筑思想导师、学业导师、科研导师、生活导师、就业导师"五位一体"的导研体系。

【关键词】大学生科研创新能力；新工科；能力培养

【作者简介】余亮，现任武汉大学卓越工程师学院党委副书记，研究领域包括：大学生思想政治教育、大学生创新实践能力培养、大学生生涯规划与就业指导等。E-mail：136514059@ qq. com。

一、提升大学生科研创新能力的价值意蕴

(一) 新工科视域下高校重视大学生科研创新能力培养

为主动应对新一轮科技革命与产业变革，支撑服务"创新驱动发展""互联网+"等国家重大战略，2017 年 2 月以来，教育部基于国家发展新需求、国际竞争新形势、人才培养新要求，发布了《关于开展新工科研究与实践的通知》，正式推出"新工科"计划[1]。"新工科"强调现代科技与传统技术相结合，更加注重学科的应用性、交叉性与综合性。复旦共识、天大行动和北京指南，构成了新工科建设的"三部曲"，奏响了人才培养主旋律，开拓了工程教育改革新路径。《中国教育现代化 2035》强调，"创新人才培养方式，推行启发式、探究式、参与式、合作式等教学方式以及走班制、选课制等教学组织模式，培养学生创新精神与实践能力"。高校是创新型人才培养的主阵地，科学研究能力是大学生核心能力之一。科研能力包括发现和提出科学问题的能力、分析和研究科学问题的能力、收集文献资料和综述研究现状的能力、实验研究和实证研究的能力、撰写学术论文和学术报告的

能力、学术创新能力。

(二)大学生科研创新能力培养存在薄弱环节

科研能力是一种独立的创造性解决问题的综合能力,学生依托科研创新实践活动载体,经由"习得—实践—反思—内化"四个阶段,不断积累科研能力、科研意识、科研精神、科研道德等。大学生科研创新能力培养存在薄弱环节主要体现为:一是学术创新思维不足。大学生学术创新动力不足、能力不够,研究选题、研究范式、研究方法等习惯采用成熟模式,习惯跟随已有研究课题和范式,原创意识和能力不足。二是科研实践能力不够。大学生发现问题、分析问题、研究问题、解决问题等研究链条上的能力不足,尤其不善于实验研究和实证分析[2]。三是科学研究能力不足。选题能力不够,不善于洞察问题、选择学术研究前沿的课题;文献综述能力不强,尤其是在综述国内外研究现状方面,不善于综述国外研究成果,分析研究训练不足,不能自主提出研究方向;实验研究能力不足,不善于以实验研究尤其是现场实验来分析问题、解决问题;学术论文撰写训练不够,文字表达能力仍需加强。四是原创性成果较少。大学生基于测评加分等因素参与学术科研活动,关注论文数量而忽视论文质量,标志性重大科研成果较少,原创性、突破性科学研究少,引领性学术论文不足。

(三)国内外高校重视大学生科研创新能力提升

德国高校工程教育模式成熟,注重科研服务生产实践,强调学术研究与生产实际相结合,培养大学生在工程实践中的研究能力和创新能力。日本高校学生科研能力培养偏重企业主导,形成了以"工业实验室"为主的教育和科研模式,其最显著的特点在于大学生培养与社会需求、企业需求密切相关。1998年,美国发表《重建本科生教育:美国研究性大学发展蓝图》报告,建议本科生教育改革应"以研究为本",重视学生科研能力培养[3]。大学生科研能力培养是我国高等教育长期关注的重点问题。国内高校重视大学生科研创新能力培养,1996年,清华大学在全国率先提出了"学生研究训练(简称SRT)";1998年,浙江大学启动了"大学生科研训练计划(简称SRTP)";中国科技大学、北京工业大学等一大批高校也陆续设立了大学生科研训练项目[4]。武汉大学高度重视大学生科研创新实践训练,2014年,武汉大学发布了《关于进一步推进本科生参与科研项目工作的意见》,并于2022年修订,进一步加强大学生参加科研活动管理。

二、大学生科研创新能力的路径探究

(一)面向学校,深化大学生科研创新能力培养框架(见图1)

(1)课程教学。课程教学是大学生科研创新能力培养的主阵地、主渠道。学校层面,重点组织开好高水平通识课程、跨学院公共基础课程、高水平本研贯通课程、国际课程等;学院加强高水平教学团队建设,面向不同年级学生开好新生导学课程、研究方法课

图 1　新工科视域下大学生科研创新能力培养框架

程、科研研讨课程、学科前沿课程等。加强科教、产教深度融合，将学术发展前沿、优秀科研成果、行业先进技术和成果及时转化为教学内容。

（2）科创项目。依托大学生创新创业训练计划项目，引导学生走进科研工作室，提前认识科研规律，培养学生科研兴趣以及学生自主学习能力、分析能力和主动解决问题的能力[5]。教师发挥学生在科研活动中的主体作用，根据学生特点选择合适的科研项目。

（3）学科竞赛。"互联网+"、挑战杯等学科竞赛作为培养大学生创新实践能力的重要载体，可以培养大学生主动性及研究性学习能力、创新性思维、工程实践能力。高校要坚持以赛促学、以赛促教、以赛促创，鼓励学院根据专业培养目标开设竞赛培训等课程，制定政策保障学科竞赛取得的成果通过申报创新学分进行认定和冲抵。

（4）创新实践。创新实践活动形式包括：社会调研实践与实习、学术交流活动（学术报告会、讲座、联合培养等）、校企合作科研项目、开放性实验项目等。比如，面向学生开放实验与科研创新平台，深化校企合作，加强实习实训、创新实践基地建设；依托大学生科技协会、大学生科技创新训练中心等，举办创新实践活动。

（5）学术论文。学术论文是科学研究成果呈现的重要方式，是培养大学生科研能力的重要载体。论文写作过程本身也是一种科研思维训练过程，论文写作的价值就是培养学生发现问题、解决问题的学术思维能力。论文写作指导是科研训练的必备环节，要指导大学生搭建学术论文框架、凝练学术论文标题、撰写学术论文摘要、提炼学术论文关键词、综述国内外研究进展、提出研究课题技术路线图、开展实验研究并分析数据、撰写研究结论等。

（6）毕业设计论文。毕业设计是本科培养的最后一个重要实践环节，毕业论文是提升大学生科研能力的重要途径，是理论与实践有机结合的学术研究训练[6]。毕业设计/论文，以学生为主体，以教师为主导，通过规范毕业设计/论文的选题、开题、研究、答辩等环节。将毕业设计/论文选题工作与课程设计、综合实验设计、学生科研训练、探究性教学等实践教学环节有机整合。毕业设计/论文实施要引导学生从任务要求出发，深入思考本科阶段所学的基本理论和专业知识。

(二)面向项目，健全大学生科研创新能力培养机制

项目是大学生科研训练的重要载体，高校要建立科研训练项目化管理机制，围绕自主科研、学科竞赛、科创活动、毕业设计/论文等采取项目化管理，建立选题机制、立项机制、指导机制、研究机制、考评机制"五位一体"的项目化管理机制(见图2)。

(1)选题机制。大学生创新实践能力培养项目类型多、覆盖面广。大学生在教师指导下，结合个人兴趣和特长、知识储备等，选定项目主题，可以由学生在文献阅读基础上自行选题，也可以结合教师科研项目等选定课题，还可以结合科研实训计划或竞赛项目等选定课题，常见课题分为理论研究型、实验研究型、作品创作型、创新创业竞赛型等。

(2)立项机制。高校要建立健全大学生科研创新项目立项机制，本科生院、研究生院、学生工作部门、团委等做好大学生科创项目统筹协调。项目评审要体现前沿性、创新性、实践性、可行性。可以由职能部门或培养单位组织专家进行评审排序，择优遴选立项。立项项目纳入大学生综合测评计分体系和大学生推免评价体系，并加强对项目的经费保障。

(3)指导机制。大学生参与教师科研项目，采取双向选择的方式确定指导关系。教师要立足科研项目，依托科研平台和基地，搭建学生科研能力提升平台，强化成果导向，提升教师科研与学生科研联动性。教师要鼓励学生跨学院、跨专业组队。教师要在项目启动、文献综述、实验方案设计、数据处理分析、结论研究和学术论文撰写等环节做好指导。

(4)研究机制。课题研究环节是实施项目的中心环节，是大学生科研创新能力训练的核心。基于项目实施的技术方案，要从现场试验研究、实验室试验研究、仿真分析和理论研究等维度，深入开展项目实施；基于竞赛项目或实物制作项目等，依据项目实施的规律，深入开展实践探索。

(5)考评机制。考核评价具有导向功能、激励功能、纠偏功能、强化功能。大学生参加科研创新活动考评要坚持过程评价和结果评价相结合、定量评价和定性评价相统一，不断健全评价体系、规范评价标准、优化评价流程，科学设计评价者、评价对象、评价方式、评价内容、评价标准和评价时间，及时发现问题、分析问题、解决问题。高校教师要重视育人效果评价，实现"周月年"评价相结合，每周对学生科研学术进展情况进行指导，每月对学生科研学术训练能力进行"点对点"分析，每学期对学生学习、科研学术训练等情况进行综合考核。

(三)面向教师，加强大学生科研创新能力培养指导

教师是大学生科研训练中的关键力量，起主导作用。在科研创新项目实施过程中，教师以引导为主，指导为辅，充分发挥学生在科研活动中的主体作用[7]。教师应具备较高的思想政治素质和较强的科研能力，立足学科前沿，注重因材施教，注重个性化培养，引

图 2　新工科视域下大学生科研创新项目化管理机制

导学生尽早参与科研活动，全面培养大学生的创新精神、创新思维、创新能力。教师要围绕大学生科研创新能力培养，对学生思想、生活、学习、科研、身心健康等进行全方位指导，实现教学、科研与管理三者相统一(见图3)。

图 3　新工科视域下大学生科研创新能力培养导师"五导"目标

(1)思想导师，实现价值引导。思想政治素质是大学生的"首要素质"和"核心素质"，也是大学生创新实践能力培养的基础。导师要善于做好大学生思想政治教育和价值行为引导，引导大学生自觉"扣好人生第一粒扣子"，补充理想信念之钙。导师要定期召集组会等，开展"一对一"谈心谈话活动，了解学生思想动态，积极开展价值引导和塑造。

(2)学业导师，实现学习教导。导师要做好学业导师，用好课堂教育主渠道，在课程教育、学术指导中，引导学生明确学习目的、制订学业规划、培育学习习惯，帮助学生研读专业培养方案，善于使用研究生推免办法、奖学金评定办法等指挥棒，不断激发学生勤奋求学的内生动力，筑牢科研基础。

（3）科研导师，实现学术训导。导师要鼓励学生参加科研训练团队，指导学生参加各种课外创新实践活动、科技创新比赛和大学生科技创新项目，指导学生开展科研素养训练、撰写科研实践论文，培养学生的创新能力和综合素质。

（4）生活导师，实现生活开导。导师要善于利用朋辈教育，发挥团队成员互相影响、互相促进、互相提升的作用，建立良性竞争、互相支持、团结向上的文化氛围，通过氛围熏陶和文化涵育培养大学生创新实践能力。导师要支持大学生参加校园文化活动和社会实践活动，发挥第二课堂在培养学生综合素质中的积极作用。

（5）就业导师，实现择业指导。导师要将大学生创新实践能力培养与大学生职业规划、就业指导工作有机结合起来，指导大学生做好发展规划和职业选择，增强学生专业自信。导师要善于因材施教，针对学生个体差异，对学生专业发展方向选择、学生职业生涯规划等进行指导。

随着新工科建设的纵深推进，高校正在书写新时代工程教育改革的奋进之笔。通过系统构建培养载体、创新完善管理机制、多维强化导师指导，大学生科研创新能力培养的"中国方案"日趋成熟。这不仅是对国家创新驱动发展战略的积极回应，更是中国高等教育走向世界舞台中央的重要里程碑。

◎ 参考文献

[1] 刘剑，王学文，金超，等. 新工科背景下地质工程专业教学改革与实践 [J]. 中国地质教育，2023，32（3）：85-90.

[2] 王虎挺，吴天松，李欣瑶. 关于大学生科研能力培养的探讨 [J]. 教育教学论坛，2018（4）：204-205.

[3] 姜婵. 大学生科研竞赛活动与大学生科研能力培养 [D]. 武汉：华中师范大学，2018.

[4] 赵凯. 论高等农业院校经济管理类专业本科生科研能力培养体系的构建 [J]. 中国林业教育，2014，32（5）：1-7.

[5] 邸大琳，高文风，李进，魏兵，王占聚，孟洁，陈蕾. 基于科研实践的大学生创新能力模式的构建与实施 [J]. 教育教学论坛，2020（36）：134-135.

[6] 万津津. 毕业论文视角下大学生科研能力提升策略研究 [J]. 科教导刊，2021（27）：68-70.

[7] 顾朝志，蔡丽萍，丁淑妍. 新形势下大学生科研能力培养模式研究 [J]. 教育教学论坛，2018（46）：114-115.

"新医科"背景下情景模拟一贯制OSCE考核在医学生临床实践技能考核中的应用评价

沈丽琼　陈谨瑜　谢亚典　叶燕青　裴惠临　罗璐瑶

（武汉大学　第二临床学院，湖北　武汉　430071）

【摘　要】背景与目的：客观结构化临床考试（OSCE）在医学生临床实践能力考核中应用广泛却也质量参差不齐，而情景模拟是培养临床实践能力的有效途径。本研究旨在评估情景模拟一贯制OSCE考核在医学生临床实践能力考核中的应用效果。方法：分析2023年在武汉大学第二临床学院参加临床实践技能考核的考生成绩，并以考官、考生为研究对象，采用自制的调查问卷（Likert 1~5级评分制）分别调查考官、考生对于此次考核的评价。结果：情景模拟一贯制OSCE考核的内部一致性信度为0.86，各站点难度、区分度分别为0.69~0.81、0.38±0.10~0.51±0.21。同时，有效收集454名考生和201名考官的评价，有效率分别为72.76%、71.28%。考官、考生各条目的评价得分均接近满分。结论：基于情景模拟的OSCE质量较高，考官、考生的认可度较高，可以作为评价医学生临床实践能力的重要手段。

【关键词】情景模拟；OSCE；临床实践技能；医学生

【作者简介】沈丽琼，武汉大学第二临床学院管理职员，E-mail：m18510413325@163.com。

党的十八大以来，习近平总书记始终强调把保障人民健康放在首要战略位置，坚持"人民至上、生命至上"；教育则是"国之大计、党之大计"。而医学教育则涵盖了健康与教育这2个最为关键的民生问题，是卫生健康事业发展和医学人才培养的重要基石，是"大国计、大民生、大学科、大专业"[1]。2020年9月，《国务院办公厅关于加快医学教育创新发展的指导意见》（国办发〔2020〕34号）确立了将"新医科建设"作为医学教育创新发展的基本原则，以培养高质量的医学人才。临床实践能力培养是医学教育的核心价值和重要内容[2]，而在培养医学人才的过程中，如何高质量、高效率、高内涵地检验医学生的临床实践能力一直是医学教育领域关注的热点与难点。

客观结构化临床考核（objective structured clinical examination，OSCE）是一种客观、全面、有效地评估临床能力的考核办法，在各类考核中应用广泛，其考核质量和效果取决于各站点的命题设计[3~5]。近些年来，在医学教育领域情景模拟发展得如火如荼，能够通过逼真地模拟真实的临床情景，以更符合医学伦理学的方式对临床医学生、护士等群体进行培训考核，具有仿真性、针对性、可重复性的优点[6,7]。那么，在医学生的临床实践技能考核中，情景模拟一贯制 OSCE 考核能否实现此目标？二者联合的应用效果如何？目前鲜有文献对此进行研究。本研究旨在分析情景模拟一贯制 OSCE 考核质量、考官反馈和考生反馈，为今后制订医学生临床实践能力考核方案提供依据。

一、对象与方法

(一)调查对象

本研究以 2023 年 5—6 月在武汉大学第二临床学院参加临床实践能力考核的考生、考官为研究对象，所有调查对象均知晓本研究的内容并同意参与研究。

(二)研究方法

基于临床医学生临床实践能力考核标准方案，学院将真实的临床情景贯穿至 OSCE 考站设计中，全流程考核接诊病人、技能操作、临床思维、医患沟通等。各站点均根据考核内容编制标准化病例、标准化病人(standardized patients，SP)脚本、考官卷、考生卷、评分细则，准备相应的场地及用物。考核前，考务部门组织考官、SP 和考务人员进行培训。

考核流程采用信息化系统，保证考生单向流动参加各考站的考核，考生之间不存在交叉。每个站点均配备 2 名考官根据评分表进行独立评分，考核成绩取 2 位考官的平均分，考核最终每站得分为该站的成绩(满分 100 分)×0.20，总分为 5 站得分之和。

(三)数据采集

本研究采用问卷调查方法，符合《赫尔辛基宣言》中的医学研究伦理原则。考核结束后，通过问卷星收集考官、考生对此次临床实践能力考核的反馈与评价。考官对考核设置的满意度问卷包括 5 个条目，采用 Likert 5 级评分制，从非常不同意到非常同意分别赋值 1~5 分，该问卷整体 Cronbach's α 系数为 0.945；同时，设置 2 个多选条目，调查考官对考生能力和考官培训的建议。考生对考核设置的满意度问卷包含考核总体设计和组织(6 个条目)、考点组织运行(5 个条目)、试题质量(13 个条目)、考核效果(3 个条目)等方面，共 27 个条目，采用 Likert 5 级评分制，从非常不同意到非常同意分别赋值 1~5 分。该问卷整体 Cronbach's α 系数为 0.938。

(四)统计学处理

从问卷星后台导出收集到的数据，采用双人检查的方法核实数据，采用 SPSS 26.0 软件分析数据。对于符合正态分布的数据，采用均数±标准差描述；对于不符合正态分布的数据，采用最小值、最大值、中位数(四分位数)即 M(P25~P75)描述；对于计数资料，采用例数(百分比)描述。

（五）质量控制

考生、考官考核结束后在离开考场时，由经过培训的志愿者告知其调查目的和调查方法，取得同意后考生、考官用手机扫二维码填写问卷。问卷采用匿名方式填写，保证数据真实性，后台导出数据经双人核对后录入 SPSS 26.0 软件。

二、研究结果

（一）调查对象基本情况

本次临床实践技能考核中共 624 名考生、282 名考官参与问卷调查，收集到 454 份有效考生反馈问卷、201 份有效考官反馈问卷，有效率分别为 72.76%、71.28%。参与反馈的考生中，186 名（40.97%）男性、268 名（59.03%）女性。参与反馈的考官中，97 名（48.26%）考官具有副高及以上职称，104 名（51.74%）考官具有中级职称。102 名（50.75%）考官参加过国家级考官培训，179 名（89.05%）考官参加过省级考官培训，134 名（66.67%）考官担任过临床实践技能考核考官。

（二）OSCE 考核质量

（1）信度：信度是反映考试可靠性的评价指标，高信度是考试可靠的基本保障，采用克朗巴赫系数来评判试卷总体内部一致性信度，取值范围为 0~1，其值越大，信度越高[8,9]。本次基于情景模拟的 OSCE 临床实践技能考核内部一致性信度为 0.86。

（2）难度和区分度：难度（P）通常以题目的通过率来表示，通过率是指被试正确回答的人数与所有被试人数之比。P 值范围为 0~1，当 $P>0.8$ 时，难度较低；当 $0.6 \leqslant P<0.8$ 时，难度中等；当 $0.3 \leqslant P<0.6$ 时，难度较高；当 $P<0.3$ 时，难度极高[8,9]。区分度（D）指测验项目对被试者能力差异的区分程度或鉴别能力，采用点二列相关计算，数值范围为 $-1~1$，当 $D \geqslant 0.4$ 时，区分度很好；当 $0.3 \leqslant D<0.4$ 时，区分度良好但有待改进；当 $0.2 \leqslant D<0.3$ 时，区分度尚可但需改进；当 $D<0.2$ 时，区分度不好应淘汰[8,9]。研究分析了此次临床实践技能考核各考站的平均得分、难度、区分度，见表1。

表1　　　　　基于情景模拟的 OSCE 各站点的平均得分、难度、区分度

考站	平均得分	难度	区分度
1. 接诊病人	86.18±3.24	0.75(0.66~0.80)	0.42±0.10
2. 技能操作	86.16±3.97	0.80(0.66~0.84)	0.40±0.12
3. 临床思维	74.94±8.47	0.69(0.61~0.74)	0.51±0.21
4. 医患沟通	93.31±3.16	0.81(0.72~0.88)	0.38±0.10

（3）考官一致性：采用 Pearson 相关性分析来表示。本次临床实践技能考核的各考站考官一致性系数 r 分别为 0.557、0.632、0.751、0.649，P 值均<0.05。

（三）考官对基于情景模拟的 OSCE 反馈

研究中，99.0%（199 名）的考官认为本次考核能客观地反映考生的临床实践能力，设置的临床情景与临床实际情况契合度高；1.0%（2 名）的考官认为难度设计不够合理、1.5%（3 名）的考官认为考核时长设计不合理，47.76% 的考官认为临床教学中应该更关注培养医学生的临床思维能力；71.14% 的考官认为应该重点培训评分要点。具体信息详见表 2。

表 2　　　　　　　　考官对基于情景模拟的 OSCE 反馈

条　　目	M/n	$P_{25} \sim P_{75}$/%
1. 您觉得这次考核各考站的难度设计是否合理	5	5~5
2. 您觉得这次考核各考站的时长设计是否适中	5	5~5
3. 您觉得这次考核使用的评分表是否标准或客观	5	4~5
4. 您认为本次考核设计是否能体现考生的真实水平	5	4~5
5. 您觉得本次考核整体组织情况是否令人满意	5	5~5
6. 临床教学中更应关注培养考生的哪一项能力		
临床思维	96	47.76
技能操作（含体格检查）	52	25.88
医患沟通	24	11.94
诊疗决策	20	9.95
问诊技巧	10	4.98
7. 您认为考官培训应重点培训哪些内容		
评分要点	143	71.14
提问技巧	107	53.23
考核流程	91	45.27
命题技术	88	43.78
考核大纲	62	30.85
考官职责	61	30.35
考站设置	45	22.39
考场纪律	27	13.43

（四）考生对基于情景模拟的 OSCE 反馈

研究中，考生对此次临床实践能力考核的组织运行总体满意度高，各部分得分中位数均高于总分的 80%，得分最低的条目是"考站时长设置合理"，且有 7 名考生认为接诊病人是最难的站点，书写病历时间不够用。考核的总体设计和组织（共 6 个条目）得分为 28（24~30）、考点组织运行（共 5 个条目）得分 25（21~25）、试题质量（共 13 个条目）得分 65（58~65）、考核效果（共 3 个条目）得分 15（15~15），总得分 129.5（119.75~135）。各条目得分详见表 3。

表 3 　　　　　考生对临床实践能力考核满意度问卷得分情况（$n = 455$）

维度	条　　目	M	$P_{25} \sim P_{75}$
1. 考核的总体设计和组织	1. 考核前您对本次考核的程序及设计是否有充分了解	5	4~5
	2. 您对考核场所、设施是否满意	5	5~5
	3. 您对考场服务是否满意	5	5~5
	4. 您认为本次考核总体时间安排是否适中	5	5~5
	5. 考核的设计和流程是否让您感觉到紧张	5	3~5
	6. 考官是否让您感觉到紧张	5	3~5
2. 考点组织运行	1. 考站的器材准备是否充足	5	5~5
	2. 是否在醒目位置张贴考场规则	5	5~5
	3. 是否在醒目位置张贴考官须知	5	5~5
	4. 是否在醒目位置张贴监考人员守则	5	5~5
	5. 站点的 SP 是否让您感到紧张	5	3~5
3. 试题质量	1. 您认为结业考核的总体难度是否适中	5	4~5
	2. 您认为本次考核的考站数量设置是否合理	5	5~5
	3. 您认为各考站的考核内容设置是否合理	5	5~5
	4. 您认为各考站的考核时间设置是否合理	5	5~5
	5. 您认为各考站设置的顺序过渡是否合理	5	5~5
	6. 您认为本次考核的难易程度设置是否合理	5	4~5
	7. 您认为试题与临床实际的契合度是否高、实用性是否强	5	5~5
	8. 您认为本次考核能否帮助发现自身不足	5	5~5
	9. 您认为临床实践能力考核能否客观地反映您的临床实践能力	5	4~5
	10. 您认为人文沟通考站能否考查沟通交流能力	5	5~5
	11. 您对自己在本次考核中的表现是否满意	5	4~5
	12. 您对考官严格认真、公平公正的表现是否满意	5	5~5
	13. 您对病史采集站/体格检查站 SP 表现是否满意	5	5~5

续表

维度	条 目	M	$P_{25} \sim P_{75}$
考核效果	1. 您认为临床实践能力考核对您掌握临床技能是否有帮助	5	5~5
	2. 您认为临床实践能力考核对您将所学到的知识和技能转换为临床能力是否有帮助	5	5~5
	3. 您认为这种考核形式对您日后的工作是否有帮助	5	5~5

三、讨论

(一) 情景模拟一贯制 OSCE 考核质量较好

通过 OSCE 考核情景模拟设计,将考核与临床实践真正融合,能在检验医学生临床实践能力中取得良好的效果。研究结果显示,基于情景模拟的 OSCE 临床实践技能考核内部一致性信度为 0.86,这表明考核的信度较高。既往研究显示 OSCE 考核的内部一致性波动范围较大[10,11]。相较而言,基于情景模拟的全流程、一贯制 OSCE 考核内部一致性信度更高,这反映了不同站点考核的内容之间存在紧密关联,更为连贯。因此,建议在组织 OSCE 考核时,将标准病例融入每一个考站,形成连贯的情景,从而更贴近临床真实情景。

从各考站的难度来看,此次基于情景模拟的 OSCE 临床实践技能考核难度处于中等水平,其中临床思维站点的难度最大,考生得分最低,仅为 74.94±8.47。这表明临床思维是医学生较为欠缺的能力,也是临床见习、实习,甚至是住院医师规范化培训中的重点。从各考站的区分度来看,各考站的区分度较高,区分较好,最高的是临床思维,这也印证了临床思维培养的重要性,应该因材施教,在后续的临床教学中加强这方面的针对性训练,训练过程采用情景模拟教学法或能事半功倍[12,13]。

(二) 情景模拟一贯制 OSCE 考核的优势与实践意义

情景模拟一贯制 OSCE 考核评价方式不仅具备规范的、统一的评分标准,而且能有效减少考核教师的主观差异,具有较高的真实性、客观性、可重复性及公平性,是目前评价综合临床实践能力最好的方法之一。本研究显示考官、考生对情景模拟一贯制 OSCE 考核的满意度都非常高。从考官的角度而言,情景模拟一贯制 OSCE 考核能够反映医学生的综合素质、检测医学生的实际水平。从考生的角度,对情景模拟一贯制 OSCE 考核的总体设计和组织、考点组织运行、试题质量都很满意,并且认为这种考核有助于发现自身不足,能反映医患沟通交流能力,有助于将知识和技能转换为临床能力,有助于今后的临床工作。既往研究也充分肯定了 OSCE 考核对考生临床技能的真实评价具有更广泛的连续性,加之与临床实际情景结合得非常密切,因此它更具有客观性、有效性、可行性[14]。此外,

85.7%（171 名）的考官建议临床医学生培养中应加强临床思维的训练。

（三）组织情景模拟一贯制 OSCE 考核的建议

实施高质量的情景模拟一贯制 OSCE 考核需要大量的组织经验和事先规划，不同团队间需紧密合作，有效地开发题库、培训考官和 SP，质量保证贯穿整个考核过程[15]。在本研究中，71.14%（143 名）的考官认为应该加强对评分要点的培训，53.23%（107 名）的考官认为应该加强提问技巧方面的培训。在实施过程中，应该坚持双考官评分制，以保证考核的实施质量。若条件允许，也可根据实际情况招募固定的非专业人员进行标准化病人的培训或者真实病人，从而更进一步提高情景模拟一贯制 OSCE 考核的效果[16,17]。

四、结语

情景模拟一贯制 OSCE 考核能够真实反映医学生的临床实践技能水平，可作为医学生培养质量的终结性评价工具。同时具有一定的实践指导意义，如为改进医学生培养方案、课程设计、临床见习、实习等提供指导建议。

◎ 参考文献

[1] 以新医科统领医学教育创新发展 教育部举行医学教育专家座谈会［EB/OL］．（2022-06-16）［2023-01-01］. http：//www. moe. gov. cn/jyb_xwfb/gzdt_gzdt/moe_1485/202206/t20220616_638133. html.

[2] 黄爱民，姚华英，黄清音，等．医教协同下临床医学实践教学质量保障体系建设与研究［J］.福建医科大学学报（社会科学版），2021，22（1）：49-53.

[3] 王雨嘉，焦莉平．基于 OSCE 年度考核的设计及评价反馈［J］.中华医学教育探索杂志，2024，23（5）：613-618.

[4] 陈晓晖，陈静，王伟，等．客观结构化临床考试在住院医师规范化培训年度考核中的应用［J］.中华全科医学，2021，19（11）：1935-1938.

[5] 程祺峻，张晓琳，舒驰，等．OSCE 情景化现场急救技能站的探索与实践研究［J］.中华医学教育探索杂志，2024，23（4）：496-500.

[6] 吴宁玲，周璐，谭丽娜，等．情景模拟教学在皮肤性病学实践教学中的应用［J］.中华医学教育杂志，2024，44（5）：346-349.

[7] 曲靓靓，刘建磊，崔雅玲，等．PBL 联合情景模拟在护生针刺伤护理教学中的应用［J］.中华医学教育探索杂志，2024，23（6）：830-834.

[8] 吴九君．心理与教育测量［M］. 3 版.北京：人民教育出版社，2015：129-140.

[9] 施俊，杨勇．基于统计软件 SPSS 的试卷质量分析［J］.电脑知识与技术，2017，13（17）：121-123.

[10] 邱丽娟，廖栩鹤，王荣福，等．客观结构化临床考试在核医学专业住院医师临床技

能考核应用中的效果评价 ［J］.中华医学教育杂志，2018，38（3）：430-434.

［11］ 王玮，王颖，李海潮.客观结构化临床考试在八年制临床医学专业学生见习阶段的实施与评价 ［J］.中华医学教育杂志，2021，41（10）：936-940.

［12］ 何丽丹，吴建波，谢新平，等.情景模拟教学在妇产科住院医师规范化培训中的应用 ［J］.中华医学教育杂志，2022，42（10）：907-911.

［13］ 徐华，刘盛兰，孔金丹，等.基于PBL的情景模拟教学在重症医学科住院医师规范化培训中的应用 ［J］.中华医学教育探索杂志，2023，22（2）：250-252.

［14］ 孙宝志，王县成.“5+3”模式培养临床医学人才胜任力阶梯标准及医学考试方法研究 ［M］.北京：人民卫生出版社，2018.

［15］ Khan K Z, Gaunt K, Ramachandran S, et al. The objective structured clinical examination（OSCE）：AMEE guide No. 81. Part Ⅱ：organisation & administration ［J］. Med Teach, 2013, 35（9）：e1447-e1463.

［16］ 王雨嘉，王爱华，李霞，等.基于PDCA法的儿科住院医师规范化培训能力提升管理模式探索：以北京儿童医院为例 ［J］.中国毕业后医学教育，2020，4（4）：345-348.

［17］ 张云红，龙珑，叶凤仙，等.不同教育背景标准化病人在全科专业住院医师规范化培训及考核中的运用 ［J］.中国基层医药，2023，30（7）：1091-1094.

临床诊断学实验课教学模式的构建与实施

张　琳¹　张　莉²　何　莉³　杨　杪⁴　王小芹⁴　雷　红⁴　王海蓉¹　鲁志兵¹*

（1. 武汉大学　中南医院（第二临床学院）心血管内科，湖北　武汉　430071；

2. 武汉大学　中南医院（第二临床学院）呼吸与危重症医学科，湖北　武汉　430071；

3. 武汉大学　中南医院（第二临床学院）血液内科，湖北　武汉　430071；

4. 武汉大学　中南医院（第二临床学院）教学办公室，湖北　武汉　430071）

【摘　要】诊断学实验课是诊断学教学的重要组成部分，内容覆盖"四穿两导"、全身体格检查、病史采集、病历书写、心电图读图等，是每位临床医学生必须掌握的基本技能。构建和实施一个高效的临床诊断学实验教学体系，可以有效提升学生的临床思维能力、动手能力和综合素养，为培养高素质的医学人才奠定基础。在医学教学理念和教育技术不断更新的背景下，如何深化诊断学实验教学的内涵、优化教学模式从而真正提升学生的临床技能是诊断学实验教学一直探讨的问题。近年来，武汉大学中南医院（第二临床学院）内科学教研室致力于教学内容、教学资源、教师队伍、教学模式及教学质量评价等方面的改革与创新，建立并实施了一套完善的诊断学实验课程教学模式，学生期末综合考试成绩85.9±5.8分，教学督导评价93.5±1.9分，学生满意度93.1%。教学效果得到显著提高。

【关键词】临床诊断学；实验教学；教学改革

【作者简介】第一作者：张琳，医学博士，武汉大学中南医院（第二临床学院）心血管内科副主任医师，E-mail：suixinwinter@163.com；*通讯作者：鲁志兵，医学博士，武汉大学中南医院（第二临床学院）心血管内科主任医师，教授，博士生导师，E-mail：luzhibing222@163.com。

诊断学在临床医学专业本科生人才培养方案中属于主干课程，是从基础学科过渡到临床医学学科的桥梁课程，分为理论教学和实验教学两个方面。其中，实验教学对于培养医学生的临床实践能力和综合运用能力至关重要[1]。其操作内容既是临床医生必须掌握的基本技能，也是执业医师考试和住院医师规范化培训考试的必考内容。各医学院校对临床诊断学实验课程的建设和实施效果都非常重视。如何深化实验教学的内涵、优化教学模式，从而真正提升学生的临床技能是诊断学实验教学一直探讨的问题[2-5]。经过武汉大学中南医院（第二临床学院）教学团队对该课程的长期探索和实践，我们建立了一套行之有效的诊断学实验教学模式。本文将从课程设置、课程实施、教学特色与创新和教学实施效果四个方面介绍学院对于该课程的构建与实施，为推进高质量的诊断学实验技能教学提供参考范本和实践经验。

一、课程设置

诊断学实验课程在临床医学专业(含 5 年制、5+3 一体化和 8 年制)第五学期开设，平行于诊断学理论教学，为专业必修课。总学时为 43 学时，上课周期为 12 周。实验课实行小班化、小组式教学，每个小班 16~18 名学生，3~4 人/小组，教学地点为临床技能实验中心。实验课次及内容依次为：三腔二囊管、男女导尿；基本检查法、一般及头颈部检查；胸肺部检查；心脏检查、腹部检查；脊柱、四肢、神经系统检查、肛门检查；全身体格检查复习；胸穿；腹穿；骨穿；腰穿；四穿两导复习；心电图读图；病史采集及病历书写；临床见习。每次课 3 个学时。授课教师由具有 3 年以上诊断学教学经验的高年资临床教师担任，分别分管不同的小班，统一备课，平行上课。学生考核采用平时成绩和期末操作考试成绩相结合的方式。

二、课程实施

(一)课程设计

我们采用 ADDIE 教学设计模型对诊断学实验课程进行设计和开发，在该框架下教学团队通过教学研讨、集体备课、座谈会等方式完成课程全流程建设。该模型是一种系统的教学设计和发展方法，广泛应用于各学科的教学环节[6-8]。ADDIE 模型将课程设计分为 analysis(分析)、design(设计)、development(开发)、implementation(实施)及 evaluation(评估)五个核心步骤，以结构化的框架保证了课程设计与实施的系统化和精细化。图 1 总结了 ADDIE 模型下课程设计各阶段的任务要点。①分析阶段：实验教学团队围绕教学对象的知识储备及学习特点、课程内容、人才培养目标以及教学环境等展开学情分析。②设计阶段：在分析阶段的基础上，进行课程内容、教学资源、教学过程和教学策略以及教学评价工具的设计。③开发阶段：重点在于配置合适的教学资源包括实验室设备、教学软件、操作视频、教材、习题、标准化病人、问诊脚本等，同时制作课件生成具体的教学单元内容。开发的教学资源应满足课前、课中、课后三个阶段的教学需求。④实施阶段：充分运用各类教学资源，借助信息化教学手段，根据前期教学设计开展教学活动。⑤评估阶段：开展教学评价如满意度问卷调查等，检测教学效果，根据评估情况阶段性调整和优化各个教学环节，形成教学闭环。

(二)教学实施

实验课教学采用混合式教学模式，实施过程划分为课前、课中、课后三个时域(见图 2)，从传统被动接受的学习方式转向自主学习、小组合作与主动探究的学习方式。(1)课

1.分析 (analysis)	→	分析学习对象、课程内容、目标和任务、教学环境
2.设计 (design)	→	设计课程内容、教学资源、教学过程和教学策略
3.开发 (development)	→	选择合适的教材资源，制作和开发各种辅助学习资源
4.实施 (implementation)	→	充分运用各类教学资源，根据教学设计开展教学活动
5.评估 (evaluation)	→	多元课程评价（师、生、同行）、学习效果检测

调整

图 1　ADDIE 模型下诊断学实验课程的设计和开发

前 3~5 天通过超星学习通在线向学生发放相应课程的课前资源包，内容包括课前信、操作视频、操作规范、操作核查表/评分表、学生预学 PPT、参考教材、测试题等，督促学生课前自主预习，上课时进行入门测评以检测自主学习效果。(2)课中先以临床场景导入，总结并讨论操作的必要性、适应证、禁忌证、操作要点及并发症应对方案等，然后教师分步演示操作，接着学生分组、分角色互助式练习(每组 3~4 人，轮流担任主操作者、助手、操作核查者，每次操作完后担任助手和核查者的同学进行反馈讨论；每个操作练习时配有相应的情景题卡)，授课教师观察指导、及时纠错答疑，课堂最后抽查反馈，检测即时教学效果。技能教学过程中除了强调操作的规范性，还注重人文素养和科学素养、无菌观念、沟通能力及团队协作的培养，达成知识、技能、情感的三重教学目标。(3)课后要求学生完成实验报告。实验报告内容设置要求一方面拓展思维、培养思辨能力，另一方面衔接临床应用。以胸腔穿刺为例，实验报告作业内容如下：根据课程导入的临床场景，书写一份胸腔穿刺记录。同时思考：胸腔穿刺过程中突发头晕、恶心、心悸、气促、面色苍白，请分析可能的原因，并进行相应处置。再以腹部体格检查为例，实验报告作业内容为：总结腹部体格检查的操作要点，并绘制思维导图。课后开放技能实验室和虚拟仿真操作平台，鼓励自主练习，学生可录制操作视频供任课教师审阅指导。同时，定期开展操作技能形成性评价。最后，课后需完成评教评学，包括学生对课堂的评价、督导对课堂的评价等，实现教-学-评一体化。

(三)学习考核

形成性评价联合终结性评价是近年来较为推崇的一种教学评价方式。采用形成性评价能够对学习情况进行动态、量化评估，及时暴露教学过程中的弊端，从而形成更有效的教

教学流程

课前
- 自主预学
  - 课前信
  - 操作视频
  - 操作评分表
  - 讲课课件
- 场地准备
  - 多媒体教室
  - 实验器材准备

课中
- 课程导入 —— 临床场景或案例导入
- 操作讲解、示范
  - 适应证、禁忌证、操作要点解析
  - 教师分解示范操作步骤
- 小组互动式练习 —— 每组4人，分角色循环练习
- 抽查反馈、课堂总结
  - 抽查1~2组，课堂检测
  - 总结反馈，教学反思

课后
- 课后思考题
  - 理解实验原理
  - 夯实操作技能
- 实践报告
  - 绘制操作思维导图，提出疑问或改进措施
  - 可录制操作视频供任课教师审阅指导
- 教学评价
  - 督导评价、学生评价
  - 形成性评价（DOPS、Mini-CEX）

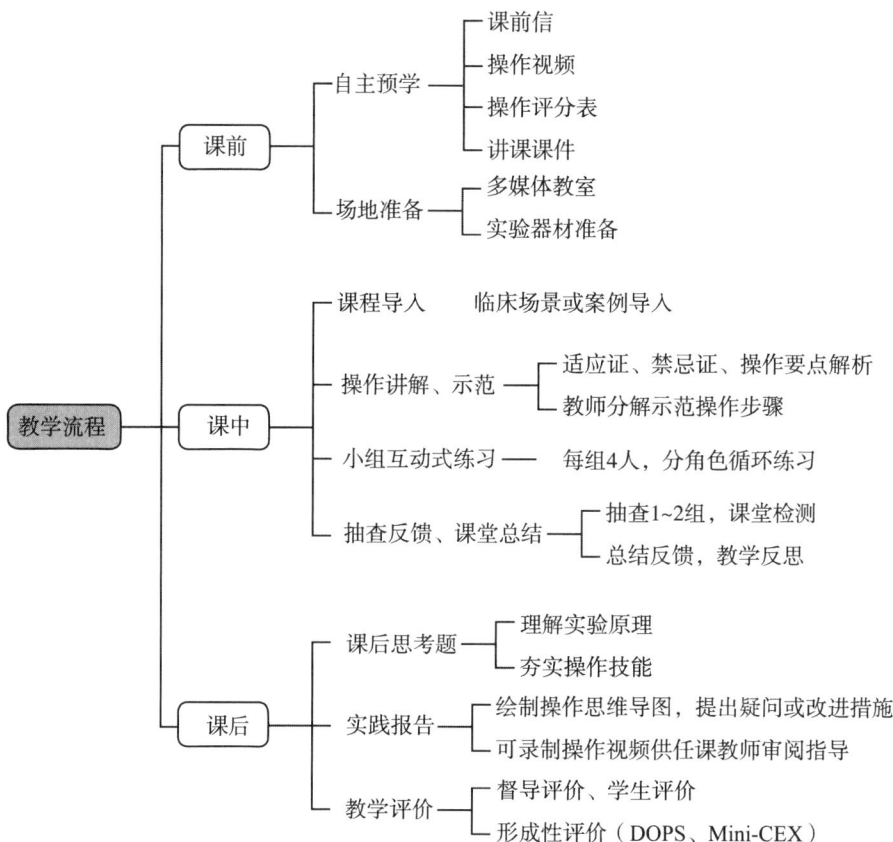

图 2　诊断学实验课的课堂教学实施流程

学过程[9-11]。诊断学实验操作的形成性评价采用迷你临床演练评估（mini clinical evaluation exercise，Mini-CEX）和操作技能直接观察评估（direct observation of procedural skills，DOPS），根据操作内容选择真实临床场景下操作或在技能中心进行情景模拟。学生的学习成绩由平时成绩和期末操作考试成绩两部分构成，前者包括学生出勤、平时评估表现和实践报告作业成绩，分值占比 30%；后者分值占比 70%。期末操作考试采用客观结构化临床考试（objective structured clinical examination，OSCE）的形式，多站点考核。诊断学实验考试内容及考站设置包括：全身体格检查（45 分钟）、穿刺术（胸穿、骨穿、腰穿、腹穿，随机四选一，8 分钟）、导尿术（男性和女性导尿，随机二选一，8 分钟）、病历书写+心电图识图（8 分钟），每站根据操作项目的权重分配不同的分值。考试结束后由智能化 OSCE 评分系统导出成绩用于分析。

(四) 教学评价

教学评价是提升教学质量的关键环节，为教师及时调整教学方式和方法、优化教学过

程提供依据[12, 13]。本教研室建立了科学、多元化的教学评价体系，制定了具有评价信度的教学评价表，其目的在于全面、客观地评估教学活动的质量和学生的学习成果，主要包括督导评价和学生评价。学院多名资深教育专家担任教学督导，参与集体备课和课堂督查。督导评价表由教师授课情况、学生上课情况、教学环境设施 3 个维度构成，共 12 个条目，总分 100 分。教学能力 80 分以上为合格，90 分以上为优秀。学生对课程的满意度采用课程教学团队编制的问卷星进行调查，涵盖教学安排、教学资源与环境、教学方法、教学内容、教学效果、学生参与度等 6 个条目，采用 Likert 5 级评分法，由综合结果自动计算出满意度得分和满意指数。课程教学团队鼓励和督促学生主动参与课程评价。同时教研室不定期召开座谈会和教学研讨会进行面对面的反馈和总结，动态调整和改进课程教学策略。

三、教学特色与创新

经过长期的改革和实践，我们在诊断学实验教学中积累了较丰富的经验，形成了一定的教学特色和创新，诊断学课程获评省级优质课程。(1)教学资源配置系统化：实验教材以第九版《诊断学》为基准，依托团队编写的《临床基本技能训练与考核 100 例》[14]和自编的《全身体格检查基本项目练习手册》，完善课程内容和操作规范，并广泛征求教师和学生意见不断修订。针对每个实验项目录制配套的操作示范视频。教研室建立了标准化病人队伍，应用于问诊训练和考核，并创新性地构建了学生标准化病人体系[15]，以拓宽学生的实践路径，丰富教学资源。同时利用互联网和计算机技术，开发创新教学工具，技能中心配备有虚拟仿真穿刺训练平台、治趣虚拟病人接诊等开放资源供学生自主学习。为加强与临床衔接和过渡，学期末设置有技能强化训练和临床见习，将模拟教学与临床实践有机结合。(2)教学规范标准化：教研室形成了教师试讲、集体备课、教学督查、教学研讨等一体化的教学准备模式，授课教师之间要求统一教学目标、教学内容、操作规范、评分标准和实践作业等，积极推行教学规范标准化、教学内容同质化、教学评价一体化。(3)师资培训常态化：对授课师资实行试讲和准入制度，教研室也会定期开办技能教学和形成性评价师资培训工作坊，并开展临床技能带教水平专项督查和技能教学竞赛，以多种形式促进教师技能教学水平的提升。鼓励教师积极参与教学改革实践，在教学与科研实践中提升带教水平。(4)教学方式多元化：鼓励授课教师依托信息化、智慧化手段创新教学设计，强调信息技术入课堂。同时围绕教学内容运用多元化的教学方式，比如采用基于问题的教学模式、以临床病例或临床情景为载体的教学模式、翻转课堂等，充分运用虚拟仿真技术等，以打造互动、有趣、高效、探索的实验教学课堂。研究表明，以学生为主体的交互式教学模式有助于学生更深入地理解理论知识，更好地训练操作能力和综合能力，提升学习体验[2, 4, 16-18]。(5)教学评价一体化：教研室建立了多元化的教学质量评价体系，常规开展教师自评、学生评价和督导评价，并建立在线评教系统，通过评价数据督促授课团队优化教学过程，提高教学质量。

四、教学实施效果

通过不断的实践，我们形成了相对稳定、高效的临床诊断学实验课程教学模式，取得了良好的教学效果。以学院 2023 年度诊断学实验课程的教学结果为例，205 名学生技能考核成绩平均为 85.9±5.8 分，教学督导的评分为 93.5±1.9 分，且 4 位授课老师评价等级均为优秀，学生满意度调查显示平均满意度得分为 4.6±0.1 分（Likert 5 级评分法），满意度指数为 93.1%。学生满意度调查各条目的具体分值分布见图 3。

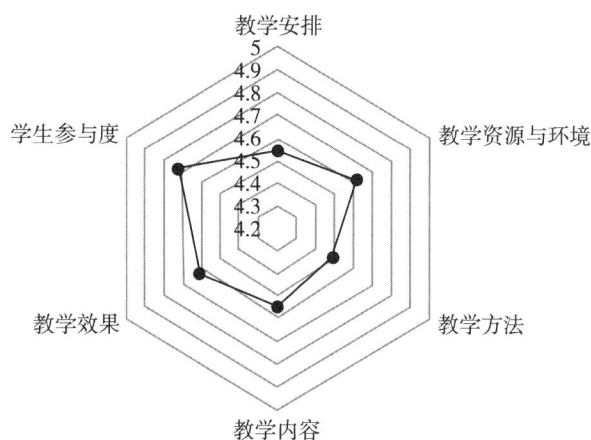

图 3　诊断学实验课程学生满意度调查结果

诊断学实验教学的重点是培养学生的临床思维、操作技能和医学综合素质。更新教学理念、持续推动教学方法改革是提升教学质量的关键。我们在教学内容、教学模式、教师队伍以及教学评价体系等方面进行了一系列深入探索和实践，通过规范实验教学的各个环节，形成了规范化的实验课程体系，有效提升了诊断学实验教学效果。在信息化教育及新医科背景下，信息技术正不断融入医学教育领域。当前我们正依托学院智慧医学中心平台，通过建立健全诊断学实验数字化教材、知识图谱、虚拟仿真实验室、人工智能辅助教学等现代化教学手段进一步推动实验教学平台向数字化转型，力争为医学实验类课程提供教学范式，培养更高层次医学人才。

◎ **参考文献**

［1］林晓圳，熊龙根，陶怡，等 . 临床诊断学教学改革体会 ［J］. 中国现代医生，2013，
　　51（28）：114-115.

［2］刘巍，张悦，马方红 . PBL 教学法在临床诊断学实验教学中的应用与探索 ［J］. 中国

高等医学教育，2017（3）：92-93.

［3］乔卫卫，曹景花．基于虚拟仿真技术的诊断学实验教学应用［J］.滨州医学院学报，2023，46（6）：475-477.

［4］戴杏，王成，沈涛，等．标准化病人结合CBL教学法在诊断学问诊实验教学中的应用［J］.齐齐哈尔医学院学报，2018，39（6）：716-718.

［5］王登芹，宋国红，随萍，等．临床诊疗虚拟病例结合PBL教学方法在诊断学实验教学中的应用［J］.中华医学教育杂志，2020（2）：88-91.

［6］郑美珠，张彦芝，朱林华，等．基于ADDIE模型的数据结构混合式教学设计和实践［J］.中文科技期刊数据库（全文版）教育科学，2023（5）：84-87.

［7］刘玲，李瑞芳，段冷昕，等．ADDIE模型结合混合式教学在药理学思政中的实践［J］.高教学刊，2024，10（4）：189-192.

［8］齐心，刘占兵，李海潮，等．ADDIE模式在基础外科教学中的应用［J］.中华医学教育探索杂志，2016，15（4）：422-425.

［9］杨琦琦，黄明珠．多元化临床诊断学教学模式及形成性评价体系的构建［J］.中国科技期刊数据库医药，2023（7）：33-36.

［10］于牧鑫，张津铭，陆国明，等．临床诊断学实验课程"随堂考+期末考"评价模式构建［J］.牡丹江师范学院学报（自然科学版），2023（4）：75-77.

［11］杨永华，徐曼，张慧，等．临床实践教学形成性评价效果的影响因素与应对策略［J］.医学教育研究与实践，2019，27（3）：514-517.

［12］熊祖泉，黎音亮，汪玲．"互联网+"教学评价体系在临床医学八年制教学中的应用［J］.中国卫生资源，2023，26（5）：617-619.

［13］徐岩，关守宁，苏鑫，等．地方医学院校"多元化"线上教学质量评价体系构建研究［J］.中国继续医学教育，2023，15（19）：188-192.

［14］熊世熙，王行环．临床技能训练与考核100例［M］.北京：人民卫生出版社，2019.

［15］谭雨霜，董雨涵，Kalaba Mulizwa，等．新医科背景下病史采集教学建设的路径探索——构建学生标准化病人体系［J］.医学教育研究与实践，2023，31（2）：127-132.

［16］杨九杰，赵伟，李治，等．基于临床案例学习联合以问题为导向教学模式在骨科临床教学中的应用效果［J］.数理医药学杂志，2020，33（3）：472-474.

［17］W. Zhang, M. Jiang, W. Zhao, etc. Evaluation of the effectiveness of using flipped classroom in puncture skills teaching［J］. BMC Med Educ, 2024, 24（1）: 176.

［18］A. Vrillon, L. Gonzales-Marabal, P. F. Ceccaldi, etc. Using virtual reality in lumbar puncture training improves students learning experience［J］. BMC Med Educ, 2022, 22（1）: 244.

基于层次分析法和模糊综合评价法的
儿科学混合式教学质量评价体系研究

刘　芳　牛　萍　余诗倩　姚宝珍　叶静萍*

（武汉大学　第一临床学院儿科，湖北　武汉　430060）

【摘　要】目的：基于现有的混合式教学研究、实践及评价框架，构建适合儿科学教学发展的混合式教学质量评价体系并进行综合评价。方法：通过查阅文献，结合儿科学专业特点、教学目标和培养计划，以及综合调研结果，邀请13名相关领域的专家参与指标体系的评价打分，采用层次分析法和模糊综合评价法来确立指标权重及综合评价体系，构建基于多评价主体的儿科学混合式教学质量评价体系。结果：本次构建的儿科学混合式教学质量评价体系包括5个一级指标、12个二级指标、31个三级指标。一级指标的一致性比率（consistency rate，CR）为 0.0876，二级指标、三级指标的 CR 最大值分别为 0.0766、0.0797，表明层次单排序及内部的一致性均较好。该评价体系综合隶属度为（0.5151，0.4366，0.0477，0.0006，0.0000），模糊综合评价结果为"非常重要"。结论：本次构建的混合式教学质量评价体系具有较好的科学性与合理性，可应用于儿科学教学实践，为高校医学教育混合式教学的发展提供评价导向。

【关键词】儿科学；混合式教学；质量评价体系；层次分析法；模糊综合评价法

【作者简介】刘芳（1985—　），女，武汉人，主治医师，博士，研究方向为儿科、精神卫生学，E-mail：liufangann@163.com；*通讯作者：叶静萍（1970—　），女，武汉人，副主任医师，博士，研究方向为儿科临床与教学，E-mail：jpy7012@163.com。

【基金项目】中华医学会医学教育分会和中国高等教育学会医学教育专业委员会医学教育研究课题（2020B-N02246）；武汉大学本科教育质量建设综合改革项目（2023ZG215、2024ZG119）；武汉大学第一临床学院教学研究项目（2020JG077、2022ZG277、2023ZG310）

　　混合式教学是将多种教学方式、教学手段、教学工具及教学环境相融合，利用信息技术整合教学资源，并采用以教师为主导、学生为主体的模式来进行教学活动的一种新型教学方法[1,2]。随着"互联网+教育"热潮的兴起，混合式教学的发展已然成为教育教学改革发展的关键点与突破点。儿科学是教育部确定的临床教学专业核心课程之一，属于必修课程[3,4]。近年来武汉大学已开展儿科学混合式教学改革试点，采用慕课、示范课堂、翻转课堂、医学电子书包临床技能教学、虚拟病人等多种形式的教学方式、资源平台和工具来实施儿科学教学。为评价混合式教学实施效果，建立综合、有效、全面的监控和评价机制是必要的，而现阶段儿科学混合式教学尚缺乏系统综合的质量评价体系。本研究基于现有的混合式教学研究、实践及评价框架，结合儿科学专业特点和教学目标，旨在构建一个比较全面的适合儿科学教学发展的混合式教学质量评价体系，并应用层次分析法和模糊综合评价法来确立指标权重及进行评价体系的综合评价，为提高儿科学混合式教学质量和促进高等教育教学创新改革提供一定参考。

1. 资料来源与方法

1.1 构建儿科学混合式教学质量评价体系

通过查阅中国知网、万方、重庆维普等数据库中目前国内高校混合式教学质量评价研究相关文献，收集并梳理评价指标要素，结合儿科学专业特点、教学目标和培养计划，以及综合专家咨询、师生访谈和武汉大学第一临床学院开设的中国大学 MOOC 临床儿科学、武汉大学网络教学平台珞珈在线等网络学习平台等的调研结果，构建适合于儿科学教学发展的混合式教学质量评价体系。

1.2 采用层次分析法确立评价体系的指标权重

层次分析法是一种多准则决策方法，主要用于复杂问题的层次化结构模型，可对不同层次的元素进行比较和权重分析[5]。确立指标权重的基本步骤包括：构建层次结构；构建判断矩阵；计算权重；一致性检验；计算综合权重。

本研究邀请湖北省内儿科学教学一线教师和教学管理、研究人员作为指标评分专家。专家选择标准为：①从事儿科学教学授课、管理及研究工作经历 5 年以上；②中级及以上职称；③对本研究有一定的兴趣和积极性；④专家的分布具有一定的平衡性和代表性。专家权威系数通过专家熟悉程度与专家判断系数计算：专家权威系数＝（专家熟悉程度＋专家判断系数）/2。一般专家权威系数>0.7 为宜[6]。专家熟悉程度按"不熟悉""不太熟悉""一般熟悉""比较熟悉""熟悉""很熟悉"由低到高赋值 0、0.2、0.4、0.6、0.8、1.0。专家判断系数基于从事教学工作的经验、对国内外教学质量评价指标的理论分析、参考国内外质量指标文献资料、直觉选择四个选项，各选项的赋值大小及标准如表 1 所示。

表 1　　　　　　　　专家对指标的重要性评价的判断依据及影响程度赋值

判 断 依 据	对指标的重要性评价的影响程度		
	大	中	小
从事教学工作的经验	0.5	0.4	0.3
对国内外教学质量评价指标的理论分析	0.3	0.2	0.1

续表

判 断 依 据	对指标的重要性评价的影响程度		
	大	中	小
参考国内外质量指标文献资料	0.3	0.2	0.1
直觉选择	0.1	0.1	0.1

专家依据评分标度对指标重要性等级进行判定(见表2),生成对应的判断矩阵。多个专家打分有多个判断矩阵,首先进行几何平均处理,即打分对应值相乘取 $1/N$ 次方,N 表示专家数量,从而得到指标汇总矩阵。采用层次分析法对指标进行权重分析及一致性检验。以一致性指标与平均随机一致性指标(RI,见表3)之比,即一致性比率(CR)为检验标准。CR<0.10 时,判断矩阵一致性较好。以累积法计算指标组合权重值。

表2　　　　　　　　　　　　**指标重要性等级评分标准**

重要性等级	分　　值
两因素相比同等重要	1
两因素相比,前者比后者稍重要	3
两因素相比,前者比后者明显重要	5
两因素相比,前者比后者强烈重要	7
两因素相比,前者比后者极端重要	9
两因素相比,前者比后者稍不重要	1/3
两因素相比,前者比后者明显不重要	1/5
两因素相比,前者比后者强烈不重要	1/7
两因素相比,前者比后者极端不重要	1/9
上述两相邻判断的中值	2, 4, 6, 8, 1/2, 1/4, 1/6, 1/8

表3　　　　　　　　　　　　**平均随机一致性指标(RI)**

n	1	2	3	4	5	6	7	8	9	10	11	12	13	14	15
RI	0	0	0.52	0.89	1.12	1.26	1.36	1.41	1.46	1.49	1.52	1.54	1.56	1.58	1.59

1.3　对评价体系进行模糊综合评价

模糊综合评价法是在模糊环境下考虑了多因素的影响,根据某种目的对某一事物做出综合决策的方法[7, 8]。一般步骤包括:建立综合评价的因素集;建立综合评价的评价集;确定各因素的权重；进行单因素模糊评价，获得评价矩阵；建立综合评价模型，进行综合评价。

本研究以构建的儿科学混合式教学质量评价体系中的三级指标建立因素集，同时建立评价集{非常重要，重要，一般，不太重要，不重要}。参与专家对各因素的重要性进行评价。以层次分析法确立各因素的权重(A)，建立模糊综合评价矩阵 R。根据 $B = A \cdot R =$

$$(a_1,\ a_2,\ \cdots,\ a_m) \cdot \begin{bmatrix} r_{11} & r_{12} & \cdots & r_{15} \\ r_{21} & r_{22} & \cdots & r_{25} \\ \vdots & \vdots & \vdots & \vdots \\ r_{m1} & r_{m2} & \cdots & r_{m5} \end{bmatrix} = \{b_1,\ b_2,\ b_3,\ b_4,\ b_5\}$$，分别计算二级指标、一

级指标及评价体系的隶属度(B)。根据最大隶属度原则确定评价结果，即评价结果里哪个评价数值最大，综合评价结果就是哪个评价结果。

1.4　统计学方法

采用 Excel 2007 进行数据的录入和整理，采用 Matlab R2023b 软件，应用层次分析法和模糊综合评价法分别进行指标权重确立和评价体系的模糊综合评价。

2.　结果

2.1　儿科学混合式教学质量评价体系构建

基于现有相关文献，结合儿科学专业特点、教学目标和培养计划，本研究初步构建儿科学混合式教学质量评价体系的一级指标，分为课前学习、课堂学习、课后学习、期末评价 4 个部分，然后按照各阶段教学实施、学生参与的学习活动和教学过程反馈来设置相应的二级指标和三级指标。根据综合调研结果，在原一级指标基础上增设"课程建设"评价部分；将"课前学习"和"课堂学习"下设的二级指标细化维度，分为"学生维度"和"教师维度"，强调多主体评价；三级指标设置为细化和客观性的评价指标，便于实践操作，减少主观偏差。最终构建的儿科学混合式教学质量评价体系包括 5 个一级指标、12 个二级指标、31 个三级指标，如表 4 所示。

2.2　专家基本情况及权威系数

本研究共邀请到 13 名专家参与指标体系的评价打分，其中男性 3 名，女性 10 名；年龄 33~56 岁，平均年龄(48.31±6.84)岁；中级职称 2 名，副高级职称 10 名，高级职称 1 名；从事教学工作年限 5~10 年 2 名，11~20 年 3 名，21~30 年 6 名，30 年以上 2 名。在指标评分方面，专家熟悉程度均值为 0.769，专家判断系数均值为 0.877，其中对指标重要性的判断依据为"从事教学工作的经验"的比例为 100.00%，"对国内外教学质量评价指标的理论分析"的比例为 69.23%，"参考国内外质量指标文献资料"的比例为 53.85%，"直觉选择"的比例为 69.23%。根据公式计算得出专家权威系数均值为 0.823。

表4 儿科学混合式教学质量评价体系及指标权重

一级指标	二级指标	三级指标	评价主体	一级指标权重	二级指标权重	三级指标权重	全局权重*	权重排序
课程建设	教学资源准备	教学目标清晰明确	专家、学生	0.5075	0.5196	0.3990	0.1052	1
		教学设计合理	专家、学生			0.3587	0.0946	3
		教学资料准备充分	专家、学生			0.2424	0.0639	4
	资源开发	教学资源丰富多样	专家、教师		0.1699	0.2362	0.0204	18
		教学资源符合教学目标	专家、教师			0.5188	0.0447	8
		教学资源更新快	专家、教师			0.2449	0.0211	17
	平台建设	平台操作方便、易操作	教师		0.1861	0.3088	0.0292	13
		能实时监控、反馈、统计	教师			0.2070	0.0196	19
		方便师生随时交流、沟通	教师、学生			0.2425	0.0229	15
		支持多种授课形式	专家、教师			0.2417	0.0228	16
	多媒体环境	具有满足课程所需的相关软件	专家、教师		0.1244	1.0000	0.0631	5
课前学习	学生维度	登录学习平台次数	教师	0.0816	0.4444	0.0807	0.0029	31
		平台学习时长	教师			0.1908	0.0069	28
		学生交流讨论	教师			0.2130	0.0077	27
		学习有效性	教师			0.5155	0.0187	20
	教师维度	教师回帖覆盖率	学生、专家		0.5556	0.3507	0.0159	22
		教师回帖时效	学生、专家			0.1280	0.0058	29
		教师分析在线学习测验结果	学生、专家			0.5212	0.0236	14

续表

一级指标	二级指标	三级指标	评价主体	一级指标权重	二级指标权重	三级指标权重	全局权重*	权重排序
课堂学习	学生维度	课堂考勤	教师	0.1979	0.3066	0.1346	0.0082	24
		学生课堂参与性	教师			0.2872	0.0174	21
		学生学习有效性	教师			0.5782	0.0351	11
	教师维度	教学互动性	学生、专家		0.6934	0.3066	0.0421	9
		教师引导学生自主分析问题	学生、专家			0.6934	0.0952	2
课后学习	课后总结	课后作业完成质量	教师	0.1039	0.8468	0.3333	0.0293	12
		课后总结与反思	教师			0.6667	0.0587	6
	课后拓展	教师对相关知识的引导	学生、专家		0.1532	0.5000	0.0080	25
		学生自主拓展	教师			0.5000	0.0080	26
期末评价	专业知识、技能	专业技能测试	教师	0.1091	0.8541	0.5711	0.0532	7
		课程考核测验	教师			0.4289	0.0400	10
	满意度	学生学习满意度	学生		0.1459	0.3333	0.0053	30
		教师总结性评价	教师			0.6667	0.0106	23

* 累积法，三级指标组合权重值(全局权重)＝一级指标权重值×二级指标权重值×三级指标权重值

2.3　评价体系的指标权重

根据层次分析法计算，本次构建的评价体系一级指标 CR 为 0.0876，二级指标的 CR 最大值为 0.0766，三级指标的 CR 最大值为 0.0797，均通过一致性检验，表明层次单排序及内部的一致性均较好。确立的指标权重及排序如表 4 所示。

2.4　评价体系的模糊综合评价

将层次分析模型中的三级指标一一对应为模糊综合评价模型里的因素，统计 13 名参与专家对各因素的评价情况如表 5 所示。结合层次分析法确立的权重和模糊综合评价模型，分别计算二级指标、一级指标隶属度及评价体系综合隶属度如表 6 所示。该评价体系综合隶属度 B 为（0.5151，0.4366，0.0477，0.0006，0.0000），根据设置的评价集｛非常重要，重要，一般，不太重要，不重要｝情况，该评价体系的模糊综合评价结果为"非常重要"。

表 5　　　　　　　　　　　模糊综合评价模型各因素的专家评价结果

因　　素	非常重要	重要	一般	不太重要	不重要
教学目标清晰明确	12	1	0	0	0
教学设计合理	9	4	0	0	0
教学资料准备充分	10	3	0	0	0
教学资源丰富多样	5	8	0	0	0
教学资源符合教学目标	7	6	0	0	0
教学资源更新快	6	5	2	0	0
平台操作方便、易操作	5	7	1	0	0
能实时监控、反馈、统计	6	5	2	0	0
方便师生随时交流、沟通	6	6	1	0	0
支持多种授课形式	4	8	1	0	0
具有满足课程所需的相关软件	6	6	1	0	0
登录学习平台次数	4	5	4	0	0
平台学习时长	2	7	4	0	0
学生交流讨论	3	7	2	1	0
学习有效性	5	5	3	0	0
教师回帖覆盖率	5	7	1	0	0
教师回帖时效	1	9	3	0	0
教师分析在线学习测验结果	3	9	1	0	0

因　　素	非常重要	重要	一般	不太重要	不重要
课堂考勤	4	6	3	0	0
学生课堂参与性	6	6	1	0	0
学生学习有效性	5	7	1	0	0
教学互动性	4	8	1	0	0
教师引导学生自主分析问题	5	8	0	0	0
课后作业完成质量	5	7	1	0	0
课后总结与反思	8	4	1	0	0
教师对相关知识的引导	5	7	1	0	0
学生自主拓展	3	9	1	0	0
专业技能测试	6	7	0	0	0
课程考核测验	6	7	0	0	0
学生学习满意度	1	12	0	0	0
教师总结性评价	3	9	1	0	0

表6　　　　　　　　　　　　　**模糊综合评价隶属度结果**

指标及评价体系	非常重要	重要	一般	不太重要	不重要
二级指标					
教学资源准备	0.8031	0.1970	0.0000	0.0000	0.0000
资源开发	0.4832	0.4790	0.0377	0.0000	0.0000
平台建设	0.4006	0.5066	0.0928	0.0000	0.0000
多媒体环境	0.4615	0.4615	0.0769	0.0000	0.0000
学生维度（课前学习）	0.3016	0.4467	0.2353	0.0164	0.0000
教师维度（课前学习）	0.2650	0.6383	0.0966	0.0000	0.0000
学生维度（课堂学习）	0.3963	0.5060	0.0976	0.0000	0.0000
教师维度（课堂学习）	0.3610	0.6154	0.0236	0.0000	0.0000
课后总结	0.5385	0.3846	0.0769	0.0000	0.0000
课后拓展	0.3077	0.6154	0.0769	0.0000	0.0000
专业知识、技能	0.4615	0.5385	0.0000	0.0000	0.0000
满意度	0.1795	0.7692	0.0513	0.0000	0.0000

续表

指标及评价体系	非常重要	重要	一般	不太重要	不重要
一级指标					
课程建设	0.6314	0.3354	0.0332	0.0000	0.0000
课前学习	0.2813	0.5532	0.1582	0.0073	0.0000
课堂学习	0.3718	0.5819	0.0463	0.0000	0.0000
课后学习	0.5031	0.4200	0.0769	0.0000	0.0000
期末评价	0.4204	0.5722	0.0075	0.0000	0.0000
评价体系	0.5151	0.4366	0.0477	0.0006	0.0000

3. 讨论

3.1 儿科学混合式教学实施及质量评价体系构建的意义

课程是人才培养的核心要素，课程教学质量直接决定人才培养的质量[9]。儿科学课程是临床医学类专业的核心课程，是全面研究儿童身心发育、保健及疾病防治的综合医学学科[3]。儿科学总体教学目标不仅是让学生初步掌握或熟悉小儿生长发育的规律和儿科常见疾病的基础理论知识，同时要培养学生的自主学习意识和能力、临床思维能力、独立解决临床问题能力以及基于人文关怀的医患沟通能力，并且要求学生掌握儿科常见疾病病史采集、体格检查以及完整病历的书写等各项技能，为学生毕业后从事基础或临床医学工作打下良好的基础[4, 10]。儿科学知识冗杂，体系紧密，且不同年龄儿童各个系统的发育程度不同，在一定程度增加了儿科学的学习难度和挑战性[11]。随着信息技术的快速发展，混合式教学在教育领域得到了广泛应用。儿科学作为医学领域的重要学科之一，混合式教学也逐渐成为儿科学教学的一种重要模式[12]。混合式教学可提供灵活、多样化、个性化的教学形式，在一定程度上可大大提高学生的学习积极性和参与度，但实施效果受多种因素影响[13, 14]。现阶段混合式教学质量评价及考核基本沿用传统的线下课堂教学模式，即"重结果，轻过程"、评价主体单一、考核办法缺失，未能有效构建全面评价的教学质量监控与评价机制[15]。当前儿科学混合式教学也缺乏系统综合的质量评价体系，因此建立综合全面的儿科学混合式教学质量评价体系是符合新时代教学发展需求的，可以帮助儿科学教育工作者和决策者评估教学设计和技术整合的有效性，衡量学生在混合式教学环境中的学习成效，以及为儿科学教学工作的持续改进提供信息。

3.2 儿科学混合式教学质量评价体系的指标因素及评价结果

建立混合式教学质量评价体系需要综合考虑教学目标、教学内容、教学方法、教学资源等的要求，指标因素应涵盖教学设计、教学实施、教学效果和教学反馈等各个方面[14, 15]。本研究基于现有混合式教学研究、实践及评价框架，结合参考文献研究、专家咨询、师生访谈、网络学习平台等综合调研结果，遵循过程性评价和终结性评价相结合的原则，最终构建的儿科学混合式教学质量评价体系包括 5 个一级指标，即课程建设、课前学习、课堂学习、课后学习、期末评价，并从教学设计、教学实施、教学效果和教学反馈等各个方面考虑，在 5 个一级指标下设置了 12 个二级指标和 31 个三级指标。该评价体系涉及的评价主体包括学生、教师、专家，强调采用多主体、多维度及多种评估方法来综合评估儿科学混合式教学质量，且将层次分析法和模糊综合评价法结合来进行权重分析和综合评价。层次分析法是一种常用的确立定性评价指标权重方法[16]，而模糊综合评价法根据模糊数学的隶属度理论可以把定性评价转化为定量评价，具有结果清晰、系统性强的特点，能较好地解决模糊的、难以量化的问题，适合各种非确定性问题，两者结合使用较为常见[8]。此次研究中 13 名受邀专家对评价体系指标进行评分，专家熟悉程度、专家判断系数及指标、体系重要性评分均较高。层次分析法结果显示，一、二、三级指标的 CR 均<0.10，均通过一致性检验，表明构建的指标体系具有较好的科学性与合理性，确立的指标权重是可靠的。结合层次分析法确立的权重和模糊综合评价模型计算得出，本次构建的儿科学混合式教学质量评价体系的综合评价结果为"非常重要"，表明其适合应用于儿科学教学实践，可为混合式教学在儿科学教育领域的应用提供科学、可靠的发展模式及质量评价方法。

4. 结束语

建立一个科学、全面的儿科学混合式教学质量评价体系对于促进儿科学教学的规范化和高质量发展，切实提高儿科学专业人才培养的质量具有重要意义。在建立评价体系时，需要考虑教学目标、教学内容、教学方法、教学资源等因素及其相互关联，以确定合适的评价指标因素，并采用多主体、多维度、多种评估方法进行全面评价。本次应用层次分析法和模糊综合评价法对构建的儿科学混合式教学质量评价体系进行综合评价，结果显示该评价体系可应用于儿科学教学实践，为高校医学教育混合式教学的发展提供评价导向。

◎ **参考文献**

［1］ Vallee A，Blacher J，Cariou A，et al. Blended learning compared to traditional learning in medical education：systematic review and meta-analysis［J］. J Med Internet Res，2020，22（8）：e16504.

［2］ Pelletier K，Robert J，Muscanell N，et al. 2023 EDUCAUSE horizon report：teaching and learning edition［R］. EDUCAUSE，2023.

［3］ 王卫平，孙锟，常立文 . 儿科学［M］. 北京：人民卫生出版社，2018.

［4］ 孙慧超，李谧，吕铁伟，等 . 新医科背景下儿科学专业教育课程思政建设的探讨［J］.

中国继续医学教育，2024，16（3）：148-151.

［5］ 岳新新，丁雪莹，王振，等．智慧教育背景下基于多评价主体视角的内科护理学混合式教学质量评价体系的构建［J］.护士进修杂志，2022，37（22）：2028-2035.

［6］ 李钰婕，高伟，孔媛，等．基于改进德尔菲法与层次分析法构建寒区冷习服评价指标体系［J］.临床军医杂志，2024，52（3）：257-261，266.

［7］ 丛方杰，马菲菲．高校网络教学效果满意度模糊综合评价［J］.中国现代教育装备，2024（9）：5-8.

［8］ 李超，刘瑛，邵志国．基于AHP-模糊综合评价的市政道路工程项目风险评价研究［J］.青岛理工大学学报，2024，45（2）：94-102，146.

［9］ 教育部学校规划建设发展中心．师说课改：人才培养的核心是课程［EB/OL］.https：//www. csdp. edu. cn/article/8607. html. 2022.

［10］ 王卫平．漫谈医学教育的完整性［J］.中国大学教学，2021（11）：10-13.

［11］ 何振涛，陈德晖，蔡勇，等．混合式教学在儿科学教学中的应用［J］.广州医科大学学报，2021，49（2）：101-103.

［12］ 崔坤华，何欢．混合式教学模式在儿科临床教学中的应用［J］.教育教学论坛，2022（28）：147-150.

［13］ 袁美玲，冯兴杰，梁志星，等．高等院校混合式课程教学质量评价体系研究［J］.中国多媒体与网络教学学报（上旬刊），2022（10）：90-93.

［14］ 李逢庆，韩晓玲．混合式教学质量评价体系的构建与实践［J］.中国电化教育，2017（11）：108-113.

［15］ 高琪，朱小芹，吴晓庆，等．混合式教学模式下教学质量综合评价体系研究［J］.科技与创新，2022（6）：135-138.

［16］ 张黎，廖惠，亓来华．临床医学本科毕业生质量评价体系构建［J］.医学教育研究与实践，2022，30（6）：677-682，703.

基于 CiteSpace 的国内外医学
教育混合式教学研究对比分析

刘 芳 余诗倩 牛 萍 魏 丽 叶静萍*

（武汉大学 第一临床学院儿科，湖北 武汉 430060）

【摘 要】目的：基于 CiteSpace 知识图谱探讨国内外医学教育混合式教学研究现状、热点及发展趋势，并进行对比分析，为该领域未来研究思路和方向提供参考。方法：以 Web of Science 核心合集、中国知网和万方数据库作为数据来源，运用 CiteSpace 软件对国内外 2004—2023 年发表的医学教育混合式教学相关文献进行文献计量学分析。结果：该研究最终纳入中文文献 863 篇，英文文献 677 篇。研究发现，近 20 年来国内外医学教育混合式教学研究的年发文量总体呈上升趋势，国内年发文量从 2015 年开始攀升。近 20 年来该领域的研究热点和前沿主要包括混合式教学在医学教育方面的应用以及多样化教学方法，国内研究侧重于混合式教学方法的多样化，而国外研究侧重于对学生不同方面能力的提升。期刊双图叠加分析显示混合式教学研究在医学教育不同学科领域有交叉趋势。结论：构建和优化多元互融的混合式教学模式，加强交流合作，注意教学方法多样化和学生能力提升并重，深化混合式教学的内涵与外延，是推动我国医学教育教学创新改革的未来发展方向。

【关键词】混合式教学；医学教育；文献计量学；CiteSpace；知识图谱；可视化分析

【作者简介】刘芳（1985— ），女，武汉人，主治医师，博士，研究方向为儿科、精神卫生学，E-mail：liufangann@163.com；*通信作者：叶静萍（1970— ），女，武汉人，副主任医师，博士，研究方向为儿科临床与教学，E-mail：jpy7012@163.com。

【基金项目】中华医学会医学教育分会和中国高等教育学会医学教育专业委员会医学教育研究课题（2020B-N02246）；武汉大学本科教育质量建设综合改革项目（2023ZG215、2024ZG119）；武汉大学第一临床学院教学研究项目（2020JG077、2022ZG277、2023ZG310）

医学教育的任务是培养具有初步临床能力、终身学习能力和良好职业素质的医学人才。医学知识体系紧密，学科繁多，且受其他相关学科影响，为满足医学教育高质量发展要求，需要设置合理的教学计划和采取多元化的教学举措[1-2]。混合式教学是将多种教学方式、教学手段、教学工具及教学环境相融合，利用信息技术整合教学资源，并采用以教师为主导、学生为主体的模式来进行教学活动的一种新型教学方法[3]。近年来随着"互联网+教育"热潮的兴起，混合式教学的发展已然成为教育教学改革发展的关键点与突破点[4-5]。目前国内外医学教育领域开展混合式教学相关研究已取得一定的进展，且已有一定数量的文献报道[6-7]。为了更好地了解国内外医学教育混合式教学的发展，特别是近年来的研究热点及发展趋势，对该领域现有文献的系统梳理和宏观分析是十分必要的。既往混合式教学研究的文献计量学分析基本是关注全领域的，未对医学教育领域重点关注，另外，现有医学教育混合式教学研究的文献计量学分析只选取了中文文献或者英文文献，未对两者进行对比分析。本研究首次同时以 Web of Science（WOS）核心合集、中国知网（CNKI）和万方数据库为数据来源，运用 CiteSpace 软件对国内外 2004—2023 年发表的医学教育混合式教学相关文献进行文献计量学的比较分析，旨在科学、全面地展示和对比国内外该领域的研究现状、热点及发展趋势的变化，以期为该领域未来研究的思路和方向提供一定参考。现总结分析、报告如下。

1. 数据来源与研究方法

1.1 数据来源、文献纳入与排除

该研究以近 20 年来国内外医学教育领域混合式教学相关文献为研究对象，选择 CNKI、万方数据库作为国内（中国）数据来源，选择 WOS 核心合集作为国外（国际）数据来源。在优先保证查全率的基础上，采用高级检索/advanced search 分别进行检索。

国内数据：（主题：（混合式教学）or 主题：（线上线下教学）or 主题：（混合式学习）or 主题：（混合教学）or 主题：（混合学习）），限定学科分类为"医药卫生科技""医药、卫生"，期刊文献来源于 CSTPCD、北大核心、CSCD、CSSCI、SCI、EI，检索时间范围为 2004—2023 年。剔除会议通知、报道文件、无摘要、无关键词等与主题不符的相关文献，合并 CNKI 和万方数据库文献进行去重处理。

国外数据：（（TS =（blended learning））AND TS =（medical education））OR（（TS =（blending learning））AND TS =（medical education）），TS 为主题检索，检索范围包括标题、摘要、作者、关键词和 Keywords Plus，限定发表时间为 2004-01-01 至 2023-12-31。文献来源于 WOS 核心合集的 SCIE、SSCI、ESCI，文献类型限定为"Article"和"Review"，语种为"English"。

此次检索日期为 2024 年 3 月 18 日。该研究最终纳入中文文献 863 篇，英文文献 677 篇。

1.2 研究方法

1.2.1 研究工具

采用 CiteSpace 6.3.1 软件对数据进行分析。该软件是由美国德雷塞尔大学陈超美教授基于 Java 语言开发的一款可绘制直观的图谱来展示某一研究领域热点和发展演化趋势的可视化软件[8]。该软件可实现年发文量分析、发文作者/机构/国家合作网络分析、关键词共现/突变/聚类分析、被引文献聚类分析、作者/期刊共被引分析、期刊双图叠加等功能。

1.2.2 数据分析方法

在 CiteSpace 可视化知识图谱中，节点的圆圈大小代表频次，之间的连线表示共现强度，节点和连线的颜色与年份相对应。中心性是网络中节点在整体网络中所起连接作用大小的度量，中心性越高，说明其在整体网络中影响力和重要程度越大。有紫红色外圈的节点，是具有高中心性的节点。突现是指在一段时间内引用量突然增加，突现分析有助于识别研究热点，明确该研究领域的前沿动态。文献共被引反映了单个文献被引用的次数，共被引网络中的连线反映了共被引的强度。被引文献的聚类分析反映文献之间的主题相关性，用于展示知识基础和研究前沿。本研究采用关键词和对数似然率(log-likelihood ratio, LLR)算法提取聚类标签，聚类标签名取决于该聚类中 LLR 值最大的关键词。一般认为聚类模块值(Q 值)>0.3 意味着聚类结构显著；聚类平均轮廓值(S 值)>0.5 意味着聚类合理，>0.7 意味着聚类是令人信服的。期刊双图叠加分析采用 Blondel 算法形成期刊簇，左边是施引文献所在期刊分布，代表该研究领域的主要学科，右边是被引文献所在期刊分布，代表该研究领域主要引用的学科。曲线为引文轨迹，展示引证路径，曲线越粗(即引用频次标准化 z 分值越大)，表明两个领域间的文献关系越紧密。该研究图谱修剪方式选择 pathfinder 和 pruning sliced networks、pruning the merged network。因受 CNKI 和万方数据库数据限制，被引文献分析及期刊双图叠加分析仅对 WOS 数据库进行。

2. 研究结果

2.1 年发文量分析

统计显示，2004—2023 年国内外医学教育混合式教学研究的年发文量总体呈上升趋势，特别是 2017 年以后发展迅速。国内该领域年发文量从 2015 年开始攀升，且 2017—2023 年均超过国外该领域的年发文量，如图 1 所示。

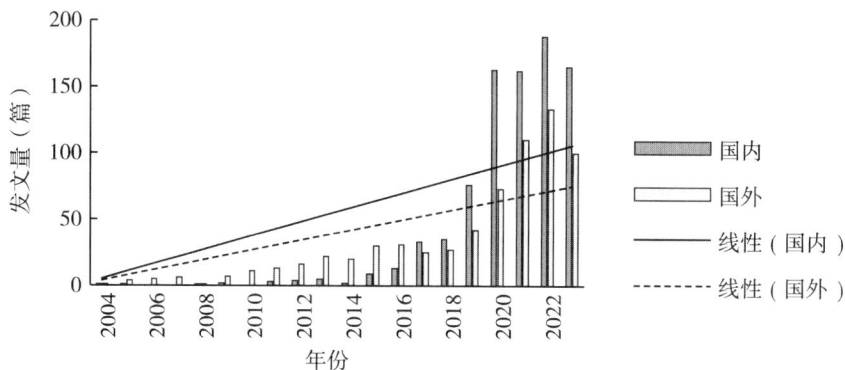

图 1　国内外医学教育混合式教学研究的年发文量统计

2.2　作者、机构及不同国家的发文情况分析

国内外医学教育混合式教学研究发文量排名前 6 位的作者和机构如表 1 所示。该领域发文量及中心性排名前 6 位的国家如表 2 所示，其中美国发文量最高，葡萄牙中心性最高。作者、机构、国家合作网络分别如图 2、图 3、图 4 所示。

表 1　国内外医学教育混合式教学研究领域发文量排名前 6 位的作者和机构

地域	排名	作者	频次	机构	频次
国内	1	李鹏	4	哈尔滨医科大学	11
	2	孙会	4	北京大学第三医院	9
	3	刘理静	4	南方医科大学	8
	4	乔桂圆	4	南京中医药大学	8
	5	宋秋月	3	重庆医科大学附属第一医院	8
	6	张敏	3	中山大学	8
国外	1	Car Lorainne Tudor	8	Monash Univ	10
	2	Kyaw Bhone Myint	8	Shiraz Univ Med Sci	9
	3	Car Josip	4	Karolinska Inst	8
	4	Semwal Monika	4	Harvard Med Sch	8
	5	Lemos Martin	4	Maastricht Univ	7
	6	Posadzki Pawel	3	Rhein Westfal TH Aachen	7

表 2 　　　　　　医学教育混合式教学研究领域发文量及中心性排名前 6 位的国家

排名	发文量		中心性	
	国家	频次	国家	中心性数值
1	USA	149	PORTUGAL	0.42
2	GERMANY	85	ITALY	0.38
3	ENGLAND	72	FINLAND	0.34
4	AUSTRALIA	66	BRAZIL	0.33
5	INDIA	42	DENMARK	0.28
6	CHINA	39	USA	0.27

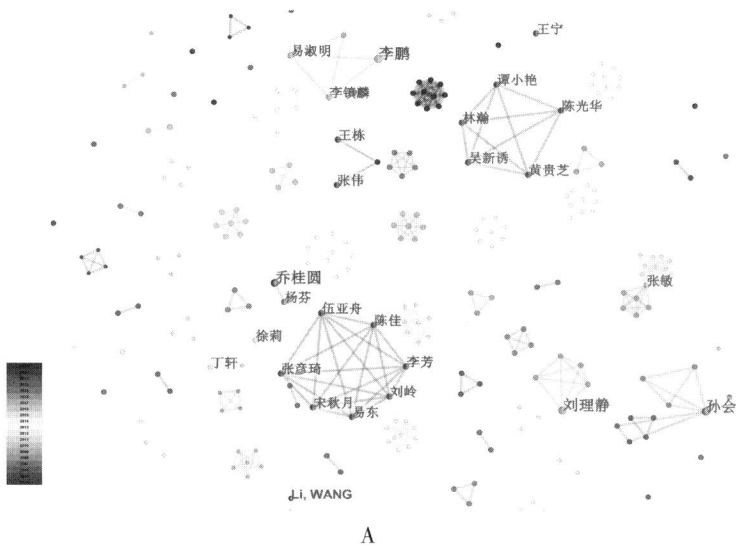

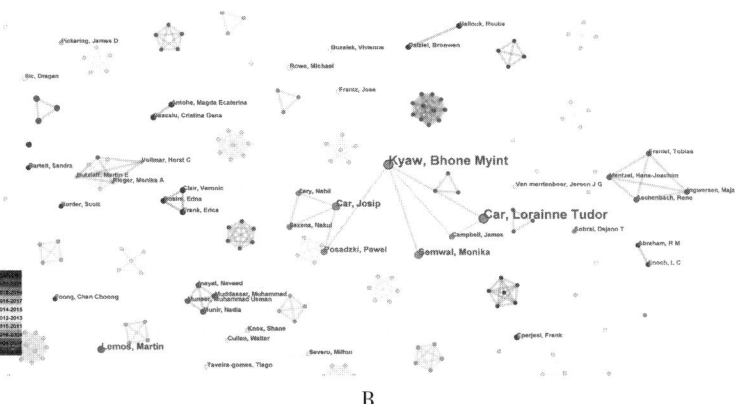

图 2　医学教育混合式教学研究领域的作者合作网络(A. 国内，B. 国外)

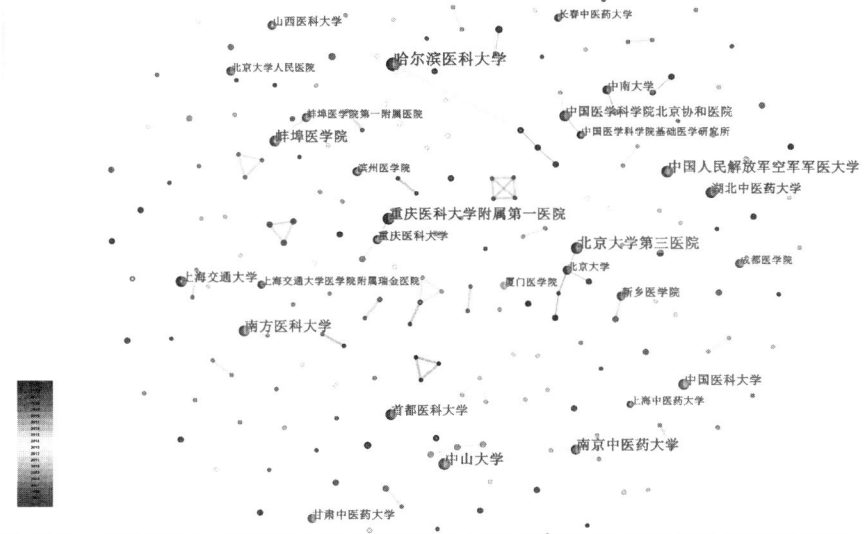

A

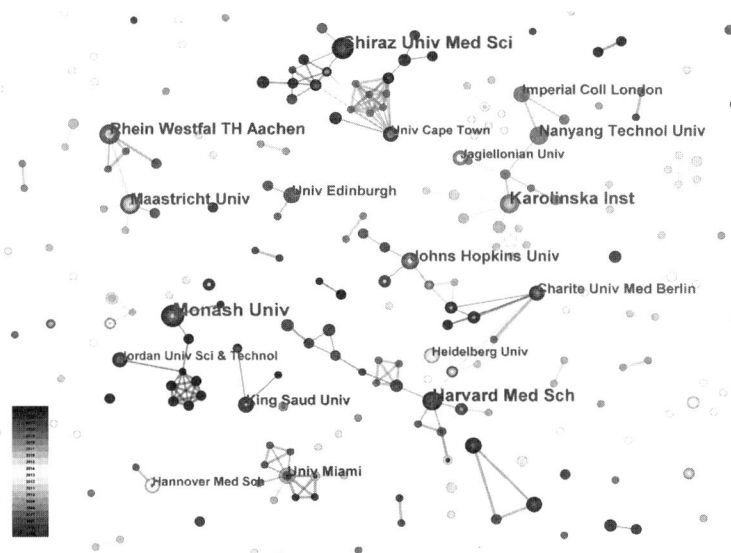

B

图 3　医学教育混合式教学研究领域的机构合作网络(A. 国内，B. 国外)

2.3　关键词分析

关键词共现网络如图 5 所示，频次、中心性排名前 10 位的关键词如表 3 所示。根据关键词突现分析(如图 6 所示)，"线上线下""教学模式""线上教学""医学统计学""定性研究"是当前国内医学教育混合式教学研究的热点关键词。"continuing medical education

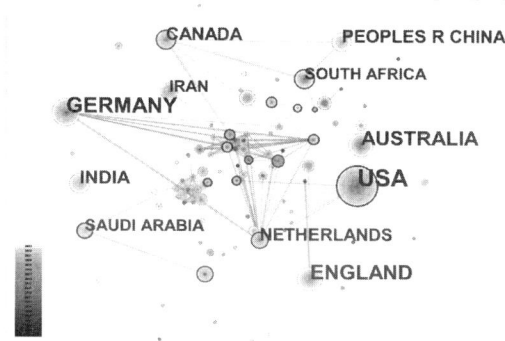

图 4　医学教育混合式教学研究领域的国家合作网络

（继续医学教育）”“residents（住院医师）”“management（管理）”“COVID-19（新型冠状病毒）”“qualitative research（定性研究）”为近年来国外医学教育混合式教学研究的热点关键词。

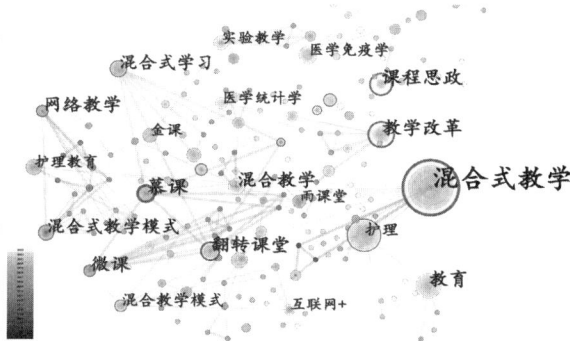

A

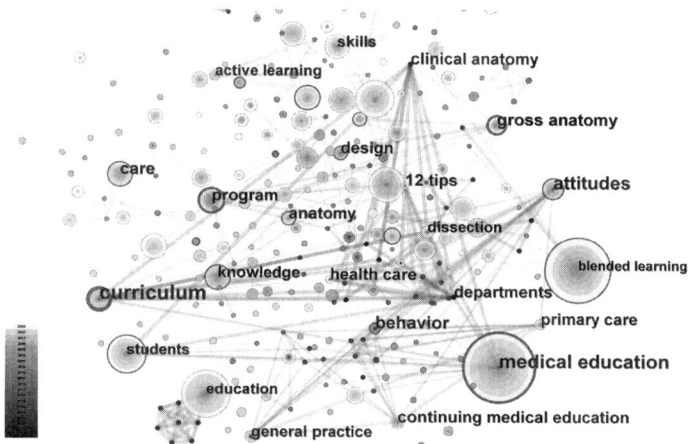

B

图 5　医学教育混合式教学研究领域的关键词共现网络（A. 国内，B. 国外）

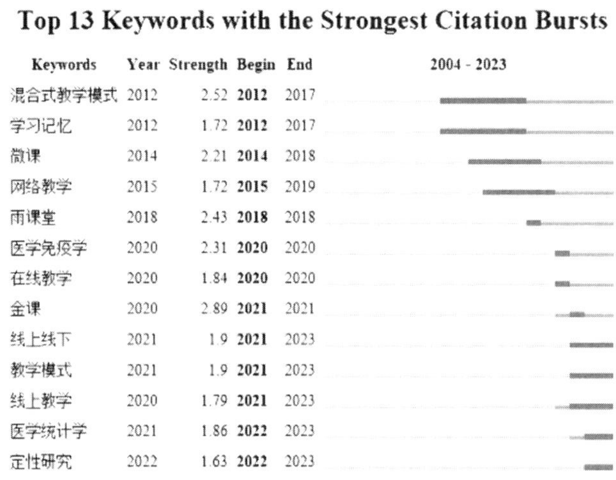

Top 13 Keywords with the Strongest Citation Bursts

Keywords	Year	Strength	Begin	End	2004 - 2023
混合式教学模式	2012	2.52	2012	2017	
学习记忆	2012	1.72	2012	2017	
微课	2014	2.21	2014	2018	
网络教学	2015	1.72	2015	2019	
雨课堂	2018	2.43	2018	2018	
医学免疫学	2020	2.31	2020	2020	
在线教学	2020	1.84	2020	2020	
金课	2020	2.89	2021	2021	
线上线下	2021	1.9	2021	2023	
教学模式	2021	1.9	2021	2023	
线上教学	2020	1.79	2021	2023	
医学统计学	2021	1.86	2022	2023	
定性研究	2022	1.63	2022	2023	

A

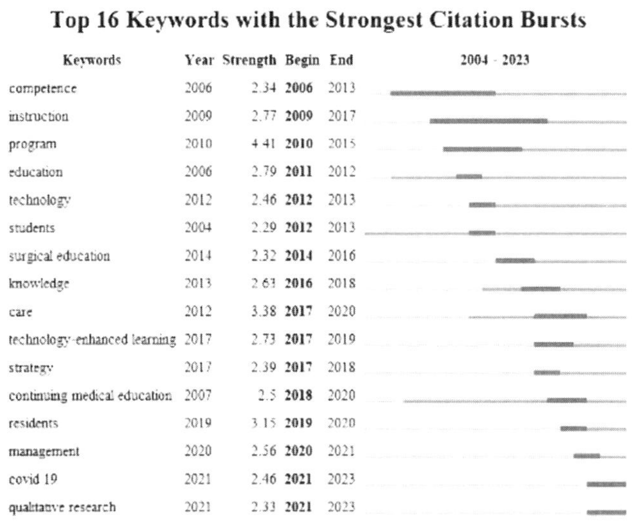

Top 16 Keywords with the Strongest Citation Bursts

Keywords	Year	Strength	Begin	End	2004 - 2023
competence	2006	2.34	2006	2013	
instruction	2009	2.77	2009	2017	
program	2010	4.41	2010	2015	
education	2006	2.79	2011	2012	
technology	2012	2.46	2012	2013	
students	2004	2.29	2012	2013	
surgical education	2014	2.32	2014	2016	
knowledge	2013	2.63	2016	2018	
care	2012	3.38	2017	2020	
technology-enhanced learning	2017	2.73	2017	2019	
strategy	2017	2.39	2017	2018	
continuing medical education	2007	2.5	2018	2020	
residents	2019	3.15	2019	2020	
management	2020	2.56	2020	2021	
covid 19	2021	2.46	2021	2023	
qualitative research	2021	2.33	2021	2023	

B

图 6　医学教育混合式教学研究领域的关键词突现分析(A. 国内，B. 国外)

表 3　　　　　　　医学教育混合式教学研究领域频次、中心性排名前 10 位的关键词

	序号	国　内		国　外	
		关　键　词	数值	关　键　词	数值
频次	1	混合式教学	114	medical education	250
	2	护理	35	blended learning	217
	3	教育	28	education	139

续表

	序号	国　　内		国　　外	
		关　键　词	数值	关　键　词	数值
频次	4	教学改革	23	students	86
	5	课程思政	17	medical students	76
	6	医学免疫学	14	impact	62
	7	线上教学	12	skills	41
	8	翻转课堂	12	performance	40
	9	混合式学习	11	online learning	35
	10	教学方法	10	care	34
中心性	1	混合式教学	0.47	curriculum	0.46
	2	慕课	0.47	program	0.29
	3	教学改革	0.28	gross anatomy	0.25
	4	课程思政	0.24	medical education	0.23
	5	翻转课堂	0.23	capacity	0.18
	6	微课	0.18	anatomy	0.17
	7	混合式教学模式	0.16	care	0.16
	8	免疫学	0.16	attitudes	0.16
	9	伤寒论	0.16	anatomy education	0.15
	10	小规模限制性在线课程	0.15	simulation	0.14

2.4 被引文献分析

医学教育混合式教学研究领域被引频次排名前 6 位的文献如表 4 所示。被引文献知识图谱如图 7 所示。聚类分析选择群组内聚类文献数>12 的群组，聚类标签分别为新型冠状病毒(#0)、虚拟病人(#1)、肌营养不良(#2)、网络教育(#3)、慕课(#4)、全球卫生(#5)、系统综述(#6)、解剖学和组织学(#7)、虚拟学习(#8)、辅助教学(#9)。聚类模块值 $Q = 0.9126$，平均轮廓值 $S = 0.9866$。从主要群组来看，被引文献的研究内容主要集中在医学教育混合式教学的应用背景和系统综述(#0、#5、#6)、专业课程教学实践融合(#2、#7)和多样化教学方法(#1、#3、#4、#8、#9)方面。从时间线视图看可大致按三个时间段划分，2005 年前研究内容主要为网络/虚拟教学(#3、#8)，2005—2015 年研究内容主要为混合式教学在医学教育领域的应用(#1、#2、#5)，2015 年至今的研究内容主要为混合式教学方法(#0、#4、#6、#7、#9)。

表 4　　　　　　医学教育混合式教学研究领域高被引文献信息（排名前 6 位）

序号	被引文献（作者、文献名、刊名、出版年份、卷、期、起止页码、DOI）	被引频次
1	Rose S. Medical Student Education in the Time of COVID-19. JAMA, 2020, 323(21)：2131-2132. DOI：10. 1001/jama. 2020. 5227	33
2	Liu Q, Peng W, Zhang F, Hu R, Li Y, Yan W. The Effectiveness of Blended Learning in Health Professions：Systematic Review and Meta-Analysis. J Med Internet Res, 2016, 18(1)：e2. DOI：10. 2196/jmir. 4807	31
3	Vallée A, Blacher J, Cariou A, Sorbets E. Blended Learning Compared to Traditional Learning in Medical Education：Systematic Review and Meta-Analysis. J Med Internet Res, 2020, 22(8)：e16504. DOI：10. 2196/16504	31
4	O'Doherty D, Dromey M, Lougheed J, Hannigan A, Last J, McGrath D. Barriers and solutions to online learning in medical education-an integrative review. BMC Med Educ, 2018, 18(1)：130. DOI：10. 1186/s12909-018-1240-0	28
5	Hew KF, Lo CK. Flipped classroom improves student learning in health professions education：a meta-analysis. BMC Med Educ, 2018, 18(1)：38. DOI：10. 1186/s12909-018-1144-z	27
6	Dost S, Hossain A, Shehab M, Abdelwahed A, Al-Nusair L. Perceptions of medical students towards online teaching during the COVID-19 pandemic：a national cross-sectional survey of 2721 UK medical students. BMJ Open, 2020, 10(11)：e042378. DOI：10. 1136/bmjopen-2020-042378	24

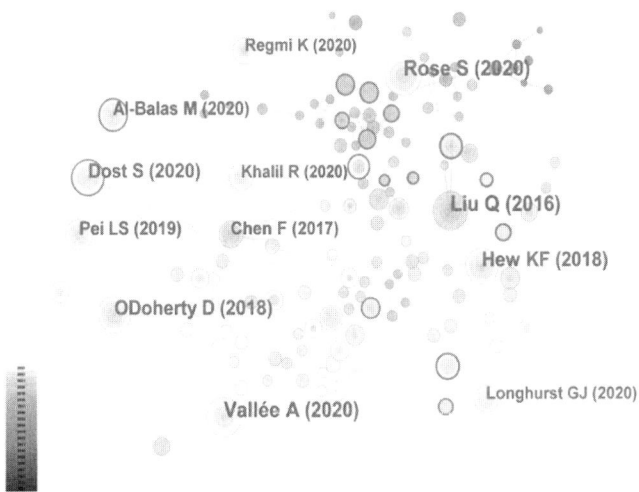

A

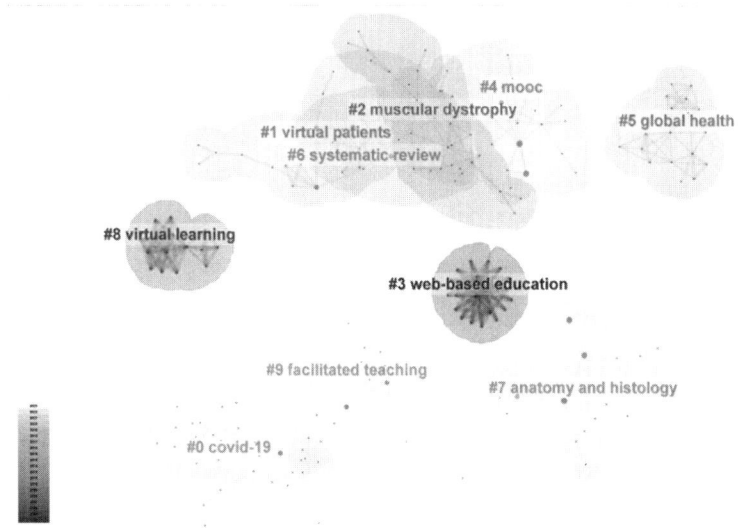

B

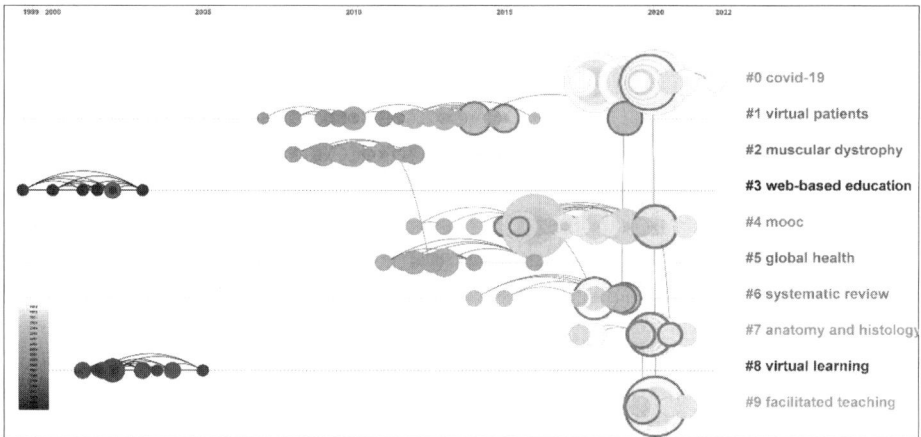

C

图 7　医学教育混合式教学研究领域的被引文献分析

注：A. 共现网络；B. 聚类分析；C. 时间线视图

2.5　期刊双图叠加分析

期刊双图叠加分析显示，施引文献与被引文献所在期刊学科之间的引证路径有 3 条明显轨迹（如图 8 所示）。这 3 条轨迹中，施引文献所属的学科中心有 2 个：①医学、医疗、临床；②心理学、教育、健康；被引文献所属的学科中心有 2 个：①健康、护理、医学；②心理学、教育、社会学（如表 5 所示）。

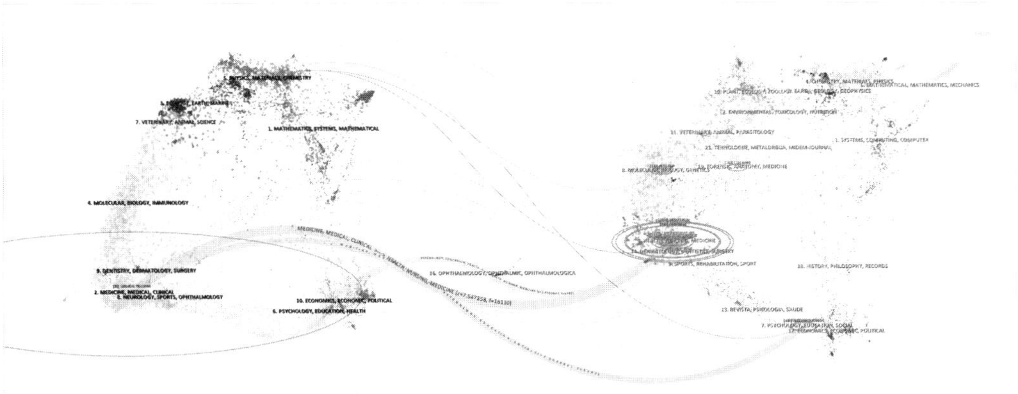

图 8　医学教育混合式教学研究领域的期刊双图叠加分析

表 5　　　　　　　　　医学教育混合式教学研究领域的期刊学科引证路径

引 证 路 径			z-score
施 引 文 献	→	被 引 文 献	
医学、医疗、临床	→	健康、护理、医学	7.547
医学、医疗、临床	→	心理学、教育、社会学	2.308
心理学、教育、健康	→	健康、护理、医学	2.036

3. 研究启示

本研究基于 CiteSpace 知识图谱首次对近 20 年来国内外医学教育混合式教学的研究文献进行了系统性梳理和分析对比。本研究通过对年发文量、作者/机构/国家合作网络、关键词共现网络、关键词突现、被引文献聚类/时间线视图以及期刊双图叠加等的分析,全面、清晰地展示和对比了国内外医学教育混合式教学研究的现状、热点及发展趋势,对我国混合式教学在医学教育方面应用的综合认知和未来发展方向有一定的参考和启示。

3.1　国内外医学教育混合式教学研究均蓬勃发展,国内发文量自 2015 年起持续攀升

年发文量是衡量某一领域的动态发展趋势、受关注程度以及预测未来发展的重要信息来源[9]。该研究显示,2004—2023 年国内外医学教育混合式教学研究的年发文量均总体呈上升趋势,特别是 2017 年以后发展迅速。国内该领域发文量虽然起步相对国外偏晚,

但从 2015 年开始呈现攀升之势，2017 年就已超过国外该领域的发文量，这反映了我国医学教育研究者对混合式教学研究的关注度较高，现阶段混合式教学在我国医学教育领域的应用广泛。分析作者、机构及不同国家的发文情况，可以比较全面地反映该领域的研究现状和实力分布，从而使研究者有针对性地进行学习和合作交流。该研究显示，我国李鹏、国外 Car Lorainne Tudor 分别位列国内及国外作者榜首，我国哈尔滨医科大学和澳大利亚莫纳什大学分别位列国内及国外机构榜首，属于该领域的标杆作者和机构。机构合作网络显示，国内外机构间的合作关系均不足，多处于内部探索阶段。国家合作网络显示，美国、德国是发文量、与各国合作相对较多的国家，但中心性排名显示葡萄牙的中心性最高，表明葡萄牙在该领域的影响力和重要程度最大，其教学实践和经验值得借鉴和学习。

3.2 混合式教学模式与医学专业课程教学实践相融合，国内外医学教育混合式教学研究的侧重点不同

关键词是对文章核心内容的高度概括和总结，因此常用高频关键词来分析某一领域的研究热点[10]。从前 10 位高频、中心性较高的关键词看，国内医学教育混合式教学研究的热点主要为混合式教学在护理、医学教育、课程思政等课程方面的应用和慕课、翻转课堂、线上教学、微课、小规模限制性在线课程等教学方法，国外医学教育混合式教学研究的热点主要为混合式教学在医学教育、解剖学、护理等课程方面的应用，对技巧、态度、能力的促进以及线上教学、模拟教学等教学方法。由此可见，国内外医学教育领域应用混合式教学均热度较高，涉及的细分专业、课程较多[5]，但国内研究侧重于教学方法的多样化，而国外研究侧重于对学生不同方面能力的提升。这与甘有洪等对国内医学教育混合式教学研究及祝歆等对国内外总体（不仅是医学教育）混合式教学研究的分析结果基本一致[11-12]。关键词突现分析可检测某阶段具有高突现强度的关键词，反映这一阶段的研究热点和前沿趋势。本研究的关键词突现分析显示，国内研究现阶段突现的热点关键词是线上线下、教学模式、医学统计学、定性研究，国外研究现阶段突现的热点关键词是新型冠状病毒和定性研究，说明结合了线上教学与线下教学众多优势的混合式教学模式作为教育领域"新时代的产物"，在信息化时代和疫情背景下的发展愈发受到重视，另外目前在医学教育领域开展混合式教学定性研究的热度较高。一般突现长度越长，说明热度持续时间越久。从时间周期可看出，国内研究热度持续时间较长的关键词是混合式教学模式、学习记忆、微课、网络教学，国外研究热度持续时间较长的关键词是能力、教学、方案，说明国内医学教育对混合式教学多样化教学方法的开发一直较为关注，而国外医学教育对学生能力提升、教学方案制订方面一直较为关注。这与国内外高频、中心性高的关键词分析结果相符。

3.3 混合式教学研究发展演变符合时代发展与需求，在医学教育不同学科领域呈现交叉趋势

通过被引文献分析可快速找到某一研究领域内的关键节点文献，也可以展示这一领域

的知识基础和前沿[8]。本研究显示，高被引文献主要是综述类文章（Liu 等[7]、Vallée 等[6]、O'Doherty 等[13]、Hew 等[14]），为医学教育混合式教学研究的系统回顾和荟萃分析，这些高被引文献总结了该领域内较为全面且新近的进展，能为学者们后续进一步开展医学教育教学实践、混合式教学研究提供有力支撑。聚类分析显示，被引文献的研究内容主要集中在医学教育混合式教学的应用背景和系统综述、专业课程教学实践融合和多样化教学方法方面。时间线视图可以展现各个聚类（即子领域）发展演变的时间跨度和研究进程[15]。从时间线视图看出，该研究领域从单一的网络/虚拟教学模式发展到具有多种教学方法的混合式教学模式，且在 2015—2023 年有一系列重要的里程碑式的成果，这与信息化技术迅猛发展和时代背景、需求是息息相关的。从本次聚类模块值和平均轮廓值可以看出，该聚类结构显著、聚类合理、令人信服，被引文献的聚类分析结果与关键词分析结果基本一致。期刊双图叠加分析是显示各学科论文的分布、引文轨迹和重心漂移等信息的新方法[16]。本研究的期刊双图叠加分析显示，"医学、医疗、临床"与"健康、护理、医学""心理学、教育、社会学"领域的文献关系紧密，而"心理学、教育、健康"与"健康、护理、医学"领域的文献关系紧密，"医学、医疗、临床""心理学、教育、健康"是医学教育混合式教学研究的应用领域，而"健康、护理、医学""心理学、教育、社会学"是医学教育混合式教学研究的研究基础，表明混合式教学研究在医学教育不同学科领域有交叉趋势，以上分析结果清晰地展示了医学教育混合式教学研究的演进脉络和前沿趋势。

4. 结束语

医学发展与医学教育发展密不可分，医学教育技术与多元的相关学科的结合性探索和实践，可促进医学教育和科研的快速发展及创新型医学人才培养。因此在医学教育领域，积极构建和优化多元互融的混合式教学模式，加强国内外的交流合作，注意教学方法多样化和学生能力提升并重，深化混合式教学的内涵与外延，是推动我国医学教育教学创新改革的未来发展方向。

◎ 参考文献

［1］ 王卫平 . 漫谈医学教育的完整性 ［J］. 中国大学教学，2021（11）：10-13.

［2］ 王婷婷，张洪辉，王爱梅，等 . 基于知识图谱技术的我国医学教育质量保障研究热点分析 ［J］. 中华医学教育探索杂志，2022，21（9）：1121-1126.

［3］ Pelletier K，Robert J，Muscanell N，et al. 2023 EDUCAUSE horizon report：teaching and learning edition ［R］. EDUCAUSE，2023.

［4］ 高雪，孙红柳，秦加阳，等 . 研究生混合式教学开展的困境与突破：以生物医学研究生为例 ［J］. 中国医学教育技术，2021，35（4）：431-433.

［5］ 朱海丽，丁洁琼，唐琼，等 . 基于"互联网+"的生理学混合式教学模式探索 ［J］. 中国医学教育技术，2020，34（3）：370-372.

［6］ Vallee A，Blacher J，Cariou A，et al. Blended learning compared to traditional learning in medical education：systematic review and meta-analysis ［J］. Journal of Medical Internet Research，2020，22（8）：e16504.

［7］ Liu Q，Peng W，Zhang F，et al. The effectiveness of blended learning in health professions：systematic review and meta-analysis ［J］. Journal of Medical Internet Research，2016，18（1）：e2.

［8］ Chen C. CiteSpace II：detecting and visualizing emerging trends and transient patterns in scientific literature ［J］. Journal of the American Society for Information Science and Technology，2006，57（3）：359-377.

［9］ 李科科，于文兵，李硕奇，等. 基于 CiteSpace 的大学生社交焦虑研究的热点与前沿趋势分析 ［J］. 中国全科医学，2022，25（33）：4217-4226.

［10］ 李杰，陈超美. CiteSpace：科技文本挖掘及可视化 ［M］. 北京：首都经济贸易大学出版社，2016.

［11］ 甘有洪，高碧云，曾晓娟，等. 混合式教学在医学教育中的研究现状、热点及趋势：基于 CiteSpace 的知识图谱分析 ［J］. 中国医学教育技术，2023，37（2）：125-131.

［12］ 祝歆，楚心茹，丁庆洋. 混合式教学研究现状及趋势：基于 CiteSpace 可视化分析 ［J］. 北京联合大学学报，2024，38（1）：13-23.

［13］ O'Doherty D，Dromey M，Lougheed J，et al. Barriers and solutions to online learning in medical education：an integrative review ［J］. BMC Medical Education，2018，18（1）：130.

［14］ Hew K F，Lo C K. Flipped classroom improves student learning in health professions education：a meta-analysis ［J］. BMC Medical Education，2018，18（1）：38.

［15］ 陈悦. 引文空间分析原理与应用 ［M］. 北京：科学出版社，2014.

［16］ Chen C，Leydesdorff L. Patterns of connections and movements in dual-map overlays：a new method of publication portfolio analysis ［J］. Journal of the Association for Information Science and Technology，2013，65（2）：334-351.

课赛深度融合：电子信息类
创新人才培养探索与实践

范赐恩　贺赛先　陈　罡　周立青　茹国宝

（武汉大学　电子信息学院，湖北　武汉　430072）

【摘　要】随着电子信息产业的高速发展，行业内企业对创新人才的需求日益迫切。传统的电子信息类课程教学模式面临诸多挑战，难以满足创新人才培养的要求。本文深入分析电子信息类课程教学现状，提出课赛深度融合的创新人才培养模式，详细阐述学训赛一体化教学体系构建、教学方法改进的实施模式和方法，构建以创新人才培养为目标的教学评价体系，并展示教学改革所取得的成效。最后对课赛深度融合模式进行总结与展望，为电子信息类创新人才培养提供理论与实践参考。

【关键词】课赛融合；电子信息类；创新人才培养；教学改革

【作者简介】范赐恩（1975—　），女，浙江宁波人，博士，副教授，博士生导师，研究方向为嵌入式系统设计、人工智能和机器视觉，E-mail：fce@ whu. edu. cn。

【基金项目】教育部 2024 年产学合作协同育人项目"基于 TPU 编译器的计算机系统课程实践体系改革"（编号：2407263214）和"基于深度学习及 TPU 平台的微处理器与系统设计实践课程建设"（编号：2407250325）

一、引言

在当今数字化时代，电子信息产业已成为全球经济发展的重要驱动力。电子信息技术通过智能手机、物联网设备及人工智能边端设备等载体，已深度融入社会各行各业，持续重塑人类生活与工作模式。电子信息技术的发展驱动人才需求范式发生结构性转变。基于 OBE 理念，电子信息类专业人才培养应构建"产业需求牵引-创新实践支撑-个性发展驱动"的三螺旋协同机制：在夯实数理基础与专业核心知识体系的同时，着力培育学生的创新思维体系、工程实践能力及电子信息专业素养，形成需求导向型创新人才培养的动态适配机制[1-3]。

然而，传统的电子信息类课程教学存在一定程度上与产业需求脱节的问题[4-6]。教学内容往往侧重于理论讲解，实践教学环节相对薄弱；教学方法以单向传授为主，难以激发学生的学习兴趣和创新思维；教学评价体系单一，理论考试权重过大，无法全面衡量学生的综合素质。为了应对这些挑战，文献[7-9]探索了学科竞赛和专业课程教学融合的方法。本研究以武汉大学电子信息类课赛融合的教学模式改革为例，旨在将课程教学与学科竞赛紧密结合，通过竞赛的激励机制和实践导向，提高学生的综合能力，探索适应电子信息产业发展需求的创新人才培养模式。

二、传统电子信息类课程教学现状

1. 教学内容与产业需求脱节

电子信息类产业技术更新换代迅速，新的概念、技术和应用不断涌现。然而，课程教学内容的更新速度相对滞后，许多教材内容未能及时反映行业的最新发展。例如，在人工智能领域，深度学习和强化学习等前沿技术已经广泛应用于图像识别、语音处理等方面，但在部分高校的电子信息类课程中，相关内容的引入还不够深入或及时。这导致学生所学知识与实际产业需求存在差距，学生毕业后进入企业需要较长时间的再培训才能适应工作岗位。

2. 实践教学环节相对薄弱

虽然实践教学在电子信息类课程中占有一定比例，但仍存在一些问题。一方面，实践教学资源有限，实验室设备陈旧、数量不足，无法满足每个学生充分实践的需求。另一方面，实践教学内容缺乏系统性和创新性，往往局限于验证性实验，学生按照既定的步骤操作，难以真正锻炼解决实际问题的能力。例如，在电路实验中，学生大多是按照实验指导书连接电路、测量数据，而对于电路设计、故障排除等实际工程能力的培养不足。

3. 教学方法比较单一

传统的教学方法以教师讲授为主，学生处于被动接收知识的状态。这种单向的知识传递方式难以激发学生的学习兴趣和主动性，不利于创新思维的培养。在电子信息类课程中，由于理论知识较为抽象，如信号与系统、电磁场理论等课程，如果缺乏有效的教学方法，学生很容易产生畏难情绪。而且教学过程中缺乏对学生个性化学习需求的关注，不能因材施教，也限制了学生的发展。

4. 教学评价体系缺乏多元化

目前，电子信息类课程的教学评价主要依赖于理论考试，这种评价方式只能反映学生对理论知识的掌握程度，无法全面评估学生的实践能力、创新能力和团队协作能力。例如，一个在理论考试中取得高分的学生，可能在实际的电路设计或软件开发项目中表现不佳，因为理论考试不能体现学生的动手能力和创新思维。单一的教学评价体系不利于引导学生全面发展，也不能准确反映教学质量的高低。

三、课赛深度融合实施模式和方法

(一)构建学训赛一体化创新教学体系

1. 课程体系与竞赛项目对接

以创新能力培养为目标，将电子信息类学科竞赛项目融入课程体系，根据竞赛内容对课程进行优化整合，从而构建了学、训、赛一体化的教学体系，如图1所示。

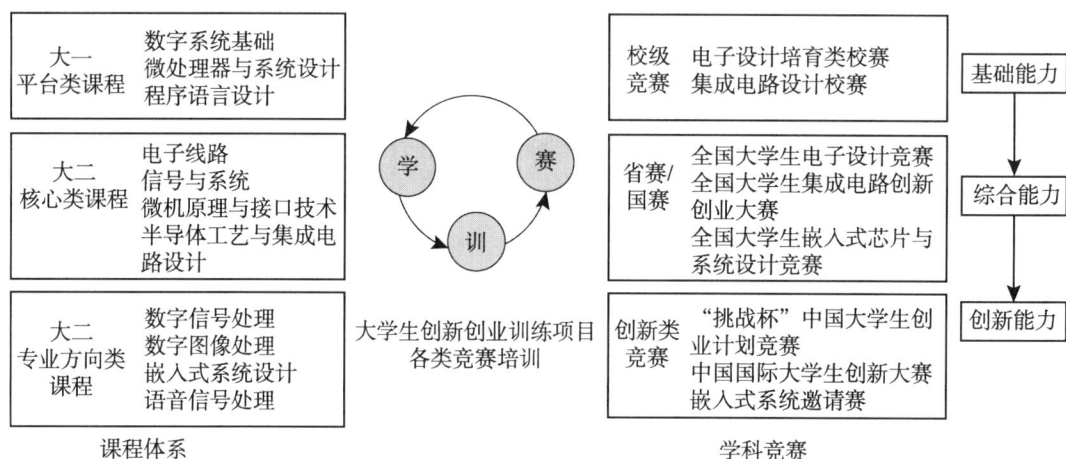

图1　学训赛一体化教学体系框架

首先，电子信息类学科竞赛常常会用到电路设计、软件编程、微控制器智能控制等知识，在不影响课程体系完整性和连贯性的基础上，对大一到大三的课程体系进行优化，大一平台类课程中增加了数字系统设计、程序语言设计、微处理器与系统设计课程，学生在学完这些课程后，具备了一定的专业基础能力，可以参加专门针对大一学生的电子设计培育类校赛、集成电路校赛等比赛。通过这些培育类的比赛不仅可以提升学生的专业知识应用能力，同时培养学生的专业兴趣。

其次，大二的课程设置包含专业核心类课程如电子线路、信号与系统、微机原理与接口技术等，逐步构建学科竞赛需要的专业知识结构，同时往届竞赛题中涉及的专业知识点也会作为课程内容的一个个案例引入，课程的学习不再是一个个枯燥的知识点，而是鲜活的工程应用。学生对这些课程知识的学习不仅仅停留在考试上，而是通过参加列入教育部名单的学科竞赛，如全国大学生电子设计竞赛、全国大学生集成电路创新创业大赛等比赛，逐步具备灵活应用专业知识的综合能力。

最后，学生在学科竞赛中逐步找到自己的专业方向，在大三阶段，可以选修各种专业方向类课程，如语音信号处理、数字图像处理、嵌入式系统设计等课程，同时为满足对前沿技术探索的需求，学生可以选择参加大学生创新创业训练项目以及各类创新类竞赛，如"挑战杯"中国大学生创业计划竞赛、中国国际大学生创新大赛等，同时我们还有与各类学科竞赛配套相关的训练计划，学生通过学、训、赛一体化教学体系，创新能力得到充分挖掘。

不同阶段的课程模块，如大类平台类课程模块、专业核心类课程模块和专业方向类课程模块，分别对应入门级竞赛、省级/国家级竞赛和国家级创新类竞赛的要求，使学生在学习过程中逐步提升基础能力、综合能力和创新能力。

2. 实践教学平台建设

以开放式实验室和在线教学实践资源为基座，分层次平台实践课和递进式专业课实践为支撑，打造一体化的学训赛实践教学平台，如图2所示。开放式实验室配备先进的仪器设备、软件工具以及电子元器件库，如示波器、信号发生器、嵌入式开发板、软件开发环境、电容电阻等各种电子元器件等。建设了在线教学实践资源库，提供历届竞赛案例、竞赛培训视频、竞赛常用知识视频教程等丰富的学习资源，方便学生随时随地进行学习和实践。通过实践教学平台，学生可以在课堂学习之余，进行竞赛项目的训练和实践操作，提高自己的实践能力。

学院还建设了分层次的实践平台课：电工电子实验基础、电工电子工程训练和电子系统综合设计。电工电子实验基础课开设在大一第一学期，包括基本电路分析与计算、简单电子元件识别与应用等实践内容，为一些入门级竞赛提供电子信息类专业的基本技能。电工电子工程训练课程在大二开设，增加了系统设计、复杂电路分析、传感器数据采集等实践内容。例如，在进阶课程模块中，学生将实现智能小车系统，涉及光电传感器数据采集、小车循线等功能。电子系统综合设计课程作为高阶课程，拓展学生的创新能力，学生可以以往赛题或自主课题作为实践项目，通过开题、方案设计、设计与开发、验收和展示等环节锻炼复杂系统的设计和开发能力。

分层次平台课程能够逐步提升学生的知识和技能水平，以适应不同层次的竞赛需求。专业课的实践形式采用基础实验、综合实验和创新实验三级递进式教学模式。以"半导体工艺与集成电路设计"课程为例，基础实验阶段基于开源无剑100平台完成综合、时序仿真等基础能力训练；综合实验阶段则基于该平台设计新 IP，如 VGA 模块等，完成新的 Soc 系统设计；而创新实验阶段则和全国大学生集成电路创新创业大赛紧密结合，学生在该阶段选择当年赛题，由于该比赛赛题多样、覆盖面广，有难度和挑战度，学生在实践过程中挑战自我，创新能力得到提升。

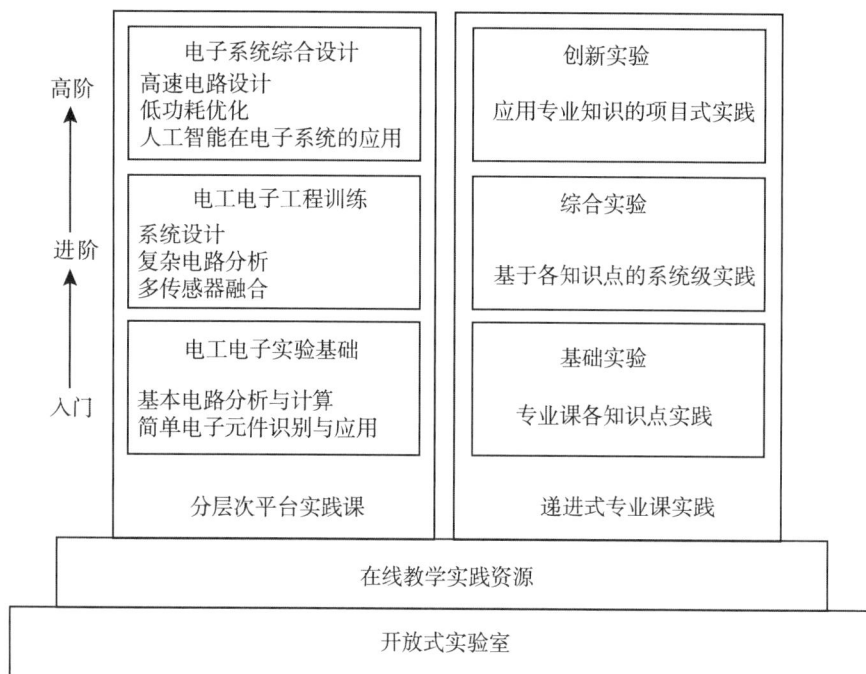

图 2 学训赛一体化实践教学平台

3. 竞赛培训体系完善

从竞赛基础知识培训到专项技能培训，再到综合项目培训，学院逐步建立了系统的竞赛培训体系。在基础知识培训阶段，针对竞赛所需的基本理论知识进行系统讲解，如电子技术基础、计算机编程基础等。专项技能培训则聚焦于竞赛中的特定技能，如 PCB 设计、算法优化、硬件调试等。在综合项目培训阶段，组织学生参与模拟竞赛项目，按照竞赛规则和要求进行项目开发，培养学生的团队协作能力和综合解决问题的能力。此外，邀请竞赛经验丰富的教师和企业专家担任培训导师，为学生提供专业的指导和建议。

(二)教学方法改进

1. 项目驱动教学法

课程教学采用项目驱动教学法，以竞赛项目为载体，将课程知识融入项目任务。教师根据竞赛项目要求，将项目分解为若干个小的任务，如在全国大学生集成电路创新创业大赛中每个赛题可分解为需求分析、方案设计、硬件制作、软件编程、系统测试等任务。学生以小组形式承担项目任务，通过完成任务来学习和掌握相关知识和技能。在项目实施过程中，教师引导学生自主学习、探索创新，培养学生的自主学习能力和创新思维。例如，在需求分析任务中，学生根据赛题要求进行技术调研，分析用户需求，从而确定产品的功能和性能指标，这一过程不仅锻炼了学生的需求分析能力，而且促使学生将理论知识应用于实际需求分析中。

2. 问题导向教学法

问题导向教学法以竞赛中可能遇到的问题为导向，引导学生主动思考和解决问题。在教学过程中，教师根据竞赛项目和课程内容设置一系列问题，如在微处理器与系统设计课程中，针对电子设计竞赛中采用红外传感器出现寻迹问题，教师提出"如何提高在复杂环境下的寻迹可靠性"等问题。学生通过查阅资料、小组讨论、实验验证等方式寻找解决方案，从而加深对课程知识的理解和掌握。这种教学方法有助于培养学生的批判性思维和解决实际问题的能力，使学生在面对竞赛中的复杂问题时能够从容应对。

四、以创新人才培养为目标的教学评价体系建设

1. 评价指标多元化

构建多元化的教学评价指标体系，除了传统的理论知识考核外，增加实践能力、创新能力、团队协作能力等方面的评价指标。在实践能力评价方面，考核学生在实验室操作、竞赛项目实践中的表现，包括实验技能、电路制作水平、软件编程能力等。创新能力评价注重学生在竞赛项目中的创新思维和创新成果，如是否提出新的设计方案、是否采用新的技术手段等。团队协作能力评价则考查学生在小组项目中的角色分工、沟通协作、团队贡献等情况。通过多元化的评价指标全面、客观地反映学生的综合素质。

2. 评价主体多样化

改变单一的教师评价主体模式，引入学生自评、互评以及企业评价等多种评价主体。学生自评可以促使学生对自己的学习过程和成果进行反思，发现自己的优点和不足，提高自我管理能力。学生互评能够培养学生的批判性思维和团队协作精神，通过互相评价，学生可以学习他人的长处，改进自己的学习方法。企业评价则从企业的角度出发，对学生的职业素养、实践能力等方面进行评价，使教学评价更符合产业需求。例如，在学生参与企业实习或企业项目竞赛后，企业可以对学生的表现进行评价，为教学改进提供参考依据。

3. 评价过程动态化

建立动态的教学评价过程，改变以往只注重期末考核的评价方式。在教学过程中，对学生的学习过程进行全程跟踪评价，包括课堂表现、平时作业、项目进展情况等。例如，在竞赛项目培训过程中，定期对学生的项目进度、技术掌握情况、团队协作情况等进行评价，及时发现问题并给予反馈和指导。动态化的评价过程有助于教师及时调整教学策略，满足学生的学习需求，同时也能激励学生积极参与学习和竞赛活动，不断提高自己的综合能力。

五、课赛融合教学改革成效

1. 学生综合能力得到提升

通过课赛深度融合的教学改革，学生的综合能力得到了显著提升。在实践能力方面，学生在实验室操作更加熟练，能够独立完成复杂的电子电路制作、嵌入式系统开发和软件编程等任务。在创新能力方面，学生在竞赛项目中提出了许多新颖的设计方案，如在全国大学生集成电路创新创业大赛基于 FPGA 的机械臂精确控制系统赛题中，学生不仅完成了赛题规定要求，而且有的小组加入双臂协同功能，有的小组加入数字孪生功能，他们发挥着各自的创新能力。在团队协作能力方面，学生在小组竞赛项目中学会了分工合作、互相沟通和协调，能够更好地发挥团队的优势。例如，在参加电子设计竞赛时，学生团队成员分别负责硬件设计、软件编程和文档撰写等工作，通过密切协作，最终完成高质量的竞赛作品。

2. 竞赛成绩显著提高

教学改革后，学生在各类电子信息类学科竞赛中的成绩有了明显提高。参与竞赛的学生人数不断增加，获奖数量和获奖等级也显著提升。例如，在全国大学生集成电路创新创业大赛中，改革前学校每年最多只有 1 支队伍获得国家级奖项，改革后学生参赛队伍明显增加，获国家级奖项团队数量大幅增加，2023 年学校在该项竞赛中有 12 支团队获国家级奖项，2024 年学校在该项竞赛中有 14 支团队获国家级奖项。竞赛成绩的不断提高，证明了学生综合能力和创新能力在不断提升。

3. 就业和升学质量有所改善

学生综合能力的提升直接反映在就业质量上。毕业生在就业市场上更具竞争力，受到电子信息类企业的广泛欢迎。毕业生的就业岗位涵盖了电子系统设计、软件开发、测试工程师、技术支持等多个领域，并且薪资待遇也有了明显提高。许多企业反馈，经过课赛深度融合培养的学生具有较强的实践能力和创新思维，能够快速适应企业的工作环境，为企业的发展做出贡献。

此外，以往学生在选择就业和升学方向上会"欺软怕硬"，不敢报电路系统设计、集成电路设计等偏硬件类方向，而通过课赛融合的教学改革后，学生通过竞赛发现了自己在硬件电路设计或集成电路设计方面的能力，并产生浓厚的兴趣，选择就业和升学的方向更加宽广。

六、总结与展望

课赛深度融合是电子信息类创新人才培养的有效模式。构建学训赛一体化教学体系、改进教学方法、建立多元化教学评价体系等措施，有效地解决了传统电子信息类课程教学中存在的教学内容与产业需求脱节、实践教学环节薄弱、教学方法单一和教学评价体系单一等问题。教学改革的成效体现在学生综合能力的提升、竞赛成绩的提高和就业质量的改善等方面。

尽管课赛深度融合在电子信息类创新人才培养方面取得了一定的成果，但仍有进一步发展的空间。未来，可以进一步加强与企业的深度合作，根据企业需求定制更多的竞赛项目和课程内容，实现人才培养与企业需求的无缝对接。同时，随着新兴技术如人工智能、计算机视觉、大模型等在电子信息领域的应用，需要及时更新教学内容和竞赛项目，使知识更新紧跟行业发展前沿。此外，还可以探索国际课赛融合交流与合作，拓宽学生的国际视野，培养具有国际竞争力的电子信息类创新人才。

◎ 参考文献

[1] 黄捷扬，张应强. 核心素养视角下我国本科人才培养目标的问题与对策［J］. 高等教育研究，2022，43（9）：83-91.

[2] 周美秀，赵山程，陈汉营. 新工科背景下电子信息专业"三段-双型"实践性人才培养体系研究［J］. 中国现代教育装备，2024，43（9）：64-66.

[3] 周如金，范忠烽，刘美. 新时代卓越高等工程教育路径创新探索［J］. 高教探索，2021（9）：9-12.

[4] 李忠文，苏士美，彭金柱，等. 电气信息类电子技术系列课程多维度交互融合教学模式改革与实践［J］. 高教学刊，2024，10（12）：158-161.

[5] 王俊，张玉玺，魏少明，等. "新工科"背景下电子信息类实验课程改革探索［J］. 工业和信息化教育，2024（6）：45-52.

[6] 张洋. 面向新时代课程思政教学改革的模拟电子技术"三位一休"多元化教学模式［J］. 高教学刊，2024，10（20）：149-152.

[7] 董鑫正，林刚. "课赛融合"模式在程序设计基础课程教学中的应用与实践探索［J］. 电脑知识与技术，2024，20（19）：146-148，152.

[8] 杨静，吴屏，李苑青，等. 课赛融合的创新实践思政教学体系探索［J］. 教育教学论坛，2023（10）：85-88.

[9] 姜林，刘星宝，杨俊丰，等. "课赛融合"模式在机器学习课程教学中的应用［J］. 计算机教育，2022（11）：133-136，141.

法律职业资格考试与本科教学的衔接

——以培养目标、考核模式为视角

杨　巍　王艺言

（武汉大学　法学院，湖北　武汉　430072）

【摘　要】法律职业资格考试与本科教学在培养目标、考核模式上存在明显差异，法律职业资格考试的专业性和实践性要求显著高于本科教学。为促使二者目标定位和价值导向更好地衔接，应当利用二者目标定位中侧重点的差异实现优势互补，并且利用法律人才培养的统一目标整合二者的功能。本科教学命题可以借鉴法律职业资格考试的命题特点，采取"以例设题""以真实案例为原型设题"等方式，改变本科考查内容过度理论化的缺陷，从而有效地提升学生的综合运用能力。

【关键词】法律职业资格考试；本科教学；培养目标；考核模式；衔接

【作者简介】杨巍，武汉大学法学院教授，博士生导师，E-mail：wdfxyyw@ sina. com；王艺言，武汉大学法学院民商法学硕士研究生，E-mail：1010931747@ qq. com。

一、问题的提出

习近平总书记提出，要"努力让人民群众在每一个司法案件中都能感受到公平正义"。① "徒法不足以自行"，法治的发展离不开法律职业群体，建设中国特色社会主义法治体系以及推进全面依法治国也都以高素质的法律职业群体作为主要参与主体。2015 年中共中央办公厅、国务院办公厅发布《关于完善国家统一法律职业资格制度的意见》和2018 司法部公布《国家统一法律职业资格考试实施办法》以来，法律职业资格考试的报名人数持续增长，2023 年报名人数达到了 86 万人，较 2022 年上升了约 5. 26%。法律职业资格考试的历年通过率为 7%~15%，成为难度最大的职业资格考试。

法学教育是中国高等教育的重要组成部分，也是中国实行"依法治国，建设社会主义法治国家"战略的重要保障。② 其着重培养系统掌握法学知识，熟悉我国法律和党的相关政策，能在国家机关、企事业单位和社会团体、特别是能在立法机关、行政机关、检察机

---

① 习近平. 习近平谈治国理政：第 1 卷［M］. 北京：外文出版社，2018：141.
② 参见王利明. 卓越法律人才培养的思考［J］. 中国高等教育，2013(12).

关、审判机关、仲裁机构和法律服务机构从事法律工作的高级专门人才。自 2011 年国家启动"卓越法律人才教育培养计划"以来，法学教育与法律职业资格考试的关系也日趋紧密。但是对于法律职业资格考试与法学教育(尤其是本科教学)的定位及相互关系，学界一直存在分歧意见：或言"法学教育必然要为司法考试制度服务"①，或言"在相当一个时期内，它会成为左右中国法学教育的指挥棒"②，或言应将"法律思维"作为法学教育与司法考试的连接点。③

上述分歧意见既体现出厘清法律职业资格考试与本科教学关系的必要性与重要性，也反映出该问题的复杂性。本文重点讨论以下问题：(1)法律职业资格考试的考核目标与本科教学的培养目标存在哪些差异？(2)法律职业资格考试与本科教学的考核模式存在哪些差异？(3)基于前述问题，如何厘清法律职业资格考试与本科教学的应然关系？(4)在考核模式上，本科教学如何对法律职业资格考试进行合理借鉴？通过对这些问题的研究，以期实现法律职业资格考试与本科教学的合理衔接，有效提升法学本科教学质量，为培养高素质的法律职业人才探索科学的路径。

二、法律职业资格考试的考核目标与本科教学的培养目标之比较

(一) 法律职业资格考试的考核目标

实行法律职业资格考试制度必须坚持以习近平新时代中国特色社会主义思想为指引，立足于服务建设高素质社会主义法治工作队伍。这一制度吸纳了原司法考试制度的设计思想和测量方法，并且在指导思想、工作目标、测量要求上进行了全新的设计和完善，强化了法律职业的政治素养标准、业务能力标准和职业伦理标准，突出了法律职业资格考试的专业性、扩展性、实践性特征，改革了法律职业资格考试方式方法，增设了法律职业人员职前培训制度，加强了对取得法律职业资格人员的管理。建立这一制度的主要作用就是要把好法治人才的入口关、考试关、培训关和管理关，通过公平公正科学的考试，选拔并培养德才兼备、德法兼修的合格社会主义法治人才，为全面依法治国提供人才保障。④ 据此，现行法律职业资格考试的具体目标包括以下几个方面。

第一，提升选拔的科学性与有效性。法律职业资格考试的基本任务包括：一是控制法律职业就业规模，即通过设置资格门槛起到控制从业规模的作用；二是保障乃至提升法律职业人员的素质，即通过提升命题难度和考试制度的科学性，确保考试选拔出的法律人才

① 参见徐显明. 法学教育必然要为司法考试制度服务[J]. 中国司法，2006(9).

② 参见张利民. 评司法考试导向性法学教育——对中国法学教育可持续发展的关注和思考[J]. 法制与社会发展，2002(6).

③ 参见梁开银. 法律思维：法学教育与司法考试的契合点——论法学教育与司法考试的互动与改良[J]. 法学评论，2011(4).

④ 参见司法部官网. 司法部副部长就国家统一法律职业资格考试答记者问[EB/OL]. http://www.gov.cn/zhengce/2018-06/09/content_5297394.htm.

具有法律职业者需要具备的能力与品格。法律职业资格考试的考查重点是应试者的法律职业能力，具体包括：（1）对社会现象的理解能力。以律师为例，律师在询问当事人时，必须从当事人的表达中探知与法律相关的事实，并对当事人提供的事实保持警惕，因为当事人不一定是理性的，他会倾向于为了自己的利益说明情况，律师需要依据自身的社会常识对这些说法进行甄别和理解，由此梳理出对办案有利的部分。（2）法律概括能力。在具体的法律实践中，法律职业者面对的是特定的个案，而各种案件都是由不同的证据材料来说明案件真实情况的，将种种证据加以综合，就是概括能力的体现。（3）法律分析能力。法律从业人员首先面对的就是不同的法律条文，如果无法理解法律规定的精神实质，无法确定条文的含义及其与其他法条的关系，要做到正确执行法律就是空谈。（4）语言表达能力。对于检察官、律师来说，只有具备雄辩的演讲能力，才能使其法庭辩论具有感人的力量。无论是从事何种法律职业，通过流畅的文字形式表达其主张，申明其理由，从而说服他人，都是必需的基本素质。①

第二，侧重法治思维与能力的考查。法律职业资格考试在考查要求中强调应"综合考查应试人员从事法律职业应当具有的政治素养、业务能力和职业伦理"。② 其一，在命题范围上，《关于完善国家统一法律职业资格制度的意见》明确指出，要着眼法治实践确定考试内容，即无论客观题、主观题考试，都将按照社会主义法治实践的要求确定考试内容。主、客观题中均存在中国特色社会主义法治理论与法律职业道德等科目，而且增加检验考生理论和实践相结合能力的考试内容和分值比重，突出检验考生在法律适用和事实认定等方面的法治实践水平。其二，在命题形式上，强调考试应以案例题为主，每年要更新相当比例的案例，且需要大幅度提高案例题分值比重。在具体命题中，特别是主观题中，要把法治实践中一些具有典型性、指导性的"活生生"的案例拿来，根据命题技术规范进行加工改造后使用。同时允许考生使用由司法行政机关配发的法律法规，以此来考查考生对知识和技能的综合应用，而不是简单地记忆、理解，从而将具有一定事实认定和法律适用能力、符合法治实务部门用人需要的法治人才选拔出来，提高法律职业资格考试的科学性和公信力。其三，在评分标准上，考查的问题更具思考性，加之案例分析题、论述题要求回答的问题相对更为概括、开放，参考答案也更具开放性，使得考生得分的高低更能体现其分析问题和解决问题的能力，从而使考试的评分体系更能筛选出具备优秀法律思维与实践能力的人才。

第三，扩大职业准入范围，适应社会发展需求。法律职业资格考试将其职业准入范围拓展至九类，即规定初任法官、检察官，申请律师、公证员执业，初次担任法律类仲裁员，以及行政机关中初次从事行政处罚决定审核、行政复议、行政裁决、法律顾问的公务员，都应当通过国家统一法律职业资格考试，取得法律职业资格。这一改革顺应了社会发展的需要和趋势，对于规范和统一法律职业人才的选拔机制、促进法律职业共同体的构建，有着显著的积极意义。

---

① 参见胡玉鸿.国家司法考试与法学教育模式的转轨[J].法学，2001(9).

② 参见《国家统一法律职业资格考试实施办法》(司法部令〔2018〕140号)第13条.

(二)法学本科教学的定位及培养目标

2014 年 10 月,十八届四中全会通过了《中共中央关于全面推进依法治国若干重大问题的决定》,其中关于全面推进依法治国的科学论断与决策部署为高等法学教育改革指明了方向。该决定对"创新法治人才培养机制"提出了新的任务,明确要求高校"加强法学基础理论研究,形成完善的中国特色社会主义法学理论体系、学科体系、课程体系,组织编写和全面采用国家统一的法律类专业核心教材,纳入司法考试必考范围"等。在此背景下,教育部颁布了《高等法学教育贯彻十八届四中全会精神的教学指导意见》,要求依照党的十八届四中全会精神"做好相关专业课程理论教学内容更新,严格教材选用,改革教学方法,加强教学研究和师资队伍建设,提高课堂教学质量"。① 各大知名院校也积极推出了各项改革措施,例如设立各种法学人才试验班、跨专业教研室等。但是,上述文件要求的培养目标较为抽象、模糊,使得很多院校只是笼统地将法学思维、法学知识、实践能力等标签粘贴于培养目标后,并没有配套行之有效的改革举措。而且由于法科学生普遍面临很大的就业压力,各院校也面临就业率考评指标的压力,因此常常以能否通过法律职业资格考试直接对标"法学素养""职业能力"这样的抽象指标,而不去深入挖掘这些目标的本质内涵与配套举措,甚至会认为法律的精神、理念等还不如考试的技巧重要。②

对于法学本科教育的性质及定位,学界主要存在三种观点。(1)职业教育说认为,法学作为一门实用性学科,其本科教育存在的首要价值就在于培养合格的法律职业人才。③例如英国通常采取 3+1+1/2 的学制模式,即以 3 年法律本科为基础,加上 1 年法律职业深造,再加 1 年或 2 年学徒式实习,即将职业经历直接纳为法学教育的一部分。(2)素质教育说认为,在法学这种特殊、宽泛的专业教育中,素质教育具有基础与核心的地位,并贯穿法学专业教育的始终。④(3)通识教育说认为,法律人才不仅要精通法律知识,还要通晓相关学科的知识,因为法学本身的发展必须从其他学科中汲取营养,法律的运作也离不开相关知识与环境。因此,有学者将法学本科阶段的培养目标界定为:培养基础扎实、专业面宽、心理素质高和适应能力强的能够从事与法律有关的实际工作和具有法学研究的初步能力的通用法律人才。⑤以上三种学说的争议至今尚未完全平息。随着社会对于法律职业人才的知识广度提出更高的要求,要求法律人具备更深知识储备和法学素养的通识教育说似乎逐渐占据主流。

---

① 参见《教育部办公厅关于转发〈高等法学教育贯彻十八届四中全会精神的教学指导意见〉的通知》(教高厅〔2015〕3 号).

② 参见张建一. 国家统一法律职业资格考试背景下本科法学教育的困境与突围[J]. 黑龙江高教研究,2008(2).

③ 参见江国华. 法学本科教育改革研究[J]. 河北法学,2012(4).

④ 参见曾宪义,张文显. 法学本科教育属于素质教育——关于我国现阶段法学本科教育之属性和功能的认识[J]. 法学家,2003(6).

⑤ 参见曾宪义,张文显. 中国法学专业教育教学改革与发展战略研究[M]. 北京:高等教育出版社,2002.

笔者认为，法学本科教育应当坚持"精英教育"和"通识教育"的基本定位，并由此设置相应的培养目标。其一，现代法治社会的发展需要的是高素质、专业化的法律职业人才，即需要培育法科学生具有高度的经验理性、突出的法律素养、卓越的实践能力和高尚的品德要素等。因此，仅仅依照大众教育理念培育出的学生难以满足这一要求，且会与法律职业群体精英化的趋势背道而驰。其二，由于现代社会对于法律从业者的知识储备要求日益广博化，即不仅需要其有深厚的法学功底，还需要其对经济、政治、社会乃至世故人情都具有较高的理解和洞察力，有的业务门类甚至需要对科技、医疗卫生、心理等方面有深入的理解。① 本科教育正是法科学生构筑知识体系和培育法学素养的关键时期，若一味侧重法律职业技能的习得而忽略了拓展传授知识的深度和广度，则不仅难以培育出现代社会迫切需要的高水平复合型人才，还很可能会限制法科学生的后续发展潜力。其三，在坚持"通识教育"基本定位的基础上，还需要适当增加实践类课程比重，或者鼓励学生积极参与实习实训任务，来调和现行教育中对于学生实践能力培育的缺失，避免本科毕业直接进入工作单位的学生出现过大的能力缺位。域外普遍将法律人才培训分为法律学术教育（academic legal education）与法律职业培训（vocational legal training），并将前者交由法学院负责，后者则由法律实践部门负责。由于我国并未形成独立的法律职业培训体系，两种教育阶段的任务理论上都交由高校法学教育来实现。这也从另一个角度说明了法学本科教育势必需要更加靠近职业资格考试的要求，遵循法律职业人才的标准调整课程设置与培养目标。

(三) 法律职业资格考试的考核目标与本科教学培养目标的差异

基于上文可知，法律职业资格考试的考核目标与本科教学的培养目标既相互关联又各有侧重。具体体现为：

第一，二者对于法律人才的素质要求不同。法律职业资格考试注重考生的法律专业素质，法学教育的目标素质则是每个走出校园的本科生共同的必须具备的基本素质。法学本科生在毕业后并不都将进入法律职业群体，还有许多人会选择升学、留学深造，甚至从事与法律无关的职业，因此法学教育的培养目标不能仅仅针对进入法律职业群体的毕业生，而应基于教育的公平性尽可能地照顾到每一个学生。由于选择不同出路的学生通常有着不同的诉求，例如有志升学深造的学生更希望老师指引他们了解艰深的理论知识，而立志投身法律职业的学生则希望了解更多应用层面的知识，因此法学教育想要充分预计到所有诉求是不切实际的。现实的选择是退而求其次，满足不同去向本科生共同的普遍的需求，为他们任何一种可能的出路打下基础。

第二，法律职业资格考试对于法律人才的素质要求更加细致。法律职业资格考试的任务是对初级法律职业素质进行把关，其设置的法律职业素养与法学教育培养的法律素质虽有交叉的部分，但要求更加细致。交叉的部分是在法学教育培养素质中的法律思维能力、法律表达能力和法律事实探知能力。以法律思维的考查为例，法律职业资格考试要求全面

---

① 参见葛云松. 法学教育的理想[J]. 中外法学，2014(2).

掌握法律知识和准确分析法律关系：题干通常是精练的案例案情，设问的主要方式是将知识点融合进具体的情境中，考生在解题过程中需要先对题干进行分析，透过案件事实提炼出其中的法律关系和法律问题，在此基础上根据对应知识点做出解答。客观题试卷共有200道题，每道题包含4个选项，每个选项都有可能作为一个单独的知识点，甚至是多个知识点的融合，每道题涉及的知识点一般也不会重复，这就意味着光是客观题阶段就可能隐藏着800多个知识点，这对学生掌握知识的广度有了更高层次的要求。这种考查的灵活性和实践性是以检验知识记忆为主的本科教育所无法比拟的。此外，在考查科目上，以民商法为例，法考的考试范围涉及民商法课程体系的全部，而高校法学本科通常会将婚姻家庭法、继承法、保险法这类课程设置为选修课，因而很少会有学生完整修习了其中所有课程。

综上，法律职业资格考试与法学教育出于自身特点和目标的差异，对于人才培养有着方向类似而侧重点不同的任务，但这种各有侧重的任务导向恰恰有利于二者通过优势互补完成衔接。法学教育需要培养多种出路的人才，所以素质培育的目标不能设定得过于单一和具体，但其课程体系的特点决定了其不仅可以培养学生的法律素养，还能多方面、多维度地提升学生的综合素质。法律职业资格考试只有选拔法律职业人才这一核心且具体的目标，其为法律人才设置的能力素质要求也都紧紧围绕着法律职业能力展开，但正因为考核的维度相对单一，其可以设置更深入的检验标准。因此，法学教育应当明确定位为通识性的素质教育，以综合性地提升学生能力和为学生提供多种学习路径为基本目标，而将系统、深度检验学生法律职业能力的任务更多交由法考来实现，以此实现二者的扬长避短与优势互补。

三、法律职业资格考试与本科教学的考核模式之比较

(一)法律职业资格考试的考核模式

旧的司法考试采取一次性考试的方式，考试分为四张试卷：卷一至卷三是选择题，主要考查考生对相关法律制度的内容、相关法律概念、相关法律原理的识记、理解和初步运用的能力；卷四是案例分析题和申论题，主要考查的是考生运用法学原理、法律规则分析问题、解决问题的能力。这种一次性考试的方式受到许多诟病：一方面，一次性考试的通过含有较大偶然性，不能确保选拔出优异的人才；另一方面，一次性考试可能带来四张试卷题目设计上的难题，尤其是在处理前三张试卷与卷四难度的关系上。①在反思旧的司法考试相关弊端的基础上，现有法律职业资格考试对其考核目标及考试方式进行了较大程度的优化。

第一，采取"两阶段考试"的方式。其一，法律职业资格考试实行"2+1"的考试模式，即客观题2张试卷、主观题1张试卷。其二，实行一次考试分阶段进行的方式。参

---

① 参见韩大元，林鸿潮．对国家司法考试制度的宪法学思考[J]．时代法学，2005(3)．

加法律职业资格考试的考生，需要先通过客观题考试后再参加主观题考试，且客观题考试成绩的有效时长得到增加。考生当年客观题考试合格后，成绩在下一个考试年度内依然有效。其三，为提高考试的科技化、信息化水平，客观题考试全面推行计算机化考试；主观题考试虽仍以纸笔考试为主，但也在若干考区实行计算机化考试试点，力图逐步向全面计算机化考试过渡。这一系列改革将有效化解司法考试时期的考试形式造成的弊端，进而提高法律职业资格考试制度的科学性和依照这一制度选拔优秀法律职业人才的有效性。

第二，"以真实案例为原型"成为一种常规命题方式。使用真实案例作为命题素材，既能保证考查内容总体上在考试范围之内，又能真正考验考生能否熟练运用具体知识点对错综复杂的事实进行法律关系厘清并做出合理判断。自 2019 年以来，民商法客观题中开始大量出现戏剧化的生活实际案例。例如 2019 年卷的"大哥抛弃重病妻子与寡妇弟妹同居"，2020 年卷的"高价交易游戏装备"，2021 年卷的"5 岁儿童拿玩具将自家阳台花瓶打落砸伤路过快递员"等，均以实践中的真实案例为原型。以下选取 2021 年卷的一道典型真题进行具体分析：

> 国投财富公司总部在北京，因为业务需要在西安开办分公司，并领取营业执照。聘请甲为分公司负责人，全权负责分公司的业务运营。2021 年 3 月，甲代表分公司与红岭公司签署设备买卖合同，合同金额 300 万元，并以分公司的名义为红岭公司的一笔 300 万元的银行贷款提供了担保，与银行签署了担保合同。下列有关说法正确的是？
>
> A. 甲无权以分公司的名义与红岭公司签署合同
>
> B. 甲以分公司的名义与红岭公司签署的合同无效
>
> C. 甲以分公司的名义与红岭公司签署的合同对国投财富公司生效
>
> D. 如果甲伪造了国投财富公司同意担保的股东会决议提供给银行，分公司与银行签署的担保合同有效
>
> 答案：CD

本题融合了实务中极易产生纠纷的案情，包括：分公司(分支机构)负责人代表总公司签署合同、公司负责人伪造股东会担保决议签署担保合同等。本题以两则真实案例为原型：(1)"吉林环城农村商业银行股份有限公司、恒丰银行股份有限公司青岛分行合同纠纷案"①。本案涉及某银行分行(分支机构)以自己名义订立的合同能否要求某银行总行承担责任的问题。最高人民法院认为，领取营业执照的分公司(分支机构)有权以自己的名义签订合同，拥有独立的诉讼主体资格，其所订立的合同对总公司(法人)有效，即总公司(法人)在一定条件下需要对合同承担责任。据此，A、B 为错误选项，C 项正确。(2)

---

① 参见吉林环城农村商业银行股份有限公司诉恒丰银行股份有限公司青岛分行票据合同纠纷案，最高人民法院(2017)最高法民终 965 号民事判决书.

"淮南通商农村商业银行股份有限公司、刘普训等金融借款合同纠纷案"。① 本案的核心问题是，以公司财产为他人提供担保的，债权人负有何种审查义务。依据《最高人民法院关于适用〈中华人民共和国民法典〉有关担保制度的解释》第七条的规定，相对人对公司决议的合理审查仅被要求为形式审查，即相对人未发觉股东会决议为伪造并不影响其善意的认定。由于本题中的银行为善意相对人，担保合同应当对国投财富公司发生效力，故 D 选项也为正确选项。从以上分析过程可知，这类实务案例型试题需要考生深入了解实务纠纷状况与法院裁判趋势，进而对案例中的法律关系与法条适用做出正确判断。

(二) 本科教学的考核模式

《普通高校学生管理规定》第三章第二节"考核与成绩记载"第十三条至第二十条规定了高校依法办学自主权的内容，其授权高校自主确定学生学习年限、具体学习标准和成绩评定方式。其中第十三条第二款规定："考核分为考试和考查两种。考核和成绩评定方式，以及考核不合格的课程是否重修或者补考，由学校规定。"第十五条规定："学生学期或者学年所修课程或者应修学分数以及升级、跳级、留级、降级、重修等要求，由学校规定。"上述规定赋予法学院校在专业课程的考核模式上很大的自由度。在现实中，各法学院校的考核模式大多采取期末考试、期中小论文和随堂测验等。期末考试的常见题型包括名词解释、名词辨析、选择题、简答题、论述题等。近年有的老师开始直接采用一些法考真题，但仍以考查基础知识为主，案例分析题的分值比重一般较小。以一所综合性大学法学院和一所政法大学某学期为例，部分专业课程考试方式的结构如下(见表 1 和表 2)：

表 1 　　　　某综合性大学部分法学课程的考试方式及所占学科最后总成绩比重

法理学		刑法学		民事诉讼法		国际经济法学	
阶段性测试	闭卷笔试	抽题面试	闭卷笔试	平时作业(论文)	闭卷考试	阶段测试、课程论文	期末考试
20%~30%	70%~80%	10%	90%	20%	80%	根据课程实际安排情况	

表 2 　　　　某政法大学部分法学课程的考试方式及所占学科最后总成绩比重

经济法学		民法总论		商法学		行政法学	
平时考试	闭卷考试	平时成绩、期中成绩	期末成绩	平时成绩	期末笔试	平时成绩	期末笔试
30%	70%	30%	70%	20%	80%	30%	

其他法学院校的情况也大致与之类似。法学本科教学的现有考核模式体现出以下几方

---

① 参见淮南通商农村商业银行股份有限公司诉刘普训、赵玉龙、刘凤芝金融借款合同纠纷案，安徽省淮南市谢家集区人民法院(2022)皖 0404 民初 1965 号民事判决书.

面特点：

第一，以期末考核为主，阶段性考核为补充。一般来说，期末考试的分值比重占到50%以上。阶段性考核诸如平时作业、平时考核、课堂考勤和课堂表现情况等，通常只是作为检验学生阶段性学习成果和课堂投入度的依据，对于学生的最终成绩影响不大，学生之间的分数相差也不会很悬殊。对于阶段性考核的内容和形式，授课老师享有很大的自主决定权。

第二，以闭卷笔试型考试为主，其他方式为补充。对于绝大部分的本科基础课程而言，闭卷笔试型考试是最基本最有效的考核方式。单就教材知识而言，法学学科理论丰富、知识点繁多，若学生能在有限的时间内对于浓缩了整个学期重要知识的试卷做出清晰准确的回答，说明其对该学期知识点的掌握已经较为充分，具备了合格的知识储备和分析问题能力。其他的考核方式主要是为了补充考查学生的逻辑思辨、文书写作、专题研究、团队协作等难以通过书面答题方式展现的能力。虽然这些能力对于学生的综合素质培育具有重要作用，但考核方式的新颖性和有效性很大程度上取决于授课老师的重视程度。

第三，考核内容以教材中的记忆性知识为主，分析应用型知识为补充。法学本科教育作为法学入门教育，主要任务是使学生掌握基础知识、培育基本法学素养，从而具备开展深层次研究和进行知识应用的能力。因此，牢固掌握教材中的基础知识是本科学习的绝对重点，在此基础上才有必要鼓励学生通过研修技能性或实践性课程来提升法律知识的应用能力。

(三) 法律职业资格考试与本科教学考核模式的差异

基于上文可知，法律职业资格考试的考核目标与本科教学的考核模式差异较大。具体体现为：

第一，法律职业资格考试采取"客观题试卷+主观题试卷"的两阶段考核模式。该模式对于考查应试者法律知识的全面性以及法律素养的稳定性较为有利，而且分阶段考试也有利于应试者更有针对性地复习备考。本科教学的考核模式中，期末考核具有决定性的意义，而平时作业、平时考核等对最终成绩的影响较小。该模式是由课堂授课的教学方式决定的且已经运用多年，很难在短期内有根本性的改变。

第二，二者的考查重点和命题特点具有明显差异。法律职业资格考试的考查重点是对法律知识的运用能力，此种能力是养成法律思维的前提和基础。法律职业资格考试一般不直接考查单纯记忆性的知识，这些知识的掌握蕴含于实际运用能力的考查之中。法律职业资格考试的命题绝大多数采取"以例设题"，而以多个真实案例为原型进行综合考查正在成为一种趋势。这种命题特点是由法律知识运用能力的考查目标决定的，对应试者而言具有更大的挑战性。由于本科教学的对象是正在入门的初学者，因此考查重点多为记忆性的知识，命题也相应地采取名词解释、简答等题型。在多数情形下，学生只需熟练背诵笔记和课本就很可能得到高分。这种考核方式的缺陷十分明显，即难以检验出考生理解与应用法律知识的能力，而且还可能使学生的学习倾向教条化、浅显化，不能有效培养学生的法律思维与素养。

四、法律职业资格考试与本科教学的应然关系之厘清

由于对法律职业资格考试与本科教学目标、定位的理解存在差异，学界对二者的关系存在争议。第一种观点认为，法律职业资格考试应该成为法学教育的风向标，即前者决定后者。① 第二种观点认为，法学教育由学历教育和职业教育两个阶段组成，法律职业教育则作为法学教育的重要组成部分和进入法律职业共同体的一道门槛。②第三种观点认为，应当依据法学本科教育与硕士教育分别进行改革，以实现互补。法学本科教育应定位为普及法学思维的普通素质教育，而不是培养法律专职人才的教育体系。硕士教育可以专门设立针对法律职业资格考试的法律硕士课程。③

不可否认的事实是，法律职业资格考试的专业性要求显著高于法学本科教育。为促使两者目标定位和价值导向更好地衔接，一方面应当利用两者目标定位中侧重点的差异实现优势互补，另一方面利用法律人才培养这一统一目标整合二者的功能。笔者认为，对于法律职业资格考试与本科教学的关系，应从以下几方面予以厘清。

第一，法律职业资格考试不是法学本科教学的"指挥棒"。有观点认为，法律职业资格考试客观上是法学本科教育的"指挥棒"。主要有两方面原因：一是法律职业资格考试决定着法科学生从事法律职业的可能性，法考的分数也很大程度上成为法科学生毕业求职的核心竞争力，因而法科学生会期望自己接受的大学教育更加贴近法律职业资格考试，以减轻自己的备考负担。④ 二是由于法考通过率具有较强的客观性，故各高校在社会评价及毕业生就业率的强大压力下，会出于维护声誉和提高就业率的考虑，通过课程设置、教学内容与教学方法的调整来迎合法考的要求。⑤ 上述观点忽略了当今社会对于法律人才多元化需求的现实。从法学本科毕业生就业的实际情况看，其就业范围广泛涉及包括法律职业在内的社会各个领域，应对法律职业资格考试不是法学本科教育的唯一任务和全部职责，法学本科教育应考虑到学生选择从事其他职业的需要。法学本科教育离开社会各方面需求而仅仅围绕法律职业资格考试运行，以培养特定法律职业需要的法学人才为唯一目的，将严重影响法学本科教育的良性、可持续发展。⑥

---

① 参见梁开银. 法律思维：法学教育与司法考试的契合点——论法学教育与司法考试的互动与改良[J]. 法学评论，2011(4).

② 参见曾令良. 统一司法考试与我国法学教育发展的定位——我国多层次兴办法学教育的反思[J]. 法学评论，2002(1).

③ 参见王爱群. 从日本法科大学院看我国司法考试与法学教育之关系[J]. 大连大学学报，2014(1).

④ 参见张建伟. 统一司法资格考试：观察与省思[J]. 政法论坛，2011(1).

⑤ 参见姚朝兵. 法律职业资格考试"新政"与法学本科教育改革刍议[J]. 广西职业技术学院学报，2017(1).

⑥ 参见杨会，魏建新. 国家统一法律职业资格考试背景下法学本科教育改革研究[J]. 社会科学家，2018(2).

法学本科教育应当避免与职业教育同质化，应当发挥其培育学生综合素质与法律职业素养的功能。其一，在教育理念上，不应把本科教育简单地归结为应试教育，不应忽视树立理想信念、加强道德修养、培育法律素养等方面的任务。其二，在教学定位上，不能因为通识教育对就业缺乏直观的影响，就认为它是可有可无的"无用之学"，从而忽略通识教育对学生综合素养的培养和提升以及启迪思想、陶冶情操、温润心灵等方面的重要作用。其三，在考核目标上，不应仅仅以就业为导向，片面地注重法律条文的理解与运用，而不重视对学生探知法律事实能力的培养和法律素养、法律思维、法律品格等法治精神的塑造。①因此，法学本科教育应保持其自身的独立性，摒弃以法考为"指挥棒"的思想，不能为了适应法考的需要而放弃法律理论的传授和法律素养、法律思维、法律品格的培养。

第二，法学本科教学不应完全背离法律职业资格考试的要求。虽然二者具有不同的定位、功能和侧重点，但最终目标都是培养高水平、复合型法律职业人才，并使之成为法律职业共同体的中流砥柱。法学本科教育是法律职业教育的重要载体，是培养法律职业人才的根本与基石，故二者处于密切关联、分工协作的状态。《关于完善国家统一法律职业资格制度的意见》指出，要按照"法律职业人才特殊的职业素养、职业能力、职业操守要求"提高选拔人才的科学性。《国家统一法律职业资格考试实施办法》第 13 条也明确规定"综合考查应试人员从事法律职业应当具有的政治素养、业务能力和职业伦理"。这些规定体现的价值导向是：注重法律职业人员的政治素养、法律素养和职业伦理等综合素质的强化和提升。据此，法学本科教育的改革方向之一是增加法律职业伦理和思想政治教育课程的比重，并将此类课程作为衡量学生优秀与否的重要指标。

在实践导向方面，《关于完善国家统一法律职业资格制度的意见》指出："考试以案例题为主，注重考查法治思维和法治能力，通过案例分析检验考生在法律适用和事实认定等方面的法治实践水平"。法科学生毕业后从事法律职业，将面对纷繁复杂的社会关系和错综复杂的案件。法学本科教育应着力避免将自身束于理论高塔而脱离社会现实，应正视学生实践能力的缺失，采取增加实践类课程和"双师型"教师的比重等应对措施。

第三，法学本科教育为法律职业资格考试奠定基础。对于作为职业门槛的法律职业资格考试而言，法学本科教育的基础作用体现如下：其一，传授理论知识，使学生具备法治实践的基础。法学是一门体系庞大、内容丰富的社会科学，其专业化、复杂化的程度决定了理论教育的必要性。若没有扎实的理论功底，就难以理解实定法的立法目的，难以掌握蕴含在法律中的不断演进的法律思想、法律精神和法律观念，在遇到法律规定模糊的疑难案件时，就难以做出合理的判断和公正的处理。② 其二，进行思维训练，培育学生成熟的法律思维。在实践中，法律职业者需要通过分析、整合片段化乃至误导性的信息，准确、系统地还原案情，收集一切可能影响当事人法律责任有无、大小的事实，以及在厘定事实

---

① 参见杨阿丽. 法考背景下新建本科高校法学教育改革路径探析[J]. 海峡法学，2019(4).

② 参见杨会，魏建新. 国家统一法律职业资格考试背景下法学本科教育改革研究[J]. 社会科学家，2018(2).

的基础上，找寻法律争议点，剖析法律关系，这些都离不开缜密的法律思维能力。① 法学本科教育通过传授方法、启发思考、设置考题等方式引导学生学会像法律人一样思考，使之得以在逻辑思维、程序思维、证据思维、权利思维、平等思维、救济思维等多方面得到提升，从而获得准确分析法律问题并妥善将其解决的能力。其三，陶冶法治精神，提升法律职业者的综合素质。在法学本科教育中，不应将法律理念、法律职业操守、法治精神等视作"无用"的知识。这些理念与精神是成为一名合格法律人的重要条件，其能够帮助法律人获得对社会责任、基本操守、行为底线的准确认知，从而做到"行不逾矩"，使其一举一动都彰显法律人的情操与修养。法治精神的培育不可能一蹴而就，而必须经过时间的沉淀与理念的浸染，因此只能交由法学本科教育来实现。

第四，法律职业资格考试是法学本科教育的检验手段之一。法律职业资格考试的功能包括两个方面：一是对法学教育进行"质量检验"，二是为从事法律职业设置"市场准入"。法律职业资格考试在一定程度上充当着法学本科教育的检验手段(但非唯一检验手段)。而且在法律职业资格考试要求学历准入条件的背景下，法学本科教育与法律职业资格考试之间的连接变得更加紧密。法学本科教育的终极目标是培养高水平、复合型的法律职业人才，但这一目标的实现不能仅仅依靠法学本科教育本身来检验。法学本科教育以传授各部门法的基础知识为主要内容，与之配套的考核也以检验知识掌握度为重点，因此学生的实践能力与法律素养需要借助独立的法律职业资格考试予以检验。

高水平、复合型人才本质上需要具备"从理论中来，到实践中去"的法治实践能力。因此，法律职业资格考试的内容和方式必须合理，应当遵循我国法学本科教育改革的方向，与法学本科教育形成良好的衔接，即围绕着十四门法学核心课程的范围，注重对法律思维、基本分析能力、法学应用能力的考查，充分发挥为法学本科教学质量把关的重要作用。

五、本科教学考核模式对法律职业资格考核模式的借鉴

依据布鲁姆分类学理论，学习知识的过程共分为六个部分：知识、理解、适用、分析、归纳、评价。② 除了知识外，其他五项都属于技能。现有法学本科教育的短板就体现在知识之外的其他五项技能的教育上。法学是应用型学科，运用法律知识解决实践问题的综合能力应当是考核的重要内容。但是，多年来法学本科教育"首先教授的是法学各学科的知识体系，学生在接触法学教育时，往往是将法律当作一种科学知识来学习，就如同学

① 参见张建一．国家统一法律职业资格考试背景下本科法学教育的困境与突围[J]．黑龙江高教研究，2018(2)．

② Benjamin S. Bloom. Taxonomy of education objectives：the classification of educational goals [M]. Chicago：Susan Fauer Company Inc. ，1956.

习历史、哲学和文学一样，强调的是基本概念和基本知识的传授和学习方法的掌握"。①为补足该短板，可以充分地借鉴法律职业资格考试的命题特点，改变本科考查内容过度理论化的缺陷，从而有效地提升学生的综合运用能力。笔者结合自己的教学实践，尝试从以下几方面对法律职业资格考试模式予以借鉴。

第一，选择题采取"以例设题"以考查综合运用能力，避免单纯以知识记忆为考查内容。以武汉大学法学院某学期《民法三：合同法总论》中的一道试题为例予以说明。

例1：下列情形中，乙的行为构成有效承诺的是（　　　）

A. 甲在电话中向乙发出要约，表示有5台电脑出售，乙称现在无法答复需考虑3天，甲未置可否即挂机，乙次日电话给甲表示同意购买

B. 甲向乙发出书面要约，表示有5台电脑出售，并称如果乙在收信后3周内不表示反对即视为同意购买，乙收到要约后未置可否

C. 甲向乙发出书面要约，表示有5台电脑出售，乙收到要约后及时回信表示，甲所提条件均可接受，但对价格条款有异议，甲收到回信后未置可否

D. 甲向乙发出书面要约，表示有5台电脑出售，承诺期限为6月1日至7月1日，乙收到要约后于6月5日发出书面承诺，由于邮局失误承诺于7月3日才到达甲，甲收到迟到的承诺后未置可否

答案：D

本题涉及的核心知识点是有效承诺的判定，设计的主要思路是通过四个选项创设的具体情境综合考查有效承诺构成要件中的认定难点。A选项的设置主要考查承诺期限的判定。甲通过电话作出要约，依照《民法典》第481条的规定，要约以对话方式作出的，应当即时作出承诺，甲未当场表示同意要约，故并不构成有效承诺。B选项的设置主要考查承诺作出的形式。甲希望以乙的不予反对（即沉默）作为承诺作出的表现，但沉默原则上不能作为承诺的形式，且此种情形不存在特定的法律规定或交易习惯，双方也并未就沉默达成一致约定，故此种承诺形式不能成立。C选项考查要约承诺内容一致的判定。要约承诺一致要求对合同标的、数量、价格等主要内容达成一致，乙对标的物价格提出异议，对要约内容构成了实质性变更，也不构成有效承诺。D选项主要考查承诺生效的判定。原则上，以书面通知形式作出承诺的，承诺通知在到达要约人时生效，但依照《民法典》第487条，"受要约人在承诺期限内发出承诺，按照通常情形能够及时到达要约人，但是因其他原因致使承诺到达要约人时超过承诺期限的，除要约人及时通知受要约人因承诺超过期限不接受该承诺外，该承诺有效"。乙所作承诺的延迟是由邮局失误所致，甲也未明确表示不接受该承诺，故乙在此种情形中作出的是有效承诺。

依据教材内容，有效承诺需满足五个要件：（1）承诺由受要约人作出；（2）承诺向要

---

① 参见霍宪丹. 建构和完善法律人才培养体制的关键环节——论司法考试制度在法律人才培养中的地位与作用[J]. 法学评论，2002（4）.

约人作出；（3）承诺的内容必须与要约内容一致；（4）承诺应当在承诺期限内到达要约人；（5）承诺必须表明受要约人决定与要约人订立合同。如果试题选项直接以各要件为内容，则停留在低端层面的记忆考查，并不能针对学生运用各要件分析实际案例的能力作出有效考查。将各要件内容通过实例予以展现，则能够对学生的综合运用能力进行有效考查。

第二，案例分析题采用标志性的真实案例，以提升学生对司法实务最新动态的了解。以武汉大学法学院某学期《民法三：合同法总论》中的案例分析题为例予以说明。

> 例2：2019年2月26日，某村民委员会（以下简称甲方）、某旅游公司（以下简称乙方）就甲方村域范围内旅游资源开发建设签订经营协议（以下简称A协议），约定：（1）开发经营面积595.88公顷，经营范围内有河沟、山谷、民宅等旅游资源；（2）经营期限50年；（3）乙方向甲方支付合作费用300万元，用于甲方前期各项改造支出；（4）经营期限内的利润分成为各50%；（5）任何一方违约导致合同目的不能实现的，须向对方支付100万元惩罚性违约金……
>
> 法院查明以下事实：城市蓝线图显示，大部分村民旧宅在城市蓝线范围外。区水务局陈述，开发建设如果影响防洪，须对河道进行治理，验收合格后方能正常开发建设。按照规定，乙方如需对城市蓝线范围内区域进行开发建设，应当报请相关审批手续。但乙方未报请相关审批手续，也未提交证据证明因城市蓝线的划定相关政府部门向其出具了禁止开展任何活动的通知……
>
> 问题：
>
> 乙方主张"经营范围部分区域位于城市蓝线内，导致无法经营开发，构成情势变更"是否成立？为什么？……

本案例的原型是"北京某旅游公司诉北京某村民委员会等合同纠纷案"（2023年最高人民法院发布"人民法院贯彻实施民法典疑难案例"（第2批）），该案亦为2023年"最高人民法院发布民法典合同编通则司法解释相关典型案例"之四。本案例涉及多个争议焦点，具体包括：违约责任、情势变更、合同僵局、违约损害赔偿、违约金、损益相抵、申请执行时效等。本案例的判决对于同类案件的处理具有指导意义。以此类案例为原型进行命题，既可以全面考查学生对多个关联知识点的综合运用能力，以规避知识盲点，也可以使学生及时了解司法实务的最新动态，为将来的法律职业作好准备。

第三，对于新法与旧法的变化内容，通过实例予以考查。在《民法典》条文更新的背景下，考查应突出新旧条文之间的对比与变化，对此可以通过法考真题的答案变化予以展现。以武汉大学法学院某学期《民法四：侵权责任法》中的一道试题为例予以说明。

> 例3：丙在帮乙喂猪时忘关猪圈，猪冲入甲家院内，撞翻蜂箱，使来甲家串门的丁被蜇伤，经住院治疗后痊愈。下列哪一种说法是正确的？
>
> A. 甲应对丁的医疗费用承担全部民事责任
>
> B. 乙应对丁的医疗费用承担全部民事责任

C. 丙应对丁的医疗费用承担全部民事责任

D. 甲和乙应对丁的医疗费用承担连带责任

答案：B？ D？

本题系以 2005 年司法考试的一道真题为原型。在本题中，虽然丁所受人身伤害是由蜜蜂蛰伤所致，但导致蜜蜂蛰人的直接原因是另一动物猪的逃窜，故作为猪的管理人的丙对此存在过错。依照当时施行的《民法通则》第 127 条的规定，"饲养的动物造成他人损害的，动物饲养人或者管理人应当承担民事责任；由于受害人的过错造成损害的，动物饲养人或者管理人不承担民事责任；由于第三人的过错造成损害的，第三人应当承担民事责任"。蜜蜂饲养人甲可以基于"第三人过错"免责。另依据《人身损害赔偿司法解释》第 13 条的规定，"为他人无偿提供劳务的帮工人，在从事帮工活动中致人损害的，被帮工人应当承担赔偿责任。被帮工人明确拒绝帮工的，不承担赔偿责任。帮工人存在故意或者重大过失，赔偿权利人请求帮工人和被帮工人承担连带责任的，人民法院应予支持"。丙作为乙的无偿帮工者，帮工行为也经过乙的同意，因而丙的赔偿责任最终应由被帮工人乙来承担，故当时的答案为 B 选项。

但是，《民法典》第 1250 条规定："因第三人的过错致使动物造成他人损害的，被侵权人可以向动物饲养人或者管理人请求赔偿，也可以向第三人请求赔偿。动物饲养人或者管理人赔偿后，有权向第三人追偿。"依此规定，则应由作为动物饲养人的甲和乙（代替作为过错第三人的丙）承担连带责任。因此，《民法典》施行后的正确答案为 D 选项。通过这一实例的讲解，可以使学生更为真切地感受到法律规则变化的实际意义。

六、结语

法律职业资格考试改革以提升法律职业人员的综合素养和法治实践能力为价值导向，法学本科教育需要对此作出积极的回应。为此需要厘清法学本科教育与法律职业资格考试的定位及两者间关系，明确法学本科教学在坚持通识教育与精英教育的基础上，对法律职业资格考试的考核模式和命题特点予以合理地借鉴。由此落实法学本科教育在传授理论知识、进行思维训练与陶冶法治精神方面的具体任务，使法学本科教育更好地发挥培育德才兼备的社会主义法治人才的作用，为全面依法治国源源不断地提供人才储备。

面向一年级本科生的"自然科学经典导引"小班研讨

林 毅[1] 黄 舒[2]

(1. 武汉大学 化学与分子科学学院，湖北 武汉 430072；
2. 武汉大学 本科生院，湖北 武汉 430072)

【摘 要】小班研讨课程重在倡导探究式的学习方式。2018 年，武汉大学正式面向全校一年级本科生实施新通识教育课程体系，采用"大班授课、小班研讨"教学模式开设了基础通识课程"自然科学经典导引"和"人文社科经典导引"。迄今，"自然科学经典导引"课程已开展了 6 年，产生了巨大的反响。本文从笔者在"自然科学经典导引"课程中的教学实践出发，从一年级本科生小班研讨课程的产生与发展、"自然科学经典导引"小班研讨课程的目标及主要内容、学生对该课程的投入与反馈等方面进行分析，并对该课程教学的持续改进提出了建议。

【关键词】小班研讨；本科教学；有效教学；通识教育；研究型大学

【作者简介】林毅(1977—)，女，山东省招远市人，理学博士，副教授，主要研究方向为表面分析化学与纳米生物技术，E-mail：ylin@ whu. edu. cn。

【基金项目】感谢 2024 年武汉大学本科教育质量建设综合改革项目(No. 35)、课程思政建设项目及教育部产学合作协同育人项目(No.220602036211413)的支持

一、引言

"自然科学经典导引"是武汉大学自行建设的基础通识必修课程，共 2 学分，自 2018 年秋季开始开设。课程精选自然科学领域 10 部具有代表性的经典，采取大班授课及小班研讨交替进行的教学方式。每次大班授课导读 1 个主题的 1~2 部经典，除概要性介绍这些经典的作者及学术背景外，重点导读其中最为精彩最有影响的章节，并为学生提供小班研讨的思考题及相关资料；隔周针对该主题的核心内容进行小班研讨，主要讨论由这些经典所引发出来的相关理论及实践问题。[1]

经过六年的实践，我们发现，与采用传统教学模式的大班授课相比，面向一年级本科生开设的小班研讨课程更有助于达成通识教育的目标。一方面，小班研讨课程以学生为主体，内容多样，形式灵活，可以打开学生视野，激发学生兴趣，培养学生品位，直接体现了"以学生为中心"的教学理念；另一方面，小班研讨课程中师生交流及生生互动更为有

效，有助于学生学习模式由中学的应试模式向研究型大学所必需的自主探索模式转变，课程的开展将为学生本科及研究生阶段的学习乃至终身学习打下良好基础。然而，其目标、方法、内容及形式等都向全体相关教师提出了更大的挑战。笔者基于过去四年小班研讨课程的教学实践，系统讨论了一年级本科生小班研讨课程的产生与发展、"自然科学经典导引"小班研讨课程的目标与内容、学生对该小班研讨课程的投入与反馈等，旨在为该课程的持续改进提供依据。

二、一年级本科生小班研讨课程的产生与发展

小班研讨课程（seminar）是以小规模班级为基础，用于深入交换意见的教学组织形式，旨在充分挖掘学生的潜能，倡导探究式的学习方式。[2]1732 年，德国学者 Gesner 在哥廷根大学首次设立了语言学小班研讨课程。其做法是，事先指定某个学生在讨论前一周写好论文并送给每位成员阅读，课上大家围绕这篇论文进行讨论，指导教师仅在讨论前后做简短的评述。随后，小班研讨课程被其他德国大学仿效，并在哲学、文学、历史、艺术、天文、地理、物理、化学、海洋、数学等多个领域发展起来。小班研讨课程形式更为灵活，讨论的气氛更为活跃。[3]

该模式很快被法、英、美、俄等国大学仿效。19 世纪 20 年代开始，小班研讨课程逐渐成为美国大学一种重要的教学方法，主要用于大学本科高年级和研究生教育阶段。1962 年，哈佛大学正式将小班研讨课程作为一年级本科生课程的组成部分并取得成功，引起了强烈反响。20 世纪 70 年代，一年级小班研讨课程成为美国大学一年级教育改革的主要形式之一，旨在为学生提供综合性的、跨学科的和有深度的大学学习体验。[3]1984 年 10 月，美国高质量高等教育研究小组提出了题为《投身学习：发挥美国高等教育的潜力》的报告，建议教师采用包括小班研讨在内的积极的教学方法，要求学生不但要成为知识的接受者，还要成为知识的探索者、创造者。[4]1998 年，博耶研究型大学本科生教育委员会发表了题为《重建本科生教育：美国研究型大学发展蓝图》的研究报告，建议设立以探索为本的新生年，由有经验的教师为所有一年级新生开设小班研讨课程，为学生提供在合作性的环境中通过探索进行学习的机会。[5]

在国内，中国科学技术大学于 1999 年率先面向三年级以上的本科生开展小班研讨课教学。[6]随后，包括四川大学、复旦大学、北京大学、湖南大学、吉林大学在内的众多高校也纷纷加入。[7, 8]其中，北京大学自 2012 年起在低年级基础课中推行小班研讨课，并发布了系列研究报告，在业内产生了强烈的反响。[9]2015 年，国务院办公厅印发《关于深化高等学校创新创业教育改革的实施意见》，明确要求各高校改革教学方法和考核方式，开展启发式、讨论式、参与式教学，扩大小班化教学覆盖面，改革考试考核内容和方式，注重考查学生分析、解决问题的能力等。[10]2020 年，《教育部关于在部分高校开展基础学科招生改革试点工作的意见》印发，指出为服务国家重大战略需求，加强拔尖创新人才选拔培养，将实行导师制、小班化等培养模式。[11]

三、"自然科学经典导引"小班研讨课程概况

"自然科学经典导引"课程内容共分为四个板块：古希腊哲学(《理想国》《形而上学》)，物理世界(《西方科学的起源》《自然哲学之数学原理》《狭义与广义相对论浅说》)，生命领域(《物种起源》《DNA：生命的秘密》《惊人的假说》)，科学方法(《几何原本》《科学与假设》)。如前所述，课程采用"大班授课、小班研讨"教学模式，通过大班教学的方式讲授基本的教学内容，在学生对课程基本内容有了一定的了解后，组织学生对已授内容进行分组讨论，引导学生对于课程相关问题进行深度思考。[1]

"自然科学经典导引"小班研讨课程旨在帮助学生了解自然科学的起源、方法及发展趋势，提高阅读经典名著的能力；熟悉自然科学的思维方式，使其初步具有理性判断及批判性思维的能力；提升口头表达能力和写作能力。课程坚持"教与学并重"，大胆摒弃传统的模板化的教学培养方式，以学生为中心，运用研讨式、启发式、浸入式等教学手段，增加教学过程中学生的参与度、学习的主动性和创造性，从而培养学生主动思考、大胆质疑、即兴表达、寻根究底的能力与素质，最终达成教学目标。[12]

每一次小班研讨之前，学生须按教师提供的思考题准备发言资料；在课上，教师引导学生分小组进行相关问题的讨论；每个小组分别选派同学代表小组发言，主要讨论由该经典所引发的相关理论及实践问题，然后共同进行专题讨论。该模式可以有效锻炼学生基本能力，激发学生学习兴趣与热情，深化经典名著的学习，锻炼学生清晰地表述自己的想法，促进同学间的交流，培养学生用批判的眼光分析与评价不同的论点。经典作品的研读，使学生浸润在人类文明永恒的价值传统之中，潜移默化地塑造学生的言行举止，培养学生高雅的情趣。在自由阅读与报告发言准备过程中，学生也能感悟书目的文化精神，提升自身的人文素质和科学素养。[1]

四、学生对"自然科学经典导引"小班研讨课程的投入、收获与反馈

"自然科学经典导引"小班研讨课程面向武汉大学全体大一本科生开设，学生知识基础、能力储备及学习习惯各不相同。因此，对学生的学习投入与反馈进行调研，并基于此建立普适的教学模式是该小班研讨课程持续改进的有效动力。笔者在过去4年中总计完成了12轮"自然科学经典导引"小班研讨课程。通过在课上发放问卷并要求学生即时完成的方式，结合个别一对一访谈，连续调研并统计了以平行方式授课的3个学期、6个班级的同学对该课程的投入与反馈情况。结果如下。

1. 学生对"自然科学经典导引"小班研讨课程的投入

来自6个平行班级的一年级本科生对大班授课和小班研讨课程的课前投入如图1和图2所示。绝大部分学生对于每讲大班授课的课前投入时间在1小时以内，而对于每次小班

研讨的课前投入时间明显增多。说明自然科学导引小班研讨课程确实能够更好地调动学生的积极性，使学生由被动学习向主动学习转变，体现了以学生为中心的理念。

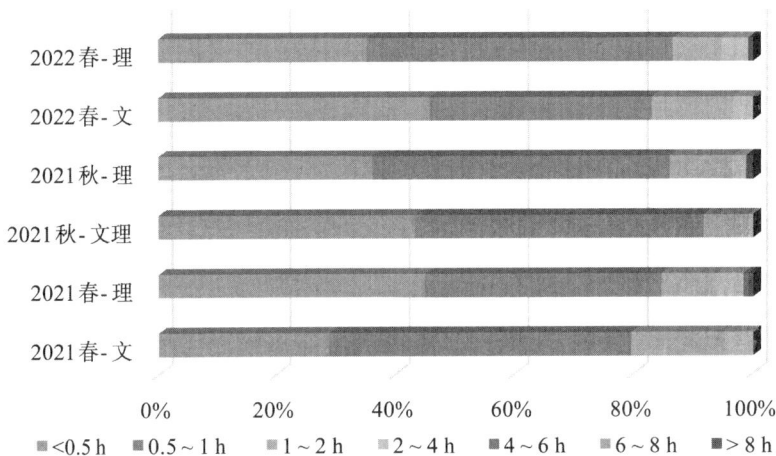

图 1　对于大班授课，学生平均每讲课前花费时间

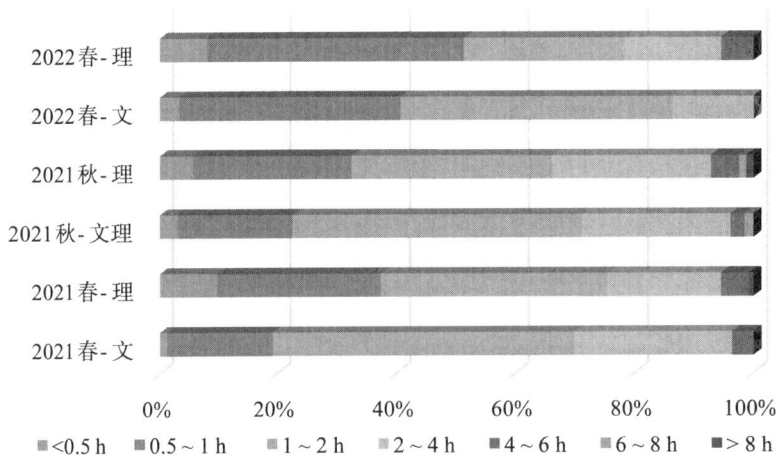

图 2　对于小班研讨，学生平均每讲课前花费时间

2. 学生在"自然科学经典导引"小班研讨课程中的收获

来自 6 个平行班级的一年级本科生对于各环节收获的反馈如图 3 所示。绝大多数学生认为在大班授课或小班研讨课程中收获最大，部分同学认为在自行研读经典或小组讨论环节有最大收获。除个别班级（2022 春季文科）的同学认为在大班授课环节收获更大以外，绝大部分学生认为在小班研讨课上收获更大。笔者认为，该数据与学生对于小班研讨课程的课前投入更多相一致，即小班研讨课程的核心在于学生的自发探索、总结及深入讨论，

因此较大的投入可以带来更多的收获。

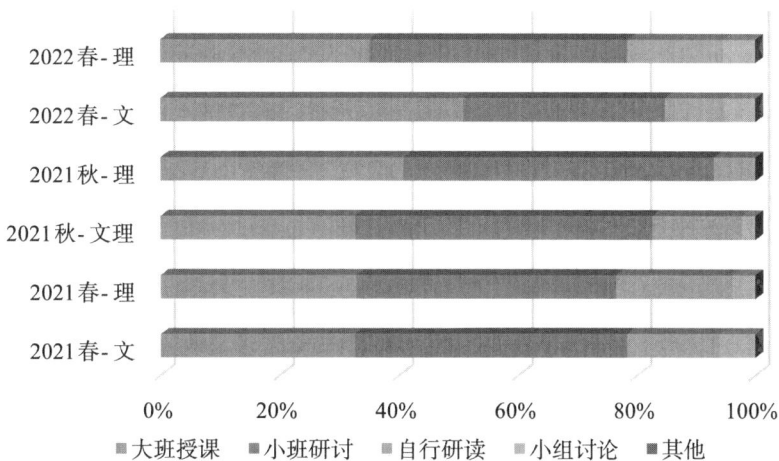

图3 学生认为收获最多的环节

3. 学生对"自然科学经典导引"小班研讨课程的反馈

采用匿名问卷收集了学生对"自然科学经典导引"小班研讨课程的反馈。对部分结果分析如下：

首先，笔者设计的小班研讨课程受到了学生的普遍欢迎（见图4）。大部分学生认为"懂得了从更多的角度欣赏这个世界""该通识课引导大学生'人生道路'对人才培养有重要意义""受益良多，小班研讨既增长见识，又了解到更多的想法""非常喜欢小班自由发表意见讨论的氛围""小班研讨很有意思""希望小班研讨可以提高比重""小班研讨让我感受到了思维碰撞的火花，每次都很期待"等。部分学生建议"增加小班研讨讨论环节""增加小班研讨课时""形式可以更多样"等。

其次，将各院系数据进行横向比较，可以发现课程对于文科生确有较大难度（"内容深奥""特别是《狭义与广义相对论浅说》及《科学与假设》两讲格外具有挑战性"），且文科背景同学的讨论也更趋向于寻求标准答案。因此，如何做到更好地调动全体一年级本科生的积极性，深入浅出，文理兼顾，是该小班研讨课程后续完善中的重点，也为后续课程目标的进一步明确指明了方向。

最后，课程开设时间，即先学习自然科学经典，抑或是先学习人文社科经典也对课程反馈有显著影响，其本质是课程的前摄效应。众所周知，基础通识课程的理念之一是融通，即"导引课程"都指向了同一个目标：倡导探究式的学习方式。然而在实际落实中，由于授课教师及助教的天然背景区隔，课程的导向及侧重点存在明显的区别。一个可能的解决方案是"自然科学经典导引"课程的教师及助教进行更加全面深入的交流，明确小班研讨课程的本质，从而达成共识、形成合力。

图 4 学生对小班研讨课程的评价关键词词云

此外，当前的"自然科学经典导引"小班研讨课程尚存在一些问题，如一年级学生难以完全投入、教师及助教能力与小班研讨理念不匹配、部分课程明显超出一年级学生能力等。如何在通识课程小班研讨中对学生进行有效评价，如何更有效地帮助全体学生，将写作、沟通等能力培养切实落实在小班研讨课中，以及如何进一步改善小班研讨教学环境等，也是本课程面临的重要问题。

五、总结与展望

小班研讨课程把课堂时间和课堂空间留给学生思考、分析和讨论，小规模课堂能够保证每个学生都充分地参与交流和讨论，教师成为帮助者而非讲授者，体现了以学生为中心的理念。一流的课堂教学是一流本科教育的关键，小班研讨课程是研究型大学本科教育改革的重要发力点。一年级小班研讨课程正在融入世界各国高等教育实践，成为一流学府重要的教学模式之一。

"自然科学经典导引"小班研讨课程立足于学生的能力发展及个性化发展，面向大一同学进行启蒙性质的通识教育，明确了学生在课堂学习中的中心地位，打开了学生视野，激发了学生兴趣，帮助学生养成了独立学习和独立思考习惯，培养了学生的批判性思维、创造性和博雅品位，为学生本科阶段的学习以及终身学习打下良好的基础。多轮课程实践结果表明，本课程有效激发了绝大多数学生的学习兴趣，在帮助学生由被动学习转向主动学习及加强有效人际沟通等方面起到了切实的作用。学生的知识基础、知识结构、课堂形式、学生投入等都与学生在课程中的收获相关。

此外，一年级小班研讨课程教学还对教师的专业化成长提出了更多要求。教师不仅需要具备新的素质与能力，教师的功能和角色也面临着重新定位。教师从思考"如何教、教什么"转变到"如何将教与学有机结合"，促进学生的有效学习。在该转变过程中，对于教学能力和技术的要求也更加多样化。教师培训、教学投入乃至教学评价也将面临巨大的变革。因此，面向一年级本科生的小班研讨课程改革也必将带来大学教学文化、教学理念、教学方式、评价手段甚或教学管理、技术支持、硬件配套等一系列的革新，成为推进本科教育改革的原动力。

（感谢武汉大学桑建平教授和彭华教授对项目开展的大力支持。）

◎ 参考文献

［1］李建中，黄明东.武汉大学通识教育研究报告［M］.武汉：武汉大学出版社，2018.

［2］方征.Seminar 教学法在教育类课程中的应用研究［J］.湖南科技学院学报，2007
（7）：144-145.

［3］刘宝存.美国研究型大学一年级习明纳尔课程［J］.外国教育研究，2005（3）：64-68.

［4］国家教育发展研究中心.发达国家教育改革的动向和趋势：第七集［M］.北京：人民教育出版社，2004.

［5］The Boyer Commission on Educating Undergraduates in the Research University. Reinventing undergraduate education：three years after the Boyer Report［R］. The Boyer Commission on Educating Undergraduates in the Research University，1998.

［6］李蓓.本科 Seminar 课程教学的综合分析［J］.教育与现代化，2003（4）：35-39.

［7］朱红，马莉萍，熊煜."大班授课、小班研讨"教学模式效果研究［J］.中国高教研究，2016（1）：42-47.

［8］陆一，刘敏，冷帝豪.通识教育核心课程"大班授课、小班研讨"的效果评析［J］.高等教育研究，2017（8）：69-78.

［9］孙燕君，卢晓东.小班研讨课教学：本科精英教育的核心元素——以北京大学为例［J］.中国大学教学，2012（8）：16-19.

［10］国务院办公厅关于深化高等学校创新创业教育改革的实施意见［Z］.2015.

［11］教育部关于在部分高校开展基础学科招生改革试点工作的意见［Z］.2020.

［12］冯惠敏，郭路瑶，熊淦.打造两大"导引"课程 助推通识教育改革——武汉大学新一轮通识教育改革的新看点［C］.中国高等教育学会大学素质教育研究分会，浙江金融职业学院.素质教育与文化自信——2019 年大学素质教育高层论坛论文集.杭州：中国高等教育学会大学素质教育研究分会，浙江金融职业学院，2019.

基层教学组织人才培养质量保障研究

——基于大类平台课的实践探索

郭 凛

（武汉大学 经济与管理学院，湖北 武汉 430072）

【摘 要】基层教学组织活跃于人才培养质量日常保障的工作一线，但关于基层一线应该怎么做好质量保障的理论文献或微观文件较少，基层一线工作急需执行指南和操作手册类型的参考资料。本文对标基层教学组织建设和人才培养质量保障机制相关的文件和文献，梳理本科大类平台课课程组的实践经验，从资源保障、过程保障和管理保障三个维度，针对与基层一线直接相关的质量保障要素、质量保障标准项及质量要求，提出达到质量要求的可行途径，以大类平台课课程组为示例阐述高校基层教学组织质量保障的思路、流程与方法，为基层教学组织落实质量建设提供借鉴。

【关键词】基层教学组织；人才培养质量；质量保障体系；大类平台课

【作者简介】郭凛，经济学博士，武汉大学经济与管理学院副教授，硕士生导师，E-mail：guolinwhuems@126.com。

一、引言

《教育部关于深化本科教育教学改革全面提高人才培养质量的意见》（教高〔2019〕6号文）提出"加强基层教学组织建设""完善提高人才培养质量的保障机制"。薛明明，张海峰（2019）研究了如何在信息化时代有效提升高校教学管理中的资源共享效率，促使高校教学管理中的资源得到合理分配与充分应用；鄢文海，任雪玲（2020）就高校基层教学组织建设与管理进行了制度探析。但这两部关于高校基层教学组织质量建设的著作尚未对质量建设提出明确的质量标准。李志义等（2023）提出了由4个保障方面、16个质量保障要素和52个质量保障标准项构成的质量保障标准框架；李志义等（2024）提出了达到质量要求的主要途径，回答了质量保障做什么、谁来做的问题。根据以上文献，质量保障体系的核心内容可概括为目标保障、资源保障、过程保障和管理保障等。基层教学组织的质量保障举措锚定既定培养和教学目标，主要从资源、过程和管理三方面寻求优化目标达成的路径。

质量保障系统涉及宏观、中观、微观诸多层级和多元参与者，而基层教学组织活跃于人才培养质量日常保障的工作一线，但关于基层一线应该怎么做好质量保障的理论文献或微观文件较少，基层一线工作急需执行指南和操作手册类型的参考资料。本文对标基层教学组织建设和人才培养质量保障机制相关的文件和文献，梳理本科大类平台课课程组的实践经验，总结高校基层教学组织质量保障的流程、路径、方法，为基层教学组织落实质量建设提供借鉴。

大类平台课是指在学科门类齐全、学生规模庞大的教学单位入门一级学科的专业基础课，这类课程以该教学单位全体本科生选择二级学科相应专业前都必须掌握的本学科通用的经典知识和方法为教学内容。"大类"是指，在学生按二级学科分流到各专业学位点前，不分专业小类，而是按一级学科大类开展学习；"平台"是指，虽然由于学生规模大，教学需要分班，但同一课程的各教学班是平行关系，需要保证课程组所有教学班统一教学质量。大类平台课往往安排在大学第一、二学年，汇集了学科内众多师生，是基层教学组织的典型代表。由于其教学内容在培养方案中具有基础作用、在教学单位中涉及师生的覆盖面较广，大类平台课是基层教学组织中很有分量的代表。以大类平台课的一线实践经验为研究对象，在基层教学组织中具有较好的典型性和代表性，总结其质量保障举措有望产生较强的辐射示范效应。

本文从资源保障、过程保障和管理保障三个维度，针对与基层一线直接相关的质量保障要素、质量保障标准项及质量要求，提出达到质量要求的可行途径，以大类平台课课程组为示例阐述高校基层教学组织质量保障的思路、流程与方法。

二、基层教学组织资源保障

教学资源既包括教学设施设备、教学教辅人员，也包括教学内容。虽然基层教学组织没有设备招标或人员招聘的权限，但基层教学组织承担着合理利用教学设施、发展教师队伍、安排任课教师和建设课程资源的职责。基层教学组织参与师资队伍建设、教学基本建设、教学设施使用和教学经费管理等资源保障工作。

(一) 师资队伍建设

1. 师资队伍建设规划

大类平台课往往在本科第一或第二学年开设，任课教师需要为学生入门本学科、掌握本学科基础知识、展望相关二级学科的发展场景打基础，课程往往有历史、有积淀。历史久的课程组在师资建设方面的关键是可持续性，基层教学组织的主要任务是让优良传统传承发扬下去，让基础课程教学后继有人。因此，基层教学组织需要培养师资队伍具备"宽口径"的知识储备，既要动员资深教授为本科生授课，又要定期吸纳新晋教师补充师资队伍。基层教学组织可以在学科中形成传统，邀请学科带头人和资深教师牵头，邀请本学科新晋教师，形成新晋教师一律从大类平台课开始本科教学的发展定式。

2. 师资队伍数量与结构

大类平台课面向学科大类全体学生开设，学生规模大、教学班级多，保证相当数量的课程组成员才能稳定地开设课程。多年运行的经验表明，在"双一流"大学"一流"学科的基层教学组织，课程组保持30：1的生师比便于支撑较合理的课头数量。教师队伍中老中青的比例均衡是最理想的状态，侧重中青年的结构次之，最忌基础课程年轻教师断档的情况。

3. 师德师风建设

基层教学组织是教师言传身教的前沿阵地。由于大类平台课以大类学科为基础，和高校党建中基层支部的建制一致，因此大类平台课可以和所在学科系所的教师党支部共同开展师德师风教育工作，发挥党员教师在教学工作中的先锋模范作用。

4. 教师教学水平

教师提升教学水平的路径是多元的，而基层教学组织为教师提供了通过教学打磨教学水平的平台。虽然大类平台课要求各任课教师保证平行班级教学质量的同质化，但这并不会抹杀各班级的个性化学情和各任课老师的教学特质。基层教学组织恰好能通过帮助老师磨课来提升教学水平。

大类平台课由于存在多个平行班，在院校要求互相听课的制度安排下，课程组内部可以就统一的教学内容开展听课，借鉴其他老师就同一内容开展个性化教学的经验。课程组可以每学期组织一次组内老师两两互相听课评课，通过这种听课评课机制，教师们取人之长补己之短，不断提高教学能力。听课制度在基层教学组织内部的执行，不仅能提升教学方法，而且能起到就特定内容磨课的作用。这一作用不仅能帮助基层教学组织内部成员互相学习，更是教师教学竞赛的有利备赛条件。课程组鼓励青年教师参与数智化教学资源建设，就重点知识节段录制慕课或准备新形态教学资源。这类课程建设针对学生碎片化学习习惯，往往选取小巧而有深意的节段进行制作，能适配竞赛展示节段的要求。

为录制慕课准备脚本、为录像进行演练，正好是面对真实学生前的彩排，课程建设起到了精心打磨特定教学节段的作用。课程组内部相互听课起到了互相磨课的作用。通过个别教学节段的准备，青年教师在备课和课程建设的日常工作过程中，自然而然地积攒了参赛内容，演练了教学技巧，水到渠成地为参加竞赛做了准备，破解了"为比赛而比赛"的误区，化解了比赛的心理负担，真正做到了"以赛促教"。

除了定期的听课之外，课程组建立授课讨论工作群，在平时的授课中，实时就课程内容、学生掌握程度、难点重点疑点等进行交流，还可以针对平时组内热议的教学问题，分享相关的先进教学理念、方法和技巧，共享其他学校的优秀示范课程，通知推荐有助于课程阶段性建设的培训信息，保证教学团队的教学水平齐头并进。

5. 教师教学投入

基层教学组织是落实教授和高层次人才为本科生授课要求的落脚点。通过吸纳教授、高层次人才、新晋教师等人员，基层教学组织为各类教师的教学投入，以及对教学投入的科学调控，提供了制度安排和组织保障。基层教学组织不仅要让教师对教学工作的规划有确定性、连续性和稳定性，也要根据教学水平效果动态调整教学投入。将承担更多教学任务的选择权和教学效果挂钩，对于教学效果不理想的教师应考虑减少课头和班级规模，问题严重的甚至可考虑暂停教学。

6. 教师发展与服务

细节决定成败，教学无小事，保证教学质量的先决条件是教师准时上课不出教学事故。人无完人却要保证教学状态无瑕疵，基层教学组织在做好教师发展和服务方面担负着不可替代的角色。虽然院校都有完备的教师发展中心，但其主要担负提升教学理念与技能的职责，不能完全覆盖新教师走上讲台的基础日常工作培训。新教师培训涉及的内容广泛，也无法覆盖教师一线工作的全部操作细节。然而，年轻老师刚走上教学岗位，需要适应从学生到老师的身份转换，很多看似简单的基本常识，对初涉教职的青年教师来说不一定了解。

基层教学组织的组织功能正是在于吸纳新教师上岗、吸引年轻教师爱岗。基层教学组织为教师发展的日常培训提供了必要的补充。基层教学组织的教学安排，能让初到校园的新入职教师熟悉教室、校历、课表、常用设备、教务常识、出卷规范、学生工作守则等保证正常教学的必要信息。课程组为新教师准备教材、课程手册、教学日历、校园地图、教室设备简介和管理制度汇编等培训材料，帮助新教师熟悉行业规范和操作流程。在新教师授课之前，依托入职培训和课程组的"传帮带"机制，对青年教师进行教学指导，保证他们在走上讲台之前已经做到心中有课。在备课、授课、出题、阅卷、评分、学生工作等方面，采用"结对子"、分工合作等方式指导青年教师的教学实践，帮助青年教师熟悉教育规律、掌握教育方法。

资深教师有经验能对青年教师起到"传-帮-带"的作用，而青年教师能更快上手信息化技术，通过基层教学组织的纽带，既帮助了青年教师弥补经验不足，又帮助资深教师普及了信息化教学。课程组还统一公开招聘助教，为刚入职或接近退休等非硕导原因缺乏助教人选的老师寻找助手，化解任课教师因为负担重而对教学改革存有的顾虑。统一招聘的助教集体合作分工，共同建设统一教学平台，课程组共享共建的教学资源，极大地提高了教学改革的效率。基层教学组织起到化零为整的作用，凝聚各类教师使其各展所长，通过服务教师促进了教师的发展和教学的改革。

(二)教学基本建设

1. 资源标准化

大类平台课存在多个平行班级，教学基本建设首先要统一教学资料。教学资料既包括教材，也包括教学大纲、教案、课程表、教学任务书、教学日历、考试安排、教学参考资料、课程实践指导、试题库、课程实践计划、网络学习材料等。在教材的选择上，课程组会综合考虑全球印数、版数、发行量和用户数，这些数据最高的经典教材经历了市场的检验，是课程内容获得国际认可的重要举措。此外，教材的功能也很重要，包括专题专栏、提要、习题、延伸阅读等版块的教材更符合"双一流"建设的需要。

在经典教材的基础上，课程组课程资源建设主要满足与时俱进的需要，一方面在满足学习习惯方面与时俱进，另一方面在体现现实关联方面与时俱进。为了满足学生基于互联网思维的学习习惯，在配套教学资源建设方面需要开展信息化建设：第一，建立课程在线学习平台并不断迭代优化，提供慕课等音视频教学资源，以满足不同认知风格学生的学习习惯；第二，积累讲义、习题集和试卷库，方便教师检验学生学习进度和效果；第三，提供国内外拓展阅读资源，让学生能对经典教材的知识点理论联系实际学以致用；第四，根据理论的最新发展和中国发展现状对国际经典教材进行本土化拓展，及时增补中国对学科发展的贡献。

随着教学资源的持续建设，对以上教学档案进行科学分类管理显得尤为重要。为了方便基层教学组织成员随时调用，信息化教学平台的建设已成为必备的教学基本建设。基层教学组织通过建设信息化教学平台，能够通过在线课程页面统一发布多样化的、可实时更新的教学内容，也能统一发布习题、试题、案例讨论等方便学生使用的资源，保证教学资源多而不杂、繁而不乱，让与时俱进和实时统一成为可能。在信息化平台的辅助下，基层教学组织能将各课程组和各任课教师开发的教学资源保存并共享，使得教学资源可持续建设和良性发展。

2. 教研共享化

基层教学组织针对教学内容开展研究的成果可以全组共享。例如在经管学科，经济运行数据、宏观经济政策、中国经济现实等内容都是理论联系实际的重要主题，课程组可以分工编制"数据应用""时事报告""思政案例"等原创教学内容，作为对国际经典教材的补充。课程组统一重构教学内容与模块，用案例导入、用数据验证、用时事讨论，创新性地为理论教学活动逐步铺垫，精心安排专题辅导、训练反馈、团队指导、互评遴选等环节，以"冲突激疑""问题导向""任务驱动"的形式组织教学。这些设计在一个班级实施后，可以在信息化平台上通过共享教学活动的方式在所有平行班复用，从而可以把教学内容建设的共享，转化成内容服务于学习的教学方法改革，从内容研发走向方法推广。

依托课程组录制的慕课、学校提供的智慧教室，以及一整套的线上教学资源，课程组教师根据学生学情选择相适应的教学模式，包括混合教学、翻转课堂和智慧课堂相结合的教学模式，积极探索和运用新的教学方法、评价方法和教学手段，激发学生兴趣，提高教学效果和质量。课程组推广应用信息化教学互动软件，利用信息化辅助的"人机互动""师生互动""生生互动"的多维互动模式，"让课堂活起来、让学生忙起来"。学生在信息化交互的辅助和支持下形成的优秀笔记、示范作业、时事报告等具有推广价值的学习成果，也在信息化教学平台展示。通过基层教学组织分工合作互助共享，内容、方法、手段、资源等创新都能被复用检验，促进了教学改革落地。在教学改革的过程中，基层教学组织针对改革内容和分工，定向提供教学技能培训，让课程组成员有机会提升教学理念和教学技能。

3. 制度规范化

以学校和学院的教学管理制度和质量监控体系为基础，基层教学组织不断补充和完善实施细则和激励机制，落实各项教学规范。建立和完善排课与调课、教材选用、课程考核办法、期末档案管理等制度。首先，以基层教学组织为单位编制课程组《教师手册》落实教学大纲、课程教学内容、教学重难点、教学进度等基本教学信息，据此统一平行班教授的课程内容。同时，以课程组名义发布《学习手册》向学生统一公布学习目标、学习内容、学习进度、重难点提要、推荐资源、考核要求和学习规范，对学习行为进行统一管理。然后，在基层教学组织内部分工合作，建立和管理题库、学习活动库、案例库、数据库、在线资源库等多种形式的教学资源，统一各平行班教学的资料来源和使用方式以保障质量。此外，但凡师生在执行教学规定过程中存在执行细节问题，课程组都针对师生关心的问题，基于一线教学实践的经验，提出执行细则，形成文字通知，便于师生对原则性问题的处理细节有章可循，通过发布细则来统一各班师生教与学的规范。此类举措的例子包括《关于选修重修的规定》《关于课程统一考核分数构成说明》《期末出题与阅卷工作安排》《关于学生查阅卷面分数的操作流程》等。还值得一提的是，基层教学组织对助教的管理培训也是制度规范建设的重要抓手。大类平台课可以出台助教指南规定助教辅助教学的具体办法和要求，包括助教在辅助教学过程中可能遇到的全部技术问题的解决办法、学生可能关心的问题的处理原则和沟通建议、教师需要辅助的环节和质量标准等。最后，加强教学档案资料存档也是基层教学组织制度规范建设的重要一环。期末存档资料包括全部新增教学资料和学习成果，根据存档资料的总结反思指导新一轮教学计划。课程组针对每年教学实践，及时修订教学大纲，根据最新的研究成果及学生对课程的反馈，及时更新教学内容。

三、基层教学组织过程保障

(一) 培养方案

基层教学组织参与培养方案的制订、修订、执行与管理，侧重特定培养环节的合理性和达成度。

1. 制订与修订

在培养方案的制订过程中，基层教学组织负责论证培养环节的必要性和重要性，尤其是在压缩学分学时的背景下提高人才培养的质量，对基层教学组织落实教学环节达成率提出了更高要求。在培养方案制订和修订的过程中，前后续培养环节相关的基层教学组织之间应相互协调沟通，有效衔接前后续课程的教学内容，使人才培养目标、课程教学目标、学生学习目标之间合理匹配。针对基层教学一线的学习表现和学习目标达成度存在的痛点，应提出有效的培养环节修订方案。如果在基层教学组织特定培养环节发现学生学习目标达成度偏离预期，不能仅在相关基层教学组织负责的环节着力，应调整培养方案中的结构、学时、学分。大类平台课程往往在大学一年级和二年级面向学科大类开设，必然要为专业人才培养打基础，需要为专业进阶做好准备，因此尤其需要处理好前后续课程的关系。例如，前序课程达成度高而后续课程达成度低，应检查前后续课程是否存在衔接断层，在前后续两段都应考虑补充相应教学环节；又比如，前序课程达成度低而后续课程达成度高，这种现象不仅要从前序课程着手，也需要从前后续课程的衔接入手。考虑前序课程和后续课程在知识、能力、素养方面的梯度，避免过度前置或教考分离等问题；还有可能前后续课程达成度都不理想，那么可能存在工具类基层课程缺失的问题。基层教学组织是观察和发现以上问题的一线，也是化解以上问题的实施者，因此在制订和修订培养方案的过程中可以充当对齐学生学习目标和院校人才培养目标的角色。

2. 执行与管理

在执行培养方案的过程中，基层教学组织应当充分意识到本课程在人才培养环节中的地位和作用，执行和管理应服务于人才培养目标。例如，专业基础课程应该训练学科研究范式，为前序课程的基础提供应用场景，为后续课程打基础，让学生能按合理梯度发展专业素养。因此，基层教学组织在课程组教学管理的过程中应以课程功能为指导原则。面对课程组成员对于内容多寡、难度高低、进度快慢的不同理解，不能以个别人或个别课的便利与否为考量，而应协调课程组成员，将关注点集中到学生在专业发展阶段中的特定环节应重点达成的学习目标上。例如，大类平台课为学生专业分流打基础，应当把学科思维和学科研究范式作为课程教学的目标，不能认为前置专业课细分领域的知识是更先进高级的做法，也不能满足于学生知识为主能力为辅的学习状态。

(二) 育人环节

1. 课堂教学

学校和学院对课堂教学出台了"查堂""督导听课""系统评教"等多种形式的质量保障措施。基层教学组织除了提醒配合以上工作，更重要的是在课堂教学质量的"软性"指标上促变革。"两性一度"要求基层教学组织突出"以学生为中心"的教学理念，推进教与学的深刻变革，采用混合式、翻转式、探究式等丰富的创新教学模式。运用信息化辅助的多维互动教学方法，统一安排章节测验、课程实践、学习成果示范反馈等环节。加强过程性考核，采用自评、互评、他评相结合的多任务评价方式。基层教学组织的平行班架构，便于开展实验组和对照组的对照检验，并根据学生学习行为和学习者问卷调研数据检验改革成效。

2. 立德树人

根据学校"建设中国特色世界一流大学"的目标，课程育人是高水平人才能力培养和价值塑造的一线。例如，在经济与管理学院，大类平台课是哲学社会科学理论传承和大学生了解世情国情的重要渠道，也是大学生人生价值展示的一个舞台。因此，经管大类平台课基层教学组织通过"四个课堂"联动，让学生深入经济管理社会现实，了解经济社会的重大变化，才能使其真正地认识到现实中存在哪些问题、这些问题产生的原因、如何才能有效地解决这些问题，从而形成发现问题、认识问题和解决问题的意识和能力。基层教学组织联合党支部组织课程组成员积极参与党建活动，学习党史、不忘初心、集体探讨、充分挖掘和分享交流课程教学内容中的思政元素，并融入各个教学环节，坚持为党育人、为国育才。

四、管理保障流程

基层教学组织通过信息化工具和教学行为数据开展跟踪调查、统计分析、日常监控、内部评估，并根据以上管理流程甄别教学状态，及时采取预防和纠正措施，通过测度人才培养目标达成度，形成质量保障文化，持续改进。

(一) 学习需求调研

质量保障的根本目的是达成人才培养目标。课程目标达成度不仅包括教师教学目标的达成，更应该关心学生学习目标的达成情况。关心学生的学习需求是评估学习目标达成情况的客观基础。通过信息化工具，课程组可以在全体平行班统一开展学习需求调研，了解学生的兴趣点和学生的关切，在课程教学过程中予以引导和回应。教学目标的提出和展开应结合学生的兴趣和关切，明确说明学习内容和进度安排、学习活动的设计与学习兴趣的关联，说明课程考核与教学目标之间的关系及合理性。

(二) 日常运营数据统计及分析

1. 日常学习数据

信息化技术为大类平台课这种大规模人才培养环节提供了跟踪学习行为的技术支持。在日常学习进程中可以设置的环节包括任务点、测验、学习活动。根据课程进度，将信息化平台学习资源进行分层管理，包括必学内容、选学内容、拓展内容等，其中必学内容设为任务点，通过平台对任务点完成数据的统计情况可以定期披露和定向督促每一个学生必学内容的进度和质量。例如，学习数据包括每一个学生对每一个必学内容任务点的学习时间、次数、时长等明细信息，利用这些数据可以计算学生必学内容的完成度、及时性、反刍率。各班开展的学习活动可以体现个性化学习任务当中的表现，体现学生的参与度、投入度、不同层级学习目标的达成度。测验能客观反映学生阶段性学习表现，包括知识目标达成度和学习难点。

2. 学习进度管理

根据日常学习行为数据开展分析，学习进度可以实现精细化管理，促进学生主动达成学习目标，提高学生对学习进度的自我认知，及时识别学情风险。首先，课程组可以设置必学内容任务点阶段性阈值，将学习内容设置为闯关模式，未完成必学内容无法开启拓展内容、示范内容等周边资源，吸引学生完成必学内容；同时，在阶段性期限前按阈值的一定比例筛查，对于进度数据远低于阈值或低于学生全体平均值的学生定向发送督促学习进度的学习预警，提示学习风险，提醒学习路径和资源，推荐学习方法；此外，对于完成度达标的学生应进一步分析及时性和反刍率，避免临时刷内容的虚假学习行为，根据分析结果指导合理期限设定和提醒时效管理。例如，如果发现学生常常熬夜临时完成学习任务（这种习惯并不利于训练学科思维，只对知识类知识点的短期记忆有效），那么可以将学习任务节点设置在白天课表时间无课的时段中前后两个排课时段的中间，并预留出去食堂和教室需要的时间。这样可以督促学生提高学习质量而不是应付学习。还要注意学习反刍率，它体现了学习投入度或难度，如果发现有学生反刍率分布几乎完全接近 1 倍，也就是刷完即止，又或者发现有学生反刍率普遍高于 3 倍，也就是学了 2 遍还不够，应在学习活动中重点考查学生学习表现，避免这类学生的进度风险被掩盖。学习活动的参与度表明学生是否正常到课，学习活动的投入度体现学生是否积极参加课堂活动并开展了深度学习，学习活动表现则可以用于分析知识、能力、素养等学习目标的达成情况。针对这些数据，可以有针对性地示范、鼓励，或指导、帮扶。在阶段性测验中，结合测验结果和日常学习行为数据对学生进行分类披露和分层指导，让学生对学习进度有理性认知和合理规划。例如，对投入度和参与度低且阶段性测验不达标的学生应阶段性预警指出以上客观观察的数据证据，提示学生提高投入度和参与度的正确方式；对投入度和参与度合理但阶段性测验失利的同学，应推荐学习资源和学习方法，提示争取学习表现和得分机会，化解学生的学习焦虑，提高学习信心和勇气；对于测验表现突出的同学，可以鼓励示范，将高水平的学习成果在同学中分享。

3. 学情干预措施

通过日常学习行为的精准分析和精细化管理，大多数学生能取得和自己相比的进步，而且也能获得与学伴对标的必要信息，从而对学习进度实现有效的自我管理。但如果发现以上日常学习管理措施仍不能解决的学习障碍问题，则需要关心和重视，可能存在非课程因素造成的学习困难，需要及时与相关方沟通。例如，有些学生遇到了非课程因素造成的学习困难但忌讳吐露，在不知情的情况下单纯通过课程方面要求是无法解决问题的。此时需要联合教学、学工、家庭、同学等支持力量，共同帮扶学生，从化解学习障碍开始做工作，再管理课程学习进度。在必要的情况下，需要提供学习期限和学分规划的方案，供学生参考，而不能仅从一门课的角度来实现培养质量。

(三) 阶段性调研及反馈

质量保障的目的不仅是结果导向的, 更是过程导向的, 意即通过质量保障及时反馈调整从而保证理想的结果。在课程教学过程中, 应该至少在中期、后期开展两次反馈, 创造条件反映学生学习状态, 并针对状态做出反馈, 以便引导学生有效争取达成目标。

1. 标准化数据分析

根据课程的上半部分和下半部分分别设置所有平行班统一的客观题测验, 向学生和任课老师披露客观题测验结果的数据分析, 提出预防或纠正问题的建议。向学生披露的信息包括正误及解析、本人得分、本人本班排名、全样本和本班样本的均值和方差、优良率和及格率。这些信息方便学生进行自我诊断, 为自己对达成进度开展评估提供外部信息; 向老师披露的除了本班学生的以上全部信息以外, 还包括两方面: 一方面是班级间的成绩分布对标分析, 另一方面是全样本的卷面分析。为课程组每一位任课老师单独提供其任课班级的成绩分布数据, 尤其是实考率、优良率、及格率、均分、方差, 同时提供以上数据的全样本数据供老师参考, 以便老师研判本班学习成绩和其他班的对比态势。为所有任课老师统一提供卷面分析结果, 显示知识点、题型、分值、难度系数、区分度系数等全部细目指标, 目的是指向学习难点。对于全样本失分偏高的知识点, 应提醒全体任课教师注意, 并提醒任课教师及时在课上增加难点解答和重点巩固。

2. 非标信息分析

除了客观测验以外, 也应在期中测验的同时发布学习满意度调研, 而不仅是在期末开展评教。期中的学习满意度调研采取简短的主观描述形式, 和评教不重复, 但开放了一个学生表达学习诉求和情绪状态的渠道。调研采取“有什么话想对自己的任课老师说”的开放形式, 允许学生有话则长、无话则短, 允许学生褒贬或中立。调研可以在向全体学生通报期中测验客观题成绩总体分布数据后展开, 以便直接指向学生自我诊断后的学习感受和学习诉求。调研在全体学生中统一匿名开展, 集中搜集反馈, 由课程组整理后再反馈给任课老师。给任课老师的反馈也由两部分构成, 包括公开通报和个别提醒。全样本成绩统计、卷面分析参数细目、难点讲解提示公开通报, 同时公开学生反馈中提名褒扬的原话和感激之词, 鼓励发扬得到学生认可、取得良好教学效果的经验。如发现实考率、不及格率、均分等统计指标明显偏低的班级, 单独向任课老师转述学生主观反映的诉求, 针对数据分析和特定诉求指向的个别关卡, 为任课教师提供课程组统一的资源和集体的经验做参考, 为该任课教师回应学生诉求、有效帮助学生提供足够的智力和情感支持。比如, 如果某平行班学生的不及格率高于其他班级、均分显著低于课程组均分, 而该学生在调研中反馈缺乏过程性评估导致终结性评估发挥不佳, 这时可以利用课程平台给该班级共享带解析的习题库, 供该班级学生使用; 与该班级任课教师共享其他班级发布过的习题及解析指南, 供该任课教师及时补充过程性评估需要的教学资源和过程性评估的操作经验。

(四)课程质量调研与对标分析

1. 课程组内部质量调研

每一个学生都是重要的。学习达成度分析既包括整体达成度统计分析，也包括学生学习行为与其达成度间的因果分析，不能因达成度数据的高低忽略或掩盖其中的个体。例如，绝大多数学生通过课程考核，而且课程考核优良比在合格率中的占比理想，那么仍应该对未通过课程考核的个体进行学习情况分析。

首先，通过学习行为数据观察学生参与学习活动的情况，识别学习投入度。如果学生在出勤、随堂学习活动、课后学习任务、阶段性考核等场合的学习数据都低于班级正常水平，那么应核查该生是否确实可获得课程信息。如果有证据证明该生能正常获取学习信息和学习资源，还应进一步核查是否对该生的学习进度提供过三次以上的提示、提醒、预警，是否给予了充分的资源和调整学习行为争取学习表现的机会。例如作业测验的次数不止唯一、考核前提供模拟、小组与个人任务相结合、开放复习和解析功能等。如果发现学生确实未针对预警和机会做出响应，应及时联系辅导员关注学生的生理心理状态，在必要的情况下联合教学、学工、学生和学生家长对学生的学习状态做出及时的干预。

然后，识别学生学习能力存在的问题。如果学生学习投入度符合班级正常水平，但学习表现却偏低，任课教师应及时给予帮助。例如，加强平时学习任务的反馈答疑，通过学习数据发现投入度高但达成度低的学生，查找其出错的具体知识点，创造机会允许学生表达学习认知中的难点，及时澄清纠偏。还可以创设互教互学的环节，鼓励组内互助式学习，通过学习者分享化解认知习惯造成的学习困难。对于学习态度和学习投入正常，但学习达成度暂时不理想的学生，通过以上方式识别学习困难的堵点。如果是前序课程基础缺失，可以推荐补修内容；如果是认知习惯不适应，可以允许多样化的学习资源和学习活动；如果是存在畏难情绪，可以调动学习社群的学习氛围，创造安全的学习环境，增强学生对学习重难点的注意力和毅力；如果是学习方法问题，任课教师可以解释课程活动和课程目标要求之间的对应关系，说明推荐的学习方法，并在学生当中开展示范分享活动。

课程考核达成度数据本身并不是人才培养质量的充分证据，既不能因为课程考核达成度低就认为考核难以通过的课程更硬核，也不能因为课程考核达成度高就认为该课程的学生收获满满。通过以上达成度分析开展过程管理才是基层教学组织通过流程管理给予人才培养质量的保障。

以未通过课程的情况说明了对学习目标达成度的缺失部分的分析思路，并不表示全员通过的课程就不需要开展人才培养质量分析了。相反，应该开展卷面信效度分析，包括难易度结构、区分度结构、成绩分布偏度、知识点覆盖度及其在题型中的分布结构、得分率等指标。

2. 课程组外部质量调研

从供给侧对基层教学组织人才培养质量的调研主要是对标国内外同行的开课经验，调研范围应囊括国际、国内、区域和校内四个层次。信息化时代学生获取学习资源的渠道很多，给基层教学组织设计教学内容提出了更高要求，尤其是大类平台课侧重学科入门基础训练，受众广的课程更有可能在信息化平台（例如全球著名慕课平台）上有学习资源。大类平台课在教学内容、教学进度、教学方法、教学资源等方面，可以主动对标国内外主要慕课平台，国际平台包括 Coursera 和 Khan Academy，国内平台包括中国大学慕课和学堂在线。课程组可以调研在这些平台上开设的同名课程和前后续课程的内容，在教学质量上主动对标。同时，也应针对大类平台课所在的学科，在国内外同行院校内开展调研，主动查找先进同行院校开设的该大类平台课。在国别层次开展调研要实现的效果是让学生认可该课程的质量，学生能从课程内容上明显观察到，不论在国内还是国外学习这门课，该课程的学习内容都是具有国际共识的，在学分认定的时候对自己学习的课程质量有信心。在区域内的调研也很必要，同一地区的院校很可能在生源来源、师资来源、上级管理规定等方面存在地域特点，大类平台课既要在质量上优于同城兄弟院校开设的该课程，又要体现出差异化的课程特色。例如，综合性大学的大类平台课在教学内容上要体现广度和高度，双一流大学的大类平台课应体现国际水平等。

从需求侧对基层教学组织人才培养质量的调研主要是听取学生的评价，包括该课程和同类课程的学生。面向学生对其所学的科目开展调研，包括满意度、必要性、内容适合性、前后续连贯性等评分项，同时匿名搜集主观评价，反映课程具体问题。从学生反映的意见来看，学生对大类平台课最关心的质量问题是公平性和合理性，主要概括为"统一性"和"一致性"。有利于大类人才培养的平台课举措包括教考一致、考核形式与学习目标一致、内容进度及重难点统一、资源丰富持续迭代、任课教师的教学态度和授课水平良好等。学生对大类平台课的整体期待包括介绍该课程在日后专业学习生涯中的重要性、提前了解学科就业状态、开展课程实践、AI 与专业结合的数智化转型、丰富考核形式和考核的高阶性、联系实际增强理论课程的实用性。

五、结语

本文以师生规模可观的经管大类平台课为例，讨论加强质量保障的理念和举措，并通过质量保障孵化一流课程、教学竞赛、教学改革等成果。基层教学组织应依据国家相关标准，建立符合国家、社会及学生等利益相关者诉求的一流质量标准，在各教学环节落实质量标准，形成自我评价机制、评价结果反馈机制、质量改进机制，建立自觉、自省、自律、自查、自纠的质量文化，将质量价值观落实到教育教学各环节、将质量要求内化为师生的共同价值追求和行为，提高培养目标的达成度、社会需求的适应度、师资和条件的保障度、质量保障运行的有效度、学生和用人单位的满意度。

◎ 参考文献

［1］丁秋芸．高校基层教学组织建设与管理制度探析——评《高校基层教学组织建设与

管理》［J］. 中国教育学刊，2023（11）：111.

［2］郝彧. 信息化背景下高校教学管理中的资源共享研究——评《高校教学管理及教学质量保障体系的建设与探索》［J］. 科技管理研究，2021，41（21）：233.

［3］江艳，吴凡. 疫情背景下美国一流大学教学质量保障体系研究［J］. 高教探索，2022（4）：91-98.

［4］李志义，张小钢，宫文飞，等. 高校内部质量保障标准构建：策略、框架与要求［J］. 高等工程教育研究，2023（4）：8-14.

［5］李志义，宫文飞，黎青青. 高校内部质量保障流程构建：一个框架性示例［J］. 高等工程教育研究，2024（4）：1-6，58.

［6］刘强. 论我国高校教学质量保障体系价值理念与行为模式的重构［J］. 江苏高教，2018（2）：12-17.

［7］钱梦岑. 学生评教对高校教师教学行为的影响——基于国内某高校学生评教结果的实证研究［J］. 中国高教研究，2018（10）：81-86.

［8］习近平总书记给武汉大学参加中国南北极科学考察队师生代表的回信［EB/OL］.（2023-12-01）［2024-08-27］. https：//news. whu. edu. cn/info/1002/ 447657. htm.

［9］项迎芳，赵栋栋. 高校基层教学组织质量提升研究［J］. 高教发展与评估，2020，36（4）：11-20，107-108.

［10］习近平. 高举中国特色社会主义伟大旗帜 为全面建设社会主义现代化国家而团结奋斗——在中国共产党第二十次全国代表大会上的报告［EB/OL］.（2022-10-25）［2024-08-27］. http：//www. moe. gov. cn/jyb_xwfb/xw_zt/moe_357/jjyzt_ 2022/2022_zt17/yw/202210/t20221026_672311. html.

［11］中华人民共和国教育部. 关于深化本科教育教学改革全面提高人才培养质量的意见（教高〔2019〕6 号）［EB/OL］.（2019-10-08）. http：//www. moe. gov. cn/srcsite/ A08/s7056/201910/t20191011_402759. html.

［12］中华人民共和国教育部. 教育部关于印发《普通高等学校本科教育教学审核评估实施方案(2021—2025 年)》的通知(教督〔2021〕1 号)［EB/OL］.（2021-02-03）. http：//www. moe. gov. cn/srcsite/A11/s7057/202102/t20210205_512709. html.

建设一流拔尖创新数学人才培养高地

涂振汉　赵会江

（武汉大学　数学与统计学院，湖北　武汉　430072）

【摘　要】提升本科人才培养质量，着力造就拔尖创新人才，是当前我国高等教育的重要使命。武汉大学数学与统计学院坚持立德树人根本任务，全面提升本科数学拔尖创新人才培养的创新能力。学院在本科数学教育中不断优化人才培养模式，强调以学生成长为中心，重视个性化培养。学院完善管理体制，提升协同育人质量，强化学生的科研训练，积极拓展国际交流合作的广度与深度，努力提升拔尖本科学生的学习与发展质量。本科教育逐步形成了"强基础、重能力、促创新"的具有武汉大学数学特色的拔尖创新人才培养体系，源源不断地为国家培养了大批优秀数学拔尖创新人才，为武汉大学乃至中国本科教育发展提供了一些宝贵经验和启示。

【关键词】课程体系；教学模式；科教协同；个性化培养；国际化办学

【作者简介】涂振汉（1963—　），男，汉族，湖北仙桃人，博士，武汉大学数学与统计学院教授，博士生导师，主要从事多复变与复几何研究，E-mail：zhhtu. math @ whu. edu. cn；赵会江（1967—　），男，汉族，湖北汉川人，博士，武汉大学数学与统计学院教授，博士生导师，教育部高等学校数学类专业教学指导委员会委员，主要从事非线性偏微分方程数学理论研究，E-mail：hhjjzhao@ whu. edu. cn。

【基金项目】湖北省高等学校省级教学研究项目"高等数学课程思政建设"（项目号2022009）；2024 年武汉大学本科教育质量建设综合改革项目大中衔接专项研究项目

　　建成世界一流大学的重要标志是培养出世界一流人才。《中国教育现代化 2035》明确提出，加强创新人才培养，特别是拔尖型创新人才培养，对于建设具有中国特色、世界水平的现代化教育具有重要作用[1]。为此，教育部实施了"基础学科拔尖人才培养计划""强基计划"等一系列本科教育人才培养重点工程，对我国本科拔尖人才培养进行了全面部署。探索建立拔尖创新人才培养的有效机制，促进拔尖创新人才脱颖而出，成为当前高等教育改革与实践的迫切要求[2-12]。

　　武汉大学数学学科发轫于 1893 年成立的自强学堂"算学门"，数学本科拔尖人才培养起步很早[13-14]。1980 年武汉大学创办了国家中法数学实验班[15-16]（1994 年停止办学，2024 年重启办学），在中法两国政府支持下，已培养出一批具有国际影响力的优秀数学家，育人成果备受国际数学界赞誉。1991 年首批获准建立国家理科基础科学研究和教学人才培养基地——武汉大学数学基地，2002 年该基地被评为全国优秀基地。一代代武汉大学数学人兴学报国、科教强国，为国家培养了大批优秀拔尖数学人才。

近年来，为了强化拔尖创新人才培养，武汉大学数学与统计学院在本科人才培养方面深入组织实施。通过开展有组织的创新人才培养，进一步提升了本科数学拔尖创新人才培养的自主能力，人才培养质量得到了显著提升，为数学与应用数学本科专业拔尖创新人才的培养提供了重要的启示。

一、培根铸魂，坚定理想信念

学院积极实施"青年马克思主义者培养工程"（简称"青马班"）。该工程坚持顶天、立地、树人的教育理念，弘扬科学家精神，培养学生成为德才兼备、不负时代的未来引领者。每届"青马班"都邀请多位知名学者讲授数学学科的前沿发展、红色文化的时代价值、科技强国的使命担当等主题，引领青年学生胸怀祖国、放眼世界，砥砺青年学生立志报国、勇于担当、不畏艰难险阻，努力成为走在时代前列的奋进者、开拓者。

立足学科本位，学院通过组织实习、实践、志愿服务等多种方式培养学生家国情怀、增强学生创新意识、坚定学生理想信念。引领青年学生正确认识时代责任和历史使命，增强学生的自豪感和使命感，勇于实践、敢于梦想，珍惜在武汉大学的学习机会，立志投身数学研究，用国家的大事业磨砺自己的真本领。

通过加强理想教育和学术教育并举，充分发挥思想建设和精神引领在数学拔尖创新人才培养体系中的基础性作用。培养学生树立严谨求实的治学态度、掌握有效的治学方法，养成开拓创新精神，自觉将个人命运与国家命运紧密相融，在造福家国的壮丽事业中不断超越自我、成就自我，立志为党和人民的事业奋斗终身。

二、本研贯通，优化课程体系

学院本科数学人才培养方案既考虑大类专业的共性知识要求，又兼顾不同模块在特定知识点中的个性需求。在本科大类专业内打通相邻专业基础课程，开放专业选修课程供学生自由修读。整合、优化专业课程体系，建立了知识结构模块和不同类型的课程模块，形成了模块化的分层课程体系。分层课程体系方便了不同专业志趣学生的个性化选择和跨学科发展，给予了学生更大的、个性化的学术发展空间。

科研训练纳入教学内容。面向本科生设置了多种层次的科研训练课程系列，完成每一门科研训练课程的学生可获得相应学分。科研训练的课程系列兼顾了基础与高级、经典与前沿，尽量满足处于不同阶段的本科生多层次学习需求，为高年级本科生参与高水平科学研究提供了强力支撑。

课程体系兼顾了"本研"贯通式培养，强化课程的系统性和前沿性。把本科与研究生教育结合起来进行总体规划，为学习能力强的拔尖学生提供贯通硕士、博士学位的高效课程，可以更好地为优秀拔尖学生提供所需的课程方案与高效成长的环境。

建设了一批高质量的专业基础课程和科研训练课程。通过实施"本研"贯通式培养课程体系，构建了以大类专业平台课、必修课程模块和专业选修课程模块为主体的多层次、个性化、高质量的本科课程体系，其中学院还建设了一批提高型、拓展型课程和科研训练课程，推动了同一平台上优质专业课程资源的共享，本科教育更加高效地支持拔尖创新人才培养。

三、大师引领、科教融合，重视个性化培养

充分发挥高水平专家学者在本科拔尖创新学生培养中的育人作用。数学与统计学院的院士、长江学者、国家杰青以及四青等国字号人才和高水平师资不仅参与数学本科专业的基础课程和专业课程的课程设计与教学工作，还担任拔尖学生的科研及学业导师。这样有助于打牢学生基础，激发学生兴趣，增强学生学习信心，促进学生个性发展。

高水平师资团队讲授数学本科专业的基础课程。师资团队的突出学术能力助力课程内容的优化和习题资源的开发，有效提升了课程的高阶性，也增加了课程的挑战度。通过讲授这些课程，高水平老师们不仅为数学本科生奠定了深厚的数学专业基础，同时也为他们的学术发展提供了面对面交流和指导的机会。

高水平师资团队开设数学本科专业的前沿课程。这类课程的内容将价值塑造、知识传授和能力培养融为一体，体现了学科前沿性与时代性要求。这些前沿课程能够拓宽学生的国际视野，让学生接触全球最新的科研动向和思想潮流，引导学生找到自己喜欢并且擅长的专业方向，找到能够持之以恒坚持探索的正确道路。

小班化精细管理以及高水平专家学者担任班主任及学业导师，确保了个性化教育和学生动态管理扎实落地生根。小班化管理的培养过程有助于尽早发现对科研感兴趣的同学，可以更精准指导学生的科研训练。动态管理的培养过程使得拔尖学生的教育和培养能及时调整，最大限度地满足学生个体发展的需要，使每位学生都能获得充分的发展空间，为其科研创新提供了坚实的保障。

依托学院高水平科研平台推进科教协同育人。利用武汉大学数学科研平台"国家天元数学中部中心""湖北国家应用数学中心"和"计算科学湖北省重点实验室"的项目优势、资源优势、人才优势，提供优秀本科生参与科研项目的机会，强化数学本科生科研训练。

发挥数学类专业竞赛对创新人才培养的推动作用。以学科竞赛为契机，高水平师资每年开设暑期数学竞赛培训班，每年第三学期学院开设数学能力拓展训练课程，加强指导本科拔尖学生的竞赛训练。以赛促学、以赛促教，提升学生创新能力与团队协作精神，同时促进教师教育教学水平不断提高。

四、合作办学，提升国际竞争力

近几年，武汉大学数学与统计学院与境内外著名高校和科研院企加强协同育人、积极拓展合作的广度与深度，搭建了国际化数学人才培养与交流平台，着力培养具有国际视野

和全球竞争力的数学拔尖创新人才。

着力提升数学本科生实践能力。学院与国内科研院所、创新型企业签订了 5 项产学研合作协同育人项目，特别是与北京大学重庆大数据研究院及北太振寰（重庆）科技有限公司加强协同育人，共同推进数智教育实习实践，让数学本科生感受了国内科技企业的爱国精神与创新勇气，提供给学生深入了解前沿技术的宝贵机会，巩固了他们的专业基础知识，提高了其科研能力，极大地培养了学生的创新精神和创新意识。

学院先后与美国佐治亚理工学院、威斯康星大学麦迪逊分校和法国图卢兹三大等高校签署交流协议，每年可以选派数学本科生前往合作培养和留学。每年都有数学本科生到美国约翰霍普金斯大学、哥伦比亚大学、宾夕法尼亚大学、纽约大学和英国帝国理工学院、瑞士苏黎世联邦理工学院、法国巴黎高等综合理工学院等国际知名高校交流学习或进一步深造。

学院聘请一批境内外知名专家担任兼职教授和讲座教授，广泛开展本科生联合培养和合作研究工作。大力资助优秀本科生参加境内外暑期学校、学术会议和科研训练等活动。每年聘请众多境内外名师来学院做"拓展课程"（如专题研讨课、学科前沿课程、国际化课程）、"名师讲座""专题报告"。与一批国际名师形成了较为稳定的合作关系，拓展了学生的国际视野。

2024 年，武汉大学数学中法拔尖班时隔 30 年重启办学[15-16]，其最鲜明的特色是国际化联合办学，学生本科期间即开始了国际化的育人模式培养。依托于武汉大学和法国知名高校的高水平数学师资，成立了由院士领衔的高水平教学团队。按照法国本科数学专业大纲设置了数学中法拔尖班的培养方案，数学核心课程主要由法国知名学者讲授。强化法语教学，在高年级阶段法方教授还将开设多门全英文或法文的数学前沿课程。通过深化中法合作办学，旨在将数学中法拔尖班打造成为一流数学优秀人才的国际化培养高地，培养具有全球视野和领导力的新一代数学领袖。

五、教育改革成果丰硕，社会影响力逐年提升

通过优化课程体系、强化科教协同，深化国际化合作办学，提升协同育人质量，学院成功搭建了多元立体化本科拔尖创新人才培养平台。学院数学与应用数学本科专业 2009年入选了教育部高等学校本科特色专业建设点、2010 年入选了国家基础学科拔尖学生培养试验计划——武汉大学"弘毅学堂"数学班、2019 年入选了国家级一流本科专业建设点、2020 年入选了基础学科招生改革试点（数学强基班）、2021 年入选了拔尖计划 2.0 数学拔尖学生培养基地——武汉大学数学弘毅班。2023 年，学院还获批武汉大学拔尖创新人才培养示范区建设——数学自强班，旨在为有志于数学研究的优秀学子提供一个更为专业和高标准的学习平台。2024 年，武汉大学数学中法拔尖班时隔 30 年重启办学，通过深化中法国际化合作办学，推动拔尖创新人才培养高质量发展，着力培养具有国际视野且服务于国家重大战略需求的高端拔尖数学人才。

数学拔尖人才培养成绩显著。学院毕业生中，有 31 人次获得国家杰青等称号；31 人

入选国家四青人才；12 人在数学 4 大顶级刊物发表研究论文。"全国大学生数学竞赛决赛"共举办了 15 届，武汉大学数学与统计学院本科生共获数学类一等奖 38 项，排全国第4 位（仅次于北京大学、复旦大学和中国科技大学）。已培养出了大批具有数学研究潜力的优秀本科毕业生进入世界一流大学或研究机构继续深造，为国内外知名高校、研究院提供了大量高质量的硕、博士生生源。数学创新人才培养的模式被国内外兄弟院校高度认可。

数学拔尖人才培养的示范作用明显。把最优秀的教师队伍用于本科人才培养，以提升课堂教学质量和人才培养质量为根本，形成了高水平教学团队。学院成立拔尖人才培养体系领导小组，建立教学质量监督系统，强调科研与教学并重，构建了以科学、创新、有效为目标的本科拔尖人才培养机制，确保了数学拔尖人才培养体系的实施和取得成效。由于我们成功的办学经验，近几年，北京大学、中国科技大学、国防科技大学、华中科技大学、湖南师范大学、东南大学、西南大学等十多所大学的数学院先后到学院进行数学创新人才培养的交流活动。多家新闻媒体对武汉大学数学拔尖人才培养的优秀事迹进行了详细报道[13-16]，学院的教师也多次受邀到兄弟院校做教研报告和在全国数学拔尖人才培养研讨会上做大会发言，拔尖人才培养体系建设经验在全国起到了很好的示范、辐射推广作用。

◎ 参考文献

［1］中共中央 国务院印发《中国教育现代化 2035》［N］. 人民日报，2019-02-24.

［2］韩媛，范武邱. 以教学带科研，以科研促教学［J］. 中国高等教育，2015（15）.

［3］王宪华，王建立. 以"本"为本，打造本科人才培养新格局［J］. 中国大学教学，2015（2）.

［4］严从华. 地方高水平大学数学拔尖人才培养模式探究［J］. 教育教学论坛，2017（18）.

［5］王玉斌. 国内一流大学拔尖人才培养模式研究［J］. 河南工业大学学报（社会科学版），2018，14（1）.

［6］沈悦青，叶曦，章俊良，徐学敏. "好奇心驱动"拔尖人才培养模式的经验与思考［J］. 中国大学教学，2019（7-8）.

［7］杨志坚，胡新启. 应用数学拔尖人才培养模式的探索与实践［J］. 学科探索，2020（6）.

［8］钟秉林. 深入实施科教兴国战略着力造就拔尖创新人才［J］. 中国高等教育，2023（5）.

［9］白天择，张晓静，王延飞. 新质生产力视角下高校拔尖创新人才的培养［J］. 科技智囊，2024（6）.

［10］张琪，尹芳芳. 高校荣誉学院拔尖创新人才培养模式探索［J］. 科教导刊，2024（11）.

［11］钟秉林，李传宗. 科教融合培养拔尖创新人才的政策变迁与实践探索［J］. 中国高

教研究，2024（1）.

［12］陈周，陈国庆，王珏，胡满峰 . 数理学科交叉融合的拔尖人才培养模式探索与思考［J］. 大学教育，2024（6）.

［13］张锐，数轩 . 武汉大学数学学科创建 130 周年庆典系列活动举办［N］. 光明日报，2023-11-20.

［14］田佩雯，数轩 . 十余位院士出席，武汉大学庆祝数学学科创建 130 周年［N］. 湖北日报，2023-11-20.

［15］时隔 30 年，武汉大学重启中法数学拔尖班［N］. 湖北日报，2024-05-31.

［16］历经 30 年，武汉大学恢复中法数学班［EB/OL］. 法国驻武汉总领事馆（公众号），2024-06-07.

AI 辅助语言教学中的教师角色行动研究：
以英文短篇小说阅读与创意写作为例

程向莉　陆　朋　钱　妍　Seth Garrett

（武汉大学　外国语言文学学院，湖北　武汉　430072）

【摘　要】随着开放生成式 AI 的到来，AI 在语言课堂上是否会取代教师成为激烈争论的话题。尽管普遍观点认为 AI 将取代语言教师的部分职能，但关于语言教师在 AI 辅助语言教学中的角色和影响，目前尚未得到充分的探究。笔者团队基于 AI 辅助语言教学课程建设进行行动研究，探讨语言课程"英文短篇小说阅读与创意写作"中的 AI 辅助教学以及教师角色。课程由三位中教和一位外教合作开展，AI"小雅"作为助教辅助教学。在为期两周的密集教学结束后，团队发布调查问卷，收集学生对于课程设计、课程实施以及 AI"小雅"作为助教角色的反馈意见。与此同时，团队对自愿受访者针对焦点问题进行访谈。研究发现：（1）大多数学生认可课程设计和合作教学；（2）语言教师的角色已经从传统的课程规划者、课程教学者和课程评估者扩展到 AI 培训者和 AI 工程师的合作者。行动研究表明 AI 助教尚未达到成熟阶段，无法完全取代语言教师的课堂教学。

【关键词】AI 助教；AI 辅助语言教学；教师角色；行动研究

【作者简介】程向莉，武汉大学外国语言文学学院副教授，硕士生导师，E-mail：chengxiangli@ whu. edu. cn；陆朋，武汉大学外国语言文学学院讲师，E-mail：lu-peng@ whu. edu. cn；钱妍，武汉大学外国语言文学学院讲师，E-mail：wedyan@ whu. edu. cn；Seth Garrett，武汉大学外国语言文学学院外教，E-mail：garretse@ mail. gvsu. edu。

2022 年，以 ChatGPT 为代表的生成式人工智能取得突破，引发全球语言教育界对于技术赋能教育教学范式的热议。Kern[1]发表在《现代语言杂志》上的文章《21 世纪的技术与语言教育：开辟前进的道路》，讨论开放生成式人工智能将如何深刻影响 21 世纪的语言教育。Gao[2]在同期杂志中提出，语言专业人士应该采用辩证的观点来拥抱人工智能新世界。在中国，文秋芳[3]认为生成式人工智能会对语言教育产生影响，但不是革命性的影响。同样，李芒等[4]则强调，教育数字化的发展需要把其发展成本考虑在内。从上述观点来看，研究者普遍对开放生成式人工智能持积极态度。然而，他们对人工智能是否对外语教育产生革命性影响持谨慎态度。

纵观语言教育发展历史，技术一直影响外语教学。计算机辅助语言教学始于 20 世纪 80 年代至 90 年代软件和交互系统运用于英语学习。彼时的技术基于规则，供学习者练习，提供评价反馈。20 世纪 90 年代中期至 21 世纪初，互联网的普及催生了在线英语学习平台。随着人工智能技术的发展，2015 年左右基于人工智能的语言学习应用开始出现，学习者从中获得个体化反馈。语音识别技术的应用使学生能够练习发音，获取实时反馈。从 2015 年至今，深度学习和自然语言处理（NLP）技术的发展使人工智能助教能够理解和生成自然语言，从而提供更丰富的互动体验。外语应用程序或在线课程开始植入人工智能学伴，学习者能够与虚拟助教自然地对话，提升听说能力。鉴于人工智能的兴起，机构性的语言学习课程获得的支持和资助在世界范围内减少[5]。人工智能可能取代语言教师成为外语教育界深思的问题。

如果开放生成式人工智能成为虚拟助教，那么它在多大程度上能够取代现实中的语言教师？它将如何影响教师在教学实践中的角色？为了回答以上问题，笔者团队进行 AI 助教课程开发，实施行动研究，以期为人工智能融入语言教学提供路径和启示。

一、研究背景

在人工智能时代背景下，大学英语教学进入新的阶段。当前大学英语教学以立德树人为首要目标，发展学习者的语言综合能力、跨文化交际能力和批判性思维等能力。教学模式从混合式教学转向 AI 智慧教学。然而，随着大学英语课时和学分的压缩，课程改革建设成为一个亟待解决的问题。为此，笔者承担教学研究者和教学实践者双重角色，为学习者设计 AI 助教新课程。笔者团队采纳语言内容融合教育教学法，融合英文短篇小说阅读与创意写作，满足弘毅学堂学生定制化课程需求。

为了建设 AI 助教新课程"英文短篇小说阅读与创意写作"，笔者团队采取合作式教学，吸纳人工助教和 AI 助教"小雅"，提升学习者综合语言能力、跨文化能力、欣赏和创作虚构故事的能力。笔者承担了课程团队负责人的角色，负责课程的设计和主体教学。团队教师负责收集教学素材，承担部分的课程内容教学。外教担任人工助教，协助课堂讨论流畅展开。AI 助教"小雅"则在教学中担任虚拟助教的角色。

二、人工智能辅助语言教学的行动研究

行动研究，传统上被定义为由教育实践者进行的旨在带来改变的研究，长期以来在语言学习和教学领域中占有一席之地。作为一种产生情境性局部知识的手段，它可以为教学实践提供信息。Burns[6]对行动研究的典型性特征总结如下：

（1）它是有语境的、小规模的和局部的。能识别和调查特定情况下的问题。

（2）它是评价和反思性的。它的目的是在实践中带来改变和改进。

（3）它是参与性的。提供由同事、从业者和研究人员团队参与的协作调查。

（4）实践中的变化是基于收集为变化提供动力的信息或者数据。[6]

在全球人工智能快速发展的背景下，笔者团队面临着一个普遍存在的问题，即随着高等教育的快速发展，生成式 AI 的出现导致教学活动的资金支持减少，教师也面临职业发展的威胁。为了应对这些挑战，笔者团队将新课程的开发实践转化为行动研究，检验虚拟助教和人类助教促学的有效性。行动研究是为了应对人工智能时代的教学改革，从而对大

学外语教师教学和职业发展提供可供借鉴的实践指导。

总的来说，行动研究本质上是探索性的。因为 AI"小雅"尚未在大学英语教学实践中使用过，笔者团队 AI 课程建设具有探究性。传统的课程模式包括教师、学生和教材三位一体，而人工智能的新课程将 ChatGPT 作为附加的新要素，与以上三要素产生互动关系，形成四位一体的关系[7]。依据文秋芳提出的四要素模型，课程教学流程发生变化。经过几轮讨论，笔者团队将 AI 训练融入课程建设，以规划、实施和评估为开发周期来设计特色课程。图 1 和图 2 揭示了课程开发的各个阶段及教师在各阶段中所扮演的角色。在行动研究过程中，笔者团队分别承担课程规划者、与 AI 工程师对话者、人工助教和 AI 助教辅助教学的语言教学者和课程评估者的角色。

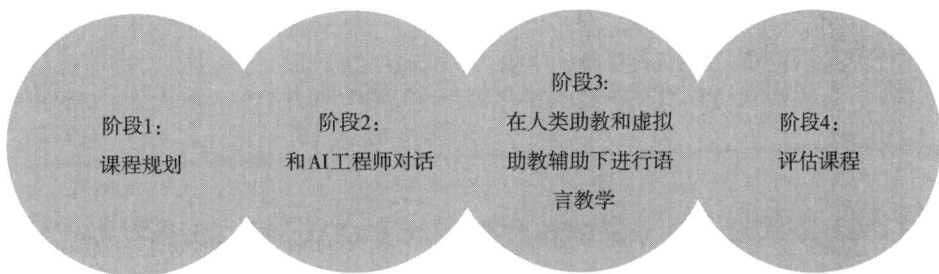

图 1　人工智能辅助语言教学的语言课程的各个阶段

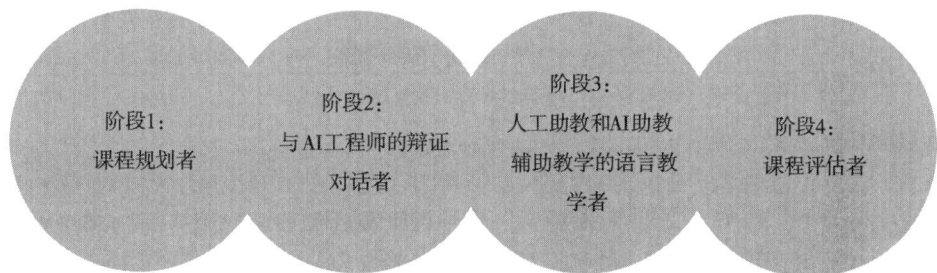

图 2　语言教师在人工智能辅助语言教学中的角色

(一) 语言教师作为课程规划者

研究者理论研究和教师实践活动之间的分离已经引起了研究者的注意与讨论[8]。普遍观点认为语言教师的认知和教学实践是由第二语言习得理论决定的。要使课程获得成功，语言教师应该遵循四条原则[10]，即基于输入的学习、以语言为重点的学习、基于输出的学习和发展流利性。上述四条原则已经经受了实证研究的检验，在课程实施中占据的时间大致相同[12]。在设计"英文短篇小说阅读与创意写作"课程时，笔者团队依据 Nation 的四条原则来确保课程内容能够全面提升学生的综合语言能力。

如表 1 所示，"英文短篇小说阅读与创意写作"课程教学对象为 43 名非英语专业的学生，主体来自人文社会学科。在调查分析学生需求之后，笔者团队决定实施内容与语言学习相融合的教学模式(CLIL)。课程设计以 Nation 的四条原则[10][11]为教学理论指导。六篇英文短篇小说为语言输入,创意写作为语言输出。课堂教学以语言学习为媒介,以内容讨论为主题发展学生的语言流利性。此外,课程本身也是王初明[13][14]的"续论"以及"输出假设"[15]的课堂实践。学生阅读英文短篇小说,接受可理解的输入,由各种"续"活动"推动"创意写作,以口头或书面形式的故事来促成语言输出。续写活动或者语言输出活动形式多样:或产出一个句子来续写小说;或产出一个海明威式段落来续写小说;或产出一个乔伊斯式段落来描绘某个怦然心动的时刻;或产出一个虚构故事。

表1　　　　　　　　"英文短篇小说阅读与创意写作"课程描述

类别	课 程 描 述	
学生人数	女:28 人	男:15 人
学生专业	人文社会学科:42人(非英语专业;包括一名国际学生)	非人文社会学科:1 人
教学语言	双语(英文为主)	
阅读和写作任务	输入:6 篇英文短篇小说	输出:英文句子;英文段落;英文短篇小说(3 轮修改)
教学任务	教师 A:组长;教授4 篇小说	教师 B:协作者,教授 1 篇小说 教师 C:协作者,教授 1 篇小说;外教:人工助教; AI 小雅:虚拟助教

(二)语言教师作为与人工智能工程师的辩证对话者

在语言教育中,合作教学并不少见。一种是专家教师和新手教师之间的合作。新手教师可以学习专家教师的智慧,为其职业发展提供专业知识。另一种合作类型是语言教师和学科专家之间的合作,语言教师和学科专家发挥各自专业知识的专长,促进 ESP 语言教学[16]。学科专家提供专业知识内容,语言教师提供显性语言知识,例如语篇题裁特征和语步知识。

在本项行动研究中,笔者团队与 AI 工程师的合作与前述的合作模式存在显著差异。作为语言教师,笔者团队具备教学知识和内容知识来实施课程教学。此外,笔者团队也具备足够的数字素养,利用"学习通"平台进行混合式教学。然而,笔者团队缺乏大语言模型专业知识来训练 AI"小雅"成为合格的虚拟助教。于是两位 AI 工程师提供教学支撑。其中一位负责激活 AI 助教"小雅",另一位负责训练 AI"小雅"。

经过与 AI 工程师几轮协商,AI 工程师训练虚拟助教"小雅",使其如同婴儿学语一般,从沉默时期(silent period)发展到咿呀学语时期(babbling period)。最初,AI"小雅"无法回答诸如建议最佳英文短篇小说书单这样简单的问题。经过"投喂"数字资料后,AI"小雅"可以用中英文双语回答该问题。至此,AI"小雅"实现了答疑功能,成为一名不知疲倦、全天候工作的虚拟助教。

为了培养 AI"小雅"成为更智能的助教，笔者团队上传了故事录音和学术文章等数字资源至"珞珈在线学习通"平台，对其进行了有针对性的训练。尽管有时会出错，但是 AI"小雅"提供的答案更加智能，更有学术含量。

示例 1 显示 AI"小雅"可以理解中文问题（见表 2）。尽管回答稍显简略，但是"小雅"的回答连贯且有相关性。这是"小雅"经过初步训练后的"咿呀学语"阶段。

表 2	示例 1
提示语	如何写英文短篇小说
AI"小雅"	创作英文短篇小说需要遵循一定的步骤。首先，确定故事的主题和情节。然后，选择一个合适的叙述角度，如第一人称或第三人称。接着，构思角色和他们的内心冲突，接下来，编写故事草稿，并进行修改。最后，编辑你的作品，确保语法正确、流畅。通过这些步骤，你可以逐步完善你的短篇小说

示例 2 显示 AI"小雅"可以理解中英文关键词问题，其回答更具学术性和逻辑性（见表 3）。尽管依然存在用词错误，作为通用型虚拟助教 AI"小雅"已经进入一个更加智能的阶段。

表 3	示例 2
提示语	Araby 的主题
AI"小雅"	"Araby"的主题主要集中在对性格和激情的探究，以及现实生活中希望和失望之间的矛盾的探讨。 首先，小说从一个幼小的男孩的视角出发，讲述了他的初恋经历以及一场失望的试图。这段经历不仅仅是关于初恋的失败，更深入地探究了人物性格的形成和发展。男孩的深情和诗意一时，却因为他的不成熟和社会珍视和理解的程度而破灭，这反映了人性中复杂而微妙的情感变化。 其次，小说还表达了对现实生活中希望和失望之间的矛盾的探讨。男孩对爱情的期待和对生活的美好向往，在遭遇现实的无情打击后，转化为深深的失望和幻灭感。这种体验不仅仅是个人的，也反映了每个人在成长过程中都可能面临的普遍困境。

表 4	示例 3
提示语	What innumerable follies laid waste my waking and sleeping thoughts after that evening! 这句话的结构是怎样的？
AI"小雅"	这句话"What innumerable follies laid waste my waking and sleeping thoughts after that evening!"的结构是通过使用形容词短语来描述主语"folies"的数量和影响。其中，"innumerable"表示数量之多，而"waste"则表示对"my waking and sleeping thoughts"的影响。整个句子表达了作者在那个晚上之后，他的清醒和睡眠中的思想都被无尽的愚蠢行为所占据

虽然 AI"小雅"越来越智能，但是有时也会产生"幻觉"，犯愚蠢的错误。示例 3 显示 AI"小雅"不能从语义上切分句子（见表 4）。"小雅"完全误解倒装句的句法结构，提供了一个错误的答案。除了语义切割分词不准确之外，AI"小雅"在此阶段也无法区分口语和书面作品。因为创意写作的自动机器评分一般被验证为不准确[17]，AI"小雅"的评估功能有待提升。

总之，在第二阶段，笔者团队与 AI 工程师进行了辩证对话，放弃不切实际的功能训练。AI 工程师培训了 AI"小雅"，使其具备答疑助教功能，从而增强了 AI"小雅"在语言学习中的"脚手架"作用。然而，自动读取和自动反馈等语言学习专业功能目前还无法实现，有待后续进一步研究与培训探索。

（三）人工助教和 AI 助教辅助教学的语言教学者

"英文短篇小说阅读与创意写作"课程语言输入含有视觉和听觉两种模态。学生课前或阅读或收听长度为 2000 至 4000 个单词的英文短篇小说。他们可以选择阅读纸质教材，也可以选择在"珞珈在线学习通"听录音，从而获得基本的理解。除了听读之外，学生还可以选择性观看有关作家生平故事和写作风格的英文视频。在课堂上，教师与学生用英文互动，讨论短篇小说的要素和文学手法，探索小说隐含的多维主题。外教担任人工助教，发挥母语者的语言示范作用。与此同时，外教也会提出文本细读的独特视角，解释文本和文学表达，即时反馈学生发送至"雨课堂"聊天框的书面产出，与笔者的语言教学者角色形成互补关系。

作为一名语言教师，笔者和外教助教共同发挥能动性和移情作用，摒弃提供所谓"权威"答案的教师信念，营造积极平等的课堂语言学习环境。笔者和外教为学生提供可理解的语言输入，对学生口头或书面产出提供及时反馈，鼓励学生大胆表达观点。一方面，语言教师、外教助教和学生三者在语言互动中形成了坚实的三角关系。另一方面，虚拟助教作为互动活动中的第四要素，隐藏于幕后，充当百科知识的提供者。AI"小雅"以其丰富的资源，持续提供参考答案。在即时英文课堂互动活动中，为了确保互动的流利性，激励学生不断尝试创造性的语言输出，AI"小雅"的虚拟助教角色维持于最低限度，避免互动中断。

示例 4：教师课堂话语片段及其角色
现在请同学们快速浏览幻灯片上英文短篇小说。只有 27 个单词。请思考以下问题：
这是个好故事吗？
是什么让它成为一个好故事？
这位女人是谁？
为什么世界上只有她一个人？
为什么其他的东西都死了？
敲门后会发生什么？
你能续写一句话，使它成为一个更好的更加完整的故事吗？

示例 4 展示了语言教学者提出的问题层层递进，在对英文文本理解的基础上激发学生思考。续写句子与英文文本阅读产生协同效应，促进学习者语言发展。互动活动的设计既重视语言意义表达，又关注语言形式学习。笔者作为语言教学者，扮演的角色是引导学生同时关注语言意义和形式，发起谈话，激发学生回应，提供即时反馈，形成一个又一个英文互动的话轮。

(四) 语言教师作为课程评估者

语言课程若缺少反思和评估环节，则无法确保其完整性和有效性。因此，在课程结束时，笔者设计了课程问卷，了解学生对课程的反馈。问卷由等级评价问题和开放式问题构成。等级评价问题包含学生对六篇英文短篇小说的看法、课程管理、教材、测试、合作教学形式、AI 有效性以及对课程本身的感受等。开放式问题探究课程和学生语言学习之间的关系。调查问卷在线上发放，学生在知情的情况下自愿匿名完成。39 名学生自愿参与问卷调查，回收率为 90.7%。7 名学生的问卷被判定无效，因为他们对所有问题的回答几乎相同，而且每个问题的回答时间异常短暂。

表 5 显示学生整体上对小说无明显偏好。四篇英文短篇小说的平均分居中，均为 3.50 左右。该结果与学生在"雨课堂"互动调查结果一致。学生对英文短篇小说的偏好分为喜剧和悲剧、浪漫主义类型和现实主义类型、侦探题裁和魔幻题裁等。由于不同的阅读品位和阅读经验，学生的小说偏好具有个性化差异。在课堂教学中，笔者团队引导学生利用在线工具提交开放式问题的答案，阐述自己的观点。笔者与外教轮流对学生观点提供即时反馈，同时通过鼓励性话语或者启发性问题，引导学生进一步阐释她们的观点。

表 5 　　　　　　　　　　　　学生对六篇英文短篇小说的评价①

	短篇小说1②	短篇小说 2	短篇小说 3	短篇小说 4	短篇小说 5	短篇小说 6
平均分	3.56	3.09	3.50	3.56	3.00	3.56
方差	2.11	1.67	1.80	1.88	2.50	2.50

评价通常具有主观性，特别是对文学作品的评价。问卷调查往往只能提供表层答案。为了进一步深入了解学生反馈，笔者团队对自愿参与的学生进行访谈。与问卷结果不一样，一位受访的同学表达他最喜欢的短篇小说是《摸彩》，原因如下：

《摸彩》是我最喜欢的故事，几乎像是我最喜欢的作家鲁迅的手笔，冷酷辛辣的讽刺和尼采主义的孤绝与激愤。作者十分克制地没有掺杂任何说教，因此留出了无穷的解释空间。看似脱离常规的描写，在我看来是一种二阶的写实主义。

---

① 学生选择 1 至 7 表达对六篇短篇小说的感受。1 表示最喜欢，7 表示最不喜欢。

② 短篇小说 1 至 6 对应的英文小说如下：1-《像白象一样的群山》；2-《阿拉比》；3-《我的俄狄浦斯情结》；4-《巴德先生的灵感》；5-《万事通先生》；6-《摸彩》。

作为人类教师和人工助教，笔者和外教能够与学生产生共情，理解学生在课堂上表达的情感困惑和认知困惑，尊重他们对文学文本表达"非正统"诠释的权利。短篇小说《摸彩》因其主题深邃多维，课堂互动激发学生进行多层次、多维度的诠释。有学生道出小说中虚构的非理性的隐含话语：当一个孩子被鼓励拿起小石头扔向自己的母亲时，这种反人类行为令人情绪不安，无法释怀。当课堂互动走向深层次探索，发展为对个体所体验到的文学意义进行更深入的探究时，AI 助教和人类助教介入互动，充当知识的"脚手架"，提升语言教学效能。

除了评价六篇英文短篇小说以外，问卷也针对课程管理、教材、测试、AI 助教、合作教学和课程本身进行评分。表 6 显示了学生对"英文短篇小说阅读与创意写作"课程效果的评价。

表 6　　　　　　　学生对"英文短篇小说阅读与创意写作"课程的评价①

	班级管理	教材	看法	AI 助教	合作教学	课程感受
平均分	2.93	3.25	2.88	3.78	2.91	2.94
方差	2.11	1.93	2.28	2.28	2.04	2.31

总的来说，学生对课程的感受较为理想，四个问题的平均得分低于 3，显示学生评价偏向于"最喜欢"的方向的趋向。问卷调查结果与笔者在课堂上的观察相一致。学生在整个课程实施过程中积极参与课堂讨论，投入度高。此外，课程设计的最终输出为创意写作，强调过程性写作，终稿进行至少三轮修改。学生在"雨课堂"提交英文创意写作初稿，教师口头予以反馈，学生修改后再提交到"珞珈在线学习通"平台。学生创意写作的终稿平均长度为 1418 个单词，远远超过所设置的最低 800 词的要求。学生创意写作在一定程度上映射"写长法"和"续论"课程设计初衷，所展示的英文写作水平高于笔者团队的教学预期。

然而，AI 助教"小雅"得分略高于预期的平均分 3.5 分，稍显意外。潜在原因之一可能是 AI"小雅"为通用型助教，既不能同时承担导师、口语/创意写作的反馈者和评价者等多重角色，也无法承担不带偏见的语用和元语言知识对话者角色。AI"小雅"没有整合 ETS 的自动评分、Versant 或 CET-4/6 的自动评分功能和讯飞的自动翻译功能。因此，在语言评估中，要克服道德挑战，教师和人工助教[18]不可或缺。另一个潜在原因从对一位受访者的访谈中找到了答案，AI"小雅"或许有助于课程设计和资源库建设，但未发展成为专业的语言虚拟助教，在语言课堂上发挥的作用有待提升。

三、结论

本轮行动研究表明：尽管 AI 技术在语言教学中发挥着越来越重要的作用，但它并不

---

① 学生选择 1 至 7 表达对课程的感受。1 表示最喜欢，7 表示最不喜欢。

能完全取代人类教师。以 AI"小雅"为代表的人工智能在语言课程建设中能够发挥一定的价值，但它无法完全取代语言教师和人工助教的教学作用。随着技术的创新，语言教师的角色在新的教学环境中得到拓展。他们不仅担任课程规划者、语言教授者和课程评估者的角色，而且还担任 AI 培训师和 AI 工程师合作者的角色。这些变革性的角色要求语言教师不仅需要不断更新其内容知识、教学知识和教育知识，而且还需要发展数智素养，升华语言课堂教学。

尽管 AI 可以为语言学习者提供参考答案和支持，但其应用仍存在一定的局限性。例如，在本次行动研究中，AI"小雅"对某些问题的理解和回答缺乏准确性，尤其是在句法结构分析和创意写作评估方面。因此，语言教师和人工助教在提供准确的反馈、与学生产生共情、尊重学生对文学文本的不同诠释等方面发挥着至关重要的作用。

本研究为语言教师在 AI 时代的职业发展提供了新的视角，也为未来的研究提供了方向。展望未来，AI 融入语言教学是一种必然的趋势。然而，在语言教育领域，必须在技术的运用和教育的人文性之间达成平衡。未来的研究应集中于进一步探索 AI 在语言教学中的潜力，开发高效的算法，进行有效的 AI 训练，为语言教师提供专业发展机会，以提高他们与 AI 工程师合作的数字素养和能力。随着大型语言模型(LLM)和自然语言处理技术的进步，通过积极接纳并有效利用 AI 技术，语言教师能够打造出更具个性化、互动性和高效性的语言学习环境。

◎ 参考文献

［1］ R. Kern. Twenty-first century technologies and language education：charting a path forward ［J］. The Modern Language Journal，2024（2）.

［2］ Gao X. A. Language education in a brave new world：a dialectical imagination ［J］. The Modern Language Journal，2024（2）.

［3］ 文秋芳 . 人工智能时代的外语教育会产生颠覆性革命吗？［J］. 现代外语，2024（5）.

［4］ 李芒，张晓庆，葛楠 . 论教育数字化发展代价的对立统一性 ［J］. 中国电化教育，2024（8）.

［5］ K. J. Davin. The issue：new technologies and language education ［J］. The Modern Language Journal，2024（2）.

［6］ A. Burns. Collaborative action research for English teachers ［M］. Cambridge：Cambridge University Press，1999.

［7］ 文秋芳 . 人工智能时代的英语教育：四要素新课程模式解析 ［J］. 中国外语，2024（3）.

［8］ C. Nuyen，P. Dao & N. Iwashita. Nurturing teachers' research mindset in an inquiry-based language teacher education Course ［J］. The Modern Language Journal，2022（3）.

［9］ M. Sato，& S. Loewen. The research-practice dialogue in second language learning and teaching：past，present，and future ［J］. The Modern Language Journal，2022（3）.

［10］ P. Nation. The four strands of a language course ［J］. Tesol in Context，1996（1）.

［11］ P. Nation. The four strands ［J］. International Journal of Innovation in Language Learning and Teaching，2007（1）.

［12］ P. Nation. Teaching and learning vocabulary ［M］//E. Hinkel. Handbook of practical second language teaching and learning. London：Routledge，2022.

［13］ 王初明. 以"续"促学 ［J］. 现代外语，2016（6）.

［14］ 王初明. 从"以写促学"到"以续促学"［J］. 外语教学与研究，2017（4）.

［15］ M. Swain. Communicative competence：some roles of comprehensible input and comprehensible output in its development ［M］//S. Gass & C. Madden. Input in Second language acquisition. Rowley：Newbury House，1985.

［16］ M. Cargill, O'Connor, P. , & Li, Y. Educating Chinese scientists to write for international journals：addressing the divide between science and technology education and English language teaching ［J］. English for Specific Purposes，2012（1）.

［17］ 杨丽萍，辛涛. 人工智能辅助能力测量：写作自动化评分研究的核心问题 ［J］. 现代远程教育研究，2021（4）.

［18］ 金艳，徐孟婕. 智能技术赋能语言测试的伦理思考 ［J］. 外语与外语教学，2024（3）.

［19］ 程向莉，邓长慧. 走近英文经典短篇小说 ［M］. 武汉：武汉大学出版社，2023.

基于 TPACK 理论构建
比较文学智慧课程的探索与实践

张　晶

（武汉大学　文学院，湖北　武汉　430072）

【摘　要】比较文学是武汉大学文学院中国语言文学专业的核心课程，旨在培养立足中国又面向世界，坚定文化自信又秉持文明互鉴的文科创新人才。在推进建设比较文学国家一流本科课程的教学改革实践中，我们尝试参考 TPACK 理论倡导的"有意义传递-主导下探究"的教学观念，整合信息技术、学科知识与教学方法的模型，融合信息平台与人工智能的新技术，持续以学情分析更新课程的教学目标、以知识图谱优化课程的知识体系、以长链学习创新课程的教学模式，探索构建一种"师-生-机"全程互动、深度融合的智慧课程新形态。

【关键词】智慧教育；智慧课程；TPACK；比较文学

【作者简介】张晶（1982—　　），湖北黄石人，文学博士，主要研究方向为比较文学与世界文学、海外华文文学与华裔文学、跨文化传播等。武汉大学文学院副教授，硕士生导师，武汉大学"351 人才计划"珞珈青年学者，武汉大学教学咨询师，E-mail：jennyzh@whu.edu.cn。

【基金项目】本文得到国家级一流本科课程、武汉大学课程思政示范课程等多项教学改革项目的支持

随着数字技术与人工智能技术的进步，以教育数字化推进教育现代化成为我国高等教育发展的必然趋势。教育部高等教育司在 2024 年 3 月的《中国高等教育》上发文指出要以人工智能引领高等教育数字化创新发展："面向教育数字化战略行动深入推进，高等教育迫切需要在育人理念、办学路径、教学模式、学习范式、评价方式等方面进行深层次变革，塑造'智能+'高等教育新生态。"①为了适应数智时代人才培养的新需求，作为双一流高校的武汉大学主动对接国家战略和时代发展需要，积极开展"人工智能+高等教育"实践与创新。近年来，国内外关于"智慧教育"的理论研究和实践创新层出不穷，呈现出由注重物质技术的"智能"向信息时代的"智慧"升级的趋势，但归根结底，智慧教育是教育信

---

① 教育部高等教育司. 人工智能引领高等教育数字化创新发展［J］. 中国高等教育，2024（Z1）.

息化高度发展的必然结果，也将是大语言模型飞速发展背景之下全球高等教育的新常态。正如课程是一切教育教学改革的核心，构建新型的适应信息时代发展的智慧课程也必然是高校教师在教学实践与研究中必须面对的课题。如何理解信息技术与课程建设的关系？如何处理技术与课程内容、教学实施的关系？本文以笔者正在主持建设的国家一流本科课程比较文学为例，回顾与整理我们基于整合信息技术、学科内容与教学方法的 TPACK 理论，依托"智慧珞珈"在线学习平台和 AI 工具，在明确创新人才培养目标、持续更新知识谱系、融创课程教学模式上所开展的一系列教学改革与实践，为探索当代信息技术与传统人文专业课程深度融合的路径，构建"师-生-机"三方交互的教学新范式提供些许思路。

一、更新育人理念：从"知识人"到"智慧人"

TPACK(technology pedagogical and content knowledge)是当代教育学中针对信息技术与课程整合而提出的一种教学理论。它在 2006 年由美国学者 P. Mishara 和 M. J Koehler 提出，他们认为只有整合了技术的学科与教学知识才能最有效地支持教师开展与课程相关的教学活动①。在此之前，当代教育学理论中已经有不少关于"技术知识"(TK)、教学法知识(PK)和学科知识(CK)这三种知识在课程教学组织中如何组合并发生作用的理论探讨。如 PCK 理论主张根据学科内容选择适当的教学方法与策略，其目的是使学科内容转化为教学资源，帮助学生更好地掌握学科知识。TCK 理论强调以信息技术来传授学科知识，帮助学生提高学习效率和建构学科的知识结构。其实 PCK 和 TCK 本质接近，都是以知识传授为目的，违背了教书育人的教学基本规律，不利于实现知识传授、能力培养和价值塑造三位一体的人才培养目标。还有一种被称作 TPK 的教学模式，它主张用信息技术服务于教学方法，采用新鲜有趣的技术手段来增强课堂教学的趣味性。这种教学模式在当今的高等教育中更不值得提倡，因为华而不实的课堂看似热闹，但却在盲目的技术崇拜中丧失了课程教书育人的首要任务，当然也不是数智时代追求的智慧课程。TPACK 教学理论在整合技术与学科、教学法三种知识时注重的是三者之间的"整合"，既不是只强调学科知识的传授，也不是对信息技术的盲目崇拜，而是将新兴技术恰如其分地融入课程知识的迭代与教学方法的创新之中。它强调教师要充分利用教学设计的主导作用，突出学生在学习中的主体地位，主张教师将学科知识的深入与教学方法的创新结合起来，适时地使用新兴的教学技术来促进学生的自主学习。这种"有意义传递-主导下探究"的教学观念与我们向往的智慧课程非常接近。

因此，我们决定以 TPACK 理论模型倡导的信息技术、专业知识与教学方法的"整合"智慧，通过信息平台与人工智能参与的学情分析更新课程的教学目标，引导学生在知识的

---

① P. Mishra, M. J. Koehler. Technological content knowledge, a framework for teacher knowledge [J]. Teach Coll Rec, 2006, 108(6)：1017-1054.

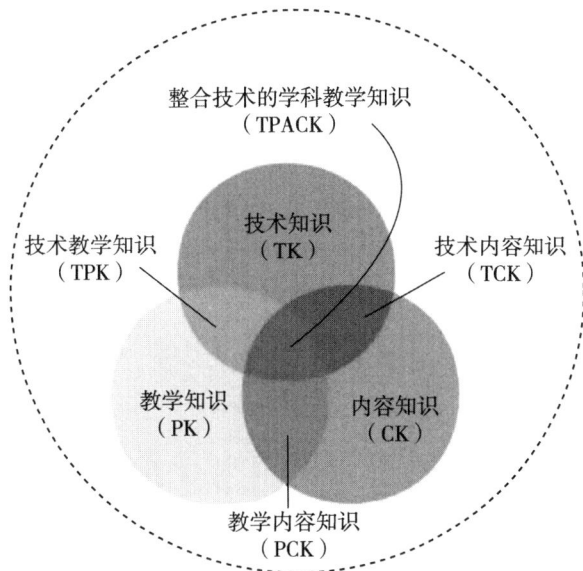

图 1　TPACK 理论框架

学习和能力的训练中磨炼意志、健全人格、传承文化，完成从知识人、技术人到智慧人的转变。对于比较文学这样一门人文学术研究课程而言，我们不仅要精准地向学生传授比较文学的理论知识与批评方法，更要培养学生具备文化自信与文明互鉴的视野，以求真务实的科学精神和求新求变的创新能力指引新时代的文艺创作，推动中华优秀传统文化创造性转化和创新性发展。

为了清楚地知道学生在课程学习前的知识储备、能力水平和思想状态，为制定合适的课程教学目标、开发教学内容和组织教学过程做好准备，我们在课程教学开始之前设计专门针对比较文学课程的课前学情调查问卷。问卷题目主要围绕着以下方面展开：（1）人文素养：如"请列举出你所知道的三位重要的文学理论家或文学批评家，古今中外皆可""如果请你推荐一本文学研究的著作，你会想到哪一本？"等。（2）学术能力：如"面对世界文学的经典作品或你有阅读兴趣的文学作品，你是否有胸有千言却无从下笔的感觉？""你阅读过比较文学研究的著作和论文吗？"等。（3）学习习惯：如"你更愿意接受哪些课程学习任务？""您更倾向于个人探索还是小组研讨？""你更愿意在小组合作中承担哪些工作？""你期待本课程的平时成绩由哪些部分组成？""在课堂中，你更喜欢老师与学生是哪种关系？"。（4）学术志向："本科毕业之后你是否有意继续在文学专业读研深造？""你如何理解人文学术研究的意义？"。问卷调查旨在了解学生在学习比较文学课程前，已经具备了怎样的知识储备、能力基础和学习需求，特别想要掌握学生在学习习惯、学术能力、学术志向上的真实情况，为我们制定适合学生学情的教学目标提供依据。

课前问卷在比较文学线下导论课的前一周通过智慧珞珈在线发放给学生。学生在规定的时间内在线完成并提交问卷后，教学团队就开始使用问卷软件和 AI 对学生提交的反馈内容进行数据分析。以下是 AI 提供的问卷分析报告的部分截图，报告不仅采用量化工具和适当的分析图清楚地呈现了每道题目的信息变量，而且还对课程的教学设计提出了相应的建议。

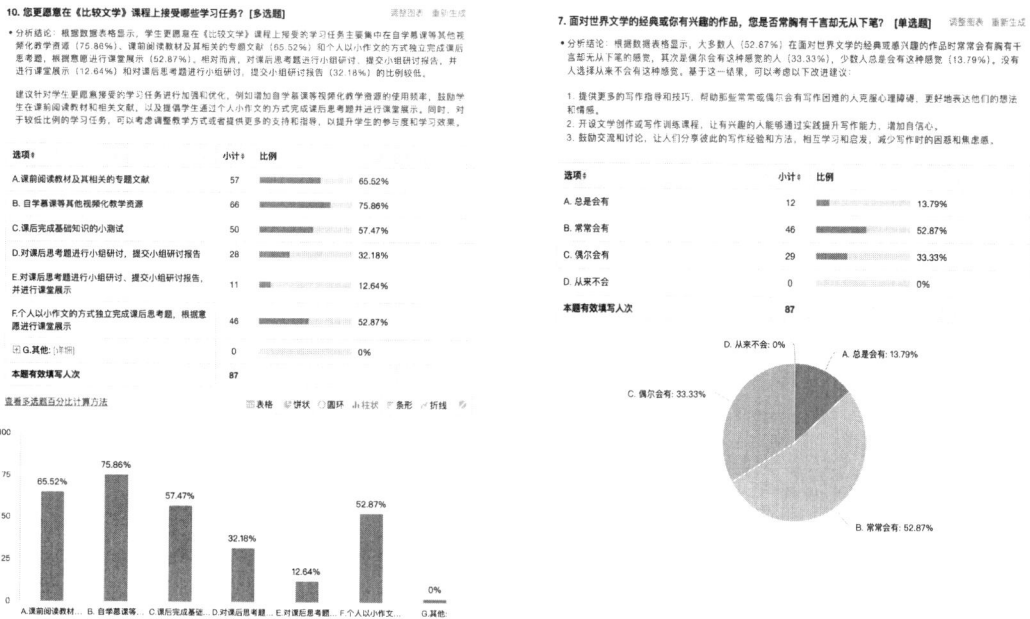

图 2　比较文学 AI 学情分析截图

在借助线上教学平台开展课前问卷调查和 AI 辅助学情分析，充分了解学生在知识储备、能力素养、学习方式与情感态度等多方面的学情后，我们确立了比较文学兼具知识传授、能力培养和价值塑造的"三位一体"的教学目标：在知识传授方面，学生通过比较文学课程的学习深入理解比较文学自近代以来不断超越与拓展的学科历史，系统掌握比较文学学术的基本原理；在能力培养方面，学生能够自如运用比较文学的研究方法分析问题、解决问题；在价值塑造方面，学生树立平等多元的文化价值观和人类命运共同体理念，从而成为立足中国又面向世界，坚定文化自信又秉持文明互鉴，在多元文化对话中构建中国话语的新文科人才。

二、重构知识谱系：从"教材提供"向"师生共建"转变

以智慧教育高阶性的育人目标定位智慧课程的教学目标，不仅激发了比较文学课程适应时代之变、国家之需培养数智时代新文科人才的动力，更需要我们师生双方利用人工智

能等数智技术、调用丰富的信息资源来共同实现对传统学科知识的创新。

长久以来，学生多依靠教材和教师课件来形成对一门课程知识内容的认知。自 20 世纪 90 年代以来，我国学术界掀起了比较文学教材的编写热潮，截至 2018 年教育部组织专家编写的"马工程"教材问世，相关比较文学教材已有百余种。对于比较文学的初学者而言，挑选哪些教材作为学习资源已是一个不小的挑战。另外，新时期以来国内比较文学教材编写在知识结构上大同小异，大多以影响研究、平行研究和跨学科研究作为学科的知识框架，孤立地将它们与某一国、某一时期的比较文学流派简单绑定，缺乏对比较文学方法论多样性和整体性的考察。

为了避免对比较文学方法论简单化、刻板化的认识，我们试图从方法论和学术史两个维度重构比较文学的知识谱系。一方面，我们以学科特性串联知识模块，构建知识与价值同体共生的理论体系。我们的教学团队在编写《比较文学教程》教材时提出了"比较文学的学科特性在于主体间性"的新观点。在随后的课程教学实践中，以主体间性为主线，搭建起以"事实材料间性关系研究""美学价值间性关系研究"和"文学与其他学科间性关系研究"三大方法论为主要框架的知识结构，取代了过去很多教材中笼而统之的"影响研究""平行研究"和"跨学科研究"，将比较文学学科"主体间性"的方法论一以贯之，自成体系。另一方面，我们以学科脉络重组知识模板，构建传统与前沿并重的方法论体系。我们按照时间线重新整理了比较文学自 19 世纪以来在全球发展的历史全貌，梳理出每一种方法论在多国、多时经历的从提出到实践再到完善的学术历程，尤其注重将中国比较文学的发展整合到比较文学的世界史中，重估中国学派对比较文学学科理论与实践的贡献。同时，我们既引导学生关注比较文学在特定历史时期内的起源与传统，也激发他们追踪当代比较文学的前沿热点问题和学术发展动态的热情。如在"文学与其他学科的间性关系研究"板块中，我们抛弃了传统教材以学科性质而分的"文学与艺术""文学与人文科学""文学与自然科学"，根据当下文学与其他学科共同关注的热点现象，设立了"科幻文学""数字人文""图文叙事"和"医学人文"等交叉研究专题。

依照这个新的知识体系，教学团队已完成了比较文学慕课的拍摄和上线，并将其作为课程的线上学习资源，与比较文学的教材节选、理论文献、研究案例一起，通过智慧珞珈学习平台分门别类地提供给学生。在此基础上，我们重点建设了以比较文学中国话语为特色的课程资源库，不仅在史料文献中发掘晚清、五四以来，中国学者对世界文学交流、中外文学比较、文学跨学科研究的真知灼见，而且梳理了中国学者在近半个世纪以来对中国比较文学复兴所提出的新观点与新方法。在学习"事实材料间性关系研究"时，我们将梁启超、许地山、陈寅恪开辟的中印文学关系史研究和陈铨、范存忠的《中德文学研究》《中国文化在启蒙时期的英国》作为中外文学关系史实证研究的典范案例，以补充实证主义的国际文学关系史研究。我们还将章太炎、黄遵宪、苏曼殊、徐念慈、周桂笙、孙毓修等人在清末民初发表的中外文化比较之论添加到"美学价值间性关系研究"的理论案例库中，以说明早在 20 世纪初中国的比较文学就已经呈现了鲜明的跨文化比较意识。正如乐黛云先生所言："它(比较文学)的产生标志着中国文学封闭状态的终结，意味着中国文学开始自觉地融入世界文学之中，与外国文学开始平等对话。看不到这一点，就看不到比较文学

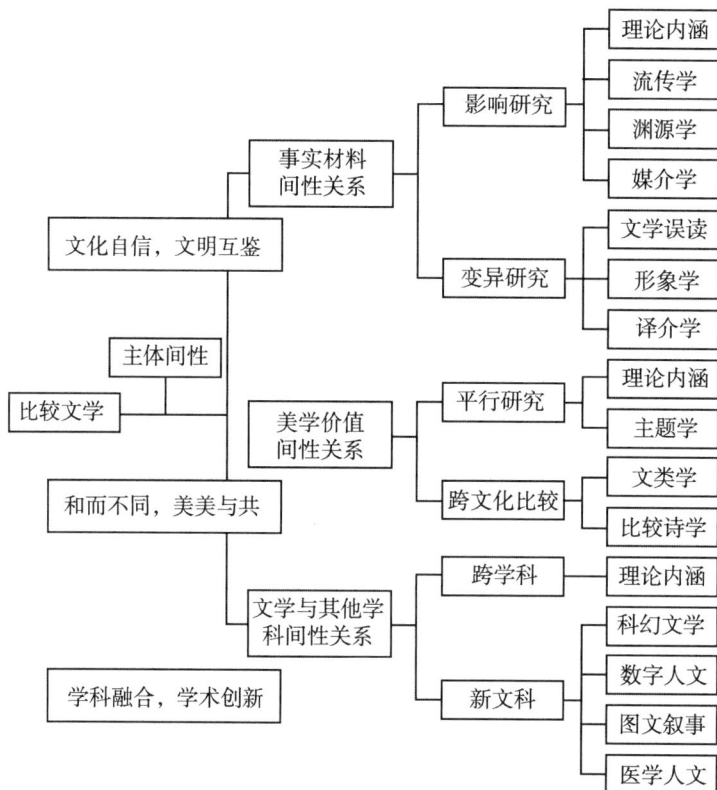

图3　比较文学知识体系

在中国兴起的重大意义与价值。"①除此之外，20世纪60年代中国港台学者的阐发研究、70年代美国华人学者叶维廉提出的"文化模子"论，以及21世纪以来中国学者提出的"译介学""变异学""文学人类学"的学术成果都被我们作为学术前沿纳入比较文学课程的案例资源库中。

　　除了教学团队为建设比较文学智慧课程适时更新课程的知识体系和学习资源外，我们还吸收了AI和学生作为课程建设的另外两方加入比较文学课程知识图谱的持续更新中。一方面是利用智慧珞珈平台的知识图谱技术，通过教学团队不断提供的课程资源和结构化的知识点，让AI学习并掌握尽可能多的课程内容以生成课程的知识图谱（见图4）。另一方面，我们在自主学习的教学环节中设计了"理论学习档案表"，学生可以通过观看慕课、阅读教材，对所学章节的知识内容进行思维导图的整理，从而形成自己个性化的知识图谱（见图5），并上传到智慧珞珈上的课程学习平台向教学者和所有学习者实时分享。

---

① 　乐黛云．比较文学发展的第三阶段[J]．社会科学，2005(9)．

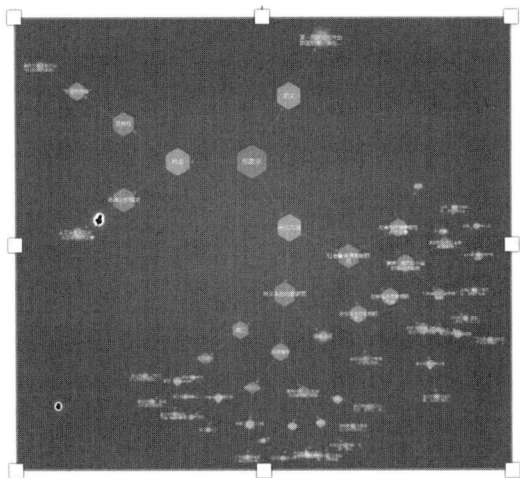

图 4 AI 生成"形象学"一章的知识图谱

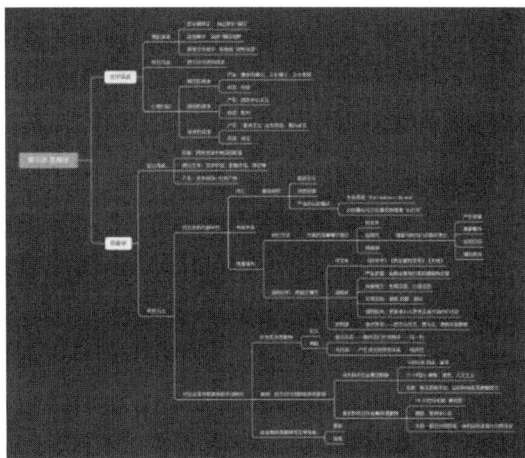

图 5 学生绘制"变异学"一章的思维导图

三、创新教学模式：从"师生"交互向"师-生-机"深度交互转变

构建智慧课程的关键是创新课程的教学模式，借助先进的数智信息技术创新课堂教学的形式与方法，形成以学生学习过程为中心的知、行、创相统一的智慧课堂。这样的教学模式既适合学生学习的普遍规律，又有益于培养学生成为适应数智信息时代的具有高级思维与创新能力的人才。

作为一门理论性和实践性兼具的专业课程，比较文学具有成为智慧课程的先天优势。我们首先将学生学习比较文学原理与方法的学习过程作为构建比较文学智慧课程教学模式的逻辑主线。从"信息接收"到"内化吸收"再到"实践运用"这个过程既符合学习认知的基本规律，又便于按照长链智慧学习理论来组织课程的教学程序（见图 6）。长链智慧学习理论认为："人们在学习过程中，只有通过一系列环环相扣的学习、实践、协同和研究活动，才能有效培养高级思维能力和创新创造能力，否则易使学习停留在一知半解、浅尝辄止的浅层次水平，难以培养信息时代所需要的具有国际竞争力的拔尖创新型人才。"①

随后，我们为学习过程中的每一个环节设计能够帮助学生培养深度学习能力的学习场景，分别是：在"信息接收"阶段以学生在线上的自主学习为主，在"内化吸收"阶段则在实体教室进行探究式学习，而在实践运用阶段则以项目式学习开展小组协作来完成学术选题与报告。这三种不同的学习场景前后相继，环环相扣，力图使学生在学习的基础上研究，在研究的基础上创造，从而帮助学生逐层实现比较文学课程学习的认知目标，即对比

---

① 陈琳，陈耀华，李康康，赵苗苗. 智慧教育核心的智慧型课程开发[J]. 现代远程教育研究，2016(1).

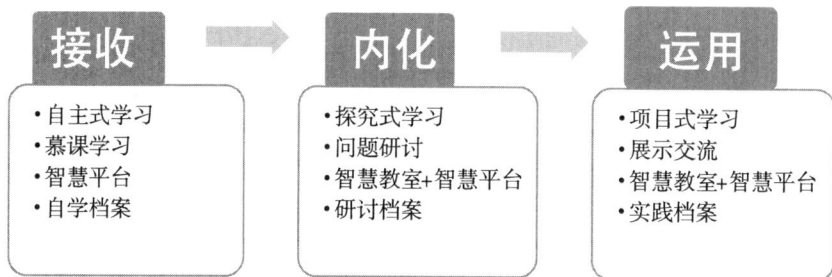

图 6　比较文学课程的教学流程

较文学原理的记忆、理解、分析、评价以及应用比较文学方法创造性地解释有关世界文学存在相似与差异的现象。

在信息接收阶段，比较文学课程为学生提供学习比较文学原理的线上学习资源和自主学习环境。学生通过教师在"智慧珞珈"上发布的慕课资源、文献资源和案例资源，理解比较文学每一种方法论的历史演进、理论内涵与运用要点。我们在2021年启动了比较文学慕课建设项目，主要采用讲授法和案例法，通过慕课清晰明确的讲解、短小精悍的形式、生动丰富的案例更好地实现比较文学课程在理论知识与价值观念上的融合。在线上自主学习环境中，学生可以充分发挥学习的主动性，自由安排学习的时间、环境和节奏。而我们则为不同能力层次的学生设计不同梯度的学习任务，引导学生认识自我并选择适合自己的学习内容：基础任务是观看比较文学慕课视频并完成测试题，进阶任务是用思维导图梳理慕课的知识结构，学有余力的学生还可以在珞珈在线学习平台上找到相关方法论的理论原典、教材讲解和经典案例，通过文献阅读建立自己的学习档案。教学团队则需要根据学生完成自主学习后提交的学习档案整理学生提出的学习疑点，列出研讨清单供原理研讨课使用。

在内化吸收阶段，比较文学课程采用翻转课堂的方式帮助学生处理自学中存在的疑点和难点。翻转课堂是在真实的教室中进行，但教学形式不再是以教师传授知识为主、学生被动接收的传统课堂，而是以学生为中心、以问题为驱动、以研讨为形式的互动课堂。这首先要求教师在课前根据自学档案中学生提出的问题进行有针对性的备课，并利用智慧教室的多媒体信息终端组织学生开展问题研讨。研讨课堂以问题为中心，按照小组研讨、组间交流、教师点评三个环节进行，以生生对话和师生对话的形式开展同伴式学习和探究式学习，聚焦于研讨课前学生自主学习的难点进行深入的讨论和交流，教师要引导和协助学生通过讨论、思考和辨析解决课前存在的疑惑和问题。研讨课后学生需要提交学习档案并评价自己和小组同伴的学习表现。

通过自主式学习和探究式学习掌握了比较文学方法论的原理之后，学生随后进入以项目式学习为主要学习方式的实践训练中。比较文学课程鼓励学生通过线上线下的团队合作方式，运用比较文学方法开展自主选题和项目研究。这期间，学生需要以小组讨论的方式决定展示项目的选题、分工以及观点汇总，并在研讨课前三天将小组展示项目的 PPT 上传到学习通的讨论区。之后，师生在团队自主学习之后的下一周再次回到线下课堂。这次的线下课堂模拟学术研讨会进行情境式教学。每个小组选出一名同学担任发言人，其他小组各选出一人担当评议人，由上一次展示课的最佳发言人担任主持人，其他同学扮演观众。课堂的组织顺序是先由展示小组汇报选题，其他小组给出建议与评价，教师在所有小组展示交流完成之后引导学生结合实践展示的选题对本单元学习的方法论进行反思，启发学生尊重事实、灵活运用方法论介入文学批评。

综上所述，我们根据比较文学理论性与实践性兼具的学科特质和学生学习比较文学的认知规律开展了对比较文学智慧课程教学模式的探索，其中翻转课堂（flipped classroom）与 PBL（problem-based learning）为我们构建师-生-机深度交互的智慧课堂提供了有效而多样的教学方法。我们相信通过比较文学持续开展的以教师为主导、以学生为中心、以技术为平台的"师-生-机"全程互动、深度融合的智慧课程，师生双方都将在精准掌握现代人文学术研究方法、有效提升文艺评论能力的同时，深刻感受到比较文学敢于面向世界、回应时代、开拓创新的学科魅力，进而激励我们成为一个博观天下、知行合一的智慧人。

◎ 参考文献

［1］ 怀进鹏．携手推动数字教育应用、共享与创新——在 2024 世界数字教育大会上的主旨演讲［J］．中国教育信息化，2024（2）．

［2］ 吴岩．深入实施教育数字化战略行动 以教育数字化支撑引领中国教育现代化［J］．中国高等教育，2023（2）：5-10．

［3］ 教育部高等教育司．人工智能引领高等教育数字化创新发展［J］．中国高等教育，2024（Z1）：9-12．

［4］ 陈琳，陈耀华，李康康，赵苗苗．智慧教育核心的智慧型课程开发［J］．现代远程教育研究，2016（1）：33-40．

［5］《比较文学概论》编写组．比较文学概论［M］．北京：高等教育出版社，2018．

［6］ 赵小琪．比较文学教程［M］．北京：北京大学出版社，2010．

［7］ 乐黛云．比较文学发展的第三阶段［J］．社会科学，2005（9）：170-175．

［8］ P. Mishra, M. J. Koehler. Technological content knowledge：a framework for teacher knowledge［J］．Teach Coll Rec, 2006, 108（6）：1017-1054．

劳动与社会保障专业拔尖创新人才培养优化方案
——以武汉大学为例

薛惠元　　刘彦云　　李安祺

（武汉大学　政治与公共管理学院，湖北　武汉　430072）

【摘　要】20世纪90年代，由于国企改革、大批农民工进城等问题，我国社会保障制度亟待完善和发展，劳动与社会保障专业应运而生。党的二十大报告提出要"健全覆盖全民、统筹城乡、公平统一、安全规范、可持续的多层次社会保障体系"，这也对劳动与社会保障专业的人才培养提出了更高的要求。然而，根据问卷调查和访谈，结合对高校专业培养方案与就业率的分析，发现目前该专业在课程设置、科研创新训练、实习就业指导方面存在一定问题。为了培养社保拔尖创新本科人才，提出优化课程设置、强化科创训练、重视实习就业等优化建议。

【关键词】劳动与社会保障专业；本科人才培养；拔尖创新人才培养

【作者简介】薛惠元（1982—　　），男，山东沂南人，博士，武汉大学政治与公共管理学院副教授、副系主任，研究方向：养老保障、社会救助，E-mail：xuehuiyuan198204@163.com；刘彦云（2001—　　），女，湖南浏阳人，武汉大学政治与公共管理学院社会保障2023级硕士研究生，研究方向：社会保障理论与政策，E-mail：2019301151085@whu.edu.cn；李安祺（2001—　　），女，湖南长沙人，武汉大学政治与公共管理学院社会保障2023级硕士研究生，研究方向：社会保障基金管理，E-mail：2023201150057@whu.edu.cn。

【基金项目】武汉大学劳动与社会保障国家级一流本科专业建设项目

一、引言

劳动与社会保障，包括"劳动"与"社会保障"两个专业领域。"劳动"涵盖人力资源管理、劳动者权益保护等内容，"社会保障"是国家通过立法，积极动员社会各方面资源，保证无收入、低收入以及遭受各种意外灾害的公民能够维持生存，保障劳动者在年老、失业、患病、工伤、生育时的基本生活不受影响，并逐步增进公共福利水平，提高国民生活质量的国家制度。两个领域的关注重点最终都聚焦于劳动力再生产的"保护器"、社会发展的"稳定器"、经济发展的"调节器"。

20 世纪 90 年代，由于国企改革加之亚洲金融危机的影响，我国有大批下岗的失业员工和需要赡养的退休员工，社会保障事业面临着巨大的挑战。[1]为建立更为完备的社会保障学科体系及人才培养和输送体系，教育部在 1998 年颁布的《普通高等学校本科专业目录》中增设了劳动与社会保障专业（以下简称社保专业）。此后的 20 余年，社保专业和劳动与社会保障事业的发展相互促进，培养了一大批研究和实践型人才，共同推动我国高质量社会保障体系的建设。到 2020 年年底，全国共有 167 所高校招收社保专业本科学生；到 2021 年，社保专业一流本科建设点已达到 29 个。其中，武汉大学是全国最早开设社保专业和招收社会保障硕士研究生的单位之一，优势学科明显，培养了一众社保人才。

党的十八大以来，中国特色社会主义进入新时代，我国进入新发展阶段，健全覆盖全民、统筹城乡、公平统一、安全规范、可持续的多层次社会保障体系是未来长期的发展目标。我国拥有世界上规模最大的社会保障体系，但与此同时，人口老龄化、新业态从业者规模不断扩大、失能失独、人民群众"看病难"、出生率持续走低等现象使得我国社会保障事业任重而道远。社会保障体系作为人民生活的"安全网"和社会运行的"稳定器"，该领域的学术研究和人才培养非常重要。但是，社保作为一个相对"冷门"的专业，社会知名度不高，且大众对该专业存在"不好就业"的刻板印象，造成招生困难。此外，作为新兴学科，社保专业在我国发展历程相对较短，缺乏理论创新和知识沉淀，在人才培养上存在与实践脱节的现象。新时代对社保人才提出了更高的要求，如何做好社会转型过程中该专业拔尖创新人才培养工作，是当前开设社保专业的高校所面临的共同挑战。

二、劳动与社会保障专业本科人才培养现状

（一）人才培养目标

劳动与社会保障专业属于公共管理一级学科，是一门关乎国计民生的新型应用型专业。在全球经济快速发展、社会需求不断扩大的背景下，社保专业研究如何稳定提高公共福利水平、满足人民追求美好生活的多层次需求、实现政府资源的合理再分配等宏观问题，以实现幼有所育、学有所教、劳有所得、病有所医、老有所养、住有所居、弱有所扶。因此，社保专业的学生需要将基础理论与广泛的业务知识融会贯通，注重政策研究与实践经验的紧密结合。

武汉大学社保专业的人才培养目标依托公共管理学大类，在培养方案中标注的培养目标是"培养政治方向正确、中国特色社会主义信念坚定、服务党和人民，弘扬和践行社会主义核心价值观，掌握现代公共管理基本理论、方法技术和中国特色公共管理价值体系、理论体系、方法论体系，专业知识系统全面，具备一定实践能力和创新精神，具有良好的公共意识和责任感、较强的治理和服务能力以及广阔的国际视野，未来能够胜任党政机关、企事业单位、社会团体组织的管理或服务工作的复合型、应用型人才"。在社保专业内并未提出更具体、有专业针对性的人才培养目标要求。但结合社保专业的特点，该专业培养的拔尖创新人才需要符合如下要求：第一，掌握基本的经济

学、管理学、法学等方面的综合理论知识,并灵活运用理论分析政府劳动和社会保障部门的相关问题;第二,掌握与劳动就业、社会保险、劳动关系等领域相关的理论知识、政策现状、法律法规,了解企业相关的管理实践;第三,掌握基本的研究范式和方法,具备文献检索、政策解读和数据分析等科研能力,能够独立研究该领域较为复杂的问题;第四,拥有开阔的国际视野,掌握且精通一门外语,了解国内和国际劳动与社会保障事务的前沿动态及实践进展。

由于社保的专业性质和研究内容,毕业生具备开展公共经济管理和劳动与社会保障实际工作的能力,可以在政府劳动和社会保障部门、政府政策研究部门、政府公共人力资源管理部门、企事业单位人力资源管理部门、金融性公司、保险公司等从事实际工作,以及在有关的科研机构和高等院校从事研究和教学工作。

(二)人才培养路径

为了培养本科人才,武汉大学社保专业制订了详细的培养方案对学生进行大类培养,并结合学校层面的竞赛项目、实习实践、文体活动对学生进行差异化培养。求学深造、就业创业,都有相应的政策和资源支持。学生可以根据自己的目标规划,在满足学院制订的培养方案规定的要求之余,有选择地参与课外活动,培养自己的核心竞争力。

社保专业的培养方案总体而言结构明晰、要素完整,包括培养目标、学分构成、课程设置、毕业条件等具体内容。从学分要求来看,社保专业的最低毕业学分要求为149分,略低于理工科专业。其中公共基础课程不低于49学分,通识教育课程不低于12学分,专业教育课程不低于88学分,整体来看以基础理论知识的学习为主;从课程设置来看,社保专业的核心课程包括劳动经济学、劳动法与社会保障法、社会保障概论、社会保险、社会保障基金管理、社会救助与社会福利等,侧重于社会保障理论与实践课程;从实习实践来看,社保专业的要求与公共管理一级学科下设的其他专业保持一致,包括社会调查、实地观摩、暑期社会实践、毕业实习和论文写作等实践教学活动,作为理论学习的补充和深化。由于学科属性不明确,社保专业一直以来都存在专业课程体系碎片化的问题[4],目前也尚未得到解决。与其他学校的培养方案相比,武汉大学的人才培养路径自身特色不够明显,没有体现同公共管理其他二级学科的差异性,在本科培养方案中存在主干学科定位模糊、重"社会保障"轻"劳动"、课程设置交叉等问题。

除了课堂教学,社保专业也通过课外活动给予学生个性化培养。在科研创新训练方面,学院支持学生积极参与大学生创新创业训练计划项目、"互联网+""挑战杯"等竞赛项目,学生也有途径参与本专业教师的课题项目,提前接触科学研究与论文写作;在实习就业方面,学院和企业积极合作,提供给学生对口的实习岗位,并为毕业生提供职业生涯规划、简历修改、面试指导等就业指导服务;在学生工作方面,学院积极培养学生干部,在团委、学生会、志愿者协会等组织配备相应的负责老师,在实践中提高学生的综合能力。但实际上,学生由于缺少目标规划,对院系科研、教师、就业等资源利用率并不高,且盲目"内卷"的现象愈发凸显,部分学生对求学深造存在不合理的执念。

(三) 毕业生就业情况

从专业实际情况来看，武汉大学每届社保本科生人数在 30 人左右，属于"少而精"的小班培养。疫情前，社保专业的就业落实率与学院整体就业落实率齐平；而疫情发生后的2020 年，社保专业的就业落实率与学院、学校的整体就业落实率存在差距。从就业去向来看，社保专业选择继续深造的人数较多，毕业生去往中国人民大学、南京大学和武汉大学等高校读研；选择去企事业单位就业的人数在逐年减少，一方面是因为研究生扩招使得更多人有机会在国内深造，另一方面是由于劳动力市场的不景气，更多学生想通过读研缓解就业压力。但是由于考研竞争的不断激烈，成功考研的学生只占少数，考研失利的部分同学选择"二战"，导致就业落实率整体下降。在实际就业的学生中，去往事业单位、国企、央企的人居多，选择私企和外企的人较少，从事的工作以人力资源、行政为主。各届社保本科毕业生就业率、政管院本科毕业生就业率及学校本科毕业生就业率如表 1 所示。

表 1　武汉大学 2016—2021 届社保本科毕业生、政管院本科毕业生及学校本科毕业生就业情况

	社保本科毕业生就业率	政管院本科毕业生就业率	学校本科毕业生就业率
2016 届	96.67%	96.32%	96.51%
2017 届	87.88%	94.24%	96.50%
2018 届	100%	95.08%	93.81%
2019 届	93.10%	92.44%	87.75%
2020 届	73.33%	85.55%	86.27%
2021 届	88.46%	—	87.10%

数据来源：https：//info.whu.edu.cn/bmxxgkxw12/xsjyzdyfwzx/jyzlndbg.htm。其中，2021 届社保本科毕业生就业率数据为所在系自行统计。

三、劳动与社会保障专业本科人才培养存在的问题

为深入贯彻全国教育大会和新时代全国高校本科教育工作会议精神，全面掌握专业内本科人才培养实际情况，武汉大学劳动与社会保障专业组织专业内的教师进行座谈，同时向在校本科生及毕业生发放人才培养满意度调查问卷，以梳理社保专业人才培养中存在的问题。

"武汉大学劳动与社会保障专业本科人才培养满意度调查"共回收问卷 77 份，在校年级(2022 级、2021 级、2020 级)及已毕业年级的分布如图 1 所示。在校年级共收取问卷 45份，已毕业年级共回收问卷 32 份。已毕业年级跨度从 2012 级到 2019 级，其中，2018、2019 级的数量最多，分别为 5 份。

问卷对在校本科生的未来发展规划、毕业生的去向进行了统计。45 位在校本科生中，有 6 位没有明确的未来发展规划，占比为 13.33%。11 位同学的未来发展规划为就业，比

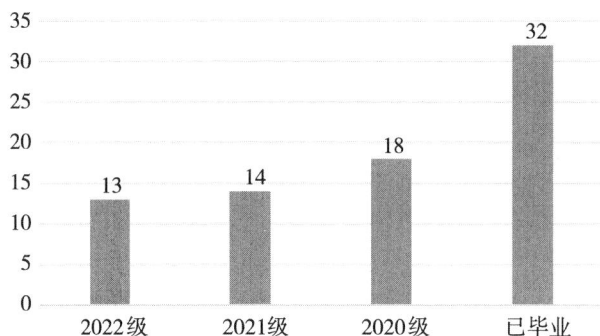

图 1 武汉大学劳动与社会保障专业本科人才培养满意度调查回收问卷情况

重为 24.44%。28 位同学有继续深造的打算，目标是保研、考研、出国的人数占比分别为 28.89%、24.44%、8.89%。这说明很长一段时间内，升学仍然是社保专业学生的主要去向。具体人数分布如图 2 所示。

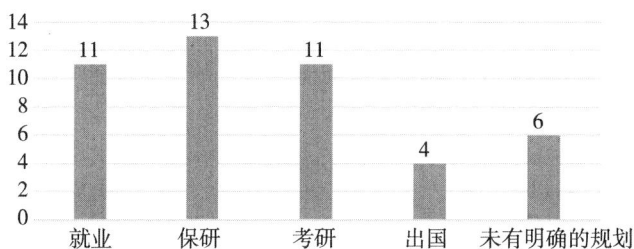

图 2 武汉大学劳动与社会保障专业在校生未来规划

32 位毕业生中，有 19 位同学进一步深造，占比 59.38%；13 位同学在本科毕业后直接就业，占比 40.63%，如图 3 所示。

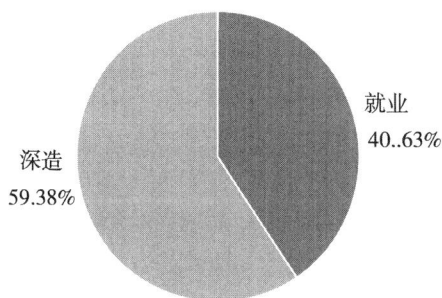

图 3 武汉大学劳动与社会保障专业毕业生去向

了解受访者基本情况后，问卷对本科人才培养的课程设置与教学、科研创新与训练、实习实践与就业3个方面，用5分量表进行了满意度调查，从"很不满意"到"满意"分别用1到5进行赋分，并设置开放性填空，欢迎同学们反馈本科人才培养过程中的问题并就如何在以上3个方面提升本科人才培养质量建言献策。

(一)课程设置与教学

通过专业课程设置、专业内教师课堂、课堂考核方式三个维度，衡量课程设置与教学部分的满意度。受访者根据自己的实际体验分别进行打分，各维度得分情况如表2及图4所示。

表2 课程设置与教学部分各维度得分情况

题目/选项	很不满意	不满意	一般	满意	很满意	平均分
专业课程设置评价	1	3	25	34	14	3.74
专业内教师课堂评价	0	3	18	43	13	3.86
课堂考核方式评价	0	3	17	45	12	3.86
小计	1	9	60	122	39	3.82

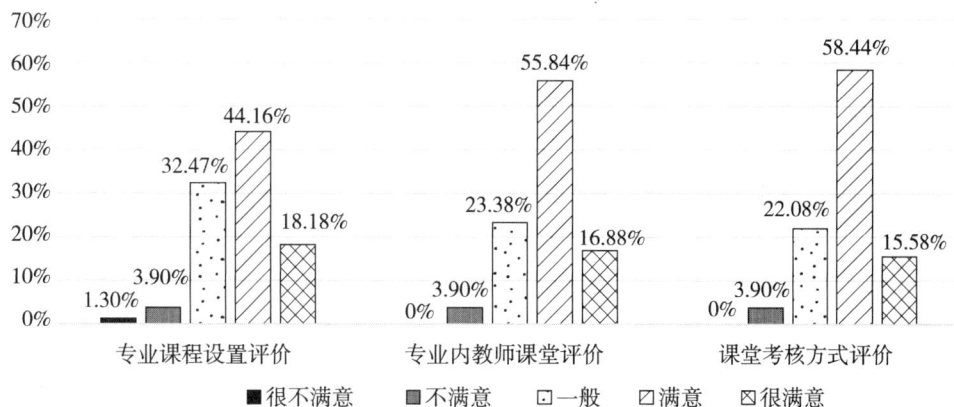

图4 课程设置与教学部分各维度得分分布

如表2、图4所示，在课程设置与教学部分的三个维度中，选择"满意"的同学分别占比44.16%、55.84%、58.44%，表示同学们对课程设置与教学的评价较为正面，选择很不满意及不满意的同学较少。但三个维度中，"专业课程设置"这一维度的得分均分最低，为3.74，且有32.47%的同学评价为"一般"，说明部分同学认为专业课程设置有进步的空间。

结合同学们对"对本科教学存在的问题及建议反馈"这一问题的回答，武汉大学社保专业本科人才培养的问题主要集中在专业课程设置及课堂教学两个维度：

在专业课程设置方面，部分课程存在重叠。如"社会保障概论"与细分的"社会保险""社会救助与社会福利"等课程有交叉部分，导致相同的内容在不同的课堂反复教授，有浪费时间之嫌；且本科阶段专业课的学期分布也不均匀，大一基本为公共课，大二安排的专业课较少，以至于社保专业的同学们在大三下学期仍需要上5门专业课，而此时同学们大多需要为毕业做准备。课业压力较大的情况下，准备保研夏令营、考研或就业的时间就较为仓促。此外，同学们也在问卷中反馈，专业内部分重要课程因选课模式问题，存在选课人数不足无法开课的情况，建议完善培养模式。

在教师课堂教学方面，部分课程过于囿于理论与课本知识，甚至有部分老师在课堂上照搬PPT，教授的内容与社会实际、社会前沿脱节，学生表示学习内容在实际应用方面意义不大。此外，在座谈会中老师们反映，学生容易被电子设备分散注意力，在课堂上凝聚学生的专注力将成为高校任课教师面临的挑战之一。

(二)科研创新与训练

对社保专业本科期间受到的科研创新训练的评价通过六个维度进行衡量：是否具有扎实的专业理论素养、能否熟练使用统计分析工具、能否撰写较为规范的学术论文、是否参与过老师的科研课题项目、是否独立主持过科研课题项目以及在参与科创竞赛中是否获得老师较全面的指导。各维度得分情况如表3及图5所示。

表3 科研创新与训练部分各维度得分情况

题目 \ 选项	很不符合	不符合	一般	符合	非常符合	平均分
有较为扎实的专业理论素养	2	3	32	35	5	3.49
能够较为熟练地使用Stata等统计分析工具	6	23	36	8	4	2.75
了解定量、定性研究方法，能够撰写较为规范的学术论文	4	16	29	25	3	3.09
参与过老师的科研课题项目	14	28	17	10	8	2.61
能够独立主持科研课题项目	17	27	19	10	4	2.44
在参与创新创业竞赛过程中获得老师较全面的指导	10	19	24	21	3	2.84
总计	53	116	157	109	27	2.87

如表3、图5所示，总体而言科研创新与训练部分的满意度得分相较于课程设置与教学及实习实践与就业部分的得分较低，总均分为2.87，各维度平均得分大部分在3分以下，显示同学们对本科期间获得的科研创新与训练评价较为消极。对于"能够较为熟练地使用Stata等统计分析工具"这一题目，很少有同学选择"符合"及以上的评价，显示大部分同学认为在本科阶段缺乏数据处理和分析的能力培养；此外，"科研课题项目参与""科研课题项目主持"这两题的均分相对较低，反映了武大社保专业的学生在本科阶段的科研

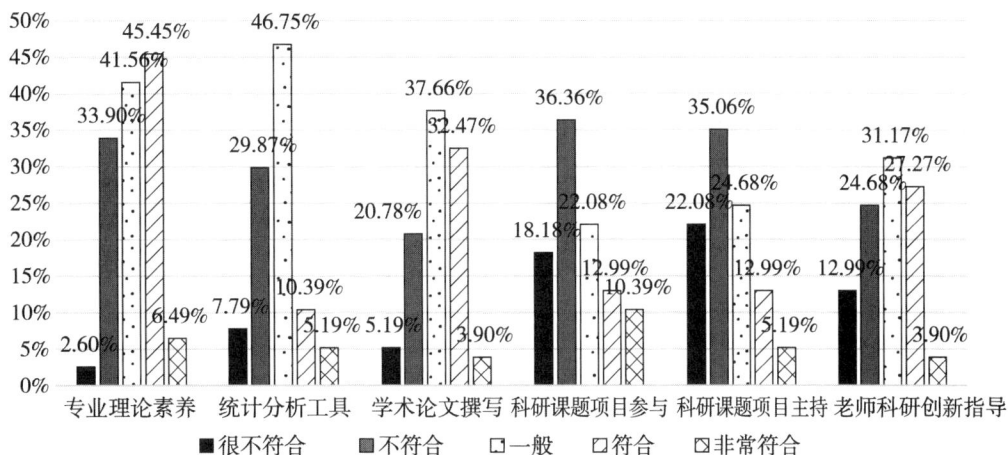

图 5　科研创新与训练部分各维度得分分布

参与较少。

此外，问卷设置"本科期间，了解有关保研、考研、出国深造等相关信息"选项对本科期间相关信息的畅通情况进行调查，结果如表 4 所示，有约 40% 的同学认为在本科阶段不够了解深造信息。

表 4　　　　　　　　　　科研创新与训练信息畅通情况

选项	小计(人)	比例
很不符合	0	0%
不符合	11	14.29%
一般	20	25.97%
符合	34	44.16%
非常符合	12	15.58%

结合受访者在开放问题中的反馈，武大社保专业本科人才培养的科研、创新部分均存在亟待完善之处。

科研方面，社会科学统计分析工具的使用及训练不足。首先，本科阶段未开设专业必修课程介绍并深入使用相关统计分析软件，缺乏对定量分析方法的系统性认知。其次，缺乏规范性科研论文撰写的训练，部分同学反映课程论文对规范性科研论文撰写能力的提高有限，且在撰写毕业论文之前缺少铺垫及模拟，因而存在毕业论文题目"拍脑袋"想题的情况；此外，专业内科研参与的途径较少，同学们反馈与老师们的交流有限，本科生基本未参与老师的科研课题，在接触科研之初获得的引导较少。最后，对于本科生而言，缺乏成体系的科研素养培养，很多同学在深造后仍然感慨自己对专业知识概念模糊，更缺乏对提高自身科研能力路径的认知。

创新创业方面，社保专业的本科生获得相关科创竞赛的信息渠道有限，且专业内可参与的创新创业竞赛相对较少，存在科研团队临时组建、科研项目缺少孵化完善过程等问题；此外，座谈会上有老师反映学生参与大学生创新创业活动的主动性较弱，所申报的项目专业性不强、不具特色，且存在"重开题，轻结项"的情况，撰写的结项报告较为潦草。

(三) 实习实践与就业

通过以下 5 个维度衡量社保专业本科期间综合能力锻炼及获得的就业指导情况：是否获得就业导师的指导、是否培养了就业所需的能力、是否独立主动参与实习、是否通过校内/院内相关就业平台获得就业信息、是否参与过校内求职能力培训项目。各维度得分情况如表 5 及图 6 所示。

表 5   实习实践与就业部分得分情况

题目/选项	很不符合	不符合	一般	符合	非常符合	平均分
获得就业导师的指导	4	16	32	21	4	3.06
在本科学习过程中培养了就业所需的能力	1	19	33	19	5	3.1
独立主动获得实习 offer	4	10	32	23	8	3.27
通过校内/院内相关就业平台获得就业信息	3	6	28	32	8	3.47
参与过砺行计划等校内求职能力培训项目	15	21	26	10	5	2.6
小计	27	72	151	105	30	3.1

如表 5、图 6 所示，本部分总平均分为 3.1 分，总体而言专业内的同学对本科期间所获得的实习与就业指导的评价偏向"一般"。"通过校内/院内相关就业平台获得就业信息"这一项的满意度最高，平均分为 3.47。值得注意的是"参与过砺行计划等校内求职能力培训项目"这一项的平均分为实习就业部分的最低平均分，其原因首先可能是校内求职能力培训项目相对较少，其次活动宣传工作不够到位。

实习实践与就业部分同学们反馈的社保专业本科人才培养存在的问题有以下几点：首先，专业内缺乏明确的生涯规划指导，在对在校学生的基本信息摸排中，有部分同学坦言现在没有明确的未来规划；其次，专业内提供的对口实习机会有限，专业内之前的武昌区政府实习岗位分散在武昌区教育局、民政局等各个部门，相对来说与专业关联度不大；再次，专业内对学生的就业指导工作不到位，过往所建立的"学习、就业双导师"制度流于表面，就业导师与校内学生的联系很少，提供的就业指导有限；最后，就业经验和职业规划分享较少，学院的培养以深造为主，就业工作相对被忽视。

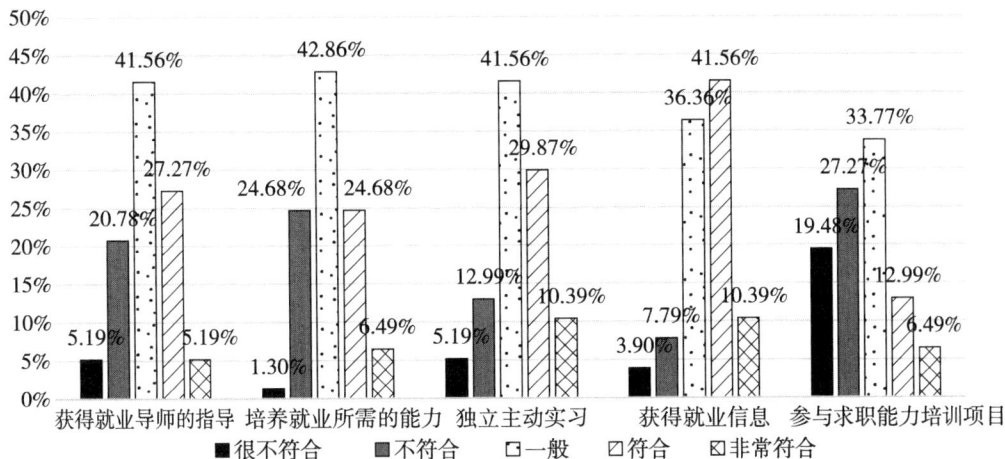

图6 实习实践与就业部分得分分布

四、劳动与社会保障专业拔尖创新人才培养优化建议

根据社保专业目前存在的不足，结合国家政策导向，本文提出以下优化建议，以期为劳动与社会保障专业拔尖创新人才培养提供参考。

(一)改革课程设置，重视课堂教学

针对培养方案中专业课程设置有重叠、学期安排不合理等问题，建议在进行课程安排和老师们集体备课时统筹授课内容并进行合理划分，增加保险学原理、人身保险学、精算学原理、企业年金与员工福利和社会保障职业模拟等交叉学科的课程[5]；同时应合理分配各个学年的专业必修课，形成良好的学习节奏，避免专业学习前期较为轻松、后期学生需要操心升学及就业时课业压力却加重的情况。

在课堂教学方面，建议任课老师在教授理论知识时结合国内社会保障实务进行介绍，邀请实务部门工作人员进课堂开展小讲座，并关注国内外社会保障的最新发展；专业内较为重要的课程如"计量经济学"等应变通其开课条件，鼓励学生选课。此外，学生的课堂成绩考核方式也应该与时俱进，多维度、公平合理地对学生成绩进行评价，可探索使用CIPP等学习质量考评体系[2]。

(二)打好科研基础，强化科创训练

科研方面，首先要培养学生应用定性及定量社会科学研究方法的能力，建议增设相关专业必修课程，使其熟练掌握如Stata等统计分析软件的应用；其次应在课程论文的写作过程中强调社会科学论文撰写的范式，增设"社会科学论文写作指导"等课程，通过撰写学年论文、建立本科毕业论文开题制度等形式对学生的毕业论文进行全方位指导、提供提升学生写作能力的训练，同时也是为继续深造的同学在读研阶段的科研论文写作进行衔接[3]；建议将本科生"参与学术活动"纳入评奖评优的综合评价体系，开展专业内部的读书分享会，打通本硕各学习阶段的交流平台，鼓励学生在分享会上做社保专业前沿理论或研究方法的分享，并鼓励学生内部进行科研项目与论文的互评；此外，建议老师们对本科生开放相关的科研课题项目，使其更早地接受进行科研活动的指导。

创新创业竞赛方面，学院科研创新实践中心应紧密关注相关科创竞赛官网或校团委通知，通过多渠道宣传缩小同学们获取相关赛事信息的信息差、时间差。此外，专业内可组织教师组成赛事教练团，通过举办导师课题宣介会、午餐会、项目团队双选会等方式，拉近师生距离，形成更为主动、成体系的"指导老师+学生"组队模式，尽早确定专业性、可行性更高的选题，减少"拍脑袋"式的团队组合和选题确定；确定参赛后，指导老师在赛程中提供全程指导，项目提前准备并通过寒暑假社会实践打磨——正式"三大赛"的孵化路径，经过半年到两年的时间完善至成熟，增强项目在参加"三大赛"时的竞争力。此外，建议完善科创项目的中期检查制度，把关科创项目的进度，打造精品。

(三) 重视实习就业，提供资源支持

院系要重视社保专业实践型人才的培养，坚持以社会发展和就业需求为导向[6]。首先，要培养学生的生涯规划意识，引导学生及早对未来进行规划，同时应丰富"拔尖人才"的评价体系，重视科研人才培养的同时，也不应忽视综合能力较强有志于直接就业的同学，可以对有不同职业生涯规划的学生进行分类培养；落实本科生"就业导师"制度，联系已毕业的朋辈导师或前辈导师作为本科生的就业导师，提供更为直接的一手就业信息指导；专业内可整合实习资源，为学生提供贴近本专业的实习机会，或者鼓励专业内学生参与学院内专业性较强的实习实践活动，如"中国之治"证书项目，帮助学生在实践中深化理论认知，同时也可以在实践中培养职业能力与学术兴趣；此外，打通专业、学院、学校等实习就业及求职培训信息通道，积极提供资源支持，鼓励有志就业的同学积极参与学校举办的各类提升求职能力的培训项目如"砺行计划""青樱计划"等，切实提升本科生就业能力。

◎ 参考文献

[1] 林闽钢. 构建中国特色社会保障学科——二十五年发展回顾与前瞻 [J]. 西北大学学报（哲学社会科学版），2021，51（4）：65-72.

[2] 杜芳雨，王雨娟，王慧冰. 新文科背景下劳动与社会保障专业学生学习质量考评体系建设探析 [J]. 创新创业理论研究与实践，2023，6（10）：17-20.

[3] 赵艳华，吴元元. 异化与回归：劳动与社会保障专业本科毕业论文写作质量提升研究——基于公共管理视角 [J]. 科教导刊，2021（32）：50-52，56.

[4] 高灵芝，张世青，刘雪. 碎片化：劳动与社会保障本科专业面临的困境——基于专

业课程体系的分析［J］. 东北师大学报（哲学社会科学版），2012（4）：275-276.

［5］王玉玫，李晨光. 劳动与社会保障专业和优势学科交叉发展的问题研究——基于中央财经大学的实践［J］. 中国大学教学，2011（1）：84-86.

［6］林闽钢，王锴. 劳动与社会保障专业及其人才培养情况的调查分析［J］. 中国大学教学，2018（8）：75-79.

医学生对临床研究课程的学习
需求及影响因素的调查研究

王云云[1,2,3]　曾宪涛[1,2,3]*　曹　越[1,2,3]　李绪辉[1,2,3]　翁　鸿[1,2,3]

（1. 武汉大学　第二临床学院循证医学与临床流行病学教研室，湖北　武汉　430071；
2. 武汉大学　中南医院循证与转化医学中心，湖北　武汉　430071；
3. 武汉大学　循证与转化医学中心，湖北　武汉　430071）

【摘　要】目的：分析医学生对临床研究课程的学习需求及影响因素，为高等院校开展临床研究课程教学改革工作提供理论依据及可行性建议。方法：课题组通过文献回顾、头脑风暴法拟定问卷初稿，邀请临床医学、流行病与卫生统计学、循证医学等多学科专家通过德尔菲咨询的方式自制调研问卷，主要由相关主题内容的学习需求情况、阻碍学习的因素2部分组成。采用方便抽样的方法选取武汉大学临床医学专业本科生、硕士及博士研究生参与本项研究。调研问卷在问卷星发布，通过班级联络群邀请医学生自愿在线填写，回收数据并分析。结果：共回收有效问卷512份。调查对象对临床研究课程表达了强烈需求，不同教育背景的医学生对科研问题的提出、临床研究设计、样本量估算、伦理审查等主题的需求差异具有统计学意义（$P<0.05$）。缺少临床研究方法学专家引导（80.45%），课程内容过于复杂（68.59%），专业教材（76.92%）、线上专业课程资源（76.31%）、学术专著（72.31%）匮乏是最常见的阻碍因素。此外，面对面课程讲授与线上视频资源结合的教学方式最受医学生欢迎（47.79%~70.84%）。结论：医学生对学习临床研究课程均抱有积极兴趣，但师资力量不足、课程内容复杂、辅助教学资源缺乏是阻碍其学习的主要因素。建议后续加大临床研究师资力量的培育、优化课程内容、建设优质的线上教学资源及新形态教材，逐步让"互联网+"在临床研究课程教学工作中常态化。

【关键词】临床研究；课程设计；影响因素；教学改革；问卷调查

【作者简介】第一作者：王云云，硕士，讲师，助理研究员，E-mail：13545027094@163.com。*通讯作者：曾宪涛，博士，主任医师，教授，博士研究生导师，E-mail：zengxiantao1128@163.com。

【基金项目】湖北高校省级教学研究项目（2022016）；湖北省教育科学规划重点课题（2021GA001）；武汉大学本科教育质量建设综合改革项目

临床研究是"以病人及相应群体为研究对象，研究和论证某个或某些研究因素对疾病病因、诊断、治疗、预后等方面产生的效应或影响"[1]，是连接基础研究与临床实践的重要桥梁。然而，我国开展临床研究在科研资金投入强度、专业人才储备数量、多中心协同研究的组织协调能力等方面有待进一步提升，高水平临床项目的数量较少，发表的研究论文质量参差不齐。如何推动我国临床研究学科建设，培养适应时代需求的复合型临床医学人才，是现今医学教育的重要任务之一。相较于国外部分院校较为成熟的临床研究课程教学模式(如真实临床研究实践与专业人员指导相结合)[2]，国内高等院校临床研究教育教学工作发展仍较为缓慢。因此，本研究意在了解医学生对临床研究课程的学习需求及影响因素，以期为高等院校开展临床研究课程教学改革工作提供理论依据及可行性建议。

1. 对象与方法

1.1 调查对象

采用方便抽样的方法选取武汉大学临床医学专业本科生、硕士研究生、博士研究生参与本项研究，均已知情同意。

1.2 调查工具

研究人员聚焦医学生临床研究课程的学习需求及阻碍因素 2 个主题，通过文献回顾[3-6]、头脑风暴法拟定问卷初稿，邀请来自临床医学、流行病与卫生统计学、循证医学等多学科专家通过德尔菲咨询的方式，对问卷条目进行评估，提出修改意见。先后开展 2 轮函询，共计 16 位专家参与，函询专家的积极性较高。此外，专家的权威程度用专家的判断依据和专家对咨询问题的熟悉程度表示，根据判断依据和熟悉程度的量化值分别计算全部专家自评的判断依据和熟悉程度各自总和的算术平均值，专家的权威程度为两者之和的均值，一般其数值大于或等于 0.70 视为专家权威程度高[7]。经计算，权威程度分别为 0.78、0.82，均大于 0.70，表明专家意见具有较高的权威性；协调系数均为 0.200，具有统计学意义($P<0.05$)，反映专家意见具有一定程度上的可靠性。预调查发现，调查对象反馈问卷条目数量较多，部分条目理解难度较大。研究人员据此对问卷内容及文本描述进行了再次修改，并在间隔一周后，对参与课程的学生进行重测检验，问卷各条目重测信度均大于 0.5，说明问卷前后测量稳定性较高。

最终，形成了医学生对临床研究课程的学习需求及影响因素调查问卷，该问卷由基本信息、临床研究课程相关主题内容的需求情况、阻碍学习的因素 3 部分组成。其中，"基本信息"包括性别、学历、对临床研究的了解程度 3 个条目；"临床研究课程相关主题内容的需求情况"涉及临床研究的起源、转化临床实践问题、研究设计、样本量估算、伦理审查、撰写和注册方案书等 14 项主题，采用 Likert 5 级评分标准，根据需求程度，每项问题设置"非常需要、需要、一般、不需要、非常不需要"5 个选项。当其选择"非常需要/需要/一般"时，设置相应的跳转条目，以进一步了解调查对象对相应内容教学方式的偏好。"阻碍学习的因素"这一主题围绕学习环境、学习途径、学习资源 3 个方面进行调查，被调查者可根据实际情况进行多项选择。项目组于 2022 年 1—2 月通过问卷星网络平台发布问卷，研究者对教学秘书、助教等统一培训后，介绍问卷条目内容及填写要求，并将问卷二维码或链接发送至班级联络群，指导学生自愿、在线填写。

1.3 统计学方法

采用 SPSS 25.0 软件进行数据整理和分析。计数资料和等级资料均采用频数(百分比)进行描述，采用非参数检验方法(Wilcoxon 秩和检验和 Kruskal-Wallis H 检验)分析研究对象的不同特征对临床研究课程相关主题内容学习需求的差异性。采用 χ^2 检验(或 Fisher 精确检验法)分析研究对象的基本特征阻碍学习临床研究课程影响因素的差异性。$P < 0.05$ 表示差异有统计学意义。

2. 研究结果

2.1 基本情况

共回收问卷 596 份，有效问卷 512 份，有效回收率 85.91%。其中，男性 231(45.12%)、女性 281(54.88%)；本科生、硕士研究生、博士研究生占比分别为：225(43.95%)、198(38.67%)、89(17.38%)。另外，53.91% 的调查者通过学习相关课程或参与临床研究项目具备一定的知识储备基础。调查对象的详细情况见表 1。

表 1　　　　　　　　　　研究对象的基本特征

基 本 信 息	N(%)
性别	
男	231(45.12%)
女	281(54.88%)
学历	
本科生	225(43.95%)
硕士研究生	198(38.67%)
博士研究生	89(17.38%)
是否了解临床研究	
了解	276(53.91%)
仅参与临床研究项目	27(9.78%)

基 本 信 息	$N(\%)$
仅学习临床研究课程	164(59.42%)
参与临床研究项目或学习临床研究课程	79(28.62%)
其他	6(2.17%)
不了解	236(46.09%)

2.2　医学生对临床研究课程内容相关主题的需求情况

如表 2 所示，医学生对临床研究课程表达了强烈需求，尤其是针对如何将临床实践中的问题转化为科研问题(64.84%)、如何基于临床科研问题进行研究设计(62.30%)、如何撰写和注册临床研究方案书(58.20%)、如何对临床研究数据进行科学管理(如数据清洗及处理)(57.62%)、如何对临床研究数据进行统计分析(61.13%)、如何撰写和发表临床研究论文(64.45%)等相关主题。此外，不同学历的调查对象对课程主题 1、2、3、4、6、8、9、14 的需求性选择差异具有统计学意义($P<0.05$)，整体上，本科生与硕士研究生或博士研究生对主题倾向性选择有所区别，硕士研究生、博士研究生相较于本科生更重视临床研究概述、科研问题的提出、样本量估算方法；博士研究生相较于本科生可能更重视临床研究设计方法及学科的前沿发展；硕士研究生相较于本科生更为关注临床研究伦理审查、数据科学管理及统计方法相关内容。前期是否了解临床研究对课程主题 1、2、3、4、6、9、14 的内容选择对比差异具有统计学意义($P<0.05$)，具备前期知识基础的医学生对临床研究相关内容的需求更为强烈。

2.3　阻碍医学生学习临床研究课程的影响因素

研究从学习环境、学习途径、学习资源 3 个方面分析阻碍医学生学习临床研究课程的影响因素。结果显示：针对学习环境(286 人次)，课业压力较大，缺少学习时间(86.71%)，缺少讲授临床研究课程的教师(58.39%)，自身不具备开展临床研究的条件，放弃学习(51.05%)是主要的障碍因素；针对学习途径(312 人次)，缺少专业的方法学专家或具有临床研究经验的专家引导(80.45%)，缺少学习临床研究课程的机会(75.32%)，课程内容过于复杂，自我学习难度较大(68.59%)是主要的影响因素；针对学习资源(325人次)，普遍认为易于学习的专业教材(76.92%)、相关的线上专业课程资源(76.31%)、通俗易懂的学术专著(72.31%)仍较为缺乏。其中，相较于硕士研究生、博士研究生，本科生认为开展临床研究较为遥远，暂时不考虑学习($P<0.05$)，课程内容具有一定难度，自我学习难度较大($P<0.05$)；相较于博士研究生，本科生认为易学易懂的学术专著更为必要($P<0.05$)(见表 3)。

表2 医学生对临床研究课程相关主题内容的需求分析 N(%)

问卷条目	非常需要	需要	一般	不需要	非常不需要	χ²/Z	P
1. 什么是临床研究(如定义、沿革及发展)							
总体	183(35.74%)	215(41.99%)	90(17.58%)	19(3.71%)	5(0.98%)	—	—
性别							
男	94(40.69%)	90(38.96%)	36(15.58%)	8(3.46%)	3(1.30%)	1.883ᵃ	0.060
女	89(31.67%)	125(44.48%)	54(19.22%)	11(3.91%)	2(0.71%)		
学历							
本科生	62(27.56%)	86(38.22%)	57(25.33%)	15(6.67%)	5(2.22%)	29.834*	0.000
硕士研究生	79(39.90%)	92(46.46%)	23(11.62%)	4(2.02%)	0		
博士研究生	42(47.19%)	37(41.57%)	10(11.24%)	0	0		

备注: 本科生 vs 硕士研究生、本科生 vs 博士研究生: 多重校正后 P<0.05; 硕士研究生 vs 博士研究生: 多重校正后 P>0.05

问卷条目	非常需要	需要	一般	不需要	非常不需要	χ²/Z	P
是否了解临床研究							
了解	115(41.67%)	118(42.75%)	34(12.32%)	9(3.26%)	0	4.046ᵃ	0.000
不了解	68(28.81%)	97(41.10%)	56(23.73%)	10(4.24%)	0		
2. 如何将临床实践中的问题转化为科研问题							
总体	332(64.84%)	160(31.25%)	14(2.73%)	4(0.78%)	2(0.39%)	—	—
性别							
男	149(64.50%)	74(32.03%)	5(2.16%)	2(0.87%)	1(0.43%)	-0.078ᵃ	0.938
女	183(65.12%)	86(30.60%)	9(3.20%)	2(0.71%)	1(0.36%)		
学历							
本科生	120(53.33%)	91(40.44%)	9(4%)	3(1.33%)	2(0.89%)	26.147*	0.000

续表

问卷条目	非常需要	需要	一般	不需要	非常不需要	χ^2/Z	P
硕士研究生	141(71.21%)	53(26.77%)	3(1.52%)	1(0.51%)	0		
博士研究生	71(79.78%)	16(17.98%)	2(2.25%)	0	0		

备注：本科生 vs 硕士研究生，本科生 vs 博士研究生：多重校正后 $P<0.05$；硕士研究生 vs 博士研究生：多重校正后 $P=0.554$

	非常需要	需要	一般	不需要	非常不需要	χ^2/Z	P
是否了解临床研究							
了解	191(69.20%)	79(28.62%)	5(1.81%)	0	0	2.438[a]	0.015
不了解	141(59.75%)	81(34.32%)	9(3.81%)	4(1.69%)	0		

3. 如何基于临床科研问题进行研究设计

	非常需要	需要	一般	不需要	非常不需要	χ^2/Z	P
总体	319(62.30%)	167(32.62%)	18(3.52%)	5(0.98%)	3(0.59%)		
性别							
男	153(66.23%)	65(28.14%)	9(3.90%)	2(0.87%)	2(0.87%)	1.469[a]	0.142
女	166(59.07%)	102(36.30%)	9(3.20%)	3(1.07%)	1(0.36%)		
学历							
本科生	127(56.44%)	82(36.44%)	11(4.89%)	2(0.89%)	3(1.33%)	7.264[*]	0.026
硕士研究生	129(65.15%)	63(31.82%)	4(2.02%)	2(1.01%)	0		
博士研究生	63(70.79%)	22(24.72%)	3(3.37%)	1(1.12%)	0		

备注：本科生 vs 博士研究生：多重校正后 $P=0.052$；本科生 vs 硕士研究生，硕士研究生 vs 博士研究生：多重校正后 $P>0.05$

	非常需要	需要	一般	不需要	非常不需要	χ^2/Z	P
是否了解临床研究							
了解	183(66.30%)	83(30.07%)	8(2.90%)	2(0.72%)	0	2.175[a]	0.030
不了解	136(57.63%)	84(35.59%)	10(4.24%)	3(1.27%)	0		

续表

问卷条目	非常需要	需要	一般	不需要	非常不需要	χ^2/Z	P
4. 如何进行临床研究样本量估算							
总体	278(54.30%)	188(36.72%)	34(6.64%)	10(1.95%)	2(0.39%)	—	—
性别							
男	130(56.28%)	76(32.90%)	18(7.79%)	6(2.60%)	1(0.43%)	0.378[a]	0.706
女	148(52.67%)	112(39.86%)	16(5.69%)	4(1.42%)	1(0.36%)		
学历							
本科生	102(45.33%)	94(41.78%)	19(8.44%)	8(3.56%)	2(0.89%)	16.845*	0.000
硕士研究生	116(58.59%)	70(35.35%)	12(6.06%)	0	0		
博士研究生	60(67.42%)	24(26.97%)	3(3.37%)	2(2.25%)	0		

备注：本科生 vs 硕士研究生、本科生 vs 博士研究生：多重校正后 $P<0.05$；硕士研究生 vs 博士研究生：多重校正后 $P=0.661$

问卷条目	非常需要	需要	一般	不需要	非常不需要	χ^2/Z	P
是否了解了解临床研究							
了解	160(57.97%)	97(35.14%)	15(5.43%)	4(1.45%)	0	2.068[a]	0.039
不了解	118(50%)	91(38.56%)	19(8.05%)	6(2.54%)	0		
5. 开展一项临床研究需具备的条件(如人力、物力、设备等资源)							
总体	273(53.32%)	194(37.89%)	32(6.25%)	10(1.95%)	3(0.59%)	—	—
性别							
男	126(54.55%)	82(35.50%)	16(6.93%)	5(2.16%)	2(0.87%)	0.221[a]	0.825
女	147(52.31%)	112(39.86%)	16(5.69%)	5(1.78%)	1(0.36%)		
学历							
本科生	116(51.56%)	84(37.33%)	16(7.11%)	6(2.67%)	3(1.33%)	1.325*	0.516

续表

问卷条目	非常需要	需要	一般	不需要	非常不需要	χ^2/Z	P
硕士研究生	106(53.54%)	79(39.90%)	12(6.06%)	1(0.51%)	0		
博士研究生	51(57.30%)	31(34.83%)	4(4.49%)	3(3.37%)	0	1.033[a]	0.301
是否了解临床研究							
了解	153(55.43%)	100(36.23%)	17(6.16%)	6(2.17%)	0		
不了解	120(50.85%)	94(39.83%)	15(6.36%)	4(1.69%)	0		
6. 如何进行临床研究伦理审查							
总体	256(50%)	206(40.23%)	39(7.62%)	9(1.76%)	2(0.39%)		
性别							
男	119(51.52%)	84(36.36%)	21(9.09%)	6(2.60%)	1(0.43%)	0.062[a]	0.951
女	137(48.75%)	122(43.42%)	18(6.41%)	3(1.07%)	1(0.36%)		
学历							
本科生	99(44%)	96(42.67%)	23(10.22%)	5(2.22%)	2(0.89%)	7.766*	0.021
硕士研究生	109(55.05%)	75(37.88%)	12(6.06%)	2(1.01%)	0		
博士研究生	48(53.93%)	35(39.33%)	4(4.49%)	2(2.25%)	0		

备注：本科生 vs 硕士研究生：多重校正后 P<0.05；本科生 vs 博士研究生，硕士研究生 vs 博士研究生：多重校正后 P>0.05

问卷条目	非常需要	需要	一般	不需要	非常不需要	χ^2/Z	P
是否了解临床研究							
了解	151(54.71%)	101(36.59%)	19(6.88%)	5(1.81%)	0	2.260[a]	0.024
不了解	105(44.49%)	105(44.49%)	20(8.47%)	4(1.69%)	0		
7. 如何撰写和注册临床研究方案书							
总体	298(58.20%)	170(33.20%)	35(6.84%)	7(1.37%)	2(0.39%)	—	—

续表

问卷条目	非常需要	需要	一般	不需要	非常不需要	χ^2/Z	P
性别							
男	128(55.41%)	79(34.20%)	20(8.66%)	3(1.30%)	1(0.43%)	-1.326[a]	0.185
女	170(60.50%)	91(32.38%)	15(5.34%)	4(1.42%)	1(0.36%)		
学历							
本科生	123(54.67%)	81(36%)	14(6.22%)	5(2.22%)	2(0.89%)	2.091*	0.351
硕士研究生	120(60.61%)	63(31.82%)	15(7.58%)	0	0		
博士研究生	55(61.80%)	26(29.21%)	6(6.74%)	2(2.25%)	0		
是否了解临床研究							
了解	169(61.23%)	87(31.52%)	15(5.43%)	5(1.81%)	0	1.602[a]	0.109
不了解	129(54.66%)	83(35.17%)	20(8.47%)	2(0.85%)	0		
8. 如何对临床研究数据进行科学管理（如数据清洗及处理）							
总体	295(57.62%)	168(32.81%)	31(6.05%)	14(2.73%)	4(0.78%)	—	—
性别							
男	131(56.71%)	77(33.33%)	13(5.63%)	9(3.90%)	1(0.43%)	-0.416[a]	0.678
女	164(58.36%)	91(32.38%)	18(6.41%)	5(1.78%)	3(1.07%)		
学历							
本科生	116(51.56%)	78(34.67%)	18(8%)	9(4%)	4(1.78%)	8.406*	0.015
硕士研究生	123(62.12%)	63(31.82%)	8(4.04%)	4(2.02%)	0		
博士研究生	56(62.92%)	27(30.34%)	5(5.62%)	1(1.12)	0		

备注：本科生 vs 硕士研究生：多重校正后 $P<0.05$；本科生 vs 博士研究生，硕士研究生 vs 博士研究生：多重校正后 $P>0.05$

续表

问卷条目	非常需要	需要	一般	不需要	非常不需要	χ^2/Z	P
是否了解临床研究							
了解	167(60.51%)	88(31.88%)	14(5.07%)	6(2.17%)	0	1.674[a]	0.094
不了解	128(54.24%)	80(33.90%)	17(7.20%)	8(3.39%)	0		
9. 如何对临床研究数据进行统计分析							
总体	313(61.13%)	160(31.25%)	20(3.91%)	14(2.73%)	5(0.98%)	—	—
性别							
男	139(60.17%)	71(30.74%)	10(4.33%)	9(3.90%)	2(0.87%)	−0.606[a]	0.544
女	174(61.92%)	89(31.67%)	10(3.56%)	5(1.78%)	3(1.07%)		
学历							
本科生	126(56%)	72(32%)	14(6.22%)	9(4%)	4(1.78%)	6.776*	0.034
硕士研究生	130(65.66%)	59(29.80%)	5(2.53%)	3(1.52%)	1(0.51%)		
博士研究生	57(64.04%)	29(32.58%)	1(1.12%)	2(2.25%)	0		

备注：本科生 vs 硕士研究生：多重校正后 $P<0.05$；本科生 vs 博士研究生，硕士研究生 vs 博士研究生：多重校正后 $P>0.05$

问卷条目	非常需要	需要	一般	不需要	非常不需要	χ^2/Z	P
是否了解临床研究							
了解	179(64.86%)	82(29.71%)	10(3.62%)	4(1.45%)	0	2.142[a]	0.032
不了解	134(56.78%)	78(33.05%)	10(4.24%)	10(4.24%)	0		
10. 如何撰写和发表临床研究论文							
总体	330(64.45%)	135(26.37%)	27(5.27%)	14(2.73%)	6(1.17%)	—	—
性别							
男	144(62.34%)	61(26.41%)	15(6.49%)	8(3.46%)	3(1.30%)	−1.114[a]	0.265

续表

问卷条目	非常需要	需要	一般	不需要	非常不需要	χ^2/Z	P
女	186(66.19%)	74(26.33%)	12(4.27%)	6(2.14%)	3(1.07%)		
学历						2.307[*]	0.316
本科生	144(64%)	54(24%)	15(6.67%)	8(3.56%)	4(1.78%)		
硕士研究生	133(67.17%)	54(27.27%)	8(4.04%)	2(1.01%)	1(0.51%)		
博士研究生	53(59.55%)	27(30.34%)	4(4.49%)	4(4.49%)	1(1.12%)		
是否了解临床研究						1.069[a]	0.285
了解	183(66.30%)	71(25.72%)	13(4.71%)	7(2.54%)	0		
不了解	147(62.29%)	64(27.12%)	14(5.93%)	7(2.97%)	0		
11. 如何进行临床研究基金项目申请							
总体	283(55.27%)	166(32.42%)	43(8.40%)	16(3.13%)	4(0.78%)	—	—
性别						0.703[a]	0.482
男	135(58.44%)	63(27.27%)	20(8.66%)	11(4.76%)	2(0.87%)		
女	148(52.67%)	103(36.65%)	23(8.19%)	5(1.78%)	2(0.71%)		
学历						5.314[*]	0.070
本科生	113(50.22%)	81(36%)	16(7.11%)	11(4.89%)	4(1.78%)		
硕士研究生	114(57.58%)	59(29.80%)	23(11.62%)	2(1.01%)	0		
博士研究生	56(62.92%)	26(29.21%)	4(4.49%)	3(3.37%)	0		
是否了解临床研究						0.883[a]	0.377
了解	161(56.89%)	76(45.78%)	26(60.47%)	12(75%)	0		
不了解	122(51.69%)	90(38.14%)	17(7.20%)	4(1.69%)	0		

续表

问卷条目	非常需要	需要	一般	不需要	非常不需要	χ^2/Z	P
12. 临床研究遵循的相关法律法规及规范							
总体	253(49.41%)	174(33.98%)	56(10.94%)	24(4.69%)	5(0.98%)	—	—
性别							
男	116(50.22%)	73(31.60%)	27(11.69%)	13(5.63%)	2(0.87%)	-0.064[a]	0.949
女	137(48.75%)	101(35.94%)	29(10.32%)	11(3.91%)	3(1.07%)		
学历							
本科生	107(47.56%)	73(32.44%)	27(12%)	13(5.78%)	5(2.22%)	2.266*	0.322
硕士研究生	102(51.52%)	72(36.36%)	18(9.09%)	6(3.03%)	0		
博士研究生	44(49.44%)	29(32.58%)	11(12.36%)	5(5.62%)	0		
是否了解临床研究							
了解	149(53.99%)	82(29.71%)	31(11.23%)	13(4.71%)	0	1.883[a]	0.060
不了解	104(44.07%)	92(38.98%)	25(10.59%)	11(4.66%)	0		
13. 如何对临床研究进行监督与质量控制							
总体	255(49.80%)	182(35.55%)	50(9.77%)	20(3.91%)	5(0.98%)	—	—
性别							
男	118(51.08%)	76(32.90%)	22(9.52%)	12(5.19%)	3(1.30%)	0.091[a]	0.927
女	137(48.75%)	106(37.72%)	28(9.96%)	8(2.85%)	2(0.71%)		
学历							
本科生	107(47.56%)	79(35.11%)	21(9.33%)	13(5.78%)	5(2.22%)	3.266*	0.195
硕士研究生	98(49.49%)	72(36.36%)	24(12.12%)	4(2.02%)	0		

续表

问卷条目	非常需要	需要	一般	不需要	非常不需要	χ²/Z	P
博士研究生	50(56.18%)	31(34.83%)	5(5.62%)	3(3.37%)	0		
是否了解临床研究							
了解	150(54.35%)	86(31.16%)	27(9.78%)	12(4.35%)	0	1.859ᵃ	0.063
不了解	105(44.49%)	96(40.68%)	23(9.75%)	8(3.39%)	0		

14. 临床研究学科的前沿知识（如临床研究与学科交叉，基础医学的临床转化）

问卷条目	非常需要	需要	一般	不需要	非常不需要	χ²/Z	P
总体	270(52.73%)	175(34.18%)	36(7.03%)	25(4.88%)	6(1.17%)	—	—
性别							
男	117(50.65%)	79(34.20%)	16(6.93%)	16(6.93%)	3(1.30%)	−1.153ᵃ	0.249
女	153(54.45%)	96(34.16%)	20(7.12%)	9(3.20%)	3(1.07%)		
学历							
本科生	109(48.44%)	72(32%)	23(10.22%)	15(6.67%)	6(2.67%)	8.311*	0.016
硕士研究生	105(53.03%)	78(39.39%)	10(5.05%)	5(2.53%)	0		
博士研究生	56(62.92%)	25(28.09%)	3(3.37%)	5(5.62%)	0		

注：本科生 vs 博士研究生：多重校正后 P<0.05；本科生 vs 硕士研究生，硕士研究生 vs 博士研究生：多重校正后 P>0.05

问卷条目	非常需要	需要	一般	不需要	非常不需要	χ²/Z	P
是否了解临床研究							
了解	161(58.33%)	82(29.71%)	17(6.16%)	15(5.43%)	0	2.541ᵃ	0.011
不了解	109(46.19%)	93(39.41%)	19(8.05%)	10(4.24%)	0		

注：*：非参数检验方法，Kruskal-Wallis H 检验。a：非参数检验方法，Wilcoxon 秩和检验

表3 阻碍医学生学习临床研究课程的因素分析(N^*(%))

调查条目	有	无	χ^2/Fisher	P
学习环境				
1. 课业压力较大，缺少学习时间				
总体	248(86.71%)	38(13.29%)	—	—
性别				
男	121(86.43%)	19(13.57%)	0.019	0.890
女	127(86.99%)	19(13.01%)		
学历				
本科生	122(91.04%)	12(8.96%)	4.571	0.102
硕士研究生	90(84.11%)	17(15.89%)		
博士研究生	36(80%)	9(20%)		
是否了解临床研究				
了解	131(85.62%)	22(14.38%)	0.341	0.559
不了解	117(87.97%)	16(12.03%)		
2. 缺少讲授临床研究课程的教师				
总体	167(58.39%)	119(41.61%)	—	—
性别				
男	83(59.29%)	57(40.71%)	0.090	0.764
女	84(57.53%)	62(42.47%)		
学历				
本科生	76(56.72%)	58(43.28%)	1.507	0.471
硕士研究生	61(57%)	46(42.99%)		
博士研究生	30(66.67%)	15(33.33%)		
是否了解临床研究				
了解	79(51.63%)	74(48.37%)	6.184	0.013
不了解	88(66.17%)	45(33.83%)		
3. 自身不具备开展临床研究的条件，放弃学习				
总体	146(51.05%)	140(48.95%)	—	—
性别				
男	72(51.43%)	68(48.57%)	0.016	0.900

调查条目	有	无	χ^2/Fisher	P
女	74(50.68%)	72(49.32%)		
学历				
本科生	66(49.25%)	68(50.75%)	0.544	0.762
硕士研究生	55(51.40%)	52(48.60%)		
博士研究生	25(55.56%)	20(44.44%)		
是否了解临床研究				
了解	74(48.37%)	79(51.63%)	0.948	0.330
不了解	72(54.14%)	61(45.86%)		
4. 临床研究不够重要，没必要学习				
总体	41(14.34%)	245(85.66%)	—	—
性别				
男	24(17.14%)	116(82.86%)	1.760	0.185
女	17(11.64%)	129(88.36%)		
学历				
本科生	18(13.43%)	116(86.57%)	0.336	0.845
硕士研究生	17(15.89%)	90(84.11%)		
博士研究生	6(13.33%)	39(86.67%)		
是否了解临床研究				
了解	22(14.38%)	131(85.62%)	0.001	0.982
不了解	19(14.29%)	114(85.71%)		
5. 开展临床研究较为遥远，暂时不考虑学习				
总体	95(33.22%)	191(66.78%)	—	—
性别				
男	42(30%)	98(70%)	1.279	0.258
女	53(36.30%)	93(63.70%)		
学历				
本科生	62(46.27%)	72(53.73%)	19.446	0.000
硕士研究生	24(22.43%)	83(77.57%)		
博士研究生	9(20%)	36(80%)		

备注：本科生 vs 硕士研究生、本科生 vs 博士研究生：$P<0.05$；硕士研究生 vs 博士研究生：$P>0.05$

续表

调查条目	有	无	χ^2/Fisher	P
是否了解临床研究				
了解	43(28.10%)	110(71.90%)	3.876	0.049
不了解	52(39.10%)	81(60.90%)		

学习途径

1. 缺少学习临床研究课程的机会(如无法获取相关学术会议的通知)

	有	无	χ^2/Fisher	P
总体	235(75.32%)	77(24.68%)	—	—
性别				
男	110(79.14%)	29(20.86%)	1.964	0.161
女	125(72.25%)	48(27.75%)		
学历				
本科生	110(78.57%)	30(21.43%)	4.587	0.101
硕士研究生	89(76.72%)	27(23.28%)		
博士研究生	36(64.29%)	20(35.71%)		
是否了解临床研究				
了解	116(72.05%)	45(27.95%)	1.915	0.166
不了解	119(78.81%)	32(21.19%)		

2. 缺少专业的方法学专家或具有临床研究经验的专家引导

	有	无	χ^2/Fisher	P
总体	251(80.45%)	61(19.55%)	—	—
性别				
男	114(82.01%)	25(17.99%)	0.391	0.532
女	137(79.19%)	36(20.81%)		
学历				
本科生	107(76.43%)	33(23.57%)	2.819	0.244
硕士研究生	96(82.76%)	20(17.24%)		
博士研究生	48(85.71%)	8(14.29%)		
是否了解临床研究				
了解	132(81.99%)	29(18.01%)	0.501	0.479
不了解	119(78.81%)	32(21.19%)		

3. 课程内容过于复杂,自我学习难度较大

	有	无	χ^2/Fisher	P
总体	214(68.59%)	98(31.41%)	—	—

续表

调查条目	有	无	χ^2/Fisher	P
性别				
男	92(66.19%)	47(33.81%)	0.672	0.412
女	122(70.52%)	51(29.48%)		
学历				
本科生	111(79.29%)	29(20.71%)	13.521	0.001
硕士研究生	70(60.34%)	46(39.66%)		
博士研究生	33(58.93%)	23(41.07%)		
备注：本科生 vs 硕士研究生、本科生 vs 博士研究生：$P<0.05$；硕士研究生 vs 博士研究生：$P>0.05$				
是否了解临床研究				
了解	105(65.22%)	56(34.78%)	1.756	0.185
不了解	109(72.19%)	42(27.81%)		

学习资源

1. 缺少易于学习的专业教材

	有	无	χ^2/Fisher	P
总体	250(76.92%)	75(23.08%)	—	—
性别				
男	117(81.25%)	27(18.75%)	2.727	0.099
女	133(73.48%)	48(26.52%)		
学历				
本科生	105(78.95%)	28(21.05%)	0.854	0.652
硕士研究生	102(76.69%)	31(23.31%)		
博士研究生	43(72.88%)	16(27.12%)		
是否了解临床研究				
了解	126(76.83%)	38(23.17%)	0.002	0.968
不了解	124(77.02%)	37(22.98%)		

2. 缺乏通俗易懂的学术专著

	有	无	χ^2/Fisher	P
总体	235(72.31%)	90(27.69%)	—	—
性别				
男	110(76.39%)	34(23.61%)	2.151	0.142
女	125(69.06%)	56(30.94%)		
学历				

调查条目	有	无	χ^2/Fisher	P
本科生	108(81.20%)	25(18.80%)	13.334	0.001
硕士研究生	94(70.68%)	39(29.32%)		
博士研究生	33(55.93%)	26(44.07%)		
备注：本科生 vs 博士研究生：$P<0.05$；本科生 vs 硕士研究生、硕士研究生 vs 博士研究生：$P>0.05$				
是否了解临床研究				
了解	112(68.29%)	52(31.71%)	2.665	0.103
不了解	123(76.40%)	38(23.60%)		
3. 缺乏相关的线上专业课程资源				
总体	248(76.31%)	77(23.69%)	—	—
性别				
男	107(74.31%)	37(25.69%)	0.573	0.449
女	141(77.90%)	40(22.10%)		
学历				
本科生	103(77.44%)	30(22.56%)	1.765	0.414
硕士研究生	97(72.93%)	36(27.07%)		
博士研究生	48(81.36%)	11(18.64%)		
是否了解临床研究				
了解	116(70.73%)	48(29.27%)	5.693	0.017
不了解	132(81.99%)	29(18.01%)		

注：＊：人次；—：采用 Fisher 精确检验法，无统计量

2.4 医学生对临床研究课程内容教学方式的偏好

本研究依据临床研究课程不同主题内容，调查医学生对其教学方式的倾向性选择。如图 1a 所示，针对大多数主题，面对面课程讲授与线上视频资源结合是最受医学生欢迎的教学方式，各主题占比在 47.79%~70.84%。面对面课堂讲授仍是医学生次选教学方式，尤其是针对"如何对临床研究数据进行统计分析"这一内容(46.86%)。然而，针对临床研究伦理审查、临床研究数据的科学管理、相关基金项目申请、涉及的法律法规及规范、监督与质量控制、学科前沿发展这些主题，线上视频资源教学可作为次选教学方式(16.81%~24.78%)。

此外，本研究也关注不同主题面对面课堂讲授的具体教学方式，包括案例讲授、咨询式教学、分享式授课、以问题为基础的教学、模拟教学或专家讲座等方式。结果发现：除

a   b

图1　医学生对临床研究课程教学方式的偏好分析

注：图中数据示例以 $N(\%)$ 呈现，N：人次；图 1b 中数据为选择"仅面对面课堂讲授"和（或）面对面课堂讲授与线上视频资源结合的医学生倾向选择的具体教学方式。

A：什么是临床研究（如定义、沿革及发展）

B：如何将临床实践中的问题转化为科研问题

C：如何基于临床科研问题进行研究设计

D：如何进行临床研究样本量估算

E：开展一项临床研究需具备的条件（如人力、物力、设备等资源）

F：如何进行临床研究伦理审查

G：如何撰写和注册临床研究方案书

H：如何对临床研究数据进行科学管理（如数据清洗及处理）

I：如何对临床研究数据进行统计分析

J：如何撰写和发表临床研究论文

K：如何进行临床研究基金项目申请

L：临床研究遵循的相关法律法规及规范

M：如何对临床研究进行监督与质量控制

N：临床研究学科的前沿知识（如临床研究与学科交叉、基础医学的临床转化）

了"如何对临床研究数据进行统计分析"这一主题，教师进行案例讲授是最受医学生欢迎的教学方式（29.91%～100%）。分享式授课可作为临床科研选题（22.13%）、临床研究样本量估算（22.22%）、实施临床研究需具备的条件（34.44%）、撰写和发表临床研究论文（22.32%）、临床研究基金项目申请（28.24%）、监督与质量控制（22.11%）相关内容的次选教学方式。另外，临床研究伦理审查（18.97%）、模拟方案书注册流程（18.93%）、临床研究数据清洗及处理等（19.23%）、数据统计分析（28.59%）、论文撰写（21.43%）、临床研究基金项目申请（26.47%）、遵循的相关法律法规及规范（29.48%）、质量控制（18.95%）也可以将模拟教学作为次选教学方式（见图 1b）。

3. 讨论

临床研究是围绕患者或者其他相关人群开展的诊断、治疗、预后等科学研究活动，涉及临床医学、流行病与卫生统计学、医学伦理学等多学科理论与方法。高质量临床研究可为医疗行业标准的制定提供可靠的证据支持。然而，我国循证医学证据较高的临床研究明显匮乏，相应研究成果被国际指南引用的非常少[8]。因此，加强临床研究医学人才的培养尤为重要。2016 年，原国家卫生计生委等部门指出："加强大型医疗机构研究型医生和专职科研队伍建设，提升临床研究水平；创新人才教育培养模式，推进复合型人才培养教育改革。"[9]然而，我国临床研究课程体系建设仍在探索阶段，如何构建契合医学生真实需求及其培养目标的课程内容是首先要考虑的难题。

本研究从临床研究课程内容、阻碍因素、教学方式 3 个方面进行了全面调研。整体而言，医学生对临床研究不同主题内容均抱有积极的学习兴趣，但需求程度不一，且在本科生与硕士研究生、博士研究生之间存在较大差异。既往临床研究课程多聚焦研究生教学，较少关注本科生的学习需求。本研究充分证实了本科阶段开设临床研究课程的必要性，为该课程的教学改革指明了着力点。这与赵生美等主张在本科教育中开设临床研究通识教育课程的观点是一致的[10]。早期课程的开设，有利于帮助医学生初步建立对"临床研究"的整体性认识，培养其独立思考和创新的能力，为后期培养多学科交叉的临床医学人才奠定基础。

就课程内容而言，研究发现医学生对科研问题的提出、研究设计、伦理审查、数据统计分析等均具有较高的兴趣。既往关注临床研究某一环节知识的授课如文献检索及临床研究设计能力已不能满足当前时代背景下医学生的学习需求[11]。设置系统性临床研究课程内容可能是其教学改革的突破口，这与哈佛医学院 Felipe Fregni 教授及陈衍等研究者倡导的培养医学生临床科研能力的建议是一致的[12,13]。同时，研究揭示了本科生、硕士研究生及博士研究生对临床研究概述、临床研究伦理审查、学科发展最新动向等部分主题的需求程度略有不同。针对不同教育背景设置差异化教学计划，明确教学内容侧重点，设立不同的考核标准十分必要，调查结果可为教学方案的调整提供参考依据。

另外，师资力量不足、课程内容复杂、辅助教学资源缺乏是影响医学生学习临床研究课程的主要因素。因此，加大临床研究师资力量的培育已迫在眉睫，高校需明确教师在培养具有临床科研创新思维能力医学人才历程中的重要角色，可考虑建立临床研究本科生导师制，以便解决医学生入门难、学习难的困境[10]；也可考虑搭建一支具有多学科背景、综合素质强、拥有国际视野的教学团队，为培育医工交叉和具有转化研究能力的医学生提供有力支撑。中国大学 MOOC 网显示，截至 2022 年 3 月 7 日，尚未有一门系统性、全方位介绍临床研究的专业课程，优质线上教学资源亟待大力发展。学校率先提出了建设契合医学生需求及培养目标、兼具"教"与"学"特点的新形态教材的要求。此外，案例讲授、模拟教学、分享式授课、混合式教学等多样化教学方式十分必要，知网及万方数据库显示，截至 2022 年 3 月 7 日，部分研究者逐步提出将线上优质资源融入临床研究课程的建议[14]，但鲜有开展探究其构建方法及教学评价的实证类研究，这也是急需攻克的难点。

本研究仍存在一定的局限性：不同学制本科生（5 年制、5+3、8 年制等）、不同学位类型研究生（专业学位、学术学位）、不同学历（硕士、博士研究生）的教学目标、课程设置、培养模式不同，可能对研究结果的推广产生影响；此外，方便抽样确实存在一定局限性，且研究样本量不足，期待进一步的全国性的大样本调查。

综上所述，医学生对临床研究课程学习需求强烈；混合式教学是最受其欢迎的教学模式，案例讲授、模拟教学、分享式授课可作为部分主题的次选教学方式；师资力量不足、课程内容复杂、辅助教学资源缺乏是影响学生学习的主要阻碍因素。建议后续优化该课程体系、加大师资力量的培育、构建优质的线上教学资源、创建新形态教材，逐步让"互联网+"教育在临床研究课程中常态化。

◎ 参考文献

[1] 刘续宝，王素萍．临床流行病学与循证医学［M］．4 版．北京：人民卫生出版社，2016：24.

[2] 陈铭，黄华兴，徐皓．美国培养医学生和年轻医生临床研究的路径探析［J］．南京医科大学学报（社会科学版），2019，19（6）：507-509.

[3] 易斌，蒋铁斌，彭小青，邓芳，张浩，黄志军．医学生对临床研究认知现况的调查分析［J］．中国高等医学教育，2021（5）：3-4.

[4] 姜勇．医学本科生临床研究方法培训需求研究［J］．中国卒中杂志，2018，13（7）：762-764.

[5] 郑黎强，纪超，佟彤，徐昕．七年制医学生临床研究方法学双语教学态度调查分析［J］．基础医学教育，2017，19（10）：769-771.

[6] 孔媛媛，曾娜，魏巍，武珊珊，尤红，贾继东．临床医学专业学位研究生临床研究方法学教学模式创新与实践［J］．继续医学教育，2017，31（5）：29-31.

[7] 陈晓君．基于循证构建住院患者跌倒管理模型的研究［D］．杭州：浙江大学，2014.

[8] 王长通，郭启勇．中、美、日三国医学基础研究与临床研究类论文发表现状及影响因素分析［J］．中华医学科研管理杂志，2018，31（3）：219-223.

[9] 国家卫生计生委，科学技术部，国家食品药品监督管理总局，等．关于全面推进卫生

与健康科技创新的指导意见［EB/OL］. http：//www. gov. cn/xinwen/2016-10/12/content_5118171. htm.

［10］赵生美，梁少宇，陈蕾. 新医科背景下临床研究通识教育课程体系构建［J］. 医学教育研究与实践，2021，29(2)：203-206.

［11］黄柳，张鹏，曾锐，等. 八年制医学生文献检索及临床研究设计能力教学模式探讨［J］. 中国社会医学杂志，2017，34(4)：332-335.

［12］Harvard University. Principles and practice of clinical research［EB/OL］.（2022-03-06）. https：//ppcr-2018. sph. harvard. edu/courses/course-v1：Fregni-PPCR+11-2018+2/about.

［13］陈衍，韩晟，刘娜. 通过全程参与临床研究培养医学生临床循证思维和临床科研能力［J］. 医学教育研究与实践，2017，25(1)：148-150.

［14］徐雯洁. 将慕课引入到中医临床研究方法学教学中的思考和探讨［J］. 继续医学教育，2017，31(1)：94-96.

基于 OBE 的混合式教学
在麻醉科住院医师规范化培训中的应用

邱　珍[1]　齐　彪[2]　田　浩[1]　夏中元[1]

(1. 武汉大学　人民医院麻醉科，湖北　武汉　430060；

2. 武汉中西医结合骨科医院麻醉科，湖北　武汉　430070)

【摘　要】目的：探讨基于成果导向教育(outcome-based education，OBE)理念的混合式教学在麻醉科住院医师规范化培训教学中的应用效果。方法：选取 2022 年 6 月至 2023 年 6 月在武汉大学人民医院麻醉科进行住院医师规范化培训的 50 名住院医师，随机分为对照组和研究组，每组 25 名。对照组开展传统教学，研究组以 OBE 理念为基础，运用微课、腾讯视频会议、钉钉、微信平台等"互联网+"进行"线上"+"线下"混合式教学。经过分组干预后，比较两组学员的临床麻醉学理论考核成绩、实践操作能力成绩、教学质量；评估两组学员对麻醉学的学习兴趣、学习积极性、临床思维以及对教学模式的满意度。结果：研究组学员的理论考核成绩(91.67± 5.74)和实践操作成绩(90.86± 5.12)高于对照组(73.56± 3.81，75.23± 4.50)，差异有统计学意义($P<0.05$)；研究组学员对麻醉学的学习兴趣(90.59± 5.27)、学习积极性(91.50± 4.86)和临床思维评分(92.15± 5.45)均高于对照组，差异具有统计学意义($P<0.05$)；研究组的教学质量理想率(96.00%)和满意度(92.00%)显著高于对照组(60.00%，52.00%)，差异具有统计学意义($P<0.05$)。结论：基于 OBE 理念的混合式教学可有效提高麻醉科住院医师的临床理论知识和技能操作水平，有利于提升学员的综合能力、增强其对麻醉学的兴趣、学习积极性和临床麻醉思维，进一步提高麻醉科住院医师规范化培训的教学质量和满意度。

【关键词】成果导向教育；多媒体教学；混合式教学；麻醉科；住院医师规范化培训；教学研究

【作者简介】邱珍(1990—　)，女，湖北孝感人，博士，武汉大学人民医院副主任医师，硕士生导师，研究方向：围术期重要脏器保护，E-mail：qiuzhen124@126.com。

传统的麻醉学注重提供安全有效的围术期麻醉策略、术中管理、救治以及急/慢性疼痛治疗。随着现代医学的发展，麻醉学在日益一体化的卫生系统中发挥着广泛的影响和领导作用，包括主导危重患者的救治、围术期急危重症救治、麻醉重症监护病房、无痛诊疗以及疼痛治疗的心理-社会-环境救治体系。为了更胜任这一角色，麻醉科应该加强培养高素质人才队伍，不断加强麻醉学科发展[1]。住院医师作为临床教育工作者的重要性在许多临床专业和国家医学教育认证组织中得到了高度认可。在麻醉学人才培训项目中，住院医师规范化培训为麻醉学培养合格且优秀的临床麻醉医师的作用越来越受到重视，是麻醉学人才培养不可替代的一部分[2]。传统的教学模式以带教老师为主体，学生学习积极性不高，缺乏主动思考能力，很难提升学员的临床实践能力，导致整体教学治疗与效果并不十分理想，从而阻碍了人才培养和发展[3-4]。近年来，以互联网+为基础的新媒体工具、视频远程直播、微信平台教学，与线下教学和实践等组成的混合式教学法，将面对面的课堂教学、实践教学与网络教学进行深度融合，即将在线教学和传统教学的优势结合起来形成了一种"线上"+"线下"的混合式教学[5-6]。成果导向教育（OBE），又称为目标导向教育或需求导向教育，以学习成果为目标导向，以学生为中心，注重学生的自主和探索性学习，引导支持学生个性化的学习方法选择，由浅到深地引向深度学习，拓展了教和学的时间和空间，从而提高教学效果，达到理想的教学目的[7-9]。因此，本研究创新性地将基于 OBE 理念的混合式教学法应用于武汉大学人民医院麻醉科住院医师规范化培训的教学中，探索混合式教学对麻醉科住院医师规范化培训的教学效果。

1. 资料与方法

1.1 一般资料

纳入 2022 年 6 月—2023 年 6 月在武汉大学人民医院麻醉科进行住院医师规范化培训的 50 名住院医师，采用随机数字表法分为对照组和研究组，每组 25 名学员。对照组男学员 12 名，女学员 13 名，年龄 23~26 岁，平均年龄（23.80±0.91）岁；本科学历 19 名，硕士学历 6 名；研究组男学员 15 名，女学员 10 名，年龄 22~25 岁，平均年龄（23.12±0.75）岁；本科学历 18 名，硕士学历 7 名；两组学员基本资料差异无统计学差异（$P>0.05$），具有可比性。

1.2 方法

两组教学时长均为 1 年。

1.2.1 对照组

对照组根据住院医师规范化培训手册要求采用常规教学方法。课前教师告知授课内容，要求学员预习；课中以带教老师为主体通过多媒体教学设备、面对面授课的形式进行课堂教学，讲解临床麻醉基础理论知识、麻醉方案的制订和实践操作技能，并进行操作演示，以"老师讲、学生听"为主要方法，课堂提出问题，学员进行归纳总结，并依据课程内容进行测试（与研究组内容相同），带教老师嘱其在课后进行自主复习和查阅资料。

1.2.2 研究组

研究组基于 OBE 理念，采用"线上"+"线下"的混合式教学模式，具体如下：

(1)课前线上预习。通过班级微信群公布当前阶段的教学大纲、教学内容。在线上推送学习资源(上传临床教学视频课程、网络平台慕课),让学员能够带着问题展开预习。通过网络平台签到功能监督学生视频观看情况、预习活动参与情况,使学员能够重视学习并保证学习时间。然后,公布一些具有难度的习题或者学习外连接内容,督促学员继续学习。

(2)线上学习平台教学。运用腾讯课堂在线、钉钉课堂、微信平台等多种网络途径搭建混合式学习模式,结合教师制作的微课,进行线上授课和教学,包括案例分析、特殊病人麻醉方案制订、情景模拟操作。线上平台设置学员签到和观看时常统计以及回放和重播功能,拓展学员学习的空间和时间,使学员可以不断反复观看教学课程和视频。线上平台设置分为:①学习课程模块:课前目录、教学视频、课程总结;②学习互动模块:随堂测试、案例分享、疑难点解析;③深度学习模块:兴趣小组活动(亚专业麻醉集训)、知识拓展、课后联系。并设置学习笔记模块和互动模块,学生可以随堂随时记录学习笔记、有疑问可留言,教师随时线上解答。线上课堂作业提供复杂患者的病例,让学员思考和制订麻醉方案,方案制订后,学员可以找带教老师讨论。

(3)线下定期开展临床麻醉实践操作培训、小组讨论、临床小讲课、特殊病例讨论和教学查房。根据学员线上学习进度,线下定期开展临床小讲课、特殊病例讨论、教学查房和危重症患者麻醉方案的制订和讨论,并结合角色扮演进行模拟操作,然后教师和学员一起分析、讨论和总结,增强学员对知识的记忆、理解和临床实践。将前期线上学习的知识应用于实际案例中,通过提问和讨论,增加知识的宽度和深度,从而巩固学员对新知识的理解,提高学员运用新学理论知识分析和解决临床麻醉实际问题的能力。

(4)技能操作教学和情景模拟。每位学员配备一对一临床指导老师,对学员的技能、临床思维与职业素养有针对性地进行强化训练。在学习每项临床麻醉技能之前,带教老师提前一天,线上推送相关的技能操作视频,让学员提前预习。进行操作带教时,带教老师首先进行操作演练和步骤讲解,让学员在旁观看与学习,并讲解知识点。其次,带教老师做技能操作步骤,要求学员讲解技能操作步骤。最后,在带教老师监督下,学员进行技能操作。结束后,带教老师进行点评,纠正其操作不当之处。同时利用线上技能操作教学视频、典型病例等强化学生临床技能训练。此外,带教老师选择极具代表性的病例指导学员进行情景模拟,以麻醉医师为核心角色,要求学员根据患者术前信息,做出麻醉方案、术中管理、术后患者去向和关注点等相关决策,并对术中出现的紧急、异常情况做出诊断和处理,直至手术麻醉成功,患者离室。结束后,学员对自己的麻醉处理过程进行自评,最后由带教老师进行点评、总结及讨论。

(5)兴趣小组学习。规培学员根据当前轮转的麻醉亚专业,在带教导师指导下自行组成兴趣小组(如气管插管兴趣小组、超声兴趣小组、神经阻滞兴趣小组、椎管麻醉兴趣小组等),定期进行相关临床麻醉技能教学。带教老师根据不同兴趣学习小组展开靶向性教学,在人体形态学仿真实验模型上现场演示临床麻醉技能(如气管插管、动静脉穿刺技术),学员结合理论知识在模型上训练。同时,像超声引导下神经阻滞等不易在临床上进行的操作,在带教老师指导下,由学员相互扮演模特进行操作演练,在模特上进行超声探头使用、解剖定位、神经查找等。根据技能操作特点提出需掌握的知识点、重难点，学员之间进行讨论和相互学习指导。

（6）最后跟踪学生在混合教学中的学习进展，定期收集反馈，调整教学策略，确保学习兴趣和效果满意度的提升。

1.3 观察指标

两组学员干预结束后，评估学员对麻醉理论知识、操作技能、麻醉方案制订的掌握情况。对两组学员的麻醉理论知识进行考核，老师进行成绩统计，带教老师对学生的实践操作能力进行考核和评价，考核成绩满分均为 100 分，所得分值越高，代表学生的学习成绩越优异。同时，对两组教学模式的带教质量进行评价，分为理想、一般、不理想，教学质量理想率 = 理想率（%）+ 一般率（%）；带教老师采用麻醉科自制麻醉学兴趣调查表、学习积极性调查表和临床思维评价表对教学后两组学员对麻醉学的兴趣、学习积极性、临床思维进行评价，每一项均为 100 分，所得分值高，说明学生的综合能力越强。教学结束后，对两组学员分别进行教学满意度调查，教学满意度评价分为满意、基本满意与不满意，教学满意度 = 满意率（%）+ 基本满意率（%）。

1.4 统计学方法

采用 SPSS 22.0 统计学软件对数据进行统计分析与处理，计数资料用 n（%）表示，采用 χ^2 检验；计量资料以（$\bar{x} = \pm s$）表示，采用 t 检验，$P<0.05$ 表示差异有统计学意义。

2. 结果

2.1 两组住培学员的麻醉理论知识和实践技能考核成绩比较

研究组住培学员的麻醉理论知识和实践技能考核成绩均显著高于对照组，差异有统计学意义（$P<0.05$）（见表 1）。

表 1 　　　　两组麻醉理论知识和实践技能考核成绩的比较（分，$\bar{x}\pm s$）

组别	例数	理论知识	实践技能
对照组	25	73.56±3.81	75.23± 4.50
研究组	25	91.67± 5.74	90.86± 5.12
t 值	—	13.143	11.465
p 值	—	<0.05	<0.05

2.2 两组教学质量的比较

研究组的教学质量理想率（96.00%）高于对照组教学质量理想率（60.00%），差异具有统计学意义($P<0.05$)(见表2)。

表2　　　　　　　　　　　　两组教学质量的比较 [例(%)]

组别	例数	理想	一般	不理想	教学质量理想率
对照组	25	6(24.00)	9(36.00)	10(40.00)	15(60.00)
研究组	25	16(64.00)	8(32.00)	1(4.00)	24(96.00)
χ^2值	—	—	—	—	9.441
p值	—	—	—	—	<0.01

2.3　两组住培学员对麻醉学的学习兴趣、学习积极性、临床思维的比较

研究组住培学员对麻醉学的学习兴趣、积极性和临床思维评分均高于对照组，差异具有统计学意义($P<0.05$)(见表3)。

表3　　两组住培学员对麻醉学的学习兴趣、学习积极性、临床思维的比较(分，$\bar{x}\pm s$)

组别	例数	学习兴趣	学习积极性	临床思维
对照组	25	74.23± 4.56	72.78± 3.98	76.25± 5.10
研究组	25	90.59± 5.27	91.50± 4.86	92.15± 5.45
t值	—	11.738	14.900	10.651
p值	—	<0.05	<0.05	<0.05

2.4　两组教学满意度的比较

研究组的教学满意度(92.00%)，显著高于对照组(52.00%)，差异具有统计学意义($P<0.05$)(见表4)。

表4　　　　　　　　　　　　两组教学满意度比较(例(%))

组别	例数	满意	基本满意	不满意	教学满意度
对照组	25	6(24.00)	7(28.00)	7(28.00)	13(52.00)
研究组	25	15(60.00)	8(32.00)	2(8.00)	23(92.00)
χ^2值	—	—	—	—	9.921
p值	—	—	—	—	<0.05

3. 讨论

麻醉学起源于手术室，涉及多个亚专业（如儿科、心胸麻醉、产科和神经麻醉等），主要解决接受手术的患者的特定临床需求。随着现代医学技术的发展，麻醉学已经形成独特的自身理论与技术体系，其工作范畴已从临床麻醉拓展到重症监护治疗、生命复苏、门诊无痛诊疗、急/慢性疼痛救治、睡眠诊疗等方面[1]。麻醉学作为手术学科发展的重要前提和保障，在临床医学科学中发挥着重要作用。为与麻醉学科的工作内容相适应，麻醉科专科医师的培训在众多国家均多采用毕业后教育的模式，即学生从医学院校毕业后，再接受三至四年的住院医师培训，经考试、考核合格后发专科医师证书才能成为麻醉医师[10]。中国麻醉人员短缺，严重影响中国临床医学特别是手术学科的发展。因此，麻醉学继续教育和专科培训成了众所关注的麻醉学发展和人才培养的重点[2,11]。麻醉科住院医师规范化培训是我国麻醉学继续教育的重要内容，目的是培养麻醉医师掌握麻醉学必备的基本理论和知识、临床技能、围术期麻醉实施和管理、危重症患者救治、急慢性疼痛治疗等能力，从而培养优秀的麻醉学人才[12]。

一直以来，我国的麻醉学专业课程大多采用传统的教学模式，主要是以"教师为主"、灌输性的单一教学方法，学员处于"被学习"和"被接受"状态，难以发挥主观能动性和学习积极性，教学效果欠佳。近年来，随着教学信息化和互联网技术的飞跃发展，医学教学中发展了多媒体教学、互联网网络平台、微课、虚拟仿真教学等现代化信息教学方法；且线下面对面教学的时间和内容不连续，缺乏深度，这使得临床医学尤其是麻醉学住培医师的教学模式不得不发生改变，以"线上教学"为基础，结合线下教学的混合教学模式成为一种新的必要的教学模式。混合式教学，即将在线教学和传统教学的优势结合起来的一种"线上"+"线下"的教学，充分发挥"线上"和"线下"两种教学的优势，相互补充，拓展了教和学的时间和空间，把学习者的学习由浅到深地引向深度学习。混合式教学既发挥指导老师引导和启发的主导作用，又充分体现学生作为教学主体的自主性、积极性和创造性思维。混合教学模式结合了面对面教学法和在线教学法的优点，让学员能够更好地控制要参与的教育内容、学习节奏，以及学习时间和地点。近年来的研究表明，与传统教学模式相比，混合教学模式是提供生命支持教育的更有效手段，具有更积极的效果，教学更有效，且学习者和利益相关者的持续成本较低[13, 14]。

1999 年，Harden 和他的同事报道了一种富有远见的医学教育新方法，即 OBE（目标导向教学），对课程内容和结构、教学活动、教育环境评估和课程评估都遵循明确的结果规范[15, 16]。OBE 的教学策略是以学生为本，基础要求是明确学习目的，并鼓励学生个性化、自主、灵活、连续性参与课程学习。OBE 理念关注医学教育中的教学环境、学习方法和学习成果之间的联系，有效打破了以教师为中心的传统教学理念，注重学生的自主和个性化学习和方法选择并提供评估、反馈和改进措施，极大促进了临床医学学科的人才培养，自被引入医学教学以来，已成为信息化时代医学教育改革的研究热点。

基于以上两种教学法的国内外现状，我们明确了混合式教学模式和 OBE 理念在现代医学教学中不可替代的重要作用。然而，目前基于 OBE 理念的混合教学模式在麻醉科住院医师规范化培训的研究尚未见报道，因此，在本研究中，我们将 OBE 理念与混合教学模式融合，充分发挥两者优势，精准地应用于麻醉科住院医师的教学和培养中。本研究发现，基于 OBE 理念的混合教学模式在麻醉科住院医师基础理论学习和实践操作中具有良好成效，教学效果优于传统教学法。在本研究中，研究组的理论考试、临床操作考核成绩均高于对照组，这说明，基于 OBE 理念的混合式教学模式可以显著提高麻醉科住培学员的学习成绩和临床技能，提高其自主学习能力。采用线上预习、微信平台、钉钉等互联网 App 进行多方面的在线教学，结合亚麻醉专科的临床小讲课、病例讨论和教学查房，加深了住培学员对知识点的理解和掌握。通过线上操作视频学习、线下技能模拟和情景演习，进一步加强了学员的技能操作能力，使其掌握注意事项，并顺利用于临床麻醉工作。最后通过兴趣小组，进一步巩固和更新学员的临床麻醉知识和技能，激发了学生主观能动性、积极性、团队学习和新知识获取能力。基于 OBE 理念的混合式教学模式将基础知识、临床技能和临床病例有机结合，以学员为中心，设定学习目标，通过互联网线上学习工具结合线下面对面教学和培训，让学员突破了有局限的学习方法和模式，充分发挥主观能动性、有兴趣地、自主地开展学习，显著提高其理论知识和临床思维能力，以及有关临床病例的解决能力、应变能力、团队协作能力。由此可见，基于 OBE 理念的混合式教学模式，能够引导武汉大学人民医院麻醉科规范化培训学员改善临床学习方式和思维，在提高住培学员的临床麻醉基础理论成绩和实践操作能力、激发其麻醉学学习兴趣、积极性及临床思维方面具有明显的优势。更重要的是，通过混合式教学模式，麻醉科住培学员的教学满意度更高。

综上所述，基于 OBE 理念的混合式教学模式是一种新兴的教学模式，不仅可以提高麻醉学住院医师的基础理论知识和实践操作能力，而且可以显著提高住培学员对麻醉学的学习兴趣和积极性，还更大限度地提高了学生的临床思维能力，获得了较高的教学满意度，进一步提高了麻醉学住院医师规范化培训的教学质量和学员综合能力。

◎ 参考文献

[1] Mathis M R, Schonberger R B, Whitlock E L, et al. Opportunities beyond the anesthesiology department: broader impact through broader thinking [J]. Anesth Analg, 2022, 134 (2): 242-252.

[2] Hoyler M M, Pryor K O, Gotian R, et al. Resident physicians as clinical educators in anesthesiology: a narrative review [J]. Anesth Analg, 2023, 136 (2): 270-281.

[3] 蔡英兰，姜京植. 基于培养复合应用型人才的混合式教学法探析 [J]. 科技风，2024 (5): 115-117.

[4] 杨泓. 临床技能课程教学方法改革对提高临床医学专科学生职业能力的作用研究 [J]. 教育科学，2023 (5): 9-11.

[5] 刘理静，黄勇攀，隆献，等. BOPPPS 模型下基于 OBE 理念的混合式教学模式在医养

结合临床医学专业课程教学中的探索［J］. 医学理论与实践，2023，36（3）：527-530.

［6］ 胡嘉靖，刘思佳. 临床医学专业混合式教学模式学习成效提升路径构建研究［J］. 基础医学教育，2023，25（1）：69-74.

［7］ Krishnappa S，Das S，Raju K，et al. Outcome-based medical education implication and opportunities for competency-based medical education in undergraduate pathology［J］. Cureus，2023，15（8）：e42801.

［8］ 孙璐，李殿举，万良田，等. 基于 CDIO 理念的 OBE 教学模式研究［J］. 高教学刊，2023，9（24）：25-28.

［9］ 何穆涵，杨欣艳，李楠，等. 以专业认证为契机构建基于 OBE 理念的临床医学人才培养模式［J］. 教师，2021（27）：111-112.

［10］ 中国医师协会麻醉学医师分会住院医师规范化培训重点专业基地（麻醉学）师资队伍的现状调查工作组. 住院医师规范化培训重点专业基地（麻醉学）师资队伍的现状调查［J］. 中华麻醉学杂志，2023，43（7）：836-839.

［11］ 张苗苗，李璇，马海军. 麻醉学专业人才培养与教学模式的改革［J］. 养生大世界，2024（4）：37-38.

［12］ 丁晓英，镇路明，王瑾，等. 麻醉科住院医师规范化培训的教学探索与思考［J］. 中国医学教育技术，2022，36（6）：758-761.

［13］ Elgohary M，Palazzo F S，Breckwoldt J，et al. Blended learning for accredited life support courses-a systematic review［J］. Resusc Plus，2022，10（100240）.

［14］ 丁显廷，卢志扬，童蕾，等. 全球化线上线下混合教学模式［J］. 实验室研究与探索，2023，42（9）：156-162，181.

［15］ Yang H，Zhu H，Luo W，et al. Design and practice of innovative practice workshop for new nurses based on creativity component theory and outcome based education（OBE）concept［J］. BMC Med Educ，2023，23（1）：700.

［16］ Morcke A M，Dornan T，Eika B. Outcome（competency）based education：an exploration of its origins，theoretical basis，and empirical evidence［J］. Adv Health Sci Educ Theory Pract，2013，18（4）：851-863.

完善中国全球健康本科教育：
来自本科生团队合作与角色扮演教学法的教改证据

陈　晨[1]　蔡　毅[1,2]

（1. 武汉大学　公共卫生学院，湖北　武汉　430071；

2. 武汉大学　国际法治研究院，湖北　武汉　430072）

【摘　要】自2012年以来，中国开设了唯一一个面向国内学生的全球健康本科学位项目。国际健康项目管理（IHPM）是该项目的核心课程，旨在为学生将全球健康理论运用到实践搭建桥梁。本教学研究项目以该课程为例，评估团队合作小组学习法和角色扮演教学法对提高学生对全球健康的认知、学生学习全球健康项目管理流程和培养学生参与全球健康事务胜任力的成效。以"东南亚和南亚国家大流行病准备的健康系统增强项目"作为角色扮演教学法的模拟案例，学生通过组队、分配角色后，以小组为单位进行学习，每组分别提交一份东南亚或南亚国家的项目意向书和建议书，并在课堂上进行小组汇报。在汇报中，学生们展现了对全球健康殖民起源及其定义演变的认识，也认识到全球健康需要更广泛的跨学科方法。他们还认为，中国参与全球健康的角色正从受援国转变为援助国、合作者或参与者，中国在全球健康事务中的软实力得到显著加强。然而，学生们对全球健康问题背景知识的不足严重影响了他们选取和设计项目的能力。此外，团队合作中还存在领导力不足、沟通不畅和任务分配不均等问题。为全球健康专业本科生提供更多实践机会，并将更多学科整合到课程体系中，将有助于中国全球健康本科教育项目的进一步发展。

【关键词】全球健康；本科教育；胜任力；角色扮演；团队合作

【作者简介】陈晨，经济学博士，武汉大学公共卫生学院副研究员；蔡毅，医学博士，武汉大学国际法治研究院副教授，武汉大学公共卫生学院副教授。

一、引言

自1963年以来，中国向非洲和亚洲地区派遣医疗队，以援助当地国家满足其医疗需求，为构建人类卫生健康共同体做出了显著贡献。随着近年来"一带一路"倡议的实施，中国与沿线国家在卫生领域的合作项目不断拓展[1]。2024年，根据中央政府发布的国家卫生规划，参与全球健康治理已成为中国优先考虑的目标之一[2]。这一时期中国在应对全球健康危机中的影响力不断扩大，其承担的国际责任日益加重。

随着健康问题和疾病暴发持续跨越国界，培养具备相关知识和技能的专业人才变得尤为紧迫。全球健康教育有助于培养相关人才应对健康问题的能力，开发可持续的干预措施，并持续参与国际合作[3]。因此，发展全面的全球健康教育在中国的重要性不容忽视。这不仅是为了为下一代中国卫生专业人员和领导者提供必要的培训，也是为了确保中国继续在全球健康安全和促进全球健康公平方面做出有效贡献。

在过去的 10 年里，中国的全球健康教育有了显著进步。中国全球健康大学联盟（CCUGH）由最初的 10 所大学增长到 31 所。目前，中国有 3 种类型的全球健康教育项目：本科学位项目、研究生学位项目和非学位研究生项目。2012 年，武汉大学成立了中国第一个面向国内学生招生的全球健康本科项目。2013 年，昆山杜克大学成立了联合理学硕士项目，并于 2018 年设立了第二个本科项目，招收国内和国际学生。北京大学和复旦大学等几所大学设立了研究生项目，但大多数是非学位项目。值得一提的是，北京协和医学院和中国外交学院在 2021 年新型冠状病毒感染疫情的背景下共同创建了全球健康外交的跨学科硕士项目，这标志着中国大学正在以更广阔的视角重新构想全球健康教育。

中国全球健康教育面临的挑战之一是自 2020 年以来，全球健康实地工作、实习和实践课程被中断。这导致学生缺乏实地观察和参与实践的机会，使他们难以将理论知识转化为实际应用[4]。由于这些局限性，大多数课程仍采用传统的以教材为中心、教师主导和应试导向的教学方法。

国际卫生项目管理是中国全球健康本科学位项目中的必修课，旨在将全球健康理论知识与实际操作相结合。这门核心课程旨在弥合理论与实践的差距，提供使用全球健康理论知识提升国际卫生项目管理能力的实用技巧和工具，为学生未来参与全球健康项目做准备。

课程在过去的学年里一直采用传统教学法，但教研团队发现传统教学方法很难达到课程教学目标。因此，在 2023—2024 学年，课程教研团队决定引入团队合作与角色扮演教学法，让学生在模拟的全球健康项目中担任项目管理团队，以更有效地弥合理论与实践的差距[5]。通过在项目设计阶段模拟真实世界的场景增强学生对全球健康的理解，尤其是中国在全球健康中扮演的角色，同时提高他们的实际操作技能，培养其合作解决问题等国际卫生项目的胜任力。此外，由于国际卫生项目管理需要在真实世界应用之前具备全面理论和进行跨学科知识的模拟训练，我们也希望识别现有问题，并为进一步改进和发展全球健康本科课程提供建议。

二、课程设计与研究方法

(一)课程简介

国际卫生项目管理是全球健康专业本科二年级第一学期必修课，每周 3 学时，共 36

学时。该课程主要由全球健康系教研团队授课，此外课程负责人还邀请了具有全球健康研究和实践经验的外部专家。该课程内容按照国际卫生项目的生命周期顺序进行，主要内容包括：国际卫生项目管理相关概念及其逻辑框架，项目准备、执行、财务管理、采购、评估和项目完成的管理。此外，该课程还使用完整的真实案例研究汇报国际卫生项目知识的实际应用。

(二) 团队合作与角色扮演教学：模拟场景设计

假设所有学生都参与了"东南亚和南亚国家大流行病准备的健康系统增强项目"。该项目要求提交至少一个东南亚或南亚国家实施的项目意向书和项目建议书，项目预算为100 万美元。学生可以自由选择项目主题，确定健康问题、干预措施、实施地点和具体内容。

每个项目团队约有 10 名成员，共有 49 名学生分成了 5 个团队。角色包括团队组长、沟通者、评估员以及人力资源、财务和采购经理。学生可以在随机分配的角色中做出调整，以便找到适合自己能力的角色。

(三) 团队合作与角色扮演教学：团队任务与反馈

学生在项目准备阶段进行了两次团队合作。第一次团队合作的任务是撰写项目意向书。每个团队都需要根据需求评估确定特定人群是否存在特定健康问题，评估问题的严重性和紧迫性及其根本原因，并阐明在给定场景中实施健康干预措施的必要性、合理性和可行性。项目意向书要求团队简要概述他们的项目构想，包括问题描述、团队在项目中的角色、拟定目标、项目必要性及重要性、拟实施的活动和方法、项目时间表、预期成果和关键利益相关者、监测和评估方法以及预算审查。除书面材料外，每个团队还需要准备幻灯片并在第 3 周的课程中进行项目意向书的汇报。在提交项目意向书和课堂汇报后，他们会收到同学和老师的反馈和评论。

在最后一次课程(第 12 周)学生完成了所有课程内容学习后，他们需要详细制定完整的项目建议书，并通过幻灯片在课堂上汇报。在第二次汇报时，他们可以根据上一次的反馈和课程内容的学习修改优化项目内容，但主题范围必须保持一致。

除了完整项目提案的汇报外，课程教研团队还在最后一次课程进行了开放式调研。学生需独立回答以下问题：(1)什么是全球健康？(2)你认为中国开展国际卫生合作的目的是什么？(3)你如何看待中国在国际卫生发展援助中的角色？这门课程是否使你的看法有所改变？(4)你认为团队合作的学习模式如何？优缺点有哪些？最大的挑战是什么？

(四) 课程学习目标

本课程的四个主要学习目标如下：(1)理解全球健康项目管理的基本流程；(2)认识到全球健康的定义在不断演变，并在当前地缘政治分裂的世界中重新构想全球健康；(3)了解中国在全球健康参与中的角色正在不断发展并呈现出多样化。这不仅涉及捐赠药品和设备，为发展中国家建设医疗设施和派遣医疗队，还包括在全球健康安全、大流行病准备与应对、同一健康(one health)、气候变化等领域参与全球健康治理；(4)提高在全球健康背景下的项目管理胜任力，包括增强领导力、跨文化沟通技能、战略规划、解决问题、团队协作、资源分配以及执行项目的总体能力。

(五) 课程评分方式

该课程的评分取决于团队汇报的表现和书面材料(意向书、建议书和团队汇报 PPT)的质量，团队内每个成员的评分相同。开放式问卷的回答不计入评分。

(六) 分析材料与分析方法

作者利用内容分析的方法进行了定性研究，分析了学生的两类材料：(1)两次团队汇报中的幻灯片材料；(2)开放式问卷回答的纸质材料。两位作者分别独立对数据进行编码，识别与学习目标相关的反复出现的主题、模式和文字，然后比较分析结果以确保可靠性和有效性。随后，整个教研团队进行了四轮讨论，在讨论中解决分歧并确认作者能够更全面地理解材料。

三、研究结果

(一) 意向书主题比较

在 5 个团队中有 3 个聚焦于疾病的预防和监测，1 个团队选择健康信息系统的开发项目，1 个团队致力于帮助受援国提高卫生服务提供者的能力(见表 1)。5 个团队中有 4 个选择在东南亚国家实施项目，1 个选择了南亚国家。学生提交项目意向书时都考虑了受援国的疾病负担状况和相应的医疗需求。他们将自己的团队设想为中国政府开展的项目团队，目的是协助发展中国家，每一组都考虑到了中国的外交战略或国际合作倡议，如"一带一路"倡议。

表 1 　　　　　　　　　　　　　　小组意向书基本信息

团队编号	人数	性别(女)	意向书主题关键词		
			健康问题	健康干预	实施地点
1	11	6	登革热	蚊媒检测	印度尼西亚巴厘岛
2	10	5	医疗卫生	开发数字监控平台	越南、泰国、柬埔寨
3	10	7	登革热	通过合作加强预防能力	菲律宾
4	9	6	卫生机构能力建设	卫生援助	老挝农村地区
5	9	8	宫颈癌	预防干预	尼泊尔西部卡纳利省

(二)意向书和建议书主题比较

对比 2 次汇报学生有两个显著的进步。第一，在学习了项目管理中的"三重约束"模型(范围、时间和成本)后，他们在第 2 次汇报时选择的主题和活动比第一次汇报更集中且更具可行性(见表 2 和表 3)。在第 1 次汇报中，他们主要提到药品和医疗设备的捐赠及医疗基础设施的建设，并试图全面照顾每一个环节，未能聚焦于项目的管理方面。此外，他们认为项目中应尽可能包含更多的活动和内容，所以 5 个团队的预算都超出了总体预算上限。在第 2 次汇报中，一些团队缩短了项目的时间线，以进一步减少开支。5 个团队中有 3 个精简了项目标题，目标更加明确且更容易实现。第 2 组将原本覆盖越南、泰国和柬埔寨的 3 个国家减少到仅越南 1 个国家，专注于传染病监测，而不是整个健康系统的提升。第 3 组从在尼泊尔广泛的试点项目转变为在特定地区的更有针对性的合作项目，目标是提高妇女对宫颈癌预防的认知，而不是预防宫颈癌。尽管一些团队的预算仍然超过了总预算上限，但在第 2 次汇报中，他们提供了有关超额部分资金来源的详细说明。

表 2 团队两次汇报主题

团队编号	汇报	主　　题
1	意向书	巴厘岛登革热的媒介伊蚊监测分析——推动中印两国登革热预防
	建议书	巴厘岛登革热的媒介伊蚊监测分析
2	意向书	柬埔寨、越南、泰国三国的医疗数字化平台构建计划
	建议书	越南传染病电子信息平台构建计划
3	意向书	合作共促菲律宾登革热预防能力增强
	建议书	未更改
4	意向书	老挝乡村医疗卫生援助项目——提升老挝乡村医疗卫生机构服务能力的项目意向书
	建议书	未更改
5	意向书	尼泊尔西部卡纳利省试点"预防宫颈癌——促进女性健康"
	建议书	关于提升女性宫颈癌预防意识和能力 ——在尼泊尔卡纳利省苏尔凯德地区的试点合作项目建议书

第二，虽然大多数团队在第 1 次汇报中已经建立了项目的监测和评估框架，涵盖了投入、结果和影响 3 个领域的指标，但这些指标在第 2 次汇报中变得更加可测量和可实现，并且他们还提到需要持续监测和评估以确保项目的成功。团队 3 在汇报时表示："我们认为，一个成功的全球健康项目取决于它的可行性和可持续性。"团队 5 也表达了对项目干预措施在项目完成后可持续性的担忧："我们需要确保项目的活动即使在我们的初期参与

结束后也能继续。因此，我们建议从一开始就邀请政策制定者参与，以确保他们的长期支持……将我们的研究成果转化为可操作的政策至关重要。通过这样做，我们可以创造持久的影响，确保我们的努力能够对社区带来有意义的改变。"

(三) 对全球健康认知的转变

学生们对全球健康的认知总结自他们对问题"什么是全球健康？"的回答。首先，他们指出全球健康的定义在当前地缘政治背景下不断演变，并且他们还考虑到新出现的传染病威胁。"由于全球经济社会发展存在不平衡，实际上全球健康表现多为较发达国家对较落后国家的卫生健康援助。""随着经济和文化交流的发展，慢性疾病变得越来越普遍……传染病对全球公共卫生造成了前所未有的压力，需要全球共同努力应对这些健康挑战。这表明全球健康是一个广泛的跨学科领域，需要全球合作以确保全球范围内的健康，要求持续的全球努力。"

其次，他们认为全球健康应涵盖比 10 年前更广泛的学科，不仅包括健康科学，还包括人文和社会科学。"在我看来，随着人类政治、经济和社会发展的进步……可以通过互助和各种合作方式提高全球人类健康和生活质量。这涉及应用卫生领域各学科的理论和方法以及政治、外交、社会、经济等学科的研究方法与实践经验，倡导跨学科参与和合作。"

最后，他们还指出了全球健康殖民起源的历史背景，强调了需要跨学科合作的学科来促进全球卫生覆盖和公平。"如今，源自热带医学的全球健康正面临越来越多的挑战，因其强烈的殖民色彩和不对称的权力关系，与当代全球需求不再相符……因此，急需一个旨在促进全球卫生覆盖和公平的学科，超越国际边界消除区域歧视，通过跨学科合作整合集体预防与个体治疗。"

(四) 中国参与全球健康治理的角色

大多数学生认为中国现在扮演的是捐助者的角色，他们提到了中国在非洲和亚洲的官方全球健康行动，尤其是在新冠疫情期间提供疫苗、个人防护设备和其他医疗应对措施，这些都是"硬实力"的体现。

在问卷中，学生们反映他们在团队学习之前对中国作为受援国的历史了解甚少，例如中国曾从世界银行和英国国际发展部等组织获得过援助的这类历史。课程结束后，大约 1/3 的学生认为，中国的全球健康发展援助角色正在从受援国向捐助者转变；另有 1/3 的学生更倾向于将中国定义为合作者或参与者，而不是单纯的捐助者。他们认为中国需要与其他国家在健康研究和开发领域展开合作，并参与全球健康治理的多边体系。此外，尽管他们形容中国的角色非常重要、不可或缺、具有决定性或是支柱性，但是没有学生认为中国在全球健康领域中扮演领导者的角色。小组汇报的主要内容见表3。

表3   小组汇报的主要内容

团队编号	汇报	预算（百万美元）	主要活动	实施地点	项目周期
1	意向书	18.5	1. 蚊媒监测；2. 数据分析	巴厘岛的8个县和1个城市	3年
	建议书	2.6	1. 蚊媒监测；2. 数据分析；3. 项目监测与评估	未更改	3年
2	意向书	1.39	建立电子医疗平台	柬埔寨、越南、泰国	未提及
	建议书	0.97	建立传染病电子信息平台	越南	1年
3	意向书	0.84	1. 健康教育；2. 医务人员培训；3. 捐赠防蚊产品；4. 项目监测与评估	菲律宾	1年
	建议书	4.19	1. 健康教育；2. 医务人员培训；3. 分发防蚊产品；4. 数据收集与分析；5. 项目监测与评估	菲律宾马尼拉大都会区	1年
4	意向书	1.00	1. 健康教育；2. 医务人员培训；3. 捐赠医疗设施；4. 项目监测与评估	老挝农村的3~5个地方	1年
	建议书	1.84	1. 健康教育；2. 医务人员培训；3. 捐赠医疗设施；4. 项目监测与评估	中国-老挝铁路沿线的5个镇	2.4年
5	意向书	2.00	1. 制作和分发妇女HPV筛查的卫生巾；2. 与卫生部合作将卫生巾纳入公共医疗保险；3. 开设宫颈癌预防诊所；4. 项目监测与评估	尼泊尔卡纳利省	1~2年
	建议书	0.80	1. 对当地居民进行2次调查；2. 分发HPV自检工具包；3. 培训制作可重复使用卫生巾；4. 健康教育；5. 开设宫颈癌预防诊所；6. 项目监测与评估	尼泊尔苏尔凯德地区的3个村庄	14个月

    关于中国参与全球健康事务的动机，学生们提到最多的是通过外交途径提升中国在全球健康治理中的影响力和权力，进而增强中国的"软实力"。他们特别指出了三大"软实力"要素：（1）国家形象；（2）国际事务中的影响力；（3）国际话语权。他们认为国际合作是一种在健康领域内外共享学习和双赢的交流方式。只有少数学生进一步明确了如何通过实际案例增强国家形象，并探讨了在全球多边治理体系中提升话语权的途径。

    学生们提到了许多可以合作的健康领域，包括医疗研究、疾病预防与控制、数据、知识、技术、资源和实践经验的共享，以及健康系统的提升、公共卫生能力建设、基础设施建设和国际培训等。他们认识到全球健康合作可以推动经济、学术等其他领域的国际合作。"通过参与全球健康治理，中国建立了一个友好、负责任、和平与尊重的国家形象，与世界第二大经济体的身份相匹配。通过全球健康合作，中国增强了在国际事务中的影响力，特别是在分享中国的宝贵经验和模式，以及推广中医方面。""这门课程让我意识到，中国国际影响力的扩展不仅体现在经济和政治的'硬实力'上，还包括健康文化等'软实力'。展望未来……我们应以负责任的大国形象积极参与。""提高中国在国际健康领域的影响力，提升国家形象，强化国际交流与合作……推动中国在健康领域的有益实践，向其他国家分享经验，促进双赢合作，为改善全球健康作出贡献……减少国家健康水平之间的差距，保持负责任的大国形象。"

(五)团队合作与角色扮演教学方法的学生反馈

学生们还指出了团队合作与角色扮演教学法的优势和劣势(见表4)。多数学生报告他们通过该教学法获得了综合技能，包括清晰的跨文化沟通、协作、协调、共享学习、自主学习、创造力、创新、领导力和批判性思维等。在团队学习中，他们认为与队友和老师的关系更为紧密，因为社交技能得到了提升。当他们在团队中分配了具体的角色时，能够更好地理解自己的责任，通过角色扮演获取了类似工作场景的经验。通过为每个学生分配角色，团队合作学习模块建立了一个参与性环境。学生们还意识到了自己的不足，并在压力环境中变得更加有韧性。因此，学生们被激励打破课堂上的沉默，改变了"只有团队领导才能主导讨论，其他成员只是倾听"的固有观念。

表4 角色扮演和团队合作的优劣

优　势	劣　势
效率更高	角色分配不当
分工协调	任务分配不公平
工作量减少	沟通不畅
头脑风暴促进更深层次的学习	领导力不足
通过沟通进行更深入的学习	缺乏共同目标
各自发挥长处	某些学生缺乏参与感
产出质量高	团队氛围紧张，影响队友关系
增强参与度	任务分配过于零散
团队合作技能得到了提升和练习	评分难度大

关于团队合作的劣势，领导力不足和沟通不畅是该模块中最常被提及的问题。我们发现团队领导者常感受到心理压力和工作过度，而团队成员则抱怨领导缺乏动员能力，团队目标不明确。一些学生还提到，团队规模过大难以管理，因而需要选拔或培养合格的团队

领导者，以便更好地协调、分配任务并达成共享目标。扮演沟通者角色的学生则感到参与度较低，也有其他学生反映团队内部沟通不清晰、不及时。

此外，通过总结学生的负面反馈，我们归纳了在应用该教学法时面临的三个主要挑战。第一个挑战是为每个学生分配合适的角色。部分学生虽然最初被分配的角色并不十分契合，但他们在团队合作过程中的某个阶段，往往会转换到更适合自己的角色。然而，这种情况并不普遍。我们注意到，学生间的不满乃至冲突往往贯穿整个课程，直至结束也未能得到有效解决。学生们指出了两个主要原因：首先，团队组建过程中，由于部分学生之间并不熟悉，他们更倾向于与熟人组队，这导致性格较为内向的学生被边缘化；其次，学生之间在能力、性格和认知上的差异，成为实现共同目标的障碍。

第二个挑战在于如何合理地分配每个角色的任务。由于缺乏明确的角色描述，加之领导力和沟通能力的不足，一些学生未能认真履行自己的职责，而另一些学生则负担过重。许多学生对团队中存在的"搭便车"现象表示不满。

第三个挑战涉及团队合作的评分机制。在大多数团队中，个人对成功的渴望引发了不和谐的氛围。由于两次团队汇报占据了最终评分的80%的比重，那些渴望获得更高分数的学生往往不得不承担更多的工作量。学生们在竞争中的不满情绪加剧，特别是那些认为自己工作量过大却与工作量小的组员得分相同的学生，他们感到这种状况极不公平。

四、讨论与启示

(一) 课程学习目标的完成情况

在本课程中，我们成功实现了既定的学习目标。

首先，学生们在两次团队任务中对全球健康项目管理的流程有了基本的掌握。通过文献综述，他们不仅积累了全球健康领域的知识，还扩展了对项目管理、财务管理以及数据收集与分析等领域的理解。从第3周的意向书汇报到第12周的项目建议书汇报，学生们的表现有了显著的提升。在初次汇报中，学生们往往设定了过于雄心勃勃的目标，未能充分考虑项目的持续时间、人力资源需求以及预算限制。然而，通过引入项目管理中的"三重约束"模型(即范围、时间、成本的相互制约)，学生们开始意识到预算的有限性，并在第二次汇报中相应调整了项目范围，通过优化成本控制来实现项目目标。此外，与初次汇报相比，学生们在第二次汇报中更加重视对项目的持续监测与评估，这表明他们已经认识到了项目成功实施所需的连续监控的重要性。

尽管学生们提出了重要的话题，如大流行病准备、全球健康安全、气候变化等，但我们也观察到他们在特定话题上的深入讨论能力存在挑战。例如，虽然课程设置了以大流行病准备为背景的项目管理场景，但学生对大流行病准备和全球健康安全的概念并不熟悉。这表明我们的课程需要加强引导学生发现自己的兴趣，并鼓励他们在今后的学习中深入探讨他们所选择的全球健康议题。

其次，学生们对全球健康定义的理解已经从教科书中的定义——"全球健康是一个研究、实践领域，旨在改善全球健康，推动全球健康公平"——扩展开来[6]。他们认识到全球健康的定义在不断演变，并提出全球健康应涵盖更广泛的学科。此外，学生们还提出了全球健康的殖民起源这一历史背景，而这一点在当代全球健康教育课程中往往被忽视[7]。

再次，学生们对中国在全球健康治理中的角色理解更加深入。他们认识到中国的全球健康角色不仅是捐助者或援助者，还包括在全球健康治理中发挥更重要的作用。在他们看来，中国参与全球健康不仅基于中国独特的历史、外交政策和比较优势，还基于全球化带来的变化，如经济全球化、人口流动、资源交换频繁和信息与通信技术的进步。

作为 2000 年后出生的 Z 世代[8]，他们在中国经济稳步增长的数字世界中成长，对通过更混合的背景提升"软实力"表现出更大的兴趣，而不是单一的援助背景。他们欣赏中国通过全球健康外交建立软实力的努力，并理解到参与全球健康政策制定是增强软实力、构建"人类卫生健康共同体"的重要途径。由于全球健康已成为地缘政治的重要组成部分[9]，且所有学生都经历了新冠病毒疫情危机，他们认识到参与全球健康政策是增加软实力的一种重要方式。

最后，学生们在全球健康项目管理背景下的能力有所提高。通过他们的反馈和两次汇报中的进步可以看出，学生们的跨文化沟通技能、战略规划、问题解决能力和团队协作能力得到了提升。他们还学会了资源分配和如何有效实施一个项目。

此外，本学年对于教学目的是否达成的评估主要是应用质性的评估方法，经过教研团队对学生文本分析并讨论后得出结论。在今后的教学中，教研团队将建立可测量的量化评标评价体系，尝试将质性的评估方法与具体的数据指标相结合来评估学习目标的达成程度，以全面反映学习效果，为教学改进提供数据支持。

(二) 对团队合作与角色扮演教学方法的反思

全球健康教育应该强调与不同背景的人合作的能力[10]。学生反馈表明，他们对这一教学方法持积极态度，相比传统教学方法，团队合作和角色扮演提供了更多有价值的学习经验。通过完成文献综述和数据搜索任务，学生们提高了自主学习和解决问题的能力。他们通过文献综述和探索全球健康数据资源，如健康指标与评估研究所的数据，发现了有价值的资源。此外，他们对课堂介绍的全球健康实地工作印象深刻，如缅甸健康扶贫行动工作，以及他们自己查阅的尼泊尔非政府组织工作案例。

与此同时，正如团队合作学习模块中常见的问题[11]，我们的学生也提到了两个类似的关键挑战。首先，我们对团队评分的依赖导致了某些成员贡献不足的问题，这些成员被队友视为"搭便车的人"。在最后一节课中，我们强调了在全球健康项目中培养开放和包容的心态的重要性，这应该引导所有团队成员，包括那些贡献较大的成员或对团队合作任务表现出不情愿的成员。其次，过度竞争是医学类学生中常见的问题，这对团队合作和同伴评估构成了威胁[12]。为了解决这个问题，我们建议更有效地利用课程助教作为团队讨论的引导者，以减轻过度竞争的负面影响。通过引导团队，课程助教可以帮助确保平衡参与，营造协作环境，并在解决冲突时提供支持，最终提高团队合作学习模块的整体效果。

(三) 对中国全球健康本科教育发展完善的启示

基于学生反馈以及作者之间的多次讨论，我们总结了发展中国全球健康本科教育的几个关键启示。

首先，国际卫生项目管理课程更适合三年级或四年级的本科生。在此之前，学生应学习涵盖广泛学科的基础课程，不仅限于健康科学。因为全球问题高度相互依存，这些课程将为国际卫生项目管理课程打下基础。虽然学生对团队任务充满热情，但他们在诸如外交、国际政治、生物多样性和气候变化等领域的背景知识不足，影响了他们深入开展任务的能力[13]。因此，全球健康课程应根据学生有关全球健康的渐进和结构化能力来重新设计。此外，我们发现需要将更多课程整合到现有课程中，以提供全球健康的基础知识。这对于诸如气候变化、生物多样性、健康安全和同一健康等领域尤为重要，这些领域对于理解全球健康项目与挑战的相互关系以及制订综合解决方案至关重要[14-16]。

其次，强调全球健康中的团队合作能力尤为重要，尤其是在参与全球健康项目时与不同背景的人合作。我们在进行团队合作学习教学时发现，学生之间存在冲突，原因是个体竞争与集体行动之间的矛盾。全球健康教育项目应设计一系列团队合作模拟教学，随着课程难度的增加，逐步引入各种主题的团队合作任务。为改进团队合作学习教学方法的评估，项目可以为每个团队分配一名课程助教，负责观察并指导学生的团队合作，帮助解决冲突。评分标准应经过精心设计，以提高公平性、敏感性和特异性，指导学生更倾向于积极合作而非竞争。角色扮演教学还可以设计角色轮换机制，帮助学生找到最适合自己的角色。角色轮换可以在整个项目课程中实施，从整体视角为学生提供适合的角色匹配体验。

再次，学生缺乏实践经验是我们在课程中面临的一个挑战。由于课程开设时间过早，本科生没有机会参与实际的全球健康项目实地工作。通过学生的汇报表现和反馈，我们发现如果没有实地实践和学习，仅通过课堂上的团队合作和角色扮演很难掌握管理全球健康项目所需的解决问题的技能和技术。给本科生提供实践机会具有一定难度，原因包括资金限制以及建立海外实习点的困难。这也限制了他们深入了解和参与全球健康领域的机会。

为应对这一挑战，作者发现邀请具有专门知识的外部讲师对学生非常有帮助。此次课程中，课程负责人邀请了全球健康研究人员、项目经理和实践者，包括来自政府机构、民间社会组织、国外大学以及从该教育项目毕业的学生，作为客座讲师与学生分享他们的实地工作经验。这些专家为课堂带来了多样化的视角和真实的经验，丰富了学习环境。他们的见解帮助学生加深了对复杂全球健康问题的理解，并为课程中的理论概念提供了有价值的实际背景。这种多元化的观点和实践知识显著提升了学生团队合作的整体表现。

最后，从满足中国全球健康参与需求的角度来看，激发学生对全球健康学科的热情和信念比单纯传授理论知识更为重要[17]。中国在全球健康研究和实践领域的人才队伍存在不足[18-19]。每年全球健康本科项目的毕业生人数大约为 50 人，与研究生项目的毕业生人数相当。过去 10 年里，中国全球健康教育培养的具有学位的毕业生和全球健康专门培训的专业人才总数估计不到 1000 人。除了人才短缺之外，中国国内为具备全球健康背景的毕业生提供的职位也非常有限。这进一步减少了接受过培训的毕业生进入该领域工作的机会。例如，在中国疾病预防控制中心系统中，只有国家级别的机构设有专门的全球公共卫生中心，约有 20 个职位。因此，许多学生转入其他学科攻读研究生学位，或者在本科阶段的前两年选择转到其他专业。

在完成这门课程后，部分学生表示他们对全球健康的专业信念得到了增强，表现为他们对全球健康充满了更多的热情和信心，更加期待参与实地工作，并且认识到自己是全球健康领域的后备力量，对未来职业规划持更积极的态度，不仅仅是希望在学术或政府机构工作，还期待在民间社会组织中工作。因此，全球健康教育项目可以探索为学生提供观察和参与全球健康实地工作，或在国际组织和民间社会组织中进行实习的机会，并结合风险管理，提供平衡的实地实践机会。

五、结论

在国际卫生项目管理课程中，团队合作与角色扮演教学法的实施显著增强了学生对全球健康问题的深刻理解和实践能力。通过项目提案汇报和团队合作学习模块的实际操作，学生们不仅深化了对全球健康项目管理的理解，也提升了对中国在全球健康事务中角色的认识。尽管如此，学生们在实践经验方面的不足以及对更广泛学科知识的需求仍然是亟待解决的问题。为了应对这些挑战，提供丰富的实践机会和将更多学科知识整合进课程，将是推动全球健康教育项目持续发展的关键。

◎ 参考文献

[1] Hu R, Liu R, Hu N . China's Belt and Road Initiative from a global health perspective [J]. The Lancet Global Health, 2017, 5 (8): e752-e753.

[2] 办公厅. 2024 年全国卫生健康工作会议召开 [EB/OL]. (2024-01-12) [2024-09-14]. http://www.nhc.gov.cn/bgt/s7693/202401/b75a2979cca14aae82ee61dd6091d79c.shtml.

[3] Robert B, Gillian S, Nicholas C, et al. Global health competencies and approaches in medical education: a literature review [J]. BMC Medical Education, 2010, 10 (1): 94.

[4] Tang K, Li Z, Li W, et al. China's Silk Road and global health [J]. The Lancet, 2017, 390 (10112): 2595-2601.

[5] Lateef F. Simulation-based learning: just like the real thing [J]. Journal of Emerging Trauma Shock, 2010 (3): 348-452.

[6] Koplan P J, Bond C T, Merson H M, et al. Towards a common definition of global health [J]. The Lancet, 2009, 373 (9679): 1993-1995.

[7] Hoda S, Christina H, Hijab K, et al. Global health education in high-income countries: confronting coloniality and power asymmetry [J]. BMJ Global Health, 2022, 7 (5).

[8] Talmon A G. Generation Z: what's next? [J]. Medical Science Educator, 2019, 29 (8): 9-11.

［9］ Ilona K, Austin L. Global health diplomacy-reconstructing power and governance ［J］. Lancet（London, England）, 2022, 399（10341）：2156-2166.

［10］ Han L B W, Whitney G, Louise H. The future of health governance needs youth voices at the forefront ［J］. Lancet（London, England）, 2021, 398（10312）：1669-1670.

［11］ R H W, MaryKate D, Mohammad P, et al. Everyone is trying to outcompete each other：a qualitative study of medical student attitudes to a novel peer-assessed undergraduate teamwork module ［J］. FEBS Open Bio, 2022, 12（5）：900-912.

［12］ R M H, Shelby G, J L M. In their own words：stressors facing medical students in the millennial generation ［J］. Medical Education Online, 2018, 23（1）：1530558.

［13］ Mike R, Chris W, Rob H, et al. Conceptualising global health：theoretical issues and their relevance for teaching ［J］. Globalization and Health, 2012, 8（1）：36.

［14］ Tieble T, Sarah S, Najmul H, et al. How prepared is the world? Identifying weaknesses in existing assessment frameworks for global health security through a one health approach ［J］. Lancet（London, England）, 2023, 401（10377）：673-687.

［15］ Azza E, Olaa M, Alimuddin Z, et al. Global and regional governance of One Health and implications for global health security ［J］. Lancet（London, England）, 2023, 401（10377）：688-704.

［16］ Jakob Z, Andrea K, Kathrin H, et al. Advancing one human-animal-environment health for global health security：what does the evidence say? ［J］. Lancet（London, England）, 2023, 401（10376）：591-604.

［17］ Katarzyna C, Ellen K. Public health competences through the lens of the COVID-19 pandemic：what matters for health workforce preparedness for global health emergencies ［J］. The International journal of health planning and management, 2021, 36（S1）：14-19.

［18］ 高深甚. 基于全球健康治理和国际卫生合作的全球后备人才库的建设 ［J］. 中国公共卫生管理, 2023, 39（3）：305-307.

［19］ Kwete X, Tang K, Cheng F, et al. Research capacity of global health institutions in China：a gap analysis focusing on their collaboration with other low-income and middle-income countries ［J］. BMJ Glob Health, 2021, 6（7）.

公共卫生与预防医学专业本科生 OSPHE 探索与实践

丁红利　燕　虹　朱俊勇　鲍　维

（武汉大学　公共卫生学院，湖北　武汉　430071）

【摘　要】基于武汉大学公共卫生学院近三年的客观结构化公共卫生考试（objective structured public health examination，OSPHE）实践，从标准化评估、综合能力评估、实践导向等方面分析了在公共卫生与预防医学本科生中实行 OSPHE 的现实意义和困难，并展望了未来的发展方向。

【关键词】公共卫生与预防医学；客观结构化公共卫生考试

【作者简介】第一作者：丁红利，计算机技术硕士，武汉大学公共卫生学院教学办主任；燕虹，医学博士，武汉大学公共卫生学院教授，博士生导师；朱俊勇，医学博士，武汉大学公共卫生学院主任医师，硕士生导师；鲍维，武汉大学公共卫生学院本科教学秘书。

公共卫生与预防医学专业旨在培养具备公共卫生专业知识和技能、预防疾病发生和传播、保障和促进人民健康的专业人才。该专业毕业生应能够胜任疾病预防控制、健康促进、公共卫生事件应急处置、公共卫生政策制定与评价等相关工作。新冠疫情的暴发暴露了公共卫生与预防医学专业人才培养体系与教育教学质量的局限性，暴露了现场实战能力的不足。为了提高该专业本科生的岗位胜任力，尤其是现场实战能力，学院借鉴客观结构化临床考试（objective structured clinical examination，OSCE）模式，在本科生毕业考试中实施 OSPHE。

一、实施 OSPHE 的现实意义

（1）标准化评估。OSCE 是近年来在全球医学教育领域兴起并逐渐广泛使用的一种客观临床能力考核模式，主要通过一系列事先设计好的模拟临床场景来测试应试者的临床能力，是一种知识、技能和态度并重的能力考核评估方法，能对传统笔试无法测试的技能和思维进行评估，并采用一致的评分标准，有效减少评分教师的主观差异，是一种可靠、客观的考核模式。学院借鉴 OSCE 的理念和模式探索了 OSPHE 模式，旨在通过一系列事先设计好的公共卫生和临床模拟场景来测试应试者的公共卫生现场处置思维和能力、公共卫生基本操作技能和临床基本技能。在考试中针对每个模拟场景规定相应的任务和评价标准，通过标准化的评估方式对毕业生公共卫生领域的知识和技能进行较全面和客观的评估。依据评估结果，学院可以有针对性地对培养方式、课程设置，尤其是实习实践安排进行调整，有助于提高公共卫生与预防医学专业本科生教育质量。

（2）综合能力评估。OSPHE包括六个考站，涵盖了公共卫生基本技能、公共卫生案例分析和临床基本技能。公共卫生基本技能包括流行病学调查、现场采样和消毒、自我防护等；公共卫生案例分析主要考查学生如何将所学理论知识应用于公共卫生实践，在此过程中，学生需要分析疾病传播途径、制定应对策略、评估干预效果等，以提供科学的公共卫生解决方案；临床基本技能主要考核学生现场急救、体格检查等方面的能力。通过不同的考题和考核环节，可以全面评估学生基本知识和技能的掌握情况，也可以评估学生的公共卫生思维，以及分析问题和解决问题的能力、沟通能力和团队合作能力。

（3）实践导向。首先，OSPHE通过模拟真实的公共卫生场景和案例，要求考生在实践情境中展示解决问题的能力。这种实践导向的考试形式能够更好地评估毕业生在实际工作中的应用能力，考查学生的实践能力和解决实际问题的能力。其次，OSPHE可以有效地评估学生的团队合作和沟通能力。学生在考试中需要与标准化病人、考官和其他考生进行互动，共同解决问题，这有助于考查学生与不同背景和专业的人协作的能力。此外，OSPHE还能够帮助学生发展自我评估和反思的能力。考试结束后，学生可以通过评估反馈，了解自己的优势和改进的方向。这有助于学生不断提高自身的实践能力，并在未来的职业发展中不断成长。

二、OSPHE 探索与实践

2022年，学院首次在应届毕业生中实行OSPHE，至今已持续三年，现对实施情况进行介绍。

(一)考试站点安排

目前，学院公共卫生与预防医学大类包括预防医学和全球健康学两个本科专业，两个专业的培养目标和课程设置不同，所以针对两个专业的特点分别设置了考核项目(见表1)。

表1　　　　　　　　　　　各专业考核项目

站点	预防医学	全球健康学
第一站	心肺复苏	心肺复苏
第二站	体格检查	体格检查
第三站	辅助检查(阅片)	辅助检查(阅片)
第四站	喷雾器消毒	现场采样
第五站	穿脱防护服	穿脱防护服
第六站	公共卫生案例分析	全球健康案例分析

(二)各站点考核流程安排

穿脱防护服和案例分析站点需要的时间较长，设为长站，每站考试时间 10 分钟；其余站点为短站，每站考试时间 5 分钟。根据学生抽签情况分为多轮，每轮 6 位同学，站点考核不分先后，每轮中 2 位同学轮流先考长站，4 位同学轮流先考短站，在 20 分钟时长站与短站的同学对换。1 个小时可以完成 1 轮 6 位同学的所有站点考核。站点间学生交换流程见图 1。

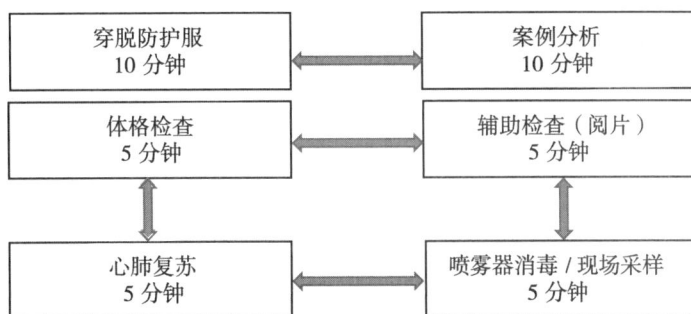

图 1　站点间学生交换流程

(三)成绩分析

学院已连续举办三届 OSPHE，现对每次考试成绩分析如下：

(1)平均成绩。两专业在 2022 年首届 OSPHE 中，成绩均不理想，但学院通过在课堂学习中强化相关技能和公共卫生思维训练，以及在毕业实习实践中要求实践基地增加现场实践技能训练等举措，学生在 2023 年和 2024 年的考试中各方面能力有了较大提升，平均分均在 80 分及以上(见图 2 和图 3)。

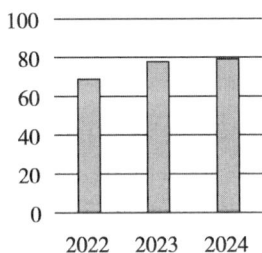

图 2　预防医学专业三年平均成绩

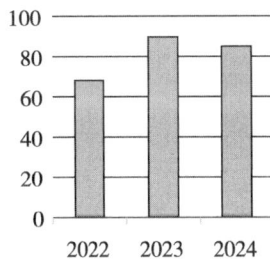

图 3　全球健康学专业三年平均成绩

(2)总评成绩最高分。两专业学生各站点总评成绩最高分在 2023 年和 2024 年均接近或超过 85 分，较 2022 年有较大提高(见图 4)。

(3)各站点平均成绩。预防医学专业各站点平均成绩中 2022 年第四站喷雾器消毒成

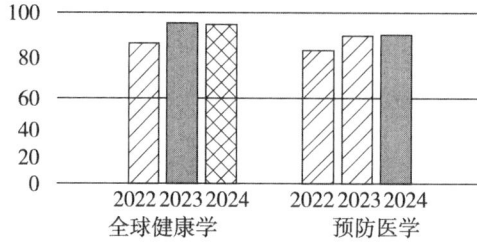

图 4　三年总评成绩最高分

绩较差，平均分未达 30 分，2023 年和 2024 年学生除了第三站辅助检查（阅片）成绩较差，其他各站点平均成绩相对 2022 年均有提升（见图 5），说明预防医学专业在临床技能，尤其是在职业病矽肺阅片方面还需要加强。全球健康学专业各站点平均成绩中 2022 年第二站体格检查、第四站现场采样平均成绩均未达到 50 分，但 2023 年和 2024 年整体水平有较大提升，各站点平均成绩均在 70 分以上，且高于 2022 年（见图 6）。

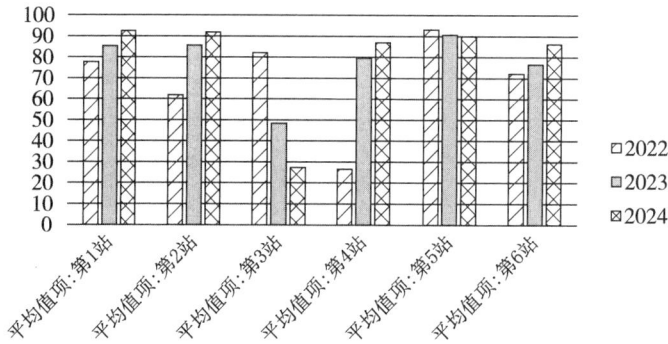

图 5　预防医学专业三年各站点平均成绩

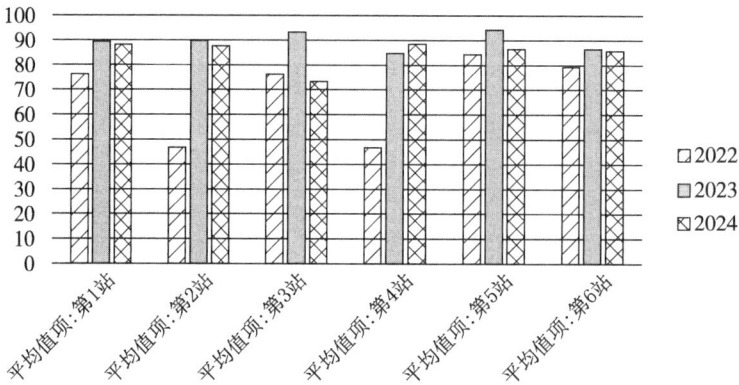

图 6　全球健康学专业三年各站点平均成绩

（4）三年各站点分数段统计。预防医学专业第三站（辅助检查）、第四站（喷雾器消毒）三年中分别有 6 人、13 人零分（见表 2），全球健康学专业第二站（体格检查）、第四站（现场采样）三年中分别有 2 人、7 人零分（见表 3）。也正是这些学生拉低了以上站点的平均成绩。

表 2 　　　　　　　　　　　预防医学专业各站点分数段人数统计

分数段（分）	第 1 站	第 2 站	第 3 站	第 4 站	第 5 站	第 6 站
90~100	18	22	10	15	42	8
80~89	28	13	12	7	25	21
70~79	18	9	13	15	0	25
60~69	2	10	3	1	0	12
0~59	1	13	23	16	0	1
0	0	0	6	13	0	0

表 3 　　　　　　　　　　　全球健康学专业各站点分数段人数统计

分数段（分）	第 1 站	第 2 站	第 3 站	第 4 站	第 5 站	第 6 站
90~100	18	20	18	18	37	7
80~89	29	18	22	21	16	44
70~79	17	4	14	8	9	12
60~69	2	5	7	0	4	2
0~59	0	17	5	12	0	1
0	0	2	0	7	0	0

OSPHE 不仅能够巩固学生所学的专业知识，还能够使学生将知识运用到实际情境中，提升其解决实际问题的能力，使其能够更好地适应未来公共卫生领域的发展需求。通过 3 年的具体实践以及对各项成绩的分析，学院初步了解了学生在实践技能掌握上的短板和不足，为今后实践课程教学的改进提供了指导依据。

学院在推行 OSPHE 考试的过程中，根据公共卫生与预防医学的最新研究成果和实践经验，不断更新考试内容，注重考试内容的科学性和实用性，确保考试能够真实反映学生的专业水平。同时，学院还注重考试形式的创新，采用案例分析、实践操作等多种方式，让学生在考试中充分展示自己的能力。此外，在实施 OSPHE 的过程中，学院逐步建立了完善的考试评价体系，对学生在 OSPHE 中的表现进行全面、客观的评价。

三、困难与挑战

通过三年的实践探索，在实行 OSPHE 的过程中仍面临一些挑战。例如，如何确保考试内容的更新与时代发展同步，如何进一步提高学生的实践操作能力等。因此，还需要在未来的工作中不断探索和创新，助力培养更适应社会需求的公共卫生与预防医学本科人才。

(1)资源需求。OSPHE 需要充足的人力、物力和时间来组织和实施。学院需要投入大量的人力和物力来培训考官、提供标准化病人等。此外，考试期间需要安排合适的场地和设备，以确保考试的顺利进行。

(2)评分标准的一致性。为了确保评分的客观性和公正性，评分标准需要事先设计和明确。然而，不同的考官仍然可能存在主观理解和评判的差异。学院需要采取一定措施保证考官能够按照统一的标准进行评分，比如考前培训、对不同专家评分进行标准化处理等。

(3)标准化病人的使用。招募和培训标准化病人是一项复杂的任务，因此，采用什么方式取代标准化病人来评估学生的临床技能，既能够接近于临床真实情境，又能最大限度地达到临床技能考核的目的，并提供准确的反馈，是一个需要探究和思考的问题。

学院在近三年的不断探索中，已经积累了一些解决问题的措施和办法，例如加强与专业机构和权威机构的合作，充分调动附属医院、疾控、卫健委等部门的力量及技术，借鉴国家标准化医师考试经验，提高考试的质量和效果等。

四、结论

本研究针对公共卫生与预防医学本科生岗位胜任力培养的迫切需求，创新性地将OSPHE 考核体系应用于预防医学与全球健康学两个特色专业，形成了差异化、精准化的实践能力评估模式。通过三年实践探索，本研究在以下三方面取得显著进展：

(1)构建了专业特色的差异化考核框架。针对预防医学与全球健康学的培养目标差异，创新性地设计了"喷雾器消毒-现场采样"分轨考核模块，形成了"基础技能同质化+专业技能差异化"的考核体系。这种分专业定制的考核方案，既保证了公共卫生人才核心能力的统一标准，又凸显了全球健康学在跨境卫生应急、现场采样等方向的特色需求，为复合型公共卫生人才培养提供了评估范式。

(2)创立了长短站交替的高效考核流程。通过长站(案例分析、防护操作)与短站(临床技能)的智能轮换机制，在保障考核深度的同时提升了考核效率。该模式使单轮考核时间压缩至 60 分钟，较传统 OSCE 提升约 40%的考核效能，为大规模推广提供了可行性方案。考核流程的动态优化为医学教育评估领域贡献了方法论创新。

(3)建立了"评估-反馈-改进"的闭环培养机制。基于成绩矩阵分析精准定位教学薄弱环节：针对预防医学的影像学诊断、全球健康学的现场采样等痛点问题，通过"实习基地技能强化+课程模块动态调整"的双向改进策略，使 2024 届毕业生平均成绩较首届提升 22.6%，零分率下降81.3%。这种数据驱动的持续改进机制，为公共卫生教育质量的螺旋式提升提供了实证支持。

　　未来需进一步深化智能化评分系统研发，探索虚拟现实(VR)技术在标准化病人训练中的应用，持续完善"评价-教学-实践"三位一体的现代公共卫生人才培养体系，为健康中国战略输送更多具备"实战型"公共卫生思维的领军人才。

◎ 参考文献

[1] 赵晓莉，陈娟，陈丽，等．临床技能考试在公共卫生与预防医学本科教学中的应用与思考 [J]．中国卫生质量管理，2021，28（2）：50-53.

[2] 王明，王丽华，李晓峰，等．Objective Structured Public Health Examination 在公共卫生与预防医学本科教学中的应用研究 [J]．中国卫生教育，2020，36（12）：77-80.

[3] 李敏，李磊，郭丽，等．Objective Structured Public Health Examination 在公共卫生与预防医学本科毕业生评估中的应用 [J]．中国高等医学教育，2019，12（4）：92-94.

[4] 张敏，李明，王秀芳，等．Objective Structured Public Health Examination 在公共卫生与预防医学本科教学中的应用与效果评价 [J]．中国医学教育技术，2018，15（1）：41-44.

[5] 刘娟，马瑞，张丽，等．Objective Structured Public Health Examination 在公共卫生与预防医学本科教学中的应用探索 [J]．中国医学教育技术，2017，14（5）：456-459.

OBE 理念下数智赋能的来华留学生地域文化课程建设研究与实践

范小青　洪豆豆　崔　萍　刘学蔚　周西宁

（武汉大学　国际教育学院，湖北　武汉　430072）

【摘　要】来华留学生是讲好中国故事的一个特殊群体，他们不仅是专业知识的学习者，也是人类命运共同体的共建者、"一带一路"倡议成果的共享者。后疫情时代，面向来华留学生的国情与文化课程是回应国际关注、传播中国国际形象的有效途径。OBE 理念下的地域文化课程"人文武汉"依托新研发的数智教材《人文武汉》和"人文武汉"MOOC，以荆楚地域文化为抓手，从文化知识、文化理解、跨文化意识和文化态度四个维度，经由"课堂教学引领，智慧平台辅助，实地体验产出"三环节的混合式教学，达到以学生为中心的荆楚文化"输入-输出"双向循环，引导学生从荆楚文化的亲身体验者成长为国际传播者，实现助力培养来华留学生成为中国特色社会主义道路的"共情者"和加强中国国际传播的"共鸣者"的国际中文人才培养目标，践行高校立德树人根本任务的职责和使命。

【关键词】OBE 理念；国际中文教育；文化教学；地域文化；数智技术

【作者简介】范小青，文学博士，武汉大学国际教育学院讲师；洪豆豆，文学博士，武汉大学国际教育学院讲师；崔萍，文学博士，武汉大学国际教育学院副教授；刘学蔚，文学博士，武汉大学国际教育学院讲师；周西宁，文学博士，武汉大学国际教育学院讲师。

【基金项目】中国高等教育学会 2023 年度高等教育科学研究规划课题重大课题（23LH0101），教育部中外语言交流合作中心 2023 年国际中文教育基地资助项目（23YHJD1032）

自 20 世纪 80 年代美国学者 Spady 提出成果导向教育（outcome-based education，OBE）以来，OBE 理念经历了从美国兴起、风靡全球教育界的发展历程，在重视实践能力的工科、医科领域取得了切实的成效[1]。我国的 OBE 理论研究与教学实践，肇始于台湾学者的引入，蔚然于大陆学者的承继。从研究逻辑上看，兼有理论探讨和实践应用；从研究视角来说，并蓄人才培养和课程设计。然而考察其研究领域，工科、医科方面成果累累，文科仅有语言教学尤其是英语教学一枝独秀①[2][3]，国际中文教育领域特别是面向国际学生的国情与文化教育方面的成果却寥若晨星。搜索近十年来的相关研究，除金鑫等宏观探讨提升留学生培养质量的路径[4]外，仅有刘云婷[5]、张延霞[6]两位学者从中国文化课程构建设计层面做了初步探讨，为继续研究该理念助力培养来华留学生的文化理解能力、跨文化交际能力做了有益探索。

国际中文教育是中文作为第二语言的教育，最终目标是培养具有人文素质、国际视野和跨文化交际能力的新时代世界公民[7]。中国国情与文化教学是国际中文教育的重要组成部分，既肩负育人功能，又身兼传播职能。其培养知华友华的国际中文人才并同时传播中国国家形象的双重目标，与成果导向的 OBE 理念天然契合。本文将结合作者的教学实践，以武汉大学留学生通识选修课"人文武汉"为例，对 OBE 理念在地域文化课程建设中的理论和实践加以探讨，以期为国际中文文化教学提供借鉴。

一、OBE 教学理念与国际中文文化教学

高等教育作为一种社会活动，其区别于其他事物的本质属性就在于人的培养，应当遵循以学生为主体的本位观理念[8]。我国的高等教育质量评价经历了投入论、过程论到目前产出论的发展过程，以往的投入论、过程论重视的是资源的有效配置和机制的有效运转，本质上还是围绕办学条件和教师群体进行考核，其追寻的价值目标并未完全对齐高等教育的本质目标，存在着一定的偏差。当前的产出论倡导以学生的学习成果为逻辑起点对教育理念和教学体系进行设计，这与 OBE 理念"以预期产出为核心"的思想高度契合[1]。在高等教育人才培养的大框架下，对高校留学生的文化教学既天然地具有和 OBE 理念的理论契合性，也具有按照 OBE 理念进行设计的现实必要性。

（一）OBE 教学理念的特点

OBE 教学理念与传统教学理念的根本分野在于，它颠覆了根据教学内容确定教学目标的设计顺序，倡导围绕最终目标自下而上反溯教学内容和培养的新路径。其核心要义是成果，重要手段是激励和期许。

1. 成果导向的教学目标

成果导向也叫产出导向，是 OBE 理念的核心思想。在 OBE 理念的指导下，教学过程不再是从教学内容出发的"教书"式教学，而是首先预设"育人"的成果，也即对学习

---

① 我国学者文秋芳创立的"产出导向法"理论（production-oriented approach，POA）与 OBE 理论有相近之处，但理论来源不同，运用范围不同。POA 理论吸收了西方课程论、二语习得理论、中国传统教育学理论和毛泽东思想，主要面向我国的大学英语教学，侧重中高级学习者的语言能力培养。2018 年以来，POA 理论由文秋芳、朱勇引入对外汉语教学领域，侧重语言教学，并未涉及文化教学。POA 理论与国际中文文化教学将另文探讨。

者能力塑造和价值观培养的期待。"教书"并不是教学过程的终点,"育人"才是终极目标。

2. 向下设计的教学过程

向下设计即从高峰成果出发,反向向下创设教学过程,这是 OBE 理念的突出特点。从国际中文教育的人才培养方案出发,关注中国文化课程的培养目标,预设学的成果,设计教的过程,在教学中实践"以学生为中心",这正是当前教育教学改革的重点。

3. 高度期许和扩展机会

高度期许和扩展机会是 OBE 理念下的考核评价手段。高度期许意味着教师并不简单以单一标准评判学生的学习成果,而是将学生的学习历程视为学生自我实现的高层次挑战,期待学生们都能达成自我实现;扩展机会要求教师以更弹性的方式回应学生的个体需求,并创造机会让学生实践其所学[1]。在国际中文人才培养中,学习者在教师的激励和指导下通过语言实践和实地考察产出成果,运用语言能力、跨文化理解力和交际能力实践其所学,达到成果导向的逻辑闭环。

(二)中国文化教学和 OBE 理念的理论契合性

1. 教学目标

2022 年发布的《国际中文教育用中国文化和国情教学参考框架》(以下简称《参考框架》)结合新时期国际中文教育的特点和需求,将面向留学生的文化教学目标划分为文化知识、文化理解、跨文化意识和文化态度四个维度。参考布鲁姆认知目标分层模型(Bloom's Taxonomy),文化教学每个维度的具体内涵和认知层次定位见表 1。

表 1 文化教学目标的四个维度和认知定位

维度	内涵	定位
文化知识	了解中国文化和国情的概况和特点	记忆理解
文化理解	理解中国文化和国情的多样性和动态发展性,理解文化产物、习俗、制度背后的文化观念	理解分析
跨文化意识	理解中外文化的异同,对跨文化差异具有敏感性,并理解自身行为和观念是受到自身文化制约和影响的	理解分析评价
文化态度	克服刻板印象和偏见,培养尊重和移情的态度	分析评价应用

《参考框架》还区分了小学、中学、大学及成人三个不同年龄和认知层级的目标,其中关于大学及成人阶段的文化教学目标描述为:"理解中国社会文化生活、传统文化和当代国情的特点和体现的文化观念;调查和分析中国文化的动态发展和影响因素;客观评价

中国文化和本国文化的特点以及文化间的差异。"[7]

分析上表的四个维度内涵和大学及成人层次的目标描述可以发现，以理解为基础，分析、评价、应用的高层次认知要求占据了中国文化教学目标的主体。文化教学的目标应以拓展应用为导向，而不应停留在对中国历史地理、古今成就等的低层次记忆理解上。以跨文化意识和文化态度的培养为目标，学习者运用所学中国文化和国情知识，共情中国特色社会主义发展道路，传播真实可信的中国国际形象，应是面向留学生的中国文化教学可以期待的高峰成果。

2. 教学过程

从实现学习者对中国特色社会主义发展道路的共情和对中国国际传播的共鸣的高峰成果出发，向下推导的教学过程的每个环节都体现对学习者分析综合评价应用高层次能力的培养。表2给出了每个环节的具体设计。

表2　　　　　　　　　　　教学目标四维度对应的教学环节设计

维度	教 学 环 节
文化知识	课堂讲授、MOOC 学习
文化理解	课堂+在线研讨，实地考察
跨文化意识	课堂+在线研讨，实地考察
文化态度	产出成果(拍摄视频作业，发布视频)

为达成四个维度的教学目标，OBE 理念下的教学过程并不局限于课堂讲授，而是包括课堂讲授、MOOC 学习、在线研讨、实地考察和视频制作与发布等多个环节，在这一过程中实现对中国文化知识的记忆和理解，并进而发展分析、综合、评价和应用的能力，最终达成课程目标。

3. 考核评价

周小兵等考察广泛使用的九部汉语文化教材后指出，文化教材普遍缺少互动性、任务型的练习，跨文化交际方面的体验练习太少[9]。祖晓梅提出汉语文化教材的练习旨在培养汉语学习者对中国文化的理解力和跨文化交际能力[10]，李泉质疑中国文化教学过于注重内容的系统性和代表性造成的"空谈文化"，认为中国各地的文化就是中国文化，倡导文化教学的切实可感[11]。以上学者的观点代表了国际中文教育界对文化教学、考核评价手段以及教学内容和方法的反思，并探索如何以成果导向来帮助学习者达成能力的提升。OBE 理念下，考核不是以一张饱含文化知识点的试卷检测学生的记忆理解，而是鼓励学生分析判断、综合应用所学知识，结合自身特点和专长，产出体现自身文化理解力和跨文化交际能力的学习成果，并据此评价学习者是否达成学习目标。

（三）OBE 理念运用于文化教学的现实必要性

21 世纪以来，来华留学生的人才培养政策从"扩大规模"转向了"提质增效"，培养理念从"教学"转向了"教育"。习近平总书记在党的二十大报告和中共中央政治局第五次集体学习时都明确提出，要增强中华文明传播力与影响力，大力推进"留学中国"品牌建设，讲好中国故事、传播中国经验，发出中国声音，增强我国教育的国际影响力和话语权。习近平总书记的讲话为来华留学生人才培养指明了方向。来华留学生是潜在的中国故事讲述者，是中华文明传播的生力军[12]。他们天然地具有本土的媒介资源和传播优势，一方面他们在自己国家文化上的隔阂和障碍较少，另一方面，他们的讲述在本国人群中具有更大的公信力和感召力，在传播中国话语、宣扬中国价值、树立中国国际形象方面具有特别的优势[13]。

中国文化与国情课程是天然的中国国际传播平台，然而考察当前高校教学现状，现有的中国文化课程主流教学模式仍然是采用概况类文化教材通过课堂教学的形式向学生讲授，这造成了课程设计和人才培养的痛点。

1. 教学设计的起点

概况类文化教材内容宏大、体系全面，把中国的历史、地理以及哲学、文学、艺术、科技等内容全部汇聚在 1 本教材中，力图用 1 门课程的 64 甚至是 32 课时给学习者介绍中国的全景全貌。然而照本宣科遇到的痛点是"眼大肚小"，教师讲不完，学生学不完。

教学实践表明，孔孟学说、四大发明等在教材中篇幅较大，但学生兴趣不大。而学生对身处的城市有强烈的了解愿望。部分教师会对教材内容做出取舍，以结合当地特色，并呼应学生的兴趣点，尽力做到不完全偏离"以学生为中心"这一教学原则。这实际是 OBE 理念在教学中的自发运用。OBE 理念下的地域文化教学以培养学习者的跨文化理解力和交际能力为目标，以学习者了解身边的地域文化需求为切入点。以"人文武汉"课程为例，顺应学习者的需求，从身边的荆楚文化出发，从市情到国情进行讲述，文化教学具体可感、入脑入心。

2. 教学目标的实现路径

以教材为起点的文化教学无论其表述如何，其实现的教学目标主要是对中国文化的理解记忆，实现路径主要是课堂教学。这一模式造成教学过程的痛点是"讲多练少"。在知识点浩如烟海的中国文化课上，"教书"往往代替"育人"成为按时保量完成教学任务的无奈选择，授课效果常常有走马看花、浮光掠影的不足，学生囿于课堂，也往往存在浅尝辄止、闭门造车的遗憾，能力发展有限。

OBE 理念下的地域文化课程旨在培养学习者文化理解力和跨文化交际能力，教学过程包含课堂讲授、MOOC 自学与检测、课堂与在线研讨、实地考察、视频制作与传播。这一过程帮助学习者逐步达成文化知识、文化理解、跨文化意识和文化态度四个维度的教学目标，最终实现教学成果产出。

3. 评价和激励

传统的概况式文化教学以书面考试作为主要考核方式，评价手段相对单一，其痛点是"一考定音"，对学习者的激励作用不明显，其认知能力主要停留在理解记忆的较低层次上。

OBE 理念下的地域文化课程采用 MOOC 题库自学检测、AI 助手答疑伴学、课堂报告、视频制作与传播等多种方式，数智赋能激励学习者主动发展高层次认知能力，既有教师评分，还有同伴互评，多层次多角度对学习者进行综合评价。

二、OBE 理念下数智赋能的地域文化课程设计

2023 版《武汉大学国际教育学院本科人才培养方案》对教学目标的描述如下：

"培养适应现代国际社会发展需求，熟悉中国国情和文化基本知识，理解中国社会主流价值观和公共道德观念，具备较高的汉语水平和良好的跨文化能力及全球胜任力的复合型汉语人才。学习者……将具备扎实的汉语言方面系统知识，有较高的汉语交际能力、良好的人文素养以及创新性实践能力。"

"人文武汉"属于通识选修课程中的"国际学生语言文化国情课程模块"，2024 年春首次开课。对标 OBE 理念，"人文武汉"课程大纲设计如下：

(一)课程信息

1. 基本信息

课程名称：人文武汉
英文名称：Insight into Wuhan
课程性质：通识选修
教学对象：国际学生(语言水平中级及以上)
学分：2
学时：32

2. 教学资源

(1)教材。《人文武汉》，主编：范小青等，武汉大学出版社 2024 年出版。
(2)教学资源。①珞珈在线"人文武汉"MOOC；②学堂在线"人文武汉"MOOC。

(二)课程设计

1. 教学目标

价值观塑造方面,旨在引导学生加深对荆楚文化的理解,培养学生欣赏和尊重文化多样性,帮助学生发展积极的全球公民意识,助力培养来华留学生成为中国特色社会主义道路的"共情者"和加强中国国际传播的"共鸣者"。

知识获得方面,学生将学习以武汉地区为中心的十二处人文景点,感受当下风景,回望城市历史,追访名人踪迹,探寻城市精神。课程围绕对荆楚地区的观察、体验和人文思考展开,"景""史""人""文"有机融合,赏景讲史,结合当下,引导学生思考人文精神的当代表达、不同文明的交流互鉴。

能力培养方面,通过本课程融入体验的学习环节和产出导向的练习环节,学生将从荆楚文化的体验者逐渐成长为荆楚文化的国际传播者。这一过程不仅能提升学生的主动学习能力和产出成果的能力,还将帮助学生发展跨文化理解能力和跨文化交际能力。

2. 课程简介

人文武汉课程是武汉大学面向来华留学生开设的通识选修课程,旨在引领学生学习荆楚文化知识,切身体验荆楚文化风貌,加深对中国特定地域国情与文化的感知和理解。课程的核心是向国际学生推介武汉,促进荆楚文化的国际传播,实现方式是课堂教学引领,智慧平台辅助,实地体验产出。

人文武汉课程在智慧教室中进行授课,在珞珈在线平台分享 MOOC 视频、多媒体课件、自测习题库等课程资料,三位一体共同搭建新型智慧课堂。课程为学习者打造了电脑端珞珈在线和手机端学习通两条自主学习路径,学习者可自主实现课程每一章节的在线学习和课后检测,并可根据实时反馈数据自主调整学习方案,打造个性化的学习。教师可通过珞珈在线智慧平台的数据,实时掌握学情,在课堂教学环节调整教学重点,通过课堂讲授、小组讨论和演讲展示相结合的学习方式,激励学生深入思考、积极产出。每学期还将适时安排人文景观的实地考察,在实践活动中提高学生的语言能力和跨文化交际能力,加深对当今中国人和中国社会的认识,润物无声地进行"知华友华"的人才培养。

3. 教学理念

人文武汉课程教学理念是以学生为中心的"输入-输出"双向循环模式。其输入性目标是,帮助荆楚地区来华留学生提高对荆楚文化的认识和理解,加强其对荆楚文化实地感受和体验,满足学习者对荆楚文化的学习需求,润物无声地进行国情教育。其输出性目标是,通过精心设计的学习任务,让学生主动产出学习成果,从荆楚文化体验者进而成为荆楚文化的国际传播者,以此实现输入和输出的双向循环。

4. 课程设计

"人文武汉"课程设计见表 3。

表 3 **"人文武汉"课程设计**

章节	教学内容	学时	教学方式与方法	对应的课程目标
1	课程介绍 绪论	2	课堂讲授 混合式教学	了解课程特点和学习方法，介绍数智教材和线上 MOOC 资源
2	武汉？武汉！	2	混合式教学	当代武汉简介，名字中的历史，盘龙城
3	盘龙城参观	2	人文景观实地考察	盘龙城参观

注：仅以前三章为例，后略

5. 课程考核

（1）期末考核方式：开卷考试。

（2）成绩评定方式：课堂出勤（20%）+课堂汇报（20%）+期中考试（20%）+期末考试（40%）。

三、数智赋能的"人文武汉"课程教学实践

人文武汉目前已完成了两轮面向武汉大学国际学生的教学。第一轮教学为 2024 年春季学期的线下教学。2024 年 5 月 MOOC 上线后，2024 年第三学期进行了第二轮线上线下混合式教学。以下教学实践主要以第二轮混合式教学为例进行探讨。

OBE 理念下的"人文武汉"课程用数智技术赋能教学，教师通过课前、课中、课后三个环节充分利用数字平台和慕课资源，实现教学的高效和个性化。

（一）课前环节：预习与准备，学生自主完成知识的记忆和理解

1. 预习通知

教师提前 3~5 天在学习通教师端发布课程预告和预习通知，明确告知学生下一课内容和预习要求，帮助学生提前规划，为课堂学习做好准备。

2. 视频学习

学生在手机上接收到学习通实时推送的通知后，根据要求，通过手机登录学习通或电脑登录珞珈在线，进入人文武汉课程，观看相关章节视频，浏览章节资料。

3. 在线练习

学生观看完每小节的视频后，完成该节课程配套的在线小练习。练习有选择、判断等

多种形式，帮助学生巩固所学知识，同时测试他们的掌握程度。

4. 实时反馈

学生完成练习后，平台会实时反馈正误，让学生了解自己的学习进度和问题所在。教师也能实时获取学生的练习结果，为课堂教学提供数据支持。人文武汉课程还申请开通了 AI 助手，可在线答疑，关联知识点所在章节，指引学生针对薄弱环节进行个性化练习。

（二）课中环节：互动与研讨，通过师生、生生互动和 AI 助手辅助，进入知识的应用和分析

1. 前测摸底

教师通过手机端或电脑端完成对学生预习情况的前测摸底（见图 1），可查看每一位同学的视频观看进度以及练习正确率，还能显示高频错题和学生使用 AI 助手查询的高频问题。从深度、广度和共性问题上摸清学生的预习情况，后续课堂教学就能有的放矢。

图 1　教师通过学习通了解学情

2. 教学调整

根据前测摸底的结果，教师在固定的课堂教学时间里有针对性地调整教学重点，围绕学生的主要问题开展教学，使得教学内容与学生的实际需求相匹配。

3. 互动研讨

教师针对本章重点和学生普遍存在的问题，依托珞珈在线平台设计互动研讨环节。通过抢答、投票、小组讨论、PPT 课堂汇报等方式，引导学生积极参与互动，深入思考和讨论，在这一过程中注重跨文化交际能力的培养。

4. 即时反馈

在互动研讨过程中教师提供即时反馈，帮助学生及时纠正错误，加深对知识点的理解。

(三) 课后环节：拓展与产出，达成对知识的综合和评价

1. 课后作业

教师根据课堂教学情况，布置重在培养跨文化交际能力的创作性任务，让学生达成综合和评价的能力。人文武汉在两轮教学中发布过的作业任务有：拍摄武汉相关短视频，主题有"知音文化""One Day in Wuhan"等，并在学生所在国家和中国的社交平台上发布；请学生设计武汉主题旅游路线等。

图 2 展示的是学生为到访的好友设计武汉一日游攻略的任务型作业，要求符合朋友的兴趣爱好，并要求在社交平台发布。任务后的"互评"标签表明这项作业需要同伴互评，也即每位同学除了提交自己的作业，还需要匿名为一份他人作业评分。学生评分和教师评分按一定比例组合，构成每份作业的最终得分。

图 2　任务型作业

2. 在线讨论

教师在珞珈在线开设在线讨论区，鼓励学生就课堂内容进行深入讨论，分享学习心得和疑问。通过讨论区的词云功能，教师还能发现学习者的高频关注点，并展示给学习者。图 3 展示的是 2024 年第三学期的一次话题讨论，图 4 是该讨论的词云。由词云汇集的高频词能给教师和学习者都带来一些启示。

图 3　课后讨论及学生发言

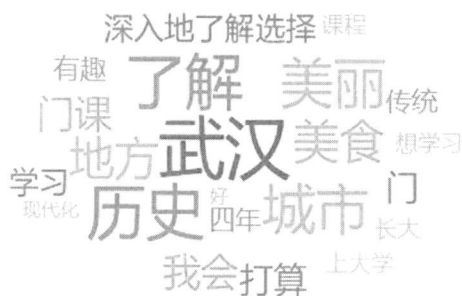

图 4　上述讨论的词云

3. 反馈和激励

这个环节重在发现问题，查漏补缺，并为学生的成功创造可能。通过观察学生的课后作业和在线讨论情况，识别学生的困难和问题，分析问题的来源、可能的影响因素并找到对策。比如部分学生会在特定知识点上存在困惑，部分学生受制于来源国的经济和科技状况，可能在传播等具体技能上需要填补空白。对国际学生来说，语言水平、学习风格、知识储备、课堂内外的各种环境因素都可能有影响。针对这些具体问题，教师逐一提供个性化的辅导方案，或者为学习者提供额外的学习材料和资源，帮助其达成成果。分组和同伴互助也是一种对策，教师将具有相似问题的学生聚集在一起，或者差异化组合具有不同优势的学生，通过小组合作、组内互助来共同解决问题，让学习者在小组互动中互相启发和学习。通过以上策略，教师能够最大化支持每个学生所需，从而激励其产出最佳学习成果。

4. 学习反思

最后，教师引导学生进行学习反思，鼓励他们思考学习过程中的收获和不足，为未来的新学习阶段做好设计。这个部分通常在期末试卷上通过简答题的方式进行反馈。图 5 和图 6 是 2024 年春季学期期末考试的两份答卷。

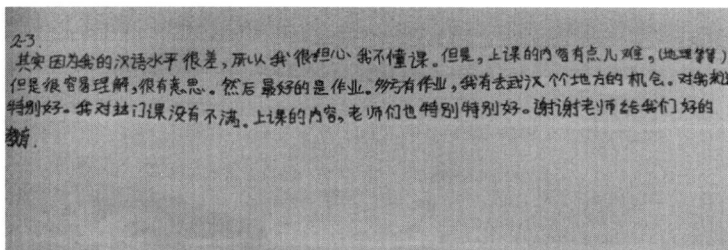

图 5　韩国学生答卷

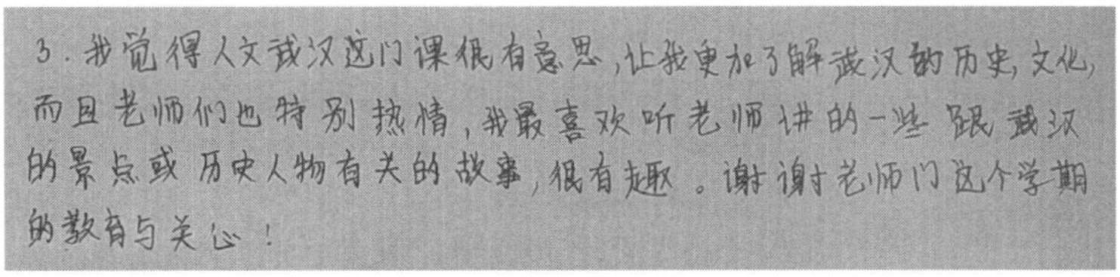
3. 我觉得人文武汉这门课很有意思，让我更加了解武汉的历史，文化，
而且老师们也特别热情，我最喜欢听老师讲的一些跟武汉
的景点或历史人物有关的故事，很有趣。谢谢老师们这个学期
的教育与关心！

图 6　越南学生答卷

通过以上评价性问题，可以发现学生对个人能力和价值情感进行了盘点总结，确认了在知识、能力和对荆楚文化的情感方面均有提升，实现了 OBE 理论的闭环。

四、结语

OBE 理念是世界范围内得到广泛认可且已在工科、医科范围内取得系统性显著成果的教学理念，将其引入国际中文的文化教学，符合文化教学重在实践体验的特点，其成果导向和学习者激励的核心思想吻合文化教学的四个维度目标，具有积极意义。

秉持 OBE 理念下文化教学以成果为导向的核心思想，人文武汉课程向下设计了重在实践和体验的教学过程，并利用武汉大学智慧教学平台实现了各教学环节的数智赋能，经由“课堂教学引领，智慧平台辅助，实地体验产出”三环节的混合式教学，实现以学生为中心的荆楚文化“输入-输出”双向循环，达成文化知识、文化理解、跨文化意识和文化态度四个维度的教学目标，为助力培养中国特色社会主义道路的“共情者”和加强中国国际传播的“共鸣者”做出探索。

◎ 参考文献

[1] 申天恩，斯蒂文·洛克．论成果导向的教育理念［J］. 高校教育管理，2016，10（5）.
[2] 文秋芳．“产出导向法”与对外汉语教学［J］. 世界汉语教学，2018，32（3）.
[3] 朱勇，白雪．“产出导向法”在对外汉语教学中的应用：产出目标达成性考察［J］. 世界汉语教学，2019，33（1）.
[4] 金鑫，田凌晖，程诗婷，等．研究型大学提升来华留学研究生培养质量的路径探究——基于成果导向教育视角（OBE）的实证分析［J］. 学位与研究生教育，2021（2）.
[5] 刘云婷．OBE 视域下来桂留学生中国文化课程教学体系构建［J］. 大众科技，2020，22（9）.
[6] 张延霞．基于 OBE 理念的来桂留学生中国文化课程体系构建［J］. 广西教育（高等教育），2020（3）.

［7］中外语言交流合作中心 . 国际中文教育用中国文化和国情教学参考框架应用解读本［M］. 北京：北京大学出版社，2023.

［8］潘懋元 . 新编高等教育学［M］. 北京：北京师范大学出版社，1996.

［9］周小兵，罗宇，张丽 . 基于中外对比的汉语文化教材系统考察［J］. 语言教学与研究，2010（5）.

［10］祖晓梅 . 汉语文化教材练习活动的编写［J］. 语言教学与研究，2018（1）.

［11］李泉，孙莹 . 中国文化教学新思路：内容当地化、方法故事化［J］. 语言文字应用，2023（1）.

［12］李馨郁，温广瑞，纪婷，等 . 交大情怀丝路精神国际视野——西安交通大学知华友华留学人才培养体系建设［J］. 教育国际交流，2023（6）.

［13］栾凤池，许琳 . 引导外国留学生讲好中国故事的探索——以中国石油大学（华东）为例［J］. 世界教育信息，2017，30（18）.

基于"文化共情"理念的国际
中文人才创新培养路径研究

刘　姝　熊　莉

（武汉大学　国际教育学院，湖北　武汉　430072）

【摘　要】文章聚焦于国际中文教育领域，旨在探讨如何通过"文化共情"理念培养来华留学生，使其成为能够讲好中国故事、提升中华文化影响力的知华友华国际中文人才。文章首先提出留学生需具备的"四力"模型：语言力、理解力、跨文化力和情感力，并说明"四力"之间的关联与促进作用。其次基于舒曼的文化适应模型，从心理距离和社会距离对于二语习得和文化认同的作用角度出发，提出了"文化共情"理念。该理念主张在跨文化交流过程中，通过传授中国优秀文化，将对学生的价值引领和人格养成寓于汉语知识传授与综合能力培养过程中。在提高学生汉语综合技能的同时，逐步帮助他们理解并正确认识中国人的思维方式和情感表达方式，帮助学生建立起对中国、中国文化、中国人的情感联系和认同感，培养他们成为知华友华的国际中文人才。还进一步构建基于"文化共情"理念的三个层面：内容供给共情、叙事方式共情和传播形式共情。内容供给共情关注留学生对中国文化内容的感受；叙事方式共情主张采用触动人心的叙事结构，展现中国人的美好品质和地域文化特色；传播形式共情则关注留学生对多样化文化传播媒介的感知和认同。最后结合"高级汉语综合"课程的实践案例，展示了如何将文化共情理念融入教学中，以促进留学生对中国语言和文化的深入理解。具体而言：课程内容凸显"由古及今""以小见大""交流互鉴"等共情特点；教学方法采取"情境式教学+"，将课堂学习与文化体验相结合；传播方式采取让学生通过短视频、汇报等形式讲述，并上传到微信视频号或社交平台，以此激发学生的学习热情和成就感。

【关键词】文化共情；国际中文人才；四力模型；实践策略

【作者简介】刘姝，中国哲学博士，武汉大学国际教育学院副教授；熊莉，文学博士，武汉大学国际教育学院讲师。

【基金项目】本文受到教育部中外语言交流合作中心基地项目"东南亚本土汉语教师职业发展调研与培训"（项目编号：23YHJD1031）与湖北省教研项目"双一流背景下的汉语国际教育'微课+翻转课堂'实践教学模式研究"（项目编号：2022440）资助

在全球化背景下，汉语的国际地位日益提升，吸引了越来越多的国际学生来华深造。

面对来华留学生这一特殊群体，要把他们"培养成什么人，如何培养，为谁培养"等一系列人才培养问题值得我们深思。2018 年，教育部颁布《来华留学生高等教育质量规范(试行)》，其中明确提出 4 个方面的人才培养目标，即学科专业水平、对中国的认识和理解、语言能力、跨文化和全球胜任力。其中，"跨文化能力"被列为培养目标之一。语言的推广和文化的传播是国家软实力的体现，来华留学生在"讲好中国故事，传播好中国声音"中扮演着至关重要的角色。他们通过"他者"视角讲述在中国的经历，更易获得国外受众的认同，从而产生积极的传播效果。陆俭明(2024)指出，"让外国人来讲好中国故事，这要比我们中国人向外国人讲中国故事效果更好"。[1]

一、国际中文人才的"四力"模型

为实现让留学生"讲好中国故事，传播好中国声音"这一目标，他们需具备"四力"：语言力、理解力、跨文化力和情感力。语言力指的是扎实的汉语应用能力；理解力不仅包括语言理解，还涉及对中国社会各方面的深入认识；跨文化力是指对文化多样性的包容认知和适应能力；情感力则涉及对中国和中国文化的情感认同和态度。

"四力"之间相互关联、互相促进，构成有机整体。语言力是基础。扎实的汉语应用能力是留学生能够在中文环境中进行有效沟通的前提。语言不仅是交流的工具，也是文化的载体，因此语言力是理解和融入中国文化的基石。理解力是在语言力基础上的深化。在掌握语言的基础上，留学生需要对中国的社会、政治、经济和文化有更深入的理解。这种理解力不仅限于语言文字的表层，更涉及对中国文化价值观和行为模式的深层次认知。跨文化力是在语言力和理解力基础上培养的应用能力。留学生要能够在不同文化背景中进行有效交流和互动，就需认识和适应文化多样性，在跨文化交际中展现出开放、尊重和包容的态度。情感力是推动留学生学习和传播中国文化的内在动力。强烈的情感力能够激发留学生更积极地学习和传播中国文化，成为文化交流的积极推动者。

已有研究表明："文化共情"对于跨文化能力的提升有着重要作用。如 Ara-saratnam(2008)所指出的，文化共情能促进对外国文化人士的积极态度，同时又增强跨文化互动及与文化多样性个体互动的动机，从而提升跨文化能力。Darla K. Deardorff(2006)在跨文化能力过程模型中也强调，共情与积极的跨文化态度以及对自己和他人文化的了解，共同在跨文化情境中产生行为能力，包括有效和适当的沟通。

基于此，我们着重探讨一个核心概念——"文化共情"。什么是文化共情？在来华留学生教育培养过程中，能够采取哪些有效的方法和策略来培养文化共情，将其转化为情感力，并以此提升学生的跨文化力？为此，本文将探讨国际中文教育领域中"文化共情"及其理论基础、内涵层面，并结合具体课程实践提出相应策略，以期为来华留学生的人才培养提供新思路和建议。

二、国际中文教育中的"文化共情"及其理论基础

(一)"文化共情"理念

"共情"这一概念最初源自德语单词"Einfühlung"。"意指一种将自己情感投射到他人或非生命物体上的能力或过程。"(Lanzoni,S,2018)。在心理学和美学领域,它描述了"一种归纳性的情感(感受)和认知评价(了解)过程,允许个体间接体验另一个人的感受并理解其特定情境"(Hoffman,2007)。这些研究将共情视为个体自我向他人和世界延伸的一种方式。

在跨文化情境中,"文化共情"指的是"个体能够感受并理解不同文化群体成员的情感、思想和行为的能力"(Ahmadi,Shahmohamadi & Mahdi,2011)。我们认为,在跨文化交流中,"文化共情"涉及个体对不同文化背景人士的情感、价值观和行为模式的深入理解和共鸣。这一概念在跨文化交流、多元文化教育以及国际关系领域受到广泛关注。

我们尝试将"文化共情"这一概念引入国际中文教育领域,并提出"文化共情"理念。具体而言,它指的是在跨文化交流过程中,通过传授中国优秀文化将对学生的价值引领和人格养成寓于汉语知识传授与综合能力培养过程中。在提高学生汉语综合技能的同时,逐步帮助他们理解并正确认识中国人的思维方式和情感表达方式。最终目标是帮助学生建立起对中国、中国文化、中国人的情感联系和认同感,培养他们成为知华友华的国际中文人才。

(二)"文化共情"理念的理论基础

文化适应模型是由美国应用语言学家舒曼于20世纪70年代末提出的关于二语习得的理论假说。该理论从社会和心理两个维度分析了语言学习者在第二语言习得过程中所展现的差异性,并强调了文化适应在语言学习中的重要作用。舒曼将语言学习视为一个逐渐适应目标语言文化的过程,并认为学习者对目标语言文化的适应程度直接影响其语言掌握程度。

在这一模型中,舒曼提出了两个关键概念:心理距离和社会距离。心理距离描述的是学习者与目标语言文化在心理层面的亲近程度,反映了学习者对目标文化的态度和认同感。社会距离则衡量学习者与目标语言社团之间的社会互动频率和深度,揭示了学习者在目标语言社会中的融入情况。这两个因素相互作用,社会距离的缩短有助于减少心理距离。换言之,学习者与目标语言社团的频繁互动可以促进其对目标文化的认同感,从而加深语言学习。因此,心理距离和社会距离被认为是影响二语习得的两个关键因素。学习者与目标语言社团的社会接触和心理认同程度越高,其语言习得的效果通常越好,进而更顺利地实现文化适应。

舒曼的文化适应模型强调了语言学习不仅是对语言技能的掌握，而是深植于文化适应过程之中。"文化共情"理念基于这一模型，强调在汉语教学中促进学生深入理解中国文化，以及与之产生情感共鸣的重要性。此外，这一理论中的"心理距离"概念与"文化共情"理念中提到的学习者对目标语言文化的认同感和态度有着直接的联系。缩小心理距离，即提升对中国文化的认同和积极态度，是提高语言学习成效的关键，这恰恰是"文化共情"追求的目标。该理论还指出，学习者对目标语言文化适应的程度直接关系到其语言掌握的水平，它为"文化共情"理念中的通过增强文化理解和共鸣来促进语言学习提供了理论依据。

三、"文化共情"理念的内涵层面

"文化共情"理念涉及多个层面，包括"内容供给共情""叙事方式共情"以及"传播形式共情"。具体而言：

"内容供给共情"发生在留学生接触中国文化内容时，不仅吸收信息，更能体会到文化元素所蕴含的深层情感和意义。为有效传达这些文化内容，适宜的叙事方式和结构是必不可少的。有效的叙事能够触动人心，激发情感共鸣。当学习者不只理解叙事内容，还能欣赏其叙事手法时，他们将能够更加深入地体验文化内容，并感受到其中的情感力量，这就是"叙事方式共情"。因此，"叙事方式共情"是"内容供给共情"得以实现的关键表达和呈现手段。

内容供给方面要以中国优秀文化为切入口，由古及今，展现真实立体全面的中国形象。中国优秀文化的博大精深和丰富性为国际中文教育提供了丰富的内容资源。从古代哲学到现代创新，中国优秀文化蕴含了深厚的哲学思想、道德情操、价值观念、审美品格、辩证思维和科学智慧。党的第十九届五中全会提出"传承弘扬中华优秀传统文化，是提高国家文化软实力的重要内容"，这要求我们在传承中进行"创造性转化、创新性发展"。

中华优秀文化包括两部分：一是历史悠久、博大精深的优秀传统文化；二是充满活力、日新月异的社会主义先进文化。通过对留学生进行调查，从中华优秀文化中选取学生感兴趣的文化内容，并深入探讨其背后的文化内涵。例如，在学习职业理想和态度的文章时，我们可以引用"反求诸己"和"苟日新、日日新、又日新"的传统思想，来启发学生如何在职业生涯中保持热情和创新。在讲授跟"中秋节"有关的节日典故——嫦娥奔月时，我们可以给学生讲述"中国人的飞天梦"，将"嫦娥奔月"这一古代传说与"嫦娥工程"这一现代航天科技、中国的探月计划联系起来，由古及今，让学生在理解传统节日内涵的同时也了解现代的中国航天成就。因为相较于传统文化，学生更愿意去了解传统文化在现代中国社会是如何被继承及其在现代社会的具体呈现形式。

"叙事方式"应多聚焦普通中国人身上所发生的有温度的故事，以小见大，映射出中国人积极进取、诚实守信、团结互助、坚韧不拔等真善美的品质。相较于宏大的叙事，学生更愿看到一个个普通中国人的故事。如"四川19岁唐氏女孩殷秋华学习川剧变脸"的故事既能让学生了解"川剧变脸"这一传统技艺，又能让学生感受殷秋华身上的那股坚韧毅力；"时代楷模张桂梅"的故事体现了一位投身云南山村，建立女子高中，改变1000多名山村女孩命运的乡村教师的爱。通过这些故事，于"润物细无声"中让学生感受中国人的真善美，而且也能发现中国人身上其实具有一些跟本国人相通的品质或者共同价值，这样更容易拉近与中国人之间的心理情感距离。

另外，"叙事方式"要凸显"地域文化"的共情特点。中国幅员辽阔，不同地域的文化各具特色，而学生所到城市的文化作为中国优秀文化的一部分，具有具象性。在对来华留学生进行中国国情教育时，应该把国情与省情、校情相结合。比如学生来到武汉大学学习，武汉大学的校史文化、建筑风格特点、湖北武汉的荆楚文化、知音文化等都应成为学生汉语学习和文化体验的重要内容。老师在课堂上讲述这些文化故事，并通过文化体验、语言实践等形式，让学生去探究、了解这些知识，在提升学生汉语水平的同时，加深其对学校、城市的了解与情感。热爱中国，应该先从热爱所学习的学校、所在的省份和城市开始。

"传播形式共情"是指个体在接收文化信息时，对传播媒介和方式的感知和认同。随着科技的发展，文化传播方式日益多样化，包括文字、图像、音频、视频等多种形式。当学习者能够适应并欣赏这些不同的传播方式时，他们就能更全面地感受文化的魅力，从而增强文化共情能力。我们应更好地利用现代信息技术创造出学生喜欢的传播形式。如短视频、融媒体等，可以在微信上开设公众号、视频号，在B站(哔哩哔哩)上提供相应的教学资源，录制内容生动有趣的短视频，作为教学扩充性资料推送给学生，也可以是以游戏的方式，比如《黑神话·悟空》这款国产3A游戏的横空出世引发全球玩家对《西游记》及中国名胜古迹、传统技艺的关注说明游戏也是一种有效的传播形式。我们也可以给学生布置多模态的课后作业，如让学生拍摄短视频，用汉语讲述自己的故事、讲述中国的故事，从而激发学生持续性的汉语学习动力与热情。

四、"文化共情"理念在"高级汉语综合"课程中的实践策略

"高级汉语综合"是面向汉语言本科三年级来华留学生的一门专业必修课，属于语言技能课。作为汉语学习高级阶段的核心课程，其目标是提升学生的跨语言和跨文化交际能力，在汉语教学体系中占据着举足轻重的地位。

在这门课程中，我们致力于将"文化共情"理念融入教学实践，并总结出相应策略。

(1)教学内容要体现"由古及今""以小见大""交流互鉴"的共情性特点。以教材为依托，深入挖掘其中的思政元素，构建思政案例库(见表1)。我们从"学习强国""人民日报""新华每日电讯"等中国主流媒体或讲述中国故事、传播中国文化的优秀纪录片中挑选出能够传递全人类共同价值和精神品质的故事，这些故事或将传统文化与现代生活联系在一起，或聚焦于普通中国人，于潜移默化中传播中华优秀文化，培养学生核心素养。

表 1   课程各章节中的思政元素及案例

章节标题	思政元素	思政案例	案例来源
1.《父亲的谜语》	中华优秀传统文化：百善孝为先	1. "24 孝故事"——黄香温席 2. 朱自清《背影》中关于"父亲背影"的描写	学习强国
2.《请按》	都市文明中的孤独寂寞	1. 雷海为：外卖小哥凭背诗逆袭人生 2. 总冠军：雷海为	学习强国
3.《一诺千金》	中华优秀传统文化：诚实守信	1. 季布一诺千金的故事 2. 信义兄弟：孙水林、孙东林的故事 3. "油条哥"的故事	学习强国

章节标题	思政元素	思政案例	案例来源
4.《沙漠里的奇怪现象》	求真务实、追求真理的科学态度和探求精神	1. 竺可桢的故事：用一生诠释"求是"精神 2. 沈显荣：追求真理、严谨治学	优秀纪录片
5.《内部招标》	汉语中的"语言幽默表达"	1. 汉语谐音——讨喜的谐音 2. 观看中国国产喜剧电影《天下无贼》的片段，理解"汉语幽默的语言表达"特点	学习强国

续表

章节标题	思政元素	思政案例	案例来源
6.《天才梦》	什么是真正的成功	1. 张爱玲的故事 2. 曾仕强聊人生：什么是真正的成功	优秀纪录片
7.《人》	1. 实现人生理想的过程中执着坚定、不轻易放弃、坚持到底的精神 2. 中国人的"中国梦"	1. 精卫填海、愚公移山的成语故事 2. 中国人的"飞天梦"	学习强国
8.《随感两则》	1. 正确的职业观：爱岗敬业、干一行，爱一行 2. 中华优秀传统文化中不断保持对职业的热情和新鲜感，避免产生职业倦怠的方法：反求诸己，苟日新，日日新，又日新	1. 让所有人远离饥饿——袁隆平的故事 2. 音乐剧《禾下乘凉》	优秀纪录片

续表

章节标题	思政元素	思政案例	案例来源
9.《人生就是与困境周旋》	面对困境时乐观、豁达的人生态度	史铁生的故事	学习强国
10.《我反对克隆人》	理性思维、批判质疑的科学精神	面对"ChatGPT"等人工智能技术带来的社会伦理秩序和文化规范问题	学习强国

（2）教学方法采取"情境式教学+"，将情境式教学与探究、任务和体验等多种活动相结合，以丰富学生的语言场景。汉语课堂不仅仅是在教室，还应延伸至教室外，让学生走进丰富真实的语言场景中。在实际的场景中让学生运用汉语，加强汉语实践运用能力。因此我们的课程是课堂学习和语言实践相结合，每学完一课，就会根据这一课的主题设计形式多样的语言实践活动。比如组织学生参观武汉大学的老图书馆、老斋舍等历史建筑群，探究武汉大学的校史；讲述武汉大学雕塑背后的故事；将学生带到绿水青山的茶园，在采茶体验中进行茶文化知识的传授，并且在优美的自然风光中感受"绿水青山就是金山银山"的生态治理理念；去古琴台欣赏古琴演奏、了解知音文化；去湖北省博物馆了解礼乐与编钟文化等。这些极具地域特色的语言实践活动通过丰富的场景让学生在语言实践中走进中国社会，感知中国、理解中国。

（3）注重成果产出，鼓励学生用汉语讲述自己的故事、讲述中国的故事。每次的语言实践活动后都会让学生通过各种方式，如书面报告、短视频、PPT汇报等形式记录总结自己在实践中的感受和体会，尤其是短视频形式。而且我们还在微信上开设了视频号，将学生优秀的视频发到视频号或者其他的社交平台(见图1)，目前已有202条，其中一些学生的作品点击率已过千次，这极大地增强了学生学习汉语的成就感，实现了学习能力的转化。

图1　发布到微信视频号上的学生视频(部分)

五、小结

在来华留学生人才培养过程中我们希望用优秀的中国文化对学生进行润物细无声式的文化滋养，使学生能对汉语学习充满热情，进而理解中华优秀文化，做到"知华"；并最终认同中国的社会主义核心价值观，做到"友华"，逐步提升学生对中国社会和文化的共情能力。

◎**参考文献**

[1] 陆俭明. 国际中文教育的使命及其他［J］. 云南师范大学学报（对外汉语教学与研究版），2024（1）.

[2] Ying Shan，Doris Zhang，Kimberly A. Noels. Cultural empathy in intercultural interactions：the development and validation of the intercultural empathy index［J］. Journal of

Multilingual and Multicultural Development，2023（2）.

［3］中共中央关于制定国民经济和社会发展第十四个五年规划和二○三五年远景目标的建议［Z］.

虚拟临床模拟教学对一年级护生临床
思维和自我效能的影响：一项随机对照研究

邹智杰　王家润　张　青*

（武汉大学　护理学院，湖北　武汉　430071）

【摘　要】背景：我国护理专业学生在新冠疫情期间受限于线上教学模式，实验技能培训与临床实践机会严重不足，其临床思维能力和自我效能的发展受到阻碍。本研究旨在评估虚拟临床模拟对护理新生临床思维和自我效能的影响。方法：采用随机对照试验设计，共纳入 37 名护理学专业大一学生。试验组学生($n=19$)于基础护理学理论课程结束后进行虚拟临床模拟学习；对照组学生($n=18$)则基于相同案例内容设计的电子材料开展自主学习。结果：组内分析显示，干预后试验组临床思维总分及其系统思维和循证思维两个维度的评分均显著提升($P<0.05$)，对照组则无显著变化($P>0.05$)；试验组和对照组的自我效能分数均未显著增加($P>0.05$)。组间比较显示，在基线和干预后，两个组之间的临床思维和自我效能均无统计学显著差异($P>0.05$)。结论：本研究一定程度上支持虚拟临床模拟能有效提高护理新生的临床思维，可作为疫情期间有价值的教学资源。然而，其对自我效能的影响尚未得到充分证明。

【关键词】虚拟临床模拟；临床思维；自我效能；护理教育

【作者简介】* 通讯作者：张青，硕士，武汉大学护理学院副主任护师，E-mail：whzhqing@163.com。

【基金项目】武汉大学医学部教学研究项目（2020077）

近年来，护理教育在实践与理论学习的整合方面面临重大挑战与机遇[1]。尽管在初期新冠疫情扰乱了教育机构的常规运行，但也加速了技术融入教学方法的进程，凸显了对灵活、可及教育模式的迫切需求[2]。传统的面对面培训方法虽有价值，但在可扩展性和适应性方面往往受到限制。因此，护理教育工作者正积极探索创新解决方案，以确保护理专业学生能够在外部限制下获得全面的临床技能和批判性思维培训。

一、背景

临床思维能力指护理人员综合运用知识、经验与最佳证据评估患者现状，有效执行护理计划以成功解决护理问题的能力[3]。临床推理、临床判断和决策制定都属于这一广泛概念的一部分[4]。作为护生安全、有效开展临床实践的核心能力，临床思维至关重要[5]。班杜拉提出，自我效能是个体对自己组织和实施必要行动以实现特定结果的能力的一种信念[6]。在护理教育中，自我效能显著影响学生的学习动机与整体学业成就，进而作用于其能力发展。临床思维与自我效能的培养并非一蹴而就，而是一个持续、系统的过程。因此，从护理专业教育的初始阶段(包括大一阶段)即着力培养这些能力至关重要。

基础护理学作为四年制护理学士项目的核心专业课程，面向一年级护生开设，内容涵盖理论知识、护理技能与临床实践[7]。然而，尽管教育日益受到重视，研究表明本科护生在技能培训与临床实践方面的机会仍显不足，这在一定程度上限制了其临床思维与自我效能的提升[8]。在当前教育环境下，护理教育者急需创新教学方法，以确保学生在传统面对面讲座、实验技能培训和临床实践受限的情况下获得必要的实践经验[9]。因此，教育者正积极寻求包括虚拟临床模拟在内的多元化教学策略，以弥补实践机会的不足，并促进理论知识在安全模拟环境中的应用，从而提升学生的临床技能和自我效能。

虚拟临床模拟(Virtual Clinical Simulation，VCS)作为护理教育中的一种创新教学方法，在弥合理论知识与临床实践间的差距方面展现出显著优势。它不仅增强了学生的参与感，促进了主动学习，并为学生提供了一个安全的环境，以练习和完善其临床技能[10]。研究表明，虚拟临床模拟可以显著提高临床推理能力、问题解决能力和自我效能[11,12]。然而，目前关于虚拟临床模拟对护理新生临床思维和自我效能影响的研究仍较少。

vSim for Nursing™作为护生进行虚拟临床模拟的有效工具，基于网络平台构建交互式护理场景。这些场景由美国国家护理联盟(National League for Nursing，NLN)依据循证护理实践和高保真模拟的教学原则开发，并经过同行评审验证，旨在还原真实临床决策环境。该平台提供清晰的介绍、具体的指导和及时的反馈，有效增强学生的主动学习过程[7,13]。在新冠疫情初期，我国护生只能参加在线课程学习，缺乏实验室技能培训和临床实践机会。因此，本研究旨在评估虚拟临床模拟作为基础护理学课程中补充教学策略对护理新生临床思维和自我效能的影响。

二、研究方法

本研究采用非盲、平行随机对照试验(RCT)设计。研究者使用计算机生成的随机序列，将同意参与的学生按1∶1比例随机分配至对照组或试验组。

(一)样本与数据收集

本研究的研究对象为武汉大学本科一年级护生。在基础护理学课程理论授课结束时，研究者对符合纳入标准的学生进行意向访谈以完成招募：详细介绍研究内容并获取书面知情同意。数据收集时间为2020年8月。

本研究的纳入标准包括：学生已完成基础护理学课程的理论学习(32学时)；未参加基础护理学课程的实验技能培训和临床实践；具备电脑和网络连接条件；能够阅读和书写中

文。排除标准包括：学生理论学习未通过；重修基础护理学课程；之前有虚拟临床模拟经验。

根据先验功率分析，Cohen 等人指出，检测较大效应至少需要 12 名参与者[14]。在招募期间，有 37 名护理新生，所有人均被研究者招募、筛选并纳入本研究。临床思维和自我效能在入组时和干预后分别测量两次。对于试验组，参与者在干预结束后通过开放性问题简要询问他们参与模拟教学的感受。

(二) 干预实施

试验开始前，研究者向试验组学生介绍 vSim for Nursing™ 平台的登录及操作流程。学生需通过该平台完成 9 个与基础护理学课程内容紧密相关的虚拟临床模拟案例。案例涵盖基础护理学核心技能，包括：患者信息核查、无菌与防护技术操作、生命体征监测、疼痛评估、病情观察，以及基于患者个体情况的健康教育等情景。训练安排如下：学生每日独立完成 1 个指定案例，案例按难度递增顺序呈现；单次练习无时间限制；每个案例需重复练习直至达标(≥80 分)[7]，并将成绩截图提交研究者核验。干预期间(2020 年 8 月 8 日至 17 日)，教师负责监控学生任务进度，并在学生遇到操作困难时提供在线支持。与此同时，对照组学生则自我学习基于相同案例内容设计的电子材料。

(三) 变量测量

本研究的结局指标为临床思维能力和自我效能。临床思维能力使用医学生临床思维能力评估量表进行评估[15]。该量表为自我报告工具，包含 3 个维度：批判性思维能力(9 个条目)、系统思维能力(11 个条目)和循证思维能力(4 个条目)，共 24 个条目。采用 5 点 Likert 评分法，总分范围为 24 至 120 分，得分越高表示临床思维能力越强。有研究显示，该量表的内容效度指数为 0.89，总量表和其 3 个子量表的克隆巴赫系数分别为 0.90、0.82、0.80 和 0.78[15]。在本研究中，该量表的克隆巴赫系数为 0.825，显示出可接受的内部一致性。

自我效能采用包含 10 个条目的一般自我效能感量表进行评估[16]。该量表采用 4 点 Likert 评分法，总分范围为 10 至 40 分，得分越高表示自我效能感水平越高。中文版一般自我效能感量表的克隆巴赫系数为 0.87，重测信度为 0.83，分半信度为 0.90，显示出良好的信效度[17]。在本研究中，该量表的克隆巴赫系数为 0.967。

为确保两组基线特征的可比性，所有学生填写了包括年龄、性别、生源地(户籍类型)及科研经历等信息的人口统计学问卷。干预结束后，研究人员通过开放性问题("你对参与虚拟临床模拟教学的过程有什么感受?")收集试验组参与者对虚拟临床模拟教学的主观反馈。

(四) 数据分析

本研究使用 SPSS 20.0 进行统计分析，包括描述性和推断性统计。数据正态性通过 Kolmogorov-Smirnov 检验验证。连续变量以均值±标准差表示，而分类变量以频数和比例表示。对于符合正态分布的数据，使用独立样本 t 检验和配对样本 t 检验分别比较组间和组内差；对于不符合正态分布的数据，采用 Wilcoxon 检验或 Mann-Whitney U 检验进行分析。分类变量数据组间比较采用卡方检验或 Fisher 精确检验。所有检验均为双尾检验，显著

性水平设定为 $P < 0.05$，以判断统计学显著性。

(五)伦理考虑

本研究获得了武汉大学医学部学术伦理委员会的批准(伦理批准号：2020YF0058)。研究人员向所有参与者提供了研究的书面及口头详细说明，明确告知其可随时无理由退出研究且不受任何影响。入组前，参与者均签署书面知情同意书。此外，研究结束后，虚拟临床模拟平台向对照组学生开放使用。

三、结果

(一)基线数据

37 名符合条件的学生被随机分配到试验组($n = 19$)或对照组($n = 18$)。研究期间无中途退出者，所有参与者均参与全程研究。参与者中女性占 70.3%，59.5% 的参与者来自城市地区，81.1% 的参与者曾参与由本科生或教师主导的科研项目(见表1)。试验组与对照组在年龄、科研经历及基础护理学理论成绩等基线特征上均无统计学显著差异($P > 0.05$)。

表1　　　　　　　　　**参与者的人口统计学特征 ($N = 37$)**

变　　量	试验组	对照组	t/X^2值	P 值
年龄	18.90±0.57	18.83±0.86	0.26[a]	0.798
理论成绩	80.74±5.34	83.06±4.39	−1.44[a]	0.159
性别			0.06[b]	0.800
男	6(31.6)	5(27.8)		
女	13(68.4)	13(72.2)		
户籍所在地			0.22[b]	0.638
城镇	12(63.2)	10(55.6)		
农村	7(36.8)	8(44.4)		
是否参加过本科生主持的科研项目				0.693[c]
是	16(84.2)	14(77.8)		
否	3(15.8)	4(22.2)		
是否参加过教师主持的科研项目			0.30[b]	0.582
是	11(57.9)	12(66.7)		
否	8(42.1)	6(33.3)		

注：a 表示独立样本 t 检验；b 表示卡方检验；c 表示 Fisher 确切概率法。

(二)临床思维和自我效能

试验组的临床思维总分($Z=-2.61$，$P=0.009$)及其系统思维($Z=-2.44$，$P=0.015$)和循证思维($Z=-3.02$，$P=0.003$)均显著高于基线(见表2)。然而，对照组的临床思维总分及所有维度的得分与基线相比未显示出任何统计学显著差异($P>0.05$)。此外，组内分析显示，试验组和对照组的自我效能平均得分之间没有显著差异($P>0.05$)。

在试验开始前，试验组和对照组在临床思维($P>0.05$)和自我效能($P>0.05$)方面均无显著差异；在试验结束后，两组在临床思维($P>0.05$)和自我效能($P>0.05$)方面也未显示出显著差异(见表3)。

在开放式的访谈中，大部分试验组的学生(13/19)表示通过虚拟临床模拟获取知识是很有趣的。一些学生(6/19)表示他们知道优先级和下一步要做什么。

四、讨论

本研究评估了虚拟临床模拟在基础护理学课程中对技能培训和临床实践暂停的护理新生临床思维和自我效能的影响。我们发现虚拟临床模拟对护理新生的临床思维有一定的积极作用，但在虚拟临床模拟前后自我效能的评估中未观察到统计学上的显著差异。

本研究中组内分析发现，试验组的参与者报告其临床思维总分有显著改善，特别是在临床思维的系统思维和循证思维维度，而对照组的参与者报告无显著变化。一些研究表明，虚拟病人模拟或严肃游戏类似于虚拟临床模拟，通过与疾病进展不同阶段的虚拟病人互动，可以提高医学生的临床思维能力[18,19]。这与我们的研究结果相似。通过虚拟临床模拟，试验组的学生能够巩固所学知识，检查系统各组成部分之间的联系，全面考虑临床情况，并动态应对问题。此外，完成虚拟临床模拟后，平台根据时间线提供每个学生每次练习的反馈和建议，帮助学生学习如何像临床护士一样规划和提供患者护理。这些因素可能解释了虚拟临床模拟如何帮助护理新生提高临床思维。

本研究中组间分析显示，虚拟临床模拟干预后，试验组与对照组的临床思维总分差异无统计学意义，这可能与干预周期较短(10天)及模拟教育对临床思维不同维度的影响异质性有关。进一步从临床思维的三个维度分析发现：两组在批判性思维、系统思维和循证思维上的差异均无统计学意义。批判性思维维度上，有研究报道虚拟临床模拟并不能显著提高护生的批判性思维能力[20,21]，这与我们的研究结果相似。为了提高批判性思维技能，个人需要质疑所提供的信息，寻找新的信息来源，并根据自己的知识做出决定[22]。然而，当使用模拟软件时，学生往往只依赖软件提供的信息，而不质疑或寻求额外的信息来源。此外，在我们的研究中，模拟干预的时间只有10天，可能对学生的思维和解决问题的能力没有明显的影响。系统思维维度上，一项针对健康专业学生的多中心研究显示，桌游模拟后学生的系统思维显著提高[23]。尽管桌游模拟可通过动态决策路径促进系统性知识整合，但本研究中虚拟模拟未显示类似效果。这可能与常规虚拟模拟更侧重于孤立场景操作，缺乏对系统层级关系的显性化呈现有关。此外，系统思维的培养需长期训练以建立稳

表2　　虚拟临床模拟对组内临床思维和自我效能的影响（$N=37$）

	试验组（$n=19$）		t/Z值	P值	对照组（$n=18$）		t/Z值	P值
	前测	后测			前测	后测		
临床思维	84.63±10.13	89.53±16.64	-2.61[b]	0.009**	87.11±16.61	89.22±12.10	-1.09[b]	0.276
批判性思维	22.68±1.97	22.53±4.89	-1.21[b]	0.226	22.67±3.36	23.11±3.07	-1.19[b]	0.233
系统思维	38.42±5.58	41.47±9.32	-2.44[b]	0.015*	39.61±8.95	40.94±5.65	-0.25[b]	0.806
循证思维	23.53±3.73	25.53±4.30	-3.02[b]	0.003**	24.83±5.23	25.17±4.26	-0.75[b]	0.451
自我效能	2.59±0.29	2.74±0.57	-1.30[a]	0.211	2.63±0.51	2.71±0.41	-0.98[a]	0.339

注：a 表示独立样本 t 检验；b 表示 Mann-Whitney U 检验；* 表示 $P<0.05$，** 表示 $P<0.01$。

表3　　虚拟临床模拟对组间临床思维和自我效能的影响（$N=37$）

	前测		t/Z值	P值	后测		t/Z值	P值
	试验组	对照组			试验组	对照组		
临床思维	84.63±10.13	87.11±16.61	-0.55[a]	0.585	89.53±16.64	89.22±12.10	-0.67[b]	0.503
批判性思维	22.68±1.97	22.67±3.36	0.02[a]	0.985	22.53±4.89	23.11±3.07	-0.20[b]	0.840
系统思维	38.42±5.58	39.61±8.95	-0.49[a]	0.629	41.47±9.32	40.94±5.65	-0.94[b]	0.345
循证思维	23.53±3.73	24.83±5.23	-0.88[a]	0.385	25.53±4.30	25.17±4.26	-0.31[b]	0.760
自我效能	2.59±0.29	2.63±0.51	-0.25[a]	0.807	2.74±0.57	2.71±0.41	0.19[a]	0.850

注：a 表示独立样本 t 检验；b 表示 Mann-Whitney U 检验。

定的认知框架[24]，10 天的干预周期可能不足以形成结构性改变。循证思维维度上，有研究发现，虚拟临床模拟的设计基于证据基础，许多场景要求学生应用证据，从而增强学生的循证思维[25]。而本研究中虚拟模拟虽包含证据要素，但可能未充分设计证据冲突情境或决策反馈机制[26]。循证思维的提升依赖于证据检索与应用的反复实践，未来试验可能需在模拟场景中增加证据权重评估环节。

综上所述，虚拟模拟对临床思维是有影响的，但其效果可能受到多因素制约。后续研究建议通过构建系统性多场景虚拟临床模拟案例，延长干预周期并进行纵向追踪，以深入探究虚拟临床模拟对临床思维能力的作用。

此外，本研究发现试验组和对照组在后测中的自我效能评分都有所增加，但差异并不显著，两组间评分比较也并无显著差异。一些研究也未发现护理大二学生在使用虚拟临床模拟后自我效能有显著提高[27,28]，与我们的结果类似。班杜拉的自我效能理论认为，自我效能感是多种因素随时间交互作用的结果，且自我效能感的建立通常需要反复的实践和反馈，而本研究中仅实施短期、单一的虚拟临床模拟干预，可能无法在短时间内充分激发学生的自我效能感。此外，有研究表明，在模拟开始时，学生可能因对自己的能力有限而产生不准确的假设，导致自我效能感下降，这进一步说明短期虚拟临床模拟对自我效能的影响有限[29]。因此，在未来有必要让学生长期、多次、混合（结合虚拟模拟和高保真模拟）体验临床模拟，并检查效果。

在我们的研究中，根据开放式问题的回答，大部分参加试验组的学生认为通过临床虚拟模拟获取知识是一件有趣的事情，一些学生指出虚拟临床模拟促进了他们对优先级和下一步行动的理解。Foronda 等人采用混合研究设计探讨学生对于使用 vSim for Nursing™ 进行临床模拟学习的偏好和看法，发现学生普遍认为该模拟工具能够显著提升其在疾病评估、操作优先排序以及应急管理方面的能力[10]。在本研究中，有学生在开放式提问中表示"我知道下一步该做什么"，这一反馈印证了虚拟临床模拟在帮助学生确定优先排序方面的积极作用。因此，尽管本研究中虚拟模拟对自我效能的影响较为有限，但其在增强学生临床决策能力和优化学习体验方面的价值仍然值得重视。本研究有几个局限性。第一，本研究主要采用自评工具，缺乏客观的评价指标。第二，本研究的样本量较小，且仅限于一所大学的护理新生。第三，本研究的干预是通过美国开发的英文平台 vSim for Nursing™ 进行的，语言障碍可能会影响中国学生的体验和对虚拟临床模拟的评价，从而影响我们的研究结果。

五、结论

虚拟临床模拟能提升护理新生的临床思维能力，可成为应对突发疫情导致线下教学活动受限时的可行性教学方案。该技术通过支持多用户并发访问，能够为大规模学习者提供统一教学内容，优化课程资源配置与提高教师时间管理效率。然而，其对自我效能的影响尚未完全证实。

未来研究可采用前瞻性多中心随机对照试验设计，扩大样本量，适当延长干预周期，并通过分层抽样纳入不同地域背景的医学生群体，以进一步研究虚拟临床模拟对临床思维和自我效能的有效性。

◎ 参考文献

［1］ 王佳弘，席文杰，董丽丽，等．虚拟仿真技术在护理教育中的应用与挑战 ［J］．中华护理杂志，2020，55（3）：401-404．

［2］ A. Dedeilia, M. G. Sotiropoulos, J. G. Hanrahan, et al. Medical and surgical education challenges and innovations in the COVID-19 era：a systematic review ［J］．Vivo, 2020, 34（3Suppl）：1603-1611.

［3］ X. Zhu, Z. Xiong, T. Zheng, et al. Case-based learning combined with science, technology, engineering and math（STEM）education concept to improve clinical thinking of undergraduate nursing students：a randomized experiment ［J］. Nursing Open, 2021, 8（1）：415-422.

［4］ R. Locke, A. Mason, C. Coles, et al. The development of clinical thinking in trainee physicians：the educator perspective ［J］. BMC Medical Education, 2020, 20（1）：226.

［5］ M. Tajvidi, S. Ghiyasvandian, M. Salsali. Probing concept of critical thinking in nursing education in Iran：a concept analysis ［J］. Asian Nursing Research, 2014, 8（2）：158-164.

［6］ A. Bandura. Self-efficacy：toward a unifying theory of behavioral change ［J］. Psychological Review, 1977, 84（2）：191-215.

［7］ Y. Gu, Z. Zou, X. Chen. The effects of vsim for nursing（tm）as a teaching strategy on fundamentals of nursing education in undergraduates ［J］. Clinical Simulation in Nursing, 2017, 13（4）：194-197.

［8］ 李可，范玲．护理本科实习生临床能力、专业承诺与学业自我效能感的相关性研究 ［J］．中华医学教育探索杂志，2022，21（11）：1575-1579．

［9］ D. Jiménez-Rodríguez, M. D. M. Torres Navarro, F. J. Plaza Del Pino, et al. Simulated nursing video consultations：an innovative proposal during covid-19 confinement ［J］. Clinical Simulation in Nursing, 2020（48）：29-37.

［10］ C. L. Foronda, S. M. Swoboda, M. N. Henry, et al. Student preferences and perceptions of learning from vSIM for nursing（TM）［J］. Nurse Education in Practice, 2018（33）：27-32.

［11］ Y. Luo, C. Geng, X. Pei, et al. The evaluation of the distance learning combining webinars and virtual simulations for senior nursing students during the COVID-19 period ［J］. Clinical Simulation in Nursing, 2021（57）：31-40.

［12］ J. Mabry, E. Lee, T. Roberts, et al. Virtual simulation to increase self-efficacy through deliberate practice ［J］. Nurse Educator, 2020, 45（4）：202-205.

［13］ National League for Nursing. vSim © for Nursing, implementation guide for faculty ［EB/ OL］. （2020-08-28）. http：//thepoint. lww. com/Template/RenderTemplateBy/14.

［14］ J. Cohen. Statistical power analysis for the behavioral sciences ［M］. 2nd Edition. New York：Routledge, 1988：334.

［15］ J. Song, X. Zhu, C. Liu, et al. Comparison of clinical thinking ability in nursing students of different grades ［J］. Chinese Nursing Research, 2014, 1（1）：30-35.

［16］ J. X. Zhang, R. Schwarzer. Measuring optimistic self-beliefs：a Chinese adaptation of the general self-efficacy scale ［J］. Psychologia, 1995, 38（3）：174-181.

［17］ 王才康, 胡中锋, 刘勇. 一般自我效能感量表的信度和效度研究 ［J］. 应用心理学, 2001, 7（1）：37-40.

［18］ S. H. Chon, F. Timmermann, T. Dratsch, et al. Serious games in surgical medical education：a virtual emergency department as a tool for teaching clinical reasoning to medical students ［J］. Jmir Serious Games, 2019, 7（1）：e13028.

［19］ T. Watari, Y. Tokuda, M. Owada, et al. The utility of virtual patient simulations for clinical reasoning education ［J］. International Journal of Environmental Research and Public Health, 2020, 17（15）：5325.

［20］ S. J. Kang, C. M. Hong, H. Lee. The impact of virtual simulation on critical thinking and self-directed learning ability of nursing students ［J］. Clinical Simulation in Nursing, 2020（49）：66-72.

［21］ S. L. Surrise, C. E. Thompson, M. Hepler. Virtual simulation：comparing critical thinking and satisfaction in RN-BSN students ［J］. Clinical Simulation in Nursing, 2020（46）：57-61.

［22］ H. Jalalpour, S. Jahani, M. Asadizaker, et al. The impact of critical thinking training using critical thinking cards on clinical decision-making of CCU nurses ［J］. Journal of Family Medicine and Primary Care, 2021, 10（10）：3650-3656.

［23］ J. S. Sanko, K. Gattamorta, J. Young, C. F. Durham, et al. A multisite study demonstrates positive impacts to systems thinking using a table-top simulation experience ［J］. Nurse Educator, 2021, 46（1）：29-33.

［24］ 丁成明, 谢翼, 陈国栋, 等. 基于 PTA 量表法的医学生临床思维能力评估量表的研究 ［J］. 中华养生保健, 2023, 41（15）：1-4.

［25］ N. Seibold, L. Schwarz. Virtual simulations：a creative, evidence-based approach to develop and educate nurses ［J］. Creat Nurs, 2017, 23（1）：29-34.

［26］ Dalessio, Samantha & Carlino, Nancy & Barnum, Mary. A pilot study investigating the effect of the supervision-questioning-feedback model of supervision on stimulating critical thinking in speech-language pathology graduate students ［J］. Teaching and Learning in Communication Sciences and Disorders. , 2021, 5（1）：5.

［27］ Y. Jeong, H. Lee, J. Han. Development and evaluation of virtual reality simulation education based on coronavirus disease 2019 scenario for nursing students：a pilot study ［J］. Nursing Open，2022，9（2）：1066-1076.

［28］ J. M. Padilha，P. P. Machado，A. Ribeiro，et al. Clinical virtual simulation in nursing education：randomized controlled trial ［J］. J Med Internet Res，2019，21（3）：e11529.

［29］ M. P. Cardoza，P. A. Hood. Comparative study of baccalaureate nursing student self-efficacy before and after simulation ［J］. Comput Inform Nurs，2012，30（3）：142-147.

人工智能本科人才培养探索与研究

余 伟 杜 博 余 琍

（武汉大学 计算机学院，湖北 武汉 430072）

【摘 要】人工智能作为新一轮科技革命的核心驱动力，其本科人才培养直接关系到国家科技发展和国际竞争力的提升。本文结合国际顶尖高校的经验，分析了当前我国人工智能本科人才培养的现状及问题，提出通过优化课程体系、强化实践教学、推动产学研深度合作、增强国际化视野以及提升创新能力等策略，来培养具备全球竞争力的复合型人工智能人才。文章总结了从理论到实践、从学术到产业的人才培养路径，为我国未来人工智能教育发展提供了具体的建议。

【关键词】人工智能；本科教育；拔尖人才培养；创新人才培养

【作者简介】余伟，武汉大学计算机学院副教授，副系主任；杜博，武汉大学计算机学院教授，院长；余琍，武汉大学计算机学院本科教学管理办公室主任。

1. 引言

党的二十大报告提出，科技是第一生产力，人才是第一资源，创新是第一动力[1]。当前，百年未有之大变局加速演进，人工智能作为引领未来科技革命和产业变革的战略性技术，其发展水平直接关系到国家竞争力的提升，已对全球经济社会发展和人类文明进步产生了深远影响[2]。我们必须抢抓人工智能发展的重大战略机遇，构筑我国人工智能发展的先发优势，以创新发展人工智能加快形成新质生产力，服务经济社会发展和支撑国家安全，有力推动中国式现代化建设。

在此进程中，唯有以人才为核心，突破核心算法、高端芯片等底层技术，才能将 AI 势能转化为高质量发展的持久动能。人工智能的核心竞争力不仅在于技术突破，更在于人才的培养[3]。AI 人才的稀缺性远超技术本身，人工智能领域的前沿突破和创新引领依赖于一批具备深厚理论功底、强大工程实践能力以及跨学科综合素养的创新人才。因此，人工智能人才培养是新质生产力的核心要素[4]，也是国家战略实施的重要支撑，对国家安全、产业升级、基础研究和科技创新具有决定性意义。

2. 国际人工智能本科人才培养现状

2.1 美国：跨学科融合与产学研结合

美国在人工智能本科教育领域长期处于世界领先地位。顶尖高校如麻省理工学院、卡内基梅隆大学等在人工智能人才培养方面拥有悠久的历史和深厚的资源积累，已经形成了成熟的人工智能本科培养模式[5]。这些高校通过多学科交叉、实践驱动的教学模式，不仅为学生提供坚实的理论基础，还通过大量的实践机会帮助他们将理论应用到复杂的实际场景中。卡内基梅隆大学的人工智能本科教育强调从计算机科学、数学、统计学到伦理学课程的多元组合，尤其是在人工智能学科与其他应用领域（如生物医学、自动驾驶、金融科技等）的跨学科融合，学生通过这些核心课程不仅掌握了 AI 技术，还涉及其在人类社会的责任和应用。这使得学生不仅具有技术知识，还具备社会责任感和创新思维的广泛视野。通过这种跨领域的研究模式，学生能够掌握 AI 技术的核心知识，并将其应用到医疗诊断、自动化系统、金融风险控制等具体场景中，提升其解决实际问题的能力。此外，美国高校与谷歌、亚马逊等科技公司合作密切，鼓励学生参与实际的企业项目，推动了产学研结合。这一模式不仅使学生能够掌握最新的理论和技术，还能在实践中提升解决复杂问题的能力。

2.2 英国：多样化课程与国际化视野

英国的顶尖高校如牛津大学、剑桥大学、爱丁堡大学等在人工智能人才培养方面也积累了丰富的经验。英国的人工智能教育注重多样化课程设置，涵盖从基础理论到应用技术的广泛内容[6]。例如，爱丁堡大学的课程不仅涵盖了传统的机器学习、自然语言处理等领域，还加入了与社会科学、人文学科相结合的内容，鼓励学生探索 AI 技术在社会治理、公共服务等方面的潜力。

英国高校非常重视培养学生的国际化视野，通过与全球领先高校的学术合作、国际学生交换项目以及参与国际学术会议等方式，帮助学生在全球学术和产业舞台上获得更多经验与机会。这种国际化的教育环境有助于学生拓宽视野，了解全球科技前沿，提升他们在国际化背景下的竞争力。爱丁堡大学的人工智能课程体系涵盖了从基础理论到高级应用的各个方面，每年组织的国际学术会议和学术研讨会为学生提供了与全球顶尖学者互动的机会，极大地提升了学生的国际学术能力和跨文化沟通能力。此外，英国高校还注重与政府、企业的合作建立创新生态系统，为学生提供丰富的实习和创业机会。这些措施确保了学生不仅能够深入掌握人工智能核心知识，还具备创新和创业能力。

2.3 日本、德国与其他国家的经验

日本与德国的人工智能教育则以应用为导向，强调理论与实际应用的紧密结合。日本的大学如东京大学、京都大学强调科研与技术应用的平衡，推动学生参与科研项目以培养

创新能力，同时提供大量的实验室资源和实际项目，帮助学生在实际操作中掌握技术细节[7]。德国的人工智能本科教育与其工业基础紧密结合，加强与工业界的合作，使学生能够通过实习和项目实践，将理论知识应用到实际的生产和创新中[8]。慕尼黑工业大学等高校通过与大众、宝马、西门子等大型企业合作，建立了联合实验室，学生在校期间便可以参与到工业项目中，提前积累行业经验。这种"学校+企业"双重支持的教育模式有效地提升了学生的动手能力和职业素养。这些国家的经验为我国人工智能本科教育提供了重要的参考，尤其是在如何平衡理论与实践、学术与产业等方面具有重要的借鉴意义。

3. 我国人工智能本科教育的现状与问题

3.1 数理基础薄弱

尽管我国已经建立了人工智能本科教育体系，且越来越多的高校开设了人工智能专业，但仍存在一些不足[9]。传统人工智能培养体系中数理基础薄弱，前瞻性基础研究不足，难以培养出满足创新型国家建设急需的高层次基础理论人才。人工智能的创新不仅依赖于应用技术的进步，更依赖于深厚的理论支撑。当前人工智能在数理基础、认知理论、计算机科学等核心基础学科方面的培养尚显薄弱，统计显示目前主流的人工智能培养方案中 90% 的内容以应用技术为主，导致许多学生没有充分掌握推动 AI 理论创新所需的数智思维方式，难以推动人工智能领域根本性、前沿性问题的前瞻性基础研究。这将导致我国 AI 领域在核心算法、基础理论等方面的创新能力不足，难以在全球范围内实现从 0 到 1 的突破。

3.2 师资力量与科研平台不足

我国高校的人工智能师资力量存在明显短缺。虽然部分高校通过引进国际化人才加强了师资队伍建设，但整体上，具备丰富产业经验和科研能力的教师数量仍然不足[10]。这导致很多课程仍以传统的课堂讲授为主，缺乏实际项目和前沿科研的介入。这不仅限制了教学质量的提升，还导致许多学生缺乏实地科研指导，难以深入理解和掌握前沿技术。科研平台的不足也制约了本科生的科研能力培养。虽然部分顶尖高校建立了与企业合作的研究平台，但大多数高校的学生仍难以接触到实际科研项目和创新实验室，缺乏科研训练的机会。

3.3 实践教学与国际化视野缺乏

我国人工智能本科教育在实践教学方面仍处于起步阶段[11]。虽然部分高校开始引入项目制教学和实习机会，但与欧美高校相比，实践教学仍显不足。尽管我国高校与国内科技企业如腾讯、阿里巴巴等建立了合作关系，但整体的产学研结合机制仍不够完善，学生在本科阶段参与实际项目的机会有限，许多学生在本科阶段的实践经验主要集中于校内实验，导致毕业生在进入职场时面临适应性问题。同时，国内的人工智能教育较少涉及国际学术交流和跨国项目，学生的国际化视野有限，难以在全球化的竞争环境中脱颖而出。

4. 人工智能本科人才培养的优化路径

4.1 构建多元化与前沿化的课程体系

借鉴国际顶尖高校的经验，人工智能本科教育的课程设置应注重多元化与前沿化，将基础理论与应用实践紧密结合。在基础课程设置方面，不仅应涵盖最优化方法、人工智能导论、机器学习、自然语言处理等专业课程，还应融入认知学科课程(如认知心理学、知识工程、社会科学、哲学)，推动学生对人类认知、社会行为等复杂问题的深入理解，更要强化人工智能应用实践学科(如人工智能程序设计、智慧医疗、计算金融、空间智能计算等)，培养学生的跨学科思维。例如武汉大学在机器学习课程中采用"理论与实践相结合"的模式，通过案例分析和项目实训，帮助学生将理论应用到实际问题的解决中。这一模式具有良好的推广价值，可以确保学生在掌握基础理论的同时，能够紧跟前沿技术的步伐。

4.2 强化实践教学与产学研结合

实践教学是提升人工智能本科生动手能力和创新能力的关键。佐治亚大学通过群体智能和项目制教学，帮助学生在真实场景中运用所学知识，推动了学生实践能力的提升[12]。我国高校可以借鉴这一模式，通过与企业和科研机构的深度合作，建立"校企联合实验室"和"科研实训基地"，为学生提供更多实际研发机会。高校应通过课程实训、企业实习和科研项目等多层次实践环节，帮助学生逐步掌握人工智能技术的应用方法。爱丁堡大学通过与行业合作，推动了项目制教学和多层次实习，这一模式极大地提升了学生的实践能力和行业适应性。我国高校可以通过类似的模式，联合政府、企业和科研机构共同打造创新实践平台。

4.3 推动国际化合作与交流

人工智能的发展具有高度的全球化特征，因此培养具有国际视野的人才至关重要。我国高校应进一步加强与国际知名高校的合作，推动更多的联合培养项目和国际交流机会。例如，可以通过2+2联合培养模式、国际暑期学校、国际科研合作、出国硕士项目等方式，使学生能够在学习过程中参与到国际学术前沿的研究和交流中，提升学生的国际化学术能力，帮助学生形成更多的优秀成果，使其在全球科技竞争中脱颖而出。

4.4 提升创新能力与科研训练

创新能力是人工智能人才培养的核心。高校应通过科研项目、竞赛和创新实验等多种形式，培养学生的创新思维和科研能力。例如武汉大学通过鼓励本科生参与 A 类会议论文的阅读和代码复现，大幅提升了学生在科研中的创新意识。这种模式不仅有助于学生了解学术前沿，还能培养他们解决复杂问题的能力。在本科阶段推动更多的科研训练，通过小组科研项目、导师制以及科研竞赛等方式，激发学生的科研兴趣和创新能力。可以定期组织"科研训练营"或"创新实践大赛"，为学生提供将创新想法转化为实际成果的平台。

4.5　推动跨学科融合与个性化培养

人工智能技术的应用范围广泛，要求学生不仅具备扎实的 AI 理论基础，还应对其他学科有一定的理解。美国麻省理工学院和卡内基梅隆大学在人工智能人才培养中广泛融入了有关心理学、神经科学、认知科学等学科的交叉课程，以培养学生的跨学科融合能力[13]。我国高校可以借鉴这一经验，进一步推动"AI+X"的人才培养模式，将人工智能与医学、电子信息、测绘、机械、电气、遥感等领域相结合，打造多学科交叉的教学和研究体系。

与此同时，个性化培养方案的设计也至关重要。高校应通过导师制和学分制改革，根据学生的兴趣和能力，提供灵活的课程选择和学习路径，帮助学生找到最适合的发展方向。个性化培养不仅可以提升学生的学习兴趣，还能激发他们的创新潜力。

5.　我国高校人工智能人才培养的展望

5.1　政策与资源保障

人工智能人才培养需要强大的政策支持和资源保障。政府应继续深化对人工智能学科的支持力度，通过专项基金、政策引导等方式鼓励高校与企业加强合作，共同打造产学研一体化平台。同时，教育部门应加大对人工智能学科教师的培训和引进力度，吸引具备前沿研究能力的国际顶尖学者加入中国高校师资队伍。硬件设施的投入也不可忽视，先进的实验室设备、高性能计算资源等是推动人工智能教育实践环节顺利开展的重要保障。

5.2　创新生态的构建

人工智能本科人才的培养不仅仅依赖于高校的课堂教学，还需要产业界的广泛参与。我国正在加快人工智能创新生态的构建，推动高校、企业和科研机构之间的深度合作，形成"产学研一体化"平台。在科研创新方面，可以参考英国爱丁堡大学的经验，建立校企联合实验室，支持学生在实际项目中运用所学知识解决真实问题。在创业支持方面，建议加强创新创业教育，设立"人工智能创业基金"，鼓励和支持学生在人工智能领域的创新创业，培养未来的科技领军人才。

5.3　全球化合作与竞争力提升

在全球人工智能人才竞争加剧的背景下，我国高校应主动融入全球创新网络，积极参与国际竞争。爱丁堡大学的国际化经验表明，广泛的国际合作有助于提升学生的全球竞争力。因此我国高校应加强与世界一流大学的联合培养项目，推动学生参与国际学术交流与科研合作。此外，还可以与国际顶级科技企业建立合作，为学生提供更多全球实习和就业机会。

6. 结论

人工智能作为新一轮科技革命和产业变革的核心驱动力，对高素质人才的需求日益增加。通过对国际顶尖高校经验的深入分析，以及对我国人工智能本科人才培养现状的反思，本文提出了若干优化路径，包括多元化课程体系建设、实践教学与产学研深度结合、国际化合作与交流的推进、创新能力的培养以及跨学科融合与个性化培养等策略。这些措施将有助于我国高校培养出既具备扎实理论基础，又具备全球竞争力的人工智能复合型人才。

武汉大学人工智能人才培养以国家重大战略布局为导向，面向人工智能人才短缺的现实需求，培养具有健全的人格、良好的人文素养、高度的使命感和责任心，具备扎实的数理基础、计算机科学基础和人工智能专业基础，具有较强的工程实践及科研实践能力，对人工智能前沿技术有敏锐的洞察力，具备人工智能领域源头创新能力和解决关键技术难题能力的一流人才。随着政策支持和高校改革的持续推进，我国人工智能本科人才培养体系将更加完善，并有望在全球范围内培养出更多在科技创新、产业应用方面具有突出贡献的人工智能人才。这不仅将推动我国人工智能技术的自主创新，还将为全球人工智能的可持续发展提供强有力的人才支持。

◎ 参考文献

[1] 习近平. 高举中国特色社会主义伟大旗帜 为全面建设社会主义现代化国家而团结奋斗——在中国共产党第二十次全国代表大会上的报告 [N]. 人民日报，2022-10-26 (1).

[2] 刘刚，李依菲，刘捷. 人工智能是我国新质生产力发展的核心引擎 [J]. 河北经贸大学学报，2024，45 (6)：61-71.

[3] 张乐飞，罗勇，杜博. 机器学习教学改革与人工智能人才培养 [J]. 中国大学教学，2023 (5)：18-21.

[4] 卢鹏，黄媛媛. 人工智能驱动新质生产力形成的生成逻辑、运行机制与实践进路 [J]. 重庆大学学报（社会科学版），2024，30 (4)：144-156.

[5] Kong S C, Cheung W M Y, Zhang G. Evaluation of an artificial intelligence literacy course for university students with diverse study backgrounds [J]. Computers and Education：Artificial Intelligence，2021，2 (100026).

[6] Persson J. Artificial intelligence and UK education：research on the redistribution of authority and rights [J]. International Journal of Artificial Intelligence in Education，2024，34 (1)：62-72.

［7］ Toyokawa Y, Horikoshi I, Majumdar R, et al. Challenges and opportunities of AI in inclusive education: a case study of data-enhanced active reading in Japan ［J］. Smart Learning Environments, 2023, 10（1）: 67.

［8］ Roos J, Kasapovic A, Jansen T, et al. Artificial intelligence in medical education: comparative analysis of ChatGPT, Bing, and medical students in Germany ［J］. JMIR Medical Education, 2023, 9（1）: e46482.

［9］ 李拓宇, 张瑜, 叶民. "AI" "AI+" 还是 "+AI"? 人工智能人才培养的模式构建与路径分析 ［J］. 高等工程教育研究, 2024（2）: 24-30.

［10］ 罗丽, 涂涛, 计湘婷, 等. 产教融合背景下开展高校人工智能师资培训的实践探索 ［J］. 计算机教育, 2021（6）: 110-114.

［11］ 胡立, 张放平. 人工智能时代高校教学改革的现实困境及突破路径 ［J］. 齐齐哈尔大学学报（哲学社会科学版）, 2023（10）: 160-164.

［12］ Leimeister J M. Collective intelligence ［J］. Business & Information Systems Engineering, 2010（2）: 245-248.

［13］ Gärtner K, Clowes R W. Interdisciplinarity in cognitive science and the nature of cognition ［M］ //Theory and practice in the interdisciplinary production and reproduction of scientific knowledge: ID in the XXI Century. Cham: Springer International Publishing, 2023: 169-188.

PRI-E 教学法在口腔颌面头颈肿瘤外科学实践课程中的应用

卜琳琳　　刘　冰*

（武汉大学　口腔医学院，湖北　武汉　430079）

【摘　要】为应对传统讲授式学习（LBL）的低效与单一性挑战，我们创新性地设计了融合并优化基于问题、案例与证据学习方法的 PRI-E 学习模式，该模式以"卓越教育"为核心理念，集 passion（热情）、research（研究）、innovation（创新）和 education（教育）于一体。前瞻性随机对照试验显示，PRI-E 教学法在不影响学业成绩的基础上，显著促进了参与者的能力发展与课堂参与度提升，尽管实施过程需更多时间投入，却赢得了参与者的广泛好评。因此，相较于 LBL 模式，PRI-E 学习模式在口腔颌面头颈肿瘤外科学教育中展现出更高的组织效率与综合培养优势，为培养学生的全面能力提供了有效路径。

【关键词】PRI-E 教学法；口腔颌面头颈肿瘤外科学；能力发展；教学创新

【作者简介】卜琳琳（1987—　），男，山西临汾人，博士，武汉大学口腔医院副教授，副主任医师，主要从事口腔癌相关临床与基础研究，E-mail：lin-lin. bu@ whu. edu. cn；
*通讯作者：刘冰（1968—　），湖北武汉人，医学博士，武汉大学口腔医院头颈肿瘤外科主任，主要从事口腔肿瘤临床及基础研究，E-mail：liubing9909@ whu. edu. cn。

一、引言

当前，中国的口腔医学教育模式与其他国家存在显著差异。传统的以考试为导向的讲授式教学（lecture-based learning，LBL）仍是我国口腔医学教育的主流模式[1]。然而，LBL 教学方法的局限性与中国医疗改革需求之间的矛盾日益加剧。LBL 模式虽普及，却效率低下，抑制了学生主动探索的热情，且对沟通与问题解决能力的培养不足，影响学生未来职业发展[2]。因此，探索更为高效且全面的学习方法显得尤为迫切。

我们从 PBL、CBL、EBL 中提炼出激情、研究与创新三大关键点，并对现有学习模式进行改良，设计了 PRI-E 教学法。"PRI-E"由 passion（激情）、research（研究）、innovation（创新）、education（教育）的英文首字母组成，寓意"卓越教育"（见图 1）。该方法集上述教学法之优点，以循序渐进的方式应用于口腔颌面头颈肿瘤外科学教学中。

图 1　PRI-E 教学法的图标

相较于其他教学法，PRI-E 教学法具有以下优势与创新之处：激情能激发深度思考与执行力，是学习活动的前提；研究代表求知的渴望，凸显学习活动的严谨性；创新则贯穿于活动形式与内容之中，是 PRI-E 未来发展的基石。"PRI-E"不仅表明我们致力于为学员提供最佳教育及培养其终身学习能力的承诺，更在教学活动中强调这一教育理念。

二、PRI-E 教学法的过程和简介

学习内容包含演示和临床实践。教师在第一节课介绍计划和学习内容。演示主题基于教学大纲和临床经验。演示过程遵循逐步推进的方法，该方法是根据每个学生的真实体验设计的。问题导向学习(PBL)需要较少的临床经验，并侧重于每个小临床问题，这可能有助于学生建立信心。由于案例导向学习(CBL)和经验导向学习(EBL)需要较大的工作量和更多的经验，因此学生在开始时并未被分配 CBL 或 EBL 演示。学生完成演示后，其他学生或工作人员被要求就演示的内容和流畅性提出建议。然后，参与者就内容进行讨论。如果存在任何争议或新发现，则可以重复演示形式以进行进一步的探索和讨论。如果演讲不令人满意，学生也可以重复一种演示形式，这阻止了一些参与者在课程结束时完成整个 PRI-E 循环。但是，他们仍然可以听取其他人的演示并牢固掌握相关内容。鼓励学生在完成 PRI-E 循环培训后参加全市或全国的学术会议并进行壁报或口头汇报。两种教学方法的持续时间一致(80 分钟)，包括课前(10 分钟)、课中(60 分钟)和课后(10 分钟)(见图 2)。在为期 6 个月的轮换学习中，2 种教学方法的频率为每周 1 次。此外，在研究期间，这 2 组学生之间没有互动。两组学生学习了相同的临床实践内容。两组之间的主要差异在于讨论。PRI-E 组在老师演示之前进行讨论，并要求进行课前准备。演示交付和临床实践的细节由 1 名负责任的工作人员控制。学生和工作人员在完成轮换之前会收到一份匿名问卷。

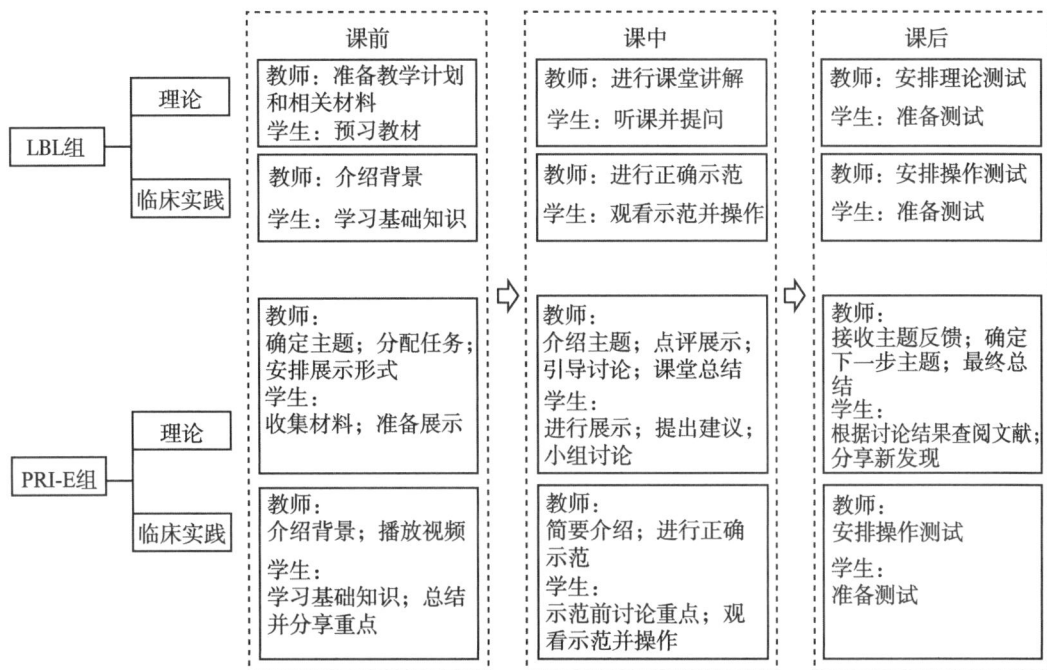

图 2　PRI-E 教学法的全过程展示

三、教学目标

为了顺应新时代的医疗发展需求，口腔医学领域急需培育精通"口腔颌面头颈肿瘤外科学五维"的卓越创新人才。这些人才应兼具：融合仁爱与专业，以精湛医术服务社会的仁心之术；深厚的口腔颌面头颈肿瘤诊断、治疗及预防的学术底蕴；精准且高效执行肿瘤外科手术的卓越技术；敏锐的口腔颌面美学与功能重建的美学造诣；以及能够策划并执行复杂头颈肿瘤病例综合治疗的艺术策略[3]。

基于上述目标，针对"技术"与"艺术"的双重培养，口腔颌面头颈肿瘤外科学教研室积极引入并实施了"PRI-E 教学法"。此教学法旨在培育具备批判性思维、创新能力及跨学科视野的未来医学精英[4]。在"PRI-E 教学法"下，学生首先通过呈现环节，展示自己对口腔颌面头颈肿瘤外科学知识的理解和临床案例的分析，这促进了知识的分享与思维的碰撞。随后，反思环节鼓励学生深入思考学习过程中的得与失，培养自我评估与持续改进的能力。互动则是教学法的核心，通过小组讨论、模拟手术、病例研讨等形式，学生与教师、同学之间建立紧密的联系，共同解决复杂问题，激发创新思维。实践环节则为学生提供了丰富的临床和实验室经验，使他们能够在真实或模拟的环境中亲手操作、亲身体验，将理论知识转化为实际操作能力。最后，评估环节不仅关注学生的学习成果，更重视学习过程的评价，通过多元化评价体系全面衡量学生的知识掌握、技能提升及综合素质发展。

"PRI-E 教学法"在口腔颌面头颈肿瘤外科学教学中的应用，不仅提升了学生的专业技能和临床思维能力，还培养了学生的自主学习能力、团队协作精神和创新思维。这种教学模式的引入为口腔颌面头颈肿瘤外科学的教育注入了新的活力，致力于培养出更多能够驾驭未来医疗技术、引领学科发展的杰出人才。

四、教学改革成果评价方式

所有参与本研究的学生在正式加入前均接受了统一的入学考试，并确保入学成绩对分组无明显统计学影响。在轮转结束之际，学生们不仅完成了相同的期末考试，还填写了 1 份匿名问卷(该问卷采用李克特 5 点量表)，就各自所在小组的表现提出了问题。问卷精心设计了 15 个问题，涵盖四大维度：应试能力、综合能力、其他评价及满意度。

在应试能力方面，重点考查的是学生对基础知识的掌握程度及实践技能的应用能力；综合能力则广泛涵盖了批判性思维、演讲技巧、问题发现与解决能力、人际交往、文献检索能力、团队荣誉感及领导力等多个方面；其他评价则侧重于学生的学习投入度、在临床工作中的辅助作用以及闲暇时间的娱乐满意度；而满意度则直接反映了学生对整体教学体验的满意程度及未来继续采用此教学方法的意愿。

此外，为确保评价的客观性与公正性，每位教职员工需分别修改来自 PRI-E 组和 LBL 组的两篇论文，且在修改过程中他们并不知晓论文的作者身份。随后，教职员工根据修改过程中的观察与感受，为两组学生提供了李克特评分。教职员工的问卷同样精心设计了 10 个问题，聚焦于学生能力发展、教学负担与师生关系以及未来使用意愿 3 大领域。在学生能力发展领域，教职员工主要评估了教学方法在促进学生批判性思维、基础知识掌握、演讲能力提升、问题识别与解决能力增强以及自学能力培养等方面的成效；教学负担与师生关系领域则侧重于考查教学方法是否有助于减轻教学负担、增强师生互动及提升整体满意度；而未来使用意愿领域则直接询问了教职员工对于 2 种教学方法的采用意愿及推广意愿。每个问题均设有 5 个选项，从"非常不同意"(1 分)到"非常同意"(5 分)，为教职员工提供了清晰的评价标尺。

五、GoPro 摄像机在口腔颌面头颈肿瘤外科学教学实践中的应用

手术视频在医学教学、技术交流、患者安全、工作流程协调、病例数据备份、研究、实时咨询和技能提升等方面具有广阔的应用前景。视频录制和流媒体与头颈部重建手术相结合，可以记录外科医生的视图，让其他人能够准确地看到外科医生观察到的内容和在做什么。视频录制技术还可以在各个领域发挥作用，例如技术交流、研究、病例数据备份和临床教育。俗话说，"百闻不如一见"，但视频比单纯的图片更具有说服力。手术室专用医疗记录系统相关的高昂建设成本对于中低收入和中等收入国家以及发达国家的一些医院

和医疗机构来说可能令人望而却步。医学生成为外科医生的旅程需要特定的技术反馈，同时要在实习期间培养基础技能。

脱胎于 PRI-E 教学法，GoPro 是一种经济实惠且独立于医生的解决方案，可提供稳定和连续的手术区域视图，能提供卓越的解剖细节可见性和更高的图像质量。GoPro 是一种高效的选择，更适合个人录制，并且无须助手即可轻松操作。数码相机虽然需要额外的帮助，但可提供更高的输出质量。如果将两者创新地结合，可以捕获来自不同视野的图像，从而制作出丰富、全面和高质量的视频[5]。因此，这种教育模式基于 PRI-E 教学实践的拓展，在临床实践教学中将发挥重要作用，有望在外科实习机会有限的地区促进更加公平的教育指导。

六、教学改革成果评估

（一）最终测试成绩分析

在历经一系列精心设计的轮转课程之后，学生的学术表现成为检验教学效果的重要标尺。令人瞩目的是，PRI-E 组的学生在最终测试中展现出了强劲的实力，平均成绩达到了 81.85±3.34 分，这充分体现了他们在学习过程中的扎实基础和卓越表现。与此同时，LBL 组的学生以 82.00±4.42 分的平均分紧随其后，尽管两组成绩相近（$p = 0.904$，差异无统计学意义），但 PRI-E 组在标准差上的较小值暗示了其学生群体成绩更为集中与稳定。入学考试证明了两组学生并无既往成绩上的显著差异，但两组学生的最终成绩均实现了对入学成绩的显著超越，这不仅是对学生个人努力的肯定，更是对两种教学模式有效性的有力证明（见表 1）。

表 1   最终成绩分析

	PRI-E 组	LBL 组	χ^2	t 值	p 值
年龄（Mean±SD）	26.25±2.71	25.50±2.46	/	0.916	0.365
性别			0.100	/	0.752
Male	9	10	/	/	/
Female	11	10	/	/	/
得分					
入学考试	77.90±5.81	76.25±7.31	/	0.790	0.435
结业考试	81.85±3.34	82.00±4.42	/	−0.121	0.904
t 值	−2.634	−3.004	/	/	/
P 值	0.013	0.005	/	/	/

（二）学生问卷调查结果深度解读

为了更全面地了解学生对于两种教学模式的反馈，我们精心设计了一份问卷，并得到了学生们的积极响应。问卷的 Cronbach's α 系数为 0.911，确保了调查结果的高信度和可靠性。PRI-E 组的学生普遍认为，这种创新的教学模式在多个维度上超越了传统的 LBL 方法。他们表示，PRI-E 不仅激发了他们的批判性思维，还显著提升了他们的演讲能力、人际交往技巧和领导力。这种综合性的成长使他们更加自信地面对未来的学术挑战和职业生涯。此外，PRI-E 组的学生在满意度和参与度上也表现出更高的水平，这进一步证明了该模式在激发学生兴趣和动力方面的优势。然而，我们也注意到，PRI-E 模式需要学生投入更多的课余时间来参与讨论、研究和实践，这在一定程度上增加了他们的学习负担。部分学生甚至表示，在轮转期间每天需要额外花费两小时来准备和参与学习活动，这可能对他们的满意度产生了一定影响。尽管如此，学生们仍然积极提供反馈，为改进和优化教学模式贡献了自己的智慧(见表2)。

表2　　　　　　　　　　　　　　**学生对 PRI-E 教学法的试用反馈**

条　　　目	PRI-E 组	LBL 组	Mann-Whitney U	Z 值	p 值
1. 考试能力					
这种学习模式有助于我掌握该学科的基本知识	4(3~5)	4(3~4)	191.500	−0.241	0.820
这种学习模式有助于我掌握该学科的实践技能	4(4~4.75)	3(2~4)	104.500	−2.700	0.009
2. 能力发展					
这种学习方式促进了我的批判性思维	5(4~5)	3(2.25~4)	41.000	−4.504	<0.001
这种学习模式提高了我的演讲技巧	5(4.25~5)	3(2~4)	40.000	−4.572	<0.001
这种学习模式提高了我发现和处理问题的能力	5(4.25~5)	3.5(3~4)	55.000	−4.189	<0.001
这种学习方式提高了我的人际交往能力	5(4~5)	3(3~4)	43.000	−4.434	<0.001
这种学习方式提高了我的文献检索能力	4.5(4~5)	3(2~4)	53.000	−4.131	<0.001
这种学习模式提高了我的团队合作精神	4(4~5)	4(3~4)	97.500	−2.967	0.005
这种学习方式提升了我的领导力	4(4~5)	3(3~4)	50.000	−4.273	<0.001
3. 其他评估					
这种学习模式提高了我的学习参与度	5(4~5)	3.5(3~4)	65.000	−3.897	<0.001

续表

条 目	PRI-E 组	LBL 组	Mann-Whitney U	Z 值	p 值
这种学习模式的内容可以很好地反馈到临床工作中	5(4~5)	5(4~5)	164.000	-1.164	0.341
这种学习方式占用了我的业余时间	3(3~4)	2(2~3)	117.000	-2.331	0.024
4. 满意度					
学习模式的总体满意度	5(4~5)	4(3~4.75)	110.000	-2.595	0.014
我愿意在未来的学习活动中继续使用这种模式	5(5~5)	3(3~4)	39.000	-4.753	<0.001
我愿意将这种学习模式扩展到其他学科	5(4.25~5)	4(3~4.75)	82.500	-3.472	0.001

(三) 教职员工问卷调查结果全面剖析

教职员工作为教学活动的直接参与者和观察者，他们的评价对于评估两种教学模式的效果具有至关重要的意义。共有 10 名教职员工参与了本次问卷调查，他们对两组的教学细节进行了全面而深入的评估。问卷的 Cronbach's α 系数为 0.953，确保了调查结果的高度一致性和可靠性。教职员工普遍认为，PRI-E 组在培养学生能力方面表现出色，尤其是在批判性思维、问题解决能力和独立学习等方面。他们认为，这种教学模式通过互动式讨论、问题导向学习和研究驱动实践等方式，有效地促进了学生的全面发展。此外，PRI-E 模式还增强了师生之间的联系和互动，为构建更加和谐、积极的教学环境提供了有力支持。然而，在教学负担方面，教职员工并未发现两组之间存在显著差异。这表明 PRI-E 虽然是一种创新的教学模式，但仍然需要教师投入大量的时间和精力进行精心设计和指导。尽管如此，所有教职员工都对 PRI-E 模式表示出了浓厚的兴趣和热情，他们期待在未来继续探索和应用这一教学模式，为培养更多具有创新精神和实践能力的高素质人才贡献力量（见表 3）。

表3　　　　　　　　　**教职员工对 PRI-E 教学法的试用反馈**

条 目	PRI-E 组 ($N=10$)	LBL 组 ($N=10$)	Mann-Whitney U	Z 值	p 值
1. 能力拓展					
这种学习模式促进了学生的批判性思维	5(4~5)	3(3~3)	6.500	-3.513	<0.001
这种学习模式有助于学生掌握该学科的基本知识	4(3~5)	3(2~3)	10.500	-3.215	0.001

续表

条　目	PRI-E 组 （$N = 10$）	LBL 组 （$N = 10$）	Mann-Whitney U	Z 值	p 值
这种学习模式提高了学生的演讲技巧	5（5~5）	3（2~3）	0.500	−3.990	<0.001
这种学习模式提高了学生发现和处理问题的能力	5（4~5）	3（2.75~3.25）	3.000	−3.713	<0.001
这种学习模式促进了学生的自主学习	5（5~5）	3（3~3）	0.000	−4.192	<0.001
2. 学习能力					
这种学习方式使教学更容易	4（3~5）	3.5（3~4）	38.500	−0.923	0.356
这种学习方式增强了教师和学生之间的联系	5（4.75~5）	3（2.75~3）	1.000	−3.924	<0.001
学习模式的总体满意度	5（4~5）	3（2.75~3.25）	3.000	−3.713	<0.001
3. 学习意愿					
我愿意在未来的教学活动中继续使用这种模式	10（100%）	0（0%）	—	—	<0.001
我愿意将这种学习模式扩展到其他学科	10（100%）	0（0%）	—	—	<0.001

七、讨论

目前，在中国 LBL 教学法依然是医学教育的主导方式，然而，这种模式并不利于学生的全面发展[6,7]。LBL 教学法在培养学生良好临床思维和提升演讲能力方面存在局限。相比之下，PBL 教学法虽能有效增强学生主动学习的意识，但似乎加重了学生的学习负担，且对其全面发展帮助有限，因此难以满足口腔颌面头颈外科学的教学需求[8]。为破解现有教学方法的难题，使之更好地适应口腔颌面头颈肿瘤外科学的教学需求，我们在借鉴多种既有教学法的基础上创新设计了 PRI-E 教学法。

我们对所有参与者进行了问卷调查，结果显示 PRI-E 教学法更受青睐。相较于传统的 LBL 教学法，PRI-E 教学法获得了更高的教学满意度，并被认为更有利于学生的未来职业发展。在实施 PRI-E 教学法的过程中，这种循序渐进的教学方式使学生能够对讲师的教学内容做出全面而客观的判断。此外，PRI-E 教学还为学生提供了与患者沟通交流的实践机会，这在传统的 LBL 教学中是难以实现的。值得注意的是，即便有些学生未能完成整个 PRI-E 过程，他们也表示通过聆听他人的展示获得了丰富的知识，促进了自身学习。同时，我们还允许对口腔颌面头颈肿瘤外科学感兴趣的本科生参与旁听，并不断将其应用于本科生教学模式中，取得了一定的成果（https：//www.whuss.com/article/11810；https：//www.whuss.com/article/11169）。

　　将 PRI-E 教学法与传统 LBL 教学法的课程考试成绩进行对比后发现，PRI-E 并未导致学生考试成绩下降。这表明 PRI-E 教学法在不影响学业成绩的基础上，带来了更多益处，如有效激发学生的学习兴趣，促进其职业发展。尽管 PRI-E 教学法要求学生投入更多时间，但这并未遭到学生的反感，学生反而因兴趣增加而更加投入。因此，PRI-E 教学法能够在不影响考试成绩的同时，促进学生的未来发展，并激发其学习热情，促使他们在口腔颌面头颈外科学学习上投入更多时间。

　　本研究虽展示了 PRI-E 教学法的显著优势，但其并未有效提升学生的考试成绩，这一现象在其他学者的研究中也有所体现，是开发新教学方法时面临的共性问题[9]。我们分析了两方面原因：一是缺乏针对应试内容的复习指导；二是要求学生投入过多额外时间。未来活动中，我们计划针对这些方面进行具体改进。综上所述，通过对比 PRI-E 学习模式与传统 LBL 学习模式，我们发现 PRI-E 在能力发展方面表现更为突出，包括批判性思维、问题发现与解决、人际沟通等技能。此外，根据问卷调查结果，PRI-E 组学生的满意度也更高。然而，PRI-E 模式在提升考试成绩和减轻学习负担方面仍需完善。未来，我们将继续探索和优化 PRI-E 教学法，以更好地服务于医学教育。

◎ 参考文献

［1］ H. Y. Wang, J. Xuan, L. J. Liu, X. M. Shen, Y. Y. Xiong. Problem-based learning and case-based learning in dental education ［J］. Ann Transl Med. , 2021, 9（14）.

［2］ Z. Z. Li, H. Lin, Y. M. Xu, Q. W. Man, T. F. Wu, Z. Shao, S. S. Liang, L. L. Bu, B. Liu. Application of PRI-E-a combined learning method in oral and maxillofacial oncology education ［J］. Sci Rep-Uk. , 2024, 14（1）.

［3］ X. J. Qin, J. Kong, L. Lu, Z. F. Lu, X. K. Wang. Application of problem-based learning in a large class in stomatology course ［J］. J Oral Maxil Surg, 2010, 68（4）.

［4］ M. T. Garvey, M. O'Sullivan, M. Blake. Multidisciplinary case-based learning for undergraduate students ［J］. Eur J Dent Educ, 2020, 4（4）.

［5］ X. Y. Huang, Z. Shao, N. N. Zhong, Y. H. Wen, T. F. Wu, B. Liu, S. R. Ma, L. L. Bu. Comparative analysis of GoPro and digital cameras in head and neck flap harvesting surgery video documentation: an innovative and efficient method for surgical education ［J］. BMC Med Educ. , 2024, 24（1）.

［6］ F. Tang, C. Chen, Y. Zhu. Comparison between flipped classroom and lecture-based classroom in ophthalmology clerkship ［J］. Med Educ Online. , 2017, 22.

［7］ S. Freeman, S. L. Eddy, M. McDonough, M. K. Smith, N. Okoroafor, H. Jordt, M. P. Wenderoth. Active learning increases student performance in science, engineering, and mathematics ［J］. P Natl Acad Sci USA. , 2024, 111（23）.

［8］ Y. Pan, X. Chen, Q. Wei, J. Zhao, X. Chen. Effects on applying micro-film case-based learning model in pediatrics education ［J］. BMC Med Educ. , 2020, 20 (1).

［9］ C. Huang, Z. Bian, B. J. Tai, M. W. Fan, K. Chiu-Yin. Dental education in Wuhan, China: challenges and changes ［J］. J Dent Educ. , 2007, 71 (2).

基于 KANO 模型的口腔影像课程思政学生需求剖析
——以晨课教学为例

王 芳 郭小龙 李 航 魏丽丽 李 威 李 波*

（武汉大学 口腔医学院口腔颌面医学影像诊断教研室，湖北 武汉 430079）

【摘 要】本文通过基于 KANO 模型的问卷调查初步探讨分析了实习学生对口腔影像晨课教学中思政内容的期望与满意度。结果显示学生对教师师风师德有较高期望，而思政内容多样、有趣且融入方式自然顺畅等魅力属性均显著提升学生满意度；规培生和女生群体对内容趣味性和视野拓宽有更高要求。本研究为深入挖掘影像晨课教学中的思政元素提供方向，为优化思政元素与口腔影像晨课教学的融合方式及教学方法提供了一定的理论依据和数据支撑。

【关键词】KANO 模型；口腔影像；课程思政；晨课教学

【作者简介】第一作者：王芳（1987— ），女，武汉大学口腔医院放射科主治医师，讲师，从事口腔颌面医学影像诊断学教学、科研及临床工作，E-mail：lanxinyehao2005@whu.edu.cn；*通讯作者：李波（1976— ），男，武汉大学口腔医院放射科副主任医师，放射科主任，从事口腔颌面医学影像诊断学教学、科研及临床工作，E-mail：libocn@whu.edu.cn。

【基金项目】（2020 年）武汉大学口腔医（学）院课程思政专项一般项目

一、引言

口腔影像实习教学是现代口腔医学教育体系的重要组成部分，将思政内容融入其中，对于培育具备崇高医德与严谨医风的口腔医学人才具有举足轻重的意义[1]。然而，当前口腔影像实习教学中课程思政的整合尚显薄弱，主要依赖于教师个体的经验和直觉，缺乏系统性和科学性的指导。

KANO 模型，作为一种经过验证的顾客需求分类和优先级排序工具，在满意度研究领域已得到广泛应用[2]。尽管在教学研究中有初步的探索，但在课程思政研究中运用尚有限[3]。因此，本研究旨在将 KANO 模型引入口腔影像实习晨课教学的课程思政内容整合中，通过模型的分析方法，深入了解学生对于口腔影像教学课程思政内容的期望和满意度，系统剖析学生对于课程思政的各方面需求，进而发现思政内容存在的问题和挑战，提出有针对性的优化策略，以期更有效地将思政元素与口腔影像实习晨课内容相结合，从而提升教学质量，全面提高学生的综合素质。

二、对象和方法

（1）对象。为深入剖析口腔影像晨课教学中的思政内容，挖掘影像晨课教学中的思政元素，探讨思政元素与口腔影像晨课内容的融合方式及教学方法，选取 2023 年 3 月—2024 年 8 月在口腔放射科轮转实习的大学 5 年级本科生及第 1 年轮转规培生作为教学研究对象。采用问卷星二维码问卷调查方式发放问卷，共获得 126 份问卷，经过严格筛选与核实，最终获得有效问卷 124 份。其中本科生 57 名，规培生 67 名；男生 39 名，女生 85 名；年龄为 18~30 岁，平均年龄 22.32±0.34 岁。

（2）方法。本次调研基于 KANO 模型理论，我们经过严谨设计，构建了一份针对口腔影像晨课教学中思政内容的问卷星专项调查问卷。调查问卷设计初期，根据对教研室各位老师和少部分同学的预调查进行调整，形成最终的调查问卷。问卷内容涵盖学生的基本信息、教学经历以及他们对口腔影像教学中思政元素的期望与反馈。在 KANO 模型部分，我们设定了 4 个一级指标：思政内涵及外延、融合方法、思政效果、课堂设计并详细划分为 13 个具体观测点：是否融入思政内容、良好师风师德、内容有趣并活跃气氛、拓宽视野和思路、提高学习积极性、引导正确价值观、专业内容联系紧密、内容多样例如包含案例故事等、内容包含政治理论或光荣事迹、表述明确清晰、融入方式自然顺畅、开始后半小时左右、时间控制为 5 分钟。每个观测点均包括正问和反问两个问题。

晨课日常教学设计初步的思政教案。例如颌面部骨髓炎的教学中，通过三道防线——颌骨内"防线"骨膜反应、比喻成战士们用沙袋、钢板和身体筑起的堤坝防线、抗疫时期医护工作者筑起的保卫人民健康的防线——类比图片展示骨膜反应的概念，展示战士们不畏艰险，勇往直前的抗洪精神，以及本院医护工作者严守岗位，无畏风险，以生命奔赴使命的抗疫精神，培养学生提升医学生职业的认可度及荣誉感，加强医学生对国家和人民的责任感和使命感。

（3）统计分析。采用专业的统计软件对收集到的问卷数据进行了精确处理与深入分析。首先，我们依据 KANO 模型理论对师生的需求进行了分类与排序，明确了必备型需求、期望型需求、魅力型需求等不同类型的教学需求。随后，我们对本科生、规培生、不同性别的数据进行分组，依据 KANO 模型理论对各组进行分析比较，以期为后续的教学改进与优化提供数据支撑。

三、结果

（1）根据基于 KANO 模型的问卷调查结果统计，我们得出了以下结果：在总共评估的 13 项指标中，期望属性占比 7.69%，具体表现为 1 项；魅力属性占据显著位置，占比达到 23.08%，共涉及 3 项指标；而无差异属性则占据了最大比例，达到 69.23%，涵盖了 9

项指标(见表 1、图 1)。

表 1   **KANO 模型属性分类**

指标	KANO 属性	BETTER 系数	WORSE 系数
良好师风师德	期望	63.16%	−46.05%
融入方式自然顺畅	魅力	58.67%	−32%
内容多样例如包含案例故事等	魅力	57.33%	−16%
内容有趣并活跃气氛	魅力	55.26%	−21.05%
拓宽视野和思路	无差异	51.32%	−19.74%
时间控制为 5 分钟	无差异	40%	−20%
提高学习积极性	无差异	38.16%	−18.42%
表述明确清晰	无差异	34.67%	−21.33%
引导正确价值观	无差异	29.33%	−20%
专业内容联系紧密	无差异	28.95%	−13.16%
开始后半小时左右	无差异	27.87%	−4.92%
内容包含政治理论、光荣事迹	无差异	25.68%	−8.11%
融入思政内容	无差异	10.96%	−4.11%

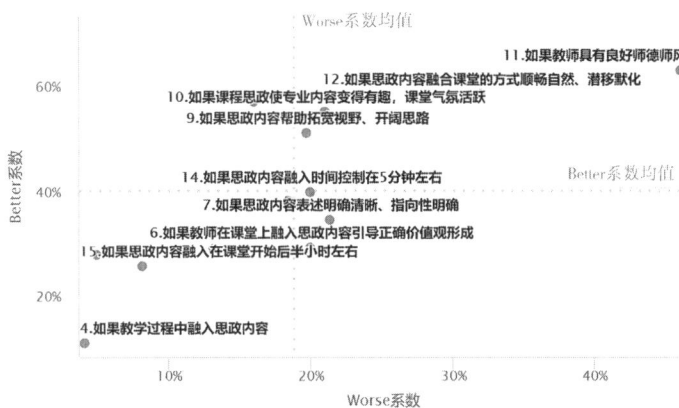

图 1   Better-Worse 系数分析

(3)我们对本科生与规培生、男女不同性别的数据进行整理,依据 KANO 模型理论对各组进行分析比较,得出了以下结果:无论本科生还是规培生、无论男女性别对良好师风师德的期望表现都一致。而魅力属性指标略有差异,融入方式及内容选择的魅力属性一致；规培生和女生组的魅力属性要求增加了两项：内容有趣并活跃气氛、拓宽视野和思路（见表2）。

表2 本科生及规培生、男性及女性 KANO 属性分类

指标	本科生	规培生	男	女
良好师风师德	期望	期望	期望	期望
融入方式自然顺畅	魅力	魅力	魅力	魅力
内容多样例如包含案例故事等	魅力	魅力	魅力	魅力
内容有趣并活跃气氛	无差异	魅力	无差异	魅力
拓宽视野和思路	无差异	魅力	无差异	魅力
时间控制为5分钟	无差异	无差异	无差异	无差异
提高学习积极性	无差异	无差异	无差异	无差异
表述明确清晰	无差异	无差异	无差异	无差异
引导正确价值观	无差异	无差异	无差异	无差异
专业内容联系紧密	无差异	无差异	无差异	无差异
开始后半小时左右	无差异	无差异	无差异	无差异
内容包含政治理论、光荣事迹	无差异	无差异	无差异	无差异
融入思政内容	无差异	无差异	无差异	无差异

四、讨论

在深度探索口腔影像晨课与思政教育有机融合的过程中，我们的愿景不仅限于知识的传授，更致力于打造一种能够触动学生心弦、启迪其智慧的教育。秉持此愿景，综合考量学生的期望与反馈，力求在坚守教学专业性的同时，实现思政元素在教学过程中的无缝融入。探讨基于 KANO 模型的口腔影像教学课程思政内容优化策略，我们的首要任务是明确思政内容优化的总体方向。这一方向的核心在于将 KANO 模型的教学应用与思政教育的实际需求紧密结合，通过深入剖析学生的期望与满意度，以及当前思政内容的教学现状，来精准制定优化策略。

在评估的13项关键指标中，期望属性占比7.69%，这一数据凸显了学生对教师高尚师德师风的普遍期许。此外，BETTER 系数揭示了当某属性表现卓越时，对整体满意度的显著提升作用；而 WORSE 系数则警示我们，一旦该属性表现不佳，将对整体满意度造成显著负面影响[4]。从表1中可见，"良好师风师德"的 BETTER 系数虽高，但其 WORSE 系数的绝对值同样不容忽视，这强调了教师在这一方面的表现需尤为审慎，确保始终维持在高标准。因此，教师不仅要作为知识的灯塔，更应成为道德的典范，以身作则，通过自身

的高尚品德与职业操守，使学生树立正确的世界观、人生观、价值观及职业观。

同时，此研究无差异属性在评估结果中占据了主要位置，这意味着多数学生对这些指标的感受较为平淡，既不会因满足而感到特别满意，也不会因不满足而感到特别不满。然而，这并不意味着这些属性不重要，它们可能是教学过程中的基础要求，学生已习以为常。要打破学生对这类思政元素的"无感"状态，还需深入剖析其背后的原因。值得关注的是，魅力属性在评估结果中占据了显著比例，特别是"融入方式自然顺畅""内容多样例如包含案例故事等"以及"内容有趣并活跃气氛"三方面。这些魅力属性的存在，不仅提升了学生的满意度与愉悦感，更对教学效果的增强与学生学习兴趣的激发具有重要意义。因此，我们需进一步推广和深化这些魅力属性的思政元素，使专业课内容与思政内容切实贴合、融入自然，以独特视角、深刻内涵与灵活教学形式，持续吸引学生的关注与参与。

此外，表 2 中的数据显示，规培生及女生群体在"内容有趣并活跃气氛"以及"拓宽视野和思路"等方面表现出更高的魅力属性需求。这提示我们，在针对不同学习阶段与性别差异的学生进行教学设计时，应更加注重内容的趣味性、课堂氛围的活跃度以及视野的拓宽。例如，通过分享影像发展史上的趣事、采用动画演示或课堂讨论的讲课形式等方式，激发学生的学习兴趣与积极性。

综上所述，口腔影像教学中的思政元素融合是一项复杂而意义深远的任务。本文将 KANO 模型引入口腔影像晨课教学课程思政的学生需求剖析，通过问卷调查分析学生对思政内容的期望与满意度，对探索有效的教学策略与方法具有重要的意义，为深入挖掘影像晨课教学中的思政元素提供了方向，为优化思政元素与口腔影像晨课教学的融合方式及教学方法提供了一定的理论依据和数据支撑。

◎ 参考文献

[1] 侯勇，钱锦 . 课程思政研究的现状、评价与创新 [J]. 江苏大学学报（社会科学版），2021，23（6）：66-76.

[2] Kano N, Seraku N, Takahashi F, et al. Attractive quality and must-be quality [J]. Hintshitsu, 1984, 14 (2): 56-147.

[3] 任丽平，侯建成，郑中华，等 . 卡诺模型在高校课堂教学质量评价中的应用研究 [J]. 卫生职业教育，2018，36（16）：68-70.

[4] 赵越，刘鑫鑫，徐月贞，等 . 本科护理专业课堂教学质量评价量表的编制及信效度评价 [J]. 中华护理教育，2021，18（5）：428-432.

新质生产力理论融入形势与政策教育的
逻辑理路与实践路径

田贵华

（武汉大学　马克思主义学院，湖北　武汉　430072）

【摘　要】新质生产力是一个重要的原创性理论，是推动高质量发展的内在要求和重要着力点。当前，发展新质生产力是现代化强国建设的关键所在，将新质生产力理论融入形势与政策教育是党的创新理论武装的必然要求，也是思政课建设的迫切需要。新质生产力理论融入形势与政策教育，要坚持理论研究与理论宣讲协同共进，知识普及与素养提升有机结合，理论教学与实践教学相互促进，内容深耕与技术赋能相互支撑，不断增强教育的针对性和实效性。

【关键词】新质生产力；形势与政策教育；逻辑理路；实践路径

【作者简介】田贵华，武汉大学马克思主义学院副研究员、硕士生导师，形势与政策课程教研中心主任。

新质生产力是一个重要的原创性理论，是当前思想理论界备受关注的命题。发展新质生产力是推动高质量发展的内在要求和重要着力点。何谓新质生产力，习近平总书记在2024年1月的中共中央政治局第十一次集体学习时做了概括，指出"新质生产力是创新起主导作用，摆脱传统经济增长方式、生产力发展路径，具有高科技、高效能、高质量特征，符合新发展理念的先进生产力质态"。[1]党的二十届三中全会进一步强调，要健全因地制宜发展新质生产力体制机制。加强形势与政策教育，是中国共产党的优良传统，是党的理论武装和宣传教育工作的重要方面和经常性工作。将新质生产力理论融入形势与政策教育，让这一理论更广泛更深入地进入人民群众的头脑，进而外化为推动高质量发展的磅礴力量，是当前理论工作者和实际工作者的紧迫任务。

一、新质生产力理论融入形势与政策教育的逻辑理路

当前，将新质生产力理论融入形势与政策教育，对于推进现代化强国建设、党的创新理论武装工作具有重要意义，也是高校思政课建设的迫切需要。

(一) 发展新质生产力是现代化强国建设的关键所在

新质生产力的提出具有重大战略意义。习近平总书记强调，"面对复杂形势和繁重任务，首先要有全局观，对各种矛盾做到心中有数，同时又要优先解决主要矛盾和矛盾的主要方面，以此带动其他矛盾的解决"。[2]面对错综复杂的国内外经济形势，我们要坚持马克思主义政治经济学的基本原理和方法论，认识和遵循经济社会发展的客观规律，以更好回答我国经济发展的理论和实践问题。坚持以经济建设为中心是兴国之要，实现高质量发展是新时代的硬道理。当前，我国仍然是世界上最大的发展中国家。要把握住我国现阶段社会基本矛盾的主要方面，重点是发展。以高质量发展全面推进中国式现代化，加快发展新质生产力，夯实强大的物质技术基础，是建设现代化强国的关键所在。在新一轮科技革命和产业变革的关键期，要深化科技、教育、人才体制等改革，建立和完善高标准市场体系，创新生产要素配置方式，让各类优质的生产要素向发展新质生产力顺畅流动。发展新质生产力必须改造提升传统产业，发展数字经济与数字技术，培育壮大战略性新兴产业，布局建设未来产业。同时，要进一步扩大高水平对外开放，为发展新质生产力营造良好国际环境。发展新质生产力，必须进一步全面深化改革，紧紧围绕发展这个第一要务来部署各方面改革，以经济体制改革为牵引，更好推动生产关系与生产力、上层建筑与经济基础、国家治理与社会发展相适应。总之，新质生产力"标志着对生产力本质认识的重大突破和创新，是习近平经济思想坚持把马克思主义政治经济学基本原理同中国发展实际和时代特征相结合的最新理论体现。"[3]

(二) 新质生产力理论融入形势与政策教育是党的创新理论武装的必然要求

思想政治工作是党的优良传统、鲜明特色和突出政治优势，是一切工作的生命线。紧紧围绕党和国家中心工作和重大决策部署开展形势与政策教育，是党的宣传思想工作的重要组成部分。毛泽东同志曾经指出："政策和策略是党的生命，各级领导同志务必充分注意，万万不可粗心大意。"[4]加强对干部群众的政策策略教育宣传，狠抓贯彻落实，是我党的一条重要成功经验。党的十八大以来，党的创新理论建设与党的创新理论武装同步推进，坚持不懈以习近平新时代中国特色社会主义思想武装全党、教育人民，不断健全用党的创新理论武装全党、教育人民工作体系，推动党的创新理论最新成果入脑入心取得突破性进展。形势与政策教育是指教育者"运用马克思主义形势观和政策观以及党和政府在正确分析判断形势的基础上所制定的正确政策及其要求，对受教育者施加有目的、有计划、有组织的教育影响，促使受教育者提高形势判断能力和政策水平的政治教育实践活动。"[5]加快发展新质生产力作为党的理论创新的最新成果，作为当前思想理论界的重点热点难点问题，必然也必须及时纳入形势与政策教育，作为理论学习和理论宣讲的重要主题。

(三) 新质生产力理论融入形势与政策教育是思政课建设的迫切需要

2024年5月，习近平总书记对学校思政课建设作出重要指示，强调要坚持以习近平新时代中国特色社会主义思想为指导，坚持思政课建设与党的创新理论武装同步推进，构建以习近平新时代中国特色社会主义思想为核心内容的课程教材体系，深入推进大中小学思想政治教育一体化建设。对于各级各类学校而言，要全面、准确、及时贯彻落实关于思政课建设的重要指示精神，把习近平总书记关于新质生产力的系列重要论述落实到"马克思主义基本原理""习近平新时代中国特色社会主义思想概论""形势与政策""新时代中国特色社会主义理论与实践研究""中国马克思主义与当代"等一系列思政课中，成为这些课程教学的重要内容。在这些课程中，"形势与政策"课作为一门思政课，理论武装时效性、释疑解惑针对性、教育引导综合性都很强，这些特点决定了其在宣传党的创新理论方面的独特优势。"形势与政策"课能够在第一时间推动党的理论创新成果如新质生产力等进教材、进课堂、进学生头脑，引导广大师生更加准确地理解基本理论、基本路线、基本方略。新质生产力理论融入思政课教学，要在形势与政策课程教学中加以落实，在形势与政策课程教学中作为重要专题融入，使学生持续不断学习领会新质生产力提出的重大意义、主要内涵和实践路径。

二、新质生产力理论融入形势与政策教育的实践路径

习近平总书记关于新质生产力的重要论述，为新发展阶段推进传统产业优化升级、加快发展战略性新兴产业、布局和谋划未来产业，大力推进新发展格局、实现经济高质量发展提供了根本遵循。新质生产力理论融入形势与政策教育，要在充分汲取党的理论宣传宣讲和思想政治教育经验基础上，不断创新方式方法和载体手段，增强教育的针对性和实效性。

(一) 理论研究与理论宣讲协同共进

党的二十大报告提出，要健全用党的创新理论武装全党、教育人民、指导实践工作体系。自 2023 年 9 月以来，习近平总书记对发展新质生产力的一系列理论概括、战略思考和科学论断，深化了我们党对生产力发展规律的认识，是对马克思主义生产力理论的创新发展。新质生产力理论进一步丰富和发展了习近平经济思想，为推动当前我国的高质量发展和中国式现代化建设提供了科学指引和理论遵循。将新质生产力融入形势与政策教育，必须打通学术命题与政治命题的连接路径，将新质生产力的理论研究与理论宣讲协同加以推进。

一方面，新质生产力作为一个新概念，其提出本身就是一种理论创新。建构中国自主的知识体系，发展中国特色社会主义政治经济学，需要新概念新理念和系统性理论创新。当前，需要更全面、更系统地研究和阐释新质生产力理论。思想理论界如习近平经济思想研究中心等智库和高校、科研院所，要聚焦新质生产力这一重大命题，组织力量深入开展系统研究，进行体系化研究和学理化阐释。要遵循理论创新规律，进一步发展新质生产力理论，加强新质生产力在地方实践层面、政策实践层面和理论层面"三个层面"之间的联系，让实践推进理论的发展，让理论更好地指导实践。[6]

另一方面，广泛开展理论学习和理论宣传是理论武装工作的重点。马克思主义理论是我们做好一切工作的看家本领。在理论学习中，要把学习党的基本理论、基本路线、基本方略同学习新质生产力等党的最新理论创新成果结合起来。通过多种途径和手段，推动这一理论成果进机关、进农村、进社区、进学校、进企业，教育引导广大干部群众加深对新质生产力的理解，学深悟透、融会贯通，进而增强贯彻落实的自觉性和坚定性。要在开展党委理论学习中心组学习、集体研讨、专题读书班、专家学者辅导、自学等学习方式的基础上，深入基层一线开展理论宣讲，让新质生产力这一最新的创新理论"飞入寻常百姓家"。近年来，26 所在鄂院校与 27 个县（市、区）的乡镇（街道）结对共建 27 个"理论热点面对面"实践基地，开展"百名马克思主义学者进基层宣讲行动"，推动党的创新理论宣讲工作。如 2013 年以来，武汉大学与宜昌市西陵区学院街道共建实践基地，持续不断为基层干部群众开展对象化、分众化、互动化理论宣讲，释疑解惑、精准滴灌，打通理论供需"堵点"。在新质生产力的基层宣讲工作中，使理论阐述更接地气，进一步强化点单式宣讲、"田间地头""街头巷尾"式宣讲，推进线上线下结合宣讲，融入影视作品、文艺演出和群众性精神文明创建活动，不断提升宣讲的亲和力和说服力，增强干部群众对新质生产力的知晓度，激活理论与群众勾连的兴奋点，积极回应群众对新质生产力的思想困惑，使他们知其然又知其所以然，逐步把握蕴含其中的学理道理哲理。

（二）知识普及与素养提升有机结合

本文所讲的形势与政策教育是广义上的，包括马克思主义的世界观和政治观教育，中国共产党的形势观和政策观教育，国际国内宏观形势及热点问题教育，以及党的基本理论基本路线基本方略教育，并不局限于设为专门课程、归属为思想政治理论课程的形势与政策课。中国人民大学经济学院新质生产力研究课题组认为，"新质生产力是实现高质量发展这一中国式现代化首要任务的重要手段，是建构中国经济学自主知识体系的重大成果体现，是习近平经济思想的重要组成部分，是马克思主义政治经济学的重大创新性发展。"[7]当前，对这一重大原创性成果的知识普及仍处于初始阶段，开展形势与政策教育十分迫切。这种教育要取得实效，进而推动新质生产力的发展，仅通过理论宣讲和专题报告是不够的。要立足当前、着眼长远，从构建学习型社会和全民教育体系的视角，一方面要加强对新质生产力相关知识的普及工作，促进公众对于新质生产力基本知识的了解；另一方面要不断提高公众特别是重点群体关于新质生产力的素养，聚焦战略性新兴产业、未来产业、数字经济、数智技术等关乎现代化强国建设的战略重点，加强公民新质生产力素养培育工作。

发展新质生产力是以习近平同志为核心的党中央立足全局和长远、着眼高质量发展作出的重大决策部署，深刻回答了"什么是新质生产力、为什么要发展新质生产力、怎样发展新质生产力"等一系列重大理论和实践问题。新质生产力已经逐步形成一整套系统化、理论化的科学知识体系，要遵循科学普及的基本规律，树立大科普理念，加强对新质生产力科学知识的普及工作。科学普及是一种社会教育，也是一种形势与政策教育。要利用各种传媒，通过公共图书馆、科学普及馆等机构，以浅显的、通俗易懂的方式，让公众接受关于新质生产力的知识。据媒体报道，2024 年 5 月 23 日，科学家、科普工作者和企业家等齐聚浙江绍兴，通过科普宣讲、资源共享、场馆研学、主旨报告、专题访谈、路演式科普等一系列活动，开展长三角新质生产力科普交流活动。会上还成立了"长三角科普场馆联盟新质生产力科普宣讲团"，旨在带动广大科技工作者和科普工作者，通过生动活泼的语言和丰富鲜活的案例，宣讲新质生产力这一理论。通过新质生产力科普，进一步深化科技体制、教育体制、人才体制等改革，助力打通束缚新质生产力发展的堵点卡点。

新质生产力的公民素养培育工作也应运而生。有学者建议，要"加强数智人才培养工作，以数智素养培育为核心，积极搭建泛在化的全民教育体系和全民阅读体系，开展数据素养、智能素养等公益性培训工作，打造新型劳动力队伍"。[8]可以通过开展新质生产力与数智社会等主题方向的科研训练营，积极营造倡导新质生产力的氛围和文化，从科学传播的视角推动新质生产力发展。这些方面都给我们培育新质生产力文化、提升公民的新质生产力素养以巨大启示。要进一步聚焦新一轮科技革命和产业变革，大力推动公众关于战略性新兴产业如新一代移动通信、工业软件、新能源汽车、工业母机、人工智能、新材料、集成电路、新能源、生物技术等，未来产业如未来信息、未来能源、未来空间、未来健康、未来制造、未来网络等的知识素养提升工作，助力高水平科技自立自强，为以中国式现代化推进中华民族伟大复兴提供有力支撑。

(三)理论教学与实践教学相互促进

新质生产力源于新时代我国生产力发展的伟大实践，是马克思主义生产力理论中国化时代化的最新成果。党的十八大以来，我国坚定不移贯彻新发展理念，着力推动高质量发展，产业转型升级步伐持续加快，战略性新兴产业不断壮大，进入创新型国家行列。进一步推进中国式现代化建设，要以颠覆性技术和前沿技术催生新产业、新模式、新动能，发展新质生产力。将新质生产力理论融入形势与政策教育，要遵循思政课的客观规律，坚持理论性和实践性相统一，既讲道理又重实践，融通思政小课堂和社会大课堂，增强理论教学与实践教学的结合度，从而真正实现在理论的指导下实践，在实践调研中使干部群众和高校师生体悟强大的真理力量和独特的思想魅力。

新质生产力是新的生产力发展理论，也是不断发展着的理论，需要我们从理论上不断进行总结、概括，用以指导新的发展实践。新质生产力理论融入形势与政策教育，必须以理论教学为基础，注重政策性、思想性和时效性，讲得更加清楚、透彻、深入、生动。要讲清楚新质生产力提出的历史逻辑、理论逻辑和实践逻辑，讲清楚新质生产力以劳动者、劳动资料、劳动对象及其优化组合的跃升为基本内涵，讲清楚新质生产力形成中生产力与生产关系的相互适应和动态互动过程，讲清楚当前我国发展新质生产力的实践路径和重要着力点。在理论教学中，特别要强化课堂教学主渠道作用，激活并发挥领导干部上讲台讲思政课、形势与政策报告会、专家学者专题辅导等传统形势与政策教育样态的功能，突出鲜明正确的政治立场和观点，同时注重宣讲方式、手段和载体创新，使理论教学更有情感、更有温度、更有力量。

习近平总书记关于新质生产力的系列重要论述具有鲜明的时代性特征和现实针对性。

新质生产力理论融入形势与政策教育，必须融入实践教学，发挥第二课堂教学体系的作用，在理论教学的基础上开展形式多样的实践调研，在火热的社会生活中讲好新质生产力问题，在实践中加深对新质生产力的认识。需要指出的是，实践教学形态是多样的，不仅包括社会调研、校外实践，还包括课堂实践、校园实践和虚拟实践等形态。发展新质生产力要因地制宜，开展新质生产力的实践教学也应该因地制宜。当然，最直观、最有效、最有说服力的实践方式还是校外的专题实践调研。要让高校师生到传统产业转型升级，推动原创性、颠覆性科技创新，知识、技术、管理、数据等优质生产要素汇聚，构建全过程创新链产业链的前沿阵地和创新主体去实地考察，把握我国新质生产力发展的现状、挑战和趋势。

（四）内容深耕与技术赋能相互支撑

高校形势与政策教育要紧密围绕学习贯彻习近平新时代中国特色社会主义思想，重点讲授党的最新理论成果以及新时代坚持和发展中国特色社会主义的生动实践。加快发展新质生产力是党中央关于我国经济社会发展的最新理论和最新决策部署，融入形势与政策教育十分必要。教学内容建设是高校思政课改革创新的基础，要坚持内容为王，提供优质的教学内容，全面、准确、系统讲授习近平总书记关于新质生产力的一系列重要论述，并根据各地各校实际深耕和拓展教学内容。同时，必须坚持技术赋能，充分运用好互联网信息技术，把线上与线下紧密结合起来，发挥各自优势相互支撑教学。

2024年5月召开的新时代学校思政课建设推进会强调，要加快构建以习近平新时代中国特色社会主义思想为核心内容的课程教材体系，推动党的创新理论最新成果入脑入心。新质生产力理论融入形势与政策教育，一方面要推进教学供给侧结构性改革，进一步丰富新质生产力教学内容，提升课程教学供给的针对性、精准性和实效性，讲好新时代推进高质量发展的故事，引导学生感悟党的创新理论的实践伟力，助力学生全面发展。基于形势与政策教育的特点，在具体的课程教学工作中，要根据学情特别是学生的年级学段、学科专业循序渐进、层层深入，有经有权、重点突出，推动课程教学不断走深走实，取得实效。

另一方面，新质生产力理论融入形势与政策教育，要善于因时而进，充分运用全媒体传播手段和互联网信息技术，打破传统课堂教学空间的局限和束缚。泛娱乐化是当前社会生活中普遍出现的一种社会现象。在资本驱动和技术赋权之下，大学生平均每天在手机上浏览各种信息、游戏娱乐的时长为2~4小时甚至更久。微信、微博、B站、小红书、知乎、抖音等平台聚集了大部分年轻人，时政热点、思想理论往往不及看番追剧、娱乐八卦的影响力。基于算法、模型、规则生成文本、图片、声音、视频、代码等内容的生成式人工智能迅猛发展。在此大背景下，形势与政策教育要真正占领青年学生的头脑，必须依靠技术赋能。要将形势与政策报告从会堂、教室等传统场域移植到互联网上，实现新质生产力的场景再造，以多样化的交互手段呈现新质生产力的应用场景和发展状况，让学生真实可感。思政课要改革创新，必须广泛运用现代信息技术手段，建设服务于思政课教学的哲学社会科学实验室，将计算机科学与技术、人工智能、心理学、传播学等与马克思主义理论学科实现深度融合，以新质生产力赋能思政课改革创新。

◎ **参考文献**

［1］ 新华社．习近平在中共中央政治局第十一次集体学习时强调 加快发展新质生产力 扎实推进高质量发展［N］．人民日报，2024-02-02（1）．

［2］ 习近平．论党的宣传思想工作［M］．北京：中央文献出版社，2020．

［3］ 盖凯程，韩文龙．新质生产力［M］．北京：中国社会科学出版社，2024：3．

［4］ 毛泽东．毛泽东选集：第4卷［M］．北京：人民出版社，1991．

［5］ 李斌雄，蒋耘中，等．高校学生形势与政策教育引论［M］．北京：中国文史出版社，2014．

［6］ 杨志勇．新质观察：三个层面的新质生产力［EB/OL］．［2024-05-21］．https：//www. thepaper. cn/newsDetail_forward_27440435．

［7］ 中国人民大学经济学院新质生产力研究课题组．新质生产力是中国经济学自主知识体系建构的重大原创性成果［N］．中国经济时报，2024-05-15．

［8］ 夏义堃，蒋洁，张夏恒，等．发展新质生产力的信息资源管理学科回应与思考［J］．农业图书情报学报，2024，36（1）．

新质生产力理论融入课程思政的
价值元素和实践路径
——基于对20个学科课程思政建设案例的分析

魏心凝

（武汉大学 马克思主义学院，湖北 武汉 430072）

【摘 要】新质生产力理论是党对马克思主义生产力理论创新发展的最新成果，将其融入课程思政需充分考虑各学科的共性和特性。基于对20个公开发表案例的分析，新质生产力理论融入课程思政的关键在于价值元素的融入：从价值认知元素而言，应启发学生认识新质生产力发展的价值目的；从价值情感元素而言，应唤起学生对新质生产力发展成就的自豪感和发展不足的忧虑感；从价值信念元素而言，应引导学生树立推动新质生产力发展的坚定信念。实践中既要加强组织管理，又要注重结合各学科特点进行内容设计，以新质生产力发展的历史、人物、现实、理论为切入点，以对比论证法和时事跟踪法为主要方法载体，实现对学生的价值引导。

【关键词】新质生产力；课程思政；价值元素；实践路径；案例分析

【作者简介】魏心凝，法学博士，武汉大学马克思主义学院讲师，武汉大学国家革命文物协同研究中心研究员，武汉大学政党研究所研究员。

思想政治理论课的根本任务是"立德树人"[1]。新时代新征程，其所立之"德"应为投身社会主义现代化强国建设、担当社会责任、拼搏进取之德；其所树之"人"应为掌握国家发展所需知识、技能且具有创造力和创新精神之人。而新质生产力理论正是揭示社会主义现代化强国建设所需的先进生产力质态发展规律、发展要素、发展动能、发展趋势、发展路径的理论，对教育引导广大青年学生树立奋斗进取、科技报国、为民造福的理想信念有着深刻意义。因此，有必要将新质生产力理论全面融入高校课程思政，全方位教导大学生主动适应未来生产发展、技术革新、产业变革的趋势，拓宽视野、积极应对，从而成长为今后推动高质量发展的杰出人才。

一、研究方法：基于对各学科课程思政建设案例的经验分析

在高校，课程思政的建设效果主要呈现在各学科的课堂之中。各学科如何将马克思主

义的基本立场、观点和方法贯穿于专业课教学，如何将价值观引导寓于知识传授和能力培养之中，决定着课程思政的目标实现程度。新时代，各高校持续推进各学科的课程思政建设，在融入思想政治教育元素的思路、方法、路径等方面积累了一定经验，能够为新质生产力理论融入课程思政提供示范和启示。因此，本文选取20个学科的课程思政建设案例进行分析，总结其普遍经验和成功做法，为新质生产力理论融入课程思政提供路径参考和方法借鉴。

（一）案例搜集方式和选择标准

本文主要通过在中国知网检索来搜集各高校具有代表性的课程思政建设案例。案例选择遵循以下标准：

第一，选择已形成文字的可检索、可总结、可提炼、可复制、可推广的案例。可检索的论文成果是本文案例搜集的主要来源，而各高校日常教学中形成的未系统化的感性经验或未转化为论文成果的经验不在本次案例搜集之列。

第二，以覆盖各学科门类为原则进行案例搜集，尽量凸显不同学科、不同学校进行课程思政建设的特色。以人文科学、社会科学、理学、工学、信息科学、医学等不同的学科门类为分类进行搜索，同时摘取一些二级学科的课程思政建设案例作为参考。

第三，案例选择与分析遵循普遍性和特殊性相结合的原则，既寻找各学科进行课程思政建设的共性，为新质生产力理论融入课程思政提供成熟模式，又注重分析不同学科的特色，为新质生产力理论因时制宜、有针对性地融入课程思政提供借鉴。根据以上标准，本文所选案例汇总如表1所示。

表1　　　　　　　　　　　　课程思政建设案例汇总

编号	学科	课程思政建设途径	课程思政融入的价值元素
01	国学	以中国哲学的人性论、知行观进行启迪	胸怀天下、志存高远的人生追求
02	外语	以中国文化、道路为主题建设外语资源库	中西方意识形态差别
03	历史学	朝代兴衰和社会主义建设成就对比	"四个自信"、爱国主义
04	经济学	中西经济体制对比、古今经济思想对比	社会主义核心价值观、"四个自信"
05	会计学	引入会计的文化价值、加强宪法法治教育	毛泽东和习近平的重要论述、"四个自信"
06	法学	以宪法的历史发展为主线挖掘资源	社会主义政治认同、制度认同
07	社会学	讨论社会现象、讲解社会制度和发展成就	家国情怀、政治认同、道德修养
08	政治学	从信、融、理、实、全五个方面进行设计	政治自信、马克思主义的世界观和方法论
09	教育学	举办国际研讨会、开展隐性课程	对自身文化和民族的归属感、文化认同
10	数学	讲述数学史、老一辈数学家的励志故事	爱国主义、理想信念、创新精神
11	化学	化学发展史教学、介绍爱国科学家事迹	唯物史观、爱国主义情操、社会责任感

续表

编号	学科	课程思政建设途径	课程思政融入的价值元素
12	生态学	讲授生态学发展历程和生态修复成绩	"四个自信"、爱国主义情怀
13	农学	健全领导机制、实施育人大纲计划	知农爱农、强农兴农
14	机械工程	嵌入式教学、支撑式教学、补充式教学	学术志趣、专业归属感、行业认同
15	电气工程	科技国情法、时事跟踪法、横纵对比法等	理想信念、爱国情怀、奋斗精神
16	土木工程	完善教学设计、改善教学模式等	爱国主义、学术道德、法律法规
17	车辆工程	融入世界汽车发展、中国汽车工业发展史	对于中国制造的情感共鸣、工匠精神
18	计算机	结合人物事迹、学校科研成果、时事政策	哲学思维、道德法规、爱国主义
19	遥感工程	讲述禁运和封锁故事、国家重大战略需求	突破"卡脖子"攻关的拼搏进取精神
20	口腔医学	开展医学人文教育	敬畏生命、感恩回报、无私奉献

(二)案例的共性、特性及启示

通过对上述案例的分析,发现如下特点。

第一,对价值元素的挖掘和融入是各学科课程思政建设的首要目的。爱国主义、家国情怀、社会责任和奋斗精神是各学科课程思政力图传递的核心价值元素。在此基础之上,各学科注重结合自身特点挖掘和融入价值元素。比如医学院注重在专业教学中培养学生的高尚医德和职业认同感[2];遥感信息工程学等学科注重对学生的历史使命感进行培育,重点培养学生的科技攻关精神、工匠精神和拼搏进取精神[3];环境科学则注重启发学生的环境保护意识和绿色发展理念等[4]。由此启发新质生产力理论融入课程思政也应充分考虑各学科特色,挖掘专业课程同新质生产力理论的知识连接点和价值契合点,发扬各学科的育人特色。

第二,各学科课程思政的建设已形成较为成熟的路径体系及较为完善的保障机制。如强化课程思政领导体制机制[5]——完善教学大纲、加强教学设计[6]——探索多种教学模式[7]——开展实践活动[8]。这一闭环路径能够保障课程思政建设的系统化,为新质生产力理论融入课程思政提供了路径参考。

第三,各学科对课程思政建设的载体、方法、策略的运用已积累了一定经验。各学科普遍运用学科史梳理、名人学者事迹引入、古今中外对比、时事热点分析、社会现象讨论、学术观点争鸣等方法策略建设课程思政的课堂。东北大学电气工程学院将其总结为"科技国情法、时事跟踪法、横纵对比法、专业联想法、学科典故法、科学精神法、科研伦理法、思维导图法、主动发现法、启发探究法"[9]十大策略,概括了当前开展课程思政的普遍方法。新质生产力理论的融入同样绕不开上述方法,应当灵活运用各种活动载体、文化载体、传媒载体及管理载体,实现寓教于行、寓教于境、寓教于情和寓教于管。

(三) 对案例的反思

上述案例在为新质生产力理论融入课程思政提供参考的同时，也进一步启发我们应当解决一些未尽问题。

第一，如何借由价值元素的融入真正实现"立德树人"的教育目标。各学科在融入思想政治教育的价值元素时，有的偏重对习近平总书记重要论述的融入，有的偏重对家国情怀的引导，有的偏重法律、文化等价值认知元素的介绍和引入，有的偏重价值情感的熏陶和陶冶……总体呈现出融入元素较为零散、融入层次较为参差、融入程度深浅不一的状态。而"立德树人"价值目标的实现是一个系统工程，需要遵循主体的价值观形成规律，将价值认知元素、价值情感元素、价值信念元素循序渐进地融入课堂之中，使之层层递进、相互映照、由浅入深、由表及里，从而引导学生在认知上明真理、情感上明大义的基础上建立坚定的价值信念和行动意志，成长为为国家和社会发展做贡献的人才。

第二，如何形成既适用各学科、又凸显各学科特色的课程思政建设路径。已搜集到的案例虽然为各学科的课程思政建设提供了各种各样的方法路径，但方法之间的层次关系尚未理清，对教学资源挖掘方法、教学资源运用方法、课堂讲授方法的总结相互交叉，尚未提炼出可复制、可推广的课程思政建设路径。因此，需进一步抓住共性、凝练方法、形成方案，为新质生产力理论融入课程思政提供从组织到管理、从设计到实施的教学实践路径。

二、新质生产力理论融入课程思政的价值元素

习近平总书记强调："要坚持价值性和知识性相统一，寓价值观引导于知识传授之中。"[1] 新质生产力理论不但蕴含了生产力发展的新要素、新动力、新路径等理论知识，还传达出科技攻关、创新进取、务实求变的价值内核。要落实立德树人的根本任务，必须将这些价值内核和青年学生个人的成长成才深度联结，条分缕析、层层递进地挖掘和传导其中的价值认知元素、价值情感元素和价值信念元素，帮助学生认清新质生产力发展的规律、体悟新质生产力发展的重大价值、树立推动新质生产力发展的坚定信念。

(一) 价值认知元素

价值认知即主体对客体的存在、属性和变化同主体需要之间关系的认识。在各个案例中，对价值认知元素的挖掘和融入往往作为课程思政的切入点，是引导学生建立理想信念的前提。大学生对新质生产力的价值认知，即作为主体的大学生对新质生产力发展同自身需要之间关系的认识，其内涵的价值元素包括以下三点：

一是新质生产力发展的根本价值尺度和价值目的。习近平总书记强调："发展新质生产力是推动高质量发展的内在要求和重要着力点。"[10] 而高质量发展是能够满足人民日益增长的美好生活需要的发展。也就是说，实现人民对美好生活的向往是衡量经济社会发展的根本价值尺度，是社会主义现代化强国建设的根本价值目的，也是新质生产力发展的价

值目的。应使大学生清醒认知这一价值目的，构建起对习近平新时代中国特色社会主义思想的认同、对中国特色社会主义道路、理论、制度、文化认同的认知根基。

二是新质生产力发展同个体发展的价值关系。习近平总书记指出，新质生产力"以劳动者、劳动资料、劳动对象及其优化组合的跃升为基本内涵"[10]，强调"科技是第一生产力、人才是第一资源、创新是第一动力"[11]，证明人才是科技创新的根源，是新质生产力发展中最活跃的因素，发展新质生产力离不开对人才的培养。同时，个体只有适应新质生产力的发展要求，将自身发展寓于当今高质量发展的时代课题之中，才能找到自身发展的恰当坐标。因此，应当讲清楚新质生产力发展同个体发展这两者相互融入、相互依存、根本一致的价值关系，从而为大学生建立正确的择业观、价值观、人生观奠定认知基础。

三是大学生在推动新质生产力发展中的价值主体地位。习近平总书记指出，科技创新是"发展新质生产力的核心要素"，要"加强科技创新特别是原创性、颠覆性科技创新"[10]，"希望全国广大工程技术人员坚定科技报国、为民造福理想，勇于突破关键核心技术，锻造精品工程，推动发展新质生产力"[12]。而接受高等教育的大学生最具备成长为新质人才的素质基础，最具备攻关原创性、颠覆性科技创新的能力潜质。因此，科技创新的未来希望在大学生，新质生产力发展的寄托也在大学生。新质生产力理论融入课程思政，就是要启迪大学生深刻认识到自身不能推卸的主体地位和历史使命，进而激发其爱国报国的价值情感。

(二) 价值情感元素

情感的本质是"以心理体验的方式反映主客体之间的价值关系，表达主体对于客体的价值态度"。[13]同人的需要毫无关系的事物，人对它是无所谓情感的。挖掘价值情感元素，就是要挖掘新质生产力发展同大学生需要深度结合的理论元素，挖掘能够调动大学生的憧憬和希望，又能够唤醒大学生忧虑和不甘的元素，从而引导大学生形成对新质生产力发展必要性和急迫性的正确评估和态度。正如在大量的案例中，引入我国科技发展成就和面临的"卡脖子"困境是常见的教学手段[3]。而这一手段往往能起到调动学生情绪、激发情感共鸣、培育爱国情怀、建立忧患意识和历史责任感的目的。新质生产力理论可挖掘的价值情感元素主要包含两方面。

一是肯定性情感，包括民族自豪感和个体获得感。近年来，"新质生产力已经在实践中形成并展示出对高质量发展的强劲推动力、支撑力"[10]，我国的一些"新制造""新动能""新业态"已逐渐从跟跑转向并跑、领跑状态，与改革开放初期不可同日而语，与10年前相比也发生了质的飞跃。同时，正是因为新质生产力为我国经济发展注入强劲动力，以民生为重点的社会建设才能顺利展开，人民的获得感、幸福感、安全感才逐步增强。这些伟大成就是激起大学生民族自豪感、引发个体获得感的最自然的养料，是强化大学生"四个自信"的厚重基石，能够为大学生投身于社会主义现代化建设提供高亢激昂的精神动力。

二是否定性情感，包括现实忧虑感和行动紧迫感。否定性的价值情感指的是个体因对当前价值关系的不满、对现状的否定而引发的遗憾、忧虑、羞耻、焦急等情感状态。它指向的并非对价值客体的不满和否定，而是对价值客体满足主体需要程度和水平的不满，是对当前价值关系现实状况的否定。而适当的否定性价值情感能够激发主体急切改变现实状况的动机和需要。在搜集的案例中也常见到对这一价值元素的挖掘，比如生态学的课堂上不仅注重讲述我国生态文明建设成就，同时注意引入以往我国生态破坏的严重后果[4]，从而引发学生的忧患意识。新质生产力理论包含对当前发展的问题、矛盾和短板的论述，应当加以运用，激发学生对现实的忧虑感和行动的紧迫感，使学生认识到当前生产力的发展状况同我国高质量发展的要求、同社会主义现代化强国建设的目标是不相适应的，引发学生对当前困境和短板的不满和否定，激起学生对现实的忧虑感和抹平差距、追赶先进的行动紧迫感，从而进一步树立奋发图强、辛勤创造、报效祖国的价值信念。

(三) 价值信念元素

在形成价值情感之后，下一步就是怎样通过行动抒发情感，以及选择怎样的行动。而价值信念恰能为人提供行动的原则和具体目标。新质生产力理论的融入则应从生产力发展的角度阐明未来有利于我国发展的必然选择是什么，有利于大学生实现人生价值和社会价值的行为选择是什么，从而推动大学生树立正确的价值信念。

一是阐明推动新质生产力发展是社会主义现代化强国建设的必由之路。从历史和现实来看，一个国家要崛起为大国并持久保持大国地位，主要是靠科技创新能力及其主要载体——制造业的竞争力，而不是靠自然资源，也不是靠殖民掠夺。这就证明只有不断发展生产力、推动科技创新才能实现强国建设目标，而别无他法。同时，新质生产力是提升国际竞争力的重要支撑，是更好满足人民群众对美好生活需要的物质基石，是形成优质高效多样化供给体系的必由之路。因此，从多个方面来看，新质生产力对社会主义现代化强国建设具有不可替代性意义。

二是阐明自力更生、勇于奋斗是推动新质生产力发展、报效祖国的必由之路。一方面，当今时代，国际环境日趋复杂、大国博弈日趋激烈，发展新质生产力没有外力可以依靠，必须依靠独立自主、自力更生。要启发学生认清制约和推动新质生产力发展的内外因和主次矛盾，对我国通过自力更生、艰苦奋斗的途径实现社会主义现代化强国建设目标抱有必胜信念。另一方面，对于每一个个体来说，独立自主、自力更生同样是实现人生价值的必由之路。应以我国发展的艰辛历程让大学生深刻体悟到无论外部环境如何变动、个体的资源禀赋有多大差异，起最终决定作用的始终是自身的拼搏奋斗。由此，推动大学生树立自力更生、科技攻关、勇于奋斗、报效国家的价值信念。

值得注意的是，新质生产力理论融入课程思政的价值认知、价值情感、价值信念元素并不是截然分离的，而是彼此融合的。在进行价值认知教育时，学生的价值情感同时会受到激发，进而引导学生树立价值信念。而价值情感和价值信念的激起也时刻以清晰的价值认知为前提。三者只有在教学过程中紧密结合，才能发挥良好效果，最终引导学生建立坚定的价值信念。三者的关系如图 1 所示：

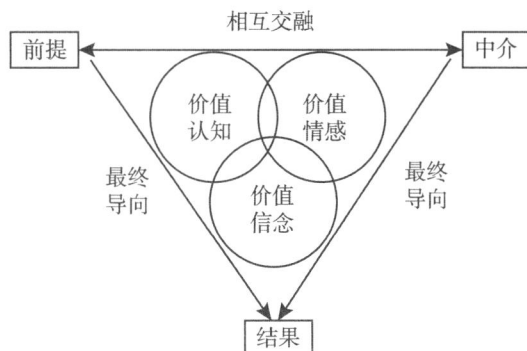

图1 价值认知、价值情感、价值信念元素关系图

三、新质生产力理论融入课程思政的实践路径

课程思政理应是隐性思想政治教育的一种形态，"将特定的价值体系蕴含在多元化的学科知识体系中，为学生的价值塑造和品格形成提供一种'默会'情境"。[14]为了使课程思政能够真正发挥隐性思想政治教育"润物无声"的特点，各学科总结了多种多样的经验方法，其共同经验绕不开以下几个关键词：学科历史、人物事迹、文化故事、现实发展、国家战略、横纵对比、学科联想等。可将上述经验按照以下几个维度进行划分，如表2所示。

表2　　　　　　　　　　　　各学科课程思政建设的普遍路径

衔接点	融入策略		融入保障
	融入载体	融入方法	
历史	中国传统文化史、学科发展史、制度发展史、我国人民奋斗史等	历史溯源法、古今对比法、中外对比法、回忆对比法、类比法等	机制保障大纲保障技术保障师资保障
人物	学科泰斗人物故事、励志人物故事、爱国科学家故事等	典型示范教育法、激励感染教育法等	
现实	社会现象、现实困境、国家战略、实践成就等	形势启发法、新闻分析法、讨论法、疏导法、实践教育法等	
理论	核心概念、基础理论、学科原理、技术规律等	概念辨析法、中西比较鉴别法、借物喻人法、移情法等	

这些共同路径为新质生产力理论融入课程思政提供了参考。不过，各案例对方法的梳理较为粗浅。要想实现新质生产力理论对课程思政的系统融入，不但需要从组织管理上予

以保障，还需建设教学资源库、方法集，提升融入效果。

(一)组织管理：新质生产力理论融入课程思政的实践保障

"离开了管理的教育，必然是软弱无力的。"[15]纵观各学科进行课程思政的经验，加强组织管理占有重要地位。要推动新质生产力理论真正进入各学科的课堂，就需要通过规范化、制度化管理，使其渗透到每一个教学环节。

一是强化领导机制。已有案例表明，成立思想政治工作领导小组、强化党委对全校课程思政建设的全面领导与部署、健全书记校长带头抓课程思政建设的机制是有效的实践举措，能够"发挥学校全方位德育'大熔炉'的教育合力作用"[5]。可见，学校领导层的重视无疑是各学科各课堂将新质生产力理论融入课程思政的直接动力。基于此，学校应当加强领导，制订将新质生产力理论融入课程思政的具体规划和实施方案，为各学科、各专业、各课堂提供方向和抓手。

二是形成目标管理、教学大纲管理、课程建设管理、师资管理的全方位管理体系。清晰的育人目标能够校正教学的逻辑起点、预制教学的实施路径，增强教学的可控性。而教学大纲则是教学目标的具体化和实施指南。在案例中，不少学校提到了目标制定、大纲设计的重要性。新质生产力理论的融入也需要明晰其目标导向，对价值认知目标、价值情感目标和价值信念目标予以分解和明确，并根据目标进一步设计完善教学大纲。此外，对课程建设和师资的管理同样重要。线上线下的混合式课程已经成为课程思政实施的常见方式。因此，应当开设专题慕课，讲解新质生产力理论的要点和案例，作为线下教学的有益补充；还应对各专业教师进行宣讲、培训，提升教师队伍对新质生产力的认识，引导教师将新质生产力理论更好地融入课堂。

(二)内容设计：新质生产力理论融入课程思政的前提基础

课程思政必须遵循"内容为王"的根本原则。各案例也都毫无疑问地将开发课程思政内容体系放在重要位置，提出建设"教学资源库"[16]。新质生产力理论融入课程思政同样需要设计自己的精品内容，开发自己的内容体系。而借鉴各案例的经验，新质生产力理论的融入内容可以"历史""人物""现实""理论"为切入点进行设计。

一是挖掘历史资源库，丰富课程思政的内容纵深度。新质生产力理论虽强调了生产力发展在当今时代的"新"特质，但"新"与"旧"总是相对而言的。生产力的发展在每一个时代都不断迸发出不同于前一个时代的"新"特点，形成了人类奋力发展生产力的恢宏历史图景。应当在课程思政的内容设计中将这一历史图景同各学科的发展史联结起来。既从纵向上串联起学科发展之于生产力发展的地位和贡献，又从横向上补充各学科各领域的成就对当今人类文明发展的不可磨灭的贡献，从而增强课程思政的内容厚度与深度，提升学生对新质生产力发展的价值认知，唤醒其对我国新质生产力发展自豪与关切的价值情感，建立起推动新质生产力发展的价值信念。

二是刻画人物行动图，提升课程思政的内容鲜活度。人物是历史长河这一条"线"上的"点"，是为宏观历史图景注入灵魂的微观焦点。人物的行为动机、成长路线、奋斗经历能使学生产生设身处地、身临其境的代入感，增强情感共鸣和使命共振。具体而言，既要选取推动生产力跨越式发展的历史名人，又要收集为生产力发展做出贡献的杰出人物；既要讲述这些人物的伟大成就，又要讲述这些人物的生活磨难、坚定意志和顽强毅力，刻画出我国及世界生产力发展史上由点到线的关键人物行动图，从而引导学生认识到个体的选择和奋斗与整个社会发展、国家发展、人类文明发展的密切联系，认识到个人价值和社会价值的深度联结，以此达到激发学生主观能动性、树立理想信念、建立正确"三观"的目的。

三是梳理时代形势图谱，增强课程思政的内容感召力。一方面，应当将新质生产力发展的重要性和紧迫性融入各学科的专业知识讲授中，激起学生的紧迫感、责任感和忧患意识；另一方面，应当阐明我国发展新质生产力的成就、现状、问题和方针政策，将党中央的谋篇布局和战略规划图融入学科发展的知识图谱中，使学生清晰地感受到科技的进步、科学的发展离不开党的领导，离不开对时代问题的回应，从而增强课程思政内容的感召力。

四是突出总结方法论，增强课程思政的内容实践性。应当讲清楚新质生产力理论的真理性正在于运用唯物史观揭示了当今中国社会持续进步的根本动力，揭示了社会发展的规律和社会主义建设规律，揭示了人民群众对美好生活的需要对生产力发展的重要推力，而这也是马克思主义真理性之所在。应当将新质生产力理论所运用的方法论渗透到各学科的教学内容中，突出自然科学的科学实践精神和以人民为中心的价值导向，突出人文社会科学中以马克思主义、唯物史观为指导的优势，从而使学生真正感受到新质生产力理论是有用的理论、实践的理论、人民的理论。

(三) 方法使用：新质生产力理论融入课程思政的关键环节

和教学内容相对应，常见的教学方法有疏导教育法、比较教育法、典型教育法、激励感染教育法和寓教于行、寓教于境、寓教于情等方法。但无论选择什么方法，其本质都是为了论证主题、启发学生、提升认同。而新质生产力和现实生活的联系十分紧密，当今时代的每一个人都生活在生产力飞跃发展带来的便利之中，"05 后"大学生更是时刻见证新质生产力的迅猛发展，这在为教学提供丰富素材的同时，也容易使学生对新质生产力的价值和地位"日用而不觉"，习惯于"眼花缭乱"的科技成果而忽视当今取得成就的艰辛，增加了提升认识的难度。因此，在普遍运用各种教学方法的基础上，更应当重视两种教学方法。

一是对比论证法。将古和今、中和西的发展状态进行横纵对比，突出生产力发展这一变量的介入带来的成就和变化①。也可用反衬对比法，比如将明清以前我国生产力发展在

---

① 正如讲述生产力发展对人民生活水平提升的巨大影响，数据的展示是必要的，但学生对宏大的数据可能没有直观概念。因此，可选取日常生活中的一个司空见惯的场景进行古今对比。比如，以"你在宿舍的鞋架上有多少双鞋?"为切入点，对比中华人民共和国成立前夕平均每人仅有 0.3 双鞋，以此使学生感受生产力发展带来的翻天覆地的变化，使学生在寻常的场景中发现不寻常，在不足为奇的生活中感受党领导人民发展生产力的伟大历程，进而认识到新质生产力的战略地位。这是本校老师在思政课中用到的一个案例。参见经济日报-中国经济网. 国家统计局：改革开放 40 年中国居民人均衣着支出涨超 40 倍 [EB/OL]. (2018-08-31). http://www.ce.cn/xwzx/gnsz/gdxw/201808/31/t20180831_30175386.shtml。

世界上的领先地位同明清时期的思想僵化、故步自封、停滞不前相对比；将明清时期我国的故步自封同西方现代科学的逐渐萌芽、思想的日渐活跃相对比，从反面衬托当今时代重视新质生产力发展的必然选择，引导学生提高认识。

二是时事跟踪法。当下，科技发展日新月异，每时每刻都有关于新科技、新产业、新业态的新闻报道，课程思政不能不及时予以回应。而在回应之中，应当讲清楚新科技的知识原理，讲清楚新产业的潜在价值，讲清楚其对人们日常生活的影响，乃至对学生未来就业方向的拓展。让学生不停留在"看热闹""追热点"的浅表层面，而是既知其然又知其所以然，从而在日常生活中感受新质生产力的发展。

此外，这两种方法也要和其他方法相结合，既通过课堂的案例呈现、对比论证、时事分析、典型示范来启发学生，又通过实习实践、田野调查等方法让学生亲身体验新质生产力发展的过程和成就，才能真正提升课程思政的效果。

（四）价值嵌入：新质生产力理论融入课程思政的效果保障

相比于专业课程，衡量课程思政的效果最主要的是看其价值引导的成效。这就决定了价值嵌入是贯穿于课程思政全过程的核心原则，需要将价值认知、价值情感、价值信念元素真正渗入课堂，从嵌入价值评价、突出价值引导两方面来实现。

一是嵌入价值评价。课程思政不是价值中立的，而是有着鲜明价值立场的。要传达课程思政的价值立场，把抽象的理论真正转化为学生心中具象的价值认知、价值情感和价值信念，作为课堂上知识"权威"的教师就不能态度暧昧，而应有鲜明的价值倾向性，勇于在教学内容中表达褒贬态度，对历史中真正推动了生产力发展、有利于最广大人民利益的事件予以正面肯定和评价，对束缚生产力发展、不利于人民利益的事件予以否定。这样，才能向学生传递正确的价值判断标准，带动学生建立坚定的价值信念。

二是突出价值引导。价值引导是在价值评价的基础之上进一步对学生应当建立何种价值观、如何做出价值选择的方向性指引。在面对新质生产力发展带来社会产业剧烈变迁的迅猛潮流中，青年学生是应当"佛系躺平"还是奋起直追？是应当"焦虑内耗"还是诉诸行动？在对这一系列选项的抉择中，教师扮演着帮助学生解答迷惑、澄清本质、认识规律、反思自我、筑牢信念的指引者角色，而不能是冷静的旁观者、中立者。换言之，教师对引导学生树立正确价值观具有责无旁贷的义务。因此，教师一要勇于价值引导，二要善于价值引导，在灵活运用上述多种教学资源和教学方法的基础上，对新质生产力发展同学生个体之间的关系、新质生产力发展的趋势、国家对新质生产力发展的政策支持等讲深、讲透、讲实，着重以身边人、普通人的奋斗案例作为示范榜样，引导学生建立积极向上的世界观、人生观、价值观。

增强大学生对马克思主义的理论认同、对社会主义的政治认同、对党的领导的信仰认同的根本之道就是不断推进马克思主义理论创新，实现马克思主义的时代化大众化，将理论的科学性、人民性、实践性讲深讲透讲实。新质生产力理论作为马克思主义基本原理同当下社会发展紧密结合的最新理论典范，将其融入课程思政，一方面能够与各类课程衔接紧凑，调动学生兴趣；另一方面能够提升各学科的内在哲理性和战略高度，培养学生对马克思主义的理论认同，进而达到对中国特色社会主义道路、理论、制度、文化的坚定自信，对党的领导的坚定信仰。因此，必须重视新质生产力理论融入课程思政的价值意义，不断创新方式方法，为课程思政提质增效。

◎ 参考文献

[1] 习近平. 习近平谈治国理政：第3卷 [M]. 北京：外文出版社，2020.

[2] 张舒，邓媛媛. 北京大学口腔医学专业本科生课程思政教学模式的探索与实践 [J]. 科教导刊，2021（16）.

[3] 邵振峰，徐小迪，吴文福，胡滨. 前沿科研和课程思政驱动的城市遥感教学改革与实践 [J]. 测绘地理信息，2024，49（2）.

[4] 王晓宇，徐泽，王喆，等. 新时代高校生态学基础"课程思政"建设路径研究 [J]. 高教学刊，2019（26）.

[5] 林万龙，何志巍，崔情情，等. 高等农林院校课程思政建设的机制创新与路径探究 [J]. 中国农业教育，2020，21（4）.

[6] 鲁正，林嘉丽. 土木工程专业课程思政建设路径探讨——以建设工程法规课程为例 [J]. 高等建筑教育，2020，29（3）.

[7] 蔡小春，刘英翠，顾希垚，等. 工科研究生培养中"课程思政"教学路径的探索与实践 [J]. 学位与研究生教育，2019（10）.

[8] 李东风，张怡. 专业基础课"课程思政"教学改革探索——以社会学概论为例 [J]. 江西广播电视大学学报，2020，22（1）.

[9] 孙秋野，黄雨佳，高嘉文. 工科专业课课程思政建设方案：以电力系统分析课程为例 [J]. 中国电机工程学报，2021，41（2）.

[10] 习近平. 发展新质生产力是推动高质量发展的内在要求和重要着力点 [J]. 求是，2024（11）.

[11] 习近平. 习近平著作选读：第1卷 [M]. 北京：人民出版社，2023.

[12] 坚定科技报国为民造福理想　加快实现高水平科技自立自强服务高质量发展 [N]. 人民日报，2024-01-20（1）.

[13] 李德顺. 价值论——一种主体性的研究 [M]. 北京：中国人民大学出版社，1987.

[14] 杨威，汪萍. 课程思政的"形"与"质" [J]. 马克思主义与现实，2021（2）.

[15] 张耀灿，郑永廷，吴潜涛，等. 现代思想政治教育学 [M]. 北京：人民出版社，2006.

[16] 崔戈. "大思政"格局下外语"课程思政"建设的探索与实践 [J]. 思想理论教育导刊，2019（7）.

党的二十届三中全会精神融入高校
思政课教学的重要意义、基本原则和实践路径

余永跃　　邵旭辉　　徐海辰

（武汉大学　马克思主义学院，湖北　武汉　430072）

【摘　要】党的二十届三中全会精神融入高校思政课教学，是贯彻全会精神的应然之举，是促进高校思政课建设高质量发展的实然之措，是培养合格的社会主义建设者和接班人的必然要求，具有重大的现实意义和深远的历史意义。在当前时代背景下，将党的二十届三中全会精神融入高校思政课教学，应坚持政治性与学理性相统一、统筹推进与重点突出相同步、历史思维与守正创新相结合、理论教学与实践教学相协调的基本原则，遵循精准把握"着力点"、科学绘制"逻辑线"、持续拓展"覆盖面"、积极推进"一体化"的实践路径，增强融入的针对性、实效性、协同性，保障融入的常态化。

【关键词】党的二十届三中全会精神；高校思政课教学；重要意义；基本原则；实践路径

【作者简介】余永跃，武汉大学马克思主义学院教授、博士生导师，教育部国家教材建设重点研究基地高等学校思想政治理论课教材研究武汉大学基地研究员，马克思主义理论与中国实践湖北省协同创新中心研究员；邵旭辉、徐海辰，武汉大学马克思主义学院博士研究生。

2024年7月15日至18日，中国共产党第二十届中央委员会第三次全体会议在北京召开。党的二十届三中全会既是党的十八届三中全会以来全面深化改革的实践续篇，也是新征程推进中国式现代化的时代新篇。学习好贯彻好讲授好党的二十届三中全会精神，是当前和今后一个时期高校思政课教学的一项重大政治任务，也是推动思政课建设内涵式发展、不断开创新时代思政教育新局面的内在要求。高校思政课作为铸牢意识形态工作的前沿阵地，必须与党的二十届三中全会精神深度融合，使大学生做到真学真懂真信真用，更好发挥高校思政课立德树人的关键课程作用。

一、党的二十届三中全会精神融入高校思政课教学的重要意义

党的二十届三中全会具有继往开来的里程碑意义，蕴含着丰富的思想政治教育资源。将党的二十届三中全会精神融入高校思政课教学，是贯彻全会精神的应然之举，

是促进高校思政课建设高质量发展的实然之措，蕴含着培养合格的社会主义建设者和接班人的必然要求，能够有效把进一步全面深化改革的战略部署转化为推进中国式现代化的强大力量。

(一) 贯彻党的二十届三中全会精神的应然之举

自 1978 年党的十一届三中全会召开以来，中国共产党带领中国人民开启了改革开放和社会主义现代化建设历史新时期。2013 年，党的十八届三中全会开启了全面深化改革、系统整体设计推进改革的新时代，开创了我国改革开放的全新局面。在此基础上，党的二十届三中全会围绕新时代新征程党的中心任务，着眼以中国式现代化全面推进强国建设、民族复兴伟业的关键时期，突出强调改革开放是党和人民事业大踏步赶上时代的重要法宝，深入分析推进中国式现代化面临的新情况新问题，紧扣主题、聚焦重点，从改革目标、改革思路、改革领域、具体措施等不同层面系统部署了新一轮改革任务，为进一步全面深化改革、推进中国式现代化提供了根本的路线导图与思想指引，展现了中国共产党强烈的历史创造精神和历史主动精神。

将党的二十届三中全会精神融入高校思政课教学是学习贯彻党的二十届三中全会精神的应然之举。党的二十届三中全会指出："学习好贯彻好全会精神是当前和今后一个时期全党全国的一项重大政治任务。要深入学习领会全会精神，深刻领会和把握进一步全面深化改革的主题、重大原则、重大举措、根本保证。"①高校是意识形态工作的前沿阵地，高校思想政治理论课是宣传党的路线方针政策、开展马克思主义理论教育的关键课程。党的二十届三中全会精神只有先学习好才能贯彻好；党的二十届三中全会所取得的一系列重大理论成果必须借助高校思政课教学这一主渠道，通过马克思主义基本原理、毛泽东思想和中国特色社会主义理论体系概论、习近平新时代中国特色社会主义思想概论、形势与政策教育等宣传马克思主义中国化时代化最新成果的重要课程载体，才能有效传递给广大青年学生，让学生深刻感受其中的思想伟力，为贯彻落实党的二十届三中全会精神、推动中国式现代化的生动实践提供强大的思想武器。

(二) 促进高校思政课建设高质量发展的实然之措

习近平总书记强调："做好高校思想政治工作，要因事而化、因时而进、因势而新。"②新时代新征程上，面对纷繁复杂的国际国内形势，着眼以中国式现代化全面推进中华民族伟大复兴的中心任务，高校思政课建设必须有新气象新作为。党的二十届三中全会从党和国家事业发展全局的战略高度出发，对进一步全面深化改革进行了总动员和总部署，其中蕴含着新的历史起点上要以更高的质量推进高校思想政治工作的深刻理念，为高校思政课建设提供了重要的理论支撑和丰富的内容资源。

将党的二十届三中全会精神融入高校思政课教学是促进高校思政课建设高质量发展的

① 中国共产党第二十届中央委员会第三次全体会议公报[N]. 人民日报，2024-07-19(1).

② 习近平. 论党的宣传思想工作[M]. 北京：中央文献出版社，2020：277.

实然之措。作为一次在关键时期召开的重要会议，党的二十届三中全会系统总结了新时代以来全面深化改革的重大成就和宝贵经验，凸显了以习近平同志为核心的党中央团结带领全国各族人民实现改革由局部探索到全面深化的实际、实绩和实效；深切把握对改革开放的规律性认识，紧扣推进中国式现代化这一主题具体擘画了进一步全面深化改革的战略举措，蕴含着习近平总书记关于进一步全面深化改革的一系列新思想新观点新论断；科学审视当今世界和当代中国的发展大势，强调在当前形势和任务下全党上下要齐心协力抓好决定贯彻落实，充分体现以习近平同志为核心的党中央以进一步全面深化改革开辟中国式现代化广阔前景的坚强决心。将党的二十届三中全会精神融入高校思政课教学能够促进高校思政课着眼党的二十届三中全会这一国家大事，讲好中国共产党带领中国人民推进改革的实践故事，引导大学生深刻领悟蕴藏其中的道理，使高校思政课教学实现"因事而化"；能够促进高校思政课建设与党的创新理论武装同步推进，在宣传阐释党的二十届三中全会精神的过程中有效深化高校思政课教学的理论内涵，切实增强大学生对马克思主义中国化时代化最新理论成果、党的创新理论的学习和理解，推动高校思政课建设与时代发展需求的相融互通，使高校思政课教学做到"因时而进"；能够促进高校思政课建设应势而动、顺势而为，把握世界变化新局势和国家发展新态势，教育引导大学生正确认识进一步全面深化改革的必要性、重要性和紧迫性，使大学生将个人理想与历史使命和时代重任紧密融合并为之不懈奋斗，使高校思政课教学达到"因势而新"。

(三)培养合格的社会主义建设者和接班人的必然要求

习近平总书记强调："把青年一代培养造就成德智体美劳全面发展的社会主义建设者和接班人，是事关党和国家前途命运的重大战略任务，是全党的共同政治责任。"[①]青年是整个社会力量中最积极、最有生气的力量，关乎国家希望、民族未来；大学生是新时代青年群体的主体部分。把广大青年大学生培养成社会主义建设者和接班人是我们党教育方针的重要体现。

将党的二十届三中全会精神融入高校思政课教学是培养合格的社会主义建设者和接班人的必然要求。新时代的青年大学生处在人生发展的最好时期，肩负民族复兴的时代重任，是学习贯彻传承党的二十届三中全会精神的关键群体。党的二十届三中全会既蕴含着历史的再接续、又展现了时代的新图景，既有丰富的思想理论、又有深刻的价值导向，既是新时代新征程上以进一步全面深化改革推进中国式现代化的行动指南、又是落实立德树人根本任务的重要资源，为新时代大学生成为德智体美劳全面发展的社会主义建设者和接班人指明了方向。将党的二十届三中全会精神融入高校思政课教学，能够促进广大青年大学生深刻领会其中的实质内涵，不断用党的创新理论武装头脑，站在实现中华民族伟大复兴的战略高度上坚定理想信念、厚植爱国情感，在正确认识当前我国发展所处的历史方位、进一步全面深化改革的重大意义等内容中明确自身历史使命、培养奋斗精神，在中国式现代化建设的具体实践中锤炼过硬本领、提升综合素养，努力成为有理想、敢担当、能

---

① 习近平. 在纪念五四运动100周年大会上的讲话[M]. 北京：人民出版社，2019：12.

吃苦、肯奋斗的新时代好青年，努力成为拥护中国共产党领导和我国社会主义制度、立志为中国特色社会主义事业奋斗终身的有用人才。

二、党的二十届三中全会精神融入高校思政课教学的基本原则

党的二十届三中全会精神融入高校思政课教学，不是将党的二十届三中全会的内容与高校思政课教学进行简单的"硬凑""拼盘"，应坚持政治性与学理性相统一、统筹推进与重点突出相同步、历史思维与守正创新相结合、理论教学与实践教学相协调的基本原则，实现融入的有机、有序、有效。

(一) 坚持政治性与学理性相统一

习近平总书记强调，推动思想政治理论课改革创新，要"坚持政治性和学理性相统一"①。政治性是高校思政课的首要属性和鲜明特征，决定着高校思政课的根本方向与目标，是高校思政课的安身立命之本。同时，政治性的发挥需要学理性的支撑，只有以透彻的学理分析回应学生、以彻底的思想理论说服学生、用真理的强大力量引导学生，才能将政治讲得准确、鲜活、明白。因此，将党的二十届三中全会精神融入高校思政课教学，必须坚持政治性与学理性相统一的原则，以政治来统领学理，用学理来阐释政治。

一方面，必须坚持政治性的根本原则，牢牢把握政治性这个核心和灵魂。要充分发挥高校思政课的政治引导功能，从政治高度完整准确理解和阐释党的二十届三中全会精神，以坚定的政治清醒和政治自觉将落实立德树人根本任务与学习贯彻党的二十届三中全会精神联系起来，引导广大青年大学生在学习全会精神中站稳政治立场、坚定政治方向、贯彻政治理论、培养政治认同，树立起正确价值观、民族观、国家观、文化观，使之成为具备高度政治觉悟、社会责任感和创新精神的人才，为强国建设和民族复兴贡献力量。另一方面，必须充分把握高校思政课的学理性要求，避免"有机融入"成为简单的"政治宣传"。要立足历史唯物主义和辩证唯物主义，对党的二十届三中全会系列相关文件文本进行深入透彻的学理性分析，用习近平新时代中国特色社会主义思想的世界观和方法论阐释进一步全面深化改革、推进中国式现代化的重要性和必要性、目标和原则、系统部署和全面落实等问题和内容，解读其中蕴含的马克思主义和马克思主义中国化时代化的理论底蕴，用马克思主义的立场观点方法回应大学生的思想困惑和理论需求，引导学生在感悟全会精神中正确认识时代责任和历史使命，能够科学掌握和正确应用党的创新理论最新成果，不断以政治清醒促进理论思维、以理论思维保障政治坚定。

(二) 坚持系统推进与重点突出相同步

习近平总书记强调："只有用普遍联系的、全面系统的、发展变化的观点观察事物，

---

① 习近平.思政课是落实立德树人根本任务的关键课程[M].北京：人民出版社，2020：17.

才能把握事物发展规律。"①党的二十届三中全会精神体系完备、内容丰富，并且明确将坚持系统观念作为落实一系列部署的重要原则。党的二十届三中全会精神融入高校思政课教学同样是一项系统工程，必须坚持系统推进与重点突出相同步的原则，在全局谋划的同时突出关键内容，以重点问题的突破带动整体协同发展。

一方面，必须以全面学习、全面把握、全面落实为要求，系统推进党的二十届三中全会精神融入高校思政课教学。要以《中共中央关于进一步全面深化改革　推进中国式现代化的决定》等文件为核心文本，从整体到局部、再从局部到整体进行反复揣摩，在深入研究的基础上系统完整、准确全面地学习领会党的二十届三中全会的主要内容和精神实质；要紧紧围绕党的二十届三中全会精神和高校思政课的根本任务，全面系统把握高校思政课的课程体系、教学内容和教学要求等内容，遵循大学生身心发展规律做好教学设计，将党的二十届三中全会精神系统融入高校思政课教学体系；要在融入过程中引入多方面的资源，使学生不仅系统掌握党的二十届三中全会精神的理论内涵，还能使之转化为指导实践的重要力量。另一方面，在坚持整体把握、系统推进的同时，还要坚持突出重点、抓住关键。既要从党的二十届三中全会的系列文件出发，突出其中的重点内容，着重聚焦进一步全面深化改革的主题、重大原则、重大举措、根本保证，着重强调坚持和加强党的全面领导和党中央集中统一领导，着力阐释青年大学生与进一步全面深化改革、推进中国式现代化的紧密联系；又要从高校思政课的具体实际出发，着眼不同思政课程的具体要求和教学方向，从不同课程特点和侧重出发分析解读党的二十届三中全会精神，并针对不同年级的大学生及其重点关注的重、难、热、疑四类问题，进行有的放矢、解疑释惑，将党的二十届三中全会精神分类、分层、分课融入高校思政课教学，实现横向课程之间的密切配合和纵向年级之间的层层递进。

(三)坚持历史思维与守正创新相结合

习近平总书记强调，历史是最好的教科书，"我们的实践创新必须建立在历史发展规律之上，必须行进在历史正确方向之上"②。党的二十届三中全会是一次接续历史、立足现实并面向未来的重要会议。将党的二十届三中全会精神融入高校思政课教学，必须坚持历史思维与守正创新相结合的原则，在总结历史规律中坚守正确方向，在把握时代特征中不断创新。

一方面，要坚持历史思维，从大历史观出发把握党的二十届三中全会的精神实质，促进党的二十届三中全会精神融入高校思政课教学的广度和深度。历史思维贯通过去、现在和未来，是一种整体性、复合式、多维度的战略思维。坚持历史思维，是我们站稳唯物史观、把握历史规律的重要前提，也是我们发扬历史主动精神、不断守正创新的动力来源。

①　习近平．高举中国特色社会主义伟大旗帜　为全面建设社会主义现代化国家而团结奋斗——在中国共产党第二十次全国代表大会上的报告[M]．北京：人民出版社，2022：20.
②　习近平．建设中国特色中国风格中国气派的考古学更好认识源远流长博大精深的中华文明[J]．求是，2020(23)．

要积极引导学生从党史、新中国史、改革开放史、社会主义发展史、中华民族发展史的大历史观维度学习领悟党的二十届三中全会精神，使之树立起正确的历史观、大局观、发展观，在感受全面深化改革的历史成就中凝聚思想共识，在梳理历次改革的演变机理中强化思想引领，在把握全面深化改革的历史规律中增强历史主动，将从历史中获得的智慧转化为理论创新的思想自觉和引领时代的重要工具。另一方面，要坚持守正创新，在遵循历史规律的基础上把握时代特征，提升党的二十届三中全会精神融入高校思政课的高度和精度。党的二十届三中全会精神本身即是守正创新的成果。既要以守正创新的方法正确认识全会精神，把握其中蕴含的根本方向、根本立场、根本目标等"不变"的内容，分析其中体现的新形势新问题新思想新措施等"变"的内容；也要以守正创新的手段全面推进全会精神融入高校思政课教学，在坚持落实立德树人根本任务的基础上，结合各高校的实际情况和独特优势进行特色化融入，结合本硕博等不同层次、不同专业学生的认知特点和具体需求进行精准化融入，结合新媒体、新技术等创新技术进行信息化融入，从而有效激发党的二十届三中全会精神的育人效能。

(四) 坚持理论教学与实践教学相协调

习近平总书记强调，思政课要用科学理论培养人，也要高度重视实践性，"在理论和实践的结合中，教育引导学生把人生抱负落实到脚踏实地的实际行动中来，把学习奋斗的具体目标同民族复兴的伟大目标结合起来"。[①] 党的二十届三中全会精神是对长久以来我们党全面深化改革的理论成果和实践成果的深度凝练。将党的二十届三中全会精神融入高校思政课教学，必须坚持理论教学与实践教学相协调的原则，以理论学习切中实际需要、指导实践行动，在实践教学中揭示科学规律、促进理论发展。

一方面，要充分发挥理论教学的重要作用，利用好课堂教学主渠道，运用好理论灌输的基本方法。将党的二十届三中全会精神融入高校思政课教学，离不开必要的理论灌输。必须围绕党的二十届三中全会精神进行深入的学术研究和理论阐释，以马克思主义中国化时代化的理论视野、中国特色社会主义发展的历史视野和人类文明进步发展的国际视野搭建起全会精神融入高校思政课的理论架构，把党的二十届三中全会精神内涵讲清楚、讲透彻，引导学生结合当前发展的具体实际发现问题、分析问题、思考问题，充分做到有机融入、深度融入、创造性融入。另一方面，要高度重视实践教学的协同发展，打通理论学习与实践运用之间的壁垒，对理论教学进行延伸和补充。要紧紧围绕党的二十届三中全会精神的理论内涵，将教学资源由书本上的静态理论拓展至实践中的鲜活素材，将教学场域由思政小课堂延伸至社会大课堂、时代大课堂，使学生不断联系新的实际，在进一步全面深化改革的生动实践中进一步体悟、掌握、吸收党的二十届三中全会精神，将抽象化的理论转变为分析解决现实问题的工具、内化为学生的自身素养和过硬本领，从而实现理论武装与实践转化的有机统一。

---

① 习近平. 思政课是落实立德树人根本任务的关键课程[M]. 北京：人民出版社，2020：20.

三、党的二十届三中全会精神融入高校思政课教学的实践路径

习近平总书记强调："只有打好组合拳，才能讲好思政课。"①将党的二十届三中全会精神系统、全面、准确地融入高校思政课教学，必须在明确价值意蕴、遵循基本原则的基础上，精准把握"着力点"，科学绘制"逻辑线"，持续拓展"覆盖面"，积极构建"共同体"，打好实践路径的组合拳，实现知、情、意、行的统一。

（一）以精准把握"着力点"增强融入的针对性

党的二十届三中全会精神融入高校思政课教学，教师是关键、学生是核心、课程是载体，应围绕这三方面精准把握"着力点"，增强全会精神融入高校思政课教学的针对性。

第一，把准教师"能力点"，切实提升教师技能素养。习近平总书记强调："传道者自己首先要明道、信道。"②党的二十届三中全会将"提升教师教书育人能力"③作为深化教育综合改革的重要内容之一。党的二十届三中全会精神融入高校思政课教学，关键在教师，需要着力提升教师的相关能力素养。高校思政课教师要树立高度的使命感和责任感，坚持先学后教原则，通过研究阐释、宣讲辅导、专题培训等形式，系统学习《中国共产党第二十届中央委员会第三次全体会议公报》《中共中央关于进一步全面深化改革　推进中国式现代化的决定》《关于〈中共中央关于进一步全面深化改革　推进中国式现代化的决定〉的说明》等重要文件，深刻把握进一步全面深化改革的主题、重大原则、重大举措、根本保证，全面深入学习领会党的二十届三中全会精神；要将党的二十届三中全会精神与习近平总书记关于思政课建设的重要指示精神贯通起来，通过集体备课、交流研讨、教学展示等形式，探寻全会精神融入各门思政课的路径方法，解决好"怎么进""如何教"等问题，以学生喜闻乐见、易于接受的教学形式和话语方式阐述传播党的二十届三中全会精神，做好党的二十届三中全会精神的"翻译家"和"宣传员"。

第二，找准学生"需求点"，密切关注学生思想动态。习近平总书记强调："青年是苦练本领、增长才干的黄金时期。"④青年大学生生逢盛世、肩负重任，处于心智逐渐健全、思维状态最活跃的人生阶段，最需要精心引导和栽培。将党的二十届三中全会精神融入高校思政课教学，核心在学生，根本目的在于培养出合格的社会主义建设者和接班人。要坚持"以学生为中心"的价值取向，以"培养更多让党放心、爱国奉献、担当民族复兴重任的时代新人"为出发点和落脚点，密切关注学生的思想动态，做好完备的学情分析，找准学生对于全会精神的兴趣点、关切点和疑惑点，注重激发学生对于党的二十届三中全会相关问题的求知欲，及时准确回应和纠正学生对于全会精神的思想困惑和错误认知，有针对性

①　习近平．思政课是落实立德树人根本任务的关键课程［M］．北京：人民出版社，2020：23.
②　习近平．习近平谈治国理政：第 2 卷［M］．北京：外文出版社，2017：379.
③　中共中央关于进一步全面深化改革　推进中国式现代化的决定［N］．人民日报，2024-07-22（3）.
④　习近平．论党的青年工作［M］．北京：中央文献出版社，2022：212.

地开展价值引导，以高质量的教学供给满足学生思想需求。

第三，抓准课程"融入点"，科学推动课程矩阵建设。习近平总书记强调，要"坚持思政课建设与党的创新理论武装同步推进"①。将党的二十届三中全会精神融入高校思政课教学，要围绕立德树人根本任务，把握各类高校思政课程的具体特点，找准全会精神与高校思政课的契合点。要以高校思政课程为抓手，深入把握党的二十届三中全会精神的精髓要义和重点要点，针对高校思政课不同课程的内容侧重和方法特点进行教学设计，从不同角度深度剖析其中的科学内涵，挖掘其中的育人价值。例如，在马克思主义基本原理课程中深入阐述全会精神所蕴含的马克思主义立场观点方法，解读会议文件和决策部署中体现的原理性、规律性内容等；在中国近现代史纲要课程中系统梳理中国近代以来进行社会主义改革和现代化建设的历史进程和重大成就，引导学生明确进一步全面深化改革的方向和青年学生的使命担当等。要细致把握党的二十届三中全会精神的育人目标和要求，结合高校实际情况，进一步打造包括思政课程与课程思政、必修课与选修课、系统讲授与专题教学等不同层次、不同形式在内的课程矩阵，以党的创新理论增强高校思政课的理论性和时代性，以高校思政课促进党的创新理论的普及和武装。

(二) 以科学绘制"逻辑线"提升融入的实效性

党的二十届三中全会精神融入高校思政课教学，需科学回答"为何融入""融入什么""怎样融入"等基本问题，围绕这三方面科学绘制"逻辑线"，提升全会精神融入高校思政课教学的实效性。

第一，科学设计教学目标逻辑线，牢牢站稳政治高度。习近平总书记指出："我们正在为实现'两个一百年'奋斗目标而努力。未来30年，我们培养的人要能够完成'两个一百年'的伟业。"②将党的二十届三中全会精神融入高校思政课教学不仅关系着全会精神的贯彻落实，更关系着高校培养什么人、怎样培养人、为谁培养人的根本问题。当前形势下，将党的二十届三中全会精神融入高校思政课教学，要在世界百年未有之大变局、中华民族伟大复兴战略全局中进行思考，要站在坚持和发展中国特色社会主义、建设社会主义现代化强国、实现中华民族伟大复兴的政治高度来看待，立足以中国式现代化全面推进实现中华民族伟大复兴的中心任务，围绕贯彻落实党的二十届三中全会精神、把进一步全面深化改革的战略部署转化为推进中国式现代化的强大力量这一战略任务，科学设计教学目标，在以培养担当民族复兴大任的时代新人为根本目标的基础上，进一步细化目标体系，明确青年大学生应当熟练掌握全会精神中的什么知识理论、具备什么样的实践运用能力、形成什么样的科学认知、实现什么样的思想转变、树立什么样的理想信念等。

第二，精心绘制教学内容逻辑线，讲清讲透理论深度。习近平总书记强调："思政课

---

① 习近平对学校思政课建设作出重要指示强调　不断开创新时代思政教育新局面　努力培养更多让党放心爱国奉献担当民族复兴重任的时代新人　丁薛祥出席新时代学校思政课建设推进会并讲话[N].人民日报，2024-05-12(1).

② 习近平.思政课是落实立德树人根本任务的关键课程[M].北京：人民出版社，2020：5.

的本质是讲道理。"①党的二十届三中全会精神蕴含着习近平总书记关于进一步全面深化改革的一系列新思想、新观点、新论断，内容涉及改革发展稳定、内政外交国防、治党治国治军各个方面，是习近平新时代中国特色社会主义思想的重要体现。将党的二十届三中全会精神融入高校思政课教学，必须精心绘制教学内容逻辑线，把道理讲得清楚透彻。既要全面融入和重点突出相结合，以时间节点为线索串联起全面深化改革的发展历程，以重大事件为依托为学生呈现解读从十一届三中全会到十八届三中全会、再到二十届三中全会取得的重大成就和经验，以"怎么看——怎么干——怎么抓"为脉络系统解读党的二十届三中全会精神的精髓要义和逻辑层次；又要与高校思政课的属性和特点相结合，将党的二十届三中全会精神有机融入高校思政课的课程体系、教材体系和教学体系之中，使全会精神潜移默化地融入高校思政课教学的价值逻辑、知识逻辑、发展逻辑和现实情境中，从而达到润物无声的效果。

第三，合理架设教学方式逻辑线，有效提高思政课鲜活度。习近平总书记强调："上思政课不能拿着文件宣读，没有生命、干巴巴的。"②将党的二十届三中全会精神融入高校思政课教学，还需合理架设教学方式逻辑线，防止融入的形式化、表面化，用知识的鲜活度激发学生的浓厚兴趣。要把握大学生群体思维活跃的特点，遵循其认知规律，围绕"发现问题——分析问题——解决问题"的逻辑演进，积极探索案例式教学、探究式教学、体验式教学、互动式教学、专题式教学、分众式教学等方式，及时融入相关国内外形势的新变化、党和国家工作任务的新进展，灵活引入现代科技手段，使党的二十届三中全会精神以更加温暖鲜活的形式融入高校思政课教学、走进青年大学生的头脑。

（三）以持续拓展"覆盖面"促进融入的协同性

党的二十届三中全会精神融入高校思政课教学，高校思政课是主课堂，社会生活是大课堂，网络空间蕴含云课堂，应围绕这三方面持续拓展"覆盖面"，促进全会精神融入高校思政课教学的协同性。

第一，聚焦高校思政主课堂，促进思政课程与课程思政相协同。习近平总书记强调："要用好课堂教学这个主渠道，思想政治理论课要坚持在改进中加强……其他各门课都要守好一段渠、种好责任田，使各类课程与思想政治理论课同向同行，形成协同效应。"③将党的二十届三中全会精神融入高校思政课教学，一方面，要充分发挥思政课程的主渠道作用，既要以党的二十届三中全会精神引领高校思政课教学，又要在高校思政课教学中深入阐释并系统解读党的二十届三中全会精神，以思政课程为载体，将价值观引导寓于知识传授之中，促进青年大学生系统掌握全会精神，并将之转化为坚定的理想信念和使命担当；

①　坚持党的领导传承红色基因扎根中国大地　走出一条建设中国特色世界一流大学新路[N].人民日报，2022-04-26(1).

②　"'大思政课'我们要善用之"（微镜头·习近平总书记两会"下团组"·两会现场观察)[N].人民日报，2021-03-07(1).

③　习近平.习近平谈治国理政：第2卷[M].北京：外文出版社，2017：378.

另一方面，要有效激发课程思政的协同育人作用，围绕党的二十届三中全会精神和部署涉及的具体领域，发挥不同学科的特色和优势，挖掘不同课程当中的思政元素，构建"党的二十届三中全会精神+专业课程"的教学模式，以全会精神指引学科发展，用专业课程理论解读全会精神的具体内涵，引导青年大学生从专业视角感悟全会精神、在分析问题中践行全会精神，实现思想政治素质和专业能力素养的共同提升。

第二，开拓社会生活大课堂，促进理论学习与实践运用相协同。习近平总书记强调："社会是个大课堂。青年要成长为国家栋梁之材，既要读万卷书，又要行万里路。"[①]社会生活大课堂是高校开展思政活动、汲取思政资源、检验思政成效的重要空间场域。将党的二十届三中全会精神融入高校思政课教学，要持续拓展社会生活大课堂，充分集聚社会育人多元合力。一方面，要大力促进优秀社会资源"引进课堂"，优化整合社会生活中体现党的二十届三中全会精神的育人资源，有效建立高校、政府、企业、社会组织、家庭之间的资源衔接，充分引入各级各类优秀党政领导干部、企事业单位管理者、行业先进模范、大国工匠、创新创业先锋等人员充实高校思政课专、兼职教师队伍，以真实的事迹、生动的案例帮助学生更好感悟全会精神；另一方面，要积极推动青年大学生"走进社会"，围绕党的二十届三中全会精神，充分利用爱国主义教育、红色文化教育、历史文化教育等实践基地资源，因地制宜发展地方特色教育资源，通过"纪念馆中的思政课""行走的思政课"等形式，使学生在深入祖国大地、深入社会实践、深入基层一线中体会领悟党的二十届三中全会精神，将其中的思想伟力转化为实践动力、落实到实际行动之中。

第三，建强网络思政云课堂，促进显性融入与隐性融入相协同。习近平总书记强调："要运用新媒体技术使工作活起来，推动思想政治工作传统优势同信息技术高度融合，增强时代感和吸引力。"[②]当前背景下，互联网是意识形态交锋的最前沿和主战场，也是促进党的二十届三中全会精神融入高校思政课教学的重要阵地。一方面，要通过大数据、云计算、人工智能以及数字传媒、智能通信等技术手段的有效应用打破时空限制，积极构建资源共享、互动交流和网络宣传三位一体的"党的二十届三中全会精神+融媒体"的网络思政平台，打造一批青年大学生真心喜爱、乐于接受、形象生动的网络精品课程，在虚实交互中增强全会精神融入高校思政课教学的创新性和吸引力；另一方面，要坚持党管网络思政，牢牢把握网络育人主导权，精准辨析和科学回应网络存在的各类舆情和思潮，积极开展"微百科""微电影""微课程"等阐释宣传党的二十届三中全会精神的网络文化活动，鼓励师生原创以党的二十届三中全会精神为主题的优秀网络文化作品，塑造积极向上的网络氛围，使互联网这个最大变量转变为党的二十届三中全会精神融入高校思政课教学的最大增量。

(四)以积极推进"一体化"保障融入的常态化

党的二十届三中全会精神融入高校思政课教学，还需积极推进"一体化"，着力打造

---

①　中共中央文献研究室.习近平关于青少年和共青团工作论述摘编[M].北京：中央文献出版社，2017：55.

②　习近平.习近平谈治国理政：第2卷[M].北京：外文出版社，2017：378.

大中小学一体化、教学科研一体化、管理评价一体化的育人共同体，保障全会精神融入高校思政课教学的常态化。

第一，推进大中小学一体化，促进学段衔接、一体贯通。习近平总书记多次强调要把统筹推进大中小学思政课一体化建设作为一项重要工程。党的二十届三中全会明确指出，要"完善立德树人机制，推进大中小学思政课一体化改革创新"。① 高校在大中小学思政课一体化建设中具有关键引导作用。将党的二十届三中全会精神融入高校思政课教学必须从大中小学思政课一体化的维度进行思考，遵循不同学段的学生成长规律，坚持大中小学纵向主线贯穿、循序渐进和各类课程横向结构合理、功能互补的原则，构建高校牵引、区域联动、大中小学贯通的"大思政课"育人平台，促进大中小学思政课教师对党的二十届三中全会精神的共学、共研、共教，推动党的二十届三中全会精神在大中小学的思政课教学中贯通衔接、逐层递进，有效避免各自为战、简单重复。

第二，推进教学科研一体化，助力教学相长、效能发挥。习近平总书记强调，高校教师要"坚持教书和育人相统一，坚持言传和身教相统一，坚持潜心问道和关注社会相统一，坚持学术自由和学术规范相统一"。② 将党的二十届三中全会精神融入高校思政课教学，要准确把握教学与科研的关系，以教学为中心，坚持科研为教学服务，打破教学与科研分离的局面，推进教学科研一体化。要立足思政课教学需要加强对全会精神的学术研究，以高校思政课教学内容的开发为科研的主攻方向，将学生对全会精神的困惑点、高校思政课教学中遇到的重难点提炼成研究课题，提升教学内容的学理性和针对性；同时注意及时将学术研究的成果转化为教学内容，融入高校思政课教学之中，直接或间接为教学所用，增强党的二十届三中全会精神融入高校思政课教学的时效性和实效性。

第三，推进管理评价一体化，保障统筹协调、优化完善。习近平总书记强调："学校思想政治工作不是单纯一条线的工作，而应该是全方位的。"③将党的二十届三中全会精神融入高校思政课教学，必须强化组织领导，建立党委统一领导、党政齐抓共管、有关部门各负其责、全社会协同配合的工作格局，根据学习贯彻党的二十届三中全会精神和新时代高校思想政治工作的相关政策文件，构建党的二十届三中全会精神融入高校思政课教学的工作机制，强化顶层设计和统筹协调；必须建立并完善科学有效的评价机制，改进结果评价，强化过程评价，探索增值评价，健全综合评价，提高教育评价的科学性、专业性、客观性，并围绕评价体系建立相应的反馈机制、改进机制、激励机制，有效提升党的二十届三中全会精神融入高校思政课教学的最终成效。

◎ 参考文献

[1] 中国共产党第二十届中央委员会第三次全体会议公报 [N]. 人民日报，2024-07-19（1）.

① 中共中央关于进一步全面深化改革 推进中国式现代化的决定[N]. 人民日报，2024-07-22(3).
② 习近平. 习近平谈治国理政：第2卷[M]. 北京：外文出版社，2017：379.
③ 习近平. 思政课是落实立德树人根本任务的关键课程[M]. 北京：人民出版社，2020：27.

［2］习近平 . 论党的宣传思想工作［M］. 北京：中央文献出版社，2020.

［3］习近平 . 在纪念五四运动 100 周年大会上的讲话［M］. 北京：人民出版社，2019.

［4］习近平 . 思政课是落实立德树人根本任务的关键课程［M］. 北京：人民出版社，2020.

［5］习近平 . 高举中国特色社会主义伟大旗帜　为全面建设社会主义现代化国家而团结奋斗——在中国共产党第二十次全国代表大会上的报告［M］. 北京：人民出版社，2022.

［6］习近平 . 建设中国特色中国风格中国气派的考古学更好认识源远流长博大精深的中华文明［J］. 求是，2020（23）.

［7］习近平 . 习近平谈治国理政：第 2 卷［M］. 北京：外文出版社，2017.

［8］中共中央关于进一步全面深化改革　推进中国式现代化的决定［N］. 人民日报，2024-07-22（3）.

［9］习近平 . 论党的青年工作［M］. 北京：中央文献出版社，2022.

［10］不断开创新时代思政教育新局面　努力培养更多让党放心爱国奉献担当民族复兴重任的时代新人［N］. 人民日报，2024-05-12（1）.

［11］坚持党的领导传承红色基因扎根中国大地　走出一条建设中国特色世界一流大学新路［N］. 人民日报，2022-04-26（1）.

［12］"'大思政课'我们要善用之"（微镜头·习近平总书记两会"下团组"·两会现场观察）［N］. 人民日报，2021-03-07（1）.

［13］中共中央文献研究室 . 习近平关于青少年和共青团工作论述摘编［M］. 北京：中央文献出版社，2017.

辛亥首义文化融入高校"大思政课"实践教学的审思

——基于对武汉大学建设经验的考察

赵天鹭[1]　徐诺舟[2]

（1. 武汉大学　马克思主义学院，湖北　武汉　430072；

2. 北京大学　马克思主义学院，北京　100871）

【摘　要】辛亥首义文化诞生于近代中国的革命实践，是地方革命历史的重要内容，也是推动当前高校思政课改革创新的生动素材。辛亥首义文化融入高校"大思政课"实践教学，有利于引导青年学生以地方革命历史的微观视角领悟武昌首义的历史意义、以正确科学的历史观抵制历史虚无主义思潮的侵害影响、以宽广宏阔的历史思维深化对近代中国革命文化的理解认识。在课程实施要求方面，要坚持协同贯通，实现课堂教学与实践教学有效衔接融合；倡导因材施教，立足学生专业特色与学情差异统筹教学规划；积极培树典型，善用物质激励与精神激励发挥动员功能。在课程方案制订方面，可采取"单元制教学模式"，构建"清末湖北地区的立宪与革命运动""武昌首义史迹巡礼""辛亥革命与中国共产党早期历史"三个教学单元，为学生提供场景式、沉浸式学习体验，强化其对近代中国革命史重要理论知识的理解认识，以达到弘扬革命文化、传承红色基因的教学目标。

【关键词】辛亥首义文化；高校"大思政课"；实践教学；革命文化

【作者简介】赵天鹭（1988—　），男，武汉大学马克思主义学院中共党史党建系副主任，讲师，辛亥革命博物院·武汉大学国家革命文物协同研究中心研究部主任，研究员，E-mail：ztlbailei@163.com；徐诺舟（2001—　），男，北京大学马克思主义学院博士研究生。

【基金项目】国家文物局 2024 年度以革命文物为主题的"大思政课"优质资源建设推介示范项目"'走入历史现场 传承首义文化'系列思政课"；辛亥革命博物院·武汉大学国家革命文物协同研究中心自主科研项目"革命文化融入'中国近现代史纲要'课教学研究"

　　在社会历史领域，普遍意义的社会革命泛指各种社会形态和社会制度的重大变化。就中国近现代历史而言，广义上的"革命"包括旧民主主义革命和新民主主义革命，狭义上的"革命"则特指中国共产党领导的新民主主义革命。以大历史视野审视近代以来中国社会的历史性变革，可以发现，在实现中华民族伟大复兴的征程中，辛亥革命"极大促进了中华民族的思想解放，传播了民主共和的理念，打开了中国进步潮流的闸门，撼动了反动统治秩序的根基，在中华大地上建立起亚洲第一个共和制国家，以巨大的震撼力和深刻的影响力推动了中国社会变革"①。辛亥革命先驱对于"团结奋斗、振兴中华"的不懈追求，也启发了早期中国共产党人对民族复兴的艰辛探索，激励着一代代革命志士投身于挽救民族危亡的历史进程。

1911 年 10 月 10 日爆发的武昌首义，拉开了中国完全意义上的近代民族民主革命的序幕，由此凝结而成的辛亥首义文化，也成为后人宝贵的精神财富。在辛亥首义文化中，首义精神是核心内容。辛亥首义精神体现着中国近现代史"救亡图存、爱国进步"的历史主线，是一个包含爱国主义精神、"敢为天下先"的创新与开拓精神、不怕牺牲的无畏精神等多种精神品质的综合体系。② 在守正创新推动高校"大思政课"高质量发展的背景下，结合武汉大学、辛亥革命博物院开展思想政治教育工作、革命文物工作的相关经验，思考将辛亥首义文化融入高校"大思政课"实践教学的基本原则和有效方案，既符合高校"大思政课"建设紧密衔接"思政小课堂"与"社会大课堂"的时代要求，也是继承、发扬辛亥革命先驱敢为人先、矢志奋斗的伟大精神的有效方式。

一、价值意蕴：辛亥首义文化融入高校"大思政课"实践教学的现实意义

辛亥首义文化是"以辛亥革命历史遗址、遗迹、文物、资料等为代表的直观的物质文化遗产和以辛亥首义人物、故事、事件及其背后所蕴含的辛亥首义精神为代表的可感知的非物质文化遗产共同作用而产生的文化价值的总和"③。革命文物是革命文化的重要载体，是讲好思政课的生动教材。作为"首义之城"，武汉留存了为数众多的辛亥首义遗址遗迹。2022 年 3 月，湖北省、武汉市在原辛亥革命武昌起义纪念馆、辛亥革命博物馆基础上组建辛亥革命博物院。2024 年 3 月，辛亥革命博物院·武汉大学国家革命文物协同研究中心获批成立。结合革命文物资源将辛亥首义文化融入高校"大思政课"实践教学，有利于学生在了解辛亥首义文化的价值内核与精神特质的同时，以地方革命历史的微观视角领悟武昌首义的历史意义和开创性贡献、以正确科学的历史观抵制历史虚无主义思潮的侵害影响、以宽广宏阔的历史思维深化对近代革命文化的理解认识。

(一) 以地方革命历史的微观视角领悟武昌首义的历史意义和开创性贡献

习近平总书记指出："辛亥革命永远是中华民族伟大复兴征程上一座巍然屹立的里程碑!"④在辛亥革命进程中，武昌首义是辛亥革命的开端，是革命党人对清王朝发动总攻击的突破口。将辛亥首义文化融入高校"大思政课"实践教学，有助于引导学生从地方革命

① 习近平. 在纪念辛亥革命 110 周年大会上的讲话[N]. 人民日报，2021-10-10(1).

② 季卫斌. 辛亥首义精神及其当代价值[J]. 学习月刊，2012(11).

③ 魏德勋. 辛亥首义文化旅游区的开发现状、完善策略及其建设启示[J]. 决策与信息，2021(12).

④ 习近平. 在纪念辛亥革命 110 周年大会上的讲话[N]. 人民日报，2021-10-10(1).

历史的微观视角出发，深刻领悟武昌首义的历史意义和开创性贡献。有学者指出，武昌首义并非清末首次发生的反清武装暴动，其"首义"之称，意指首次举义成功，由此奠定了封建专制制度覆灭的结局。"辛亥首义不同凡响的意义，不仅在于推翻清王朝，更在于结束了沿袭两千余年的专制帝制，成为中国历史划时代的界标。与推翻专制帝制互为表里，辛亥首义的另一空前的历史业绩，是建立民主共和政体，将共和国的理论与实践（包括其种种不完善的状态）呈现给了中国人民，中国人民也从此认定共和制为正统。"①而湖北之所以能够成为"首义之区"，这与清末湖北洋务建设、民族资本主义发展等社会环境紧密相关，同时也离不开湖北革命党人长期坚持不懈的努力。另有学者指出，武昌起义能够成为辛亥革命的首义，关键在于抓住了动摇清政府根本的关键实力、开创了地方实力广泛有效参与的社会合作模式，这体现了资产阶级民主的革命本质与进步方向。② 当前思政课教材中有关辛亥革命的内容虽单独成章，但受篇幅所限，偏重于宏观层面的历史叙述，对辛亥革命为何爆发于湖北地区、武昌首义在推动革命形势发展与民主共和制度创建方面的示范作用等内容着墨甚少。通过实地参观、现场调研的方式开展"大思政课"实践教学，可对上述内容作出有益补充，帮助学生了解湖北革命党人"破坏一个旧世界"并试图"建设一个新世界"的历史细节。同时，这种教学模式能够引导学生从地方革命史的微观视角出发，结合特定时代条件下湖北省、武汉市的政治经济文化状况，深化对武昌首义爆发的社会背景、主要原因和历史意义的认识，对武昌首义这一历史事件在辛亥革命整体进程中的地位作出正确评价。

（二）以正确科学的历史观抵制历史虚无主义思潮的侵害影响

"告别革命论"是近年来历史虚无主义思潮的集中表现之一，以诋毁和嘲弄中国人民争取民族独立和人民解放而进行的反帝反封建斗争为主要内容，从根本上忽视了历史本身的客观真实性。将辛亥首义文化融入高校"大思政课"实践教学，有助于引导学生树立正确科学的历史观，自觉抵制以"告别革命论"为代表的历史虚无主义思潮的侵害。近年来，学术界、社会上一些否定辛亥革命的观点逐渐增多。"有人认为，革命的爆发是革命者非理性的激进行为；还有人认为，革命对中国社会造成了巨大破坏；甚至有人认为，革命导致了军阀割据的局面，中断了中国现代化进程。"③一些西方学者在有关鸦片战争、辛亥革命的研究著作中，更是对民族英雄和革命领袖的事迹进行歪曲、丑化，妄图从中国近现代历史的"源头"处解构中国人民反帝爱国斗争的合理性，以颠覆旧民主主义革命合法性的方式间接否定新民主主义革命的合法性。④ 为有效破除错误思想的干扰，将辛亥首义文化

① 冯天瑜，李小花. 辛亥首义的历史意义和开创性贡献——访冯天瑜教授[J]. 历史教学问题，2011(6).

② 肖建东. 论武昌起义成为辛亥首义的关键因素[J]. 理论月刊，2015(5).

③ 谷小水. 辛亥革命是一次伟大而艰辛的探索[J]. 历史评论，2021(6).

④ 参见黄宇和. 21世纪初西方鸦片战争研究反映的重大问题——从近年所见的三部鸦片战争史研究著作说起[J]. 清华大学学报(哲学社会科学版)，2013(1).

融入高校"大思政课"实践教学，有利于思政课教师通过理论讲授、史料呈现、数据分析等方式，引导学生科学掌握辛亥革命爆发的社会历史背景，清醒认识到：革命是近代中国社会矛盾运动的必然产物，是实现民族独立、人民解放和国家富强、人民幸福的必由之路。革命后出现的军阀混战，只是深刻社会变革过程中的一段插曲。① 此外，实践教学环节中的场馆参观、实地走访、资料查阅，以及邀请相关领域研究专家、博物馆社教人员协助讲解等形式，能够有效引导学生结合革命志士鲜活生动的生平事迹，认识到"告别革命论"等观点的错误性，培育学生的爱国主义情怀和革命英雄主义精神，自觉做到崇尚英雄、捍卫英雄、学习英雄、关爱英雄，"从他们身上汲取奋发的力量，共同为推进中国特色社会主义伟大事业、实现中华民族伟大复兴的中国梦而顽强奋斗、艰苦奋斗、不懈奋斗"。②

(三) 以宽广宏阔的历史思维深化对近代中国革命文化的理解认识

在中国共产党诞生之前的旧民主主义革命时期，中国也存在着"革命文化"。毛泽东在《寻乌调查》中曾提及："为什么小地主阶级接受资本主义文化即民权主义的革命文化如此之迅速普遍，他们的革命要求与活动如此迫切与猛进呢?"③此处所谓"民权主义的革命文化"，即是旧民主主义革命时期的"革命文化"。将辛亥首义文化融入高校"大思政课"实践教学，有助于引导学生以宽广宏阔的历史思维准确把握中国革命史发展的规律，深化对近代中国革命文化的理解认识。旧民主主义革命时期的革命先驱在实现中华民族伟大复兴的斗争中留下的宝贵精神遗产，为中国共产党的"革命文化"正式出场奠定了历史基石。毛泽东在《如何研究中共党史》一文中指出，研究中国共产党的历史不能仅从1921年开始，"还应该把党成立以前的辛亥革命和五四运动的材料研究一下。不然，就不能明了历史的发展"④。因此，将辛亥首义文化融入高校"大思政课"实践教学，有利于引导学生立足大历史思维，将辛亥革命前后的近代中国革命史加以通盘了解，加强对辛亥革命的"前因"与"后果"的认识。有学者指出，湖北籍人士曾为党的一大的召开作出了较多的贡献，而"湖北现象"出现的原因，应该在辛亥革命后武汉地区的社会土壤中寻找。参加党的一大的5位湖北人——董必武、陈潭秋、李汉俊、刘仁静和包惠僧，正是在吸取辛亥革命的经验教训、历经思考与求索之后，选择了马克思主义，走上了新的革命征途。⑤ 此外，通过深入了解革命志士在辛亥革命后不同的人生经历，还可以让学生更好地理解辛亥革命的历史局限，增强对中国共产党领导的新民主主义革命道路的认同，领会"中国共产党人是孙中山先生革命事业最坚定的支持者、最忠诚的合作者、最忠实的继承者"⑥的深刻意涵，

---

① 李细珠.辛亥革命爆发是历史的必然[J].历史评论，2021(3).

② 习近平春节前夕赴江西看望慰问广大干部群众　祝全国各族人民健康快乐吉祥　祝改革发展人民生活蒸蒸日上[N].人民日报，2016-02-04(1).

③ 中共中央文献研究室.毛泽东文集：第一卷[M].北京：人民出版社，1993：195.

④ 中共中央文献研究室.毛泽东文集：第二卷[M].北京：人民出版社，1993：404.

⑤ 严昌洪.辛亥革命后十年间的武汉社会[J].安徽史学，2022(1).

⑥ 习近平.在纪念辛亥革命110周年大会上的讲话[J].人民日报，2021-10-10(1).

探究辛亥首义文化与中国共产党人在革命实践中创造的革命文化之间的内在关联。

二、实践要求：辛亥首义文化融入高校"大思政课"实践教学的原则遵循

习近平总书记强调："'大思政课'我们要善用之。"①善用"大思政课"铸魂育人，需要明确教学原则和教学要求。具体来看，将辛亥首义文化融入高校"大思政课"实践教学，应结合习近平总书记关于思政课建设的重要论述与《全面推进"大思政课"建设的工作方案》《关于深化新时代学校思想政治理论课改革创新的若干意见》等文件精神，立足教学的实际条件、明确教学的原则要求，在课前、课中、课后三个环节做好整体性规划，以充分满足学生个性化的学习需求、调动学生参与教学活动的积极性。武汉大学实施多年的思政课线上、线下混合式教学模式经验启示我们，将辛亥首义文化融入高校"大思政课"实践教学，要坚持协同贯通，实现课堂教学与实践教学有效衔接融合；倡导因材施教，立足学生专业特色与学情差异统筹教学规划；积极培树典型，善用物质激励与精神激励发挥动员功能。

(一)坚持协同贯通，实现课堂教学与实践教学有效衔接融合

"要把课堂教学与实践教学有机结合起来"②是习近平总书记对"大思政课"实施推进的重要要求。在"大思政课"实践教学的课前准备环节里，教师应对线上自主学习和课堂专题研讨的内容作适当的规划，为后续实践教学的开展打下良好的知识基础。自 2016 年以来，武汉大学思政课教学逐渐形成了现有的三大教学模块：一是学生线上自主学习，内容侧重于知识性、理论性的内容；二是课堂讨论式教学，教师围绕重点、难点、热点问题，优化教学内容设计，并设置若干研究议题，组织学生分组研学并在课堂上展示讨论；三是实践教学，仍以学生为主体，由学生自主完成。③ 以"中国近现代史纲要"课程为例，该课程采取 MOOC④ 学习与课堂专题研讨学习同步推进的模式。学生通过学习基于教材内容而制作的在线课程，掌握相关基础理论知识；思政课教师以专题讲授、分组主题研讨等方式，为学生系统梳理中国近现代史的整体脉络，讲授课程的重难点问题，引导学生树立正确的价值观和历史观。在实践教学环节，最初确立的主题为"基于武汉地方历史资源的中国近现代史基本问题专题研讨"，此后又根据实际条件开展过几期不同主题的口述历史研究。近期，学校拟开展"大思政实践教学"新课程建设，对原有各门思政课的实践教学

---

① "大思政课"我们要善用之(微镜头·习近平总书记两会"下团组"·两会现场观察)[N].人民日报，2021-03-07(1).

② 在推动高质量发展上闯出新路子 谱写新时代中国特色社会主义湖南新篇章[N].人民日报，2020-09-19(1).

③ 孙康.基于在线开放课程的"翻转课堂"对高校思想政治理论课教师的新挑战——以武汉大学"中国近现代史纲要"课程教学改革为例[J].思想理论教育导刊，2017(10).

④ MOOC，即"大规模开放在线课程"(massive open online courses)，亦称"慕课"。

内容加以重新整合、专门实施。尽管"大思政实践教学"不再隶属于各门思政课，但若将辛亥首义文化融入"大思政课"实践教学，又无法割断其与"纲要"课教学的天然联系。因此，将辛亥首义文化融入高校"大思政课"实践教学，要努力实现课堂教学与实践教学的有效衔接融合。一是充分利用好学校基于线上教学平台的课程知识图谱建设成果①，鼓励学生善用"关联资源"功能，结合学校图书馆电子资源数据库，开展教材相关章节的拓展性阅读。二是在教师重点讲授"近代以后中国各派社会力量对国家出路的探索""新民主主义革命道路及其历史经验"等专题时，可适时融入相关地方革命历史的教学素材，并常年设置"辛亥革命与中国共产党"研究议题供学生分组研讨，帮助学生形成对辛亥革命的正确评价，体悟中国共产党领导的新民主主义革命道路的必要性。

(二) 倡导因材施教，立足学生专业特色与学情差异统筹教学规划

《关于深化新时代学校思想政治理论课改革创新的若干意见》指出，要"坚持守正和创新相统一，落实新时代思政课改革创新要求，不断增强思政课的思想性、理论性和亲和力、针对性"②。提升"大思政课"的亲和力与针对性，教师应在课中实施环节切实处理好学生在专业学科背景和历史知识基础方面存在的差异，灵活调整教学方式，为其铺设适宜的学习路径。以武汉大学"大思政实践教学"为例，其教学安排共分为"实体课堂学习""暑期实践调研""实体课堂汇报交流"3 个阶段。在为期两周的实体课堂学习阶段，思政课教师应重点解决专业知识讲解、调查研究规范性训练等普遍性问题。具体而言，可围绕"辛亥首义在湖北""首义文化与伟大建党精神"等主题开展专题教学，并对实践教学的相关要求作出明确规定。在随后进行的暑期实践调研阶段，思政课教师应坚持"因材施教"的理念，基于学生学情分析，对教学内容进行灵活调整，帮助学生规划好与其知识结构相匹配的研学路线，找到感兴趣的研究议题。对历史知识较为熟悉的人文社科类专业学生，可将教学重点放在地方革命历史人物与事件的深入挖掘上，引导其从历史的细节中更加准确地把握历史规律。教师可鼓励这部分学生在辛亥革命博物院、武昌蛇山首义公园之外，自主选择其他同主题的博物馆、纪念馆和革命遗址遗迹开展更有针对性的实践研学活动。如：武昌昙华林花园山聚会旧址、刘公馆、石瑛旧居，汉阳扁担山辛亥铁血将士公墓、汉口球场路辛亥首义烈士公墓、汉口利济北路辛亥首义烈士公墓等。相反，对理工科学生，则可先期开展宏观历史知识点的系统梳理，辅以历史情景再现的体验式教学，帮助其更好地进入研学状态。教师可充分利用辛亥革命博物馆第三展厅的设施，与馆方合作开发"再现武

---

① 武汉大学"珞珈在线"教学平台创立于 2015 年，初为 MOOC(大规模开放在线课程)+SPOC(小规模限制性在线课程)平台。2024 年 4 月，学校发布《武汉大学数智教育支撑体系建设指南》，全力打造"珞珈在线 AI 智慧教学中心"。当前，该中心已成功推动全校各学院实现知识图谱覆盖课程的目标，AI 助教全面介入教学管理，实现了全流程教务教学管理闭环。参见武汉大学本科生院·进击的珞珈在线教学平台！快来认领你的 AI 助教吧[EB/OL]. https://uc.whu.edu.cn/info/1646/115011.htm.

② 中华人民共和国中央人民政府. 中共中央办公厅 国务院办公厅印发《关于深化新时代学校思想政治理论课改革创新的若干意见》[EB/OL]. https://www.gov.cn/zhengce/2019-08/14/content_5421252.htm.

昌起义"的历史重演活动。需要注意的是，历史重演更加注重个人对具体历史情景的主观情感体验，"即视'情感'为对象与目标的历史表征，并以此引发个体的生理与心理体验，这一过程中事件、过程或结构的重要性落到其次"①。其对分析历史事件的因果联系、理解历史事件背后的客观规律等重要内容，无法提供足够的帮助。因此，它仅能作为一种提高"大思政课"实践教学效果的手段，而不可"喧宾夺主"。

（三）积极培树典型，善用物质激励与精神激励发挥动员功能

教育部等十部门印发的《全面推进"大思政课"建设的工作方案》指出："要注重总结实践教学成果，把优秀成果作为课堂教学的有效补充，支持出版高校思政课实践教学成果，推动实践教学规范化。"②因此，在课后总结环节，要遵循激励教育的原则，充分调动学生的自主创新精神，为其设置稳定、有效的奖励机制。激励教育法主要借助各种外部诱因，"给受教育者以适度的正向强化刺激，满足他们正当的心理需求，激发他们的主动性，使受教育者把思想道德教育的要求内化为个体自觉行为的思想道德"③。思政课教师要将物质奖励与精神奖励相结合，鼓励学生开展多种形式的实践教学成果展示，并为其设置相应的评奖、评优制度，激发广大青年学生主动参与课程、积极开展研习、扎实形成成果的研究兴趣和创作热情。以武汉大学为例，马克思主义学院近期正式成立的"大思政实践教学"课程中心计划将学生历年开展的优秀社会实践成果编辑成册，作为"大学生社会实践丛书"，由武汉大学出版社出版。同时，学校相关职能部门也会对社会实践活动中涌现出的先进个体和集体进行表彰，对课程学习优秀团队予以资金支持与荣誉颁授。此外，武汉大学于2021年成立的校级思想政治理论类学生社团——武汉大学珞珈研习社，近年来发展进步十分迅速，现已连续举办多届"马研杯"系列赛事与"中国共产党在基层"全国实践研习大赛等，受到了广大师生的好评。其在创立、运营、奖励学生研学成果方面所积累的经验，也可作为当前高校"大思政课"高质量建设的重要参考。

三、模式构建：辛亥首义文化融入高校"大思政课"实践教学的方案设计

近年来，武汉大学深入贯彻落实习近平总书记关于思政课建设的重要论述精神，多措并举、积极推动思政课改革创新，全面推进"大思政课"建设，已取得了不少阶段性的成果。设计将辛亥首义文化融入高校"大思政课"实践教学的课程实施方案，可以综合借鉴武汉大学"大思政课"建设经验，以建设"走入历史现场 传承首义文化"的系列课程为核

---

① 李娜．公众史学研究入门［M］．北京：北京大学出版社，2019：115-116.

② 中华人民共和国中央人民政府．教育部等十部门关于印发《全面推进"大思政课"建设的工作方案》的通知［EB/OL］．https：//www.gov.cn/zhengce/zhengceku/2022-08/24/content_5706623.htm.

③ 王娇，等．红色文化资源融入大学生思想道德教育的路径与机制研究［M］．成都：四川大学出版社，2023：162.

心，组织学生以小组研学的形式探访辛亥革命历史遗存，撰写调研报告并做分享交流。具体而言，可以将辛亥革命博物院"首义课堂""首义寻踪""博爱学堂"等社教品牌作为课程基础，采取"单元制教学模式"，构建"清末湖北地区的立宪与革命运动""武昌首义史迹巡礼""辛亥革命与中国共产党早期历史"三个教学单元，以此将地方革命文化资源有机融入"大思政课"实践教学，为学生提供场景式、沉浸式学习体验，强化其对近代中国革命史重要理论知识的理解与认识。

(一) 教学单元一：改良与革命——清末湖北地区的立宪与革命运动

第一教学单元以"改良与革命——清末湖北地区的立宪与革命运动"为课程主题，以辛亥革命博物院北区鄂军都督府旧址(红楼)"湖北谘议局史迹陈列"和"为天下先——辛亥革命武昌起义史迹陈列"两大基本陈列为主体，配合武昌蛇山首义公园抱冰堂张之洞纪念馆相关陈列内容，介绍张之洞在担任湖广总督期间推行的新政改革及其对湖北近代工业和文化教育事业所做出的贡献；详述20世纪初科学补习所、日知会、文学社、共进会等湖北革命团体不断涌现，以及刘静庵、吴禄贞等革命党人在湖北地区坚持开展革命宣传和组织工作的基本情况；略述湖北谘议局的成立和主要活动情况，探究湖北立宪派人士在保路运动、国会请愿运动和辛亥革命中的作为。第一教学单元意在结合具体史实，帮助学生准确理解湖北、武汉成为革命首义地区的主客观条件。即清末湖北新政改革的不断深入，客观上加速了该地区新思想、新事物的出现，为立宪与革命运动奠定了社会基础；而湖北革命党人锲而不舍的革命准备活动，则构成了湖北、武汉成为首义地区的主观条件。

(二) 教学单元二：铁血英雄——武昌首义史迹巡礼

第二教学单元以"铁血英雄——武昌首义史迹巡礼"为课程主题，在参观、学习博物院北区基本陈列的基础上，结合首义广场孙中山铜像、黄兴拜将台纪念碑以及起义门、楚望台遗址公园等处的历史遗址，通过场景式、沉浸式学习体验，复现武昌首义爆发的全过程；以"黄桢祥血衣"①等代表性文物为素材，重点讲解阳夏保卫战的激烈战况，阐明普通士兵为捍卫革命成果英勇作战、舍生忘死的革命精神；以"鄂军都督府旧址复原陈列"相关内容为载体，略述鄂军都督府成立初期的基本情况，指出武昌首义和湖北军政府的成立对推翻清王朝、建立资产阶级共和国的重要促进作用。第二教学单元意在通过代表性历史遗址和革命文物，复现武昌首义革命历史情景，帮助学生深入理解武昌首义的社会影响与历史意义。即湖北地区的反清斗争与省级共和政府的建立，对推动全国革命形势持续高涨、促进资产阶级共和国的诞生作出了重要贡献；辛亥革命志士为实现中华民族伟大复兴

---

① 黄桢祥，字伯生，四川雅安人。1906年因参加萍浏醴起义被捕入狱。武昌起义爆发后，他从南京出狱，奔赴汉口前线参加刘家庙战役，担任革命军敢死队队长。他在战斗中作战英勇，两次负伤，左肩被子弹打穿，右臂被炸断，血染戎装。战后，他将受伤经过分别绣在两只衣袖上。1980年，黄桢祥长孙将血衣捐献给湖北省博物馆，转年移藏原辛亥革命武昌起义纪念馆。参见阮祥红，王瑞华．品读武汉的博物馆[M]．武汉：武汉出版社，2023：55-56.

进行的艰苦卓绝、可歌可泣的斗争，孕育了宝贵的精神财富，激励着一代代青年人以坚定不移、奋勇争先的决心，传承和发扬革命先烈的光荣传统，投身民族复兴的伟大事业。

（三）教学单元三：接续奋斗——辛亥革命与中国共产党早期历史

第三教学单元以"接续奋斗——辛亥革命与中国共产党早期历史"为课程主题，通过参观博物院南区辛亥革命博物馆"共和之基——辛亥革命历史陈列"和"觉醒·逐梦"展览相关内容，重温鸦片战争至中国共产党成立的历史，阐明中国近现代史的主题、主线、主流和本质；结合武昌蛇山李书城旧居、张难先旧居与卓刀泉伏虎山辛亥首义烈士墓群等场馆、遗址，略述蓝天蔚、蔡济民、孙武、吴兆麟等革命志士在革命后不同的人生选择和结局，指出辛亥革命的历史意义和局限；详述党的一大代表李汉俊，爱国民主人士张难先、李书城等人的事迹，指出部分辛亥革命先驱坚守爱国初心，为新民主主义革命的胜利和新中国早期的建设所立下的不朽功勋。第三教学单元意在通过充分整合地方革命历史资源，在宏观历史脉络梳理与微观个案研习的过程中，帮助学生"温故知新"。即正确认识中国近现代史的主题、主线、主流和本质，理解辛亥革命先驱不忘初心、接续奋斗的内在逻辑，领会伟大建党精神的丰富内涵与核心要义，以期引导学生更好地弘扬革命文化、传承红色基因。

总体来看，各教学单元在内容上既自成一体又环环相扣，力求以辛亥首义文化的系统深度学习为切入点，有效提升"大思政课"实践教学的教学效果、达成教学目标。本套以辛亥首义文化为主题的"大思政课"实践教学的实施方案，充分利用了湖北省、武汉市近10年来在旧址类博物馆保护开发利用、首义文化区规划建设等方面所取得的成果，整合各博物馆、纪念馆、革命遗址遗迹相关资源，通过建立记忆、强化情绪、加强身份认同等方式，帮助学生逐步构建起关于革命精神的集体记忆①，对于当前做好深化革命传统教育、培养时代新人的工作具有重要的现实意义。

四、结语

本文系统论述了辛亥首义文化融入高校"大思政课"实践教学的重要价值，并就课程实施要求与课程方案制订等内容做了初步的探讨，为当前积极推进高校"大思政课"建设、广泛深入开展革命传统教育和爱国主义教育提供了新的思路。然而，本研究仍处于理论探索阶段，相关课程的建设成效仍须在后续的研究与实践中进一步完善。

---

① 杨静仪. 红色文化与集体记忆建构——以武汉辛亥革命博物馆为例[J]. 新闻前哨，2023(14).

课程思政融入实验教学的实践探索

——以生物化学实验课程为例

张 蕾

（武汉大学 生命科学学院，湖北 武汉 430072）

【摘 要】在全面推进高等院校课程思政建设的教育背景下，根据生物科学专业特点及其培养目标，参考《高等学校课程思政建设指导纲要》和《生物学科课程思政教学指南》，生物化学实验课在教学过程中坚持以学生为中心，培养学生的科学素养、国际视野和创新精神，将家国情怀、社会主义核心价值观和社会责任感植入课堂教学，结合专业特点，体现职业导向，全面提升学生综合能力，为学生未来发展提供理论和实践支撑，实现了知识传授与价值引领的双重目标。本文总结了生物化学实验教学团队将课程思政融入实验教学的实践过程，提供了将思想政治教育有机融入实验教学的具体方法和实践经验，具有重要的借鉴和推广价值。

【关键词】生物化学实验；课程思政；实验教学；教学改革

【作者简介】张蕾（1975— ），女，满族，辽宁人。博士研究生毕业，武汉大学生命科学学院副教授，研究方向：植物发育生物学，E-mail：arabilab@ whu. edu. cn。

2020 年，教育部印发《高等学校课程思政建设指导纲要》，要求高等教育把思想政治教育贯穿人才培养体系，全面推进高校课程思政建设，发挥好课程的育人作用，提高高校人才培养质量[1]。同年，学院制订了教育部强基计划和基础学科拔尖学生培养计划，明确了培养目标：不仅要使学生掌握系统的专业知识，更要培养他们坚定的民族精神、开阔的国际视野、强烈的社会责任感和使命感以及健全的人格和创新意识，旨在培养出德才兼备的拔尖创新人才[2]。在此背景下，生物化学实验作为生物科学专业的基础课程，如何将课程思政有效并且高效地融入课堂成为实验教学改革的要点内容。

传统实验教学模式往往聚焦于操作技能的训练和科学知识的传授，却忽视了对学生价值观和责任感的塑造。此外，传统实验教学模式过分强调对实验步骤的严格遵循，一定程度上限制了学生的创新思维和探索精神，未能有效地培养学生的批判性思维。在某些实验课程中，学生可能更多地被鼓励独立工作而非团队合作，限制了他们团队精神和协作能力的培养。更为重要的是，传统实验教学往往未能将实验内容与社会实际问题紧密结合，导致学生难以将所学知识应用于解决实际问题[3]。

　　针对传统实验教学中存在的问题，生物化学实验教学团队依据学校的人才培养总目标，遵循专业培养方案和课程大纲中关于育人的具体要求，对教学内容进行了全面的梳理和优化。团队致力于将思想政治教育元素有机地融入课程教案、课堂教学、实验操作指导、学生自主学习、评价体系和实验报告撰写等多个方面，实现知识传授、能力培养和价值引领的有机结合。

一、生物化学实验课程思政建设的过程

　　在本课程的课程思政建设过程中，团队经历了从素材积累到实践教学、再到教学反思和知识重构的连续发展阶段（见图1）。经过几轮的精心设计和实践，团队已经成功构建了一个完整的生物化学实验课程思政体系。这一体系不仅涵盖了教学内容的更新，也包括教学方法的创新和教学评价的完善，旨在实现教学目标与课程思政目标的深度融合。

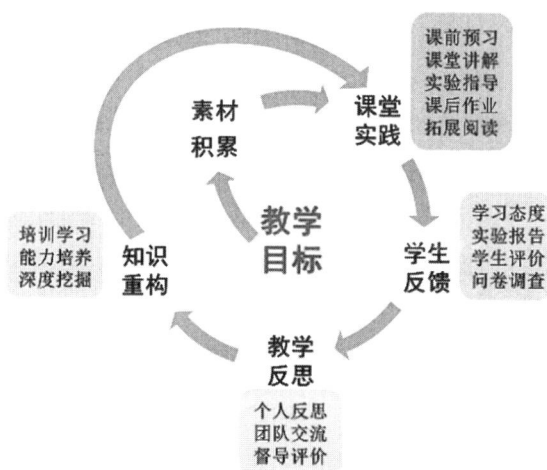

图 1　生物化学实验课程思政建设过程

(一) 在教学大纲中明确课程思政教学目标

　　生物化学实验课是武汉大学生命科学学院为本科生开设的一门必修专业基础课。本课程教学团队紧密围绕学院本科生的培养要求，始终坚持以学生为中心的教学理念，致力于培养学生的科学素养、国际视野和创新精神。教学团队不仅将家国情怀、社会主义核心价值观和社会责任感融入课堂教学，而且结合生物科学专业的特点，强调职业导向，为学生未来发展提供坚实的理论和实践支撑。通过这样的教学实践，团队旨在培育出具有"使命担当""德才兼备"的卓越人才，使他们能够在未来的职业生涯中发

挥重要作用。

参照《生物学科课程思政教学指南》[4]，将八个思政维度总结为下面三个层次提出课程思政的教学目标：培养学生政治认同、家国情怀，激发学生的文化自信和民族自豪感，构建全球视野。培养学生树立正确科学观、生命观与生态价值观。培养学生良好的科学精神、法治意识和公民品格：包括实事求是、诚实守信的科学精神和道德品质；杜绝弄虚作假、唯利是图的投机行为；培养学生团结协作、互助共进的精神，适应未来科学发展的需要；培养学生的安全意识，使学生养成良好的实验习惯；热爱生活，做好职业规划。

(二) 建立健全适应课程思政的教学体系

生物化学实验课的授课环节涵盖了课前预习、课堂讲解、学生实验操作和教师指导、课后作业、拓展阅读以及课后反馈等多个方面。针对这些不同的教学环节，团队精心设计，将课程思政元素有机地融入实验课的教学之中，创新性地构建了一套实验课课程思政建设的新模式和新方法。在教学团队的共同努力下，成功打造了一个深度融合"理论与实践""教学与科研""课程与思政"和"云端与课堂"的"教与学双螺旋"教学体系(见图 2)。

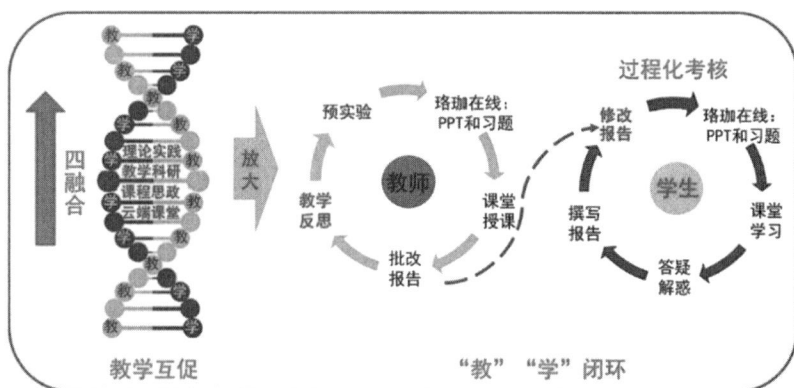

图 2　生物化学实验课"教与学双螺旋"教学体系

(三) 课程思政资源积累、归纳、整理和有机融入

作为生物学科中的核心实验课，本课程蕴含着丰富的课程思政元素。教学团队在深入挖掘和积累这些思政元素后，进行了系统的归类，并围绕教学目标，将思政维度巧妙地贯穿于实验教学的每一个环节。思政元素融入课程教学并非简单的物理叠加，而是一项复杂而精细的育人工程。以 SDS-聚丙烯酰胺凝胶电泳(SDS-PAGE)实验为例，表 1 展示了如何在实验课程中实施课程思政。

表1 　　　　　　　　　**SDS-PAGE 实验课程思政设计（部分内容）**

专业课知识点	思 政 范 例	蕴含的思政元素	思政维度	教学活动
蛋白质电泳技术的研究进展	1. 双向电泳技术和蛋白质组学的相关最新研究进展和在实际生产生活中的应用；2. 从蛋白质研究的文献中寻找凝胶电泳的踪迹——应用实例	扎实的基本功才能做出卓越的成绩切忌好高骛远	科学精神家国情怀文化自信全球视野	观看视频录像（课前线上）
				讲解和讨论（课堂）
凝胶制备	小组同学在实验过程中如何配合	团队合作精神	科学精神公民品格	实验操作（课堂）
科研案例	发生在实验室中的科研案例，包括失败的案例和成功的案例	1. 科学分析 2. 锲而不舍和开拓进取	科学精神	讲解案例（课堂）
预测分析方法	应用生物信息学方法对蛋白质进行解析	大数据时代科技工作者基于全球视野的研究理念	全球视野文化自信	珞珈在线资源（线上）
实验结果记录和分析	利用凝胶成像系统对实验结果进行保存、提取数据信息并进行分析	1. 设备规范操作 2. 原始数据的科学性和严谨性	科学精神法治意识	讲解操作示范（课堂和课后作业）
合作	1. 授课教师与技术人员和研究生助教之间的密切配合；2. 同学间互助	合作精神；责任担当	科学精神公民品格	操作示范实操（课堂）
废液收集和环境卫生	实验过程中的废液收集；实验后台面清理；实验室卫生打扫	生态环境保护；职责担当；养成良好的实验习惯	公民品格生态文明科学精神	讲解（课堂）

（四）课程思政教学实践

1. 案例教学法

案例教学法是根据教学目标引入典型案例，引导学生深入思考、分析和判断[5]。在备课阶段，团队注重搜集和精选案例，经过教学团队的深入分析整理，将知识点、案例教学、思政元素和学科前沿动态融入学生的课前预习资料、课堂教学以及课后阅读等环节。在案例教学中，学生积极参与讨论，对思政元素产生强烈的价值认同，达到"润物细无声"的课程思政效果。

2. 教师示范法

教师自身的素养和认识对于教学效果至关重要。因此，任课教师应在"政治认同、家国情怀、科学精神、公民品格、生态文明、法治意识、文化自信与全球视野"等八个维度上不断自我提升，以身作则，强化示范作用。

3. 参观(观摩)学习法

团队组织学生利用实验间隙时间参观科研实验室和仪器共享平台，以增强学生的规则意识和严谨的工作作风。通过观摩实验技术人员的日常工作，培养学生的爱岗敬业精神和职责担当。

4. 多种教学方法的融合运用

在课程思政践行过程中，多种教学方法均发挥了重要的作用[6,7]。团队运用互动教学法，鼓励学生自主查找资料，通过听、看、思考，达到课程思政的教学目的。同时，采用BOPPPS 教学法，在"导入"环节将课程思政的素材展现给学生，激发学生深入思考。以悬念导入法、诱思导入法以及实例导入法融入课程思政素材，让课堂气氛"活"起来。

5. 激励教学法

教师通过在学生的课堂记录本上使用积极的语言进行点评，及时反馈学生的学习情况。通过评选"实验操作小能手""老师的小助手"等，激励学生团结合作、共同进步。

6. "一对一"的个性化辅导

利用实验课师生互动频繁的优势，开展分层次教学和个性化的课程思政，解决学生个性化问题，使实验课成为深受学生喜爱的有"温度"的课堂。

7. 将课程思政效果纳入综合性多维度评价体系

综合性多维度评价考核体系有效促进了课程思政的实施，包括小组操作中的团队配合、实验仪器的使用和整理、实验过程中的科学态度、结果分析中的创新精神和探究精神等。

(五) 学生反馈和教学反思

团队根据学生在上课过程中的学习态度、团结协作情况以及课后实验报告的撰写情况，及时整理经验教训并进行整改。学期末，团队通过匿名调查表收集学生对于生化实验课程思政教学的体会和心得，分析讨论学生建议，完善以学生为中心的实验课课程思政教学体系。基于学生反馈和教学实践，授课教师反思上课过程中实施课程思政的经验教训，不断优化教学内容和方法。

(六)课程迭代更新

为了不断优化和提升课程思政建设的质量,教师团队积极与其他高校相关专业进行深入交流,通过相互学习和借鉴,实现优势互补。此外,团队成员也高度重视个人专业能力的发展,主动参与由教育部、学校以及学院组织的各类课程思政能力培训项目。通过这些培训,教师们不仅增强了自身的教学理论素养,也显著提高了授课技能和实践应用能力,为实现更高效的教学效果和更深刻的思政教育目标奠定了坚实的基础。

二、课程思政建设取得的成效

(一)学生学习兴趣提升

通过将思政教育与专业课程内容的有机融合,团队成功地丰富了学习内容并使其更加贴近实际,有效激发了学生的学习兴趣。课堂上,提问的学生数量显著增加,实验操作更加细致,学习态度也更认真。

(二)学生综合素质提高

课程思政建设对于提升学生的综合素质起到了显著作用,特别是在批判性思维、创新能力和团队协作能力方面。通过提供丰富的学习资源和案例,团队为学生构建了广阔的知识背景,促进了他们深入分析和创新思考的能力。课后思考题的完成情况显示,学生对阅读课外资料的热情高涨,他们的回答不仅深入且具有探究性。在实验报告中,学生对结果的分析更加细致,并规范地引用文献,显示出了他们对实验结果的深刻理解和批判性分析能力。学生不仅能够分析自己的实验结果,还能与其他同学的结果进行比较,识别自身的不足和改进空间。通过查阅文献资料,学生将实验结果与相关研究相联系,实现了对知识的深入思考和实践应用。课程思政建设鼓励学生将理论知识应用于实践,显著提高了他们解决实际问题的能力。

(三)从期末学生评教看课程思政效果

学生的评价反馈清晰地表明,他们在不知不觉中已经实现了任课教师在教学过程中设定的课程思政教学目标,包括分析探究精神、坚持不懈的态度、严谨的实验态度、遵守实验室规章制度、认真负责的态度以及与人为善的人格魅力等。

(四)建立和完善课程思政的教学资源库

团队建立了一个全面的教学资源库,包括教学案例、教学视频、教学设计等,这些资源可供全校或更大范围内的教师使用,以支持和促进课程思政建设。

三、生物化学实验课程思政建设存在的不足和完善措施

(一)进一步优化实验课程思政内容

经过一阶段的教学实践,我们认识到,部分课程思政内容与专业课程内容融合不够自然,有时可能显得生硬。因此,团队将持续更新课程思政元素,以满足学生需求和培养目标。在专业基础课程中,团队将深入挖掘与科研探索相关的思政元素,提炼贴近生活、时政热点等学生感兴趣的案例,培养学生的科研素养。

(二)完善课程评价体系

当前使用的课程评价体系可能过于侧重于知识掌握,而相对忽视了对学生价值观、道德素养和批判性思维的评价。团队计划在评价中体现课程思政的教学效果,包括如何量化课程思政的达成情况以及如何在学生成绩评定中反映这些效果。为此,团队拟采用在课前和课后调查问卷的形式,对课程思政的教学效果进行量化评估。同时,团队意识到课程思政的长期影响需要持续跟踪,目前我们正在探索建立长效评价机制。

(三)提升任课教师教学水平

教师在课程思政方面的专业能力需要不断提升。任课教师将积极参加由学院、学校和教育部等举办的课程思政教学能力培训,并在平时注重课程思政资料的收集和整理。此外,加强与院系以及国内外高校教师的沟通学习,不断提高任课教师的教学水平。

(四)完善反馈机制

团队致力于建立有效的反馈机制,及时收集学生和教师的意见和建议,以不断优化课程思政建设。

四、结语

课程思政作为高等教育的重要组成部分,是落实立德树人根本任务的重要举措。首先,生物化学实验课程思政将继续深化与专业课程的融合,形成更加系统化、常态化的教学模式。随着教育技术的发展,团队将引入更多创新教学方法,如虚拟仿真实验等,这些新方法为课程思政提出了新要求和新挑战。其次,不断完善课程思政的评价体系,不仅评价学生的知识掌握情况,更重视其价值观和综合素质的培养。此外,教师的专业发展和培训需要进一步加强,以提升其在课程思政中的引导和教学能力。同时,国际视野的融入也将是未来课程思政的一个趋势,通过比较不同文化的价值观,培养学生的全球意识和跨文化交流能力[8]。

未来,实验课程的课程思政建设将不断适应时代发展的需求,以培养具有社会责任

感、创新精神和国际视野的高素质人才为导向，通过整合教育资源、创新教学方法、强化实践环节和提升教师素质等多维度的改革，为学生提供全面而深入的学习体验，确保他们在专业知识、道德情操和全球意识等方面得到全面发展。作为高校教育工作者，我们应积极投身课程思政的实践与研究，共同推动教育改革的创新发展，为构建高质量教育体系和培养担当民族复兴大任的时代新人贡献力量。

◎ **参考文献**

［1］ 教育部．高等学校课程思政建设指导纲要［EB/OL］．（2020-06-01）．https：//www. gov. cn/zhengce/zhengceku/2020-06/06/content_5517606. htm.

［2］武汉大学理学部生命科学类 2023 版培养方案［Z］．

［3］苑磊，陈林．传统实验教学改革路径探究［J］．教育教学论坛，2019(15)．

［4］杜震宇．生物学科课程思政教学指南［M］．上海：华东师范大学出版社，2020.

［5］张丽，郑大伟，刘辉．案例教学法在课程思政教学中的应用［J］．产业与科技论坛，2023，22(12)．

［6］苏琰，李融，蒋斌．基于SPOC和BOPPPS教学模型的病原生物与免疫学课程思政教学实践探究［J］．中国免疫学杂志，2023，39(6)．

［7］王方，柴建，王燕妮．高校教师课程思政的难点、方法与对策［J］．高等工程教育研究，2023(1)．

［8］严蜜，孙炜毅．国际视野、中国故事——"气象与气候学"课程中的思政元素［J］．南京师大学报(自然科学版)，2023，46(S1)．

拔尖创新人才国际化培养模式探索

——以武汉大学中法数学拔尖班为研究对象

胡雪红 缪 爽 杨 宁

（武汉大学 数学与统计学院，湖北 武汉 430072）

【摘 要】为了统筹推进教育、科技、人才"三位一体"协同融合发展，进一步贯彻落实国家关于加强基础学科拔尖创新人才培养的重大战略部署，武汉大学重启中法数学拔尖班。本文从中法数学拔尖班的创建背景展开介绍，总结拔尖人才培养经验及优势，积极探索新时代国际交流合作新范式，通过深度对标法国高校数学人才培养方案、创新课程体系、中法双方数学大师领衔等举措，优化拔尖创新人才国际化培养模式，为中法数学拔尖班赋予新的内涵和活力，将为我国全球化高层次数学学科人才培养及科技创新提供强有力的支持。

【关键词】数学；拔尖创新；国际化；中法合作；人才培养

【作者简介】胡雪红，武汉大学数学与统计学院教学办主任，E-mail：xhhu.math@whu.edu.cn；缪爽，武汉大学数学与统计学院教授，博士生导师，副院长，E-mail：shuang.m@whu.edu.cn；杨宁，武汉大学数学与统计学院教学秘书，E-mail：yangning1006@126.com。

中法两国是拥有深厚历史的文明大国，文化底蕴深厚，两国在文化、艺术、旅游、教育、科技等方面的合作交流历史悠久，两大文明彼此吸引，推动了互相之间经济产业的进步和科技创新，其中，教育发挥着重要的纽带作用[1]。中法数学拔尖班的重启，承载着深化两国教育合作的重任，将持续加强前沿科技交流、促进高校深度融合、优化教育资源共享，推动中法教育质量与效果的全面提升。

一、中法数学拔尖班的创建背景

法国是培养顶尖数学家的圣地，汇聚了众多享誉世界的数学家，显示出强大的数学研究实力和深厚的人才储备。法国不仅拥有丰富的学术资源，还形成了浓厚的学术氛围。19世纪的法国汇集了柯西、傅立叶、伽罗瓦、庞加莱等世界级著名的数学家。2024年，恰逢中法建交60年，两国的友好关系深入持久。法国成熟的数学拔尖人才培养模式，为全球数学拔尖人才培养提供了杰出的学习和研究平台。我国急需培养具有创新能力的数学拔尖人才和伟大的数学家，以推动数学领域拔尖人才的持续发展。

1979年，根据中法两国政府签署的文化交流协议，中国武汉大学与法国启动了教育与科技合作计划。1980年，中法双方根据协议，共同决定在武汉大学开办中法数学试验班，由余家荣教授担任项目负责人。1985年，中法数学试验班更名为中法数学班。1990年，余家荣教授因其对中法数学交流的杰出贡献，被法国政府授予棕榈勋章。20世纪80年代，中法数学班培养了一批具有国际影响力的数学顶尖人才，为中法两国的高层次人才培养与合作做出了重要的贡献。由于历史原因，中法数学班的联合培养中断了一段时间，2024年，武汉大学重启中法数学拔尖班。

2023年，武汉大学成立拔尖人才培养校级示范区，数学与统计学院是首批入选的院系之一，依托该示范区，武汉大学于2024年5月与法国巴黎西岱大学正式签约，并启动中法数学拔尖班，这标志着中法两国在深化教育国际合作、培养国际化拔尖人才方面迈出了重要一步。通过教育合作互鉴互学，共同参与全球教育治理，为建构国际化高质量教育作出贡献。

二、拔尖创新人才国际化培养的优势

数学与统计学院是武汉大学历史最悠久的办学单位之一，从未间断拔尖创新人才培养的研究和探索，率先执行学分制试点，开办中法数学班等，积累了丰富的人才培养经验。

(一)多个拔尖育人高地，人才培养经验丰富

1991年，教育部在学校建立理科基础科学人才培养数学基地(2002年被评为国家基础科学人才培养优秀基地)。2010年，武汉大学实施"基础学科拔尖学生培养试验计划1.0"，创立数学弘毅班，进行个性化、小班化、国际化的人才培养试点。2020年，学院获批建立"基础学科招生改革试点"数学强基班，持续实施"基础学科拔尖学生培养计划2.0"，打造更高层次的数学人才培养体系。2023年，成立武汉大学拔尖人才培养校级示范区数学自强班，这是学院对培养数学拔尖创新人才的最新部署，也是对未来数学教育的深度思考和积极探索。

(二)高层次平台依托，科研反哺教学层次多元

发挥科研育人优势是拔尖创新人才培养的必由之路[2]。依托国家天元数学中部中心、湖北国家应用数学中心以及计算科学湖北省重点实验室等高层次科研平台，学院邀请国内外高水平学者举办多类型、多层次的学术活动，并在科研训练中融入教学环节，充分利用平台的优势，将其转化为科研与教学之间的桥梁。这种方式不仅提升了科研的深度和广度，同时也丰富了教学的层次和内涵，使学生能够在多元化的学术氛

围中得到全面的发展。

(三)国际化办学底色浓郁,拔尖人才培养国际影响力显著

国际化已成为基础学科拔尖创新人才培养设计和实践不可或缺的重要方向[3]。数学与统计学院拔尖人才的国际化培养起步早,发展迅速,培养模式日益成熟,并已取得显著成就,育人成果备受国际数学界赞誉。以中法数学班为例,其培养了大量优秀的数学家,包括首位获得"索菲·热尔曼奖"(法国科学院年度大奖)的中国人麻小南教授等,有20余人成为世界一流大学的教授。这些数学家不仅与法国数学界建立了深厚的学术合作关系,还将合作网络拓展至欧美地区,在全球数学界和学术界拥有广泛的影响力。

(四)多方位国际交流合作,国际合作育人水平高

拓展多方位的国际交流合作,对于提升国际合作育人水平至关重要。学院积极开展多种形式的交流与研讨活动,与国内外知名高校保持着长久而广泛的合作关系。目前,已与欧美地区不断深化教育教学的国际交流与联合培养。这不仅提升了学生的国际竞争力,也增强了教师队伍的国际学术活力,同时扩大了本专业在国际上的影响力。

三、拔尖创新人才国际化培养模式设计

拔尖创新人才的培养具有探索性、艰巨性和长期性。围绕国家"双一流"建设宏伟战略,高校要有长远的眼光、宽容的心态和执着的努力,从自身办学定位和办学目标出发,结合自身办学优势和学科特色,勇于探索,敢于实践[4]。立足学校学科发展与人才培养实际,数学与统计学院牵头多元教育主体共同参与基础学科拔尖创新人才培养方案制订,优化顶层设计,引领国际化人才深入日常教育管理各环节。作为首批校级拔尖人才培养示范区,学院于2023年9月首次招收数学自强班学生,面向全校理工科专业,分为基础数学和应用数学与统计两个方向。次年,通过新生的二次选拔,继续在全校范围内遴选人才。经过两年的示范培养,效果显著。在条件成熟时,武汉大学决定重启中法数学拔尖班,首次招生定于2024年9月,在中法双方教学委员会的指导下,与法国顶尖高校的数学专业培养方案高度融合,开启深度合作的新篇章。

(一)精准定位培养目标

在经济全球化、文化多元化的背景下,国际化专业建设应从培养目标、课程体系等方面入手[5]。中法数学拔尖班的国际化人才培养目标旨在进一步贯彻落实国家加强基础学科人才培养工作的精神,弘扬学校与法国知名高校联合培养数学人才的优良传统。通过不断完善拔尖人才的培养模式和管理机制,培养具有深厚的数学功底与灵活应用能力的专业人才,引导学生开展基础数学理论的研究并取得提升,促进数学学科与其他学科的交叉融合。此外,着重培养具有国际视野且勇于开拓创新的优秀拔尖数学人才,

推动学科发展。

(二)深度对标培养方案

在广泛调研国内外知名高校拔尖人才培养方案的基础上，重点研究了法国知名高校的数学专业本科生人才培养模式，特别对特色课程、模式设置、创新培养、招生方案、动态管理办法以及学生未来出路等方面进行了深入分析。深度对标巴黎西岱大学和中国科学技术大学的数学专业培养方案，借鉴成功经验，制订中法数学拔尖班的国际化人才培养方案。中法数学拔尖班培养方案国际化特色鲜明，旨在培养具备国际视野与学科竞争力的数学领域优秀人才，为学院学生走向世界顶尖数学家的舞台打下坚实基础。

(三)创新课程体系设置

创新的课程体系设置，为国际化拔尖人才培养提质增效。

1. 特色课程配置

在本科的第 2 年至第 4 年，学院将提供 18 到 20 门具有数学专业特色的课程，并邀请法方知名学者主讲，其中正课由法方学者授课，习题课由我方学者负责，以确保国际化课程的教学达到保质保量的效果。

2. 基础核心课程的创新改革

在数学专业大类平台课程中，分析 1 至 4 替换数学分析 1 至 3 和常微分方程，代数 1 至 4 替换高等代数与解析几何 1 至 2 和抽象代数，加大分析和代数的习题课学时数，使其与正课学时保持一致，不仅夯实了理论知识的学习，同时提升了实践动手能力。

3. 高强度的法语学习

为了适应高年级阶段法方学者全程法语授课的形式，培养方案规定外语必修课程为法语，而英语作为选修，四年本科法语课程总学时数高达 832 学时。这一课程设置让学生与法方知名学者面对面交流学习的同时，进行高强度的法语学习，以促进学生专业能力与法语应用能力的双重提升。

4. 交叉学科课程设置

加大"四小力学"学时数及课程设置，把电学、力学、热学、光学作为交叉学科的重要部分进行深入讲解，帮助学生在未来的研究或实践中具备更广泛的视野，助力其提高对复杂问题的综合分析能力。

课程模块设置包含六种类型，每种类型比例适中(见表 1)。

表1 课程模块说明

课程模块	必修课学分	选修课学分	合计	占总学分比例
通识课程	6	6	12	7%
公共基础课程	45	11	56	33.5%
大类平台课程	56	—	56	33.5%
专业核心课程	18	—	18	10.7%
专业选修课程	—	19	19	11.3%
跨学院选修课程	—	6	6	4%
总学分	125	42	167	

四、拔尖创新人才国际化培养模式的持续深入探索

武汉大学中法数学拔尖班旨在培养具有开阔的国际视野、目标远大和热爱数学的学生，并着力打造勇于创新，具备数学探索精神及国际竞争力和创新能力的数学精英。通过一系列卓越的教育培养措施，为该班级在国际化拔尖创新人才培养上树立了标杆和典范。

(一) 师资雄厚，院士亲临一线授课

多名院士及法国名师组成的顶尖师资团队，亲自为本科生讲授专业必修和前沿先导课程，提升学生对数学学科的认知，深化学生对前沿知识的了解，激发学生的学习兴趣，为学生对数学学科的探索打下深厚的基础，同时，为他们将来的学术生涯发展提供专业的导航。中法数学大师的交叉授课，让同学们感受到不同的学术氛围和教学模式，挖掘学生深层次的学科探索精神。

(二) 全球视野，潜心培育领军人才

武汉大学与法国顶尖大学长期合作，在国际数学领域享有盛誉。武汉大学中法数学拔尖班不断深化国际教育交流合作，在拔尖人才培养过程中，得到诸多法国知名数学家，包括沃尔夫奖、菲尔兹奖获得者的大力支持。中法之间高等数学教育合作的历史悠长，培养了大批兼具全球视野和卓越领导力的新一代数学领军人才。培养方案与法国名校数学专业高度融合。法国模式培养数学拔尖人才在中国已有很多成功经验，取得非常好的效果，使学生在未来的学术之路上无缝衔接国际前沿。

(三) 精准指导，国际化培育模式

培育过程全程依托中法双方数学大师，开设高水平专业课与法语等课程，小班化模式精细管理，确保每位学生在学习过程中获得个性化指导和关注，以培养具有国际视野且勇

于开拓创新的拔尖数学人才，为国家重大战略发展需求服务。本科期间进入国际化的教育培养模式，进入高年级阶段，由法方开设全英文或法文的前沿课程。科研训练持续性贯穿本科阶段，导师精准指导，促进学生科研能力快速提升，为学生的科学研究奠定坚实基础，为学术创新提供坚实的保障。

（四）法语加持，提升国际舞台竞争力

法语为中法数学拔尖班的必修外语课程，法语学习贯穿本科四年，总学时数高达832学时。修读完成培养方案规定的法语课程后，可获得法语辅修证书，增强学生的国际舞台竞争力。在本科2至4年级期间，中法数学拔尖班将提供18至20门数学专业特色课程，拟邀请法国知名学者主讲必修课程，而学校青年教师负责习题课的教学，在与法国知名教授面对面交流学习中，有助于学生数学专业能力与法语应用能力的快速提升。

（五）优质环境，个性化教育管理模式

为中法数学拔尖班配置独有的专设研修室，为学生提供了一流的硬件设备和学术环境。动态分流管理的培养模式，让学生在学习过程中及时调整自己的研究兴趣和方向，使得教育和培养切实做到"以本为本"，以适应学生个体发展的需要。在日常的管理过程中，实施小班化精细管理，由国家级人才计划入选者担任班导师，学院青年教师为学生组织形式多样的研讨小组，确保个性化的管理和教育模式让每位学生都能获得充分的提升空间。

（六）大师推荐，学术未来无缝衔接

每届优秀毕业生中会有多名同学受法国高校及基金会支持，推荐至法国名校深造。其余同学根据个人发展方向，可以在法国教授推荐指导下申请法国名校的研究生项目，也可以推荐至其他数学强国学习发展。剩下同学在符合保研政策的条件下可以推免，用一流的培养氛围来保障同学们的学术未来无缝衔接。

五、结语

中外合作办学是促进我国高等教育国际化的重要途径[6]-[7]，长久以来取得了显著的成效。拔尖创新人才本土化和国际化相交融的培养格局可以回应未来社会发展趋势对高等教育的挑战[8]。中法双方在建交60周年之际，通过中法双方高校的不懈努力，以教育为桥梁，以拔尖人才培养为纽带，重启中法数学拔尖班。中法数学拔尖班是中法教育合作的卓越典范，是国际化教育合作的里程碑。在中法数学拔尖班的人才培育项目中，由中法双方教育指导委员会全程指导。双方在教育教学发展方面达到了高度的融合，中法数学拔尖班学生在国际化培养模式下，既有理论知识的加持，又有法语的交流展现，极大地提升了中法数学拔尖班的国际竞争力。

本文从中法数学班的创建背景展开介绍，总结拔尖人才培养经验及优势，并在新时代的国际交流合作中积极探索拔尖创新人才国际化培养模式，优化培养机制，以更完善的培

养模式适应我国高层次人才战略发展需求，为中法数学班打开新篇章，为我国全球化高层次数学学科人才培养发展及科技创新提供强有力的支持，持续为中法教育交流合作谱写辉煌。

◎ 参考文献

［1］刘敏，杨沐．以"中法精神"引领中法教育交流［EB/OL］.（2024-05-09）. http：//www. moe. gov. cn/jyb_xwfb/xw_zt/moe_357/2024/2024_zt13/mtbd/202406/t20240620_1136814. html.

［2］钟秉林，李传宗．科教融合培养拔尖创新人才的政策变迁与实践探索［J］.中国高教研究，2024（1）.

［3］高本杰，夏子健，余路阳．基础学科拔尖创新人才国际化培养的优化策略［J］.决策咨询，2023（6）.

［4］王洋．面向国际的拔尖创新人才培养探索与实践——以清华大学"姚班"为例［J］.科教导刊，2020（9）.

［5］韦磊，孙晶，张宏，杨睿．拔尖创新人才实质性国际化培养模式探索与实践［J］.科教导刊，2021（29）.

［6］顾美玲．中外合作办学新机制探索［J］.教育科学，2008（8）.

［7］张晓璐．国际化背景下基础学科拔尖创新人才培养模式思考［J］.明日风尚，2017（11）.

［8］朱旭．拔尖创新人才培养的若干思考［J］.科教文汇，2021（29）.

卓越医生背景下"PBL+课程思政"融入
基础医学讨论课教学改革探究
——以人体结构学教学为例

何　柳　　胡成俊[*]

（武汉大学　泰康医学院(基础医学院)人体解剖学教研室，湖北　武汉　430071）

【摘　要】探讨融入思政元素的人体结构学 PBL 教学改革模式的可行性，通过 PBL 临床案例教学设计、实施及评价，分析 PBL+课程思政整合到专业课程的效果。在已完成的 3 个教学周期活动中，学生对教学模式的接受、喜欢比率分别为 98.7% 和 96.9%，对于知识掌握、能力提高、道德水平提升的认可度等都在 92% 以上，总成绩均为优秀。同时，设计主次分明的案例、培养课程思政育人队伍是人体结构学教学在新医科背景下面临的挑战。

【关键词】PBL；人体结构学；课程思政

【作者简介】何柳（1983—　　），女，湖北黄冈人，医学博士；*通讯作者：胡成俊（1972—　　），男，湖北随州人，医学博士。

【基金项目】2024 年武汉大学教学专项（2024SZ045，2024TP026）；2023 年武汉大学本科教育质量建设综合改革项目（2023ZG223）；2022 年武汉大学研究生"课程思政"示范建设项目——心血管解剖学与疾病研究进展（413100123）

　　《关于加强医教协同实施卓越医生教育培养计划 2.0 的意见》等政策的相继出台，对临床医学人才培养提出新的要求，医学教育应着力于医学生解决临床实际问题的能力，同时应重视以医学职业道德、职业态度和职业价值观为基本内容的职业素质教育，实现职业素养和专业能力的双提升。

　　人体结构学是学校面向临床专业学生开设的整合了系统解剖学和局部解剖学，并融入医学影像学影像资料的解剖学课程，是医学生接触到的第一门基础医学课程，其教学质量的优劣直接影响后续解决临床实际问题的能力。遵从人才培养要求，人体结构学重构教学内容，在人体形态描述的基础上加强临床应用和前沿拓展。然而，课程授课方式仍然采用传统的"填鸭式"灌输，缺乏知识应用能力的引导和培训，导致学生高阶认知不足。同时，灌输式教学方法与课程思政元素的融合度不够，德育教育入脑入心不够。

PBL(problem-based learning)教学法以问题为基础,以学生为中心,以学生自学和教师引导相结合的小组讨论为基本形式,将学习过程与任务和问题挂钩[1],激发学生学习兴趣,同时引导学生自主学习,提升学习高阶性和挑战性。人体结构学在原来理论实践教学模式的基础上,引入基于临床案例的 PBL 讨论课,充分发挥情景化教学、以问题为导向、小组式讨论教学的优势,提高学生知识的应用能力,培养临床思维;同时将思政元素植入 PBL 教学中,隐性实现职业道德素质培养,不断推动课程教学推陈出新。

一、PBL 临床案例讨论教学设计——人体结构学 PBL 临床案例库的建设(见表 1)

表 1 　　　　　　　　　　　　**PBL 案例及课程思政融入设计**

知识点	PBL 活动	思政切入点	思政元素
脉管系统	冠心病案例 问题1:冠状动脉的分支及分布范围 问题2:根据目前情况,考虑哪种疾病可能性大?为进一步明确诊断,还可进行什么检查 问题3:根据你所了解知识,请给出下一步治疗建议 问题4:严重冠心病导致心力衰竭,近几年国内开始了新的治疗方式——人工心脏植入,你对这方面有哪些了解,有什么看法	1. 社会现状,老年病逐渐年轻化,引起学生对健康生活的重视,医疗对于健康的影响不到 8%,更重要的是预防,也即生活方式的全面管理 2. 国产人工心脏的投入使用。我国自主研发的产品,代表医疗科技水平的进步	健康生活 民族自信
头颈部	腮腺肿瘤压迫面神经案例 问题1:回顾腮腺和面神经相关的解剖学内容,尤其是两者的位置关系 问题2:分析解释患者阳性症状的原因 问题3:针对面神经损伤,目前有哪些治疗方式?这个患者适合怎样的治疗	1. 了解面神经修复的历史发展,尤其是近年来我国医生在这方面的贡献 2. 针对面神经损伤修复,除了外科修复外,神经再生科学基础研究以及人机接口医工交叉科学的发展也是重要的突破口,以此激发学生对科学研究、科研创新的兴趣	民族自豪 科研创新
胸部	鱼刺刺穿食管主动脉弓案例 问题1:简述食管的位置、形态和分布及生理狭窄和食管的毗邻关系。何谓食管上三角和食管下三角,此两三角内有哪些结构?左喉返神经与主动脉弓和食管的位置关系 问题2:为什么案例中医生首先怀疑心脏问题?通过哪些方式找到真正的问题?你如何看待整个过程 问题3:模拟外科手术,阐述手术入路以及进入过程中需要注意的地方 问题4:解释病人手术后声音嘶哑原因。病人为什么要行左侧纵隔探查术	1. 通过情景化演绎以及模拟外科手术这样的方式,帮助学生建立临床思维 2. 通过这种小概率事件,强调医患充分沟通的重要性,以及医生行医务必谨慎细致,避免误诊	临床思维 职业素养

知识点	PBL 活动	思政切入点	思政元素
腹部	胆结石案例 问题1：回顾肝外胆道的相关解剖学内容，了解中医对胆囊认识的历史发展过程 问题2：分析解释案例中的阳性症状 问题3：针对治疗方案中的保胆和取胆，发表看法 问题4：除了常见的胆结石，还有一些不常见的肝胆管结石，我国科学家黄志强院士在这方面做出了巨大贡献，了解其相关研究成果	1. 从"胆"在中医中作为六腑之首的认知开启本次讨论，加强文化认同和民族自信 2. 引入凭肝胆管结石研究引发国内外关注，并荣获国家科技进步一等奖的黄志强院士的奋斗故事，通过这种献身医学事业的国人故事，激发学生笃志医路，潜心治学 3. 治疗策略中不再一味切胆，采用保胆取石的方式，培养学生的批判科学精神，追求与时俱进	文化认同 民族自信 职业素养 批判精神
盆会阴部	宫颈癌合并怀孕案例 问题1：回顾盆腔及其中子宫的相关解剖学内容 问题2：分析解释案例中的阳性症状 问题3：简单了解宫颈癌的治疗方式，本案例患者在罹患癌症的同时怀孕，这种特殊患者适合怎样的治疗方案，作为医生，应该如何决定治疗方案 问题4：了解宫颈癌预防即疫苗的普及情况以及未来还可能有哪些预防手段	1. 通过这种特殊案例，强调医护需要理解患者，安抚疏导患者，利用专业知识帮助患者，作为医护人员，需要以人为本，化爱于行，加强学生职业认知和认同 2. 通过对疾病预防现状和前沿的了解培养学生科研思维和创新意识	职业认同 职业素养 科研创新
上肢	腕管综合征案例 问题1：回顾腕管相关的解剖学内容 问题2：分析解释患者出现的症状和体征 问题3：给出治疗建议，了解关于这种情况的治疗发展历史 问题4：针对这种情况，给出健康小建议	1. 通过了解腕管综合征治疗发展历史，尤其是近10年关节微创技术的进步，给患者减轻了痛苦，带来了便利，还有利用干细胞移植技术进行修复，激发学生对科研创新的兴趣 2. 结合鼠标手的成因，培养学生健康生活、劳逸结合的生活态度	科研创新 健康生活
下肢	坐骨神经痛案例 问题1：回顾坐骨神经的走形、支配范围，以及损伤后的表现 问题2：分析解释患者出现症状的原因 问题3：通过查找资料，简单叙述治疗方法，以及当下的研究情况	通过引入坐骨神经损伤修复方式以及坐骨神经痛中西医方面的先进诊疗技术，使学生及时了解学科发展动态，促进学生主动思考，培养创新意识和创新思维	民族自信 科研创新

（一）强调案例的客观拟真性和典型代表性——案例选择

人体结构学充分依托三家附属临床医院的病案平台支撑，以真实案例为模型，结合当下社会热点和医学领域改革趋势，建立极具拟真性和代表性的 PBL 临床案例库。例如，盆会阴章节选择女性宫颈癌案例，聚焦重要器官——子宫。首先考虑到子宫是人类生殖繁衍的重要器官，而宫颈癌是当下发病率极高的妇科恶性肿瘤，是威胁女性健康的最大杀手。2020年11月17日世卫组织发布《加速消除宫颈癌全球战略》，其中概述了三个关键措施：疫苗接种、筛查和治疗。这是人类首次承诺消除一种癌症，具有里程碑意义。选择宫颈癌案例充分考虑了其代表性以及社会影响力。

(二)增加案例素质育人的设计——思政融入

结合课程专业特点，聚焦德医双修能力素养培养目标，巧妙地将思政元素融入案例中，使学生在解决问题的过程中感受职业价值提升职业素养，极大增强教学的思想性、针对性和实效性。如盆会阴章节的宫颈癌案例中出现患者怀孕的特殊情况，通过怀孕和患癌两种完全相反的情绪事件，引导学生从医生视角注重对患者心理情感的关注。此外，案例中提及未接种宫颈癌疫苗，强化学生对疾病预防的关注，润物无声的健康科普激发学生职业责任感。

(三)注重案例的引导启发功能——问题设置

PBL教学法的关键在于案例问题设置，非常强调问题的引导性及启发性，按照大纲目标要求突出教学重点[2]，根据重点内容预设临床问题[3]。遵循布鲁姆认知规律，在基础-应用-整合的基础上，向拓展-创新延伸，形成认知的层级递进发展。例如，盆会阴部案例的问题设置，问题1回顾盆腔及其中子宫的相关解剖学内容，属于记忆型理论知识。问题2分析解释案例中的阳性症状，属于知识应用和整合。问题3简单了解宫颈癌的治疗方式，本案例患者在罹患癌症的同时怀孕，这种特殊患者适合怎样的治疗方案？问题4作为医生，应该如何做？针对中年女性，有哪些手段可以预防宫颈癌？这两问属于知识拓展和创新。通过逐层递进式的提问，延展知识的广度、深度及温度[4]。专业知识认知不断深入的同时强化职业素养的培育，引起学生对全民健康守护的理性思考，实现思政元素与课程教学的有效结合，为培养德医双修的医学人才奠定坚实基础。

二、PBL临床案例讨论的教学实施——运用信息技术优化讨论课堂(见图1)

信息技术融入教育教学是现代科技发展和教学改革的大势，可以极大突破实验器材和学生时间空间的限制[5]。智慧教室的出现，微助教、学习通、雨课堂等线上教学互动工具，方便随时随地发生的师生互动、生生互动。PBL案例讨论课前，通过学习通将案例及相关资料推送给学生，方便学生课前查找资料、分析案例；各讨论小组建立QQ讨论群或微信群，方便随时分享资料、讨论案例、分解任务。讨论课中，各讨论小组线下在教师的引导下集中整理思路、提出问题、解决问题，鼓励真人情景化演绎案例，或利用智慧教室的通信工具如腾讯会议等远程连线临床，观看问诊、检查、手术等，切身感受真实临床环

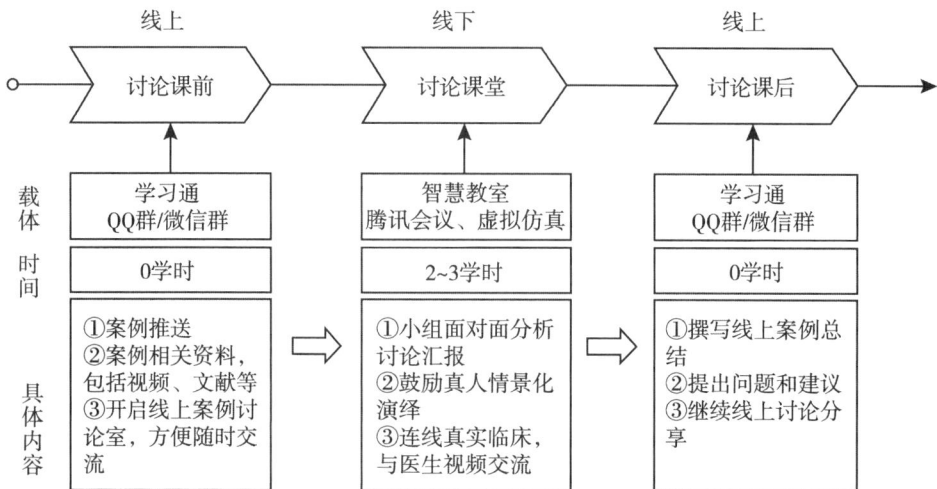

图 1　PBL 临床案例讨论课的实施

境、体会职业责任和价值。讨论课后，根据前期讨论情况，线上完成案例总结，提出课程问题和建议，并在线上讨论室继续交流学习。有效合理运用现代化信息技术手段，使其在案例讨论课中的优越性得以最大化呈现，引发学生的学习兴趣和生动的演练气氛，提高教学效率，推动课堂教学产生质的飞跃[6]，最大程度服务于学生能力和素质的培养。

三、PBL 临床案例讨论的教学评价——表现型评价聚焦能力素质培养

PBL 教学法的引入是为了更加全面地促进学生知识能力素养的综合发展，这是一个循序渐进的过程，也是不断"增值"的过程。基于表现型评价重视"过程性""增值性"和"综合性"，立体式呈现学生综合素质，客观真实呈现学生的知识、能力、素养状态，PBL 案例讨论课采用了这种评价方式检验学科目标的完成度、融入思政要素的实现度[7]。依靠教师自始至终的引导和观察，小组同伴自始至终的陪伴和帮助，揭示学生综合素养发展的过程、增值程度及预设目标的实现程度。其中，考核评价指标聚焦知识、能力、素养三个层面，知识强调理论知识的掌握情况，技能注重临床问题的分析思维和解决能力，素养重视学习态度、团队合作意识、拓展创新意识、对不同思政元素（民族自信、文化认同、职业素养等）的认识和感悟。评价实施过程中，对照 PBL 教学法关键要素设计评价量表（见表 2、表 3），结合多方评价手段，确保评价的客观公正，评分加权公式为：

最终评分＝组内互评占 30% ＋ 学生自评占 30% ＋ 教师评价占 40%。

表2   **组 内 互 评**

评价人		学号		专业		操作台	
小组成员	知识	能力	素养	总分	评语		
成员1							
成员2							
成员3							
成员4							

评 价 细 则

知识 25%	能力 35%	素养 40%
解剖基础知识的掌握情况 （一般 10~15 分，良好 16~20 分，优秀 21~25 分）	①是否能够运用解剖知识解释疾病症状 ②案例分析的逻辑思路是否清晰，是否具有临床思维 （一般 20~25 分，良好 26~30 分，优秀 31~35 分）	①是否积极参与讨论 ②是否具有团队合作意识 ③是否进行了拓展和创新 ④对不同思政元素（民族自信、文化认同、职业素养等）是否有所认识和感悟 （一般 25~30 分，良好 31~35 分，优秀 36~40 分）

表3   **学生自评和教师评价**

评价人		学号		专业		操作台	

学 生 自 评

评价时间	知识	能力	素养	总分	评语		
1							
2							
3							
4							

教 师 评 价

评价时间	知识	能力	素养	总分	评语		
1							
2							
3							
4							

续表

评 价 细 则		
知识 25%	能力 35%	素养 40%
解剖基础知识的掌握情况 (一般 10~15 分，良好 16~20 分，优秀 21~25 分)	①是否能够运用解剖知识解释疾病症状 ②案例分析的逻辑思路是否清晰，是否具有临床思维 (一般 20~25 分，良好 26~30 分，优秀 31~35 分)	①是否积极参与讨论 ②是否具有团队合作意识 ③是否进行了拓展和创新 ④对不同思政元素(民族自信、文化认同、职业素养等)是否有所认识和感悟 (一般 25~30 分，良好 31~35 分，优秀 36~40 分)

四、PBL 临床案例讨论的教学效果

人体结构学包含 7 次 PBL 临床案例讨论课，分布到每个章节学习结束之后进行。自开设讨论课以来，已完成 3 个年级临床专业的授课，参与学生人数 1500 多人。PBL+课程思政的教学后，学生出勤率、课堂互动和学习态度明显改善[8]。从总评成绩可见，3 期的平均成绩为 90.5 分、92.0 分和 91.5 分，均为优秀。具体到每一期的成绩分析发现，学生从第 1 次讨论成绩到第 7 次讨论成绩总体呈现上升趋势。从学生互评、自评和教师评语可见，学生临床逻辑思维逐渐形成，知识应用能力、探究创新能力、思想素养都有所提高。

通过对 3 期学生的问卷调查，结果表明绝大多数学生接受并喜欢这种教学方式(见表 4、表 5)。95.0%的学生赞同该教学法对知识的掌握和应用有帮助，93.5%的学生赞同该教学法对临床思维和能力的培养有帮助，94.3%的学生赞同该教学法有助于自主学习能力的提高，92.8%的学生赞同该教学法有助于学习积极性的提高，94.3%的学生赞同该教学法有助于团队合作意识的提高，92.6%的学生赞同该教学法有助于思想道德水平的提高，尤其是职业责任感和素养、科研创新意识(见表 6)。

表 4 **学生对 PBL 临床案例讨论课的接受情况**

评价内容	接受	不接受	无所谓
人体结构学开展 PBL 临床案例讨论课	98.7%	0.3%	1%

表 5 **学生对 PBL 临床案例讨论课的喜欢情况**

评价内容	喜欢	不喜欢	无所谓
人体结构学开展 PBL 临床案例讨论课	96.9%	0.7%	2.4%

表6   学生对 PBL 临床案例讨论课的学习体会

评价内容	赞同	不赞同	无影响
对知识的掌握和应用有帮助	95.0%	0.7%	2.4%
对临床思维和能力的培养有帮助	93.5%	0.6%	5.9%
有助于自主学习能力的提高	94.3%	1.3%	4.4%
有助于学习积极性的提高	92.8%	2.6%	4.6%
有助于团队合作意识的提高	94.3%	0.9%	4.8%
有助于思想道德水平的提高	92.6%	1.8%	5.6%

注：发卷数 1507 份，收回数 1470 份，有效数 1470 份

每期结束后组织师生开展面对面座谈，征求他们对讨论课的意见和建议，大致包含以下几个方面：（1）丰富案例，不同组采用不同案例，集中交流，相互学习，有利于知识点的覆盖。（2）详细记录提问和回答情况，并计入成绩，力求公平公正，防止划水。（3）考虑学生的知识能力差异，设置不同难度问题，促进全体成员主动参与。

五、教学反思

（一）把握解剖和临床知识点的主次关系

人体结构学开展 PBL 临床案例讨论课，是依托临床案例营造拟真化的情景，促进学生基础知识到临床应用的转化，初步培养学生临床分析思维。但在实际讨论中，发现学生对临床问题更感兴趣，花费大量的时间和精力搜索临床症状对应的相关疾病，然后通过多个条件比较排除，完全缺乏逻辑分析过程，更无理论证据支持的严谨意识。学习基本临床知识是为了将其作为纽带和桥梁，更好地连接解剖知识和临床应用，切不可喧宾夺主。同时也不能完全否定传统教学模式，可能导致只见"问题"，不见"系统"，造成无法构建完整知识体系[9]。

临床思维强调有理有据，有因才有果，因此讨论课的重点应放在梳理疾病诊断的逻辑思路、探究症状及操作背后的解剖学机理。而要实现这一目标，第一强调 PBL 问题设置务必合理，第二强调最大化发挥教师的引导作用。

（二）提升教师思政育人的意识和能力，激发学生使命感

教育部颁发的《高等学校课程思政建设指导纲要》明确指出，全面推进课程思政建设，教师是关键。要推动广大教师进一步强化育人意识，找准育人角度，提升育人能力，确保课程思政建设取得实效。PBL 临床案例讨论教学中融入思政元素加强素质育人功能，首先要求案例设计应巧妙，思政元素融入合情合理，其融合应以专业知识的传授为背景，相互促进[10]；其次对教师自身的思政认识和引导能力也有一定要求，能够润物无声地带领学

生自我感悟，推动学生终身学习的能力形成[11]。在当前缺乏 PBL 课程思政教材的情况下，常规的集体备课、不定期的同行交流、外出培训等活动是不断提升教师自身课程思政水平的有效途径。

(三)结合不同的教学目标和评价标准，实现分层教学

案例讨论这种形式具备一定的挑战性和高阶性，针对基础知识水平参差不齐的学生，可能会存在"够一够"，激发兴趣的情况；也可能会存在"够不着"，完全不感兴趣的情况。PBL 临床案例讨论教学旨在激发学生的学习兴趣和主动性，为了惠及每一位学生，应确保每位学生都能在自己的能力范围内得到充分的挑战和提升。首先可根据学生的学习能力、兴趣特长和基础知识水平，分为不同的层次组别；其次针对不同组别设置不同难度的问题、教学目标以及评价标准，尤其是评价标准，应采用多元化评价方式，强调讨论过程中的努力和改变。

教学方法的改革，多元评价体系的构建，提高了教学质量和效果[12]。PBL 临床案例讨论课作为人体结构学课程体系的一部分，正是在医学教育前期的基础医学教育中通过临床案例实现"早临床"，帮助学生融入"准医生"理念，使得医学生及早"感受医生、感受患者、感受医院、感受社会"。建立完善的课程思政素材[13]，融入思政元素，对学生职业精神的塑造，学生对生命、疾病的理解，前期和后续课程的贯通以及加速知识的内化，都起到了非常重要的促进作用，全力服务于培塑全面过硬的德医双修的卓越医生。

◎ 参考文献

[1] 姜春宇，赵蕊，李婧，等 . PBL、CBL 教学法融合课程思政在天然药物化学课程教学改革中的探索 [J]. 黑龙江水产，2024（2）：219-221.

[2] 杨维娜，周劲松，许杰华，等 . 对分课堂+PBL 在留学生系统解剖学实验课中的应用 [J]. 基础医学教育，2024（6）：482-485.

[3] 靳辉，计胜峰，杨蓬勃，等 . 基于翻转课堂与 PBL 相结合的"人体解剖学"教学研究与实践 [J]. 中国医学教育技术，2022（1）：65-69.

[4] 文芳，李中正，李春梅，等 ."PBL+翻转课堂"融合课程思政的教学模式初探——以医学影像技术导论课程为例 [J]. 中国现代教育装备，2022（11）：108-110.

[5] 何柳，朱从丽，胡成俊，等 . 新冠疫情期间人体结构学线上教学的问卷调查与研究 [J]. 中国高等医学教育，2023（1）：30-31.

[6] 何柳，朱从丽，郑勇，等 . 混合式教学在人体解剖学中的实践 [J]. 基础医学教育，2021（10）：673-675.

[7] 陈婷，曹雪雁，王露 . PBL 教学模式下"细胞生物学"课程思政教学改革 [J]. 纺织服装教育，2023（1）：35-39.

[8] 程加加，曲泽雨，赵硕然，等 . 课程思政视域下 PBL 教学法在重症医学临床教学中的应用 [J]. 中国继续医学教育，2024（11）：73-77.

[9] 吕叶辉，王沛若，吴学平，等．PBL教学法在解剖学教学中应用效果的 Meta 分析 [J].解剖学杂志，2024（1）：81-83.

[10] 李慎刚，张锋春．PBL与专业课程思政相结合的教学模式研究 [J].高教学刊，2022（17）：72-75.

[11] 林瑶，陈俊，黄露芬，等．PBL教学法在"病理学"课程思政教学中的应用 [J].教育教学论坛，2023（28）：139-142.

[12] 李琳，杨泽辉．"岗课赛证"融通为导向的软件测试技术课程教学改革探究 [J].教学理论与实践，2024（6）：57-60.

[13] 李会春．如何通过PBL推进专业课课程思政建设——以医学教育为例 [J].教育观察，2020（41）：13-15.

国际化实训助力医学拔尖创新人才培养

王 媛 乐 江

(武汉大学 泰康医学院(基础医学院),湖北 武汉 430071)

【摘 要】为探索培养具有国际竞争力的医学拔尖人才模式,武汉大学泰康医学院(基础医学院)每年选拔2批优秀医学生,分别前往国际一流学校,如剑桥大学、英属哥伦比亚大学和麦吉尔大学进行为期3~4周的国际化研学实训。学生在境外开展全英文专业学习与研讨、参观实验室与医疗机构、组织社会实践等活动,在增进文化自信的基础上,尊重和理解多元文化,提升学生专业能力和全球责任意识,培养具有全球胜任力的医学拔尖创新人才。为评估国际化实训对医学人才培养的初步成效,我们对2年共4批参与国际化实训的学生进行了问卷调查,比较了国际化实训对学生思想政治教育、综合素质培养、职业规划和专业认可度的影响。结果显示,国际化实训拓展了医学生的国际化视野,提升了专业认可度,有助于学生制订职业发展的长期规划,为培养具有国际竞争力的复合型拔尖人才奠定了基础。

【关键词】医学教育;国际化实训;医学拔尖创新人才培养

【作者简介】王媛,武汉大学泰康医学院(基础医学院)生理学系讲师;乐江,武汉大学泰康医学院(基础医学院)教授,副院长。

一、研究背景

为深入贯彻党的二十大精神和习近平总书记在科学家座谈会上的重要讲话精神,落实《国务院办公厅关于加快医学教育创新发展的指导意见》要求,加快新医科建设,实施"一流学科引领攻坚计划""世界一流学科培育计划"[1-2],培养满足健康事业发展的高素质医学人才,推动医学教育改革与高质量发展,武汉大学致力于探索医学人才培养的新模式[3]。随着国际化进程的加快,学校积极实施医学生国际化培养方案,拓宽学生的国际化视野,用国际优质资源培养拔尖创新人才。通过开拓国际合作渠道、学生"送出去"、学者"请进来"等方式,广泛开展与国际一流大学的人才培养合作,共同提升人才培养质量。

两年以来,武汉大学泰康医学院(基础医学院)积极利用各方面渠道和途径,联系国外高水平大学,探讨拔尖学生国际化实训的实施方案,为学生顺利实施国际化实训和充分完成学习目标奠定了良好的基础。目前已完成2届共4组国际化实训项目,实训学生在第三学期分别前往剑桥大学、英属哥伦比亚大学和麦吉尔大学进行为期3~4周的学习。学习内容包括全英文课堂学习、科学问题研讨、实验室考察学习、临床医院见习,以及文化交流与社会实践等项目。本研究旨在从思政教育、专业教育、国际化视野、个人未来发展规划等多个角度,分析国际化实训对拔尖创新人才培养的作用,为探索医学拔尖创新人才培养模式提供必要科学研究数据。

二、研究设计

武汉大学泰康医学院(基础医学院)通过学生绩点、英语水平、自我推荐等多个维度,从基础医学专业、临床医学专业、口腔医学专业选拔优秀学生,前往国际一流大学进行学习。为评估国际化实训对培养拔尖创新人才的初步影响,我们分别在出行前和国际化实训结束后对学生进行了问卷调查。问卷从思想教育、文化生活、学习模式、学习目标、面临的心理压力、综合素质培养、专业认可度和职业发展规划八个模块,评价了国际化实训对学生文化自信、专业素养和职业长期发展三个维度的影响。每一单元设计5~7个问题,其中每一单元含多个量表题和1个开放性问题。量表题按照对描述内容的完全不同意到完全同意分为1~10分的10个评分量级,1分代表很不同意,10分代表很同意。国际化实训出行前发放问卷30份,回收问卷30份;国际化实训后发放问卷80份,回收问卷68份。问卷皆以无记名方式进行。

三、研究结果

(一) 国际化实训有助于提升医学生的文化自信

加强和改进新形势下大学生思想政治教育是高校落实立德树人根本任务的重要内容,更关系到为党育人、为国育才的历史使命[4]。因为参加国际化实训的学生来自基础医学、临床医学、口腔医学等多个医学专业,学生之间并不熟悉。组建国际化实训队后,武汉大学泰康医学院(基础医学院)开展了形式多样的主题班会,对学生进行思想教育,如带领实训队参观抗疫医生纪念墓碑等。通过破冰之旅消除同学之间的陌生感、为国际化实训创造情感基础。通过一系列的班会活动,一边帮助解决同学们出行前的各种问题,一边帮助建立同学互助小组,较大程度地降低了同学们出行前的心理压力,也提升了师生、生生情感。在思想教育中,老师们着重于展示我国国家政策的优势,引导学生在出行后正确面对反华言论或资本主义思想的影响,减少同学们出行的文化冲击,坚定社会主义信仰。

出行后,带队老师充分利用当地资源适时对学生进行思想教育,如带领学生参观白求恩工作的皇家维多利亚医院时,通过结合中国的白求恩纪念馆,讲述白求恩在反法西斯战争中的无私奉献和崇高的医德,将思政教育与专业教育深度融合。在境外,鼓励学生多观察多比较,引导学生尊重和理解多元文化,同时关注和讨论基础设施建设方面的差异,培养学生的民族自豪感。在国外较成熟的人文关怀部分,激励学生回国后要为中国的进步贡献自己的力量。

在关于思想教育方面的调查中,同学们表现出思想政治素质过硬,在回答什么是祖国的一系列问题时,表现出坚定的爱国热情(见表1)。在认为中国是世界上最繁荣富强的国家之一的评价中,7分及以下占14.7%,8分占2.94%,9分占10.29%,10分占72.06%。在有关中国的基础建设发展迅速且强大的评价中,9分占11.76%,10分占88.24%。在认为中国的科技文化发展水平迅速且较强大的评价中,7分及以下占5.88%,8分占8.8%,9分占10.29%,10分占75%。这些评价结果表明,学生对于中国力量有充分的文化自信。在开放性问题中,较为突出的是国际化实训期间,学生们提到对于中国丰富饮食文化的赞扬和思念,这也从侧面反映了同学们对于中国家国文化的认可。值得提出的是,在开放性问题中,有26.47%的同学认为中国的科技发展仍有进步的空间,主要表现在需要加大对基础研究的投入,增加原创性和转化性产出等。这表明,同学们对于中国发展现状较为理性,不是盲目自信。

表1 国际化实训后同学们关于什么是祖国的定义的量表评价分布频率

(1~10分依次增加,1分代表很不同意,10分代表很同意)

问题	8分	9分	10分
祖国是维护我安全生活与学习的家园	0	1.47%	98.53%
祖国是保障我长期稳定生活,使个人有信心建立人生目标的基础	0	1.47%	98.53%
祖国是能够让我以及与我有共同文化生活背景的人群集中的地方	0	2.94%	97.06%
祖国是我愿意付出自己的利益维护其稳定和繁荣的场所	1.47%	1.47%	97.06%
我对祖国的定义与以上不同之处在于	祖国为我们提供安全感/底气/后盾(52.94%);立功之源/立德之本(14.71%);繁荣/发展迅速(8.82%);需要我们的力量去建设(5.88%)		

(二)国际化实训有利于提升医学生全球医学岗位胜任力

1. 国际化实训拓展学生的国际化视野

在国际化实训是否开拓国际化视野的问题中,0~5分中,4分占1.47%,其余为0;6~10分中,7分占1.47%,8分占8.82%,9分占10.29%,10分占77.94%。问卷在关于国际化视野提升的维度中重点考察了以下几个方面。

首先,国际化实训使同学们有机会实地考察城市面貌、基础建设,并沉浸式体验外国文化特点、饮食习惯等，相较于从书本上学习国外知识，有更大的影响力和冲击力。同时，也使同学们从另一个视角更客观、全面地看待中国的发展现状，增强文化自信。国际化实训前后，出访学生对中国的发展现状评价无统计学差异，均认可中国的繁荣富强、发达的基础建设和科技力量的迅速发展。在 0~10 分满意度依次增强的量表中，实训前认可中国发展的评价 8 分占 76.92%，9 分占 15.38%，10 分占 76.92%；实训后评价 9 分占 11.76%，10 分占 88.24%。同学们通过比较，真实地了解中国处于领先地位的领域。同时，也认识到中国还存在发展未健全之处，如原创性不足(13.24%)、基础研究投入力度不够(20.59%)、地区发展不均衡(7.35%)、缺少质疑精神(4.41%)、人文环境有待进一步提高(5.88%)等，这些认知为他们将来的职业规划提供意识基础。

其次，国际化实训锻炼了学生处理国际相关事务的能力，使学生理解和包容多元文化。学生在办理护照和签证、与大使馆沟通、参观国际民航组织、受邀参加大使馆组织的国际交流等一系列活动中，一方面深度接触社会，提升社交能力；另一方面也激励学生勇于展现自我，展现中国学子风采。认为国际化实训帮助自己了解了异国文化、校园环境等的评价中，7 分占 1%，8 分占 5%，9 分占 15%，10 分占 78%。国际一流大学通常有来自世界各地的学生带来丰富的国际文化，同学们有更多接触国际文化的机会。同学们的留学生身份让他们能更多地体会留学生的生活状态和学习的困难，从国际化视角看待国际学生。在国际化实训提升我与国际学生交流能力的评价量表中，7 分及以下占 7.35%，8 分占 8.82%，9 分占 17.65%，10 分占 66.18%。同学们对国际学生和多国文化的不同之处更包容，认为自己将对国际学生和多国文化更包容的评价中，7 分及以下占 2.94%，8 分占 4.41%，9 分占 11.76%，10 分占 80.88%。

值得指出的是，在参观医院、国际民航组织，了解航空医学，讨论医学资源在全球分布的一系列活动中，同学们深入理解了医学专业的公益性质和从业人员肩负的社会职责，了解到医疗资源的珍贵以及资源在全球分配的不均衡。这些知识能使同学们更全面、客观地了解本专业的现状，助力他们明确在医学专业领域深耕的目标。97.06% 的同学希望未来能推动本专业的进步，其中 10 分占 60.29%。

最后，国际化实训降低了学生对出国学习的思想顾虑，提升了学生参与国际项目的信心。实训前，学生们对出国学习的担忧来自语言、自己的适应能力和国外学习生活环境不安全等。在完成国际化实训后，他们发现之前担忧的情景并未成为自己国际化实训期间学习的阻碍。同时，对国际相关事务的接触也降低了对出国学习的恐惧(见图 1)。国际化实训后，同学们对语言问题的担忧比例下降，10 分人数占比从 38.46% 下降为 19.05%，得分高点从 10 分下降为 7 分(见图 1A)。对学习目标不能达成的担忧也明显减少，10 分人数从实训前的 34.62% 下降为 11.76%(见图 1B)。有趣的是，实训前认为社交恐惧是否影响国际化实训的人数占比变化不大，实训前为 46.15%(影响)和 53.85%(不影响)；实训后为 47.62%(影响)和 52.38%(不影响)。但实训前后得分高点发生了变化，实训前得分高点为 1 分(23.08%)和 9 分(15.08%)，实训后 1 分占 9.52%，9 分为 0，得分高点变为 3 分(19.05%)和 7 分(19.05%)。这说明学生的绝对认知发生了转变，认为社交恐惧不影响学习的同学(实训前评分为 1~5 分)，高点向 3 分移动，说明在国际化实训学习中的交流场景改变了他们的认知，使这些在国内环境中社交自信的同学受到了国内外文化差异的影响；而认为社交恐惧影响国际化实训的同学（实训前评分为6~10分），在实训中受到了鼓励交流活动的影响，认知发生了改变，高点向7分移动，认为有一定的社交恐惧也可以完成学习目标（见图1C）。国际化实训前后同学们对出行期间人身安全的担忧未发生明显改变（见图1D）。除此之外，还有部分同学提到国际化实训提升了表达、展示了自己的自信心，增添了尝试未知领域的勇气，并对医学职业有了更深刻的理解。

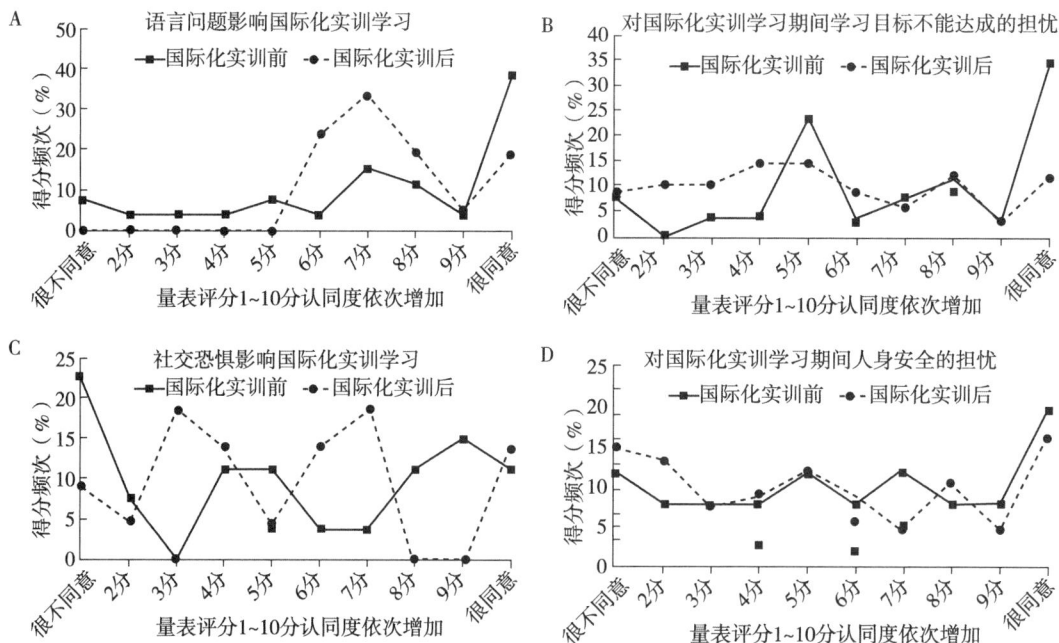

图1　国际化实训前后学生思想顾虑的转变

注：A. 国际化实训前后对语言问题影响国际化实训学习的认知。实训前，认为语言问题影响国际化实训的得分高点为10分，占38.46%；实训后，10分的频率下降为19.05%，得分高点为7分，占33.33%。B. 国际化实训前后对学习目标不能达成的认知。实训前，34.62%的学生认为学习目标较难达成（10分），实训后变为11.76%。C. 国际化实训前后认为社交恐惧影响国际化实训的认知。实训前后，比例未发生明显变化。认为社交恐惧影响或不影响国际化实训的人数分布在实训前为46.15%和53.85；实训后为47.62%和52.38%。实训前得分高点为1分（23.08）和9分（15.08），实训后1分占9.52%，9分为0，得分高点变为3分（19.05%）和7分（19.05%）。D. 国际化实训前后对人身安全的担忧程度没有发生明显变化。得分高点为10分，实训前为19.23%，实训后为16.18%

2. 国际化实训提升学生的专业素养

国际化实训使学生直接接触国际一流大学的课堂及其教学模式，直接与教授们进行交流，了解学科的前沿知识和发展现状。在促进自己了解学科前沿的评价量表中，7分及以下占7.35%，8分占14.71%，9分占11.76%，10分占66.18%。一方面，国际化实训能促使学生了解国外大学的教学模式和学习、互动模式，促使学生找到适合自己的学习方法。在国际化实训促进同学了解国外新颖学习方法的评价中，7分及以下占11.76%，8分占5.88%，9分占19.12%，10分占63.24%。国际一流大学对学生自主学习能力和口头交流、汇报能力要求较高，通过国际化实训的训练，能提高他们的自主学习能力。另一方面，全方位的英文教学、交流模式也能促进同学们的英语听说读写能力，在关于提升自身英文能力的量表中，7分及以下占2.94%，8分占5.88%，9分占16.18%，10分占75%。国际化实训促进他们学习英文教材，查阅英文文献，对将来研究生阶段的学习有一定的促进作用。

在关于国际化实训有助于同学们早期接触专业基础知识的量表中，7分及以下占17.65%，8分占8.82%，9分占14.71%，10分占58.82%。在国际化实训期间，同学们通过课堂学习医学专业基础知识、讨论探索学科前沿、参观科学实验室和医院等初步了解国际一流学校的医学培养模式，显著地激发了同学们对于医学的学习兴趣，有助于学生后期面对难度相对较大的专业相关知识时，有较大的克服困难的勇气。在国际化实训提升学生对专业兴趣的量表中，7分及以下占8.82%，8分占7.35%，9分占14.71%，10分占69.12%。国际化实训的这种培养方式也与学校在医学人才培养中的早期接触临床和科研的培养方式相契合，有利于医学拔尖创新人才的培养。

(三) 国际化实训有利于医学生制订长期职业规划

研究表明，参加国际化实训后，学生一方面对出国学习树立了信心，另一方面也坚定了回国服务的意愿。在国际化实训促进了我出国学习的信心的量表中，国际化实训前5分占3.33%，6分占3.33%，7分占20.00%，8分占13.33%，9分占20.00%，10分占40.00%；国际化实训后5分占1.47%，6分占1.47%，7分占5.88%，8分占10.29%，9分占10.29%，10分占70.59%（见图2A）。我们也评估了同学们对将来为祖国医学奋斗的意愿，数据显示，绝大部分同学将来仍然坚定选择愿意为中国医学发展而奋斗。在国际化实训让我更坚定地为中国医学发展努力学习的量表中，国际化实训前5分占10.29%，6分占6.67%，7分占13.33%，8分占16.67%，9分占10.00%，10分占43.33%；国际化实训后7分占1.47%，8分占7.35%，9分占13.24%，10占77.94%（见图2B）。这提示，同学们出国意愿增加，更多为阶段性出国学习，之后仍愿意回国长期发展。

国际化实训有助于提升专业认可度，使学生树立远大理想，明确深耕本专业领域目标。在国际化实训期间，同学们通过接触本学科前沿知识和前沿实验室，了解了科学研究者对于医学未知领域的探索。这种早期接触能使同学们理解医学专业基础知识以及专业知识的积累过程，加深了对医学专业的认知和发展规律的理解，97.06%的同学给出了正面评价，其中10分占64.71%。

国际化实训也提升了学生对本专业培养方式的满意度，对此91.18%的学生给出了正面评价，其中10分占61.76%。此外，91.18%的学生认为国际化实训加深了其坚定未来从事本专业工作的信心，促使他们坚定未来在本专业进行深入探索的职业规划（95.59%），有助于帮助学生树立成为医学知识奠基者的远大理想。有95.59%的同学树立未来提升自己在本行业知名度的目标，其中 10 分占 54.41%。国际化实训加深了学生对本专业社会需求的理解，其中 10 分占 70.59%。

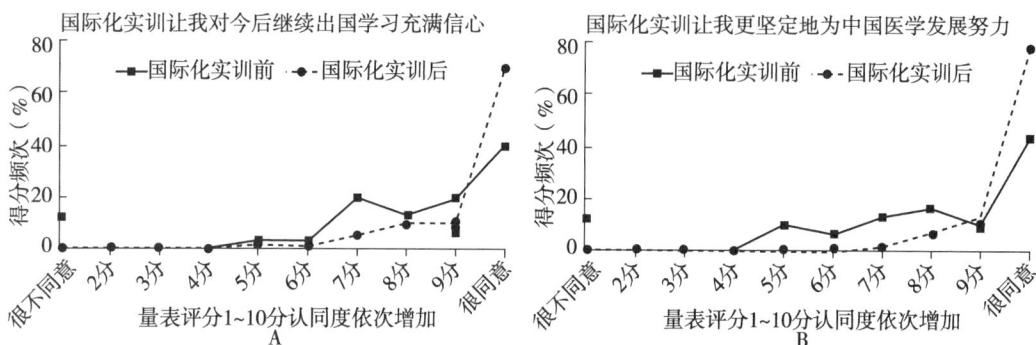

图 2　国际化实训对继续出国学习和为中国医学发展学习的影响

注：A. 国际化实训使学生对今后继续出国学习充满信心，国际化实训前 7 分占 20.00%，10 分占 39.71%，国际化实训后 7 分占 5.88%，10 分占 70.59%。B. 国际化实训使学生坚定地为中国医学发展努力，国际化实训前 8 分占 16.67%，10 分占 43.33%，国际化实训后 8 分占 7.35%，10 分占 77.94%

四、讨论

2024 年 9 月，习近平总书记在全国教育大会上提到，要深入推动教育对外开放，统筹"引进来"和"走出去"，不断提升我国教育的国际影响力、竞争力和话语权[5]。要扩大国际学术交流和教育科研合作，积极参与全球教育治理，为推动全球教育事业发展贡献更多中国力量。医学拔尖创新人才的培养是医学教育提升的重要因素。"双一流"高校建设的进程中，培养满足健康事业发展的高素质医学人才，推动医学教育改革与高质量发展是武汉大学医学专业建设的目标之一。

以岗位胜任力为导向的医学教育已经作为全球第三代医学教育改革的标志，为社会培养胜任的合格医生，是本科医学教育和毕业后医学教育永恒的主题[6]。随着生产力的进步和中国国际影响力的提升，中国医疗岗位对医学国际化岗位胜任力的要求越来越高，以世界一流的标准培养医学生对于提升医学院校的教育水平，指导医学教育改革有积极的推动作用。国际化实训让学生早期接触医学国际化教育，使学生坚定信仰，放眼国际，消除对国际交流的认知误区，增强对通过国际化方式学习医学知识的信心，提升专业素养能力，树立长期职业规划，有助于提升医学生国际化医学岗位胜任力。

研究显示，80% 以上的学生希望能够在本科阶段参与到不同形式的国际化培养项目/活动中，并给予了高期待值[7]。"拔尖计划"旨在吸引最优秀的学生投身基础科学研究，形成拔尖创新人才培养的良好氛围。国际化是培养医学拔尖创新人才不可或缺的组成部分[8]。武汉大学通过国际化实训，为医学拔尖学生提供接触和参与国际交流的机会，为其接触学科前沿和未来职业规划与发展提供重要的助力。我们的研究表明，国际化实训有助于医学生树立正确的职业观和价值观，激发学生深耕本专业领域的信心和热情，有利于提升医学生的全球胜任力，是助力学校医学拔尖创新人才培养的有效举措。关于国际化实训对医学拔尖创新人才培养的长期影响还有待进一步研究。

◎ 参考文献

[1] 教育部等六部门关于实施基础学科拔尖学生培养计划 2.0 的意见［EB/OL］.（2018-10-08）［2024-09-26］.http://www. moe. gov. cn/srcsite/A08/s7056/201810/t20181017_351895. html.

[2] 王娟，杨森，赵婧方."拔尖计划"2.0 背景下提升创新人才培养质量的思考与实践［J］.中国大学教学，2019(3)：19-24.

[3] 饶子正，李宁. 武汉大学拔尖创新学生培养的实践与探索[J].教育观点，2017(11)：31-33.

[4] 昊佳，闵晓阳. 医学院校学生思想政治状况调查分析与研究思考[J].中国高等医学教育，2024(3)：19-23.

[5] 习近平在第二次全国教育大会上的讲话[EB/OL].（2024-09-10)［2024-09-26］. http：//www. moe. gov. cn/jyb _ xwfb/xw _ zt/moe _ 357/2024/2024 _ zt16/hzbd1/yw/202409/t20240911_1150323. html.

[6] 向秋玲，朱毅琼，等. 基础医学拔尖创新人才培养模式的探索与改革［J］.医学教育管理，2022，8（3）：260-264.

[7] 李磊，汤勇，王志宏，孙宝志. 置信专业活动：胜任力导向医学教育国际进展［J］.医学与哲学，2020，41（12）：65-68.

[8] 王瑞，迟晶，刘成柏. 拔尖创新学生选拔机制的研究与实践［J］.吉林省教育学院学报，2022，38（1）：163-166.

综合性大学基于 STEAM 教育理念的创新人才培养改革探讨

万 臻

（武汉大学 土建学院，湖北 武汉 430072）

【摘 要】STEM 教育不仅是培养未来科技人才的关键，更是提升国家创新能力和竞争力的重要支柱，具有战略性、基础性、先导性地位。本文以通识课程世界桥梁建筑艺术赏析教学改革实践为依托，从不同角度分析高校学生学习困境，并结合 STEM 人才培养的思维目标，提出基于 STEAM 教育理念的创新人才培养的具体改革举措，为我国顺利实施《STEM（科学、技术、工程和数学）教育 2035 行动计划》提供切实可行的改革路径，真正实现高校卓越人才培养目标。

【关键词】STEAM 教育理念；跨学科思维；创新思维；教育改革

【作者简介】万臻（1977— ），女，河北张家口人，工学博士，武汉大学土建学院副教授。

STEM（Science、Technology、Engineering 和 Mathematics）教育是科学、技术、工程、数学多领域融合的综合教育[1]。1986 年，美国国家科学委员会提出 STEM 教育的建议并发展成为国家战略，其初衷是使更多的学生在高等教育阶段选择与 STEM 相关的学科，以保持美国在科技创新与国际竞争力上的领先地位。2006 年，美国弗吉尼亚科技大学 Yakman 教授将艺术与 STEM 进行有机融合，提出 STEAM 教育理念，旨在教学过程中增加趣味性、情境性和艺术性。2018 年，美国提出"北极星"计划——《绘制成功之路：美国 STEM 教育战略》[2]，该战略由美国白宫和 STEM 教育委员会联合发布，由政府、家庭、社会多方共同构建 STEM 教育生态系统，旨在让所有美国人终身享有高质量的 STEM 教育，力求将美国打造成"在 STEM 领域的国民素养、发明创造和劳动力就业方面的全球领导者"。美国国家科学、工程和医学学院在 2018 年发布了《面向 21 世纪的研究生 STEM 教育》（*Graduate STEM Education for the 21st Century*）[3]。2011 年 9 月，由美国顶尖研究型大学组成的大学联盟—— 美国大学协会发布了《本科 STEM 教育计划》（*Undergraduate STEM Education Initiative*），成为美国本科 STEM 教育改革的引擎[4]。2024 年美国发布《STEMM 公平与卓越 2050：国家进步与繁荣战略》[5]，旨在构建一个到 2050 年能够体现美国多样性并扩大机会的 STEMM（科学、技术、工程、数学和医学）劳动力队伍。

澳大利亚于 2015 年发布《国家 STEM 学校教育战略 2016—2026》，2018 年发布了《国家 STEM 战略 2019—2023：创造未来工程师战略优先级》，2024 年又发布《实现 STEM 劳动力多元化的途径审议总结性报告》；芬兰于 2023 年发布《芬兰国家 STEM 战略与行动计划》；爱尔兰于 2023 年发布《到 2026 年 STEM 教育实施计划》，这些都反映了各国政府对 STEM 教育的高度重视，以及通过教育提升国家竞争力的决心。国外 STEAM 教育研究集中于理论探讨与策略研究，比如关注学生创新动手能力，侧重案例分析与师资培养[6]。

2014 年左右，STEAM 教育理念被引入我国，并掀起了我国的 STEAM 教育热潮，尤其是涌现了各种 STEAM 教育培训机构。2015 年教育部在《关于"十三五"期间全面深入推进教育信息化工作的指导意见》中明确指出探索 STEAM 教育、创客教育等新教育模式，STEAM 教育逐步在全国中小学得到推广。中国学者主要集中于 STEAM 教育的理论借鉴，探索实践大多集中于中小学的素质教育、新兴教育的融合等问题，在高等教育方面提出了探索培养"工匠型"创新人才。2023 年，联合国教科文组织在中国上海设立国际 STEM 教育研究所[7]，标志着国际社会对中国 STEAM 教育实践的认可和信任。2024 年，中国教育发展战略学会发布的《STEM（科学、技术、工程和数学）教育 2035 行动计划》[7]指出将采取六大行动举措：第一，构筑科技人才贯通培育新机制；第二，构建高品质 STEM 课程和项目体系；第三，开展 STEM 教育评价；第四，创新 STEM 教师培训模式，推动 STEM 教师教育循证实践；第五，推进 STEM 教育数字化建设；第六，引领学习方式变革，强化 STEM 教育育人价值。

研究型大学如何基于 STEM 教育理念进行创新人才培养的教育改革？武汉大学的人才培养目标是培养"厚基础、宽口径、高素质、强能力"的创新型复合人才，重视厚基础、跨学科，鼓励创新与冒尖。在现有通识教育体系下，开展与时俱进的 STEM 教育战略布局，基于 STEM 教育理念的高等教育改革势在必行。

本文借鉴 STEAM 教育理念，即在科学、技术、工程、数学多领域融合外，还应加入艺术的综合通识教育，通过包容性、培养创造力和促进批判性思维的 STEAM 教育，引领学生应对当今时代的多方面挑战。本文从当下高校学生学情困境分析出发，特别关注包容性教学和跨学科方法，探讨教育培养创新思维的可实现性，并从自身研发 STEAM 课程和开展 STEAM 教师培养等角度展开分析，旨在推动高校跨学科交叉学科拔尖创新人才培养的教育理念改革。

一、STEAM 改革的核心精神

STEAM 的核心精神是共情，只有尊重人、爱护人、乐于助人，才能与他人产生共情。基于共情开展创造发明，这既是 STEAM 人才的特质，也是促进高效创新的动力源泉[1]。高校在创新人才培养上存在的问题恰恰就是师生间共情较弱，比如教师在传授知识的教学中没有与学生的创新能力培养结合起来，往往会归咎于学生缺少好奇心和求知欲。学生在现实学业的难度、就业的压力下，磨灭了自信心，丧失了积极的情感体验。如何让师生共情，是高校开展 STEAM 课程研发和开展 STEAM 教师培养的核心前提。

从哲学角度分析，大学生接受了良好的教育，理想状态应当是已经从自然人变为理性人。然而当下他们的选择依然表明"有用是这个时代崇拜的大偶像，一切力量都要侍奉它，一切才智都尊崇它"[8]。席勒在《审美教育书简》里反复论述自然人和理性人的特点，并尝试提出了第三类冲动——游戏冲动的理论，通过审美的游戏和艺术欣赏，可以弥合感性与理性之间的分裂，实现人性的完整和谐发展。但是随着科学的界限迅速扩张，曾经靠想象力所表达的许多现象，都可以由科学说明，世间万物丧失了神秘性和它们的魔力。现实中更加精确地区分各种科学，更加严格地划分专业和职业甚至等级，一些人没有自由判断，只能屈从于社会上的偏见，情感追从社会各种习俗，意志受到各种诱惑，仿佛还是粗野的自然人。在文明时代，物质枷锁的束缚使人越来越畏惧，甚至丧失了要求上进的热烈冲动，逆来顺受却被当成最高的生活智慧。作为成人的全面发展，实现个人从自然状态向理性状态的转变还任重道远。所以必须改革教育理念，避免让青年人完全停滞在自然人状态，引导他们愿意探索真理，认同道德的高尚，有纯粹的、理想的最终目标，关键是还有不受诱惑的意志和不可泯灭的情感。从自然状态挣脱，向理性状态奔赴，仍需要我们共同寻找出路——激发他们关于美的创造的"游戏冲动"。

从脑科学角度[9]出发，优秀的教师应当知道 MBE 科学(Mind，Brain 与 Education) 适用于所有年龄阶段的学生。通过费力的复述形成的记忆在一生中的影响要小于付出较少努力形成的记忆，例如通过好奇心和兴趣形成的记忆。根据思维模式理论，个体的思维模式要么倾向于固定型，要么倾向于成长型。脑科学研究还表明，大脑能随经验发生改变，这一事实告诉我们个体相信自身的能力以及这些信念可能产生的自我实现效应对我们每个人来说都具有重要意义。此外，脑的功能受情绪体验的影响，所以积极的、宽松自由的环境更能有效引导，提供思考线索；还有让我们感到愉悦的事物，脑反应方式是相似的，体验愉悦性才能激发活跃、快乐的心灵；每个人的大脑并不是以同样的方式处理信息，教师应当意识到学习风格和个性化学习差异问题，通过多种方法鼓励新的学习体验也很重要；游戏体验通常会降低与压力有关的皮质醇水平，提高与奖赏相关的神经递质多巴胺的水平，从而强化快乐与游戏活动之间的关联，提升幸福感。

结合哲学和脑科学这两个角度来分析学生创新氛围不浓厚的原因，就充分体现了STEAM 教育需要学科间高度融合，这是对教师的新挑战。能够开展 STEAM 教育的教师不但要具有多学科的知识，而且要具备多学科综合教学的技能。在教学活动中，教师应该合理开展跨学科整合教学，使得学生能够跨学科地分析与处理问题。

二、STEAM 改革人才培养思维

吉原麻里子在《STEAM 硅谷是如何培养创新人才的》一书中审视了美国的 STEAM 精神。首先，STEAM 人才必须是 21 世纪新型人文主义者，他们要把重视人性奉为从业的核心思想，并且持之以恒地对此展开探索；其次，STEAM 人才要时刻保持创新思维，坚持不懈地推动创新发展；最后，STEAM 人才还要勇于打破各种学科和领域的壁垒，在工作中巧妙设计、发挥想象，进而创造出前所未有的先进的行为模式。既是重视人性的人文主义者，又是创新者，还是前卫的设计者，将这三者结合，才构成 STEAM 人才的理想形象[1]。他们掌握当下先进技术，还能结合艺术的感性元素开展具有划时代意义的巧妙设计，为人类社会的发展和进步做出卓越的贡献。思维不拘一格、勇于尝试、在失败中前进等精神和想法是 STEAM 人才的特征，他们具备的思维应是基于 STEAM 教学的能力培养目标改革方向，主要列举以下七种思维：

（1）跨学科思维：能够跨越不同学科和领域，整合多学科的知识和技能来解决问题；理解各学科之间的内在联系，并能够将这些联系应用于创新过程中。

（2）创造性思维：能够产生新的想法，并且持续推动创新发展。创造力是一个内涵宽泛的术语，"大 C"指的是在任何领域重大的创造性成就，"小 c"指的是应对日常挑战和问题的创造能力。创造力对人类奋斗的所有领域都具有重要意义。

（3）设计思维：运用设计思维来解决复杂问题，这种思维方式强调从用户的角度出发，进行共情、定义问题、构思创意、制作原型和测试。设计思维是一个迭代的过程，借助它才会促进创新和创造力的发展。

（4）实践和实验：通过实践和实验来学习和发展新的想法，因为他们相信通过动手实践可以更好地理解概念，并将理论知识转化为实际应用。

（5）团队合作：团队合作的重要性毋庸置疑，在多元化的团队中有效工作，理解不同背景和专业知识的团队成员可以带来更丰富的解决方案。

（6）持续学习和适应性：持续学习的能力和适应新技术、新情况的灵活性能够帮助人们勇敢更新自己的知识和技能，以保持在快速变化的世界中的竞争力。

（7）承担风险和迭代：不害怕失败并愿意承担风险，坚持通过不断的迭代来改进和完善他们的创意和解决方案。

对应教学改革中，只有培养学生以海纳百川的心态吸收和融合各种知识、技术、观点，把他们从惯性思维中解放出来，才能为人类和社会树立全新的人才培养典范。

三、基于 STEAM 改革的教学实践

世界桥梁建筑艺术赏析是面向全校不同学科开设的美育类通识课，课程总体目标是将科学精神与审美教育融合，培养具有多学科思维、国际化视野、兼具传承和开放意识的高端复合型人才。基于 STEAM 教育理念改革后的具体课程教学目标详见图 1。

在教学活动中，STEAM 教育的五个学科之间并不是相互独立的，也不是简单地进行叠加，而是形成一个相互联系、融会贯通的整体，每个学科在 STEAM 中都具有举足轻重的作用。本文结合世界桥梁建筑艺术赏析课程的教学改革实践，论述如何将五个学科构成一个有机整体。

（一）科学是 STEAM 的重要组成元素

科学提出关于自然的问题，并以基于实证的、解释的方式给出答案。STEAM 教育中的科学教育以培养学生的科学素养为主要目标。随着当代社会的迅速发展，每一个未来的

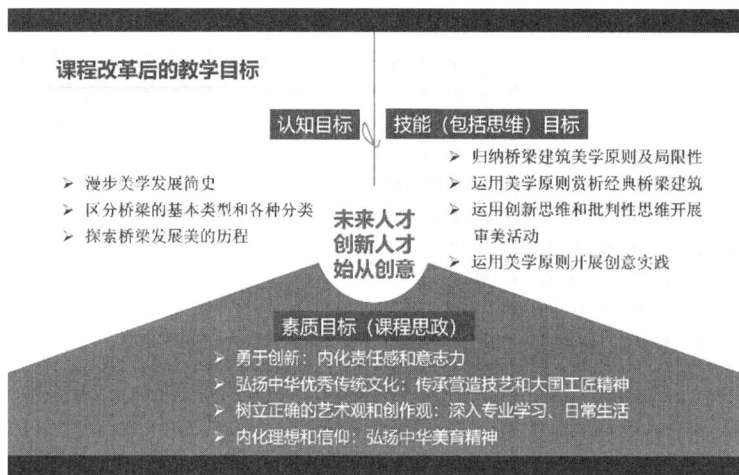

图 1　世界桥梁建筑艺术赏析课程教学目标

合格公民都需要具有科学素养，能够运用科学知识和科学方法做出基于证据的决策，并为社会的发展做出积极的努力。

　　世界桥梁建筑艺术赏析课程教学贯穿引导不同专业学生对科学进行探究，比如拱桥按受力体系如何分类。以往教材中会很清晰明了地介绍拱桥的不同结构体系，但对于非专业的学生理解是非常有难度的。一个有代表性的教学案例是(见图2)：萨尔基那桥为什么会被众多桥梁界专家选为 20 世纪最美的桥梁第一名？从问题出发，引导学生探究那个时代从工程经验思维向科学思维的转变，如何从传统的无铰拱创新到三铰拱，是力学的发展，是科学的简单性原则的指引。当然还希望学生能够感受到工程发展背后的温情，是经验和科学的融合。最后再鼓励学生大胆提出两铰拱的创意，让教材知识点活起来，变成学生的思维火花，并鼓励他们将这样的创新思维带到自己的专业中去。

(二) 技术是支持 STEAM 教育的工具

　　技术是人们适应生存要求、满足自我需要的手段。一方面，技术是帮助学生学习的有效工具；另一方面，教师也运用现代教育技术进行教学活动。

　　在世界桥梁建筑艺术赏析课程的教学改革中，我们开展了以"学生参与"为主导的教学活动设计。坚信创设安全可信任的环境，鼓励学生勇于试错，通过各种活动拉近心理与空间的距离，让教与学相互合作，会让他们未来更乐于接受有挑战的内容和任务。

　　教学案例包括充分利用技术开展的教学活动(见图3)，比如合作搭建桥梁模型进行桥梁基础知识储备，感受不同桥梁结构形式的力学原理；比如课堂上会充分利用各种道具，让学生进行角色扮演等，感受结构核心简单的科学原理，鼓励学生开展创新思考并提出大胆的方案。此外课堂上会利用教育信息技术"学习通"搭建大班研讨平台，记录学生对问题的思考、思维转变、跨学科团队成果展示等。课外鼓励不同学科学生不要畏惧困难，可

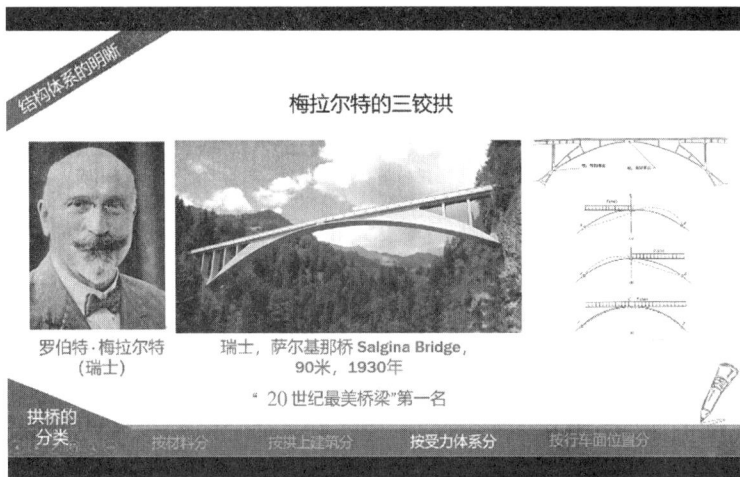

图 2　从经验向科学思维转变的教学案例

以充分利用人工智能，比如 AI 绘图等辅助完成创意展示。

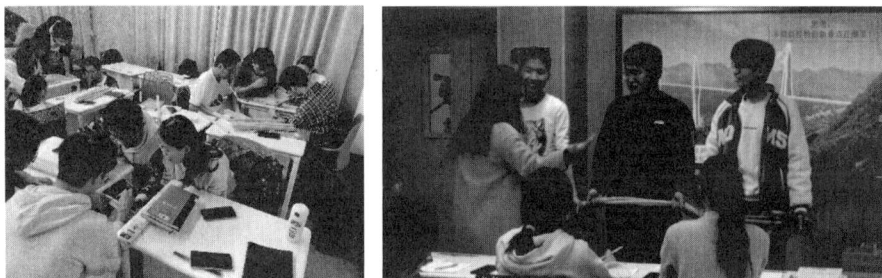

图 3　充分利用教具创设课内模拟场景的教学案例

(三) 工程是 STEAM 活动中解决实际问题的途径

工程以新产品和新工艺的形式给出满足人类需求和愿望的解决方案。工程不仅是 STEAM 教育的表现形式和实践结果，更是贯穿 STEAM 教学活动始终解决实际问题的有效视角和途径。因此，STEAM 课程中的工程学能够促使学生发现更先进的解决问题的方法。

世界桥梁建筑艺术赏析课程自然是以桥梁工程为核心展开教学，如何在通识课中运用好这个载体，开展创新人才培养，就必须对教学内容进行重构。教学内容主要分为四个部分：第一部分桥之美学，借桥梁建筑欣赏为载体，让学生们接触美学，轻松漫步美学发展史，打开心胸；第二部分桥梁技术美，拓宽学生视野，要对开展赏析的桥梁结构有最基本的理解，比如能区分基本类型和分类即可。这两部分对不同学科的学生来说都是有挑战性的。第三部分桥梁美的历程，在东西方发展史中赏析桥梁建筑艺术，开展多样的、开放的、宽容的审美活动，接触不同时代的美学原则并深刻理解；第四部分桥梁美的基本原则，和学生一起讨论桥梁美学的局限性，同时打破专业壁垒，归纳各个专业都适用的美的原则；学生留下创意实践，带走好奇心和想象力。

最后的考核任务是团队提交桥梁相关创新作品，形式不限，评价标准多元化。可以是设计创意桥梁作品，也可以是桥梁科普类或艺术鉴赏类自制视频作品，甚至是自定形式围绕桥梁美的各类艺术创作，体现审美水平即可。总之鼓励超出想象的大胆实践，践行 STEAM 人才培养的理念。

(四) 艺术促进了 STEAM 各领域的发展

STEAM 教育中，融入艺术主要是为了促进 STEM 各个领域的发展。许多科学家、数学家和工程师都使用了从艺术中借来的"技能"作为科学研究的工具，科学、工程与艺术就是跨学科思维的充分体现。

世界桥梁建筑艺术赏析课程教学中开展了大量的桥梁建筑艺术的审美活动，在活动中思考美是什么、审美是什么、艺术是什么。美育的部分包括美学理论的讲授、美学经典的读书会分享、环境美育——"长江边的一堂课"等，和同学们一起阅读经典、走进社会、走进自然。当学生大部队一起走上大桥时，面对开阔的长江，内心怎会不高歌一曲"我的祖国"！课程思政蕴含其中，如盐入水。

(五) 数学是 STEAM 各领域的基础

数学是社会建构的基本元素，是其他领域研究的"必需品"。数学不仅是一门基础学科，也是一门有着多种变化途径的理论分支。对于各类学习者而言，掌握数学领域内有关理论及其应用很有必要。

在通识课中，如何引导数学的学习就最体现了基于 STEAM 教学的包容性。桥梁工程离不开研究几何比例、基本图形、数量、结构以及空间形式，对所有学生都有挑战性的。但是在桥梁美的基本原则讨论中，会涉及比例、尺度、主从等，与数学有关，这些文科生都可以理解并参与设计理念的提出。对于理工科学生，则可以借助专业所学进行绘图甚至计算，所以小组合作就充分体现了跨学科的重要性。当然考核也要多元化，鼓励灵感碰撞，充分发挥各自优势。教学评价不仅重视整体比较，更珍视各自创意发挥和展示。

四、基于培养 STEAM 的创新人才的教育改革

STEM 教育作为一种理念，需要具有跨学科教学的能力，但我国目前合格的"跨学科整合"专业化 STEM 教师较少，教师实践经验缺乏，特别是和产业相关的工程实践经验匮乏，从而导致 STEM 课程教学难以做深做实。但在综合性大学的高等教育中恰恰有不可比拟的优势，专业众多，且都以国家重大战略需求作为牵引，关键是一直在不断深化人才培养体制机制改革。完善中国式现代化大学本科人才培养体系，以 STEM 为理念的教学改革势在必行。本文结合通识课程世界桥梁建筑艺术赏析多年的教学改革实践，提出了更高难

度的基于 STEAM 教育理念的创新人才培养改革建议，不仅限于美育类通识课的探索实践，也适用于其他通识课。综合性大学中将通识课程和专业课程培养充分融合，必能实现高质量的人才培养——崇尚一流，追求卓越。具体行动举措建议如下：

1. 高校教师应承担起构建高品质 STEAM 课程和项目体系的责任

工程教育是 STEM 教育的重要组成部分，具有鲜明的专业性、实践性、创新性、跨学科性和系统性。当前，以工程为载体、以工程教育来牵动 STEM 教育，可以促进跨学科实践、项目式学习和综合性教学，培养学生的创新能力、问题解决能力、团队合作和项目管理能力等，推动课程教学改革深化和科学教育发展。

2. 高校引领学习方式变革，强化 STEAM 教育育人价值

以 STEAM 教育为支点，引领学习方式的变革，倡导合作参与，提高广大学生参与科学与工程实践的意愿；建立并强化规则体系，规范实践过程，践行科学精神；强化 STEAM 教育育人价值，促进学生科学精神的养成和身份认同。

3. 广泛展开基于 STEAM 教育理念的课程改革

教学改革其实就是教师创造能力的体现，教师应具有更博大的精神情怀不能只停留在实用，自身也应有跨专业的想象力，以教学激情去展现振奋性的美。我们可以尝试首先用学情分析引导教学目标的制定，理解不同学科学生的需求和多样创意成果的可实现性，以及树立正确的艺术观和创作观。其次根据学生的需求去调整教学内容，勇于打破教材的固有逻辑，以激发兴趣为主，但内容同时应该是开放的、动态的，设置时也可以是有挑战性、高阶性和学术性的；教学活动设计以"学生参与"为主导，大胆尝试采用不同的教学法、学习教学理论去设计问题，当然还离不开信息技术的辅助。这个过程应充分体现教学的包容性，重在对学生自信的建立、想象力的唤醒、创造力的展示。最后应规划好全过程评价，务必体现美的创造性，给学生以成就感，方能将他们被激起的好奇心和想象力带到不同学科中。

◎ 参考文献

[1] 杨·吉原麻里子，木岛里讲．STEAM 硅谷是如何培养创新人才的 ［M］．孙律，译．北京：教育科学出版社，2022．

[2] 曹东云，熊玲玲，程月青．《绘制成功之路：美国 STEM 教育战略》解读及启示 ［J］．世界教育信息，2019（11）．

[3] 岳峰．美国《研究生 STEM 教育未来报告》出炉：聚焦透明度和核心竞争力 ［J］．世界教育信息，2018，31（16）．

[4] 林姬佺，卓泽林．美国本科 STEM 教育改革系统性策略——基于美国大学协会《本科 STEM 教育计划》分析 ［J］．比较教育研究，2021，43（2）：90-97．

［5］ SOA. STEMM equity and excellence 2050：a national strategy for progress and prosperity ［EB/OL］. https：//stemmopportunity. org/national-strategy-2050Alison Snyder. Exclusive： national strategy to build diverse STEM workforce unveiled ［EB/OL］. https：//www. axios. com/2024/05/01/stem-diverse-workforce-national-strategy.

［6］ 龙洲. STEAM 在大学生美育教育中的应用 ［J］. 当代教育实践与教学研究，2020 （2）.

［7］ 央视网. 联合国教科文组织通过在华设立国际 STEM 教育研究所的决议 ［EB/OL］. （2023-11-10）. https：//news. cctv. com/2023/11/10/ARTIbgoA2wJxyphkA7BhvIU0231110. shtml.

［8］ 弗里德里希·席勒. 审美教育书简 ［M］. 上海：上海人民出版社，2003.

［9］ 乔恩·提布克. 教师应该知道的脑科学 ［M］. 王乃戈，朱旭东，译. 北京：教育科学出版社，2022.

提升英语竞赛培训的创新方法：基于产出导向法、GRR 教学模式和体验式学习理论的整合研究

唐加宁

（武汉大学　外国语言文学学院，湖北　武汉　430072）

【摘　要】在全球化背景下，外语能力的提升已成为教育改革的重要目标。本文探讨了传统英语竞赛培训中的教学困境，并提出了一种整合产出导向法（POA）、渐进责任释放教学模式（GRR）和体验式学习理论（ELT）的创新的综合教学策略。通过对多所高校英语竞赛培训课程的分析，本文识别了影响学生表现的关键因素，揭示了整合教学方法对提高学生能力和教学效率的潜在影响。研究结果表明，该综合方法能够有效提升学生在阅读、写作和口语竞赛中的综合素养，进而推动外语教育的改革与发展。本文旨在为英语教师和教育决策者提供理论支持和实践指导，以创造更有效的外语学习环境。

【关键词】英语竞赛培训；产出导向法；GRR 教学模式；体验式学习理论；教育改革；学生表现

【作者简介】唐加宁（1984—　　），武汉人，博士，武汉大学外国语言文学学院讲师，主要研究方向为英语教学，跨文化沟通，文化心理学等，E-mail：tangjianing @ whu. edu. cn。

【基金项目】武汉大学本科教育质量建设综合改革项目"教赛协同模式下的大学英语三全育人课程创新研究"子项目一"以赛育人：大学英语演讲实训课程思政教学探索"

一、引言

全国范围内的英语竞赛，如全国大学生英语竞赛、"外研社·国才杯"全国大学生外语能力大赛和"外教社杯"全国高校学生跨文化能力大赛，不仅为学生提供了展示英语能力的舞台，还推动了高校英语教学的深度改革。近年来，随着竞赛在高校中的普及，参与的学生人数不断增加。然而，传统竞赛教学模式在实践中暴露出诸多问题，显著制约了教学效果和学生能力的提升。为深入探讨这些问题，本研究对多所高校的英语竞赛教学进行了调研，发现了以下几个方面的不足。

首先，教学内容与竞赛需求之间存在脱节。传统教学主要聚焦于语言基础知识的传

授，如语法、词汇和基本阅读理解，忽视了竞赛所需的高阶语言技能和综合能力。例如，在演讲类竞赛中，学生需要具备逻辑思维、观点论证和公众表达能力，但这些能力往往未能在传统教学中得到足够重视。再次，教学内容更新滞后，未能及时反映竞赛的最新动态和社会热点，导致学生对当前国际国内形势的了解不足，难以在竞赛中展现深度思考和独特见解。

其次，传统的教学方法过于单一，缺乏互动和实践环节。教师主导的讲授式教学模式使得学生处于被动状态，缺乏主动参与的机会，这不仅削弱了学生的学习兴趣，也限制了他们的实际操作能力。同时，由于教学资源和时间的限制，学生很少能在真实或模拟竞赛环境中进行训练，导致他们在实际比赛中缺乏应变能力和经验。

再次，传统评价体系过于依赖竞赛成绩，忽视了学习过程中的多维度评估。这种结果导向的评价方式无法及时发现和解决学生在学习过程中遇到的问题，缺乏有效的反馈机制，导致学生难以获得及时的自我反思和提升。

最后，教师资源短缺也是一大问题。竞赛指导要求教师具备较高的专业素养和实践经验，但许多高校面临教师数量不足的困境，无法满足日益增长的学生培训需求。同时，教师的专业发展缺乏有针对性的培训和持续更新的机会，使得教学理念和方法更新缓慢，从而影响了竞赛教学的质量。

这些问题表明，现有的竞赛教学模式已无法有效适应教学需求的变化，急需创新和改进，以更好地服务于学生的学习和竞赛表现。

二、理论基础

针对上述问题，本研究提出并实践了一种创新性的竞赛培训课程。该课程整合了产出导向法（production-oriented approach，POA）、渐进责任释放教学模式（gradual release of responsibility，GRR）和体验式学习理论（experiential learning theory，ELT），构建了一个高效、系统的竞赛教学体系。通过任务驱动、渐进式指导和体验式学习的结合，课程不仅提升了学生的语言应用能力，还优化了竞赛培训的教学模式，为高校英语教学改革提供了切实可行的路径。

1. 产出导向法

产出导向法（POA）是近年来在中国外语教学领域兴起的创新性教学理论，由文秋芳教授提出。它通过"驱动—促成—评价"三个阶段，旨在解决传统教学与实际语言应用脱节的问题，尤其是学生在实际应用中难以有效输出语言的问题。在 POA 的"驱动"阶段，通过设定真实任务激发学生的学习动机；"促成"阶段则由教师提供有针对性的输入与指导，确保学生在完成任务过程中获得必要的知识与技能；在"评价"阶段，教师通过互动反馈确保教学目标得以实现。在外语竞赛培训中，POA 通过任务驱动有效引导学生围绕竞赛任务展开学习，帮助他们在真实情景中灵活运用语言，增强其竞赛表现。

2. 渐进责任释放教学模式

渐进责任释放教学模式(GRR)提供了从教师引导到学生自主实践的有效过渡途径。GRR 模式强调通过"教师示范—教师指导—学生协作—学生独立完成"四个阶段，逐步减少教师对学生的指导，从而培养学生独立完成任务的能力。在竞赛实训课程中，教师首先示范演讲、阅读和写作技巧，然后引导学生通过协作练习进行互相学习，最终通过独立完成任务来巩固所学技能。例如，教师在指导写作时，先通过分析竞赛样题来引导学生分解任务，随后学生在合作中进行写作，最终独立完成写作练习。通过这种渐进式的教学方式，学生不仅掌握了竞赛技巧，还培养了独立思考和应对不同竞赛任务的能力。

3. 体验式学习理论

体验式学习理论(ELT)强调通过真实情境让学生亲身体验，进而将所学知识转化为实践能力。ELT 通过"具体体验—反思性观察—抽象概念化—主动实验"四个阶段，提供了一个不断实践与反思的循环，帮助学生有效内化所学内容。在竞赛实训课程中，通过模拟竞赛情境，学生不仅获得了演讲、写作和阅读的实际体验，还通过自我反思与同伴交流，不断调整和优化自己的表现。反复的实践和反馈有助于学生在实际竞赛中增强自信心与应变能力。

4. 三种理论的结合与实践

在本实训课程中，POA、GRR 和 ELT 三种理论相辅相成，形成了一个完整的竞赛教学体系。首先，POA 以任务驱动为核心，将学习目标与竞赛任务紧密结合，确保学生在明确目标的引导下进行语言学习与应用。其次，GRR 教学模式为学生提供了从依赖教师到自主实践的过渡路径，确保学生能够在教师引导下逐步掌握竞赛技能，并最终独立应用。最后，ELT 通过反复的真实情境体验与反思，让学生能够将所学知识转化为实践能力，确保在竞赛中有最佳表现。

这种融合模式不仅有效解决了传统竞赛教学中的效率低下和指导不足问题，还构建了一个任务驱动、渐进释放责任、体验与反思相结合的综合教学体系。它为学生的英语综合能力与竞赛技巧培养提供了全面支持，并为高校竞赛教学提供了全新的路径。这一模式的创新性与实用性，不仅为学生在未来的竞赛中打下了坚实的基础，也为其在实际应用中提供了必要的技能支持。

三、初步改进方向

为应对当前英语竞赛教学中存在的问题并提高其整体质量，本文提出了一系列有针对性的改进措施，旨在推动教学模式的改革与优化。

1. 优化教学内容，以竞赛需求为导向

传统教学内容未能有效契合竞赛需求，难以满足学生在实际竞赛中的应用需求。因此，我们提出以下改进策略：

修订竞赛导向的教学大纲：根据各类英语竞赛的具体要求，重新设计教学大纲，确保教学目标和内容与竞赛标准紧密对接，以提高教学的针对性和实效性。

融入社会热点与文化话题：将当前国际国内热点话题及文化元素引入课堂，培养学生的批判性思维和全球视野，同时增强语言学习的时效性和现实意义。

强化高阶语言技能训练：重点培养学生在逻辑思维、观点论证、创新表达等方面的能力，提升其综合语言运用水平，全面满足竞赛对高阶语言技能的需求。

2. 丰富教学方法，提升互动性与实践性

传统教学方法过于单一，缺乏互动性和实践性，导致学生的学习兴趣和自主性不足。为此，提出以下改进措施：

采用多样化教学策略：结合小组讨论、角色扮演、案例分析及模拟竞赛等方式，促进学生主动参与和实践，提升课堂的互动性与参与度。

强化实践环节：增设实战演练，如校内模拟竞赛和专家工作坊等，给学生提供更多的实战机会，帮助其在真实情景中提升应变能力与实用技能。

合理利用信息技术：通过线上平台和多媒体工具，提供多样化的学习材料和互动机会，满足不同学生的学习需求，扩大教学的覆盖面。

3. 完善教学评价体系，推动持续进步

现有教学评价体系侧重结果，忽视学习过程，难以全面反映学生的发展情况。针对这一问题，我们提出以下优化方案：

综合评价过程与结果：在日常教学中，注重学生参与度、任务完成情况及其进步，同时衡量竞赛成绩，以构建全面的评价体系，促进学生的全面提升。

引入同伴评价与自我评价机制：鼓励学生进行自我反思并互评，通过同伴反馈增强学生的批判性思维与团队合作能力，激发其学习的自主性和主动性。

及时反馈与改进：教师应定期向学生提供反馈，指出其表现与不足，并给出具体改进建议，帮助学生识别学习中的问题并加以解决。

4. 加强教师队伍建设，提升教学质量

教师资源不足及专业发展受限是当前教学质量提升的主要瓶颈。为了加强教师的指导能力和教学效果，我们提出以下建议：

加强教师培训与专业发展：定期组织教师参加有关竞赛指导的培训和研讨，学习先进的教学理念与方法，提升其专业能力和教学水平。

建立教师协作机制：促进教师间的经验交流与合作，组建竞赛指导团队，共同开发教

学资源和设计教学活动，从而形成合力，提高教学效果。

引进外部资源与专家指导：邀请外部专家和优秀竞赛选手举办讲座和进行指导，丰富教学内容，拓展师生视野，并促进教师队伍的专业发展。

四、实践效果与反思

在实施初步改进策略后，我们观察到了显著的成效，具体体现在学生能力、学习积极性以及教师教学水平的提升。然而，实践过程中也暴露了一些问题，需要在后续的教学改革中进一步优化。

1. 教学效果的初步评估

学生能力的提升：通过新的教学模式，学生在语言运用、批判性思维及实践能力等方面均有明显进步。数据表明，参与该教学体系的学生在模拟竞赛和实际竞赛中表现突出，成绩普遍优异。

学习积极性的提高：多样化的教学方法和实践活动有效激发了学生的学习兴趣和主动性。学生的课堂参与度显著增加，学生积极参与课外学习活动，整体学习氛围得到优化。

教师教学水平的提升：教师通过定期的培训和跨教师合作，更新了教学理念和方法，教学效果得到显著改善，师生互动更加频繁，课堂气氛也更加活跃。

2. 面临的挑战与应对措施

尽管实施初期取得了积极效果，但也暴露出以下问题：

（1）教学资源的需求增加：为了丰富教学内容和方法，教学资源和时间的投入需求显著增加，这给教学安排带来了较大压力。需要通过优化资源配置和教学流程来减轻这一负担。

（2）教师工作量的加大：教师需要投入更多时间进行课程设计、实践指导和反馈，增加了教师的工作负担。建议通过合理的工作分配和团队合作来有效缓解这一问题。

五、创新英语竞赛教学体系的构建

为进一步提升高校英语竞赛教学质量，我们基于前述问题和策略分析，构建了一套融合产出导向法（POA）、渐进责任释放（GRR）教学模式和体验式学习理论（ELT）的创新教学体系。该体系旨在通过多维度的教学设计，提升学生的综合语言能力和竞赛水平，满足新时代对高素质英语人才的需求。

1. 教学目标设定与理论基础

（1）教学目标的全面设定。新的教学体系在目标设定上进行了全面革新，具体目标包括：

知识目标：强化高级英语语言知识的掌握，包括高级词汇、复杂句型和语用知识，夯实语言基础，确保学生具备应对竞赛的语言能力。

能力目标：提升学生在听、说、读、写方面的综合运用能力，特别是在竞赛情境下的实际应用能力，培养学生的批判性思维和逻辑分析能力。

素养目标：培养学生的自主学习能力、团队合作精神及跨文化交际能力，塑造学生的良好学习态度和社会责任感。

（2）理论基础的创新与融合。我们通过有机结合产出导向法（POA）、渐进责任释放（GRR）教学模式和体验式学习理论（ELT）三种教学理论，构建了独特的教学模式，形成了以下创新：

产出导向法（POA）：通过设定实际的竞赛任务作为教学驱动，解决传统教学与实际应用脱节的问题，增强学生的语言输出和实践能力。

渐进责任释放（GRR）教学模式：逐步减少教师对学生的直接指导，鼓励学生承担更多学习责任，培养学生的自主学习能力和问题解决能力。

体验式学习理论（ELT）：强调学生通过具体的实践体验、反思和主动探索，将所学知识转化为能力，促进批判性思维和创新能力的培养。

2. 教学流程设计与实施

在新的教学体系中，教学流程设计围绕五个阶段展开，旨在通过理论与实践的结合全面提升学生的竞赛能力。

（1）任务导向（POA）。通过设定真实的竞赛任务，明确学习目标，并通过具有挑战性的任务激发学生的学习动机，增强学习的方向性和针对性。

（2）示范与引导（GRR）。教师展示高质量的作品或技能，讲解任务完成所需的关键技能，逐步减少指导，让学生自主探索，培养独立思考能力。

（3）探索与实践（ELT）。通过小组讨论、角色扮演及模拟竞赛等方式，提供实践机会，增强学生的实践能力和团队合作精神，深化其对知识的理解和应用。

（4）产出与评估（POA & GRR）。学生展示任务成果后，进行多维度评价，教师与同伴提供具体反馈，学生根据反馈反思并改进，提高语言能力和应变能力。

（5）反思与迁移（ELT）。通过自我反思与经验总结，帮助学生认识自己的进步和不足，促进知识的内化与迁移，提升学生的综合运用能力。

3. 多维度评价体系的构建

为确保学生在学习过程中不断进步，我们构建了一个全面、多维度的评价体系，关注学习过程和成果的平衡，以促进学生的持续发展。

过程性评价：通过持续监测学生的学习进展和参与情况，提供及时反馈，激励学生不断改进。

同伴评价与自我评价：鼓励学生互评和自评，培养批判性思维、团队合作精神和自主学习能力。

终结性评价：结合阶段性测试和竞赛成绩，综合评估学生的学习成果，提供后续教学的参考依据。

4. 创新点总结及与传统教学的对比

新的教学体系相较于传统教学，突出了以下创新点：

理论的融合与创新应用：结合 POA、GRR 和 ELT 三种教学理论，形成了独特的教学模式，丰富了教学理论的应用，增强了教学的科学性与有效性。

任务驱动与真实情境：通过设定真实竞赛任务，将学习置于实际情境中，增强学习的实用性和针对性。

渐进式指导与自主学习：通过渐进责任释放教学模式，培养学生的自主学习能力，实现从依赖到自主的转变，促进学生的独立发展。

多维度评价与持续改进：构建了多维度的评价体系，关注学习全过程，激励学生不断改进，促进其全面发展。

六、教学实践与效果

1. 教学效果评估

新的教学体系有效提升了学生的语言能力和竞赛成绩，学生在各类英语竞赛中取得了显著成绩（见图 1 至图 2），学习积极性和参与度大幅提高。教师也普遍反映，教学效率有所提升，课堂氛围更加活跃。

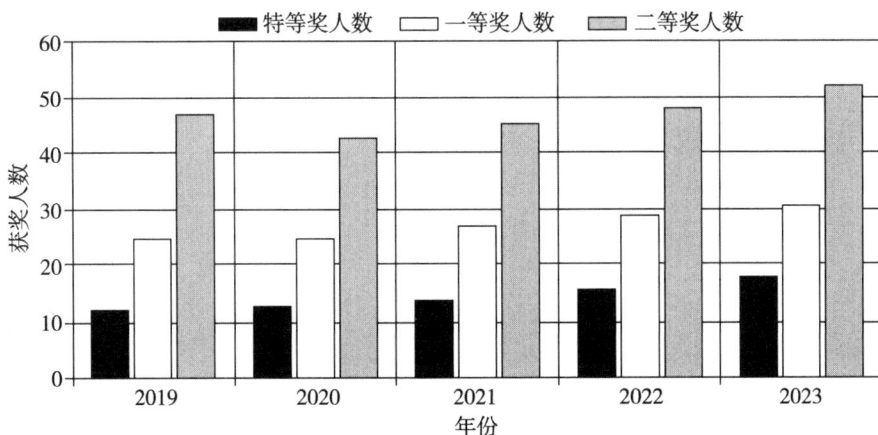

图 1　2019—2023 年武汉大学英语竞赛（省赛）获奖人数统计

注：数据根据湖北省教育厅及省级组委会主办的官方比赛，包括全国大学生英语竞赛湖北赛区决赛和"外研社·国才杯""理解当代中国"湖北省复赛（含演讲、写作、阅读、口译等分项）的成绩整理所得。

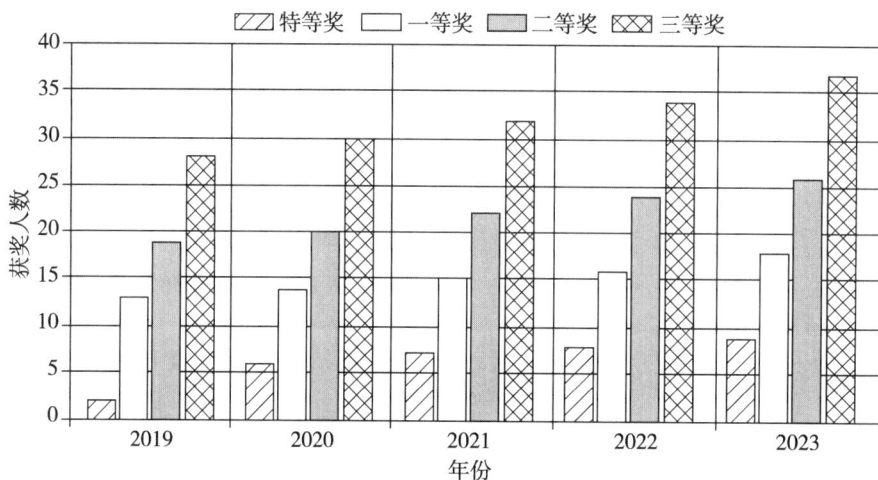

图 2　2019—2023 年武汉大学英语竞赛（国赛）获奖人数统计

注：数据根据全国大学生英语竞赛全国总决赛、"外研社·国才杯""理解当代中国"全国总决赛（含演讲、写作、阅读、口译等分项）、"21 世纪杯"全国英语演讲比赛全国总决赛成绩整理所得。

2.数据支持

成绩提升：学生竞赛成绩平均提高了 15%，优胜率提高了 20%。

学生反馈：92% 的学生认为该教学体系有效提升了他们的英语能力，85% 的学生表示对英语学习更有自信。

教师认可：90% 的教师表示该教学模式有助于提升教学效果，愿意继续应用并推广。

七、结论与建议

（一）结论

本研究针对当前高校英语竞赛教学中的不足，提出并实施了一套融合产出导向法（POA）、渐进责任释放（GRR）教学模式和体验式学习理论（ELT）的创新教学体系。通过对大学英语竞赛实训课的深入探讨与实践，得出以下主要结论：

（1）创新教学体系有效解决了传统教学的不足：通过有机结合 POA、GRR 与 ELT 三种理论，该教学体系实现了任务驱动、渐进指导与体验式学习的有机融合，克服了传统竞赛教学中效率低下、缺乏互动和系统性不足的问题，为大规模教学提供了可行的路径。

（2）学生综合能力与竞赛表现显著提升：新的教学体系通过模拟真实竞赛情境与线上线下结合的指导方式，激发了学生的学习兴趣和潜能。数据显示，参与课程的学生在写作、演讲和阅读竞赛中均表现出明显进步，整体成绩提高了 15%～20%，表明该体系在提升学生综合能力方面具有显著效果。

（3）多维度评价体系促进学生自主学习与团队合作：通过过程性评价、同伴评价和自我评价相结合的多维度评价机制，学生不仅能及时了解自身优缺点，还在合作中培养了团队协作与批判性思维能力。此评价体系有效激发了学生的积极性，增强了他们的自信心和学习主动性。

（4）教学体系对高校英语竞赛教学改革具有示范作用：大学英语竞赛实训课的成功实践表明，将产出导向法、渐进责任释放教学模式与体验式学习理论相结合的教学方法能够显著提升竞赛教学的效率和效果，为其他高校提供了宝贵的参考。

（二）建议

基于本研究的发现与结论，提出以下建议，以进一步推动高校英语竞赛教学的改革与发展：

（1）推广和深化创新教学体系：建议各高校在英语竞赛教学中推广结合 POA、GRR 与 ELT 的教学体系，特别是在竞赛准备阶段，通过模拟真实比赛情境和任务驱动方式，让学生更好地参与和体验。在推广过程中，应根据不同院校的实际情况进行调整，确保最佳教学效果。

（2）加强教师培训与团队建设：高校应重视英语竞赛指导教师的培训，提升教师的综合指导能力，并鼓励教师参与竞赛培训活动，积累经验。同时，建议建立高水平的竞赛指导团队，推动多学科、多领域教师的合作，充分发挥各自优势，为学生提供更全面的指导。

（3）完善线上线下教学模式：线上教学已成为重要的教学手段。高校应充分利用信息技术，构建线上线下相结合的教学平台，既能满足学生灵活学习的需求，又能提供真实的互动体验，从而确保教学的有效性。

（4）建立健全多维度评价体系：建议在竞赛教学中全面实施多维度评价体系，将过程性评价、同伴评价与自我评价融入整个教学过程中，以全面了解学生的学习进展和能力提升，促进学生的持续改进与成长。

（5）提供实践机会与加强真实竞赛情境的模拟：鼓励高校为学生提供更多竞赛模拟机会，通过校内竞赛、模拟训练等方式，让学生充分体验竞赛的紧张氛围，提升应变能力与实战经验，为正式比赛做好充分准备。

（6）推动研究与实践的结合：高校应鼓励教师和研究人员将竞赛教学实践与学术研究结合，持续探索和完善教学方法与策略，形成有效的竞赛教学理论体系，推动教学与科研的相互促进和发展。

未来，随着全球化进程的加速与教育国际化的发展，高校英语竞赛教学将面临更多挑战与机遇。希望通过本研究提出的教学体系与建议，为高校英语竞赛教学改革与创新提供有力参考，推动更多院校持续探索与实践，培养具备国际视野和竞争力的高素质英语人才。

◎ 参考文献

［1］ 国家中长期教育改革和发展规划纲要（2010—2020 年）［EB/OL］.（2010-07-29）
［2024-09-29］. https：//www. gov. cn/jrzg/2010-07/29/content_1667143. htm.

［2］ 大学英语教学指南［EB/OL］.（2013-10-11）［2024-09-29］. https：//wy. baiyunu. edu.
cn/upfile/2023/10/11/20231011090223872. pdf.

［3］ 文秋芳. 构建产出导向法理论体系［J］. 外语教学与研究，2015，47（4）：547-558，
640.

［4］ Pearson，P. D.，& Gallagher，M. C. The instruction of reading comprehension［J］.
Contemporary Educational Psychology，1983，8（3）：317-344.

［5］ Kolb，D. A. Experiential learning：experience as the source of learning and development
［M］. Upper Saddle River：Prentice Hall，1984.

面向主流　培养高手：武汉大学
"珈影工作坊"的创新人才培养路径

陈凯宁　李　畅

（武汉大学　新闻与传播学院，湖北　武汉　430072）

【摘　要】新时代背景下，如何有效培养具备国际视野和社会责任感的高素质人才，拉近高校新闻传播教育与行业需求之间的距离，成为教育改革的重要课题。本文以武汉大学"珈影工作坊"这一创新人才培养模式为案例，通过"理论-实践-实习"三位一体的路径，培育具备国际传播能力和社会责任感的高素质新闻传播人才。结合项目驱动式学习（PBL），本模式将视听传播理论与实践创作紧密结合，注重学生实际能力的培养。本文应用个案分析和民族志观察方法，深入探讨了工作坊模式如何通过课程设置、实践项目和行业实习培养学生的综合能力。研究结果表明，"珈影工作坊"不仅在学术创作和技术训练上提供了充足的实践平台，还增强了学生对社会责任与文化使命的深刻认识，推动了学生全球视野的拓展。在行业实习中，学生能够将所学的专业技能应用到国际传播的实际工作中，讲好中国故事，传播中国声音。本文为新闻传播教育的改革提供了新的视角，展示了如何通过系统的工作坊式教学模式，培养具备全球竞争力的新闻传播人才。

【关键词】教学工作坊；项目驱动式学习；影视人类学；场景式教学；国际传播

【作者简介】陈凯宁，武汉大学媒体发展研究中心（教育部人文社会科学重点研究基地）研究员，武汉大学新闻与传播学院讲师，研究方向聚焦视听传播理论与实务、媒介技术与社会、影视人类学，E-mail：chenkaining@whu.edu.cn；李畅，武汉大学新闻与传播学院本科生。

一、引言

随着全球化进程的推进和信息技术的迅速发展，国际传播在当今社会中的重要性愈加突出。在国家"走出去"战略和文化自信的背景下，如何培养具备国际传播能力的高素质新闻传播人才，已成为新闻传播教育领域的紧迫问题。习近平总书记在给武汉大学参加中国南北极科学考察队师生代表的回信中指出："希望学校广大师生始终胸怀'国之大者'，接续砥砺奋斗，练就过硬本领。"[1]这一重要指示为新闻传播学科的教育目标和培养方向提供了明确指引——培养高度的责任感和使命感，赓续脚踏实地的务实精神；在课堂中积累坚实的理论基础，于实践中锻炼高超的专业技能；立足当下主流社会和基本国情，讲好中国故事，躬身人类命运共同体的有机互动。[2]我国正处于实现中华民族伟大复兴的关键时期，高质量的国际传播人才不仅是国家传播战略的支撑，更是建设社会主义文化强国的重要力量。

然而，当前新闻传播教育中存在着与行业需求脱节的现象。尤其是在视听传播教育领域，既有课程内容和教学方法往往过于理论化，缺乏与现实行业实践的紧密联系。高等院校的新闻传播教育和快速发展的新闻行业之间的断层，使得培养出来的学生往往在就业后面临着理论与实践脱节的问题。他们缺乏在真实媒体环境中应对复杂传播情境的能力，而这种能力的培养需要通过更加密切结合行业实际的教育模式来解决。

针对这一问题，武汉大学新闻与传播学院实施的"珈影工作坊"模式，提出了"理论-实践-实习"三位一体的创新人才培养路径。这一模式旨在通过课程思政、视听传播理论与实践创作的结合，以及行业实习环节的全面融入，培养具有国际视野、社会责任感和专业技能的新闻传播人才。在这一模式下，理论课程不仅为学生奠定了坚实的学术基础，而且通过实践环节让学生将所学知识转化为实际能力，最终通过行业实习，在真实的传播环境中锻炼与提升自己的职业素养。

本文旨在探讨"珈影工作坊"这一创新人才培养模式如何在视听传播教育中形成有效的理论与实践联动，进一步解决高校教育与行业需求脱节的问题。研究采用人类学民族志的研究方法，将教学实践视为田野调查过程，系统记录学生在学习、创作与实习中的历练与变迁，积累了大量一手田野笔记与教学数据。通过案例分析与理论总结，本文将展示这一模式如何在培养学生理论素养的同时，推动新闻传播教育改革，培养具有全球视野与实践能力的复合型人才，助力中国的国际传播战略与主流媒体的发展，为新时代的新闻传播教育提供具有参考价值的模式与路径。

二、"珈影工作坊"模式的项目驱动式学习与教学机制

在新闻传播教育的改革过程中，如何有效地将理论课程与实践项目衔接，成为提高教育质量和培养适应现代媒体环境人才的关键所在。武汉大学"珈影工作坊"作为一项创新的人才培养路径，采用了项目驱动式学习（Project-Based Learning，PBL）模式，以创作项目为驱动，让学生在实际创作中实现理论与实践的深度结合，通过"理论-实践-实习"三位一体的模式，致力于培养具备国际视野、社会责任感以及高超专业技能的新闻传播人才。工作坊的培养流程清晰地体现了以下三个核心环节（见图1）：

（1）厚植理论：围绕以电视摄像与编辑为代表的专业课程，将传统文化与国际前沿视听技术相融合，夯实学生的理论基础。这些课程不仅仅是技术和理论的传授，还通过将"道、法、术、器"贯穿于课程设计，深化学生对视听传播技术的理解，使其能够在文化叙事中体现出全球传播的高度。

（2）倾力实践：通过"珈影工作坊"的场景式教学与纪实影像创作训练，学生能够将理

图1　武汉大学"珈影工作坊"的创新人才培养模式

论应用于真实的项目创作中。这一实践阶段引导学生深入社会，通过影像记录和呈现生活中的真实故事，培养其社会观察能力和叙事技巧。项目孵化模式下的创作不仅提升了学生的技术水平，还鼓励他们在创作中体现思想政治与社会责任意识。

（3）面向主流　培养高手：在具备扎实的理论基础与实践能力之后，学生基于积累的作品被推荐前往人民日报、CGTN等主流媒体实习，进一步提升他们的职业素养，并为其在国际传播领域发挥作用打下坚实基础。这一过程实现了理论与实践的双向反馈，使学生能够在讲好中国故事、传播中国声音的过程中不断成长，成为具备全球竞争力的传媒人才。

在"珈影工作坊"的模式中，理论与实践的结合是实现教育目标的关键。通过引入项目驱动式学习，工作坊不仅将课堂知识和技术训练结合起来，还通过实际创作项目让学生深入社会，接触真实的文化与社会现象，进而提升其专业能力和社会责任感。接下来，本文将详细阐述工作坊的核心运行机制，探讨其如何在"理论-实践-实习"三位一体的模式下，通过实践项目和行业资源的对接，推动学生的综合能力提升。

三、厚植理论：与前沿经验融合的视听传播课程设置

"珈影工作坊"模式的核心目标是通过实践创作来提升学生的综合能力，培养具备国际视野、社会责任感和高超专业技能的新闻传播人才。工作坊的组织模式以电视摄像与编辑、视听内容创作综合实践等专业核心课程为基础，围绕课程思政、视听传播理论与实践的深度融合，设计了富有实效性的教学方案。

在课程设置上，工作坊通过理论与实践的无缝衔接，形成了一条完整的培养链条。学

生在理论课程中学习视听传播的基本原理和技术，掌握传播学的核心概念与方法，并通过行业前沿经验的引入，理解现代视听传播的复杂性与多样性。例如，课程设计不仅包括基础的摄像、剪辑技巧，还将国际传播、跨文化传播等前沿话题融入课堂，提升学生的全球视野。

（一）"道法术器"：融合传统文化与国际前沿的课程设计

为了提升视听传播专业课程框架结构的内涵和外延，电视摄像与编辑课程通过创新的"道法术器"教学设计（见图2），致力于将传统文化与国际前沿视听传播经验相融合。课程从"道、法、术、器"四个维度出发，构建了全面而系统的教学体系。"道"代表课程思政理念的融入，强调传播人的社会责任与文化使命；"法"指传播学科的理论基础与方法论，引导学生理解传播背后的逻辑与规律；"术"则聚焦具体的技术操作，如摄影机使用、灯光设计与剪辑技巧等；"器"指的是现代视听技术的应用与发展，强调对新兴技术的掌握与实践运用。

图2　2024年电视摄像与编辑课程大纲

本课程旨在培养同学们的"观察之眼"，重塑自我的主体性地位，养成明辨性思维，成为生活的、社会的、生命的"观察者"。最终，以数字影像设备为器，以视频制作技能为术，以视觉人类学为法，以影像关怀世界为道。明道、通法、具术、利器、创势，做有思想、有本领、有手段的新闻传播学子。（武汉大学新闻与传播学院电视摄像与编辑课程教学大纲中的课程目标）

此外，在宏观的教学设计上考察了全球前沿同类型课程的架构，进行了深度的国际比较与本土化创新，构建了一套兼顾技术训练与人文素养提升的综合教学方案。为了打造一种既能响应全球化趋势，又能扎根中国语境的课程体系，课程设计环节广泛调研了全球26所知名高校在视听传播领域的教学模式和课程结构，吸取各家之长，构建了一套兼顾技术训练与人文素养提升的综合教学方案。这一课程设计不仅承载了对中国传统文化的深度理解，也引入了国际传播的前沿理论与技术。学生通过学习"道法术器"，不仅能够在专业技能上实现技术精进，更能够在文化理解与社会责任方面获得提升。这种课程体系在推动学生掌握现代媒体技术的同时，激励他们探索如何用这些技术讲好中国故事，承担起全球化背景下的传播责任。

这种理论与实践的结合不仅是对传统教学模式的革新，更是对新闻传播教育中"立德树人根本任务"的具体落实，为学生未来进入"珈影工作坊"的实践环节打下了坚实的理论与实践基础。

(二) 行业专家进课堂的视听传播前沿经验对话

对于新闻与传播学科来说，理论联系实际的一个重要而有效的途径是架设好大学课堂与媒体现场的桥梁。笔者在课程初期结合个人的实践经历，在学界和业界中展开了深入的调研。"课程水""实践机会少""教学和行业脱节"等声音在学生中屡见不鲜，行业从业者对新闻传播学子"动手能力差""学生气过重"的诟病也不在少数，二者似乎早已进入了一个难以调和的僵局，这从某种程度上反映了当下"新闻无学"与唱衰新闻业之风盛行的一部分原因。新闻传播业界前沿一线与课堂的互动和对话，在当下媒介融合转型和人才培养革新的浪潮中愈发迫切。

笔者根据教学进度和课堂内容，充分调动课堂内外的资源，在学期内开展了多次行业专家进课堂的活动(见图3)。和说教式、讲座式的传统活动相比，年轻化、前沿化、多元化是笔者从课程之初就坚持的理念，在专家进课堂的活动中也得到落实和彰显。从主流媒体重点项目执行导演到风靡网络的自媒体博主，从技术流摄影专家到一线记者与主持，多元的新闻传播行业人员带来了大量行业前沿干货，与笔者从教学视角出发的观念产生有机互动，最终在同学与专家的热情互动中产生了质变。经验的传授和思维的开阔极大地丰富了课程的内容维度和价值层次，年轻化的交流方式极大地提升了课堂效果，在师生群体中产生了良好的反响。

在"行业专家进课堂"的系列活动中，我们邀请到 CGTN 的主创团队展示了国际传播领域的复杂性与精确性。通过《了不起的决心》纪录片创作，专家们分享了跨文化传播中的叙事策略和技术运用，帮助学生理解如何在全球传播中通过创新实践提升国家软实力。这与跨文化传播理论中的议程设置和文化适应性紧密相关，使学生进一步思考如何在全球语境下讲好中国故事。[3]

此外，在自媒体时代，当代视听文化正随着流媒体的技术可供性进入前所未有的发展阶段[4]，课程邀请到深受年轻人喜爱的哔哩哔哩百万粉丝 up 主"可爸可妈"分享了他们在全民视频时代的创作经验，他们强调了个性化内容的能动性和创新性在自媒体平台中的重要性。这不仅帮助学生了解如何在高度竞争的数字环境中脱颖而出，也让他们理解了数字传播中的自我定位和持续改进的重要性。这种分享让学生更深刻地认识到"媒介即信息"的概念，并通过创作能动性在数字化传播中发挥作用，形成了对新媒体技术的实际应用能力。

图 3　课程设置的行业专家进课堂活动

　　通过这些对话与交流，学生不仅掌握了视听传播领域中的前沿技术与行业趋势，还加深了对跨文化传播、数字媒体创作及市场运营的理解，为他们未来的职业发展提供了强有力的支持。这一系列讲座充分体现了武汉大学新闻传播教育中"产学结合、学理引导实践"的创新人才培养模式。

四、倾力实践："珈影工作坊"的纪实影像专业训练

　　"珈影工作坊"的第二大特点是项目孵化机制。在该机制下，工作坊并不仅仅是课堂学习的延伸，更是一个创造和实现学生创意的实践平台。工作坊对标清华大学、复旦大学等高校经验，[5]旨在通过场景式教学整合课程思政与视听传播教育，形成一套包括课程思政教学、视听传播理论讲授、影视制作实践指导、纪实影像工作坊在内的全流程研学进路。学生通过纪实影像创作的多元实践，深入社会调研、记录真实生活场景，逐步实现从理论知识到专业技能的转化。这一工作坊将影视人类学的研究方法引入创作过程，通过场景式教学和项目孵化，培养学生的学术思维和社会责任感。

(一)"珈影工作坊"的纪实影像训练模式

　　纪实影像专业训练模式的核心在于场景式教学，即通过真实的项目创作让学生深入社会的不同角落，观察并记录真实的生活场景。在工作坊模式下，教师不仅是知识的传授者，更是实践环节的设计者和引导者。基于课程的教学安排与学生的兴趣，通过创作项目制的考核方式，引导学生在实践中提升专业技能，同时结合选题兴趣，鼓励并指导同学们创作具有现实意义和社会价值的纪实影像作品。创作项目制的考核方式为学生提供了更大的创作空间和自由度，让他们能够通过影像表达自己的观点和理解。在与社会现实的直接接触之中，学生不仅能够提升其技术操作能力，还能够在创作中反思社会问题和文化现

象。这种教学模式不仅培养了学生的专业技能，还强化了他们对新闻传播行业"讲好中国故事"的使命感。

在具体项目创作中，工作坊孵化了多部高水平的纪实影像作品，如武汉大学新闻与传播学院 40 周年院庆专题片《媒介》《霁月留珈》《轮世间》《上岸》等。这些作品不仅展现了学生扎实的创作能力和技术水平，也在行业内外赢得了高度评价，获得高水平学科奖项30 余项，多次入围国内外电影节、作品展，屡获主流媒体平台报道。每个项目从选题、调研、拍摄到后期剪辑，都严格按照纪实影像的创作要求进行，学生们通过团队协作与导师的指导，进一步巩固了视听传播的理论知识，并在实际操作中提升了创作能力和职业素养。

此外，工作坊采取了作品项目孵化制，通过这一机制，学生在创作过程中不仅得到系统的指导和反馈，还能够借助校内外资源，参与到更加广泛的社会文化创作中。这些创作项目不仅仅是学术作业，它们同时承担着记录和传播中国文化与社会发展的责任，展现了新闻传播教育中理论与实践结合的独特价值。通过这些实践项目，"珈影工作坊"不仅培养了学生的专业技能，还进一步激发了他们对纪实影像的创作热情，促使他们在未来的职业道路上继续肩负起传播中国文化与"讲好中国故事"的责任。这一模式证明了通过系统化、场景化的训练，学生能够在实践中实现理论知识的深化，并为进入行业做好充分准备。

(二) 基于影视人类学的"学术影像"创作

"珈影工作坊"纪实影像创作的核心方法是影像民族志(visual ethnography)，[6]该方法源自影视人类学的研究方法，通过视觉影像记录社会现象与人文故事。[7]这一方法的应用不仅为学生提供了广阔的创作空间，也强化了他们对社会的观察与理解，推动他们用镜头记录和呈现社会边缘群体的生活，深刻反映个体的生存状态与文化处境。

工作坊通过影像民族志的方式，引导学生深入田野调查，将学术研究与影像创作紧密结合，具体案例如《轮世间》纪录片。该片获得由中国高等院校影视学会、共青团北京市委员会、银川市人民政府、中央新影集团、中国教育电视台、中国社会科学院新闻与传播研究所、中国民族学会影视人类学分会、中国传媒大学、北京电影学院等多家单位联合主办的第十二届国际大学生微电影盛典一等奖(见图 4)。[8]该片通过聚焦武汉市即将消失的轮滑厅及其特别人物——一位以孙悟空形象出现的轮滑爱好者，展现了边缘群体在面对生活困境时的坚韧与乐观。这部作品通过对日常生活的真实记录，反映了个体对生命意义的追寻，并在复杂的社会现实中寻找人性中的积极力量。影片的创作团队以大量田野笔记和3TB 的素材为基础，批判性地进行编辑和剪辑，最终呈现出一部富有生命力的作品。《轮世间》不仅体现了创作者的专业能力，还展现了他们在社会现实中的深度参与与人文关怀。

通过这样的影像民族志创作，学生得以突破传统的课堂教学，进入社会的真实场景，与不同的社会群体接触并深入对话。在这一过程中，学生学会了如何通过影像语言表达学术思考，并通过创作形成对社会的独特理解。该方法还帮助学生在创作中完成从价值体验

图 4　纪实影像作品《轮世间》及其获得的高水平学科竞赛奖项

到价值觉悟，最终达到价值生产的过程。这种创作过程不仅让学生掌握了影视人类学的研究方法，还促使他们在作品中融入更深层次的社会责任感和文化反思。

《轮世间》正是这一方法应用的代表作品之一。在创作过程中，学生通过田野调查深入真实的社会场景中感受人物的生活状态，并通过影像呈现边缘群体的生存困境与精神世界。[9]这种创作模式鼓励学生关注边缘群体，真实反映社会问题，并通过影像传递人文关怀与社会责任感。《轮世间》不仅在学术界和业界赢得了高度评价，也展示了"珈影工作坊"在影像民族志创作中的独特优势，证明了学术影像作为一种有力的传播工具，能够在复杂的社会现实中揭示深层次的人文价值。

此外由工作坊出品的多部作品获得了学界与业界的高度认可，如微纪录片《霁月留珈》凭借其独特的跨文化视角和深刻的情感表达在国际传播领域崭露头角，斩获多项重要奖项。这一作品不仅展示了武汉大学在跨文化交流中的创新探索，也为讲好中国故事、推动中华文化走向世界作出了积极贡献。

"珈影工作坊"通过纪实影像专业训练模式和影像民族志方法，成功实现了理论与实践的有机结合。学生不仅掌握了视听传播技术，还通过深入社会调研体会到创作中的人文关怀和社会责任感。在影像民族志的创作过程中，学生运用田野调查和影像记录，真实展现了边缘群体的生活状态，作品如《轮世间》不仅获得了学术与行业认可，还彰显了"珈影工作坊"在培养具有全球视野与社会担当的新闻传播人才方面的独特价值。接下来，本文将进一步探讨学生在主流媒体实习中如何通过职业训练进一步巩固和提升创作能力，并在国际传播的实际工作中讲好中国故事。

五、面向主流 培养高手：投身主流媒体 讲好中国故事

随着全球传播格局的变化，新闻传播教育不仅要注重课堂教学和实践创作，更要通过在主流媒体的实际工作经验来培养学生的职业技能与国际传播能力。"珈影工作坊"以"理

论-实践-实习"三位一体的培养模式为基础，鼓励学生在具备扎实理论和实践能力后，投身主流媒体，通过实习和职业训练进一步巩固创作能力。工作坊与主流媒体、行业协会等进行了广泛的合作和资源对接。在实习期间，学生能够借助工作坊中的影像创作经验，运用影像民族志的研究方法深入社会各领域，记录并呈现社会的真实面貌和文化背景。通过人民日报、CGTN（中国国际电视台）等平台，学生在真实的国际传播环境中讲好中国故事，传播中国声音。这一环节是"珈影工作坊"人才培养模式的关键，通过直接的行业经验培养具有全球视野、社会责任感和职业素养的高素质新闻传播人才。

（一）助力国际传播

在全球化传播的背景下，新闻传播人才的培养不仅要立足国内，更要注重国际传播能力。武汉大学"珈影工作坊"通过与 CGTN 等主流媒体的合作，为学生提供了进入国际传播一线的实践机会，培养他们在多元文化背景下讲好中国故事的能力。在这一过程中，学生通过参与实际项目，深度参与国际传播的创作与策划，展现了极高的职业素养和创新能力。

以 CGTN 制作的专题片《探月之旅》为例（见图 5），工作坊的学生通过实习参与到国际传播的高端制作项目中。这部专题片聚焦中国的探月工程，面向全球观众展示了中国在科技领域的卓越成就。学生不仅在技术层面应用到了纪录片的制作流程，如脚本撰写、拍摄计划与后期剪辑，还在国际传播策略中理解了跨文化叙事的重要性。他们在创作中深刻体会到，如何通过精准的传播策略和创新的表达形式，让全球观众理解中国故事，推动中国文化走向世界。

在这一项目中，学生们不仅参与了纪录片的拍摄和制作，还通过与国内外科学家、工程师的互动，深刻体会了国际合作在科技传播中的重要性。专题片通过展示中国探月工程20 周年的世界意义，运用了 FUI 风格和 3D 特效对嫦娥六号任务的关键技术进行科普，同时以全英配音向全球观众揭示了中国探月的科学成就及其背后的航天精神。学生们在项目中的突出表现获得了中央广播电视总台的高度肯定，不仅提升了他们的国际传播能力，还展现了他们在讲述中国故事、传播中国声音方面的潜力。这一实践经验不仅使学生能够更好地将理论知识与实际应用结合，也为他们未来在国际传播领域的发展奠定了坚实的基础。

通过这些在国际主流媒体的实践经历，学生不仅提升了个人创作能力，还为中国的国际传播事业作出了积极贡献。这一实习过程展现了"珈影工作坊"培养学生适应国际传播环境、理解多元文化背景和讲好中国故事的成功路径。[10]

（二）心系人民群众

在实习期间，工作坊所对接的学生在人民日报新媒体中心深度参与了多个项目（见图6），取得了丰硕成果，尤其在讲好人民故事、传播正能量方面表现突出，不仅参与了多个新媒体内容的策划与制作，还通过深度参与新媒体的全流程运营，展现了较强的专业能力和社会责任感。在短视频内容的创作中，通过接地气的日常生活叙事，展现人民群众的

图 5 CGTN 中国嫦娥六号专题片《探月之旅》及片尾版权页署名(魏钰洋同学)

真实情感与生活状态，从而拉近与受众的距离。[11]

在具体的工作中，学院学生负责策划并制作了《芒种至，祝福 2024 高考生播种希望，收获硕果》等一系列具有广泛社会影响力的短视频作品。这些作品不仅在技术层面上注重创新运用，还巧妙结合了情感化的叙事策略，深受年轻受众的喜爱，特别是登上了 B 站热搜榜，证明了其内容传播的广泛性与社会影响力。这类视频作品的成功不仅得益于学生对传播技术的熟练掌握，更重要的是制作团队在叙事中注重凸显与人们日常生活紧密相关的情感要素，展示了人与人之间的温情与互助，从而引发受众的强烈共鸣。学生还参与了《人民有力量》《我是奋斗者》等系列短视频项目，重点聚焦普通人的奋斗故事与社会进步的力量。学生在这些项目中充分运用所学，将复杂的社会议题通过日常生活中的小故事表现出来，既能够增强视频的亲和力，又保持了主流媒体在舆论引导中的权威性。通过这些工作，学生切身体会到"人民性"不仅仅是一个理论概念，更是新闻报道必须坚持的原则之一。它要求创作者将镜头聚焦于人民群众的真实生活，捕捉日常中的感动时刻，并通过"暖新闻"叙事呈现出中国社会的进步与人文关怀。[12]

图6 人民日报新媒体产品及版权页署名

实习结束后，学生的优秀表现得到了人民日报新媒体中心的高度评价。学生不仅在技术上不断提升自己，还通过对人民群众生活的深刻洞察，增强了作品的情感表现力和传播效果。通过这段实习经历，学生对如何讲好中国故事、传播人民声音，尤其是在新时代的媒体融合背景下，如何利用新媒体技术和平台更好地传播主流价值观有了更深入的理解。学生展现出较强的创新能力和社会责任感，不仅能够在主流媒体中发挥作用，也为未来承担更广泛的国际传播任务奠定了基础。学生在人民日报新媒体中心的实习经历，不仅展现了其扎实的专业技能和创新能力，还通过其在新媒体内容创作中的出色表现，展现了其对新闻职业的深刻理解与社会责任感。学生在实习中的成果和收获，不仅提升了其个人能力，亦彰显了武汉大学新闻传播学科在培养新时代新闻人才方面的成效。

六、结语

本文通过对武汉大学"珈影工作坊"创新人才培养模式的探讨，揭示了在新闻传播教育中如何通过"理论-实践-实习"三位一体的路径，培养具有国际传播能力与社会责任感的高素质新闻人才。通过厚植理论、倾力实践、投身主流三大核心环节，学生不仅在课堂上掌握了扎实的理论基础，还通过实际项目创作和主流媒体实习将理论转化为实践能力，实现了从课堂到行业的无缝衔接。

"珈影工作坊"的纪实影像训练模式通过场景式教学和项目孵化，借助影视人类学的影像民族志方法，推动学生深入社会调研，记录边缘群体的生活状态并反思其文化和社会处境。这种训练模式不仅提升了学生的专业技能，还帮助他们树立了以人文关怀为导向的创作理念，强化了他们作为新闻传播者的社会责任感。在创作过程中，学生不仅从技术角度提升了操作能力，还通过影像表达的方式进一步加深了对文化软实力和全球传播的理解。工作坊进一步加强与主流媒体合作，积极参与人民日报、CGTN等主流媒体的国际传播项目，让学生在实践中掌握了跨文化传播的技巧与策略，并通过在实际国际传播项目中的实践，锻炼了他们适应全球传播环境的能力。面向主流，培养高手，通过这些行业实践，学生不仅增强了对传播策略的理解，还展现了在国际传播中的创新能力和职业素养。

"珈影工作坊"的培养模式为新闻传播高水平人才提供了理论与实践的双重支持，确保了学生能够在全球化传播背景下，肩负起讲好中国故事的使命。该模式通过扎实的理论教育、系统化的实践训练和与主流媒体的深入合作，成功实现了人才培养模式的创新，并为未来的新闻传播教育改革提供了宝贵的参考。未来，随着传播环境的不断变化，如何进一步深化这种理论与实践相结合的教育模式，尤其是拓展国际传播平台的应用，仍然是值得持续研究和实践的重要方向。

◎ **参考文献**

［1］习近平总书记给武汉大学参加中国南北极科学考察队师生代表的回信［EB/OL］. http：//www. moe. gov. cn/jyb_xwfb/moe_176/202312/t20231201_1092822. html.

［2］田源，王亚男."讲好中国故事"理论建构与实践探索［J］. 中国出版，2023（21）：71.

［3］武汉大学新闻与传播学院. 央媒CGTN《了不起的决心》主创团队走进本科生课堂［EB/OL］. https：//mp. weixin. qq. com/s/CpOUNv2XiNgcKazHiiLHeA.

［4］常江，李思雪. 感官革命：当代视听文化的培育路径与价值检视［J］. 编辑之友，2024（2）：5-13.

［5］梁君健，雷建军. 视觉人类学与九零后的影视教育——以"清影工作坊"为例［J］.

现代教育技术，2015，25（9）：77-83.

[6] Collier M. Approaches to analysis in visual anthropology [J]. Handbook of Visual Analysis，2001：35-60.

[7] 朱靖江. 主位影像、文化破壁与视觉经济——影视人类学视域中的移动短视频社区 [J]. 云南社会科学，2020（6）：102-109，184-185.

[8] 武汉大学新闻与传播学院. 我院学生作品《轮世间》获第十二届国际大学生微电影盛典一等奖 [EB/OL]. https：//mp. weixin. qq. com/s/tFH9FCkKLH6_8d3SFIn7uA.

[9] P Hockings. Principles of visual anthropology [M]. Berlin：Mouton de Gruyter，2003.

[10] 张健，宋玉生. 如何讲好中国政治文化的故事？——论跨文化传播的边缘策略 [J]. 新闻界，2024（4）：48-60，86.

[11] 田维钢，郑玺. 融视频新闻：基本内涵、生产逻辑与路径创新 [J]. 中国出版，2024（8）：35-41.

[12] 王斌，黄心怡. 平台环境下主流媒体的情感引导效果与传播机制——以抖音号暖新闻为例 [J]. 出版广角，2024（3）：34-41.

科学探索与课程质量双向
驱动的遥感创新人才培养探索

付　波　龚　龑　方圣辉　孟庆祥

（武汉大学　遥感信息工程学院，湖北　武汉　430079）

【摘　要】本文从遥感交叉学科创新人才培养的视角出发，结合当前我国产业发展、社会需求以及就业空间三个方面的变化，分析了现有的学科前沿对未来人才要求的新特征。以武汉大学对遥感本科人才培养的改革探索为例，重点介绍了科学探索与课程质量双向驱动的遥感创新人才培育模式，结合相应的教学改革实践，对课程质量建设、实践平台搭建、教学研究推进等方面进行了阐述和分析，并对相应的学生创新能力培养取得的成效进行了介绍。

【关键词】科学探索；课程质量；遥感；拔尖创新；人才培养

【基金项目】武汉大学本科教育质量建设综合改革项目；武汉大学遥感信息工程学院"三全育人"教育教学改革项目

【作者简介】龚龑（1979—　　），男，汉族，湖北竹山人，博士，武汉大学遥感信息工程学院教授，博士生导师，主要从事定量遥感、农业遥感等领域教学及研究，E-mail：gongyan@whu.edu.cn。

0. 引言

当前，作为经济建设、国家安全和可持续发展的关键支撑手段，遥感技术国际竞争日趋激烈。在实现我国遥感现代化的征程上，系统性高水平的遥感人才培养是确保我国争夺遥感科技制高点的基础。武汉大学遥感科学与技术专业的学科发展形成了较完整的体系，已经从原有的侧重遥感数据处理分析转变为涵盖数据获取、处理、分析、应用和产业融合应用的全流程链路，所涉及的学科前沿内涵相比以往更加丰富。从科学研究促进人才培养的角度来看，现有的学科前沿对未来人才的要求体现出新的特征。面向遥感学科前沿，研究探讨课程优化和人才培养方式的革新，是在这一背景下产生的迫切需求。

本文从遥感交叉学科创新人才培养的视角，综合分析当前我国遥感人才培养的需求，结合武汉大学在遥感人才培养方面进行的探索和尝试，对科学探索与课程质量双向驱动的遥感创新人才培养探索过程进行了阐述。

1. 遥感人才培养需求变化分析

当前国家经济社会发展对遥感交叉学科创新人才培养需求，呈现三点非常明显的特征，即全链路、综合性和开放性。

1.1 产业发展全链路

遥感技术已经形成了涵盖数据获取、采集、分析及应用的完善的学科体系和产业流程，上下游密切相关、知识内容密集交叉。而过于专、精、窄的培养方式将难以孕育具有完整遥感学科视角的一流人才，遥感本科人才培养需充分顾及学科变革趋势，着眼完整的专业视野和人才未来成长的可持续性。

1.2 人才需求综合性

社会需求对遥感人才从强调知识掌握为主，逐渐转向为在此基础上的人的思维创造为主。综合分析能力、横向纵向关联能力、协作能力和实践创造能力均成为未来人才竞争的关键素质。尤其是在当前技能教育资源大众化、网络化和普及化的背景下，孕育遥感创新拔尖人才必须面对这一问题。

1.3 就业空间开放性

在国家创新创业发展和新型行业领域不断涌现的大背景下，从学生就业的实际情况来看，当前遥感专业的毕业生在职业发展上拥有广阔的行业前景。前往国土、遥感和测绘等传统行业单位就业的本科生已逐渐变为少数，产业变革所带来的学生就业多元化、形态多样性势必对本科培养方式提出新命题。厚基础、强意识、育能力是培育大批产业杰出人才的需要，也是教学改革的方向。

2. 本科人才培养方式改进探索

武汉大学于 2001 年成功申请并获批中国第一个遥感科学与技术本科专业，到目前已经形成完整的本科、硕士、博士培养体系，并持续推动遥感一级学科建设。2022 年 6 月教育部新一轮学科专业目录中，遥感科学与技术正式成为"交叉学科"门类一级学科。长期以来，注重科学探索和严谨学风引领下的课程质量，是学校遥感本科人才培养形成的重要经验。在新的发展形势下，面向当前我国遥感人才培养的全链路、综合性和开放性新需求，秉承"夯实课程质量基石，注重科学探索素质"理念，从坚持科学探索与课程质量双向驱动出发，为推动科学探索促进课程质量提升，并助力学生科学探索能力培养，本文从三个角度进行了思考。

2.1 建立具有遥感特色的课程质量提升和激励方式

通过设计合理的规章制度，激励教师重视课程结构质量、课程内容质量和课程讲授质量，并且结合一流课程建设实现由点及面的课程质量提升。

2.2 寻求科学探索促进遥感课程质量提升的途径

坚持遥感学科发展对教学的科学引领作用，充分把握、凝练、运用科学探索所产生的教学价值。根据团队学术资源实际特点，构建大型科研实验的教学资源体系。

2.3 实现课程质量对培养学生科学探索能力的支撑

优化完善遥感理论知识培养结构，面向全链路人才培养需求，改革创新软件硬件结合的遥感课程内容，丰富学思统一的遥感实践教学内容。

3. 教学改革实践

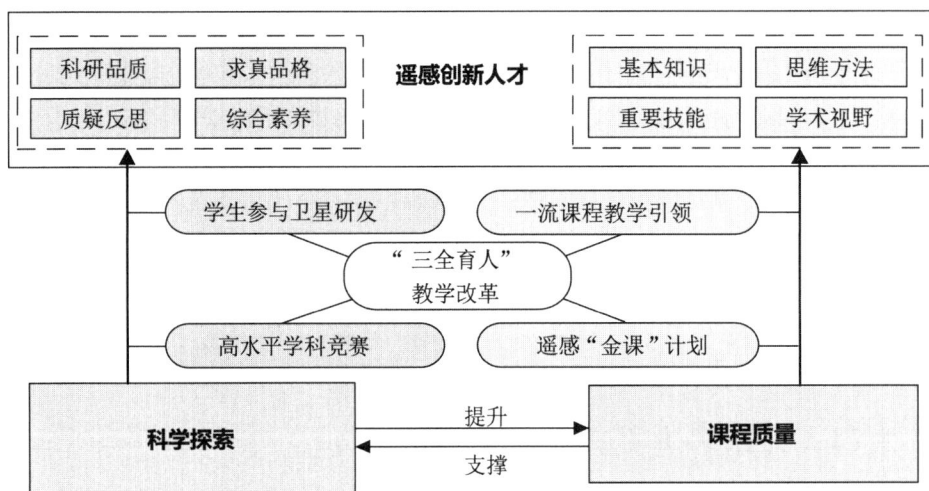

图1 科学探索与课程质量双向驱动总体结构图

为解决上述教学问题，实现科学探索与课程质量双向驱动的遥感创新人才培育，我们进行了多项教学改革实践(见图1)。以课程质量建设为基本阵地，通过各级一流课程引领的教改研究、遥感"金课"计划等重要途径，在遥感创新人才培养过程中注重夯实基本知识、锻炼科学思维方法、扎实掌握重要技能、拓展专业学术视野。同时，以科学探索为鲜明旗帜，借助高水平学科竞赛、学生参与卫星研发等手段，在遥感创新人才培养过程中强调磨炼乐于钻研的科研品质、养成严谨细致的求真品格、鼓励追求真相的质疑反思、形成解决问题能力的综合素养。辅以"三全育人"学院教学改革计划，实现"双向发力、协同育人"，全面呼应当前遥感人才全链路、综合性和开放性新需求。主要方法包括五个方面。

3.1　扎实推进一流课程建设，形成先进课程教学理念

按照"厚基础、宽口径"原则，设计践行新的遥感本科培养方案和课程体系，强调数理基础，突出交叉特点，发挥引领示范作用。遥感原理与方法作为遥感大类平台课程入选武汉大学示范课堂，2019 年被认定为国家级一流本科课程，以该课程为代表，形成良好示范。同时针对学科布局变化，开展以本科工程光学课程为代表的改革，针对学校遥感专业建设发展的实际特点和国际前沿趋势，已将其建设成为遥感科学与技术专业遥感仪器方向重要的核心课程。"空地一体移动遥感观测"获批首批国家级虚拟仿真一流课程，全力推进地理信息工程方向课程创新改革，GIS 工程设计与开发课程为创新课程，得到了师生广泛认可，课程内容改革已显现成效。

3.2　创新"遥感金课"引领举措，全面提升课程质量

作为深入贯彻中共中央、国务院《深化新时代教育评价改革总体方案》和《武汉大学关于深化本科教育改革的若干意见》文件精神、推进学院教学质量提升的举措之一，学院制定了《遥感信息工程学院"遥感金课"评选办法》，明确了评选条件、标准以及相关激励政策，并于 2021 年启动，每年持续进行，鼓励教师对教学重视"量"更重视"质"。

具体以同行听课评价为基础、兼顾学生评教意见，各系在每学期开始前推荐"遥感金课"候选课程，学院教学督导组和教学指导委员会委员对候选课程进行随机听课，并调研学生随堂听课意见反馈。年终评审会上评委专家结合本年度听课评价、教案与课件资料、课程教学大纲，从大纲匹配度、课程建设质量和授课质量等方面综合考虑，每年度产生不超过 5 门年度"遥感金课"。学院为"遥感金课"授课教师授予荣誉证书，在年终教学工作量核算时，对本年度"遥感金课"按双倍计算。在"一流本科课程"、示范课堂和教学业绩奖等申报中，对"遥感金课"和授课教师优先推荐。同时，对"遥感金课"获评课程积极开展观摩，发挥带动作用。获评者包括国家和湖北省教学名师、武汉大学青教赛一等奖获奖者等教师，"遥感金课"产生了提升课程质量的良好效应。

3.3　全链路科研资源支持，建高水准科研实践平台

学院针对遥感技术逐渐形成的完整体系，从科研实践中整理提炼了遥感全链路趋势下的关键教学要素，服务人才培养。将珞珈系列卫星、亚洲直径最大的卫星遥感接收站运用于实践教学，建设了高水平的多功能遥感卫星定标场，全方位支持本科生开展"启明星一号"卫星设计、遥感数据处理分析研究。鼓励教师对 836 计划、国家自然科学基金、重点研发等多种类型的科研课题进行沉淀转化：目前已在定量遥感和农业遥感等领域形成了遥感技术应用的先进案例；在传感器设计、卫星数据辐射定标、卫星数据几何处理领域形成了学生可参与的自主研发卫星教学资源；在高光谱遥感、夜光遥感和红外遥感技术方面形成了服务于教学的高质量遥感数据集。经过多年的持续改革，遥感本科教学已经从单一软件算法向服务遥感产业内核的软硬件全链路化发展转换。通过对遥感原理与应用、遥感物

理基础、遥感应用软件设计、工程光学和遥感仪器设计综合实习等一些课程的增设与改革，本科专业课程结构性质量逐步提升。

坚持"与时俱进、虚实结合、知行融通"的教学理念，结合专业前沿最新需求，对课程项目精心设计，通过虚拟仿真和实际操作，将深奥、不可见的理论可视化，保证理论与生产应用的融会贯通；强调问题导向型综合能力培养，从遥感数据采集-处理-应用全过程锻炼全周期的遥感问题解决能力，培养系统意识，有助于学生找准定位、发现问题、开拓创新。坚持科研成果向教学转化，教研相长，投入资金打造全链路遥感空间信息综合实习等集中实践课程，通过"空地一体移动遥感观测"虚拟仿真实验平台，将部分教学团队在移动遥感观测领域的横向、纵向科研成果搬到了线上，在疫情期间服务于国内 30 多所院校的线上实验教学，网络实验量上万次。

3.4 实践搭桥学创结合，助力科研实践创新能力提升

在创新创业实践方面，学院成立了"遥感信息大学生创新创业中心"，并开辟出专门的场所作为中心基地。同时支持行业兼职专家作为创业导师以"遥感+"俱乐部沙龙活动为载体开展创业指导。另外，依托卓工班特色培养，定期开展走入行业企业活动，增强与行业专家互动。每年发布《遥感学院大学生科研与实践选题指南》搭建师生科研交流桥梁，统筹知卓班、卓工班特色培养。课程建设方面，在 2018 版和 2023 版培养方案中，对每个专业方向均设置了不少于一门的创新创业类课程，该课程的开设为兼职教授进入课堂搭建了渠道。同时，学校和学院还出台了行业专家进课堂的补贴政策，从制度层面鼓励保障行业兼职教授参与授课。

3.5 统筹教学综合改革，促进"三全育人"教学研究

针对以往教学改革项目探索有余、规划不足的情况，着重统筹了以专业建设持续改进为主线的有组织教学研究。从 2020 年开始，在学校和学院两个层级进行教改项目规划，按照一流专业建设和培育两种类型组织教学改革项目申报、推进和评估。通过在专业教学改革项目下设立各种类型子项目的方式，全方位推进对专业建设持续改进中的痛点、难点和热点问题研究。学院 2021 年开始设立"三全育人"院级教育教学改革项目，分为"课程改革类""实践育人类""竞赛科研类""教师教学发展研究类"和"管理育人类"，资助若干重点项目和一般项目。

4. 教学改革成效分析

通过一系列的改革举措，科学探索与课程质量双向驱动的遥感创新人才培育方式在全链路人才培养、课程质量保障和本科生科研创新能力等方面取得了初步的成效。

第一，完善了全链路遥感技术背景下的本科专业培养模式。学院紧密跟踪遥感科研与产业发展趋势，在巩固以往遥感本科专业培养过程中几何遥感、遥感信息处理等优势专业方向的基础上，通过优化师资队伍，并系统性提升大类平台课程、平台实践课程、专业核

心课程和毕业设计等教学环节，在定量遥感、遥感仪器等方向建立了体系化的课程结构，形成了与遥感数据获取、处理、分析、应用全链路人才培养需求相适应的培养模式。

第二，建立了教风学风相统一的课程质量激励与保障方式。在教师教学方面，通过发挥"遥感金课"等新型激励手段的作用和国家级一流课程示范效应，形成了具有特色的课程质量提升和激励方式，促使教师对教学从量的完成转向对质的重视。在学风管理方面，巩固优化了课程考勤制度、考试考查制度和纪律制度，通过教风学风的统一要求、统一建设形成师生两个层次对课程质量的保障。

第三，形成了具有遥感学科特色的本科生科研实践创新能力培养途径。通过统筹知卓班、卓工班特色培养，发布《遥感学院大学生科研与实践选题指南》等方式促进师生科研信息交流，同时以遥感大创中心为依托，在创新创业课程、大学生科研和学科竞赛培训等方面逐渐孕育了具备遥感学科特色、适应遥感产业格局、符合遥感人才培养规律的本科生科研创新实践能力培养途径。

5. 结语

科学探索与课程质量双向驱动的人才培养模式有效促进了学生对生产实践前沿知识的了解和创新能力提升，近3年学生在创新创业领域取得了学科竞赛、科研论文成果、专利授权等多个方面的优秀成绩。学生学科竞赛获奖共计801项，获得专利和著作权65项，发表学术论文41篇。获得了包括中国国际"互联网+"大学生创新创业大赛决赛金奖、中国大学生计算机设计大赛国家一等奖、"中国软件杯"大学生软件设计大赛国家一等奖等一系列的大奖，学生就业领域更加宽广，人才培养成效初步呈现。

习近平总书记在2024年1月中共中央政治局第十一次集体学习时系统阐述了新质生产力的科学内涵，并强调要根据科技发展新趋势，优化高等学校学科设置、人才培养模式，为发展新质生产力、推动高质量发展培养急需人才，2024年的政府工作报告也对加快发展新质生产力作出部署。加快发展新质生产力，迫切需要大批拔尖创新人才，这就要求教育系统进行改革和创新。本文围绕科学探索与课程质量双向驱动的遥感创新人才培育，从形成先进课程教学理念、全面提升课程质量、全链路科研资源支持、实践搭桥学创结合和统筹教学综合改革五个方面进行了归纳分析。所开展的工作正是针对遥感学科和产业的发展趋势，在遥感领域拔尖创新人才培养方面进行的探索与实践。

◎ 参考文献

[1] 李德仁，龚健雅，秦昆，等. 面向国家需求的世界一流遥感人才培养体系创新与实践 [J]. 高等工程教育研究，2023（2）：1-5.

[2] 龚龑，张永军，秦昆，等. 武汉大学遥感科学与技术本科大类培养学习状态分析 [J]. 测绘地理信息，2022，47（S1）：1-4.

[3] 李德毅，马楠，秦昆. 智能时代的教育 [J]. 高等工程教育研究，2018（5）：5-10.

［4］龚健雅．建设新时代世界一流学科［N］.中国测绘报，2018-07-13.

［5］李刚，秦昆，万幼川，等．面向新工科的遥感实验教学改革［J］.高等工程教育研究，2019（3）：40-46.

［6］高宁，王喜忠．全面把握《高等学校课程思政建设指导纲要》的理论性、整体性和系统性［J］.中国大学教学，2020（9）：6.

［7］刘承功．高校深入推进"课程思政"的若干思考［J］.思想理论教育，2018（6）：6.

［8］龚龑，张熠，方圣辉，等．高校工科教学知识点与科学精神关联培养探讨——以遥感科学与技术专业课程教学为例［J］.测绘通报，2017（2）：4.

［9］周军其，刘亚文，张熠，等．工程教育认证中的课程体系建设思考［J］.地理空间信息，2020，18（4）：127-129.

测绘导航学科课程思政内容体系建设探究

李 照　胡明潇

（武汉大学　测绘学院，湖北　武汉　430072）

【摘　要】课程思政兼具专业教育和思政教育的双重属性，在其元素挖掘与教学内容安排中必须坚持正确政治方向和落实立德树人根本任务，注重其与专业具体实际和发展历史的结合，着眼于学生核心素养培养，并充分利用行业榜样资源，促进师生在实践中切身完成思政教学。

【关键词】课程思政；元素挖掘；思政教学；测绘导航

【作者简介】李照（1996.9—　），男，汉族，湖北赤壁人，硕士研究生。武汉大学测绘学院学生工作办公室副主任、助教，主要从事思想政治教育，E-mail：zhli@sgg.whu.edu.cn；胡明潇（2000.11—　），男，土家族，湖北恩施人，法学硕士，武汉大学马克思主义学院 2022 级硕士研究生，主要从事马克思主义中国化研究，E-mail：mingxiaohu@whu.edu.cn。

党的十八大以来，各类高校深入学习贯彻落实习近平总书记对学校思政课建设作出的重要指示和中共中央办公厅、国务院办公厅《关于深化新时代学校思想政治理论课改革创新的若干意见》精神，扎实推进习近平新时代中国特色社会主义思想进教材、进课堂、进头脑，取得了高校思政课建设的系列成果。但同时必须明晰，在高校各类专业院系，课程与思政"表面化""两张皮"，课程思政资源匮乏、囿于思政课教材，课程思政难以融入专业课教学内容等问题依然存在。习近平总书记多次强调"各门课都要守好一段渠、种好责任田，使各类课程与思想政治理论课同向同行，形成协同效应"，[1]那么如何"挖掘其他课程和教学方式中蕴含的思想政治教育资源，实现全员全程全方位育人"，[2]促进思政元素与专业教学内容相互贯通，推动课程与思政一体融合走深走实是当前高校课程思政建设的重点问题。

一、高校课程思政教学内容体系设计

（一）坚定正确政治方向和落实立德树人根本任务

"培养什么人、怎样培养人、为谁培养人"是高校思政教学的根本问题。党的二十大报告着重强调要"落实立德树人根本任务"[3]，这也是检验高校思政教学建设的根本标准。专业课程思政元素的挖掘必须牢牢把握住这一基本点，坚持不懈用习近平新时代中国特色社会主义思想铸魂育人，将社会主义核心价值观引导于专业课知识传授和能力培养之中，使学生在专业课学习中能够切实增进对党的创新理论的政治认同、思想认同、理论认同、情感认同。专业课程中的思政资源挖掘必须着眼于促进思政课程与课程思政的双向贯通，在专业课教学中构建与思政课程相辅相成的教学理念。课程思政的关键在"思"和"政"，"思"则是要守住思想性、理论性的防线，"政"则是要把好政治关、价值关。课程则是思政的载体与沃土，即从专业的角度和领域对思政内容进行梳理和认识，挖掘出契合于"思""政"的元素，并将其自然融入课程教学中。坚持"思"与"政"的专业课程教学更是应对现实社会思想文化问题的必然要求。少部分西方意识形态固化者在我国社会文化和思想愈发多元的状况下，将"枪口"瞄准了处于"拔节孕穗"关键时期的青年群体，尤其是善于利用专业、小众领域的隐蔽方式不断进行文化渗透，而强有力的课程思政建设则能有效守好这类领域的思想文化阵地，并形成整体的协同效应。

(二) 促进思政元素与专业具体实际和发展历史的"两个结合"

课程思政的元素挖掘必须依托于专业课程的学科特点，促进思政教学与专业课具体实际相结合。不同的专业课程背景决定了课程思政的挖掘方向，必须从专业课的实际情况出发寻找到思政教育与专业课程共生的教学形式。教师需坚决避免课程思政囿于思政课程教材，拘泥于"说教""嫁接"等简单化教学形式，而应将习近平新时代中国特色社会主义思想寓于教学的课程内容中，坚持从专业课程的视角发掘教学元素，辅助学生在专业课学习中"恰到好处"地接受思政教育。如人文类专业课程应重点挖掘课程教学中政治制度、传统文化等相关内容；社科类专业课程应着重引导学生深入了解经济、法治相关政策，关注现实问题；理工科类专业课程应培育学生科学思维方法、介绍实际场景运用；医学类专业课程应注重结合社会现实进行教学、培育学生医者精神。

同时，课程思政的元素挖掘也需注重结合学科发展历史和未来趋势。每个学科、专业都有其发展历程和历史传承，特别是一些历史久远的学科，可以注重发掘其在中华民族五千年文化历史中的传承与发展。把课程思政的教学实践根植于中华民族的文化历史土壤，不仅可以发掘出具有民族性的专业学科知识，而且优秀传统文化中诸多能够契合于社会主义核心价值观的思政元素更能突出强调中华民族自古以来崇尚的社会责任和家国情怀，有助于开拓出立足中国国情、具有中国特色、符合中国作风、体现中国气派的课程思政教学模式。人类对世界的认识是逐步深化的，各类学科的发展必然符合辩证唯物主义的运动规律，在课程思政教学中注重历史元素，可以直接反映学科探索中"实践—认识—再实践—再认识"的发展过程，促进马克思主义基本原理入脑入心。顺应专业时代发展也是课程思政元素挖掘的有效途径。专业课教学将学科当下形势、未来发展前景纳入其中，不仅可以培育学生前瞻的科学眼光，提升课程教学的时代性和开放性，还可以促使学生更积极关注社会现实，自觉树立在该领域深耕的科研信心和报国理想。

(三) 立足马克思主义世界观、方法论培育科学素养

注重学生核心科学素养的培养，是课程思政应对信息化、全球化与知识经济社会对人才培养需求变化的因势之为。科学素养培养是一个完整的育人目标体系不可或缺的部分。在具体的教学实践中，它大致可以分为三层：顶层是教育目的，中层是学科育人目标，底层是课堂教学目标，这三层自上而下不断具体化，自下而上不断抽象化，构成了课程育人的完整框架，也体现了课程育人的复杂性与专业性。以往的科学素养培养主要针对顶层目标，即涉及"培养什么样的人"的问题，而极少回应"怎样培养人、为谁培养人"的价值旨归。课程思政的元素挖掘必须直面如何通过分门别类的学科教学贯彻党的教育方针、落实立德树人根本任务的问题。"科学是一种强有力的工具，怎样用它，究竟是给人带来幸福还是带来灾难，全取决于人自己，而不取决于工具。"在课程思政的实践教学中培育科学素养必须着重促进教师和学生共同在教学观念上从"工具主义"的应试模式向"人本主义"的素质模式的转变。在课程思政教学中培育学生科学素养必须坚持立足于各类专业的科学素养学科性、科学性、教育性与人本性的"通"和"同"，即符合马克思主义唯物史观的科学价值取向。此外，课程思政中的科学素养培育在回应"培养德智体美劳全面发展的社会主义建设者和接班人"价值需求的底层逻辑外，还需要注重提升学生运用学科核心观念，通过学科实践，解决复杂问题的学科高级能力与人文素养。各类专业课的课程思政在把握住涵养学生"唯物史观""求真务实""道德诚信"素质等基本点后，应在此基础上根据学科特色合理拓展，如人文历史类学科需培养学生时空观念、史料实证、历史解释能力，社科类专业应着重培育学生经世济民、诚信为本、德法兼修、服务人民的职业素养，理工科专业应注重强化学生科学伦理教育，培养逻辑推理能力、创新思维。

(四) 发掘专业榜样资源提炼行业精神、家国情怀

习近平总书记指出"要广泛开展先进模范学习宣传活动，营造崇尚英雄、学习英雄、捍卫英雄、关爱英雄的浓厚氛围"。[4]课程思政的教学开展同样要大力开发典型事迹资源，用好"活"教材，发挥无穷的榜样力量。榜样带有一种天然的教育力量，用"活"用"好"各类学科专业领域中的榜样资源有助于在课程思政教学实践中真正达到"润物细无声"的效果。课程思政教学中专业榜样资源的挖掘范围广阔，从领导到基层人民群众，从专业先驱领袖到优秀青年学子都是可挖掘对象，有利于从多视角、多层面展现榜样风采。尤其是结合专业背景的榜样人物资源，有助于提炼行业精神，如工科类专业可以挖掘提炼精益求精的大国工匠精神，人文类专业可以从典型代表切入展示行业领袖的人文风骨、热血丹心，医学类专业可以凸显榜样人物悬壶济世、身先士卒的崇高情怀。此外，校友是高校利用专业榜样资源开展课程思政教学的宝贵资源。校友作为高校办学成果之一，以其学脉同宗、精神相承的优势与在校学生有着更深的亲切感，他们的教育履历、工作经历和人生阅历像"活教材"一样对学生的专业学习和人生方向产生全面影响，[5]而各专业学科中适切性、示范性、鲜活性的校友资源更是课程思政教学的天然素材。伟大时代呼唤伟大精神，崇高事业更需要榜样引领。在课程思政教学中促进学生学习榜样、汲取力量，能够有效培育学生

把个人的奋斗融入国家富强、民族复兴历史进程的使命担当意识。

(五) 推进在实习实践课程中感悟行业时代使命

社会实践是衡量高校教育质量的重要方面，并贯穿于高校人才培养全过程，这对于培养社会主义建设者和接班人具有理想信念的导向作用、道德情操的熏陶作用，而且是高校学生与广大人民群众的情感纽带。德育入心，成德于行。课程思政同样要利用好实习实践平台，跟社会现实结合起来，带领学生将思政理论付诸实践，在实践中检验和探索。实践是课堂教学的拓展，能够将课堂知识传授、能力提升和价值引领有机结合，有利于让学生在各类专业的社会背景中近距离感受社会气息、联系人民群众、倾听祖国声音。课程思政的教学过程必须结合专业实践场景挖掘思政元素，寻找到习近平新时代中国特色社会主义思想与专业实践的契合点，并以此为切入引导学生学习了解行业先进案例、新时代建设成就、行业发展缺口等方面的知识，注重培养学生的田野调查意识、家国情怀，树立把论文写在祖国大地上的意识和信念，增强学生在各行业服务国家现代化的使命感和责任感。如农学类专业课程应聚焦引入乡村振兴、脱贫攻坚中的先进励志事迹，介绍或体验农业科学技术在农业农村发展中的实际应用，以此涵养学生关心农业、关心农村、关爱农民的"三农"情怀。同时，结合社会实践开展课程思政教学是消除教学与社会需求差距，促进产学研接洽接轨，提升学生就业发展质量的重要途径。在专业课程的实践教学中贯通思政元素不仅是课程思政的必然要求，更是真正契合为党育人、为国育才的价值导向。

二、测绘导航学科课程思政教学内容体系设计

(一) 以立德树人为根本任务，掌舵思政育人航线

正确把握育人导向，培养理想信念坚定，胸怀"国之大者"的时代新人。习近平总书记在给武汉大学参加南北极科学考察队师生代表的重要回信中，充分肯定了武汉大学参加南北极科学考察队师生为我国极地科学考察事业作出的积极贡献，高度赞扬了武汉大学"要用国家的大事业磨砺青年人的真本领"的人才培养方式；而在给国家测绘地理信息局第一大地测量队 6 位老队员、老党员的回信中，充分肯定了国测一大队爱国报国、勇攀高峰的感人事迹和崇高精神，对全国测绘工作者和广大共产党员提出了殷切希望。两次回信充分说明了当前测绘导航学科人才对于国家发展和社会进步的重要意义，深刻彰显了党和国家对于测绘导航学科人才培养的期待和要求，切实激励了测绘导航学科的教育工作者要接续砥砺奋斗，以更高的目标培养更优质的专业人才，助力建设教育强国、科技强国、人才强国。

武汉大学测绘导航学科紧密围绕中心任务，发挥专业优势，在此时代背景下着力构建以回信精神为内核、"育人资源、育人导向、育人要义、育人途径"四位一体的课程思政体系，在学科各类专业教学中引导学生积极学习习近平总书记回信精神，感悟行业时代使命，切实在人才培育基本点上贯彻落实好立德树人根本任务。

(二) 以学科发展为育人资源，充分挖掘思政元素

时代亦如滚滚洪流，冲刷洗礼着处于时代中的万事万物，带走了细碎如泥沙的种种，也塑造了诸多矗立潮头岿然不动的礁石。立足学科发展古今和时代发展大背景大环境，测绘遥感学科也迎来了转型升级的关键时期，站在世界百年未有之大变局的风口，学科也理应以服务大局为出发点，进一步厘清学科专业发展的历史脉络，感应时代的号召，引导广大青年学子立足实际，放眼未来，培养"知来路、懂去处"的合格可靠接班人。

测绘导航，古已有之，学科的发展从传统到现代、从机械到智能；不论是从对天地万物的原始且单纯的认知和记录，还是对于未来人与自然更为和谐共生的智慧城市的构筑；不论是守卫国家疆土毫厘不差的尊严，还是上天入海在宇宙八荒内宣扬中国主张，测绘导航学科都有太多的"故事"可讲，可以讲好更多的"故事"。这些"故事"从来都不是课本上的数据理论可以堆攒出来的，而是将学科的历史和发展根植于中华民族的文化历史土壤之中，经由岁月的风霜雨水浇灌而长成的。既往的课程教学过于注重讲授"是什么"和"怎么做"，而在当前的立足中国国情和具有中国特色的课程思政教学模式下，更应当以背景意义和实际场景为出发点，给青年学子讲通讲透"为什么"的问题。例如，利用虚拟仿真技术，以课程实践或专业实践等形式，组织学生开展不同历史时期国界线勘测、国土面积沙盘模拟等活动，自然植入近代历史国情教育和爱国主义教育，引导学生理解正确勘测国境线对国家主权和民族尊严的重要意义，唤醒测绘学子对保障国土边疆"一点也不能少"的责任感、使命感以及强化专业本领、增长全面才能的生涯意识。

从专业课程的视角充分发掘现实生活场景中能够引发学生共鸣的思政教学元素，以学生更喜闻乐见的形式和风格，引导学生在专业课程的学习过程中对历史和现实元素进行思考，使得学生在学科探索中实现"实践—认识—再实践—再认识"的学习过程，进一步夯实课程思政教育和专业教育的学习成效，培养学生树立"历史""现在""未来"三元统一的世界观、"个人""集体""国家"三位一体的价值观和人生观。

(三) 以科学素养为育人导向，多育并举全面铸魂

要用科学的方式培养学科的人才，在测绘导航学科课程思政建设过程中，应当牢牢把握"培养什么样的人""怎样培养人""为谁培养人"的价值旨归，深刻认知科学素养对于学科专业人才培养的关键作用，切实培育测绘导航学科学生的社会主义核心价值观、家国情怀、人文素养、职业道德以及良好的安全意识，并促进其在测绘相关工作中养成良好的社会责任感、事业心，能积极服务于国家与社会发展。

在统筹学科专业教育和思想政治教育方针的前提下，测绘导航学科应充分结合专业特色和青年学子的个人特点，更有针对性地开展核心科学素养的培育。测绘导航学科的工作内容为时空内的所有自然资源，于国家而言具有重大战略意义，于个人和社会而言也是赖以生存的根本，因此在专业教育过程中，可以结合三峡工程建设、港珠澳大桥建设、山体滑坡监测、应急测绘等实际工程案例，通过专业实习实践活动，以实地走访调研、专题讲座报告、工程项目研讨等形式，引导学生充分认识和认真思考人与自然、个人发展与社会

建设之间的有序关系。在教学实践中，要切合专业实际，培养学生在基础测绘、地球空间信息服务、资源环境监测等领域从事测绘工程相关的项目设计、工程应用、技术研发、生产管理等工作的能力，同时还能根据测绘工程原理与相关技术规范提出工程设计方案，将人文、社会、环境、安全、可持续发展等要素融入工程设计和实施中解决复杂工程问题的综合素质，从而培养出适应社会经济发展和生态文明建设需要的高级工程技术人才。

(四) 以精神学习为育人要义，深刻唤起灵魂共鸣

依托学科专业与行业优势，充分挖掘榜样资源，凝练精神价值，充分发挥精神学习在课程思政体系建设中的作用，并将其贯穿到专业学习和人才培养的全过程全方位，打造"一心三环"测绘导航学科课程思政育人内容模型。

"一心"即课程思政育人需要以测绘导航专业教育内容为核心，这是构建和不断完善专业学科思政育人内容模型的根基和脉络。

"三环"的内环即构建以"胸怀祖国、服务人民的爱国精神，勇攀高峰、敢为人先的创新精神，追求真理、严谨治学的求实精神，淡泊名利、潜心研究的奉献精神，集智攻关、团结协作的协同精神，甘为人梯、奖掖后学的育人精神"的科学家精神和"精益求精，力求完美"的工匠精神互为补充的两个半圆组成的"基础环"。不论是作为勇为开拓者的测绘导航科学家先贤，还是争做先锋者的行业大国工匠精英，他们身上所散发出的经久不衰绵延不断的精神感召力，正是育人的力量源泉。

"三环"的中间环即构建"热爱祖国、忠诚事业、艰苦奋斗、无私奉献"的测绘精神、"坚韧不拔、巍峨不屈、感恩向上、敢为人先"的珠峰精神、"爱国、求实、创新、拼搏"的南极精神、"自主创新、开放融合、万众一心、追求卓越"的北斗精神等专业精神多元统一的"同步环"，通过对测绘导航行业前辈们先进事迹的宣传，充分发挥专业精神力量对青年学子的教育引领作用。

"三环"的外环则是充分挖掘其他专业榜样和优秀校友等资源，形成多点开花的示范引领育人矩阵，作为整个专业学科课程思政育人内容的有效补充，发挥青年学子对于专业榜样及校友资源"身份认同"的天然优势，不断扩大课程思政育人内容的覆盖面。

(五) 以实习实践为育人途径，体悟行业时代使命

"纸上得来终觉浅，绝知此事要躬行"，专业理论学习之虚，行业认知实践之实，虚实之间的奇妙碰撞足以使得课程思政教育元素能够更好地入脑入心。例如，讲测绘导航专业领域的卡脖子技术和行业的发展，就不能只讲发展的意义和技术的难度，而应该带领青年学子走进北斗卫星导航系统的历史、走进国产导航芯片研发的生产线、走进学科发展的最前沿，让其在现实中感受时代的脉搏；讲推进工业和科技国产化进程的必要性和优越性，就不能只讲没有画面、难以联想的数据，而应该引导青年学子积极投身社会生产，让青年学子在生产运动中切实领悟作为世界上唯一一个拥有全部工业门类的国家，我国产业链和国产供应链的完善使得我国国产设备研发制造所拥有的其他国家无法比拟的优势。

测绘导航学科在推进课程思政建设的过程中，可充分发挥产学研合作、实习实践基地

建设等方面的成果优势，积极探索专业思想教育、专业认知教育、专业实践教育、社会实践教育等多元化的育人途径，让学生切实身处时代之中，于"实"中体悟与思考，于"习"和"践"中夯实与精进，使得教育成果入脑入心。

三、结束语

高校课程思政教学中的内容体系建设必须把握住政治方向、根本任务、专业实际、核心素养、榜样资源和实践平台等多个方面，真正做到结合各类专业的特色，深入探究专业课思政元素的内涵与特征，注重其融入专业课的教学内容过程中的有效性与适切性，切实增强专业课的思政育人能力。

◎ 参考文献

[1] 习近平. 习近平谈治国理政：第2卷 [M]. 北京：外文出版社，2017.

[2] 习近平. 思政课是落实立德树人根本任务的关键课程 [J]. 求是，2020（17）.

[3] 习近平. 高举中国特色社会主义伟大旗帜 为全面建设社会主义现代化国家而团结奋斗：在中国共产党第二十次全国代表大会上的报告（2022年10月16日）[M]. 北京：人民出版社，2022.

[4] 习近平. 习近平谈治国理政：第3卷 [M]. 北京：外文出版社，2020.

[5] 盖逸馨，邢林艳. 校友资源协同高校"三全育人"发展研究探析 [J]. 思想理论教育导刊，2022（2）：121-125.

"遥感原理与应用"课程知识、
能力、思维三进阶教学创新

刘汇慧　李　杰　张　毅

（武汉大学　测绘学院，湖北　武汉　430079）

【摘　要】"遥感原理与应用"课程旨在培养学生以国家需求（如防灾减灾等）为导向，运用遥感技术解决复杂工程问题的能力。课程面临遥感技术多平台、多特征、跨学科带来的知识构建难题，以及单一讲授式教学、影像数据不足和复杂应用场景导致的知识迁移困境。新型遥感技术与大数据处理需求更凸显传统教学局限，降低学生获得感与自主学习动力。为解决这些痛点，课程团队创新性地将理论重构为多维框架，采用项目牵引任务驱动和三进阶五步骤的混合式教学，促进知识向应用的转化。同时，建立多元评价和增值型考核体系，提升学生的获得感，激发自主学习和创新实践能力。这些举措将教学目标与社会需求紧密结合，引导学生树立服务国家的志向。

【关键词】知识重构；三进阶五步骤；多元评价体系；增值型考核；专思融合

【作者简介】刘汇慧（1978—　），女，湖南长沙人，博士，武汉大学测绘学院实验员，主要从事遥感教学与时空地学大数据处理与分析研究，E-mail：hhliu@ sgg. whu. edu. cn；李杰（1989—　），男，湖北武汉人，博士，武汉大学测绘学院副教授，硕士生导师，主要从事遥感教学与多模态数据智能融合研究，E-mail：jli89@ sgg. whu. edu. cn；张毅（1980—　），男，湖北武汉人，博士，武汉大学测绘学院副教授，硕士生导师，武汉大学珞珈青年学者，主要从事摄影测量与遥感，激光/视觉 SLAM 技术的教学科研，E-mail：yzhang@ sgg. whu. edu. cn。

1. 引言

"遥感原理与应用"课程作为我国高等院校测绘、地理信息、大气等多专业的核心课程，旨在培养学生具备遥感知识及其应用能力，涵盖多学科内容。随着近些年地学大数据及新兴技术融合带来的挑战，传统教学内容和方法逐渐难以满足教与学的课程设置目的。为此，课程将从教学内容、方法等方面进行改革，探索数智教学模式，结合项目与任务驱动，以达到提升学生综合能力的目的。

随着遥感技术的飞速发展和地学大数据的爆炸式增长，传统的教学内容和方法已无法满足现代社会对高水平遥感应用人才的需求。地学大数据的 4V 特征（数据量大但信息密度小、类型繁多、动态多变、冗余模糊）使得学生在面对复杂的遥感数据时，难以设计和掌握有效提取有价值信息的方法。此外，遥感与人工智能、深度学习等新兴技术的交叉融合，要求学生具备更强的综合应用能力和创新思维能力。

因此完善和优化教学内容是"遥感原理与应用"课程改革的核心目标。通过研判现代遥感技术的发展趋势，课程将探索"线上+线下"多平台互联的混合教学方法，以项目牵引任务驱动的方式实现知识的转化。此外，课程实习和综合实习将基于最新的遥感数据和真实横向项目案例进行设计。在教学方法上，课程将建立多种形式，包括讲练结合、混合式教学、启发式和案例式教学，以及深入拓展式教学。这些方法将充分融合数智教学工具，系统改革课前预习、课堂教学、课间实验和集中实习等教学环节。

课程改革不仅能够提升学生的学习体验和获得感，还能激发他们的自主学习的动力，提高他们的创新实践能力，确保培养出符合国家战略需求的高水平遥感应用人才，满足国家建设航天强国重要部署的需求。通过这些措施，课程将更好地适应现代社会对遥感专业人才的培养需求，推动学生在实际应用中获得更深层次的理解与动手能力的提升。

2. 教学改革创新的需求与思路

2.1 课程教学真实问题

在进入本课程之前，学生已经学习了数字摄影测量、数字图像处理等基础前导专业课程，具备一定程度的学科基础，能解决以知识点为导向的应用训练问题。但通过问卷和访谈等形式开展学情调查，发现学生仍存在以下问题：对知识点的理解不够透彻，学习不够主动，难以形成良好的知识体系；虽然对本专业和课程有较大的学习热情，但因缺乏知识体系，难以获取学科前沿知识（见图 1）。课程教学团队通过问卷调查剖析学情与授课痛点，以更好地推进课程改革与教学模式探索。

通过学情分析总结了教学过程中的三大痛点：

（1）基础知识难记忆、难内化：一是因为遥感平台繁多，遥感影像具备多分辨率、多光谱、多时相等特征，再加上遥感的知识涵盖物理、信号处理、计算机技术、空间定位、人文地理等多学科知识的交叉特性，使得学生对基础知识难掌握，也难消化。

（2）专业知识难迁移、难外化：遥感的应用场景广泛，数字城市、海洋测绘、灾害监测、国土资源等不同的需求，使得学生无法从应用上逐本溯源，找到匹配解决问题的影像数据和信息处理模型，难以将遥感知识和复杂的工程应用结合起来，知识无法迁移。学生缺乏对遥感作为交叉学科的认知，限制了他们将社会热点和国家发展方向与本课程联结在一起的想象力，从而更难以适应具体应用需求。

（3）学生低获得、少内驱：随着遥感技术的不断发展，教师和学生在"教"与"学"过程中产生了一定的矛盾。首先，遥感技术的教学往往需要扎实的理论基础，包括数学、物理和计算机等学科知识。然而，学生可能会觉得理论枯燥难懂，难以在没有实际操作经验的情况下理解其应用价值。其次，遥感技术发展迅速，新的传感器、数据智能处理技术和应用不断涌现，学生认为课堂上的知识和技能落后于行业发展前沿，感到学习的成果难以与行业发展同步。这些矛盾使得学生获得感降低，抑制了他们的内驱力，使得他们难以获得价值认同。

a. 知识点和实习任务的调查：知识难、公式难、任务难

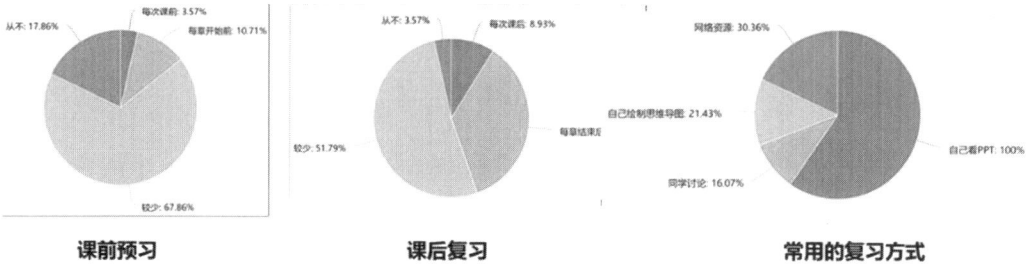

b. 学习方法的调查：自主学习少、学习方式单一

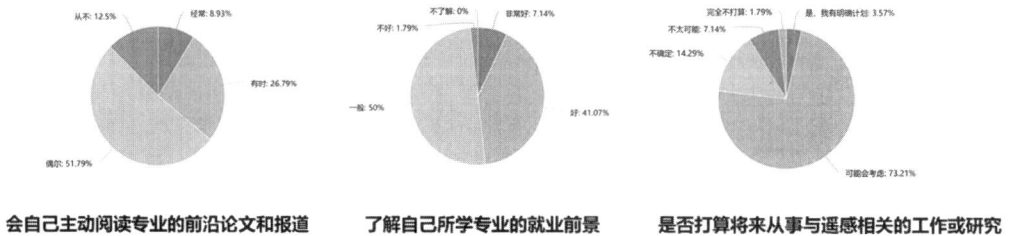

c. 行业认知的调查：专业热情度高、专业认知浅

图 1　学情调查统计结果

　　所以遥感课程的教学改革创新应从教学内容、教学方法和教学工具的更新，以及提升学生价值认同等多个方面展开。通过满足这些需求，有效地提高遥感教育的质量，把学生培养成真正适应未来挑战的遥感专业人才。在教学中，知识内化和外化的过程是相互关联

和循环的，知识内化为学生提供了解决问题和形成创新思维所需的基础，而知识外化则是学生展示和验证其学习成果的方式。

2.2 课程教学改革创新思路

为解决上述三个教学痛点，课程设计注重知识内化与外化过程的相互关联与循环。教师在教学中承担设计者与引导者的角色，通过精心设计有针对性的教学活动，帮助学生在知识内化阶段夯实基础，并在外化阶段展示和验证学习成果。通过引导学生在内化与外化过程中的循环往复，全面提升其解决问题和创新能力。

为此，教学团队提出了"三加一模式"课程改革方案，涵盖理论教学、实践教学、能力增值，以及专业与思维素养融合。理论教学注重知识体系的重构与更新，结合现代遥感技术发展趋势，不断迭代课程内容，采用新的数智教学场景实现知识模型与专业思维素养的深度融合。实践教学以项目驱动知识进阶，开展校企合作，拓展学生的实践能力，推动教学方法的创新与进步。能力增值通过多元化的评价体系，增加增值型评价，提升学生的学习获得感，激发其自主学习动力，培养解决复杂工程问题的能力。专业与思维素养融合将思政教育贯穿专业教学全过程，实现知识传授与价值引领的有机统一，培养学生的专业情怀、爱国情操和使命担当。

基于上述考虑，结合布鲁姆教育目标分类法，课程设计了"三进阶五步骤"教学方案，旨在促进学生从低阶思维向高阶思维的三次进阶。

一进阶：从基础的知识记忆转向深层次理解，重点培养学生的批判性思维和逻辑分析能力。

二进阶：从简单模仿任务过渡到实际应用，通过解决实际问题锻炼学生的操作能力和应用能力。

三进阶：专注于深入分析问题并开发创新解决方案，激发学生的创造力和解决复杂问题的能力。

为实现三次进阶，课程设计了以下五个教学步骤：

课前导学：学生通过网络资源进行预习，完成在线知识检测，并通过师生互动、同学讨论等方式掌握基础知识，完成简单算法的实现。

重难点讲授：充分利用智慧教室，采用讲练结合的方式，引入项目式学习和翻转课堂等教学模式，拆解课程重点与难点，帮助学生构建完整的知识体系。

实验实践：分为基础实验和综合实践两个环节。基础实验侧重模仿训练，帮助学生掌握基本技能；综合实践则通过复杂任务的解决，提升学生应对复杂工程问题的能力。

研讨汇报：学生分组完成挑战性项目，通过逆向思维分解任务，挖掘核心知识模型，并结合 AI Earth 等网络大模型工具完成项目研讨与成果汇报。

课后拓展：通过学科论坛、企业实训、校友讲座等活动，鼓励学生参加竞赛和创业类比赛，帮助其从学科发展与行业需求中寻找灵感，激发创新思维。

本课程通过内容重构与方法创新（见图2），推动理论学习、实践教学和能力增值的深度融合，注重学生实践能力与创新能力的培养。课程目标紧密结合国家需求与遥感学科发展，旨在培养高水平遥感应用人才，助力学生树立为国贡献的志向。

图 2 "遥感原理与应用"课程创新思路

3. 教学改革创新的举措

3.1 知识、项目、企业相结合的教学内容重构

内容重构主要在理论教学知识体系重构、实践项目驱动解决问题能力提升、第二课堂创新思维拓展三方面体现。

（1）知识点线面，理解更全面

现代遥感是一门跨学科的新兴领域，其发展基础包括测绘科学、空间科学、电子科学、地球科学和计算机科学，旨在整合观测与探测，以及数据科学这两大核心内容。整个遥感过程包括数据获取、数据处理、信息服务和信息应用。在此背景下，为促进遥感知识的关联和拓展，将传统的线性课程设计重构为"星系式"模型（见图 3）。该模型分为观测探测和数据科学两大模块，分别建立了系统的知识模型。观测探测部分涵盖感知机理、卫星研制、传感器、基准与定轨和在轨处理等内容；而数据科学部分则强调科学方法、流程、算法与系统的应用，通过卫星传感器获取影像，再从中提取有价值的信息，涉及认知机理、几何校正、辐射校正、分类识别和信息挖掘。新版课程还引入了遥感大模型和智能解译的新内容，其重点和难点包括传感器成像模型、辐射传输模型、辐射校正和几何纠正，以及影像的解译，这些环节与数字图像处理、数字摄影测量、模式识别和人工智能等理论和技术密切相关。

在知识模型上，依据观测端的成像物理基础和解译端的表达几何一致性，进一步衍生出图谱化知识体系（见图 4），形成课程章节，并建立课程的知识图谱，助力学生掌握知识

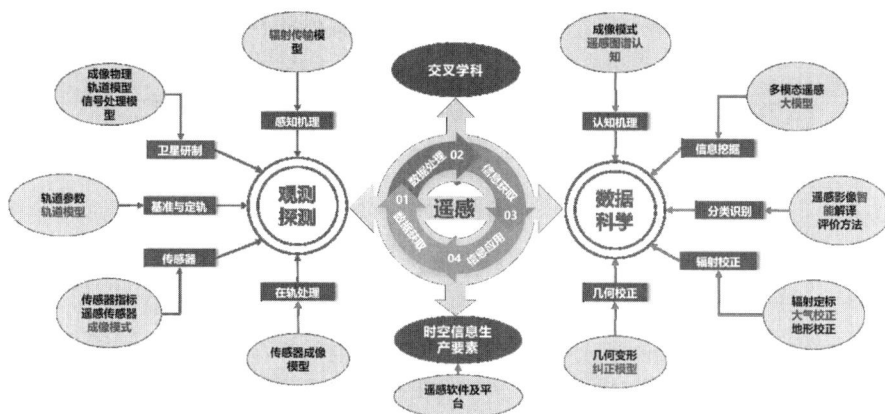

图 3　遥感知识模型"星系式"结构

模型和脉络线连接关系。将知识点和脉络线融会贯通，用于解决案例问题。强化点线面的知识体系，有利于学生记忆理解。围绕遥感知识点模型加入案例，如 NDWI 指数用于水体提取，需要掌握地物反射波谱特性曲线，通过辐射校正模型、几何校正模型和多源影像融合模型的综合使用，将知识点、脉络线拓展到具体应用面。

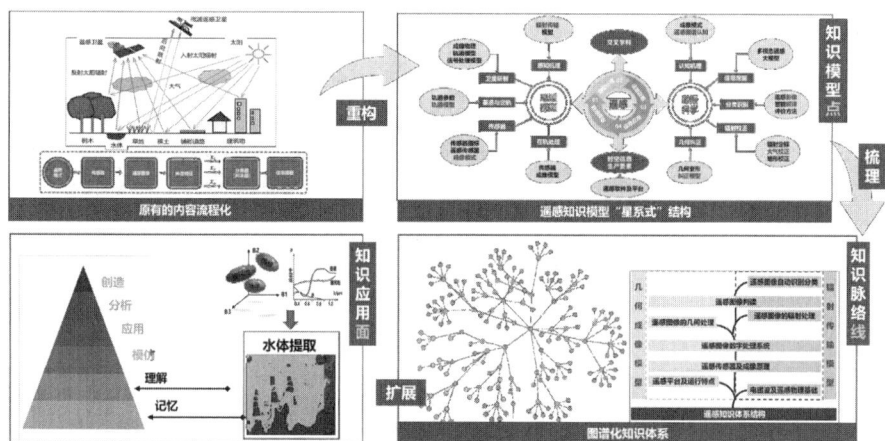

图 4　知识点、脉络线拓展到具体应用面

（2）项目模块化，能力易提升

本课程贯彻"以学生为中心"的教育理念，采用项目导向学习（PBL）模式开展教学实践，注重培养学生解决复杂工程问题和地球科学问题的能力。将科研成果、工程项目等内容引入课程实践，将复杂问题分解为知识点模型对应任务模块：影像认知、辐射校正、几何校正、智能解译等模块化任务（见图 5-a/b）。课程实践让学生模仿案例，理解各任务模

359

块的应用场景和组合差异。通过学院已有平台，设计开放性实践内容(见图 5-c)，设定应用情景，指导学生进行分析与综合，最终实现学生从案例模仿到自主实践应用能力提升。

	教学内容	知识模型	遥感图像处理系统
观测端	电磁波及遥感物理基础	成像的机理->辐射传输模型	常用处理系统软件 (Erdas、ENVI、eCognition、PCI Geomatic、国产PIE (Pixel Information Expert)、遥感云服务平台PIE-Engine等软件、Google Earth Engine与AI Earth等线上云平台处理软件)
	遥感平台及运行特点	轨道参数->轨道模型	
	遥感成像几何原理	卫星传感器、传感器指标、遥感传感器成像模式->传感器成像模型	
数据端	遥感图像的几何纠正	与传感器成像方式有关的严密物理模型、多项式模型、有理函数模型、基于小面元微分纠正的模型	
	遥感图像的辐射校正	辐射定标模型、大气校正模型、地形校正模型	
	遥感图像配准融合	多源遥感影像配准、融合模型及效果评价指标	
	遥感图像解译分类	遥感影像目视解译vs.遥感图像的自动分类、遥感影像智能解译的模型及评价方法	

a

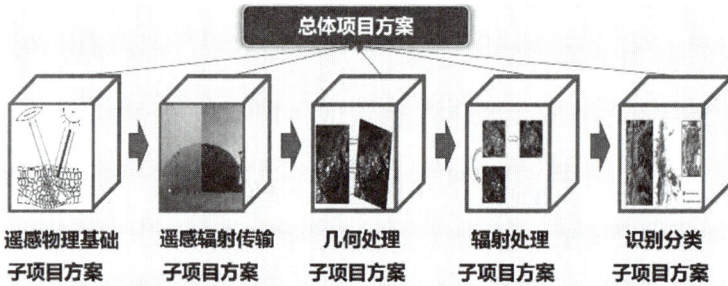

总体项目方案

遥感物理基础
子项目方案 → 遥感辐射传输
子项目方案 → 几何处理
子项目方案 → 辐射处理
子项目方案 → 识别分类
子项目方案

b

已有平台	开放性实验设计
国内先进遥感综合实验场	高分辨率航空航天遥感影像的几何、辐射定标检校实验
MODIS卫星数据接收系统	环境监测实验
无人机遥感成像系统	无人机遥感成像系统与实景三维建模实验
机载激光雷达系统	地表形变监测实验
高光谱遥感成像系统	高光谱影像分类实验

c

图 5 遥感原理与应用任务模块化与开放性实验

（3）企业二课堂，贴近真需求

充分开展校企共同育人，将企业的实际需求和案例融入教学内容中，如我国遥感卫星平台、遥感专业软件、数据运营服务和"遥感+"应用场景等，确保课程内容与行业实际相结合。引入企业导师，拓宽学生的视野，体验遥感产品的生产流程和相关环节，了解产品种类、用途和市场。

通过点线面的知识结构，层层递进，循环交互，让知识成体系，项目模块化拆分与第二课堂的拓展，使学生能够更易理解知识模型。

3.2 三进阶五步骤的教学方法创新

针对方法创新，推出了一种系统性的教育策略，采用"三进阶五步骤"框架来帮助学生有效地将所学知识转化为实际能力。该策略的核心是通过三个重要的进阶逐步提升学习深度。首先，在一进阶阶段，学生从单纯的知识记忆过渡到对知识的深入理解，侧重于批判性思维和逻辑分析能力的培养。接着，进入二进阶阶段，学生从模仿任务迈向实际应用，培养解决真实问题的实际操作能力。最后，在三进阶阶段，强化问题的深入分析及创新解决方案的开发，以培养学生的创造力和解决复杂问题的能力。

为了确保实现这三个进阶，结合布鲁姆教育目标分类法，课程设计了线上线下混合式教学知识模型，它分为五个步骤。每个阶段明确教学目标和学习目标，结合传统教学与现代科技的优势，提升学习效率和参与感。在每一步骤中设置检验环节，以便及时评估学生的理解与应用能力，确保他们在每个阶段的学习效果。此外，过程性评价成为教学策略中重要的一环，通过持续反馈与评估，帮助学生不断调整学习方法，进一步提升学习质量和成果。（见图6）。

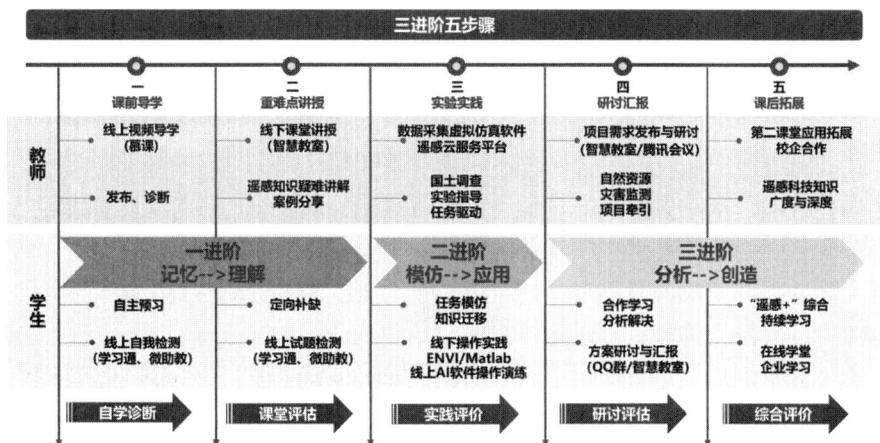

图6 三进阶五步骤的教学方法创新

（1）步骤一：课前导学

教师端定期开展教学研讨，规范统一授课内容。学生端引导学生充分利用慕课进行概念性知识的课前预习和在线知识检测。通过学习通、QQ群等实现师生间、同学间的讨论互动，完成基础知识学习与简单算法实现。教师定期开展头脑风暴、教学研讨，优化遥感课程资源，持续进行学情分析。

（2）步骤二：重难点讲授

充分利用智慧教室的优势，通过情境共建帮助学生巩固知识，注重讲练结合，引入PBL、翻转课堂等教学模式。采用混合式授课，在线下教师逐步拆分讲解课程重点和难点，以帮助学生从离散的知识点构建完整的知识体系。授课过程中，基于OBE（成果导向教育）的项目式学习被广泛应用。例如，在"绿水青山就是金山银山"项目案例学习中（见图7），教师与学生共同探讨如何利用遥感影像量化绿水指数。通过结果对比，学生能够直观理解配准融合在遥感应用中的基础性作用。这种真实生动的项目学习将知识串联起来，帮助学生完成从机械记忆到理解变通的第一次进阶。同时，在线上发布相应的实时练习，使学生在课堂上完成知识的掌握和理解。通过这种方式，实现了从知识记忆到理解的第一次进阶。

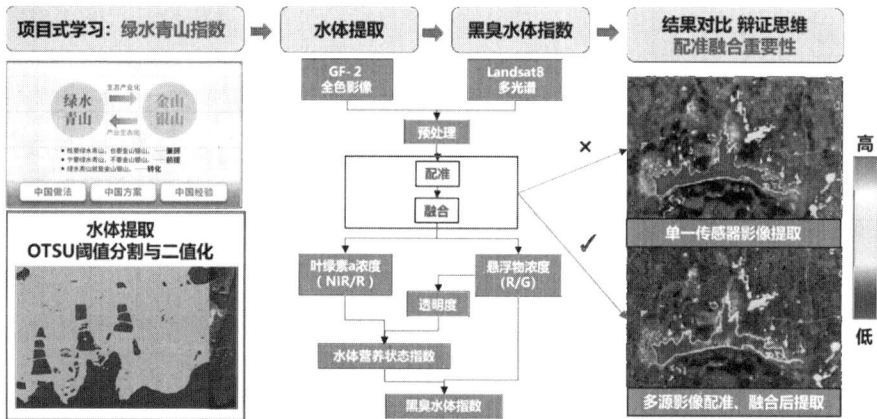

图7 "绿水青山就是金山银山"项目案例学习

（3）步骤三：实验实践

为帮助学生形成解决问题导向的思维方式，教学策略分为基础和综合两个实践环节。基础实验阶段，侧重模仿训练，学生通过教师提供的软件操作手册，完成从数据获取到预处理的实训，并在课后利用智能遥感云平台完成影像解译。这一环节理实结合，实现课程的知识目标，并帮助学生掌握遥感影像处理的基本环节和步骤，促进自主学习和动手实践能力提升，实现知识从线到面的延伸（见图8）。

在综合任务实践方面，设计了水灾监测等复杂任务项目（见图9），提升学生解决复杂工程问题的能力。教学首先拆解实践任务需求，识别关键问题，例如，在洪水淹没后的环境中，仅依赖光谱特征难以对影像中的道路和房屋进行高精度分类。因此，引导学生结合

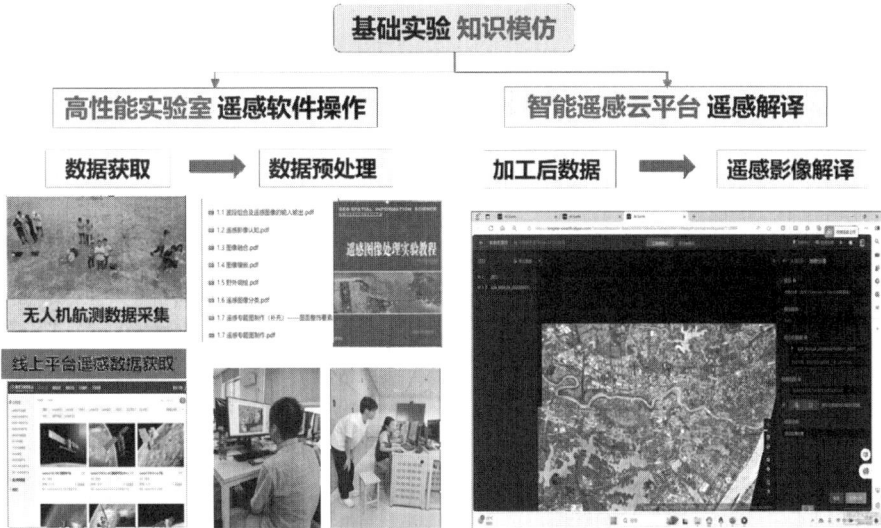

图 8　数据获取到处理基础实习

纹理和上下文特征，采用面向对象与机器学习方法，运用多尺度分割技术和高分辨率遥感影像，深入分析问题本质，实现高精度智能分类。通过这类实践，学生在不同应用情境中实现了知识迁移，培养了严谨的科学态度和探究事物本质的能力，实现从知识模仿到应用的第二次进阶。这种实践推动了学生的问题分析与技术应用能力的提升，同时增强了学生自主学习能力。

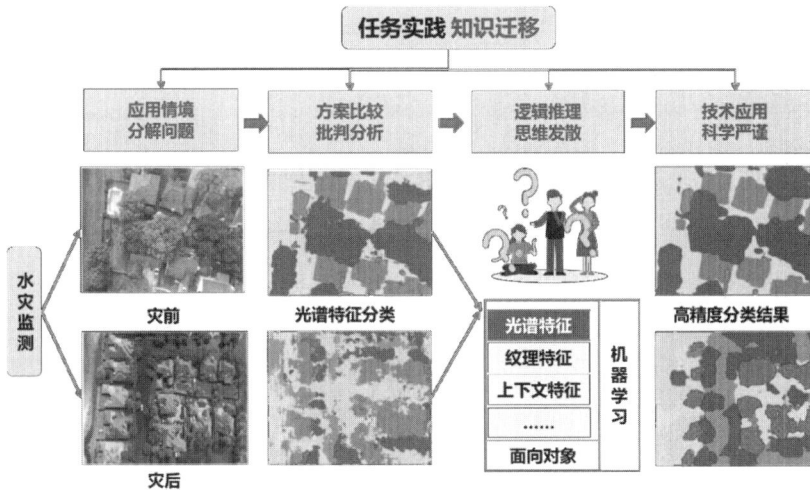

图 9　水灾监测的复杂任务实践

（4）步骤四：研讨汇报

为强化学生的知识体系，课程设计了分组完成挑战性项目研讨环节，旨在培养学生的分析、综合和表达能力。每个章节都设计了不同的能力训练和个性化实践，学生小组自主选题，通过逆向思维分解任务，挖掘核心知识模型，并结合 AI 工具完成项目研讨及汇报。在教师的启发和学长的引导下，学生通过合作学习，逐步发现问题，理清思路，找到解决途径，最终完成复杂工程项目的设计。教师指导过程中引入师评和生生互评，帮助学生经历从方案设计到实践的完整流程，培养知识分析和综合应用能力，使他们具备解决实际问题的能力。

具体到项目研讨的内容，学生被分成小组，探讨在恶劣天气下如何利用遥感影像实现洪涝监测（见图 10）。在讨论中，首先识别出光学影像在恶劣天气下常被云层遮挡的问题。为解决此问题，需要运用影像分类知识进行云检测，探究不同检测方法及其适用性。接着，面临如何还原被遮挡地表信息的挑战，引入雷达影像成为关键，因为雷达影像在恶劣天气条件下仍能对地表清晰成像。研究其特性及在洪涝监测中的应用成为必要。在影像融合方面，选择合适的算法以保证光学和雷达影像的融合效果，评估课本上的算法或探索新算法来提高融合效果。这一过程不仅要求掌握技术，更需批判性思维来评估各种方法的优缺点。通过这样的项目研讨，学生能够将理论知识应用于实际问题，形成系统的解决方案，增强在真实世界中解决复杂问题的信心和能力。

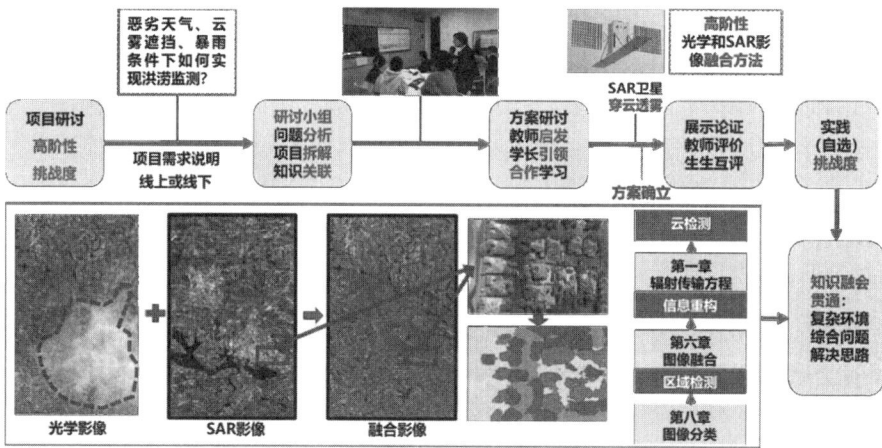

图 10　能力训练实践

（5）步骤五：课后拓展

如何提升学生的创新能力呢？通过课后拓展，例如学科论坛，让学生了解学科前沿动态；企业实训，使学生充分了解行业需求并进行职业规划；此外，还邀请校友作为企业导师举办讲座进行指导，让学生体会"遥感+"的多种应用，鼓励学生参加竞赛和创业类比赛。这些措施帮助学生从学科发展和行业需求中寻找灵感，迸发创新思维，完成分析到创造的三进阶，实现课程的能力目标。

3.3　多元考核、能力增值型教学评价创新

为了提升教学效果，采用了诊断性、过程性与总结性的多元考核机制，结合线上和线下两种方式，在课前、课中和课后多个阶段提供全面的评价和反馈。该机制旨在及时了解学生的学习态度、学习效果以及学习目标的达成情况，从理论模型和工程应用能力两个方面对学生的学习积极性、独立学习能力、巩固基础能力、重点理解程度、综合运用能力、实践动手能力、独立思考能力和思维创新能力等多个维度进行评价。

在具体实施上，包括以下几个环节：

诊断性评价：依托线上教学平台，进行慕课考勤和知识点测试，开展知识点熟悉度的摸底考核。这为后期的教学内容与方式的调整提供数据支持。

过程性评价：通过线上平台和线下课堂，对学生在课程周期内的作业、实验进展、项目任务进度和小组讨论汇报等进行评价。

总结性评价：通过阶段性测试（如单元测试）和期末考核，合理划分各类测试比重来得到学生的最终成绩。

此外，多元考核中构建了多阶段统计分析机制，该机制通过对阶段性测试数据进行分析，从而指导教学调整。具体来说：

高均值和高方差：表明学生知识掌握牢固且学习状况良好。在这种情况下，可能不需要对教学进行大的调整，可以继续保持当前的教学策略和方法。

高方差：可能反映出学生在部分知识单元上的理解不足，需要加强学习。这提示教师需要关注这些知识单元，可能需要重新讲解、提供更多练习或案例，或者采用不同的教学方法来帮助学生理解。

低均值和低方差：可能意味着学生基础薄弱，需要重点关注和支持。这表明学生整体对知识的掌握程度不高，教师需要重新审视教学内容和方法，可能需要放慢教学进度，加强基础知识的讲解，或者提供更多的辅导和支持。

本课程注重学生的能力目标达成，采用多元评价体系——结合诊断性、过程性及总结性评价。通过不同难度考核配以相对应权重，覆盖从知识记忆、理解、应用、分析到综合运用的五大能力，破解"一卷定分"弊端，鼓励学生通过课程实践和方案研讨提升积分。整个过程通过"学习通"平台持续追踪学生的学习过程和效果，提升学生的获得感和内驱力（见图11）。

3.4　专思融合、价值认同

课程思政融合贯穿专业教学全过程，实现知识传授与价值引领的有机统一，培养学生的专业情怀、爱国情操和使命担当。在课堂教学中，为将专业技术融入人文关怀，使枯燥的理论变得生动有趣，教师团队选取我国遥感科技发展的重大事件和典型案例，介绍杰出科学家的事迹，紧密结合社会热点，展示遥感技术服务国计民生的重要价值（见表1），以激发学生的科技报国热情。在项目实践中，教师选取服务国家重大战略需求的真实案例（见图12），组织学生开展专题研讨，培养批判性和创新性思维，提升分析问题和解决问

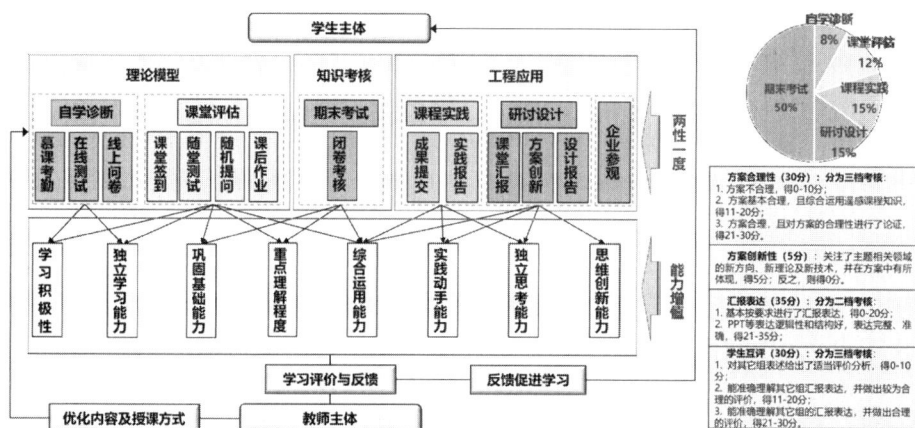

图 11　多元评价体系与增值型考核方式

题的能力。第二课堂活动邀请行业专家开展讲座，引导学生思考技术发展与社会责任的关系，提高职业道德修养。通过参观遥感相关企业，让学生近距离感受"工匠精神"。

表 1　　　　　　　　　　　课程思政贯穿知识体系

章节	教学内容	课程内容思政	课程实践思政
1　电磁波及遥感物理基础	遥感物理基础大气对电磁辐射的影响地物光谱特征	根据遥感物理基础，揭示其蕴含的哲学元素，如马克思主义的认知论和实践观，培养学生的科学思维方法	通过具体案例，将理论与实践相互结合，建立辐射原理与实际应用的响应关系，培养学生的综合应用能力
2　遥感平台及运行特点	平台的分类轨道参数	掌握遥感卫星的平台种类及发展历程，特别是我国遥感对地观测领域如何实现从跟跑到并跑、部分领域实现领跑的跨越，增强学生的学科认知与民族自豪感和爱国热情	通过对大量遥感平台的总结对比，培养学生的创新与实干精神
3　遥感成像几何原理	卫星传感器传感器指标成像原理	详细讲解国内外遥感卫星传感器基本成像原理以及不同传感器的观测特点，穿插介绍我国具体卫星传感器载荷发展进步历程。引导学生思考卫星、传感器核心技术发展对于大国崛起的重要性	要求学生总结分析各传感器所对应的指标，强调卫星工程的复杂性和系统性及需要多学科、多领域的专业人才密切配合，培养学生的协作意识和团队精神

章节	教学内容	课程内容思政	课程实践思政
4 遥感图像处理系统	遥感图像的表示形式和坐标系统遥感图像处理系统	通过对比国内外遥感软件处理系统的理论、技术发展史，介绍我国王之卓院士团队在全球最早提出遥感数字摄影测量理论、最早实现产品化（适普软件），坚定遥感科学技术自信	实践课引入我国自研的遥感数据处理云平台，其面向全社会开放，为科研教学、生产实践提供强大支撑。引导学生认识知识和技术的社会价值，鼓励学生利用所学知识服务社会，回馈社会，培养学生的社会责任感和奉献精神
5 遥感图像的几何纠正	遥感传感器的构像方程遥感图像的几何变形遥感图像的几何纠正图像间的自动配准和图像镶嵌	讲解局部坐标与全局坐标的相互联系与相互转换，让学生理解其辩证统一关系；通过学习几何纠正的过程，明确目标精确定位和几何特征等信息的战略特性，培养学生严谨求实的工匠精神与遥感数据保密意识	对比不同几何纠正算法的原理、精度和效率。引导学生分析算法的优缺点，培养学生的批判性思维和创新意识。鼓励学生探索改进算法，为学科发展贡献力量
6 遥感图像的辐射处理	遥感图像的辐射处理遥感图像辐射增强遥感图像融合	让学生理解空间、光谱和时间的矛盾与统一关系；掌握高质量、高分辨率数据的重要经济、社会和军事价值	通过了解图像配准和镶嵌在遥感监测"一张图"中的作用，以及图像增强和图像融合在实践中的重要作用，培养学生精益求精的工匠精神
7 遥感图像判读	景物特征和判读标志遥感图像目视判读举例	培养学生细致观察和分析能力，通过学习遥感图像目视判读，训练学生仔细观察图像细节，分析景物特征，提高学生的观察力和分析能力，培养学生严谨细致的科学态度和工作作风。	可通过目视判读加强爱国主义教育：举例时可选取我国的典型地貌景观或著名地标：如长江三峡、黄河流域、珠穆朗玛峰等，增强学生的民族自豪感和爱国情怀
8 遥感图像解译分类	特征变换及特征选择监督分类非监督分类分类后处理和误差分析面向对象分类方法深度学习分类方法	在遥感大数据解译中，数据维度的泛滥引发哲学思考。学生需学会从海量数据中提取关键特征，简化问题；通过综合与分解提升系统思维；关注数据隐私和环境保护，增强社会责任感；结合数据与理论驱动，平衡创新与严谨。这些思想提升了学生的专业素养和思政素养，助其在技术与人文间找到平衡	结合符合国家重大需求的项目实践，通过模型的多样性和局限性，探讨未来遥感技术的发展趋势，激发学生探索大数据、人工智能等跨界技术融合的科技创新精神，培养学生成为"四个面向"的领军人才

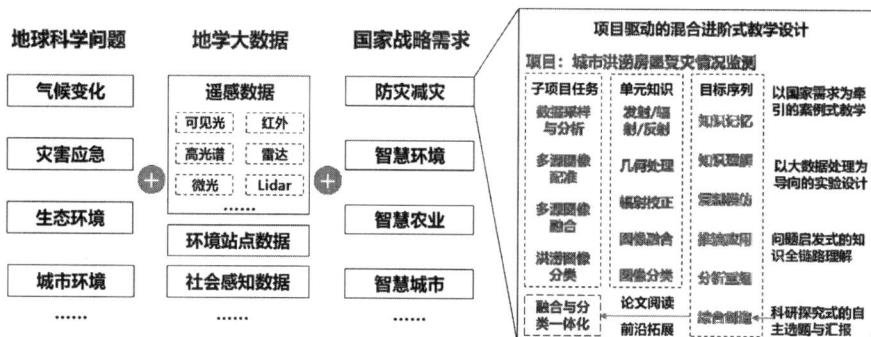

图 12　项目实践服务国家需求

　　知识、实践、思政融合的多轮次三进阶五步骤混合式教学过程，将显性教育和隐性教育相结合，帮助学生实现知识、能力、创新、品德的全面发展，提升专业认同度和价值感，培养解决复杂工程问题的勇气和思路，从而有效应对复杂应用的挑战。

4. 教学评价与反馈

4.1　学生成绩与反馈

　　从近几年的课程综合考核情况来看(见图 13)，学生成绩呈现出总体上升的趋势，这与教学方法的改进密切相关。学情分析和多元增量式教学评价，显示出学生的学习态度发生了积极转变。

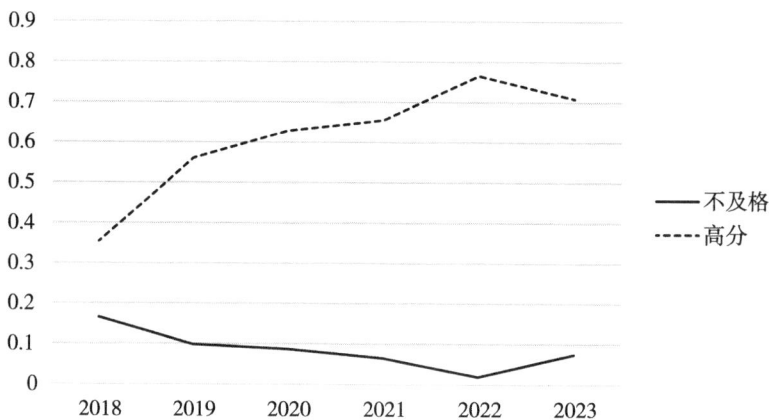

图 13　连续 5 年遥感综合总评成绩对比

（1）考试态度与成绩改善。学生的态度已从过去的应付考试转变为主动查漏补缺，复习时更为投入。这一变化显著提升了他们对遥感原理的理解，尤其是在复杂概念和公式上达到了更深层次的掌握。考试不再是机械的记忆，而是基于真正理解来作答。结果显示，学生在面对综合性和灵活性题目时表现出色，展现了对知识的深刻吸收和灵活运用能力。

（2）理论与实践的紧密结合。课程改革加强了理论知识与实践课程的结合，特别是在涉及复杂的遥感图像处理步骤（如辐射校正、几何校正、图像增强、图像镶嵌和裁切等）中，通过项目案例和实践操作，学生能够更好地理解步骤之间的关系及操作顺序。实践课程中的思考题帮助学生在动手过程中进行思考和对比，极大地提升了学习效果（见图14）。

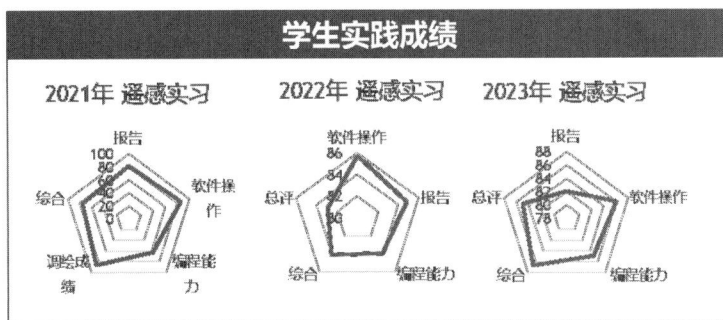

图14　连续3年学生遥感实习实践成绩对比

（3）以解决实际问题为导向的项目式实践。在应对复杂工程问题的背景下，这种实践模式引导学生有效掌握知识模型的迁移和具体实现流程，促进理论知识与实际应用紧密结合。通过参与真实项目，如洪水监测中的遥感数据分析或地震后建筑损毁评估，学生能够应用所学知识进行数据处理和解译，从而获得了宝贵的经验。这一方法不仅提升了他们的学术成绩，还增强了其应对和解决复杂工程挑战的能力和信心，为未来职业发展奠定了坚实基础。

4.2　教师提升与课程反馈

课程改革与创新的持续推进，不仅显著提升了学生的学术和实践能力，也为教师团队和课程本身带来了诸多积极的反馈和提升。

（1）学生成果与课程影响力。通过课程改革，学生积极参与各类技能竞赛和创新创业项目，取得了显著成果。本专业的本科生在课程教师团队的指导下，成功发表了遥感学科顶级期刊论文。这一成就提升了学生的科研能力，同时也增强了课程的学术影响力，彰显了课程在学术界的地位。

（2）教师团队的卓越成就。课程组成员多次获得国家级（如国家级教学成果二等奖、宝钢全国优秀教师、全国高校混合式教学设计创新大赛二等奖）、行业（全国测绘学科青年教师教学竞赛特等奖、多人多次获得全国大学生测绘学科创新创业智能大赛优秀指导教师）、省级（湖北省教学创新大赛三等奖）和校级教学荣誉（武汉大学师德标兵、武汉大学十佳导师)。这些荣誉不仅证明了教师团队的教学实力，也为课程质量提供了有力保障。教师们的专业发展和获得的荣誉得到了广泛认可，进一步推动了课程的持续改进和发展，确保教学内容和方法保持在高水平。

（3）行业内外的广泛认可。本课程组的教学成果和经验被其他兄弟院校借鉴，并帮助他们在课程建设上取得显著成效。这表明课程改革举措具有广泛的适用性和有效性。在企业实训中，企业导师对学生的表现给予了高度评价，突出反映了课程在培养学生实际工作能力上的成功，为学生的就业和职业发展奠定了坚实基础。

综上所述，通过课程内容的重构和"三进阶五步骤"的教学环节，结合科学的"诊断性、过程性与总结性评价"机制，以及"学习通"平台的反馈监督，课程显著提升了学生的综合能力和实践能力。这一系列改革不仅激发了学生的学习动力，提升了学习成果，也为教师和同行提供了教学创新的范例。整体而言，课程在提升教学水平和学生能力方面形成了良性循环，推动了教育质量的全面提升。

课程改革和多元化评估机制有效地转变了学生的学习态度，提高了学生成绩。理论与实践的紧密结合为学生在复杂问题的分析和解决上奠定了坚实的基础。

5. 结束语

通过对"遥感原理与应用"课程的教学改革，课程团队不断探索和优化课程内容及授课方式，在一定程度上解决了"知识难理解""理论难迁移""应用难入门"等关键问题。通过重塑知识体系，构建点线面多维度框架，提升了学生的知识吸收能力。项目牵引和"三进阶五步骤"教学法的实施，使学生更好地理解和运用理论。创新的评价体系提升了学生的学习获得感，而融入思政教育则激发了学生的内在动力，培养了他们解决复杂问题的能力。

这些创新举措显著提升了学生在"遥感+人工智能"领域的跨行业应用和问题解决能力。量化分析显示，学生的专业知识、认同度和价值感有所提升，并逐步树立了投身遥感事业、服务国家发展的理想。这一改革不仅为培养德才兼备的时代新人奠定了基础，也为其他学科的教学创新提供了有益的探索和借鉴。

◎ 参考文献

[1] 张东水，韩用顺，从丽侠，等．遥感教学"一心二线四支撑"创新能力培养体系研究［J］．当代教育理论与实践，2020，12（5）：66-70.

[2] 刘丽敏，刘曼玲．"大数据采集与融合技术"课程思政改革与实践［J］．科教导刊：电子版（上旬），2021（4）：282-283.

[3] 杨强，陈动，郑加柱，等．课程思政在教学中的实施与探索——以"遥感原理与应用"为例［J］．教育教学论坛，2021（6）：77-80.

[4] 周芸帆．大数据时代信息技术与思政课教学深度融合的方法［J］．高教学刊，2021，

7（32）：4.

［5］杨小丽，雷庆．工科本科生跨学科能力评价框架构建［J］.清华大学教育研究，2022，43（6）：104-109.

［6］李俊杰，吕争，隋正伟，等．卫星遥感在浙江省生态系统生产总值评价中的应用［J］.卫星应用，2023（4）：40-43.

［7］童庆禧．中国遥感技术和产业化发展现状与提升思路［J］.发展研究，2023，40（6）：1-5.

［8］陈杰，邓敏，侯东阳．大数据智能时代遥感课程实践教学模式的改革与探索［J］.测绘通报，2023（6）：176-179.

［9］邓越．基于"专创融合"的遥感原理与应用课程实验教学设计［J］.创新创业理论研究与实践，2023，6（15）：32-34.

［10］王英华．由知识内化到外化的遥感专业实验课程改革［J］.教育教学论坛，2023（41）：45-48.

［11］张利平，张玉娟，刘江．新工科背景下遥感综合应用实习课程改革［J］.测绘与空间地理信息，2023，46（9）：28-30.

"三位一体"模式助力培养本科生创新意识和能力

吕 智

（武汉大学 测绘学院，湖北 武汉 430079）

【摘 要】"人才培养为本，本科教育是根"，高校不仅要培养本科生扎实的专业知识，还有创新意识和创新能力，为党和国家培养并输送具备创新精神的优秀人才。本文提出的"三位一体"培养模式，贯穿本科生就读全程。以"行业认知"让学生深入了解学科行业，激发专业兴趣；通过"学术沙龙"促进师生交流，营造创新氛围，引导学生明确科研方向；借助"学科竞赛"搭建实践平台，提升学生创新实践能力。通过搭建平台、挖掘资源、提供师资等举措，从本科生入学起，逐步启蒙和引导学生将理论与实践结合，培养学生创新意识与能力。

【关键词】创新意识；创新能力；行业认知；学术沙龙；学科竞赛

【作者简介】吕智，武汉大学测绘学院团委书记，讲师，E-mail：zhlv@sgg.whu.edu.cn。

习近平总书记指出，必须坚持科技是第一生产力、人才是第一资源、创新是第一动力，深入实施科教兴国战略、人才强国战略、创新驱动发展战略，开辟发展新领域新赛道，不断塑造发展新动能新优势[1]。在如今全球竞争激烈的背景下，创新成为国与国之间竞争的焦点，拥有创新型人才是国家提升竞争力的核心和基础，高校作为培养青年创新型人才的主阵地，肩负着启蒙青年大学生创新意识、提升创新能力的重要责任。"人才培养为本，本科教育是根"[2]，高校要着力培养本科生扎实的专业知识，以及创新意识和创新能力，为党和国家培养并输送具备创新精神的优秀人才。

目前，不少高校采取了很多措施用于提升本科生创新意识和创新能力，起到了一定的效果，但仍有一些堵点、卡点、痛点制约了此项培养工作的成效。例如一些高校的实验室软硬件设备落后，无法及时满足本科生开展实践创新的需求；本科生缺少相对完整的知识体系和自主探索能力，需要匹配专业导师提供有针对性的帮助；目前的评价标准过于偏向传统的考试形式，缺乏针对本科生创新实践能力考核的完整体系。此类问题的核心关键在于需要根据学科专业特点，遵循本科生不同发展阶段的特点，适时予以指导、搭建平台、营造氛围，为本科生的创新意识启蒙和创新能力培养提供优良沃土。本文提供了贯穿本科生就读期间的"三位一体"培养模式，从本科生入学就读开始，通过搭建各种平台、挖掘学科专业资源、提供师资保障，以"行业认知、学术沙龙、学科竞赛"等形式依次启蒙和引导本科生积极将理论与实践相结合，激发兴趣活力、培养创新意识、提升创新能力。

一、以行业认知开阔学生专业视野

本科生入学前的专业选择，往往受高考志愿填报期间诸多因素的影响，如网络媒体片面报道、传统专业刻板印象、高中老师信息局限及家长就业倾向等，这些因素决定了学生未来四年甚至更长时间的专业学习方向。不论是主观选择还是被动调剂，本科生来到陌生的大学开始学习未知的专业时，首要核心是加深其对学科行业的了解并找到愿意为之努力的研究方向。各个学校学院需要精心做好顶层设计，让本科生快速感知所学专业的高度、广度、深度。

"纸上得来终觉浅，绝知此事要躬行"，除开常规的专业前沿讲座和实验室参观学习，还有一种走出校园、走进公司的行业认知实习实训活动，便于刚入学的本科生"沉浸式"理解感受学科专业的具象化发展。以测绘学科为例，在设计行业认知实习实训活动时，可安排学生参观测绘仪器制造企业，了解先进测绘设备的生产工艺和应用场景；参观地理信息数据处理公司，熟悉数据采集、处理和分析的流程。组织活动过程中，以小范围参观讲解、实操训练、互动交流等形式在前沿行业公司之间轮转，结合概论课等课本上的基础理论和行业概述，了解多个前沿的高精尖装备和技术，使学生们在课堂之外的实践中亲身体会到学科的日新月异和迅猛发展，在脑海中逐步勾勒出学科行业的发展概览和技术应用的无限可能，进一步激发和增强专业学习的兴趣和信心。

在前期设计方案和路线时，需要提前与工作人员特别是讲解人员详细沟通、明确目的、确定细节，强调通过"接地气"的讲解方式和"沉浸式"的实操环节让本科生近距离、无门槛接触到前沿科技的实际应用，而不是简单形式的"亮肌肉"，避免单纯的专业化表达让毫无专业知识深度的本科新生感受到"高门槛"。目的是让本科生通过亲眼看到、亲身感受新兴技术到专业产品的转化过程，渐进式了解学科行业在一些高精尖设备的支持下在生活中多方位、多层次、多领域的应用，看到理论在实践中落地，看到行业的来路和去处，进而看到自己与专业的未来联系。

二、以学术沙龙促进师生沟通交流

创新能力的培养需要良好的环境氛围，就像埋下一颗种子之前需要精挑细选有利于生长的土壤，并进行一些必要的准备措施，再把种子埋下，浇水施肥。搭建合适的交流沟通平台，便是为学生营造有利于创新的氛围，让学生能够像一颗种子进入适合自己的"沃土"中。在学校学院和导师的帮助下，学生清楚地了解行业内专家的研究重点，主动进入感兴趣的课题组或者团队，尽早明确科研方向，参与实际的科研项目，自由交流、勇于探索、敢于创新，在"实战"中全面提高自身的创新思维和实践能力。

打破一般讲座单方面被动接受知识的桎梏，通过小范围、近距离、面对面的"喝茶聊天"方式拉近学生们和专家教授、行业大佬、优秀朋辈之间的距离，学生可围绕自己感兴趣的学术话题与专家教授、行业大佬或优秀朋辈进行深入交流。专家们根据学生提出的问题和想法，结合自身经验和专业知识，给予针对性的建议和指导。例如，针对学生在科研项目选题方面的困惑，专家们可分享当前行业前沿研究方向，帮助学生分析选题的可行性和创新性，引导学生找到适合自己的研究课题，从而精细化、精准化地开展学术科研指导。

将"喝茶聊天"的学术沙龙模式品牌化，创立名如"三创下午茶"之类的学术沙龙品牌活动，邀请行业、企业、科研院所的高水平专家、教授、榜样学长学姐做客，搭建一个面对面的交流平台，在轻松欢乐的氛围中碰撞出创新创业创造的火花，在平等随性的交流中培养学生的独立思考能力，以及帮助学生养成不盲目跟从权威、勇于挑战传统观念、敢于探索未知领域的批判性思维。积极设计品牌周边产品，增强品牌活动吸引力，通过"下午茶"活动激发学生们的三创热情，为本科生综合发展提供更广阔的舞台、对接更精准的资源，推动学生早日接轨科创团队、投身创新项目。

三、以学科竞赛搭建学生实践平台

竞赛是提升创新能力、激发创新活力的重要途径。通过开辟虚实结合、赛教融合的教学模式，设置有针对性的技能大赛、论文大赛、开发大赛等板块，促进学科专业与创新创业的深度融合，为本科生打造同台竞技的"练功房"。本科生在拥有一定的理论基础和专业素养之后，积极参与各种创新实践活动，特别是学科方面的专业竞赛，有利于在实践模拟中深化知识理解、夯实专业基础，不断提升自己的创新思维和实践能力。

在基本的数学、英语等学科竞赛之外，学院可根据学科专业特点，从更好地发挥学科特色优势、有效地激发学生科创热情的角度出发，设置学科内的专业竞赛。以测绘学科为例，根据专业课程体系，可设置虚拟仿真数字测图比赛，要求学生运用所学测绘知识和虚拟仿真软件精确绘制特定区域地图，考查学生对测绘数据处理和地图表达的能力；设置创新开发大赛，鼓励学生基于所学编程知识，开发具有特定功能的应用程序，促进学生对专业知识的综合运用和创新实践。同时，将竞赛内容与专业课程教学紧密结合，在课程中引入竞赛案例和思路，引导学生在日常学习中关注实践应用，实现赛教融合。结合专业课程体系，从单一的院级技能大赛、论文大赛起步，逐步拓展升级为综合性系列竞赛，涵盖从基础技能到创新开发、创业实践等多个方面，旨在全面提升学生的专业能力和创新素养。

打造院级层面的学科专业竞赛平台意义非凡，这不仅是提升学生专业技能、提高创新实践能力的直接抓手，更是争取孵化有较大含金量的科研创新成果、促进产学研合作的重要沃土。举办院赛之后，学院可组织成立竞赛集训工作委员会，选拔表现突出的学生备战校赛甚至省赛、国赛，配备教练团队为学生选手制订训练计划、开展集中培训，并为备战更高层次的竞赛提供有力的技术支持和物资保障等。同时，挖掘有潜力、有意义的研究方向以及学生团队，持续跟踪孵化、投资帮扶，组合融入不同专业领域的老师和学生，通过跨学科的交叉碰撞，面向解决前沿领域的卡点和难题，以此培养创新型、复合型的新时代青年人才。孵化的团队成果还可在"国创赛""挑战杯"竞赛等更大更高平台比拼，与校院级层面的学科竞赛共同促进形成"以赛促学、以赛促练、以赛促创"的衔接式培养链条，锻造学生"勇于探索、敢于尝试、不怕失败"的精神品质。

四、结束语

"三位一体"模式是基于目前"00 后"本科生初高中阶段的实际学习状况和习惯，根植本科生的自身视角，贯穿本科生培养期间的第二课堂培养体系。从具象化感知学科行业的前沿实景，激发学生的专业兴趣和学习目的；到扁平化解决师生交流的沟通难点，促进学生的主动探索和团队合作；再到专业化搭建同台竞技的创新擂台，完善学生的综合素质和人格素养，循循善诱、步步为营，助力学生在第一课堂之外培养创新意识、提升创新能力。"三位一体"模式在实践过程中，虽取得一定成效，但也发现存在部分学生参与积极性不高、各环节衔接不够紧密等问题。未来，需进一步优化模式，加强宣传引导，提高学生参与度；完善各环节协同机制，确保"行业认知、学术沙龙、学科竞赛"之间紧密配合，更好地助力本科生创新意识和能力的培养。

◎ **参考文献**

[1] 习近平 . 高举中国特色社会主义伟大旗帜 为全面建设社会主义现代化国家而团结奋斗：在中国共产党第二十次全国代表大会上的报告（2022 年 10 月 16 日）[N]. 人民日报，2022-10-26（1）.

[2] 周叶中 . 人才培养为本本科教育是根——关于研究型大学本科教育改革的思考 [J]. 中国大学教学，2015（7）：4-8.

数字化背景下临床医学专业本科生技能线上学习行为与学习效果探究

王时雨　陈志桥　雷　红　谢亚典　陈谨瑜　魏任雄*

（武汉大学　中南医院（第二临床学院），湖北　武汉　430071）

【摘　要】目的：探讨数字化背景下，临床医学专业本科生技能学习线上学习行为与学习效果。方法：使用 SPSS 20.0 对 182 名临床医学专业本科生技能学习线上学习行为与学习效果进行偏相关检验，分析临床医学专业本科生技能学习线上学习行为与学习效果的相关性。结果：临床医学专业本科生技能学习线上学习行为主要通过学习任务完成数（46.95±8.53）、学习任务点完成百分比（82.13%±14.96%）、课程视频学习进度（44.04±8.21）、课程视频观看时长（411.60±204.10）和章节学习次数（123.96±44.91）进行观测。本科生线上课程视频观看时长和章节学习次数与学习效果（国家水平测试技能考试成绩）的 P 值均<0.05，呈相关性；学习任务完成数、学习任务点完成百分比和课程学习进度三个观测项与学习效果（国家水平测试技能考试成绩）的 P 值均>0.05。结论：数字化教学资源和方法在医学生技能教学中的应用能帮助教学目标达成，而医学生的线上学习行为对预测学生学习效果有一定作用。

【关键词】临床医学；技能学习；学习行为；学习效果

【作者简介】*通讯作者：魏任雄，武汉大学中南医院（第二临床学院）主任医师，副教授，E-mail：renxiong.wei@whu.edu.cn。

【基金项目】2021 年教育部产学合作项目（202101010016）；2020 年武汉大学"351 人才计划"珞珈青年学者（实验实践课程教学岗位）；2024、2023 年度武汉大学综合改革子项目（2024ZG126、2023ZG313）

　　信息技术和社会变革不断影响着教育，教育数字化推进丰富了"教"与"学"的方式和教学资源，实现教学形式多元化，为提升教学质量提供了可能。混合式教学模式逐渐成为高等教育教学改革趋势，各高校逐步完善"线上线下、同步异步"相结合的混合教学模式，强调教师"双线混融教学胜任力"[1-4]。美国高等教育技术协会 2022 年发布的《地平线报告（教与学版）》指出了人工智能在教学中的应用及混合式教学发展趋势[5]。国内对学习行为的相关研究包括探讨学习动机和学习行为的关系[6]；通过对学生学习过程性数据收集分析学生学习特点[7-8]；研究学生学习过程性数据，完善对学习者的综合评价[9]等。本研究对临床医学专业本科生技能学习的线上学习行为和学习效果进行了分析，对提升临床医学专业本科生技能教学有一定意义。

1. 研究对象与方法

1.1 研究对象

以参与临床强化训练课程学习的临床医学专业 5 年制、"5+3 一体化" 和 8 年制的 182 名本科生为研究对象。

1.2 研究方法

临床强化训练课程组根据临床医学专业本科生的学制分班教学，每个班约 45 人。课程内容以临床医学专业人才培养目标为基础，基于医师岗位胜任力和执业医师考试大纲要求，选择病史采集、体格检查、手术基本操作、换药与拆线、清创术、脊柱损伤搬运、成人心肺复苏、医患沟通、诊治患者模拟实践等教学内容。课前，老师会给学生们发送课前信，明确每节课的学习目标和方法，学生收到课前信后开始线上学习，主要内容包括操作视频及相关资料；课堂上采用线下讲授和情景模拟、小组练习相结合的形式，讲授医学人文素养与职业精神、病史采集等内容，通过情景模拟、小组练习的形式进行基本技能操作学习。

学生的所有线上学习行为主要通过珞珈在线学习平台记录，包括学习任务完成数、学习任务点完成百分比、课程视频学习进度、课程视频观看时长和章节学习次数等观测项。由国家医学考试中心与全国医学教育发展中心联合发起的临床医学专业（本科）水平测试（简称"国家水平测试"），是在总结分阶段考试实证研究和岗位胜任力系列研究的基础上，针对临床医学专业本科四年级末学生能力水平和下一步临床实践学习知识能力需要而设计的考试。考试时间正好在学生完成课程学习后，考试内容包括病史采集、体格检查、外科或急诊等基本技能操作，和授课内容一致，因此以国家水平测试技能考试的成绩为基础数据来检验学生学习效果更客观、科学。

1.3 统计学处理

采用 SPSS 20.0 软件对数据进行统计学处理。使用偏相关检验探究临床医学本科生技能学习的线上学习行为与学习效果（国家水平测试技能考试）的关系。

2. 结果

2.1 研究对象一般情况

临床医学专业 5 年制、"5+3" 一体化和 8 年制本科生 182 人参与学习，其中，5 年制学生 72 人(39.56%)、"5+3"一体化学生 68 人(37.36%)，8 年制学生 42 人(23.08%)。

2.2 线上学习行为基本情况

基于研究目的，对临床医学专业本科生技能线上学习行为的观测项目主要包括学习任务完成数、学习任务点完成百分比、课程视频学习进度、课程视频观看时长、章节学习次数，相关数据进行统计学处理，计量数据以均值±标准差(x±s)表示。其中，学习任务完成数为 46.95±8.53，任务点完成百分比为 82.13%±14.96%，课程视频学习进度为 44.04±8.21，课程视频观看时长为 411.60±204.10，章节学习次数为 123.96±44.91。

在线学习资源包括视频和文字资料，其中，视频总长 716 小时。根据课后临床医学专业本科生技能线上学习时间整体分布情况，整理绘制学生学习时间分布图(见图 1)，发现学生学习时间集中在 12 点至 20 点，且各学制本科生学生线上学习浏览时间分布无明显差异。

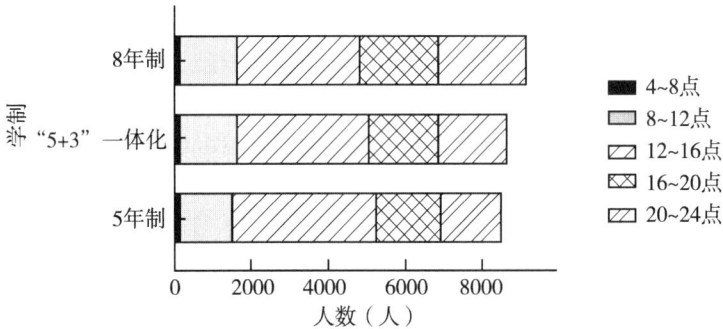

图 1 临床医学专业本科生线上技能学习时间分布图

2.3 线上学习行为与学习效果的相关性

本研究通过对临床医学专业本科生线上技能学习行为与学习效果(国家水平测试技能考试成绩)相关性的分析发现(见表 1)，本科生线上课程视频观看时长和章节学习次数与国家水平测试(技能考试)的 P 值均<0.05，呈相关性；学习任务完成数、学习任务点完成百分比和课程视频学习进度三个观测项和国家水平测试(技能考试)的 P 值均>0.05。

表 1 临床医学专业本科生线上技能学习行为与学习效果的相关性

(控制变量：学制)		学习任务完成数	学习任务点完成百分比	课程视频学习进度	课程视频观看时长	章节学习次数
国家水平测试(技能)	相关性	0.126	0.125	0.125	0.153	0.206
	显著性(双侧)	0.092	0.093	0.094	0.039	0.005
	Df.	179	179	179	179	179

3. 讨论

3.1 学生线上学习行为

本次调研对象涵盖临床医学专业 5 年制、"5+3"一体化和 8 年制学生。学生学习任务总数为 57，完成数为 46.95±8.53，学习任务点完成百分比为 82.13%±14.96%；课程视频学习总数为 54，学习进度为 44.04±8.21，课程视频观看时长为 411.60±204.10，章节学习次数为 123.96±44.91，说明学生基本能够按要求完成线上学习，但完成度仍有提升空间。这批学生线上学习后台数据显示，学生学习时间集中在上课时间和考试前 1~2 天，说明学生完成线上学习有一部分动因在于课程或教师要求及考试刺激等外在因素。

学生在线学习时间分布在 1 天 24 小时内的各时间段，以 12 点至 16 点最为集中，且以视频学习为主。这段时间为线下教学时间，一定程度上说明线上教学资源是线下教学的有力补充，也证明了教学的灵活性。将和课程相关的线上资源整合提供给学生，配合课程系统学习，有助于学生知识系统的构建[10]。

3.2 线上学习行为和学习效果有关联性

本研究中临床医学专业本科生的线上学习行为包括学习任务完成数、学习任务点完成百分比、课程视频学习进度、课程视频观看时长、章节学习次数。通过线上学习行为和学生学习效果(国家水平测试技能考试成绩)的相关性分析发现，仅有课程视频观看时长和章节学习次数与学习效果之间存在相关性，且相关系数较低。

课程视频观看时长和章节学习次数影响学生学习效果的原因可能在于，学生会对掌握不熟练的内容进行反复学习，但是否观看视频时间越长、章节学习次数越多，就越能证明学生的学习效果好，或是课程视频观看时长和章节学习次数能够作为评价学生学习效果的参考值有待进一步商榷。有学者提出，在教学过程中引入教育心理学相关理论[11]，以激发学生的学习兴趣，提升教学效果。

3.3 线上学习对技能教学效果的作用思考

新质生产力对高等教育人才培养提出了新的要求[12-15]。临床医学专业学生要有能够满足社会发展需要的能力。因此，在充分了解学生学习能力和需求的情况下，根据临床执业医师考试大纲和课程教学大纲进行课程设计，充分利用线上平台资源记录学生学习行为，是有助于为我们进行教学改革提供数据支持的。

从考试结果来看，使用数字化教学资源和线上学习能帮助学生提升技能操作水平。需要通过合理的教学设计、便捷的网络学习平台，实用、丰富的课程内容，师生间良好的沟通讨论以及必要的课前网络使用能力培训，来促进和提高医学混合教学学习效果[16]。但是技能操作更需要注重学生实际操作能力的培养，因此线上教学只是技能教学的辅助手段之一。

通过对临床医学专业本科生线上技能学习行为及学习效果(国家水平测试技能考试成绩)的分析,本研究发现被调研学生的课程视频观看时长和章节学习次数在一定程度上会影响学习效果。由于研究对象和追踪时间有限,且未能记录学生线下实操的学习行为,本研究存在一定局限性,有待进一步持续关注学生后期发展及和同批学生的比较,以深入分析学习行为对医学生培养效果的影响。

◎ 参考文献

[1] 荆永君,李昕,姜雪. 在线学习行为意向影响因素分析及后疫情时代的教育启示 [J]. 中国电化教育,2021,13 (6):31-38.

[2] 邱燕楠,李政涛. 从"在线教学胜任力"到"双线混融教学胜任力" [J]. 中国远程教育,2020,41 (7):7-15,76.

[3] 王时雨,雷红,陈志桥. 常态化疫情防控形势下临床实习教学探索 [J]. 医学教育管理,2021,7 (4):411-416,425.

[4] 陈瑞增. 信息化环境下高校混合式学习探索与实践 [D]. 武汉:华中师范大学,2014.

[5] Jenay Robert and Kathe Pelletier. 2022 EDUCAUSE horizon action plan:hybrid learning [EB/OL]. (2022-04-18) [2023-03-10]. https://library. educause. edu/-/media/files/library/2022/10/2022horizonactionplanhybridlearning. pdf? la = en&hash = 4CBA2ED1C A613B5D431C5899D62FFA911FC895CC.

[6] 王丹,刘畅. 大学生学习动机与学习行为的关系——基于高校思想政治教育领域的实证研究 [J]. 西南大学学报 (社会科学版),2017,43 (3):88-94.

[7] 魏顺平. 在线学习行为特点及其影响因素分析研究 [J]. 开放教育研究,2012,18 (4):81-90,17.

[8] 王祎. 在线学习行为分析及应用研究 [D]. 武汉:华中师范大学,2018.

[9] 张倍思,陈烨,等. 多源过程性数据驱动的学习者综合评价模型研究 [J]. 情报科学,2022,40 (5):104-110.

[10] 陈焕樑,郁琦,涂文志. 医学研究生碎片化学习现状的研究 [J]. 中华医学教育杂志,2020,40 (10):804-807.

[11] 苏小红,王甜甜,张羽,等. 基于大班翻转课堂的混合教学模式探索与实践 [J]. 中国大学教学,2017,323 (7):54-62.

[12] 周文,许凌云. 论新质生产力:内涵特征与重要着力点 [J]. 改革,2023 (10):1-13.

[13] 张林,蒲清平. 新质生产力的内涵特征、理论创新与价值意蕴 [J]. 重庆大学学报 (社会科学版),2023,29 (6):137-148.

[14] 祝智庭,戴岭,赵晓伟,等. 新质人才培养:数智时代教育的新使命 [J]. 电化教育研究,2024,45 (1):52-60.

［15］姜朝晖，金紫薇．教育赋能新质生产力：理论逻辑与实践路径［J］．重庆高教研究，2024，12（1）：108-117.

［16］刘倩．混合教学模式在医学教育领域的效果评价及影响因素分析［D］．武汉：华中科技大学，2016.

有针对性地培训临床老师教学能力

叶燕青[1*]　　何　莉[1]　Jonathan Lio[2]

（1. 武汉大学　中南医院（第二临床学院）教学办公室，湖北　武汉　430071；

2. 美国芝加哥大学　医学院，美国　芝加哥　60601）

【摘　要】目的：有针对性地培训临床老师床旁教学能力。方法：通过学生对带教老师教学满意度调查及带教老师自评，找出带教老师教学能力的薄弱点，利用工作坊形式有针对性地进行带教方法及技巧培训，如 1 分钟教学法、病例汇报规范（SOAP）、学生能力评估方法（ORIME）。结果：参加培训的老师均认为自己学到了有帮助的临床带教技巧和方法、均计划将所学的方法或技巧运用于以后临床教学，且愿意参加更多的培训。结论：临床老师床旁教学能力存在不足，针对性培训是提高师资教学能力的有效手段之一。

【关键词】针对性培训；临床老师；教学能力

【作者简介】第一作者（＊通讯作者）：叶燕青，女，主任医师、副教授、硕士生导师，主要研究方向：临床教学方法及评价，间质性肺疾病机制，E-mail：2292611652@qq. com。

【基金项目】中华医学会医学教育分会和中国高等教育学会医学教育专业委员会医学教育课题研究项目（2018B-N11004）

医学教育离不开高水平的临床带教老师。医学生临床教学质量的高低直接影响了未来临床医生的诊疗水平、关系到未来的医疗质量，培养他们的独立临床工作能力，才能培养出合格的医学人才。在市场经济下的各教学医院均以医疗为主，老师医疗工作量大、压力大、无固定的节假日休息等。临床老师大部分时间被临床工作占用，教学投入精力不足，势必影响临床教学效果。带教老师必须与时俱进，改变教学理念，不断学习教学方法及技巧、反复培训，提高教学能力，才能达到好的教学效果[1-4]。面对这些问题及困境，从老师教学能力的薄弱环节入手，针对性培训，进行了相应的尝试。

1. 方法

1.1　培训对象

临床带教老师自愿报名，包括带教学生、实习、进修的老师，无论职称高低均可参与。

1.2 调研老师教学状况

面向学生，围绕下述内容进行问卷调研：①老师目前的教学能力；②教学中评价学生的能力；③通过日常查房为学生提供高质量的教学吗？④要求学生进行分管患者的病情汇报并给予学生反馈吗？⑤要求学生为病人制订诊疗计划并给予积极反馈吗？⑥与学生讨论学习目标并给予建议？⑦经常向学生提问，激励学生主动学习吗？经常给予学生及时并有效的反馈吗？⑧给予学生更多机会执行临床操作并给予适当的监督和指导吗？以 1~10 分进行评价，7 分及以上计为"满意"。

1.3 培训方式

工作坊分 6 期，每期 60 人。培训教官是来自美国芝加哥大学医学院的 Jon lio 教授，培训助理老师 3 人。7~8 人为 1 小组，培训以讲解、小组讨论、角色扮演等方式穿插进行。

1.4 培训主要内容

1.4.1 一分钟教学法

通过事先录制的动画视频短片，介绍 1 分钟教学法[5]的 5 个步骤，即激发学生、深入探讨、询问证据、给出一般性指导、纠正错误。

1.4.2 SOAP 病例汇报

借鉴美国芝加哥大学医学院学生汇报病例的视频，介绍 SOAP[6]（subjective、objective、assessment、plan），即以患者的主观症状、客观表现、对主观症状和客观表现的分析评估、诊治计划的先后顺序进行汇报。

1.4.3 ORIME 学生能力评估方法

通过观察学习者在临床上的行为表现是否为观察者 observer（O）、汇报者 reporter（R）、参与并解释者 interpreter（I）、管理者 manger（M）、教育者 educator（E），即 ORIME[7]，初步判断学生的能力。

1.5 培训效果调查

1.5.1 老师对自己教学效果及能力的自评

培训前后老师自评，主要内容包括自己的教学能力、教学方法、评估及反馈能力等。调查问卷与对学生的调查问卷内容相同，以 1~10 分进行评价，7 分及以上计为"称职"。对比分析培训前后自评结果。

1.5.2 培训前后调查

培训开始当天及结束当天进行问卷调查，包括"您愿意通过参加更多的师资培训来提高自己的带教能力吗？您学到了有帮助的临床带教技巧和方法吗？您会将今天所学的方法或技巧运用于以后的临床教学吗？"，以了解培训效果。

2. 结果

2.1 老师教学状况调查结果

共有 123 名学生提交了问卷，其中老师对学习者的评估能力满意度最高，达到 90%，对老师的总体教学能力及日常查房的教学效果满意度分别为 84%、82%，但是对老师的教学方法或技巧的满意度均在 75% 以下（见表 1）。

表 1 　　　　　　　　　　　**学生对老师教学的满意度(%)**

评 价 项 目	满意度(%)
老师的教学能力	84
对学生的评估能力	90
日常查房的教学效果	82
要求学生预查房并反馈	61
要求学生自己制订诊治计划并反馈	73
与学生讨论学习目标并给予建议	60
启发性提问及有效反馈	71
给予学生操作机会并指导反馈	62

2.2 参加培训老师的基本情况

来自全院内外妇儿、神经内科、急诊科、麻醉科、ICU、眼科、耳鼻咽喉科、皮肤科、口腔科、检验科、放射科等 30 余个临床医技科室共 258 位老师参加，其中高级职称 54 人，占 20.9%，副高级职称 92 人，占 35.7%，中级职称 100 人，占 38.8%，初级职称 12 人、占 4.7%，收到有效问卷 206 份，其中培训前 129 份，培训后 77 份。

2.3 培训前后老师对教学能力的自评

自评为"称职"的比率高低基本上与职称一致，正高级职称最高，其次是副高级职称、中级职称，最低是初级职称，但是在给予学生动手机会、给予学生有效反馈和与学生讨论学习目标这几个方面，副高级职称高于高级职称。培训后老师对自己教学能力的自评结果较培训前降低(见表2)。

表2　　　　　　　　培训前后教师自评为"称职"的比率(%)

评 价 项 目	培训前(%)	培训后(%)
老师的教学能力	77	73
对学生的评估能力	83	78
日常查房的教学效果	64	62
要求学生预查房并反馈	61	61
要求学生自己制订诊治计划并反馈	33	33
与学生讨论学习目标并给予建议	61	57
启发性提及有效反馈	78	75
给予学生操作机会并指导反馈	83	80

2.4　老师参加培训的意愿及培训效果

培训前部分老师参加培训的意愿不是很强烈，对培训的期望效果持观望态度。培训后77位提交问卷的老师均表示愿意参加更多的关于带教技巧的培训，均认为自己学到了有效的临床带教技巧和方法，均打算将所学的方法或技巧运用于以后的临床教学(见表3)。

表3　　　　　　　　培训效果调查("愿意"或"是")

调 查 项 目	培训前(%)	培训后(%)
您愿意参加更多的关于带教技巧的培训吗?	93	100
您学到了有效的临床带教技巧和方法吗?		100
您会将今天所学的方法或技巧应用于临床教学吗?		100

3. 讨论

医学生须在掌握扎实的理论基础上，反复参加临床实践培训才能成为合格的医生。临床阶段的学习至关重要，其中，临床老师带教的能力及方法起着举足轻重的作用。固然有学生学习能力、悟性、动手能力、社会环境因素等多方面的制约，但老师的言传身教将对学生的学习态度、能力、效果产生极大的影响。临床老师大部分时间被临床工作占用，要想在有限时间内达到教学效果，带教老师亦必须与时俱进，改变教学理念，不断学习教学方法及技巧、多培训，提高教学能力。本研究充分调查学生对教师教学的满意度，同时调查临床老师对自己教学能力及教学方法的评价。结果显示，老师日常教学查房的效果不尽如人意，特别是带教工作量大的副高级职称以下的老师，另外床旁带教理念及技巧、评估方法如要求学生预查房并反馈、要求学生自己制订诊治计划并反馈、与学生讨论学习目标并给予建议、启发性提问、给予学生有效反馈、给予学生操作机会并指导反馈等满意度低，这表明，对学生实践能力的准确客观评估、有效反馈、及时指导和示范等是老师教学能力的薄弱点，需要针对性培训。

1 分钟教学法[5]（one minute preceptor，OMP）主要包括以下几个步骤：第一步，激发学生深入探究，先询问学生对所汇报的病例问题的看法或者诊治方案，询问学生如何理解病例数据，不直接告诉学生老师的想法；第二步，询问依据，在提出老师自己的看法之前，询问学生为什么会有那样的判断和想法，有什么支持性的依据；第三步，教导一般性原则，根据学生知识能力水平，有针对性地给出一般性原则和概念；第四步，肯定正确的想法和做法，予以积极的评价，抓住机会对他们做得好的地方、已经取得的成效予以肯定；第五步，纠正错误，当发现学生的做法有可能会影响医疗质量和安全时，老师须及时示范，同时需要找合适的时间和地点与其讨论，告诉其以后要如何避免和纠正，首要原则是必须让学生有机会找到自己的错误，让学生自己说出自己的错误在哪，以及以后将如何纠正。

SOAP 病例汇报教学[6]，主要是要求学生汇报病例时，按照主观资料（subjective）、客观资料（objective）、病情评估分析（assessment）、诊疗计划（plan）模式进行，老师对学生汇报中的问题进行点评反馈和示范。

ORIME 评价体系[7-8]是一个描述性的评价体系，1999 年由 Pangaro 教授提出，后于 2013 年由 Tham 改良而来，其核心内容是将学生学习过程分为观察者、汇报者、解释者、管理者和教育者 5 个递进阶段，分阶段从知识、技能及处理实际问题等方面评价胜任力。评价体系本身符合社会行为学规则，明确从低年资到高年资在知识、技能和处理临床问题等方面的能力渐变轨迹。临床指导教师能在日常带教过程中一目了然地评估学生的临床胜任力处在哪个阶段，学生也能明确自己所处阶段和培养目标。

1 分钟教学法、SOAP 病例汇报教学、ORIME 评价体系均是国际上成熟的临床医学教学方法，主要涉及临床教学过程中准确、客观的评估及有效反馈、指导能力的理念及方式方法，不需要特殊的工具，在欧美医学院校应用了几十年，取得了非常好的实效，国内近几年亦有相关的应用[9-10]。我们对老师上述薄弱环节进行有针对性的培训，请美国芝加哥大学医学院 Jon Lio 教授进行了工作坊式培训，培训以讲解、小组讨论、角色扮演等方式穿插进行，老师们在培训过程中深刻反思、强化以"学生为中心"的教学理念，学习吸收有实效的床旁教学方法及技巧。培训后老师自评教学能力"称职"的比率均较培训前降低（见表 2），表明通过学习老师充分认识到自己的不足，学到了有帮助的临床带教技巧和方法，同时愿意参加更多的关于带教技巧的培训，并计划将所学的方法或技巧运用于以后的临床教学。本文研究结果显示，先调查研究，找出临床教师自身教学能力、方法的薄弱环节，然后进行有针对性的师资培训，是提高师资临床教学能力的有效手段之一。

◎ 参考文献

［1］王磊，霍墨菲，王晨. 关于提高学生临床带教师资素质和能力的研究［J］. 中华医院管理杂志，2015（31）：705-707.

［2］邵亮，潘运宝，范静怡，等. 如何提高临床青年教师的教学能力［J］. 中国医学教育技术，2016，5（30）：535-537.

［3］王曦，王星月，舒晓红. 师资培训讲座提升临床师资教学能力的评价［J］. 中国继续医学教育，2020，12（17）：65-68.

［4］齐建光，闫辉，张欣，等. 探讨住院医师规范化培训师资带教能力的提高与评价［J］. 中国毕业后医学教育，2018，2（3）：176-179.

［5］Jon O，Neher M D，Katherine C. Gordan M A，Barbara Meyer，M D，MPH et al. A five-step "microskills" model of clinical teaching［J］. J Am Board Fam Pract，1992（5）：419-24.

［6］Lawrence L，Weed，M D. Medical records，patient care，and medical education［J］. Ir J Med SC，1964，39（6）：271-282.

［7］Pangaro，and L. A new vocabulary and other innovations for improving descriptive in training evaluations［J］. Acad Med，1999，74（11）：1203-1207.

［8］Tham K Y. Observer-Reporter-Interpreter-Manager-Educator（ORIME）framework to guide formative assessment of medical students［J］. Ann Acad Med Singapore，2013，42（11）：603-607.

［9］刘雷，董国霞，张少青，等. "一分钟教学"模式在临床教学中的应用［J］. 中国高等医学教育，2019，267（3）：94-95.

［10］谢晓虹，罗征秀. 浅谈 ORIME 评价体系在学生规范化培训评价考核中的作用［J］. 现代医药卫生，2018，34（4）：613-615.

立德树人视域下肿瘤学通识课程
融入思政教育应用探索

陈露露　何　骏　许　斌　姚　颐　宋启斌*

（武汉大学　人民医院肿瘤中心，湖北　武汉　430060）

【摘　要】本研究旨在探讨肿瘤学通识课程中融入思想政治教育（简称思政教育）的必要性、实施路径和教学效果，以期促进医学通识教育与思政教育的深度融合。通过问卷调查法对学习武汉大学开设的通识课程肿瘤离我们有多远的本科生进行随机调查，收集学生对课程中融入思政教育的态度、满意度、需求偏好、教学效果评价以及问题反馈，并结合课程挖掘思政元素、创新教学方法、加强师资建设、完善评价激励机制等实施路径进行系统分析。调查显示学生整体对思政教育融入肿瘤学通识课程持积极认可态度，认为课程有效促进了医学人文素养、伦理道德意识和社会责任感的提升。学生对于具体教学方法如医学案例分析、热点事件讨论等表现出明显偏好，课程效果评价良好。同时本研究也指出了目前存在的不足，主要表现在思政内容与专业知识的融合程度仍需加强，教学方法的创新性不够，教师队伍的思政教学能力有待提高，评价激励机制亦需进一步完善。肿瘤学通识课程有效融入思政教育可显著提升学生的综合素质和医学人文素养，达到良好的教育效果。未来应进一步加强师资队伍建设，创新教学方法和手段，优化教育评价体系，以实现医学通识教育与思政教育更深入、有机的融合。

【关键词】肿瘤学；通识课；思政教育；立德树人

【作者简介】陈露露（1989—　），女，博士，副主任医师，主要从事肿瘤代谢、糖生物学、肿瘤治疗抵抗相关基础与临床研究；*通讯作者：宋启斌（1962—　），男，博士，教授，主要从事肺癌的基础、临床及转化研究，E-mail：qibinsong@ whu. edu. cn。

【基金项目】国家自然科学基金项目（82102841、82273094）；2024 武汉大学医学部教学项目（2024YB12）

1. 引言

党的二十大报告强调，"育人的根本在于立德"，明确了全面贯彻党的教育方针和落实立德树人根本任务的重要意义。高校在新时代中国特色社会主义教育事业中承担着重要责任，坚持党对高校的全面领导，是实现教育事业发展的根本保障。新时代的高校教育要以"立德"为基础、以"树人"为目标，培养德智体美劳全面发展的社会主义建设者和接班人。

恶性肿瘤已成为威胁居民生命健康的主要疾病之一。随着医学科学的不断进步，肿瘤学作为医学的重要分支，在维护人类健康与生命安全方面发挥着日益突出的作用。肿瘤学课程与思政教育的结合成为肿瘤学课程教育改革的重点方向。肿瘤学通识课程旨在为跨专业的大学生提供综合肿瘤学知识，思政教育贯穿课程教学过程可以培养学生的医学人文精神。然而，当前在肿瘤学通识课程中实施思政教育仍面临诸多问题与挑战。为此，本研究旨在探讨如何有效地将思政教育融入肿瘤学通识课程，分析现存问题，并提出切实可行的解决方案。通过此研究，我们希望为医学教育改革提供参考，促进肿瘤学通识课程与思政教育的深度融合。

2. 肿瘤学通识课程的特点及目标

"肿瘤离我们有多远"是武汉大学开设的一门通识课程，属于"科学精神与生命关怀"模块下的医学与健康课程群。该课程由第一临床学院肿瘤学教研室开设，旨在回应当今社会中经济快速发展带来的环境污染问题，以及居民不良生活方式导致的恶性肿瘤发病率和死亡率上升等现象。课程内容涵盖恶性肿瘤的基础知识、临床特征、与社会经济发展的关系、肿瘤病因、治疗及预防方法、癌痛处理和临终关怀等多个方面[1]。

该课程主要面向全校各专业的本科生，特别是非医学专业的学生。通过普及常见恶性肿瘤的发生、发展、治疗与预防知识，课程致力于培养学生形成良好的生活方式和健康观念。每期课程吸引了 150~200 名学生参与，显示出本课程广泛的覆盖面和较高的参与度。课程每学年 3 个学期均有开设，每学期 36 学时，重点在于提供肿瘤学的科普知识，专业性相对较弱。通过学生的学习和知识传播，进一步影响家庭和社会，促进科学防癌抗癌，提升整体社会的健康水平以及医学人文精神[2-4]。

3. 肿瘤学通识课程融入思政教育的必要性

现代医学通识教育不仅需要培养学生的医学知识并引导学生深入理解人类健康与疾病的关系，更需要注重其爱国主义、人文素养、社会责任、职业精神和道德情感等方面的培养。通过在肿瘤学通识课程中融入思政教育是显性教育与隐性教育相结合的德育新模式[5-6]。在肿瘤学通识教育中加强思政教育可以帮助培养医学生的职业道德和人文关怀精神，提高对患者心理和社会背景的理解，进而提供更人性化的医疗服务。对于非医学专业学生，思政教育可以提升他们的健康素养和公共卫生意识，增进其对肿瘤学及工作者的了解和理解，使其成为肿瘤健康教育的积极传播者。此外，融入思政教育还可以在肿瘤学通识课授课过程中引导所有学生树立正确的世界观、人生观和价值观，增强社会责任感和参与意识。这种教育模式不仅加强了"立德树人"教育，提升了学生的综合素质，还为社会公共健康事业和和谐社会的构建贡献力量[6]。

4. 肿瘤学通识课程中思政教育的实施路径

在肿瘤学通识课程中融入思政教育，需要通过挖掘课程内容中的思政元素、创新教学方法与手段、加强师资队伍建设和完善评价激励机制等路径来实现。肿瘤学通识课程中融入思政教育有助于提高学生的专业知识，培养学生的综合素质和社会责任感。

4.1 挖掘课程内容中的思政元素

在课程设置中，需充分挖掘肿瘤学课程中的思政元素，确保其与育人目标紧密结合[6,7]。肿瘤学通识课程中部分思政元素挖掘与融合的具体设计方案详见表1。例如，在"认识肿瘤，科学抗癌"章节中，通过介绍中国在抗癌领域的科技进步，强调国家的强大保障，培养学生的爱国情怀和对国家科技发展的自豪感。通过讲述中国在肿瘤研究和治疗领域的重大突破和贡献，可以激发学生的民族自豪感和科学探索精神。具体实施过程中，可以详细介绍中国科学家在抗癌药物研发中的创新成果，如张亭栋发现了砒霜在急性早幼粒细胞白血病治疗中的疗效[8]。通过分析这一科学成就及其在国际上的广泛应用，学生能够更加深刻地理解我国科学家在艰苦条件下取得的卓越成就，增强民族自豪感和文化自信。在讲解"肿瘤的发生、发展和流行"时，结合社会责任感和健康意识，通过讨论肿瘤的预防措施，强调个人和社会在疾病防控中的角色，增强学生的社会责任感和健康意识等。

表 1　　　　肿瘤学通识课程中部分思政元素挖掘与融合的具体设计方案

课 程 章 节	思政元素切入点	融 合 方 式	育 人 目 标
认识肿瘤，科学抗癌	爱国主义教育、关注国家医疗水平	通过介绍中国在抗癌领域的科技进步，强调国家的强大保障	培养学生的爱国情怀和对国家科技发展的自豪感
肿瘤的发生、发展和流行	社会责任感、健康意识	讨论肿瘤的预防措施，强调个人和社会在疾病防控中的角色	增强学生的社会责任感和健康意识
肿瘤的精准治疗	科技创新精神	介绍精准医疗的发展历程和技术革新	激发学生对科技创新的兴趣，树立科学探究的精神
人工智能在肿瘤中的应用	新时代科技发展、人工智能伦理	讨论人工智能在肿瘤治疗中的应用及其伦理问题	培养学生对人工智能技术的理性认识和伦理思考
你不知道的肺癌	环保意识、健康生活方式	强调环境污染对肺癌的影响，倡导绿色环保生活	增强学生的环保意识，倡导健康生活方式

续表

课 程 章 节	思政元素切入点	融 合 方 式	育 人 目 标
炎症与头颈部肿瘤	公共卫生安全、健康教育	讨论炎症与肿瘤的关系，强调预防感染的重要性	增强学生的公共卫生意识和健康防护意识
饮食与消化道肿瘤	健康饮食观念、传统养生饮食文化	结合传统饮食文化介绍健康饮食对消化道肿瘤的预防	引导学生形成健康饮食观念
药神之靶向治疗	生命伦理、社会公平	通过《我不是药神》的案例分析，讨论靶向治疗的伦理和公平性问题	培养学生对生命伦理的思考，增强社会公平意识
可遗传的肿瘤——乳腺癌	家庭责任、基因伦理	讨论乳腺癌的遗传因素及基因检测的伦理问题	增强学生的家庭责任感和基因伦理意识
妇科肿瘤	女性健康、性别平等	讨论妇科肿瘤的防治，强调女性健康的重要性	增强学生的女性健康意识，树立性别平等观念
阿片类药物与肿瘤	药物滥用防范、尊重生命	讨论阿片类药物在肿瘤治疗中的使用及其滥用风险	培养学生对药物滥用的防范意识和对生命的尊重
临终关怀与安乐死	人文关怀、生命教育	讨论临终关怀和安乐死的伦理问题，强调人文关怀的重要性	培养学生对生命的尊重和人文关怀精神

4.2 创新融入思政教育的教学方法与手段

在肿瘤学通识课程中，创新教学方法与手段的融入是实现思政教育的重要途径。通过多种教学方式的结合，如课堂讲授、小组讨论、案例分析、情景模拟、操作实践、数字化平台和信息技术等，可以有效提升学生的参与度和学习效果。

本研究采用互动式教学方法，如案例讨论、小组辩论和角色扮演，有助于增强学生的参与感和思考深度。例如，在"人工智能在肿瘤中的应用"章节中，学生通过讨论和分析实际的肿瘤防治案例，探讨其中的伦理问题，并提出解决方案。通过对比学生的问卷反馈发现，这样的互动教学方法与传统教学授课相比，不仅培养了学生的临床思维和团队协作能力，还强化了他们对伦理道德的理解。角色扮演则通过模拟医生与患者的沟通场景，提高学生的人际交往和医患沟通技巧，使其更深入地理解患者的心理和需求。此外，围绕肿瘤治疗中的伦理问题进行的小组辩论，锻炼了学生的逻辑思维和表达能力，培养他们在复杂医疗环境中的决策能力。

现代信息技术的应用，如在线学习平台、虚拟现实(VR)和增强现实(AR)，也为思政教育的融入提供了新的途径。在"肿瘤的精准治疗"章节中，通过虚拟现实技术，学生可以直观了解精准医疗的发展历程和技术革新，激发对科技创新的兴趣。在线学习资源使学生能够灵活地进行自主学习和复习，而 VR 技术则让学生"亲身"体验治疗过程，增强对医疗职业的理解和认同感。通过 AR 技术，学生可以更加直观地了解肿瘤的形成和治疗过程，这不仅有助于他们掌握复杂的医学知识，也深化了他们对医学领域的认识和责任感。

4.3　加强师资队伍建设

提升教师的思政素养与教育教学能力是实现思政教育的重要环节。本研究在课程中定期开展专题讲座、研讨会和工作坊，帮助教师深入理解思政教育的重要性和方法论，如在"饮食与消化道肿瘤"章节中，通过分享健康饮食观念和传统文化的融合教学经验，教师能够提升自身的思政素养，并学会如何将思政元素有机融入肿瘤学教学内容中。同时，建立课程思政教师共同体，促进教师之间的交流与合作，分享教学资源和经验，开展合作研究，共同提高课程思政教学水平[9-10]。

4.4　完善评价激励机制

科学的课程思政评价体系能够对课程的思政教育效果进行客观评估。评价体系应包括学生的思政素养提升、教学内容的思政元素体现以及教学方法的创新性等方面。本研究通过问卷调查、课堂观察和学生采访多种方式结合，全面了解和评估课程的思政教育效果，及时改进和优化课程内容。此外，建立健全的激励机制，鼓励教师在教学中积极探索和实施思政教育。设立优秀课程思政教学奖，对在思政教育中表现突出的教师进行表彰和奖励，激发教师的工作热情和创新动力。支持教师申报和开展思政教育相关的科研项目，提供经费和资源支持，促进思政教育的理论研究和实践创新。

5. 肿瘤学通识课思政教育实施的学生反馈

本研究采用问卷调查、课堂观察和学生采访的方法，对象是 2023—2024 学年第三学期选修本课程的本科生 144 人，分布于 2020 级到 2023 级，其中男生 61 人，女生 83 人，年龄 18~21 岁，平均 18.50 岁。回收有效问卷 96 份，问卷调查结果显示（见图 1），关于"你是否认为肿瘤学通识课程应该融入思政教育"的问题，绝大多数学生持支持意见，表示肿瘤通识课程应该融入思政教育，认为思政教育在肿瘤通识课程中起到重要作用。

本次调查评估了肿瘤学通识课程中思政教育内容的总体满意度，结果显示（见图 2），绝大多数学生对课程内容表达了非常积极的评价。具体而言，高达 68.75% 的学生表示非常满意，表明课程内容在质量和教学方法上非常符合学生期望。此外，30.21% 的学生表示较为满意，反映出普遍的正面接受度。仅有 1.04% 的学生认为满意度一般，而没有任何学生表达不太满意或很不满意，进一步证明了课程在满足学生需求方面的成功。这些数据表明了当前教育模式的有效性，并为未来在相同框架下继续发展或进行细微调整提供了数据支持。

调查数据显示（见图 3），学生最强烈支持加强人文关怀教育，比例高达 92.71%，表

你是否认为肿瘤学通识课程应该融入思政教育

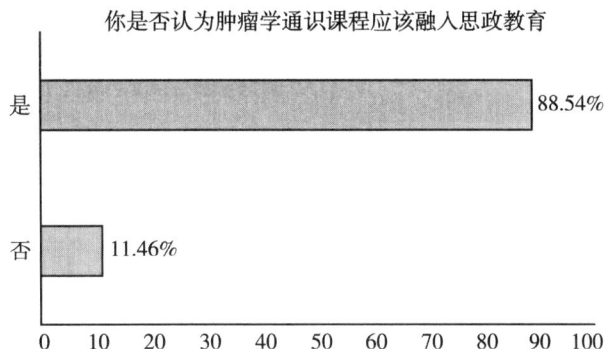

图 1　学生对于肿瘤学通识课程融入思政教育的态度

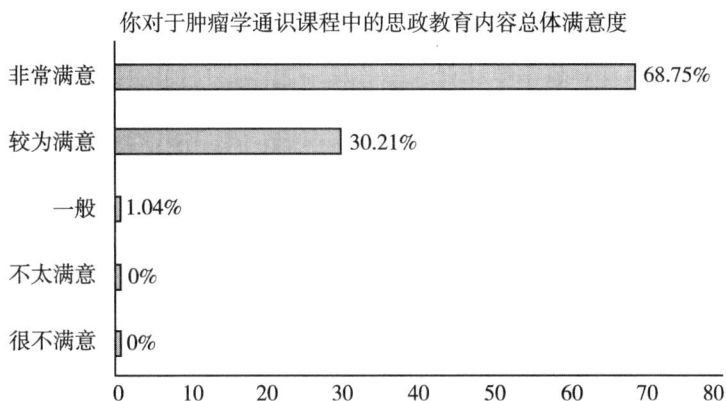

你对于肿瘤学通识课程中的思政教育内容总体满意度

图 2　学生对于肿瘤学通识课程中思政教育的满意度

明学生认为在处理肿瘤学科学技术的同时，人文关怀的教育非常重要，有助于提升未来医疗专业人员的综合素质。加强伦理道德教育和社会责任教育也获得了相对高的支持率，分别为 79.17% 和 77.08%。另外，学生对于职业素养教育的需求也较高，支持率为 62.5%。相比之下，爱国主义教育、集体主义教育和传统文化教育的需求则相对较低，分别为 33.33%、30.21% 和 23.96%，说明在专业性较强的肿瘤学通识课程中，学生更倾向于增强与职业实践直接相关的教育内容，而非广泛的政治教育或普及性健康教育。这些偏好提示教育策略制定者在设计相关课程时应更加注重医疗伦理和人文关怀的融入，以适应未来医疗行业的专业需求和社会期待。

　　对于思政教育元素的反馈显示（见图 4），医学案例分析以超过 3/4 的支持率成为最受欢迎的元素。时事热点分析紧随其后，显示学生渴望将课程内容与当下社会事件相联系，以提升教育的实时相关性和深度。此外，科技创新进展的高支持率表明同学们对于最新科技的热情。然而，较低的支持率如医学发展进程、弘扬中医中药和国际形势演变等，提示需要更富创新性的教学策略来增强这些元素的吸引力。由此可知，思政教育应更多地融入

你认为肿瘤学通识课程中应该加强哪些思政教育内容

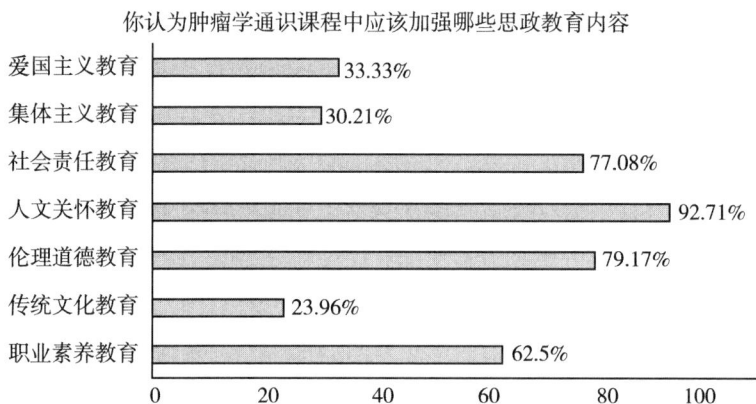

图 3　学生认为肿瘤学通识课程中需要加强的思政教育内容

学生偏好的教学元素，以提高参与度和教育效果，尤其是在传统文化和名人名事分享上应得到更明显的加强。

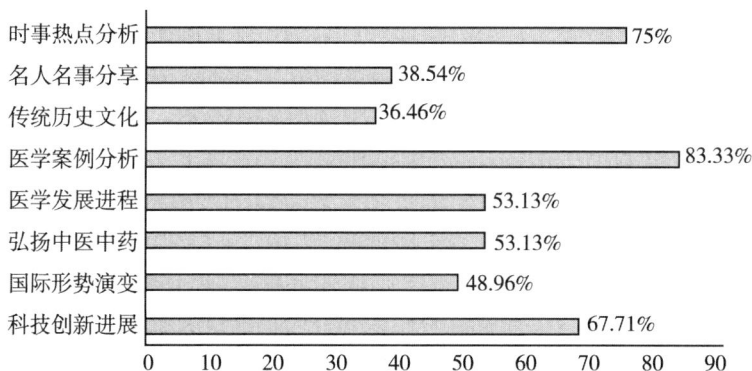

图 4　学生对思政教育元素的偏好

　　本次调查中评估了多种思政教育融入方式的受欢迎程度，结果显示（见图 5），课程讲授以 75%的支持率位居首位，凸显直接的课堂教学方式因其有效性而受到青睐。音频视频播放和参观游览也得到了较高的认可，分别有 69.79%和 62.5%的学生支持，表明互动性和多媒体应用在思政教育中同样重要。相比之下，情景模拟、操作实践和互动讨论虽有一定支持，但效果认可度不如直接教学方法。教材文本资料由于缺乏互动性，支持率较低，只有 18.75%。数据指向明显趋势，即教师在设计思政教育策略时，应优先考虑直接、丰富和参与性强的教学方式，以提高学生的学习兴趣和教育效果。

　　在思政教育内容比例的控制调查中，超过一半的学生（60.42%）主张思政教育内容应保持适中，确保不影响课程的基础性与实用性，这一观点突出了学生对于专业和思政教育

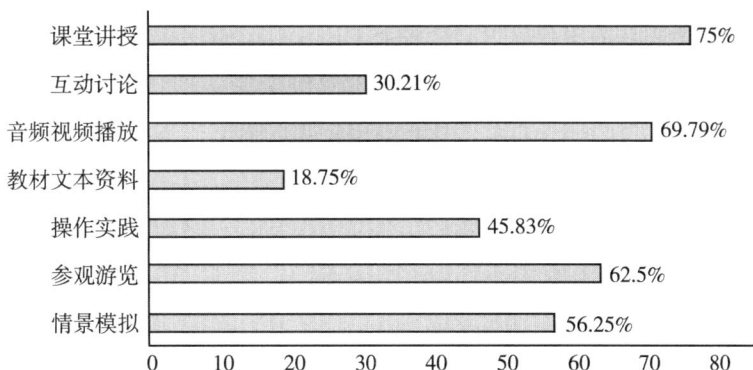

图 5　学生对于思政教育融入形式的偏好

平衡的重视。较小比例的学生(17.71%)认为思政内容应尽量少,以免占用专业课程时间,强调了对专业学习时间的保护。只有较少的学生支持思政教育内容占比应较多(13.54%)或很多(8.33%),表明大部分学生倾向于更加注重专业学习而非思政内容的深度融入(见图6)。总体而言,结果表明学生普遍支持在保持教育质量和实用性的前提下,适当融入思政教育,而不是让其占据过大比重。教师应考虑这一偏好,优化课程结构,以更好地满足学生的学术和职业发展需求。

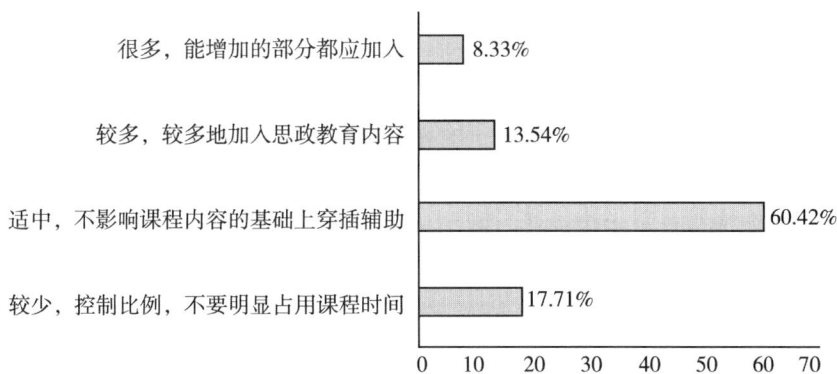

图 6　学生对于思政教育内容加入比例的倾向

调查结果显示(见图7),近一半的学生(43.75%)倾向于在课程的中间阶段引入思政教育,可能说明学生认为在已经对课程有一定理解后引入思政内容能更好地整合和深化其与专业知识的联系。同时,将近1/5的学生认为应在课程的起始阶段(16.67%)和最后阶段(19.79%)引入思政教育,反映出一部分学生认为思政教育可以作为课程的框架或总结,帮助学生在开始学习时设定正确的思维框架或在课程结束时强化理念的内化。类似比例(19.79%)的学生支持在课程全程引入思政内容,可能希望通过这种方式强调和巩固所学的专业知识与思政教育的结合。不同的偏好提示教师在设计课程时需要考虑灵活性，以适应不同学生群体的需求和学习阶段的特点。

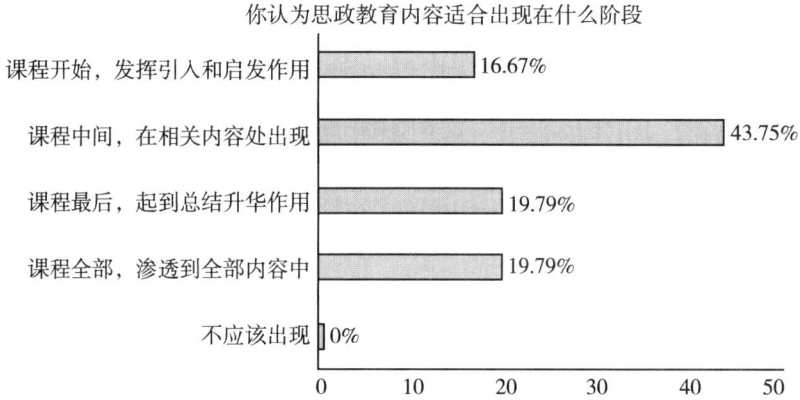

你认为思政教育内容适合出现在什么阶段

课程开始，发挥引入和启发作用　16.67%
课程中间，在相关内容处出现　43.75%
课程最后，起到总结升华作用　19.79%
课程全部，渗透到全部内容中　19.79%
不应该出现　0%

0　10　20　30　40　50

图7　学生对于思政教育内容出现阶段的选择

关于思政教育内容对课程目的的影响（见图8），学生普遍认为思政教育在肿瘤学通识课程中对增强医学知识的理解、应对医疗纠纷、处理医学伦理问题、认识医疗系统和活动、实践健康管理及与医务人员沟通等方面具有显著的积极影响。特别是在维护医学道德方面，所有的学生认为思政教育极为重要，反映了思政教育在强化职业责任和伦理原则中的核心作用。结果强调了思政教育对于培养医学专业学生的全面能力和应对专业挑战的关键影响，显示出其在医学教育中的重要价值和必要性。

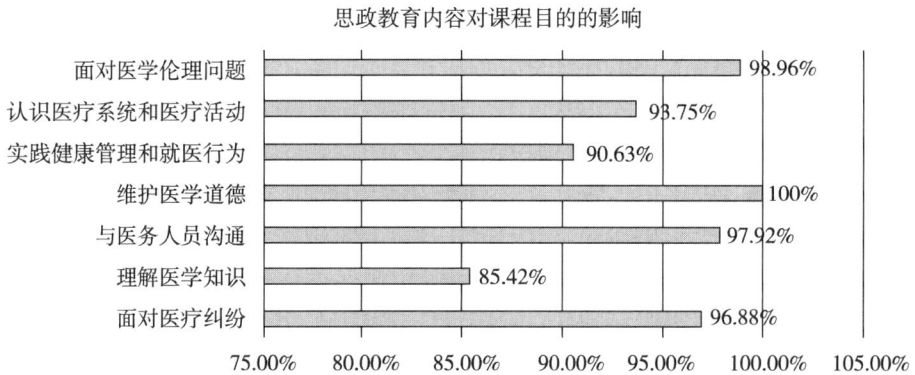

思政教育内容对课程目的的影响

面对医学伦理问题　98.96%
认识医疗系统和医疗活动　93.75%
实践健康管理和就医行为　90.63%
维护医学道德　100%
与医务人员沟通　97.92%
理解医学知识　85.42%
面对医疗纠纷　96.88%

75.00%　80.00%　85.00%　90.00%　95.00%　100.00%　105.00%

图8　学生认为思政教育对课程目的的影响

6. 肿瘤学通识课中思政教学效果评价

在肿瘤学通识课程结束后，针对课程中的思政教学效果在参加课程学习的学生中进行问卷调查和随机采访。表2中列出了学生对于思政教学效果的评价，结果显示在增强"爱国主义与社会责任感"方面，所有学生均给予了"优秀"的评价，表明课程在激发学生的民族自豪感和增强他们的社会责任感方面取得了显著成效。同样的，"传统文化与民族自信"也获得了全部"优秀"评价，说明课程内容成功地提升了学生对传统文化的认同感和文化自信。在"科技创新与现代医学"方面，89.90%的学生认为课程内容优秀，10.04%的学生认为良好，这表明课程在培养学生的科技创新意识和对现代医学的理解方面表现突出，但仍有小部分学生认为有改进空间。对于"健康教育与公共卫生意识"，课程表现良好，93.75%的学生给予"优秀"评价，6.25%的学生认为"良好"。最后，在"人文关怀与生命伦理"方面，91.67%的学生评价为"优秀"，8.33%的学生评价为"良好"，反映出课程在培养学生的人文关怀精神和对生命伦理的理解上取得了积极效果。

表2　　　　　　　　　　肿瘤学通识课中思政教学效果评价情况（%）

评价项目	效果评价			
	优秀	良好	一般	较差
爱国主义与社会责任感	100.00			
传统文化与民族自信	100.00			
科技创新与现代医学	89.90	10.04		
健康教育与公共卫生意识	93.75	6.25		
人文关怀与生命伦理	91.67	8.33		

　　根据问卷调查反馈，课程整体设计注重将思政元素融入肿瘤学知识教学中，通过多样化的教学方法，如案例讨论、角色扮演和团队合作，有效吸引了学生的注意力，并增强了他们的学习体验。思政教育的时间安排合理，没有占用过多的专业课程时间，通过恰当的案例引入，成功引发了学生的共鸣，深化了他们对课程内容的理解。总体而言，肿瘤学通识课程的思政教育在多方面取得了显著的教学效果，全面提升了学生的综合素质和社会责任感，达到了预期的教育目标。

　　关于思政教育建设的建议部分，学生普遍支持思政教育融入肿瘤学通识课程，但强调该教育应以更实际、具体且引人入胜的方式进行。通过问卷收集的意见和学生访谈记录发现学生普遍期望通过医学案例的深入分析，例如"通过医学具体案例进行分析，以达到加强思想教育的效果"，来增强课程的教育影响力，并使理论与实践更紧密结合。学生们还提出应将思政教育与专业知识结合得更为自然，不应感觉到被强加。访谈过程中一位学生说："希望更多地渗入课程中，不刻意但不缺失，更方便接受和吸收，以实际案例和举动沟通，拓展课程广度和深度，调动学生兴趣和积极性。"

　　从课程问卷和访谈的结果来看，学生们还特别强调了对人文关怀和职业道德教育的需求，希望课程能够帮助学生培养对患者的同情心和社会责任感。有建议提出"强调人文关怀，培养社会责任感，融入生化等跨学科知识，加强线下实践内容"，表明学生希望通过具体的实践活动来深化对课程内容的理解和应用。

7. 问题与挑战

尽管肿瘤学通识课中思政教育的实施取得了一定成效，但在实际教学过程中仍然面临诸多问题与挑战。

第一，肿瘤学通识课程中的思政教育元素融入还不够深入，导致思政教育与专业知识之间存在一定割裂现象。本研究数据显示仍有 31.25% 的学生没有对本课程中的思政教育元素融入持非常满意的态度（见图 2）。基于本研究对于教学的反思其原因可能是部分课程的设计往往侧重于专业知识的传授，而忽视了思政教育的有效渗透。应加强课程内容的综合设计，将思政元素有机地融入专业知识的讲解中，使学生在学习专业知识的同时，深刻理解爱国主义、社会责任和职业道德等思政教育的核心内容。

第二，传统的教学方法缺乏多元性和创新性。从调查数据中可以发现，学生对于思政教育融入形式的偏好呈强烈的多元性，表明学生对于当前部分课堂仍以讲授为主的方式存在一定不满，进而导致学生的参与度和互动性不高，难以调动学生的学习积极性。应积极探索和采用现代化的教学方法和手段，如翻转课堂、混合式教学、案例教学等[11]。应注重教学内容的实用性和趣味性，通过案例分析、实践活动、互动讨论等方式，提高学生的参与度和积极性。可以利用现代信息技术，如网络平台、移动应用等，提供丰富的学习资源和互动渠道，增强学生的学习兴趣。通过多样化的教学方式，增强学生的学习体验和参与感，提高教学效果。

第三，部分教师的思政素养和教育能力不足，影响了思政教育的实施效果。教师在教学过程中往往难以深入挖掘和传递思政教育的内涵。应加强对教师的思政教育培训，提升其思政素养和教育能力。可以通过定期组织专题培训、学术交流和观摩学习等活动，提升教师在思政教育方面的理论水平和实践能力。

第四，当前的教育评价体系主要以知识考核为主，缺乏对思政教育效果的全面评价。这导致思政教育的实施难以得到有效的反馈和改进。应建立多维度的教育评价体系，将思政教育效果纳入评价范围。可以通过过程性评价、综合素质评价等多种方式，全面考查学生的思政素养和综合能力。同时，应重视学生的反馈意见，不断完善和优化教育评价体系，提高思政教育的针对性和实效性。

8. 小结与展望

本研究基于问卷调查法对学生的课程体验、学生对思政教育内容的接受度以及教学效果等方面进行了量化分析。通过对 96 份有效问卷的分析发现，68.75% 的学生表示"非常满意"，30.21% 的学生表示"较为满意"，表明绝大多数学生认可思政教育在肿瘤学通识课程中的重要性，并对其教学内容和方式表现出较高的满意度。特别是医学案例分析、互动讨论和时事热点分析等内容和方式获得了学生的高度认可，表明多样化的教学方法能够有效增强学生的思政素养。此外，调查数据显示，92.71%的学生支持加强人文关怀教育，79.17%的学生认为应加强伦理道德教育，进一步印证了思政教育在提升学生社会责任感和人文精神方面的积极作用。因此，基于这些分析结果可以得知，成功的思政教育需要将其内容有机地融入专业课程，通过多样化的教学方法和手段，增强学生的思政素养。88.54%的学生对肿瘤学通识课程融入思政教育持肯定态度，85.42%的同学表示思政教育有利于理解医学知识。实践表明，这种融合式的教育模式不仅可以帮助提升课程教学效果，也可以增强学生的思政素养和综合能力。

展望未来，肿瘤学通识课程中的思政教育将朝着多元化和综合化的方向发展。在实践方面，应进一步加强师资队伍建设，提高教师的思政教育能力。同时，应建立和完善教育评价体系，对思政教育的实施效果进行科学评估，及时调整和改进教学策略。注重学生的反馈和参与，通过多种途径了解学生的需求和意见，不断改进和完善思政教育的内容和形式，以确保其在教育中的有效性和持续性。

（利益冲突：所有作者均声明不存在利益冲突）

◎ 参考文献

[1] 章必成，许斌，姚颐，等．综合性大学开设肿瘤学通识课的实践研究［J］．中华医学教育探索杂志，2021，2（2）：150-152.

[2] 曲修胜，于海波，薛晴，等．立德树人视域下肿瘤学概论整合课中思政建设的研究［J］．智慧健康，2024，10（4）：157-160，164.

[3] 陈玮．思政教育在肿瘤学教学中的应用研究［J］．教师，2022（29）：6-8.

[4] 刘瑞．思政教育在肿瘤学教学模式中的应用与探索［J］．科教导刊，2021（1）：72-73.

[5] 周灿，刘洋，张健，等．思政教育融入肿瘤学本科生教学模式的路径研究［J］．肿瘤基础与临床，2024，37（3）.

[6] 裘莹．医学课程思政实施路径探析［J］．南京医科大学学报（社会科学版），2022（1）：88-92.

[7] 李悦，丁蓉．思政教育融入儿科住院医师规范化培训教学模式初探［J］．中国继续医学教育，2023，15（2）：187-90.

[8] 张亭栋．开发砒霜［J］．中国中西医结合杂志，2003（1）：65-66.

[9] 周仲国，李文轩，王若婧．思政教育融入肿瘤学专科教学的路径探析［J］．高教学刊，2022，8（32）：189-192.

[10] 田莎，邓奕辉，郑敏楠，等．"中西医结合肿瘤病学"教学中课程思政教育的探索与实践［J］．湖南中医杂志，2021，37（7）：102-104.

[11] 何秀堂，黄华，曾韬．"1233"课程思政教学改革在医学免疫学中的应用研究［J］．中国继续医学教育，2023，15（14）：1-4.

"电路""信号与系统"课程内容融合与实践

王 静 崔 雪 张志毅 杨玲君

（武汉大学 电气与自动化学院，湖北 武汉 430072）

【摘 要】"电路"和"信号与系统"是电子与电气信息类专业的重要基础理论课程，两门课程在内容上存在着紧密联系。本文通过梳理"电路"与"信号与系统"课程的相关内容，以 RC 电路为例设计教学案例，从时域、频域和复频域分析脉冲信号作用下的 RC 电路响应，引导学生运用两门课程的不同方法进行分析计算，实现课程内容的融合。实践表明，该方式有效促进了学生对物理概念的理解，提升了教学效果，为相关课程教学提供了借鉴。

【关键词】电路；信号与系统；课程融合

【作者简介】王静，武汉大学电气与自动化学院，讲师，E-mail：jingwang_see@whu.edu.cn。

0. 引言

"电路"和"信号与系统"课程都是电子与电气信息类专业的重要基础理论课，根据学院的本科培养方案，本科生将在大二上学期同时学习这两门课程。"电路"课程注重电路分析，在给定具体电路参数的条件下，求解电路中各支路的电压电流从而了解电路特性[1-2]。而"信号与系统"课程把线性时不变系统分析的问题抽象出来，借助卷积积分、傅立叶变换以及拉氏变换等相关数学工具，分别在时域、频域和复频域对系统特性展开分析，讨论系统输入输出的关系[3-6]。电子与电气信息领域技术的快速发展，对学生综合运用专业知识解决实际问题的能力提出了更高要求。然而，传统教学中"电路"和"信号与系统"课程相对独立，学生难以建立知识间的内在联系，影响其对专业知识的深入理解和应用。因此，开展"电路"和"信号与系统"课程内容融合具有重要意义。

文献［4］提出"信号与系统"课程应与理论分析结合并引入工程实例，但未深入探讨其与"电路"课程的融合。文献［5］构建了新的课程教学内容组织体系，但在实践应用方面有所欠缺。本文在此基础上，首先梳理了"电路"与"信号与系统"课程中相关教学内容，通过设计具体教学案例并应用于教学实践，探索两门课程内容融合的有效途径，为相关课程教学改革提供新的思路。

1. "电路""信号与系统" 相关教学内容

"电路"和"信号与系统"课程相关的教学内容如表 1 所示。

表 1   **"电路""信号与系统"课程相关的教学内容**

电　路	信号与系统
动态电路的时域分析	线性时不变系统的时域分析
非正弦周期电路分析	线性时不变系统的频域分析
线性动态电路的复频域分析	线性时不变系统的复频域分析

1.1 动态电路的时域分析

电路课程针对具体的一阶、二阶电路，对动态电路的暂态过程应用经典法求解微分方程，并进行分析计算。而信号与系统课程将电路用微分方程描述，侧重于用卷积法分析零状态响应，重点讲解冲激响应与零状态响应的关系。电路课程应用经典法求解微分方程注重具体电路的暂态过程分析，有助于学生建立直观的物理概念；而信号与系统课程用卷积法分析零状态响应，从系统的角度拓宽学生对动态电路分析的思路。这种不同方法的对比，能使学生从多个角度理解电路动态特性，加深对相关知识的掌握，而且这两部分内容相互补充，使得电路的动态分析理论更加完善。

通过对动态电路时域分析的比较，我们清晰看到两门课程在这部分内容上的联系与差异。接下来，分析非正弦周期电流电路分析在两门课程中的体现。

1.2 非正弦周期电流电路分析

在电路课程中，非正弦周期激励被分解为正弦信号的叠加，应用叠加定理和相量法计算电路的稳态响应。而信号与系统课程通过傅立叶变换，侧重信号的频谱分析，以及系统的频响特性分析。电路和信号与系统课程的这两部分内容实质上都是电路系统的频域分析。但是由于课程采用的分析方法不同，学生不能将信号与系统课程中所讲的系统分析方法有效应用到电路中。

电路中相量法研究非正弦周期激励作用下电路的响应，是系统频域分析的一个特例。因此在信号与系统课程中，引用电路实际案例的频率分析，引导学生将相量法和频域分析法结合起来，有助于学生从频域的角度理解相量法，从而深入理解频响特性的概念。

1.3 线性动态电路的复频域分析

电路课程的复频域分析，通过建立电路元件的复频域模型，从而建立电路的复频域模型，然后应用电路分析方法，求解电路全响应。而信号与系统课程侧重拉氏变换，将时域的微分方程通过拉氏变换转换到复频域进行分析计算。

怎样将"信号与系统"课程的复频域分析和"电路"课程的复频域分析有效融合，使得课程内容避免内容重复，重点清晰，也是课程有效融合的重点。

通过以上对电路和信号与系统课程相关内容的梳理，我们会发现其实两门课程是从不同的角度分析同一个问题，只是所用到的数学分析方法不同。为了让学生更好理解这些内容之间的相互关系，本文依据电路课程和信号与系统课程的教学内容和教学安排，设计了一个教学案例，并将教学案例进行分解，逐步引入教学过程，使得学生对所学理论知识进行融会贯通，加深理解。

2. 教学案例设计

脉冲信号对电气和电子工业是非常重要的，大量的仪器仪表、通信系统、计算机等都采用脉冲信号来控制系统运行，传输数据[7]。本文以 RC 电路为例分析脉冲信号作用下电路的响应（如图 1 所示）。该图展示了用于教学案例分析的 RC 电路时域模型，是后续时域、频域和复频域分析的基础电路模型，为学生理解电路系统提供直观参考。

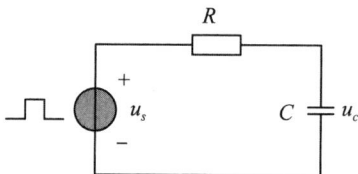

图 1　RC 电路

本文分别采用"电路"和"信号与系统"课程中介绍的时域、频域和复频域分析方法，求解脉冲信号作用于 RC 电路的响应过程。

2.1　单脉冲作用于 RC 电路的时域分析

电路课程中，主要应用经典法求解微分方程的方法，对动态电路的暂态过程进行时域分析。针对直流激励，总结出求解一阶动态电路的三要素法，如式（1）所示。

$$f(t) = f(\infty) + (f(0^+) - f(\infty))e^{\frac{t}{\tau}} \quad t \geq 0^+ \tag{1}$$

式中 $f(\infty)$ 为电路的稳态解，$f(0^+)$ 为电路的初始条件，τ 为时间常数。电路的稳态解反映了电路在稳定状态下的响应情况；电路的初始条件体现了电路在起始时刻的状态，对暂态过程有重要影响；时间常数决定了电路暂态过程的快慢，反映了电路的固有特性。

当单个脉冲作用于 RC 电路时，假设脉冲宽度为 0，1s，如图 2 所示，在 0~0.1s，可视为零状态响应，输出电压为式（2）所示。

$$u_C(t) = U_s(1 - e^{-\frac{t}{\tau}}) \qquad 0 < t \leqslant 0.1 \tag{2}$$

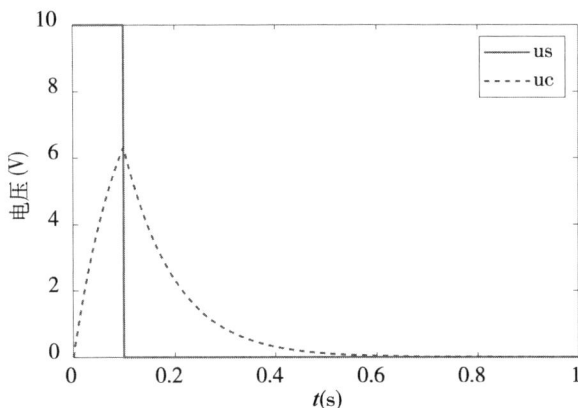

图 2 单脉冲作用于 RC 电路的响应

在 0.1s 之后，可视为零输入响应，输出电压为：

$$u_C(t) = U_0 e^{-\frac{t}{\tau}} \qquad t > 0.1 \tag{3}$$

设输入端的单脉冲幅值是 10V，$R = 100\mathrm{k}\,\Omega$，$C = 1\mu\mathrm{F}$。该电路的时间常数 τ 为 0.1s。电容两端电压的波形如图 2 所示。由于脉冲宽度正好等于时间常数，因此电容在一个时间常数内充电值大约为满幅度的 63%，可得输出达到的电压最大值为 6.3v。放电时间近似等于 5 τ。图 2 清晰地呈现了单脉冲作用下 RC 电路电容两端电压随时间的变化波形，直观展示了电路的暂态响应过程，有助于学生理解时域分析中电路的动态特性。

在信号与系统课程中，对脉冲信号作用于 RC 电路的响应，可以从系统的角度出发，建立 RC 电路的微分方程，如式（4）所示。

$$RC = \frac{\mathrm{d}u_C}{\mathrm{d}t} + u_C = u_S \tag{4}$$

求解出单位冲激响应，然后将单个脉冲信号表示为 $u_s = 10(\varepsilon(t) - \varepsilon(t - 0.1))$，用卷积的方法计算系统输出。

通过单个脉冲电路作用于 RC 电路，分别用电路和信号与系统课程中学到的数学方法分析动态过程，一方面可以加深学生对动态过程的理解，另一方面通过对动态过程的分析方法进行比较，将两门课程的内容有机结合起来。

通过这种对比分析，学生能深刻体会到"电路"课程从具体电路出发的分析思路与"信号与系统"课程从系统角度分析的特点，从而将两门课程在时域分析方面的内容有机融合，加深学生对动态电路时域响应的全面理解。

2.2 周期脉冲序列作用下 RC 电路的频域分析

当周期脉冲序列作用于 RC 电路时，第一个脉冲作用下的响应过程和单个脉冲的相同，但到第二个脉冲时，电容电压没有衰减到零。因此，第二个脉冲开始为有初始值的全响应过程，5 个τ后，电路趋于稳定（如图 3 所示）。图 3 清晰地呈现了周期脉冲作用下 RC 电路电容两端电压随时间的变化波形，直观展示了 RC 电路的全响应过程，有助于学生理解电路的暂态响应和稳态响应。

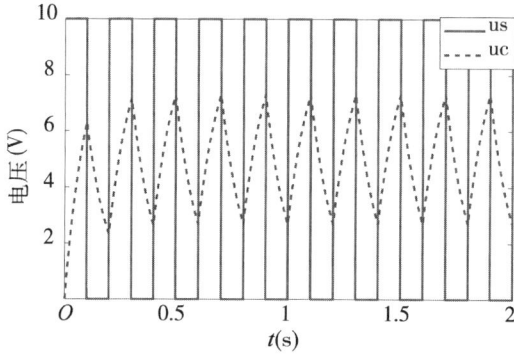

图 3　周期脉冲序列作用下 RC 电路的响应

在电路课程中，学生学习了利用相量法求解非正弦周期信号作用于电路系统的稳态响应。RC 电路的相量模型如图 4 所示，图中电路元件的参数都用相量表示。电路分析方法是首先将周期信号分解为正弦信号的叠加，然后应用相量法和叠加定理计算电路的响应。

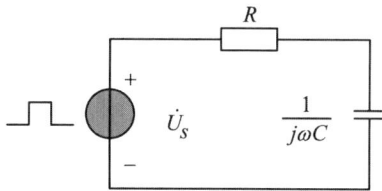

图 4　RC 电路的相量模型

在信号与系统课程中可以对式（4）进行傅立叶变换，如式（5）所示。

$$j\omega U_C(j\omega)RC + U_C(j\omega) = U_S(j\omega) \tag{5}$$

在频域计算系统的响应，然后再利用傅立叶反变换得到时域的响应。在频域计算系统的响应时，可以同时通过计算系统的频率响应，分析系统的频响特性，比较输入输出信号的频谱特性，以及 RC 电路的频响特性曲线，让学生理解 RC 电路的低通滤波功能。

通过对周期脉冲序列作用下 RC 电路的频域分析可以看出，电路课程更加关注电路的响应，而信号与系统课程把电路看作一个整体，关注输入输出的关系和系统的功能。通过这个案例可引导学生将傅立叶变换和向量法联系起来，加深对这部分内容的理解。

2.3　周期脉冲序列作用下 RC 电路的复频域分析

在电路和信号与系统课程中都有拉氏变换的内容，因此两门课程必须协调这部分的讲解，尽量避免重复。电路课程中，通过建立电路的复频域模型，应用电路分析方法求解电路的全响应。RC 电路的复频域模型如图 5 所示。

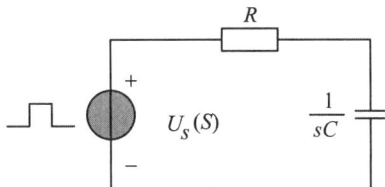

图 5　RC 电路的复频域模型

而信号与系统课程中将描述系统的微分方程通过拉氏变换转化为代数方程。本案例中将式（4）进行拉氏变换，如式（6）所示，然后在拉氏域求解代数方程。

$$sU_C(s)RC + U_C(s) = U_S(s) \tag{6}$$

通过两种分析方法对比，发现在电路课程中直接建立电路的复频域模型，然后利用电路分析方法求解更加直观，方便。但是电路的分析方法和系统的分析方法，都需要通过拉氏反变换将计算结果转换到时域进行表达、分析。因此拉氏反变换也是两门课程的重点内容，在讲解过程中需要协调相同内容的讲解方法。

本案例通过在不同课程中使用不同的方法分析同一个问题，加深学生对电路复频域分析方法的理解。而且引导学生通过对 RC 电路的复频域、频域和时域分析进行比较，有助于学生理解稳态响应和全响应的区别。

3. 案例实施

笔者在"信号与系统"课程中，将该教学案例结合教学内容逐步引入教学过程中，引导学生用电路课程所学方法和信号与系统课程所学的方法分别对案例进行分析计算，从而理解电路与系统时域分析方法的本质。

3.1　案例布置

本案例内容涉及信号与系统课程和电路课程的三章内容，需要结合讲课进度，合理安排到各个章节。在"信号与系统"课程讲到时域分析章节时，对应布置单脉冲作用下 RC 电路的时域分析案例。此时，学生已在"电路"课程中学习了相关基础知识，能够运用"电路"课程方法进行初步分析。在"电路"课程完成非正弦电路分析章节，且"信号与系统"课程讲到频域分析内容时，布置周期脉冲序列作用下 RC 电路的频域分析案例。同样，在两门课程分别完成复频域分析相关内容后，布置周期脉冲序列作用下 RC 电路的复频域分析案例。作业要求学生首先用电路课程的方法进行分析计算，然后采用信号与系统课程中的方法计算。要求学生通过计算分析，理解"电路"课程分析方法和"信号与系统"课程分析方法的本质。

另外要求学生在计算的基础上，应用 Matlab 进行仿真，将运算结果可视化输出，最后形成分析报告。希望学生通过对该案例的分析、计算、总结、归纳，理解时域、频域和复频域的分析方法之间的内在联系，将电路和信号与系统中的相关内容进行融合，从对两门课程的学习中加深对电路时域和频域分析本质的理解。

3.2 课堂展示

选出一部分学生在课堂上展示自己的报告，并讲解自己对"电路"和信号与系统课程的理解。部分学生在报告中的反馈如表 2 所示。

表 2　　　　　　　　　　　　　　　　　学 生 反 馈

学生 1	首先是人工计算比较正常，根据电路知识得出线性微分方程，然后利用电路解法（数学解法）求解。至于用 matlab 仿真就显得有些复杂，从仿真过程中，学到了通过 dsolve 函数的调用去求解线性微分方程
学生 2	对于笔算方法进行计算需要掌握一些电路知识和相关计算的技巧，特别是关于正弦信号求解微分方程部分，较为烦琐，而要计算不同的输入信号和响应，除了零状态响应不用再求之外，对于零输入响应都需要重新求，对于计算是一个考验
学生 3	本题需要先写出系统的微分方程，再将相关数值代入 matlab 程序当中。调用 dsolve 函数可以帮助求解系统的完全响应
学生 4	手算相较于计算机算具有更清晰的计算过程，但是计算难度较大，计算过程过于复杂。计算机算能够快速地计算出结果，准确度高，可以对手算的结果进行验证，但是无法清晰地表达出计算思路。计算机归根到底就是一个辅助计算的工具

从学生反馈可以看出，人工计算虽能清晰展现计算过程，但难度较大，对学生电路知识和计算技巧要求较高；而 matlab 仿真虽能快速得出准确结果，但不利于学生理解计算思路。这提示教师在后续教学中，应注重引导学生将理论计算与仿真实践相结合，帮助学生更好地掌握知识。

4. 结语

"电路"和"信号与系统"是电子与电气信息类专业的重要基础理论课，两者侧重点不同却又有内在的联系。特别是信号与系统课程基本是用数学表达式表示系统，学生学起来比较抽象。因此，本文通过"电路"与"信号与系统"课程内容的融合实践，以 RC 电路案例为载体，引导学生运用不同分析方法，有效提升了学生对物理概念的理解深度，增强了学生综合运用知识的能力，教学效果显著提升。同时，学生在案例分析过程中，培养了变通思维和解决实际问题的能力。未来，可进一步探索将这种融合教学方法拓展到更多相关课程，优化案例设计，结合前沿技术更新教学内容，持续提升教学质量，为培养适应时代发展的高素质电子与电气信息类专业人才奠定基础。

◎ **参考文献**

［1］邱关源．电路［M］．北京：高等教育出版社，2022．

［2］李瀚荪．电路［M］．北京：高等教育出版社，2017．

［3］陈后金．信号与系统［M］．北京：高等教育出版社，2020．

［4］郑君里，谷源涛．试谈"信号与系统"课程理论与实践之结合［J］．电气电子教学学报，2014，36（3）：1-5．

［5］林凌，曾周末，栗大超，张宇，刘蓉．"电路、信号与系统"课程内容组织体系［J］．电气电子教学学报，2018，40（5）：114-117．

［6］吴宪祥，郭宝龙，朱娟娟，等．"信号与系统"课程交互式教学体系构建［J］．电气电子教学学报，2015，37（1）：26-28．

［7］亚历山大，等．电路基础［M］．英文第5版．北京：机械工业出版社，2013．

如何在传感器课程教学实践中培养学生数理思维

胡耀垓[1]　张　铮[2]

(1. 武汉大学　地球与空间科学技术学院，湖北　武汉　430072;

2. 武汉大学　电子信息学院，湖北　武汉　430072)

【摘　要】传感器技术是测控、电气、机械等众多理工科专业的基础课程，也是一门理论与实践结合十分密切的课程。本文结合传感器课程教学实践，以课程中几个案例为依托，从加强理论铺垫、借用数学语言、把握物理本质和规范符号表示等方面，探讨如何培养学生数理思维，以提高人才培养质量。

【关键词】传感器技术；跨学科融合；数理基础

【作者简介】胡耀垓，武汉大学地球与空间科学技术学院(原电子信息学院)教授，E-mail：yaogaihu@whu.edu.cn。

传感器技术是测控、电气、机械等众多理工科专业基础课程。传感器与现代科学技术紧密相连，具有种类繁多、原理丰富、应用广泛等特点，是一门理论与实践结合十分密切的课程。传感器课程的教学应当更加注重密切跟踪现代科技前沿和跨学科融合，加强数理基础训练，培养学生的综合应用能力和创新思维。本文以文献[1][2]为例，结合课程教学实践，以几个案例为依托，从加强理论铺垫、借用数学语言、把握物理本质和规范符号表示等方面，探讨如何培养学生数理思维，以提高人才培养质量。

1. 加强理论铺垫，理解工作原理

传感器种类繁多，即便针对单个传感器，也很难通过有限的课堂教学形式从物理机制、工作原理、测量电路到应用等开展全面、系统、深入的讨论。为了使不同专业背景的学生对传感器基本工作原理有更透彻、深刻的理解，必须进行基本的理论铺垫。

1.1 电容值 C 的定义及计算

以电容传感器为例，首先对电容概念进行简要回顾，以把握电容实质：一种具有电荷存储，并以电场形式实现能量存储与转换的系统。电容值 C 是其电荷存储能力的度量，定义为极板单位电压(电势差)作用下电荷量大小。据此可以导出学生熟悉的平行极板电容模型的公式 $C = \dfrac{\varepsilon S}{d}$，强调实际的电容器可以是任意形态的，进一步通过对如图1所示的圆筒型电容的推导，使学生更深刻理解电容的物理内涵，感受电容元件的电荷存储及能量的存储与转化特性，具备对广义的任意形态电容(如分布电容)的分析能力。基本思路如下：在圆筒内外加载等量异号电荷，基于高斯定理得电场强度，经空间路径积分得电压，再根据电容定义得出电容公式 $C = \dfrac{2\pi\varepsilon L}{\ln(R/r)}$ (其中：r、R 为圆筒内外半径，ε 为内外筒间介质的介电常数，L 为内外筒彼此覆盖长度)。

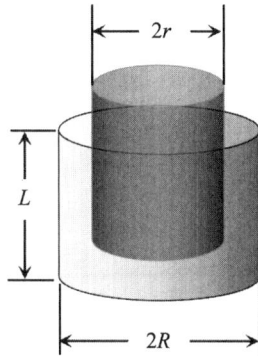

图 1　圆筒形电容示意图

1.2　类比法应用于电感传感器学习

电感和电容是两类重要的动态元件，不同于电容，电感以磁场形式实现能量的存储与转换。在电感传感器部分，贯穿始终的重要物理量是自感系数 L 和互感系数 M。针对大多数学生磁路相关知识较为缺乏的现状，可以通过与熟悉的电路进行对比(如图 2 和表 1 所示)，简要回顾自由空间中电偶极子的电力线分布形态及电路的形成、自由空间中磁偶极子的磁力线分布形态及磁路的形成，以及电路和磁路的主要参量对比。这类图表比对形式，深入浅出、形象生动，也不需要花费太多的教学时间。有关电路和磁路系统深入的论述可参考相关教材[3]。

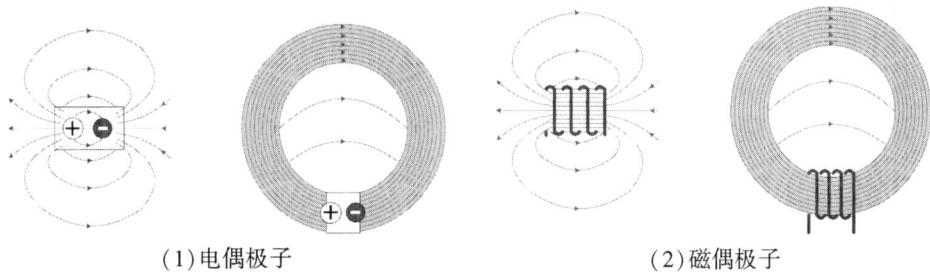

(1)电偶极子　　　　　　　　　　(2)磁偶极子

图 2　电路和磁路对比示意图

表1 电路和磁路主要参量对比

电路	电动势	电流	电导率	电阻	电势降
	ξ	I	σ	$R = \dfrac{L}{\sigma S} = \dfrac{\rho L}{S}$	IR
磁路	磁通势	磁通量	磁导率	磁阻	磁势降
	$\xi_m = NI$	$\varphi = BS$	μ	$R_m = \dfrac{L}{\mu S}$	φR_m

以上铺垫使得变气隙式和螺管型自感系数 L 的表达式的引出顺理成章，对磁路部分比较陌生的学生也不会有突兀感。

经过推导得出变气隙线圈电感近似表达式 $L = \dfrac{N^2 \mu_0 S}{l_\delta}$ 或 $L = \dfrac{N^2 \mu_0 S}{l_\delta + l/\mu_r}$（为便于讨论，本文一般采用与文献[1]相同的符号表述），对比变极板间距电容器的表达式 $C = \dfrac{\varepsilon S}{d}$，二者在形式上高度相似，这里气隙总长 l_δ 和电容极板间距 d 处于同等位置，具有完全等价的数学结构。这使得此前关于变极板间距的电容相对变化量、灵敏度、非线性误差等问题的分析方法、讨论过程及其结果形式等都可以套用到变气隙线圈电感分析中。这种对比既可以让学生不拘泥于烦琐的公式推导，又能轻松掌握核心知识点。

通过以上类比，学生能更轻松地理解电感传感器工作原理，将熟悉的电路知识迁移到磁路学习中，降低学习难度。

根据专业特点和学时数，类似的理论铺垫在其他类型传感器讲授中也可以适当增加。

2. 借用数学语言，明晰相关概念

数学语言是一种用于精确描述概念、理论的表达方式，它通过数学符号、方程式和图形等来传达信息，既是理解和描述自然现象的关键工具，也是理解和解决各种工程问题的重要基础。在学生对传感器工作原理有一定理解基础上，借助数学语言能更精确地明晰相关概念。

2.1 动态特性分析

动态特性是传感器关于随时间变化的输入量的响应特性，在动态特性分析中，涉及微分方程求解、积分变换（拉普拉斯变换、傅立叶变换等）、传递函数、频率响应函数等相关知识。针对不同专业培养方案和课程教学大纲要求，这些内容可进行适当补充或回顾。

例如，传递函数是动态特性分析中一个非常重要的概念，文献[1][2]有关"传递函数是输出信号与输入信号之比"的表述缺乏严谨，容易产生歧义，可在教学中强调"传递函数定义为系统的输出信号与输入信号在拉普拉斯变换域中的比值"。

此外，可以把"何为动态系统？为何呈现动态特性?"作为课堂讨论或课后思考题。动态系统之所以呈现动态特性在于：(1)外因：输入量 x 随时间变化，即输入为关于时间的函数 $x(t)$，相应的系统输出响应也为关于时间的函数 $y(t)$；(2)内因：系统含有动态储能元件(以电路为例，其中含有电容或电感元件)，使得系统输入输出关系必须通过微分/积分方程(或等价的传递函数)形式进行描述。

经过以上教学环节，学生能更充分理解动态系统的物理实质及其数学描述，并能善用各种数学工具进行传感器动态特性分析。

2.2　灵敏度定义

灵敏度是传感器重要的静态指标之一，在各种类型传感器学习中几乎都会涉及。教材[1]给出的灵敏度定义为"传感器到达稳定工作状态时输出变化量与引起此输出变化的输入变化量之比"，即：$K = \Delta y / \Delta x$。用数学语言描述：在 $x = x_0$ 处，当输入 x 的变化量 $\Delta x \rightarrow 0$ 时，该比值实际上就是函数 $y = f(x)$ 在 $x = x_0$ 处的导数 $f'(x_0)$，或点 (x_0, y_0) 处函数曲线切线的斜率问题，这也说明了为什么非线性传感器的灵敏度不是一个恒定的值，以其静态特性校准曲线的最小二乘拟合直线之斜率作为估算是统计意义下的最优解。

关于 $K = \Delta y / \Delta x$，值得强调的是：(1)任意输入 x 和对应的输出 y 都是静态量，即在"到达稳定工作状态"时获得，数学形式上 x 和 y 都是不关于时间 t 的量，这一点有别于系统动态输入 $x(t)$ 和输出量 $y(t)$ 都是关于时间 t 的函数；(2)同样的(传感器)系统，规定不同的输入和输出量，其灵敏度表达式也各异。

因此，在提及灵敏度这一指标时，除非不会产生歧义，最好明确交代系统相应的输入量和输出量，或给出确切的灵敏度定义。以电感传感器部分关于差动螺管式传感器灵敏度的讨论为例，文献[1]基于如下形式的差动输出表达式：

$$\frac{\Delta L}{L} = 2 \frac{\Delta l_c}{l_c} \frac{1}{1 + \left(\dfrac{l}{l_c}\right)\left(\dfrac{r}{r_c}\right)^2 \left(\dfrac{1}{\mu_r - 1}\right)}$$

得出"为了使灵敏度增大，应使线圈与铁芯尺寸比值 l/l_c 和 r/r_c 趋于1，且选用磁导率 μ_r 大的材料"的结论。如果灵敏度定义为相对变化量之比，即：

$$K = \frac{\Delta L / L}{\Delta l_c / l_c} = \frac{2}{1 + \left(\dfrac{l}{l_c}\right)\left(\dfrac{r}{r_c}\right)^2 \left(\dfrac{1}{\mu_r - 1}\right)}$$

以上结论没有问题。但如果灵敏度定义为自感系数 L 和铁芯长度 l_c 的相对变化量之比(类似的，文献[1]在变极板间距电容式传感器中定义其灵敏度为 $K = \Delta C / \Delta d$)，即：

$$K = \frac{\Delta L}{\Delta l_c} = 2 \frac{L}{l_c} \frac{1}{1 + \left(\dfrac{l}{l_c}\right)\left(\dfrac{r}{r_c}\right)^2 \left(\dfrac{1}{\mu_r - 1}\right)},$$

此时，使 l/l_c 趋于1，实际上就是增大 $l_c \rightarrow l$，会导致该定义下的灵敏度不增反降。

2.3　相对变化量、非线性误差估计

相对变化量也是一个重要的归一化(单位化)物理量，如表征几何尺寸相对变化大小

的应变，以及电阻、电容、电感等参数的相对变化量等，在不同类型传感器特性分析、灵敏度和非线性误差的讨论中都有涉及。以气隙型电感传感器为例，推导自感系数的相对变化量 $\Delta L/L$、灵敏度及非线性误差问题，文献[1]采用这样的步骤：通过在 $l_\delta = l_\delta \pm \Delta l_\delta$ 下对 L 的表达式进行烦琐的变形、级数展开以及忽略高次项等步骤求得。从数学的视角，这类问题实质上是已知函数 $y = f(x)$，求 $\Delta y/y$ 的问题，由于学生都已经具备高等数学基础知识，可以更一般意义地给出 $\dfrac{\Delta y}{y} \approx \dfrac{dy}{y} = \dfrac{f'(x)\,dx}{y}$ 的求解方式，如果涉及相应的非线性误差估计，实质上可归结 $y = f(x_0 + \Delta x)$ 在 x_0 处的泰勒级数展开问题：

$$y = f(x_0 + \Delta x)$$
$$= f(x_0) + f'(x_0)\Delta x + f''(x_0)(\Delta x)^2/2! + f'''(x_0)(\Delta x)^3/3! + \cdots$$

由泰勒级数展开公式，可以得到：

$$\Delta y \approx f'(x_0)\Delta x, \quad \frac{\Delta y}{y_0} = \frac{f'(x_0)\Delta x}{f(x_0)},$$

非线性误差：$\delta \approx f''(x_0)(\Delta x)^2/2!$。

借用以上数学语言，不仅可以处理任意复杂形式 $y = f(x)$ 的相对变化量和非线性误差估计，也能进一步提升学生对这类问题的认识深度。

3. 把握物理本质，避免死记硬背

除了通过数学语言对相关概念进行更精准描述，理解现象背后的物理本质也尤为重要。

以压电传感器中出现的正、逆压电效应为例，其物理实质是机械能-电能之间的可逆转化。而与机械能有关的物理量包括力（F）、应力（σ）、长度变化量（Δl）、应变（ε）等，与电能有关的物理量也很多，包括总电荷数（q）、极化强度或面电荷密度（P）、电场强度（E）、电压或电势差（U）等，这使得（正、逆）压电效应的定量关系可以有多种不同形式。如石英晶体压电效应的定量表述有：

纵向正压电效应：$P_{xx} = d_{11}\sigma_x$，$q_x = d_{11}F_x$，$U_x = \dfrac{q_x}{C_x} = d_{11}\dfrac{F_x}{C_x}$；

纵向逆压电效应 $\varepsilon_x = \dfrac{\Delta t}{t} = d_{11}E_x$，$\Delta t = d_{11}U_x$；

横向正压电效应：$P_{xy} = d_{12}\sigma_y$，$q_{xy} = d_{12}\dfrac{l}{t}F_y = -d_{11}\dfrac{l}{t}F_y$，$U_x = \dfrac{q_{xy}}{C_x} = -d_{11}\dfrac{l}{t}\dfrac{F_y}{C_x}$；

横向逆压电效应：$\varepsilon_y = \dfrac{\Delta l}{l} = d_{12}E_x = -d_{11}E_x$，$\Delta l = d_{12}\dfrac{l}{t}U_x = -d_{11}\dfrac{l}{t}U_x$。

为了使学生逻辑自洽地理解和应用这些公式而不是死记硬背，讲述清楚压电效应的物理本质是关键，并在此基础上把握压电效应量化表述的是单位化的基本物理量之间以压电系数（d）为纽带的线性关系。这里"单位化"的物理量包括：面电荷密度或极化强度（P：

单位面积的电荷量）、电场强度（E：单位长度之间的电势差）、应力（σ：单位面积的受力）、应变（ε：单位长度的改变量）等。对于正压电效应，应力和极化强度/面电荷密度是单位化的基本物理量，对于逆压电效应，电场强度和应变是单位化的基本物理量。因此，在以上众多不同形式的表述中，正压电效应的基本定量表述是应力和极化强度（面电荷密度）以压电系数为纽带的线性函数关系（$P_{xx}=d_{11}\sigma_x$，$P_{xy}=d_{12}\sigma_y$），逆压电效应的基本定量表述是电场强度和应变以压电系数为纽带的线性函数关系（$\varepsilon_x=d_{11}E_x$，$\varepsilon_y=d_{12}E_x$），其他都是这几个基本表达式的导出形式。

一般说来，单位化的物理量在工程应用中往往并不直观，使用受力大小、总电荷量、电压等宏观物理量更为方便，基于这些宏观物理量的压电效应定量表述的应用也更为广泛。

关于压电效应机理，值得补充的是，压电效应是一种物理现象，是某些特定材料（压电材料）在受到机械应力作用时产生电极化强度变化的特性，由材料的内部结构和性质决定。在文献［1］［2］有关压电陶瓷压电效应的讨论中，提及了来自材料本身且不能自由移动的束缚电荷和来自外界的可充放的自由电荷的概念，压电陶瓷片内的极化强度宏观上以等量异号束缚电荷的形式出现在两个电极面上，在这些束缚电荷的作用下，压电陶瓷片的电极面上吸附一层来自外界的与束缚电荷符号相反而数量相等的自由电荷，从而屏蔽和抵消了陶瓷片内极化强度对外界的作用。以上关于自由电荷的描述定性解释了电压表不能测出陶瓷片内的极化程度的原因以及自由电荷，并非压电陶瓷出现压电效应的必要条件，事实上即便在真空中，周围环境无法提供自由电荷，压电材料仍然可以表现出压电效应。此外，基于束缚电荷的极化也并非压电陶瓷所独有，石英晶体因晶格几何形变而出现的极化，本质上也是由束缚电荷产生的。

经过以上说明，学生可以更深刻地理解压电效应原理，逻辑清晰地梳理以基本表达式为核心的各种压电效应（正、逆、纵、横）的定量关系，无须对公式进行死记硬背。

4. 规范符号表示，避免表述混乱

在理工科类教材中，规范的符号表示对于确保信息的准确传递和避免混淆至关重要。

4.1 正弦量的向量（复数）表示

在传感器测量电路分析中，正弦信号的向量（复数）表示较为常见，但不少教材[1,2]对瞬时正弦量与复数符号表示的使用存在混乱。有关正弦量及其复数（向量）表示之间的区别、关联和使用可参见电路分析之向量法[3]。

一般采用小写字母表示瞬时量，小写黑体或大写黑体字母表示复数或向量，如用符号 $i(t)=I_m\sin(\omega t+\varphi_0)$ 表示交流电流的瞬时值，用 i、I、$\vec{I}$ 或 $\vec{\mathbf{I}}$ 等符号作为其相应的复数（向量）表示，正弦信号和其向量表示之间具有如下关系：

$$i(t)=I_m\sin(\omega t+\varphi_0)=R_{im}(\,\mathrm{i}\,e^{j\omega t})$$

文献[1]在压电式传感器测量电路的电压放大电路部分，作用力表示为 $\mathbf{F} = F_m\sin(\omega t)$，这里采用了黑体加粗符号 $\mathbf{F}$，且明确 $\mathbf{F}$ 为一个频率为 ω 的正弦量而不是通常意义上正弦信号的向量表示。

类似的，文献[1]给出压电元件产生的电压值表示为：

$$U_a = \frac{q}{C_a} = \frac{d_{33}F}{C_a} = \frac{d_{33}F_m\sin(\omega t)}{C_a} = U_m\sin(\omega t),$$ 可见这里的 $\mathbf{U}_a$ 也是一个频率为 ω 的正弦量。

接下来，给出放大器输入端的电压：$\mathbf{U}_i = d_{33}\mathbf{F}\dfrac{j\omega R}{1 + j\omega R(C + C_a)}$，这是一个交流电路分压问题，在该表达式中出现的 $\mathbf{U}_i$ 和 $\mathbf{F}$ 只能为正弦信号的向量表示。

以上表述混淆和错乱在文献[1][2]中均有出现。为了避免以上问题，需要规范正弦信号及其向量表示符号。正弦形式的作用力可改写为：$F = F_m\sin(\omega t + \varphi_0)$，黑体加粗符号 $\boldsymbol{F}$ 为其向量（复数）表示，即：$F = F_m\sin(\omega t + \varphi_0) = R_{im}(\boldsymbol{F}e^{j\omega t})$。

类似的，压电元件产生的电压值为：

$$U_a = \frac{q}{C_a} = \frac{d_{33}F}{C_a} = \frac{d_{33}F_m\sin(\omega t + \varphi_0)}{C_a} = U_m\sin(\omega t + \varphi_0),$$

U_a 的向量表示为 $\boldsymbol{U}_a$，显然有 $\boldsymbol{U}_a = \dfrac{d_{33}\boldsymbol{F}}{C_a}$。

这样，放大器输入端的电压才可以表示为：

$$\boldsymbol{U}_i = d_{33}\boldsymbol{F}\frac{j\omega R}{1 + j\omega R(C + C_a)}.$$

在文献[1]中"电荷放大器"部分，出现但没有明确说明其中出现的黑体 $\boldsymbol{U}_\Sigma$、$\boldsymbol{U}_{SC}$、$\boldsymbol{q}$、$\boldsymbol{i}$ 是正弦量还是相应的向量形式，建议明确交代 $\boldsymbol{q}$ 为正弦量 $q(t) = q_m\sin(\omega t + \varphi_0)$ 的向量表示形式，$\boldsymbol{i}$ 为同频正弦电流 $i(t) = \dfrac{\mathrm{d}q(t)}{\mathrm{d}t}$ 的向量表示等。事实上，这里各式中出现的黑体 $\boldsymbol{U}_\Sigma$、$\boldsymbol{U}_{SC}$、$\boldsymbol{q}$、$\boldsymbol{i}$ 必须是相应正弦量的向量表示。此外，在课堂教学中，还建议补充电荷和电流（瞬时信号之间满足微分关系）之间向量关系 $\boldsymbol{i} = j\omega\boldsymbol{q}$ 的简要说明，推导过程如下：

$$q(t) = q_m\sin(\omega t + \varphi_0) = R_{im}(\boldsymbol{q}e^{j\omega t}) \rightarrow i(t) = \frac{\mathrm{d}q(t)}{\mathrm{d}t} = \frac{\mathrm{d}\left[R_{im}(\boldsymbol{q}e^{j\omega t})\right]}{\mathrm{d}t} = R_{im}\left[(j\omega\boldsymbol{q})e^{j\omega t}\right]$$

又 $i(t) = R_{im}(\boldsymbol{i}e^{j\omega t})$，因而 $\boldsymbol{i} = j\omega\boldsymbol{q}$。

4.2　热电势符号表示及其参考方向

热电偶是基于热电效应的一种温度传感器，其回路总热电势 $E_{AB}(T, T_0)$ 由接触电势 $e_{AB}(T)$ 和温差电势 $e_A(T, T_0)$ 贡献。为了方便分析热电偶回路的热电势，建议对这两个电势的符号表示和相应的参考方向进行规范和说明。以 $e_{AB}(T)$ 为例，其表达式如下：

$$e_{AB}(T) = \frac{kT}{e}\ln\frac{n_A}{n_B}$$

$e_{AB}(T)$ 作为一个电压量，是具有大小和方向的，一旦定义了 $e_{AB}(T)$ 形如上式的关于温度 T、n_A 和 n_B 的表达式，就意味着规定了 $e_{AB}(T)$ 的参考正方向是在 A、B 接触点处从 $A \to B$。

类似的，温差电势 $e_A(T, T_0) = \int_{T_0}^{T} \sigma \mathrm{d}T$，其参考正方向是在 A 中从 $T \to T_0$。

明确以上两类电势的符号表示及其参考方向后，在热电偶的几个基本定律推导和其他分析计算中，就不至于造成混淆。

4.3 霍尔效应中的符号表示

霍尔元件是很重要的一类磁敏传感器，有关其基本工作原理(霍尔效应)的讨论涉及载流子(电子或空穴)运动及其受到的洛伦兹力、霍尔电场、霍尔电势的符号表示及定量推导，其中速度、受力和电势等物理量都是既有大小又有方向的矢量。以 N 型半导体霍尔效应分析为例，其原理示意图如图 3(1)所示，可建立如图 3(2)所示的笛卡儿坐标系，其中 x、y、z 轴方向单位矢量分别为 $\boldsymbol{e}_x$、$\boldsymbol{e}_y$、$\boldsymbol{e}_z$，在矢量符号表示的基础上进行霍尔效应分析。

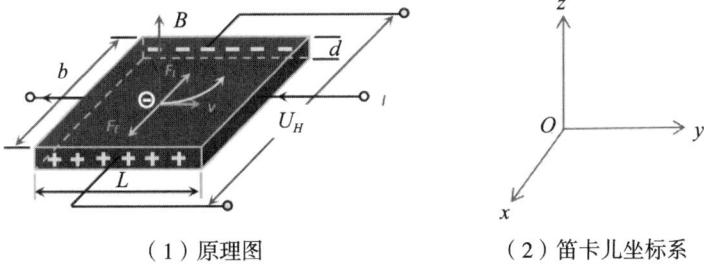

（1）原理图　　　　　　（2）笛卡儿坐标系

图 3　N 型半导体霍尔效应原理图和相应的笛卡儿坐标系

图 3(1)所示电子速度大小为 v，方向向右(与 y 轴正方向一致)，其矢量形式为 $\boldsymbol{v} = v\boldsymbol{e}_y$，类似的磁感应强度 $\boldsymbol{B} = B\boldsymbol{e}_z$，半导体中的自由电子受洛伦兹力 $\boldsymbol{F}_L$ 的作用，其值为：

$$\boldsymbol{F}_L = -e\boldsymbol{v} \times \boldsymbol{B} = -e(v\boldsymbol{e}_y) \times (B\boldsymbol{e}_z) = -evB\boldsymbol{e}_x$$

这里，e 为电子电量。

在电子偏转作用下，建立霍尔电场 $\boldsymbol{E}_H$，相应的霍尔电压为 $\boldsymbol{U}_H = \boldsymbol{E}_H b$，显然其实际方向与 x 轴参考正方向相反，作用于电子的力 $\boldsymbol{F}_E$ 为：

$$\boldsymbol{F}_E = -e\boldsymbol{E}_H = -e\boldsymbol{U}_H/b$$

根据霍尔电场的定义，此时电子达到动态平衡，即 $\boldsymbol{F}_E + \boldsymbol{F}_L = \boldsymbol{0}$。

$$-e\boldsymbol{v} \times \boldsymbol{B} - e\boldsymbol{E}_H = -e\boldsymbol{v} \times \boldsymbol{B} - e\boldsymbol{U}_H/b = 0$$

$$\boldsymbol{U}_H = -b\boldsymbol{v} \times \boldsymbol{B} = -b(v\boldsymbol{e}_y) \times (B\boldsymbol{e}_z) = -vBb\boldsymbol{e}_x。$$

电流密度 $\boldsymbol{j} = -ne\boldsymbol{v} = -nev\,\boldsymbol{e}_y$，相应的电流强度为 $I = js = -nevbd = -nevbd\,\boldsymbol{e}_y$，其中 n 为单位体积中的电子数，$s = bd$ 为霍尔元件控制电流方向横截面积。

类似的，其他分析和推导也完全可以在矢量运算范畴内开展。

这里讨论的各种物理量，都是只有三个方向（x、y、z）之一的特殊矢量，出于简化计算的考虑，也可以不采用矢量形式，在规定参考正方向的前提下，通过简单的代数运算给出各物理量的大小，用正负符号表示其真实方向。必须指出，在没有明确规定参考系的情况下，这种"带符号的似矢量而非矢量"的符号表示并不规范，特别是参与运算后，容易引起不必要的混乱。

以 $\boldsymbol{F}_L = -evB\,\boldsymbol{e}_x$ 为例，可以记为 $\boldsymbol{F}_L = F_L\,\boldsymbol{e}_x$，其中 $F_L = -evB$，是一个在定义的参考正方向下的有符号的代数量，从而可以用 F_L 代替 $\boldsymbol{F}_L$，这正是文献[1][2]采用的符号表示方式，而文献[2]则表示为 $F_L = qvB$（式中用 q 表示电子电荷量，即同 e）。遵循该约定，霍尔电压 U_H 表示成 $U_H = -vBb$（文献[1]记为 $U_H = vBb$），电流密度 $j = -nev$，电流强度 $I = -nevbd$。

综上，为了避免混乱，必须使用规范的符号表示。如果学生已具备矢量分析及其运算基础知识，完全可以在矢量范畴下进行所有分析和推导。简化情况下，即便采用有符号的代数量替代矢量，也必须首先建立统一的坐标系，即规定好各物理量的参考正方向。

5. 结语

本文结合现有教材问题与教学实践，从四个方面探讨了传感器课程教学中培养学生数理思维的思考与建议。期望这些建议能为课程教学体系的完善提供有益参考，切实提升学生数理思维能力，助力其在传感器技术及相关领域的学习与发展。

◎ **参考文献**

[1] 王化祥，崔自强 . 传感器原理及应用［M］. 5 版 . 天津：天津大学出版社，2021.

[2] 吴琼水 . 传感器技术及应用［M］. 北京：高等教育出版社，2023.

[3] 邱关源 . 电路［M］. 5 版 . 北京：高等教育出版社，2006.

微波技术实验教学的探索与实践

张　兰　张云华　龚　韵　顾旭东

(武汉大学　电子信息学院, 湖北　武汉　430079)

【摘　要】在"双一流"建设的背景下, 针对电子信息学院微波技术实验教学现状和存在的问题, 从优化实验教学内容、开展实验平台建设和教学资源建设、探索教学方式等几个方面展开研究和实践。实践结果表明, 优化后的实验系统更具有专业特色, 增加了多项与科研及工程应用紧密结合的实践内容, 并完善了教学实施过程, 使其在形式、内容和方法上能够较好地满足教学要求, 学生对课程评价较高、实践能力显著提升, 达到了预期效果。

【关键词】微波技术实验; 教学内容; 实验平台; 教学资源

【作者简介】张兰(1982—　), 女, 湖北枣阳人, 博士, 武汉大学地球与空间科学技术学院高级实验师, 主要从事无线电海洋遥感研究和射频实验教学工作, E-mail: zhanglan@whu.edu.cn; 张云华(1981—　), 男, 湖北鄂州人, 博士, 武汉大学地球与空间科学技术学院副教授, 主要从事天线、电磁超表面设计和目标电磁特性建模与目标识别等研究及微波技术教学工作, E-mail: zhangyunhua@whu.edu.cn; 龚韵(1983—　), 男, 湖北武汉人, 博士, 武汉大学地球与空间科学技术学院教授, 博士生导师, 主要从事中高层大气和电离层物理, 以及无线电雷达信号处理等工作, E-mail: yun.gong@whu.edu.cn; 顾旭东(1979—　), 男, 湖北随州人, 博士, 武汉大学地球与空间科学技术学院教授, 主要从事空间物理、空间探测技术, 甚低频波动探测和应用等研究及微波技术教学工作, E-mail: guxudong@whu.edu.cn。

0. 引言

随着现代科技的进步, 微波技术在无线通信、导航、遥感和生物医学等领域发挥着关键作用。微波技术课程是学校国防紧缺专业——"电波传播与天线"(国家一流专业)、质廷学术人才试点班等的专业必修课程, 同时也是"电磁场与波"系列课程(包含电磁场理论、微波技术、射频电路、天线原理等)中承上启下的核心课程。然而该课程的传输线、波导场、微波网络理论等重要内容的概念抽象、理论性及工程应用性极强[1], 很多学生在学习过程中无法获得直观理解, 也很难真正领悟其本质和物理内涵, 常常会谈"场"茫然，谈"波"色变[2]，因此实践教学显得尤为重要。

目前，电子信息学院的电磁场理论课程没有设置实验部分，微波技术实验作为此系列的第一门实验课，其教学目的是要求学生通过实验学习微波测量的基本方法，研究微波系统和关键微波电路的评估方法，通过对电磁场与微波的实际工程问题的分析、建模、优化和实现，使得学生受到良好的微波工程化教育，并为后续的系列课程学习奠定良好的基础。然而，受系统工作频率较高、微波电路为分布参数、电路在实验室中加工难度大、测量设备价格昂贵且实验操作复杂等因素的限制，微波技术实践教学的开展面临着重大挑战[3,4]。

为此，国内外很多高校展开了探索与实践，西安电子科技大学的"微波技术与天线"实验内容包含传输线特性与测量实验、微波虚拟实验等内容，将三维电磁场仿真软件引入教学中，仿真分析了负载阻抗匹配和矩形波导工作特性；哈尔滨工程大学研制了一套面向二端口网络[S]参量测量的虚拟仿真系统，配合实验教学，形成一套虚实结合的全新教学方法[5]；北京航空航天大学的微波技术实验包含微波测量线实验、网络分析仪实验、分体微波通信实验等内容[6]；厦门大学的电磁场与微波技术实验中的微波部分主要是用EDA软件完成滤波器、谐振器、匹配及PCB布板等的设计；大连海事大学将微波输电的智能无线数据采集系统引入微波天线类课程作为综合型实验[7]；杭州电子科技大学将传输线色散特性仿真实验[8]、传输线理论虚拟实验[1]等引入微波技术基础实验。

因此，在当前深入推进"双一流"建设的背景下，结合微波技术实践教学在课程体系及人才培养中的地位，课程组以国家级电工电子示范中心为依托，对近年来微波技术实践教学中存在的问题进行了分析与总结，结合学科优势开展电子信息类微波技术实践教学改革的探索，建立了虚实结合、优势互补的实践教学体系，并将其应用于教学，为培养电波传播与天线等专业人才进行了有益的探索和实践。

1. 实验课程内容优化

"微波技术"课程是电子信息类专业本科学生的一门微波工程与射频技术专业方向课程，深入介绍导行电磁波传播规律和微波器件基本理论。武汉大学很早开始面向本科生开设微波技术理论课程和独立学分的微波技术实验课程，这些课程是高频电子线路和电磁场理论等课程的后续课程。从2018版培养方案开始，将实验课程和理论课程合并，成为一门集理论和实践于一体的专业课程。传统的微波实验以波导测量实验为主，对加深学生对理论知识的理解和掌握产生了较好的效果，但不容忽视的是，其实验平台和内容单一、设计性不强、系统性不足，而且与实际的工程应用明显脱节，教学效果亟待改善。课程组对近年来微波技术实践教学中存在的问题进行了分析与总结，优化了实验教学内容，实验内容优化思路和过程如图1所示。图1清晰展示了实验内容优化的流程，从传统实验基础出发，对原有以波导测量线为主的测量实验内容进行分类和优化，将原理验证性实验与工程应用背景相结合，并经过仿真设计增加综合创新性实验内容，经过整合、优化与补充，形成层次化、多样化且工程化的实验内容体系。

原实验内容	实现方法	优化后的实验内容
微波测量实验（32学时） （1）微波实验系统认识及波长测量 （2）测量线调整与晶体定标 （3）电压驻波比测量 （4）阻抗测量 （5）阻抗匹配 （6）二端口微波网络参量的测量 （7）谐振腔Q值的测量 （8）典型微带电路的测量	结合教学重点，将实验内容分成三个部分，均含实物测量（波导实验系统为主）和仿真（形式多样化），丰富实验内容，增加灵活性	设计测量性实验（28学时） （1）传输线特性分析实验（12） •传输线工作状态仿真与应用 •电压驻波比测量 （2）微波网络参量测量与仿真（4） •二端口微波网络参量的测量 （3）微波电路设计与测量（12） •阻抗测量与阻抗匹配 •可调衰减器的测量与特性分析 •基于网络分析仪的微带电路测量
设计仿真实验（4学时） 匹配电路的设计	结合实际的项目或者科研成果提供综合实验平台，进行系统设计、参数计算、功能模块仿真	综合创新性实验（8学时）多选一 •宽带匹配电路的设计与仿真 •天线匹配电路的设计与实现 •矩形波导建模与仿真 •反射阵列天线设计

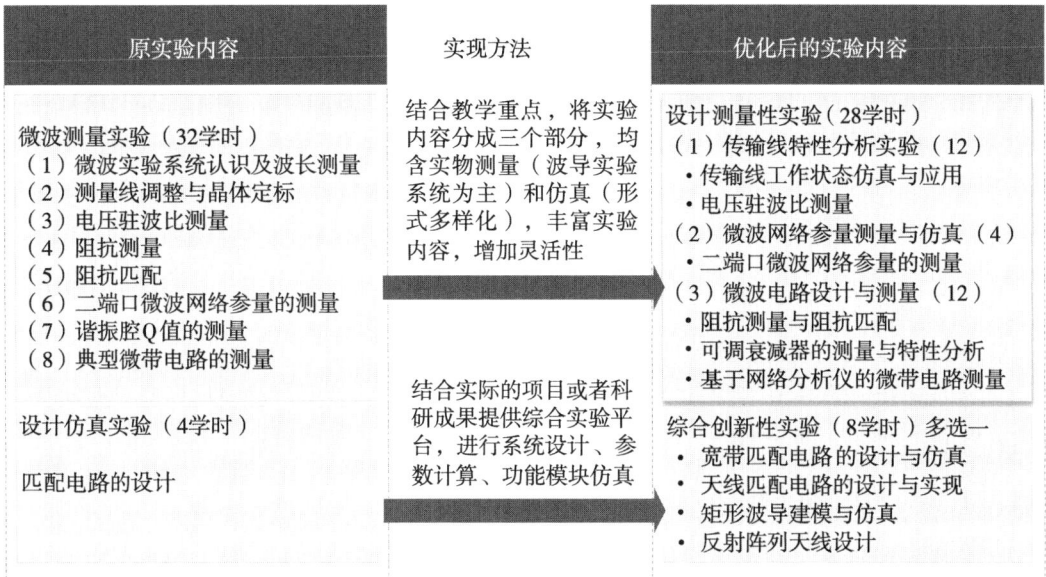

图 1　实验内容优化过程示意图

1.1　实验项目层次化

目前，通过整合、优化和补充，项目组共设计了 10 个独立实验项目，如图 1 所示。这些项目内容安排遵循由基础训练到设计训练、由传输线特性分析到系统研究、实验内容虚实结合的原则，每个实验项目设置了基础要求和扩展要求，满足不同层次学生的不同要求。对于硬件实验，也在测量工具的先进性和多样性方面做了调整和优化。

从难度上把实验项目分为设计测量性(28 学时)、综合创新性(8 学时)两个层次。设计测量性实验要求学生根据实验要求设计合理的微波测量实验方案，包括选择合适的测量方法、仪器设备，确定实验步骤和数据处理方式等，使学生掌握各种微波电路分析与测量方法，培养对微波关键内容的实际操作和分析能力，为后续深入学习和工程实践奠定基础。内容上主要包括传输线工作状态仿真与应用实验[9]、微波网络参量测量与仿真实验和典型微波电路测量实验等。综合创新性实验以"应用问题-解决问题"为中心组织教学内容，通过让学生自主选择题目完成微波系统分析与设计，锻炼学生解决实际问题的能力，激发学生创新思维，提升学生的综合设计能力。实验中给出了宽带匹配电路的设计、天线匹配电路的设计、利用 HFSS 完成矩形波导建模与仿真、反射阵列天线设计等多个综合设计题目，让学生自主选择一个完成。其中，天线匹配电路的设计和宽带匹配电路的设计，要求学生完成不同要求和不同场景下匹配电路的设计与实现；矩形波导建模与仿真，要求学生利用 HFSS 对矩形波导进行建模，分析其不同模式的电磁场分布色散特性，并对其不同开槽模式的电磁场分布进行分析；反射阵列天线设计来源于实际科研项目，让学生采用电磁超表面单元设计一款具有高增益的反射阵列天线。

1.2 实验形式多样化

从形式上增加了多个仿真实验项目，利用电磁场仿真软件 ADS、HFSS 等灵活自主完成不同类别微波电路的设计与仿真，将不容易实体化的传输线理论、阻抗匹配过程可视化，丰富了微波电路设计实验项目，并依据科研成果设立了综合创新性实验项目，形成了虚实结合、设计性和综合性并重的层次化实验项目体系。通过将仿真实验融入教学，学生可在软件中模拟不同微波电路，直观地观察传输线工作状态以及阻抗匹配过程等，增强对抽象知识的理解。同时，与实物模块和工程应用场景相结合，学生能更好地将理论与实践联系起来，提高实验效率和学习效果。

对于综合性实验项目，学生自主选择，至少完成一项，最终通过现场测试+PPT 答辩的方式完成验收。对于感兴趣的同学支持多做，并可根据实验结果对项目内容进行扩充和深化，后续可通过大学生科研、毕业设计等形式继续深入学习与研究。

1.3 实验内容工程化

实验内容设置上将知识体系融入解决应用问题中，以传输线工作状态仿真与应用实验为例进行介绍。该实验以同轴电缆故障检测为应用背景进行案例设计，尝试采取较低成本、较常见问题和较形象方式来完成实验项目选择和实验内容设置。

该实验案例设计如图 2 所示，从该图可以看出传输线工作状态仿真与应用实验由传输线工作状态仿真和同轴电缆故障检测两部分内容组成，包含基本任务和进阶任务。

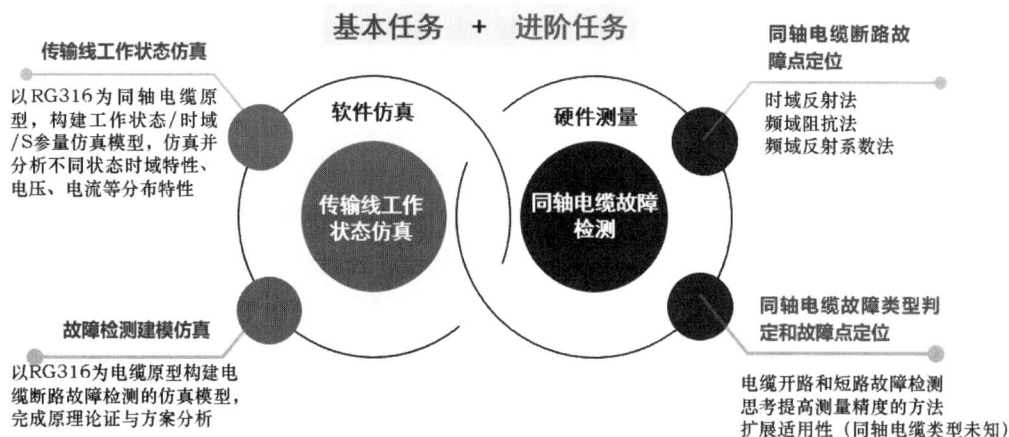

图 2 传输线工作状态仿真与应用实验设计

首先将传输线理论与实际的工程应用相结合，通过同轴传输线工作状态仿真分析，完成同轴线故障检测建模和理论仿真。选取微波工程中常见的同轴电缆型号作为分析对象，利用仿真软件搭建传输线测量系统，模拟同轴电缆在不同状态(终端短路、开路和匹配)

的工作情况，仿真并分析不同状态进行时域特性、电压、电流、阻抗等分布特性和反射系数等参量随信号频率变化特性。通过虚拟仿真的形式让学生建立起传输线的基本概念，并对其电特性和工作状态有比较清晰的认识和理解。

在此基础上，用终端开路和短路同轴电缆来模拟电缆断路故障和短路故障，让学生们基于传输线特性自主选择合适的测量方法，利用网络分析仪等测量仪器完成不同同轴电缆状态判定和长度测量，模拟电缆故障点检测过程。

这样，整个案例的仿真设计和硬件测量并不是重复关系或者简单的相互验证关系，而是理论仿真与工程应用相结合以及工程问题的理论建模，通过这样一个过程，希望能够让学生去主动思考传输线理论内涵及其对工程应用的指导，并在应用中深化对理论的理解，从而达到调动学生参与实验的兴趣和积极性、提高学生理论联系实践能力和工程素质的目标。

通过这样的实验内容工程化设计，学生不仅深入理解了传输线理论，还学会将理论应用于解决实际工程问题，切实提升了学生的工程素质，培养了学生从工程角度思考和解决问题的能力。

2. 实验平台建设

实验平台的建设对于实验教学的开展是至关重要的。项目之初，实验平台仍以波导测量线为主，实验现象直观但其测量方式早已不是业界主流方式，而业界常用的矢量网络分析仪等只有2套，且平台不支持网络共享，无法满足实验教学和人才培养需求。实验项目进行中，采用如图3所示的建设思路，从硬件实物平台和虚拟仿真平台两个方面开展实验平台建设，通过实验室环境升级改造、仪器设备购置、仿真实验平台建设等相结合的方式开展了集实物测量平台和虚拟仿真平台于一体的实验平台建设。

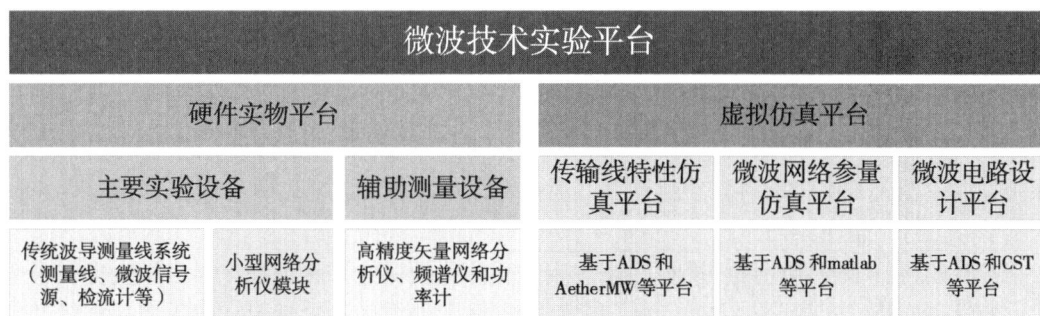

图3　实验平台建设思路

实验室环境升级改造。2022年对实验室网络环境进行了升级改造，保障了网络流畅性，并更新补充实验台电源，为实验教学提供更好的环境支持。此外，积极开展仪器设备购置。依托修购计划，引入20套小型矢量网络分析仪模块NanoVNA进入微波技术实验，同实验室已有 2 台矢量网络分析仪、信号源、功率计和频谱分析仪相结合，使学生能够有更多机会接触和使用业界通用微波测量仪器，提高测量结果准确性。开展仿真实验平台建设，依托科研成果和 ADS、Matlab、CST 等设计软件，开发了传输线特性仿真和反射阵列天线设计与仿真平台等，设计了多个综合创新性实验项目。新的实验平台紧密结合实验教学内容，实物测量平台使学生能够实际操作业界通用仪器，加深对实验原理的理解；虚拟仿真平台则为学生提供了更多探索和创新的空间，如传输线特性仿真和反射阵列天线设计与仿真平台，让学生在虚拟环境中进行复杂实验，降低实验成本和风险。虚实结合的平台提升了学生的实验学习体验，使学生能够更主动地参与实验，提高学习效果。

3. 教学资源建设

在当前充分利用教育数字化开辟发展新赛道的背景下，课题组重新梳理了课程的体系结构和知识图谱，大力推动实验教材和课程网站的建设，建设了由教材、多媒体课件、教学网站等构成的立体化教材体系，有利于学生自主学习的开展，达到优化教学效果的目的。

结合调整后的实验教学内容和新的实验平台，优化了实验讲义。为了方便学生进行实验预习，实验教材对实验原理的讲述更加详细，详细阐述实验步骤和操作规程，使学生只需阅读实验教材，就能了解实验背景和原理并开展实验，而不必拘泥于实验课与理论课的组织顺序，更加灵活机动。

此外，同步更新了多媒体课件。多媒体课件以图文并茂、视频嵌入的形式，详细介绍常用仪器操作和仿真软件使用，并对实验过程中容易出现的问题进行强调。针对微波测量仪器操作复杂等特点，加入常用仪器的操作介绍、注意事项和使用视频，方便学生随时回顾重点内容，同步操作仪器。针对微波仿真软件功能强大而不易上手的问题，在课件中增加对软件的详细介绍和使用说明等，软件介绍部分所给步骤清晰，方法明确，关键参数配置给出了说明，并给出多个设计实例，引导学生一步一步地实际操作，有效降低学生对复杂软件的畏难情绪，提高学生自主学习软件的能力，进而提升实验操作的准确性和效率。

课程网站的建设。借助武汉大学珞珈在线平台，建设了微波技术教学网站，把课程相关的教学资源都放在教学网站上共享，让学生随时随地都能够学习课程相关的内容。此外，收集了相关的参考资料和经典网站，通过 QQ 课程聊天群把这些资料推送给学生，使学生能够更好地自主学习。

实验教材、多媒体课件和课程网站构成的立体化教材体系相互补充，为学生提供了全方位的学习支持。实验教材方便学生预习，多媒体课件辅助课堂学习，课程网站提供课后复习和拓展资源，共同优化教学效果，提升学生自主学习能力。

4. 教学方式探索

在教学方式上，课程组也进行了探索和实践，突出学生学习的主体地位。与传统以教师为主导的教学方式不同，本课程组采用的引导、讨论式教学，突出学生主体地位。通过实验应用背景引入，激发学生学习兴趣，引导学生主动思考，培养学生自主探究能力。在设计测量性实验中给予学生更大自主性，鼓励学生自选方案，相比传统按部就班的实验方式，更能激发学生创新思维，提高学生解决实际问题的能力。

以综合实验项目开展为例，整个教学过程包括课前、课堂和课后三个环节。课前学生自主准备，通过学习资料和演示视频，初步了解实验原理和方法，培养自主学习能力。课堂上学生在教师引导下深入思考，自主设计选题，锻炼了学生分析问题和解决问题的能力。课后学生完善设计、提交报告，进一步提升了学生的总结归纳和书面表达能力。对于深入学习的同学，拓展机会有助于其深化知识理解，提升专业素养。实验考核与评价包含现场验收和实验报告，其中现场验收主要考核学生综合实验项目的基础要求和进阶要求的完成程度，包括结果演示和 PPT 答辩等。实验报告主要考核学生对设计任务的理解程度、理论分析、仿真系统的正确性、结果分析及实验结论的合理性等。

5. 教学效果与反馈

通过课程组几年的努力，微波技术实验教学内容和形式有了较大的变化，改革后的实验方案无论是教学内容的丰富性和层次性，还是教学方法的灵活性均比以前有较大的提高。从实验教学效果来看，学生们能够结合课堂教学和实验室开放很好地完成学习和自主实验，课堂讨论交流气氛热烈，学习积极性和主动参与度都比较高，综合设计实验完成效果较好，尤其是设计效果和实验报告的撰写质量有较明显的提升。学生在调查问卷和评教系统中也给出了较好评价和反馈，表示"实验内容丰富有趣，软硬件兼施，教学内容丰富，能调动学生积极动手能力""理论课与实验课结合，提高了学习兴趣，对实验流程认知也更加清晰""微波技术这门课中不仅学到了理论知识，更通过实验和课程设计锻炼了动手能力和分析解决问题的能力，非常有收获，激发了我进一步学习的兴趣""课程实施了与科研相关的新型实验，为同学们未来的科研学习生活打下了新的基础"。不少同学对此产生了浓厚的兴趣，在后续的电子设计竞赛等比赛中有多组选择了无线传输、传输线测量等相关赛题，并取得了国家级奖项，达到了预期教学效果。

6. 结束语

微波技术是一门广泛应用却难教难学的课程，针对微波技术实验教学中存在的问题，课程组从优化实验教学内容、开展实验平台建设和教学资源建设、探索教学方式等几个方面展开研究和实践，让学生能接触到更多的与科研及工程应用紧密结合的微波技术相关内容，在学习的过程中能充分发挥主观能动性，从而达到培养具有良好数理基础和较强系统能力的微波工程类人才的目的。实践表明，改革后的微波技术实验既具有专业特色，又更加适合教学的开展，在形式、内容和体系上能够更好地满足教学要求，达到了预期效果。

◎ 参考文献

［1］赵同刚，赵安新，陈迅．电磁场与微波技术实验教学改革和探索［J］．北京邮电大学学报（社会科学版），2015，17（3）：101-105．

［2］骆新江，张忠海．传输线理论场的可视化教学实验［J］．实验室研究与探索，2019，38（3）：139-143．

［3］王亚飞，李学华，张兰杰，赵彦晓．开盲盒式"微波技术基础"课程系列测量实验方案设计［J］．实验科学与技术，2024，22（9）：1-6．

［4］许河秀，王彦朝，杨亚飞，彭清．基于"EIE-CDIO"模式的微波技术与天线实验教学改革探索［J］．高等工程教育研究，2022（6）：70-74．

［5］闫奕名，赵春晖，廖艳苹，宿南，冯收．微波二端口网络［S］参量测量虚拟仿真实验系统设计［J］．实验室研究与探索，2022，41（12）：144-148．

［6］全绍辉，白明，张岩，洪韬，武建华．电磁场与微波技术系列课程及其实验教学体系设计初探［J］．工业和信息化教育，2016（7）：36-41．

［7］李婵娟，滕君华，傅世强，李超，房少军．综合探究型微波技术实验教学的研究［J］．实验技术与管理，2018，35（3）：219-222．

［8］潘柏操．电磁仿真在微波技术色散特性实验中的应用［J］．实验技术与管理，2021，38（5）：171-174．

［9］张兰，陈一铭，张云华．虚实结合的传输线工作状态仿真与应用实验设计［J］．实验室研究与探索，2024，43（5）：111-115．

论我国涉海法治人才培养的路径

杨泽伟

（武汉大学　国际法研究所，湖北　武汉　430072）

【摘　要】党的二十届三中全会的决定等相关的政策文件，擘画了涉海法治人才培养的蓝图。我国涉海法治人才的培养，首先要根据近年来部分高校实施的涉海法治人才培养的经验教训，进一步完善涉海法治人才培养的顶层设计；其次是确立涉海法治人才的标准，如政治立场坚定、具备扎实的国内法知识和海洋法知识等；再次是从理论层面积极构造海洋法学的学科体系、从实践角度落实涉海法治人才培养机制的创新路径；同时，针对联合国系统中的中国籍国际职员实际比例远低于其应占比例、高级职位数量也偏少、代表性严重不足等问题，实施涉海国际组织后备人才培养计划；最后是进一步明确新时代中国海洋法学的任务与海洋法学者使命，如为海洋命运共同体的构建提供法治保障、海洋法的教学与研究应凸显中国海洋法的理论与实践等。

【关键词】涉海法治人才；海洋法学；国际法；国际组织

【作者简介】杨泽伟，法学博士，武汉大学国际法研究所弘毅特聘教授，E-mail：fxyyzw@ whu. edu. cn 或 2293639101@ qq. com。

【基金项目】本文系作者主持承担的 2022 年度教育部哲学社会科学研究重大课题攻关项目"全球治理的区域转向与中国参与亚洲区域组织实践研究"（项目批准号为：22JZD040)阶段性成果之一

2024 年 7 月 18 日，党的二十届三中全会通过的《中共中央关于进一步全面深化改革推进中国式现代化的决定》明确提出："加强涉外法治建设。建立一体推进涉外立法、执法、司法、守法和法律服务、法治人才培养的工作机制。完善涉外法律法规体系和法治实施体系，深化执法司法国际合作……积极参与国际规则制定。"①党的二十届三中全会的决定，为我国涉海法治人才的培养指明了方向。因此，深入探讨和研究我国涉海法治人才培养的路径，无疑具有重要的理论价值和现实意义。

一、完善涉海法治人才培养的顶层设计

早在 2021 年 8 月 23 日，中共中央办公厅就在有关文件中要求，加快推进涉外法治人

---

① 中共中央关于进一步全面深化改革　推进中国式现代化的决定(2024 年 7 月 18 日)［N］. 人民日报，2024-07-22(1).

才培养。2021 年 9 月，《教育部对十三届全国人大四次会议第 8342 号建议的答复》指出：
"加强国际法学科建设和涉外法治人才培养，对于协调推进国内治理和国际治理，更好维护国家主权、安全和发展利益具有重要意义。"①2021 年 12 月，《教育部关于加快高校涉外法治人才培养的实施意见》要求："到 2025 年，形成与国家发展需求相适应的涉外法治学科专业体系，建立以实践为导向的涉外法治人才培养机制，打造一批涉外法治人才培养示范区……到 2035 年，建成中国特色、世界一流的高校涉外法治人才培养体系。"② 2022年 5 月，中宣部、教育部联合印发的《面向 2035 高校哲学社会科学高质量发展行动计划》提出，要以习近平总书记关于哲学社会科学工作的重要论述为根本指引，推进学科体系、学术体系、话语体系建设，特别是学科体系建设方面要着力优化学科专业布局；到 2025年的发展目标是全方位、全领域、全要素的高校哲学社会科学体系构建迈出坚实步伐，学科、学术、话语三大体系建设实现重大突破；到 2035 年，中国特色、世界一流的高校哲学社会科学体系总体形成。③ 2023 年 2 月，中共中央办公厅、国务院办公厅印发的《关于加强新时代法学教育和法学理论研究的意见》进一步强调："持续培养大批德才兼备的高素质法治人才，构建起具有鲜明中国特色的法学学科体系、学术体系、话语体系。"

上述文件擘画了涉海法治人才培养的蓝图。因此，我们有必要根据近年来部分高校实施的涉海法治人才培养的经验教训，进一步完善涉海法治人才培养的顶层设计，如成立中国海洋法学会教学指导委员会，旨在把习近平新时代中国特色社会主义思想、习近平法治思想以及习近平总书记涉海重要论述④，融入海洋法的教学研究和涉海法治人才的培养过程中。

二、确立涉海法治人才的标准

《中华人民共和国国民经济和社会发展第十四个五年规划和 2035 年远景目标纲要》明确提出："加强涉外法治体系建设，加强涉外法律人才培养。"《中共中央关于进一步全面深化改革　推进中国式现代化的决定》再次强调："建立一体推进涉外立法、执法、司法、守法和法律服务、法治人才培养的工作机制。"⑤可见，人才培养在我国涉海法治体系建设中具有基础性、战略性、先导性的地位和作用。

然而，涉海法治人才应该具备什么样的条件、建立何种标准，还有待进一步明确。对此，学者们也有不同的看法。例如，黄瑶教授认为，国际法律人才应具备的综合性素质包

---

①　教育部对十三届全国人大四次会议第 8342 号建议的答复（教高建议〔2021〕120 号）〔EB/OL〕. http：//www. moe. gov. cn/jyb_xxgk/xxgk_jyta/jyta_gaojiaosi/202109/t20210907_560085. html.

②　教育部关于加快高校涉外法治人才培养的实施意见（2021 年 12 月 31 日）（教高〔2021〕3 号）〔Z〕.

③　参见中宣部，教育部. 面向 2035 高校哲学社会科学高质量发展行动计划（2022 年 5 月 27 日）.

④　参见自然资源部海洋发展战略研究所课题组. 中国海洋发展报告（2024）〔M〕. 北京：海洋出版社，2024：1.

⑤　中共中央关于进一步全面深化改革　推进中国式现代化的决定（2024 年 7 月 18 日）〔N〕. 人民日报，2024-07-22（1）.

括：扎实的国内法律基础知识和基础能力；国际法规则的理论知识和实务运用能力；外语应用能力；跨学科通识和基本理论，尤其是国际经济、世界历史、国际政治等方面的知识及基本理论；国际上争取法律话语权和议题设置的能力。① 黄进教授指出，国际法理论和实践知识是涉外法治人才必须具备的核心知识理论、核心实践能力和核心专业素质；涉外法治人才应该是复合型、应用型、创新型和国际型的法治人才，首先要夯实法学基本知识理论基础，学会中国国内法，同时要强化外语、国际政治、国际关系、国际经济与贸易、世界历史、跨文化交流等方面的知识、能力和素养。②

我们认为，涉海法治人才至少应达到以下四大标准：一是政治立场坚定，热爱祖国，拥护中国共产党的领导，牢固树立"四个意识"，坚定"四个自信"，做到"两个维护"，在思想和行动上与党中央保持高度一致；二是扎实的国内法知识和国际法知识包括海洋法知识；三是外语能力，包括在国际上争取法律话语权和议题设置的能力；③ 四是跨学科的知识，如国际政治、国际关系、国际贸易和世界历史等方面的知识及理论等。④

三、创新涉海法治人才的培养机制

创新涉海法治人才的培养机制，既需要从理论方面进行深入思考，也需要从实践角度进行积极探索。

(一)从理论层面积极构建海洋法学的学科体系

积极构造海洋法学的学科体系，是进一步落实习近平总书记有关学科建设指示精神的客观要求。海洋法学的学科体系主要包括理论体系、研究对象、概念体系和教材建设等。就理论体系而言，海洋法学作为法律的一个特殊体系，应发展出自己独特的理论体系，且涵盖了不同层次、不同领域；从研究对象来说，海洋法学包括涉海的法律规范、法律关系和法律现象，其中法律规范既包括国际条约、国际习惯、一般法律原则、国际软法等国际法规范，也囊括国内法中的涉海规范等；而概念体系则由包含国际条约和国际习惯等渊源概念、国家和国际组织等主体概念、领海和毗连区等客体概念、主权和管辖权等权利概念、国际合作与和平解决国际争端等义务概念、国家责任和国际组织的责任等责任概念的几组核心概念组成。此外，鉴于教材在学科体系建设和人才培养中发挥了不可或缺的作

---

① 参见黄瑶. 大国崛起需要高层次国际法人才支撑——关于培养国际法律人才的思考[C]//魏磊杰. 大国崛起与国际法教育. 北京：当代世界出版社，2022：28.

② 参见黄进. 完善法学学科体系，创新涉外法治人才培养机制[J]. 国际法研究，2020(3)：9.

③ 参见杨泽伟. 新时代中国国际法学科体系的构造[J]. 武汉大学学报(哲学社会科学版)，2024(1)：26.

④ 有学者认为，涉外法治人才培养成功与否的标志在于有多少律师活跃在国际法律服务市场。如果各国政府、跨国公司进行国际诉讼或仲裁时纷纷聘请中国律师，那么我们就可以自豪地说，中国的国际法教育包括涉外法治教育是成功的。参见郑志华. 中国国际法教育应向何处去？[C]//魏磊杰. 大国崛起与国际法教育. 北京：当代世界出版社，2022：91.

用，我们还应加强海洋法学的教材建设，探索构建中国自主的海洋法学知识体系。① 诚如习近平总书记所言："学科体系同教材体系密不可分。学科体系建设上不去，教材体系就上不去；反过来，教材体系上不去，学科体系就没有后劲。"②

(二) 从实践角度落实涉海法治人才培养机制的创新路径

首先，走差异化发展道路。可以根据各种类型的高校学科优势、侧重不同的法学院，确定不同的涉海法治人才培养功能定位。其次，积极探索"国内—海外合作培养"机制。例如，拓宽与国际高水平大学合作交流渠道，加强中外联合办学，积极推进教师互派、学生互换、课程互通、学分互认和学位互授联授等实质性合作。再次，有效打通法学院校与实务部门联合培养人才的工作机制，如加强涉海政府部门、涉外企业、涉外律所和具备师资条件的高校之间的交流与合作等。最后，增加海洋法方面的课程，如调整法学本科课程方案、进一步夯实涉海法治专业人才培养的本科基础等。③

四、实施涉海国际组织后备人才培养计划

按照中国对联合国的会费贡献和地域分配原则，联合国系统中的中国籍国际职员实际比例远低于其应占比例，高级职位数量也偏少，代表性严重不足。根据 2021 年 12 月联大通过的预算决议，2022—2024 年联合国会员国应缴会费的分摊比例，中国达到了 15.254%，位居第二，仅次于美国；中国承担的联合国维和行动的费用摊款比例达到了 18.6556%，位居第二，仅次于美国。然而，中国在对联合国组织系统的人才输送方面存在明显的不足。

一是总数少。2022 年年底联合国秘书处共有 36791 名国际职员，其中，中国籍职员共有 613 人，仅占总数的 1.67%；美国 2451 人，占总数的 6.66%；法国 1486 人，占总数的 4.04%；英国 815 人，占总数的 2.22%；俄罗斯 567 人，占总数的 1.54%；中国籍职员仅为美国的 25.01%，法国的 41.25%，英国的 75.21%。可见，在联合国安理会五大常任理事国中，中国的国际职员数量位列倒数第二。另据联合国秘书长的报告，截至 2022 年年底在具有地域地位的秘书处工作人员中，中国籍职员的数量适当范围是 300～406 人，

---

① 有学者指出，中国多数国际法教材包括海洋法学教材，大多程度不同地存在过于追求体系和结构的完整，对知识的深度和实际应用度却重视不够的现象。这就导致学生不重视国际法的实际应用性，也使学生非常容易就得出"国际法无用论"的结论。还有学者认为，中国学者撰写的具有世界性影响的国际法教材和著作，如格劳秀斯《战争与和平法》、瓦特尔(Emmerich de Vattel)《国际法》和《奥本海国际法》等，尚不多见。参见宋杰，郑和英．我国国际法教学与研究存在的问题[C]//魏磊杰．大国崛起与国际法教育．北京：当代世界出版社，2022：117；杨泽伟．新中国国际法学 70 年：历程、贡献与发展方向[J]．中国法学，2019(5)：193.

② 习近平．在哲学社会科学工作座谈会上的讲话(2016 年 5 月 17 日)[EB/OL]．新华网，http://www.xinhuanet.com/politics/2016-05/18/c_1118891128.htm.

③ 参见杨泽伟．新时代中国国际法学科体系的构造[J]．武汉大学学报(哲学社会科学版)，2024(1)：27.

而实际职员仅为 126 人，中国还需要至少 174 名工作人员，才能达到适当幅度内水平，是最大的任职人数不足的国家。①

二是高级岗位少。目前联合国秘书处副秘书长、助理秘书长级的高级岗位共有 150 多个，但中国仅占一席，其他席位分别被美国、英国、澳大利亚、法国、俄罗斯、日本、加拿大和加纳等国占据。② 在秘书处 D-1 以上的高级别职员中，目前中国籍职员仅有 19 人，是英国的 1/3，美国的 1/5。③ 此外，自 2012 年以来，虽然中国提供的维和部队数量远远超过了其他成员，但在目前联合国维和行动中没有任何中国人担任高级职务。④

因此，未来我们应积极向联合国等国际组织输送人才，实现量的突破和质的飞跃。一方面，派遣和鼓励更多中国年轻人才进入联合国系统工作，尤其要重视占据重要部门和关键岗位。这既可以弥补中国在联合国系统代表性不足的问题，也有利于展现中国的软实力，把中国的文化和理念融入联合国工作的各个领域。⑤ 另一方面，要充分利用联合国现有的输送培养国际人才的渠道等。例如，联合国开发计划署、经济和社会事务局均设立了一个初级职业官员项目，专门培养年轻的专业人员（P1/P2 级别）。一般 50% 的初级职业官员项目官员都留在了联合国系统。⑥ 事实上，很多国家已经利用该渠道为联合国系统提供了不少的人力资源。中国应大力支持本国年轻人参与此类项目。

值得注意的是，教育部已明确表示，下一步将会同司法部继续支持我国优秀涉外仲裁人才到国际组织或国际知名仲裁机构交流、任职和实习，协调指导涉外律师事务所参与有关涉外包括涉海法治人才培养工作。⑦

五、进一步明确新时代中国海洋法学的任务与海洋法学者的使命

（一）新时代中国海洋法学的任务

新时代中国海洋法学需要承担以下几大任务。首先，为海洋命运共同体的构建提供法治保障。推动构建人类命运共同体，不但是习近平新时代中国特色社会主义思想的重要组成部分，是新时代中国外交工作的总目标、总纲领和总战略，而且是新时代中国对国际法

---

① 参见梁西，杨泽伟．梁西国际组织法［M］．8 版．武汉：武汉大学出版社，2023：68.

② 参见张怿丹．中国成为联合国第二大会费国之后［J］．世界知识，2019（11）：64.

③ 参见 2021 年 7 月 5 日外交部发言人汪文斌主持例行记者会［EB/OL］．外交部网站，https：//www.fmprc.gov.cn/web/wjdt_674879/fyrbt_674889/t1889810.shtml.

④ 参见洛根·波利．中国在联合国维和行动中成为领头者［N］．参考消息，2018-04-19（14）.

⑤ 参见杨泽伟．中国与联合国 50 年：历程、贡献与未来展望［J］．太平洋学报，2021（11）：11.

⑥ 参见刘志贤．联合国 70 年：成就与挑战［M］．北京：世界知识出版社，2015：489.

⑦ 2022 年 11 月，经联合国内部司法理事会推荐，来自中国最高人民法院的女法官高晓力当选为联合国上诉法庭法官，任期自 2022 年 11 月 15 日至 2026 年 6 月 30 日。这是联合国上诉法庭成立以来，中国候选人首次当选。联合国上诉法庭共有 7 名法官，均在纽约联合国总部办公。此外，来自中国最高人民法院的孙祥壮法官当选联合国争议法庭法官，任期自 2023 年 7 月 1 日至 2030 年 6 月 30 日，同样是首位当选的中国人。

发展的重要理论贡献。而海洋命运共同体是人类命运共同体思想在海洋领域的具体实践。因此，为海洋命运共同体的构建提供法治保障，当然是新时代中国海洋法学的首要任务。其次，传播中国海洋法观、提升中国海洋法理念的国际影响力。党的十八大以来，习近平总书记多次就涉海问题做出重要论述①，逐渐形成了新时代中国海洋法观，如海洋命运共同体理念、和谐海洋秩序等。今后可以通过国际立法、国际司法等多元化的方式传播中国海洋法观。再次，提高运用海洋法的能力。近年来中国政府开始主动参与国际司法机构的相关程序，如 2023 年"国际海洋法法庭涉气候变化咨询意见案"（*Request for an Advisory Opinion submitted by the Commission of Small Island States on Climate Change and International Law*，*Request for Advisory Opinion submitted to the Tribunal*）等。② 因此，"积极参与国际规则制定"，进一步提升运用海洋法的能力，是贯彻落实党的二十届三中全会精神的重要步骤。最后，补齐涉海法治的短板，如在《中华人民共和国宪法》中增加"海洋"为自然资源组成部分并加以保护的内容③、加快出台《中国海洋法》、修改完善《中华人民共和国领海和毗连区法》《中华人民共和国专属经济区和大陆架法》以及《中华人民共和国深海海底区

① 参见自然资源部海洋发展战略研究所课题组. 中国海洋发展报告（2024）［M］. 北京：海洋出版社，2024：1.

② 例如，针对国际法院"科索沃单方面宣布独立咨询意见案"（*Accordance with International Law of the Unilateral Declaration of Independence in respect of Kosovo*），中国深入参与该案的审理过程，于 2009 年 4 月 16 日提交了书面意见，并于 12 月 7 日在国际法院出庭作口头陈述，就该案相关的国际法问题充分、完整、深入地阐述了中方的法律立场。"这是新中国首次参与国际法院司法活动，具有重要意义。"又如，2010 年在国际海洋法法庭海底争端分庭受理的第一个咨询案"国家担保个人和实体在'区域'内活动的责任和义务问题"（*Responsibilities and Obligations of States Sponsoring Persons and Entities with respect to Activities in the Area*，*Request for Advisory Opinion submitted to the Seabed Disputes Chamber*）中，中国政府提交了"书面意见"（written statement），阐释了中国的基本立场，如担保国未履行《公约》义务、有损害事实发生并且二者之间存在因果联系的情形下，担保国才承担赔偿责任等。2013 年，在国际海洋法法庭受理的全庭首例咨询意见案"次区域渔业委员会（就非法、未报告和无管制捕捞活动的有关问题）请求咨询意见"（*Request for an Advisory Opinion submitted by the Sub-Regional Fisheries Commission*，*SRFC*，*Request for Advisory Opinion submitted to the Tribunal*）中，中国提交的"书面意见"强调法庭的咨询管辖权缺乏充分的法律基础，因而反对法庭的咨询管辖权。2018 年中国政府就国际法院"查戈斯群岛咨询意见案"提交了书面意见。中国政府高度重视该案在"非殖民化和民族自决"和"当事国同意原则"两方面将产生的重要意义。从各方提交的书面意见和口头陈述看，中方在联大的解释性发言和向国际法院提交的书面意见的主要观点，得到了各方的肯定和认同。毛里求斯积极评价中方"承认国际法院在履行联合国非殖民化职能方面发挥重要作用"。2024 年 2 月 22 日，中国政府代表在"国际法院巴勒斯坦被占领土问题咨询意见案"（*Legal Consequences arising from the Policies and Practices of Israel in the Occupied Palestinian Territory*，*including East Jerusalem*）口头程序中进行陈述，依据中国在巴勒斯坦问题上的政策立场，阐述中国关于国际法院咨询管辖权、民族自决、使用武力法和国际人道法等法律问题的观点和主张，表达了对巴勒斯坦人民恢复民族合法权利正义事业的坚定支持。这是中国继 2009 年参与国际法院科索沃独立问题咨询意见案口头程序之后，时隔近 15 年第二次参与国际法院咨询意见案口头程序。由上可见，中国政府已经迈出了"谨慎参与国际（准）司法活动"的重要步伐。

③ 参见金永明. 现代海洋法体系与中国的实践［J］. 国际法研究，2018（6）：44.

域资源勘探开发法》等①。

(二)新时代中国海洋法学者的使命

新时代中国海洋法学者主要肩负以下两项使命。一是推动海洋法研究的理论创新。在世界新形势下，海洋法处在不断完善和发展过程中。例如，目前联合国国际法委员会正在研究"与国际法有关的海平面上升""防止和打击海盗和海上武装抢劫行为"等议题,② 既是中国海洋法学界理论研究的重要课题，也是推动中国海洋法理论创新的重要源泉。二是海洋法的教学与研究应凸显中国海洋法的理论与实践。中华人民共和国成立以来，中国的海洋法实践较为丰富，如中国涉海法律体系不断完善、海上执法更加规范。特别是在司法方面，中国法院先后判决和执行了多起在国际上有重大影响力的涉外海事案件，如 2014 年厦门海事法院有关"闽霞渔 01971 轮"船舶碰撞案，彰显了我国对钓鱼岛海域的司法管辖权等。③

值得一提的是，近年来最高人民法院高度重视服务和保障"一带一路"建设以及海洋强国战略。例如，2015 年最高人民法院发布了《全面推进涉外商事海事审判精品战略为构建开放型经济体制和建设海洋强国提供有力司法保障的意见》，同年最高人民法院专门制定了《最高人民法院关于人民法院为"一带一路"建设提供司法服务和保障的若干意见》等。因此，进一步总结和归纳中国海洋法的理论与实践，不但有助于宣传展示我国涉海的立场和成就，而且有利于我国积极参与国际规则的制定、促进中国海洋法观的传播。

---

① 参见杨泽伟.新时代中国深度参与全球海洋治理体系的变革：理念与路径[J].法律科学，2019 (6)：187.

② 参见杨泽伟.国际法[M].4 版.北京：高等教育出版社，2022：37.

③ 贺荣.论中国司法参与国际经济规则的制定[J].国际法研究所，2016(1)：10.

中国式法治现代化与网络法学教育的时代型构

袁 康

（武汉大学 法学院，湖北 武汉 430072）

【摘 要】在互联网深度普及和数字技术加速应用的时代背景下，网络法治实践需求推动了网络法学科的发展，网络法学教育成为法学教育的重要增量。发展网络法学教育，需要围绕提升数字社会公民数字素养、培养网络强国建设紧缺的法治人才、推动法学教育与法学理论研究现代化的时代命题，依托网络法律体系的制度支撑、网络法学的学科支撑和网络法治的实践支撑，凝聚知识结构、培养方案和课程教材的共识，树立知识交叉融合、立场务实前瞻、方法多元协同的理念，更新培养理念，整合学科资源与产业资源，实现网络法学教育的时代型构，为中国式法治现代化培养高素质复合型网络法治人才。

【关键词】中国式现代化；网络法学；法学教育；人才培养

【作者简介】袁康，武汉大学法学院教授，博士生导师，武汉大学网络治理研究院副院长，研究方向：经济法、网络法。

【基金项目】本文系武汉大学学位与研究生教育教学改革研究项目"新文科背景下网络法学研究生培养模式与方法创新研究"的阶段性成果

法治现代化是中国式现代化的应有之义，而法治现代化又必然需要法学理论研究和法学教育的现代化。贴近时代与时俱进，增强法学时代性是新时代中国法学全面现代化的重要面向，[①] 也是《关于加强新时代法学教育和法学理论研究的意见》的具体要求。互联网的深度普及和数字技术的加速应用是当今社会重要的时代特征，在此背景下，网络法治实践日新月异、网络法学研究百花齐放，网络法学的学科体系、学术体系和话语体系正在探索与争鸣中逐渐形成，网络法学教育也应运而生，成为法学教育的突出亮点和重要增量，面临着难得的时代机遇。如何探索和型构网络法学教育的体系与路径，是当前法学研究者和法学教育者需要共同回应的"时代之问"。

一、网络法学教育的时代命题

当今时代，科技创新与发展推动了经济社会结构的深刻变革，也催生了法律制度的更

---

① 张文显. 在新的历史起点上推进中国特色法学体系构建[J]. 中国社会科学，2019(10).

新迭代。以互联网普及为主线、数字技术应用为支撑的数字化进程赋予了社会关系全新内涵，也给法治现代化带来了全新的机遇与挑战。为积极回应网络时代的结构性变化，我国法学研究与法治实践进行了有益的探索与尝试，网络法治理论和网络法律制度呈爆发式增长态势。① 作为衔接法学理论与法治实践的法学教育，也必须充分认识网络化和数字化所带来的知识谱系进化，型构符合时代特征的网络法学教育，充分发挥其在知识生产与传授、能力培养与塑造、个体和社会发展等方面的应有功能，有效回应网络化数字化背景下中国式法治现代化和法学教育现代化的时代命题。

（一）数字社会与公民数字素养提升

随着互联网为信息交流和经济社会互动提供了更为便捷的链接网络，数字技术为信息处理和生产生活创造了更加高效的运行模式，人类社会的关系结构和运行范式正在经历颠覆性的变化，形成了继农业社会、工商社会之后的数字社会。② 具备充分的数字素养（digital literacy），是公民"数字化生存"的必备技能。然而因为数字化驱动下的时代变迁的渐进性以及数字生活的复杂性，知识结构和认知水平的差序格局必然会导致公民适应和融入数字时代的非均衡性和异步性，从而形成"数字原住民"与"数字移民"的二元结构。相比于前者而言，后者的数字素养相对更为欠缺，具体表现为缺乏利用数字技术的能力、缺乏对数字社会规则的理解，进而缺乏参与数字社会运行获得生存和发展的机会，而这正是数字社会不平等的根源。因此，提升公民数字素养是实现数字社会公平正义、数字发展成果全民共享的时代要求，也是我国制定《提升全民数字素养与技能行动纲要》的内在逻辑。

数字素养是数字社会公民学习工作生活应具备的有关数字获取、制作、使用、评价、交互、分享、创新、安全保障、伦理道德等的一系列素质与能力的集合。数字素养的具体内涵不仅包括公民具备掌握和使用数字设备和数字技术的能力，而且要求公民具备能够理解和维护数字社会的运行规则的能力。充分了解、遵守和运用网络法律制度，形成良好的网络法治素养，是良好数字素养的应有之义。在数字社会中，网络犯罪和其他违法行为层出不穷，如网络欺诈、侵犯隐私、网络诽谤等都会损害公民合法权益，甚至危害网络安全等社会公共利益。通过培养公民网络法治素养，使其了解网络法律的基本原则和相关规定，明确自己在数字环境中的权利和义务，廓清自身的行为边界，有助于促进公民在参与数字生活过程中有效尊重和维护自身和他人合法权益和公共利益，同时共同维护数字社会的秩序和稳定。

网络法学教育是提升公民网络法治素养的重要途径。教育的功能和目的不仅仅在于知识生产和传播，而且在于意识的启蒙与觉醒。③ 发展以网络社会的权利义务责任以及网络空间的秩序规则为主要知识构成的网络法学教育，将网络法治的知识与意识融贯到法学专

---

① 宋亚辉. 迈向公私法融合的网络法研究（2007—2021）[J]. 浙江学刊，2023（2）.
② 马长山. 数字时代的法学教育转型[J]. 上海政法学院学报（法治论丛），2023（1）.
③ 于伟. 教育观的现代性危机与新路径初探[J]. 教育研究，2005（3）.

业人才培养和普法教育的具体环节之中，能够有效培养作为网络原住民的新一代的网络法治素养，同时借助教育的"裂变"效应，推动网络法治意识的启蒙与深化，从而实现全民的网络法治素养的提升。通过网络法治素养的培养，可以更为全面地提升全社会的公民数字素养，为其更好地融入数字时代和参与数字生活赋能。

（二）网络强国建设与网络法治人才需求

当前，中华民族伟大复兴战略全局、世界百年未有之大变局与信息革命的时代潮流发生历史性交汇，信息技术成为社会发展进步的关键驱动，数字经济成为经济转型升级的重要机遇，网络空间博弈成为大国竞争的全新场域。在这样的历史机遇期，坚定不移以信息化推进中国式现代化，以建设网络强国助力建设社会主义现代化强国，是我国实现"两个一百年"奋斗目标和伟大复兴中国梦的重要抓手和正确方向。① 网络强国战略的实施，要以维护网络主权为基本前提，以网络安全和信息化发展为主线，以网络空间治理为主要手段，以构建网络空间命运共同体为价值旨归。② 这些重点任务和具体方式的实现，都需要落实到依法管网、依法办网、依法上网的法治路径上来，即通过法律制度的促进和保障，确保网络空间的良法善治，充分发挥网络法治的制度供给和治理效能，推动网络强国战略目标的稳步推进和最终实现。③ 具体而言，网络强国建设须臾离不开网络法治建设，必须扎实推进网络领域科学立法、严格执法、公正司法、全民守法，以依法治网保障网络强国战略的体系化推进，实现网络强国建设与全面依法治国的有机统一。

习近平总书记强调："网络空间的竞争，归根结底是人才的竞争。建设网络强国，没有一支优秀的人才队伍，是难以成功的。"④这里的人才队伍既包括网络信息技术人才，也包括网络空间治理人才，尤其是网络法治人才。互联网行业飞速发展和网络强国战略实施催生了巨大的网络法治人才需求，个人信息保护和数据合规、打击治理网络犯罪、数字技术的知识产权保护、网络空间国际治理、数字经济发展与竞争等，无一例外地都需要法律专业人才的参与。不论是政府监管，还是企业运营，抑或是政策研究，都有着巨大的网络法律人才缺口。在某种意义上讲，理解技术、通晓法律的网络法治人才是依法治网最重要的人才资源，也是以法治保障网络强国战略顺利实施的关键力量。

网络法学教育是培养网络法治人才的重要阵地。"培养什么人、怎样培养人、为谁培养人是教育的根本问题。"⑤新时代背景下推进网络强国战略，需要大力发展和繁荣网络法学教育，着力培养面向信息化、网络化、数字化的立场坚定、专业扎实、能力均衡的高素

① 庄文荣. 以信息化推动中国式现代化 为中华民族伟大复兴贡献力量[J]. 求是，2023(5).

② 谢霄男，李净，李文清. 新时代网络强国战略思想研究[J]. 重庆大学学报（社会科学版），2018(5).

③ 冯果. 网络强国战略的法治保障[M]. 武汉：武汉大学出版社，2019：18.

④ 中共中央党史和文献研究院. 习近平关于网络强国论述摘编[M]. 北京：中央文献出版社，2021：37.

⑤ 中共中央宣传部. 习近平新时代中国特色社会主义思想学习纲要（2023年版）[M]. 北京：学习出版社，人民出版社，2023：217.

质网络法治人才，充分回应网络强国建设的人才需求。

(三) 法学教育与法学理论研究的现代化

法学是一门充分观照现实的学科，具有鲜明的时代性特征。互联网的深度普及和数字技术的加速应用，使得传统法学所面向的社会关系结构和调整对象都发生了深刻的改变，法学研究和法学教育都面临着紧迫的现代化转型挑战。一方面，传统的法学主要关注社会关系结构中的人与人之间的互动，而互联网的兴起将这种关系扩展到了人与机器之间的交互。随着互联网的普及，人们可以通过在线平台进行电子商务、社交媒体互动、在线教育等活动。这为法学家们提出了新的问题，例如网络隐私、数据保护、虚拟财产权等，需要对现有法律框架进行审视和调整。以网络隐私为例，互联网的普及使得个人信息的收集、存储和使用变得更加普遍和复杂。个人隐私权与公共利益、商业利益以及国家安全之间的平衡成为法学研究和实践的重要议题。法学家们需要分析不同国家和地区的隐私法律框架，审视其适应性和保护程度，并提出相应的改革建议，以确保个人隐私权得到充分保护。另一方面，传统的法学研究主要依赖于案例分析和文献研究，而现代法学研究可以基于大数据分析、数据挖掘和机器学习等技术深入进行。通过分析海量的法律文书和司法裁决，可以发现法律规律和判例倾向，为法官和律师提供更科学的法律决策依据。此外，数字技术的应用也使得法学研究可以更加跨学科，结合计算机科学、社会学和心理学等领域的知识，从而提供更全面和深入的法学理论。此外，互联网的普及和数字技术的应用也催生了一系列与法律相关的新问题和挑战。例如，网络犯罪、网络言论和知识产权保护等问题日益突出，需要法学家们深入研究并提供相应的法律解决方案。同时，新兴技术的快速发展也引发了一系列法律责任和伦理问题，如人工智能的自主决策和机器人的法律地位等。在面对这些新问题时，法学不仅需要关注传统的法律原则和规范，还需要结合现代科技的发展，以适应时代需求。

现代化的法学教育需要回应法学理论研究的现代化，以适应互联网和数字技术广泛应用的时代特征。法学教育的内容应当与互联网和数字技术的发展保持同步，通过对传统法学的知识体系和学科结构进行迁移继承和更新重建，实现数字时代现代法学的转型升级。① 具体到法学教育实践上，一方面需要加强传统法学学科教学内容的数字化升级，充分观照传统社会关系在网络时代的新变化，例如在线纠纷解决机制、电子商务、网络犯罪等；另一方面需要关注数字时代法学研究和法治实践的全新命题，及时回应法学教育内容的增量，例如平台治理、人工智能法律规制等。同时，数字时代的法学教育需要跳出纯粹的法学学科范畴，打破学科之间的界限，与计算机科学、信息技术和数据科学等其他学科进行交叉与融合，共同探索互联网和数字技术与法律的交叉点，以培养兼具法律和技术背景、能够理解技术且精通法律的复合型人才。

---

① 马长山. 数字法学的理论表达[J]. 中国法学，2022(3).

二、网络法学教育的支撑体系

网络法学教育并非传统法学教育的"网络化"，而是互联网时代的法律制度变革、新兴学科发展和专业人才需求所催生的法学教育的精细化拓展，属于法学教育的全新分支，担负着培养网络法治人才和推进网络法学研究与网络法治实践的重要使命。网络法学教育的兴起与发展，也绝非法学教育行业一厢情愿的人为扩张，而是建立在网络法律制度不断完善、网络法学科蓬勃发展和网络法学教育实践持续探索的基础之上，具备坚实的支撑体系。

(一) 制度支撑

网络法律制度的发展和完善，为网络法学教育提供了坚实的制度支撑。自 1994 年全功能接入国际互联网以来，中国的互联网基础设施不断健全，互联网行业飞速发展，信息化进程取得举世瞩目的成就。中国的网络法治建设也随着互联网发展经历了从无到有、从少到多、由点到面、由面到体的发展过程。在这一进程中，中国制定出台网络领域立法 140 余部，基本形成了以宪法为根本，以法律、行政法规、部门规章和地方性法规、地方政府规章为依托，以传统立法为基础，以网络内容建设与管理、网络安全和信息化等网络专门立法为主干的网络法律体系。① 从《电信条例》奠定电信市场的基础制度，到《电子商务法》对电子商务行业的积极规制，再到《网络安全法》《数据安全法》和《个人信息保护法》"网络法三驾马车"的陆续出台，以及《民法典》《刑法》对网络空间中民事关系和刑事关系的积极回应，中国的网络法律制度不仅为互联网时代社会关系的有效调整提供了坚实的法治依据，而且为网络法学教育提供了丰富的制度素材和系统的知识框架。

网络法学教育不同于网络法学研究，后者可以包容开放式的学术探讨和理论假设，但前者必须务实地根植于现行制度和法律推理。因此，网络法学教育不能流于法律层面的科幻想象，而是要立足于网络空间的现实问题与需求，结合网络法治的现状与趋势，着力培养能够服务于网络法治实践的高素质法律人才。这就意味着网络法学教育应当以现行网络法律制度为基础，从现行法律制度中挖掘知识资源和教学素材。我国逐渐完善的网络法律体系比较系统地对互联网领域的相关法律问题给予了充分回应，例如网络侵权的法律责任、个人信息处理的合规要求、信息网络犯罪的刑法规制、网络运营者的安全保障义务、平台经营者的法律责任等，都是网络法教学中具体的知识构成。这些以具体规则为内容的知识，能够帮助学生形成对网络法的具象认知，并在教学训练过程中转化为解决实际问题的应用能力。可以说，现行网络法律制度构成了网络法学教育的核心内容和关键支撑。

当然，不可否认当前我国的网络法律制度还有进一步完善的空间，互联网领域的发展与变革日新月异也必然会导致网络法律制度自身的不断进化。制度的变化相应地也会带来知识框架的更新，知识的更新则要求教育与时俱进。网络法学教育不宜墨守成规故步自

---

① 参见国务院新闻办公室. 新时代的中国网络法治建设 [Z]. 2023.

封，而是应当面向未来，保持适当的想象力与灵活性。这就意味着网络法学教育虽以现行法律制度为根本，但也要处理好"实然"与"应然"的关系，在教学过程中着力培养学生的研究能力和批判性思维，深入挖掘和理解现行法律背后的立法原理和制度逻辑，以准确把握网络法律制度发展的脉络走向。因此在某种程度上，网络法学教育需要立足现行网络法律制度，同时又要超越现行网络法律制度。

(二) 学科支撑

网络法学科的发展，为网络法学教育提供了坚实的学科支撑。随着信息网络的加速普及其带来的社会关系结构的变革日益受到法学界的关注，围绕网络法律关系的学术讨论应运而生，网络法学的学科主张开始出现。① 网络法学作为一个新兴领域法学，是以互联网相关法律规范、法律问题和法律现象为研究对象的法学学科。网络法学是当代法学发展过程中出现的新兴分支学科，其随着互联网的应用、普及和革新而不断丰富着自身的内涵。"网络法学"学科主要兴起于率先创造并应用互联网技术，以及在法学教育、科研方面较为灵活、实践性特点较强的美国和其他英美法系国家。早在 1997 年，斯坦福大学的约纳森·罗森诺即出版了专著《网络法——关于因特网的法律》，较早提出了网络法的研究框架。② 美国的耶鲁大学、哈佛大学以及英国的伯明翰大学、爱丁堡大学也因而设置了网络法的相关课程、法律诊所或法律硕士项目。在我国，中国政法大学、北京航空航天大学、武汉大学等也都设置了网络法学的相关专业和研究机构。中国法学会网络与信息法学研究会的成立，代表着网络法学学术共同体的正式形成。互联网时代所产生的新型法律关系和法律问题，成为网络法学科的研究对象。学科建设是专业教育的基础。③ 网络法学科的兴起与发展，形成和丰富了网络法学的教材体系和课程体系，培养了具备前瞻视野和专业功底的师资队伍，能够为网络法学教育提供有力支撑。

互联网领域法律问题的复杂性与多样性，以及信息网络技术的升级迭代，使得网络法学研究对象具有开放性和前瞻性的特点，这也导致了网络法学科自身发展的多元性。沿着网络法学话语体系和知识框架的脉络，不同学者根据差异化的研究对象和研究范式，提出了一批创造性的学科概念，网络法学的学科话语呈现出百花齐放的发展态势。有学者专注于大数据技术和数据资源这一网络时代的具体问题，围绕数据权利配置和数据行为规则，提出了"数据法学"的学科概念。④ 有学者聚焦于人工智能技术的应用前景，主张以法治实践的智能化和智能技术的法治化为研究范畴和学科内涵，构建"人工智能法学"的学科体

① 董炳和. 网络时代呼唤网络法学[J]. 江海学刊，2000(4).

② 约纳森·罗森诺. 网络法——关于因特网的法律[M]. 张皋彤，等，译. 北京：中国政法大学出版社，2003.

③ 刘海燕，曾晓虹. 学科与专业、学科建设与专业建设关系辨析[J]. 高等教育研究学报，2007(4).

④ 参见时建中. 数据概念的解构与数据法律制度的构建——兼论数据法学的学科内涵与体系[J]. 中外法学，2023(1).

系。① 有学者突破了将计算机技术应用于法学研究的"计算法学"的方法论意义,② 将其拓展至包括利用计算工具进行法律实证分析、结合计算技术的法律科技乃至涉及计算科学的新型法律问题的全新范式。③ 还有学者基于数字技术带来的时代变迁和社会变革,主张构建"数字法学"对传统法学予以迁移继承和更新重建,并对数字时代的新兴命题进行理论构建。④ 这些闪耀着思想光芒的学科主张,在某种意义上是对网络法学的二次革命,极大地丰富和拓展了网络法学研究的范式和疆域,在百家争鸣的过程中无疑也会推动网络法学教育体系的完善。

此外,以打破专业壁垒和学科障碍为目标的新文科建设也为网络法学教育提供了有利条件。新文科代表着一种学科融合的趋势,是对长期以来的知识精细化、专业化和学科化分布的一次反正。⑤ 信息技术的加速迭代所带来的经济社会变革和风险给传统法学学科带来了机遇与挑战,急需突破传统法学学科划分对现实的关注和回应不足的窠臼。因此推动法学学科与信息技术、网络安全等学科的交叉融合,以新兴学科和交叉学科驱动网络法学教育的创新发展成为法学教育新的增长点。这也将为网络法学教育的发展提供巨大的机遇和助力。

(三) 实践支撑

法学是一门实践性学科,法学教育必须立足实践、观照实践、回应实践,网络法学教育自不例外。网络法学教育既是对数字时代经济社会的法治人才需求的积极回应,也是法学教育在数字化浪潮下的自我革命。建设数字中国是数字时代推进中国式现代化的重要引擎,是构筑国家竞争新优势的有力支撑。在数字中国的建设进程中,网络产业发展壮大、网络空间治理体系和治理能力现代化以及网络法治人才培养的探索,都为网络法学教育提供了坚实的实践支撑。

首先,网络产业的发展壮大为网络法学教育奠定了现实基础。互联网和数字技术的广泛应用催生了繁荣的网络产业,其中包括电子商务、移动互联网、云计算、人工智能等领域。网络产业的蓬勃发展带来了众多与网络相关的法律问题和挑战,例如网络安全、知识产权保护、电子商务合规等。这不仅为网络法治的上层建筑奠定了经济基础,而且为网络法学教育提供了丰富的实践案例和教学资源,使学生能够接触到真实的业务环境和法律需求。通过深入研究和分析实际案例,学生能够理解和应用法律规则,并培养解决实际问题的能力。同时,网络产业的不断发展也为网络法学教育提供了就业机会和实践实习的渠道,学生可以通过参与实际项目和企业合作,将所学知识与实践紧密结合,提升自身能力和竞争力。

---

① 参见刘艳红. 人工智能法学的"时代三问"[J]. 东方法学, 2021(5).
② 邓矜婷, 张建悦. 计算法学: 作为一种新的法学研究方法[J]. 法学, 2019(4).
③ 申卫星, 刘云. 法学研究新范式: 计算法学的内涵、范畴与方法[J]. 法学研究, 2020(5).
④ 参见马长山. 数字法学的理论表达[J]. 中国法学, 2022(3).
⑤ 冯果. 新理念与法学教育创新[J]. 中国大学教学, 2019(10).

其次，网络空间治理的法治化为网络法学教育提供了应用场景。网络空间的迅猛发展和广泛应用给网络法律和网络空间治理带来了前所未有的挑战。为了维护网络空间的秩序、保护用户权益和促进互联网的健康发展，各国纷纷采取措施推动网络空间治理的法治化进程。以 GDPR、数字市场法等为代表的网络法律制度不断建立，网络空间立法活动日趋活跃。在中国，网络法律法规的制定和网络空间治理体系的构建成为一项重要任务。这为网络法学教育提供了实践的基础和学术研究的动力。通过深入研究网络法律法规和参与网络空间治理的实践活动，学生能够了解和分析网络空间治理的法律机制和实际操作，培养学生的法律意识、法治精神和参与网络空间治理的能力。同时，网络空间治理的法治化进程也为网络法学教育提供了研究和借鉴的对象，学生可以通过对不同国家和地区网络法律和治理模式的比较研究，拓宽视野，为网络法学的发展做出贡献。

最后，网络法治人才培养的探索创新为网络法学教育提供了经验积累。由于网络法治人才需求的紧迫性和现实性，各大法学院校都在专业设置、师资组织、教材编写、课程设计等方面开展了积极的探索和创新。① 例如孙晋教授组织编写了《网络与数据法学》，马长山教授主编了《数字法治概论》，解决了网络法教材的缺口，为网络法学教育廓清了相对系统的知识谱系。武汉大学设置了网络法学硕士点和博士点，形成了网络法概论、数字经济法、网络空间国际治理、网络犯罪治理、个人信息与数据治理、人工智能与大数据、网络技术基础的课程群，有助于综合培养学生的技术理解能力和法律应用能力。显而易见，当前网络法学正在成为法学教育改革的前沿阵地，这种探索创新有助于为网络法学教育体系提供有益经验，在不断积累和交流经验的过程中，我国的网络法学教育将在不断完善中更加科学合理。

三、网络法学教育的优化路径

作为法学教育的新兴分支，网络法学教育还处在起步阶段，尚未形成相对统一的规范化路径。各法学院校的创新探索提供了丰富的样本和范例，为把握网络法学教育的实施路径创造了多种可能性，体现着网络法学教育共同体的集体智慧和经验积累。然而这些创新探索多停留在相应院校结合自身学科优势所做的个体化尝试，缺乏统一的顶层设计和及时的经验总结。为了进一步完善网络法学教育，更好地培养适应互联网和数字化时代需求的专业法律人才，有必要充分认识和解决网络法学教育当前的问题和痛点，推动科学化、时代化和体系化的网络法学教育型构。

(一) 凝聚共识话语

当前网络法学领域在学科概念、研究范式、知识结构等方面所呈现出的百家争鸣，虽然在一定程度上有利于经由创新与对话实现去伪存真，但从理论界的实际现状来看，似乎

---

① 参见苏宇."信息技术+法学"的教学、研究与平台建设：一个整体性的观察与反思[J]. 中国法律评论, 2021(6).

更多地停留于自说自话的学术表达而缺乏应有的交流与论辩。① 这种状况导致了网络法学的学科体系、话语体系距离形成共识尚有漫漫前途。正如苏宇教授所言，各自为战的研究成果和学科建设不仅有叠床架屋、低效重复之虞，也影响到理论研究向实践转化，以及人才培养的方案选择。② 新时代网络法学教育的发展壮大，必须建立在相对清晰的话语体系共识基础之上，避免过多的争议与分歧给网络法学教育的实施造成掣肘。网络法学教育的话语体系共识可以从以下几个方面予以构建：

首先，凝聚知识结构共识，形成相对统一的教学内容体系。当前各大法学院校主要依托学科建设开展教学实践，开放式的学术研究潜移默化地影响了教学内容的设置思路，导致了主张不同学科概念、侧重不同研究对象、遵循不同研究范式的各高校在网络法学领域教学内容的范畴结构上重点各异。③ 其实数据并非信息网络的全部，算法亦非数字技术的根本，人工智能更不是数字时代的核心，应回归到数字技术给社会关系带来变革的本源，按照提取公因式的思路明确核心内容，围绕网络架构和网络基础设施、个人信息与数据、数字经济治理、网络安全、数字正义、网络犯罪、网络空间国际治理等共性领域设计教育内容，之后再向特色领域进一步拓展。

其次，凝聚培养方案共识，形成相对完备的培养模式体系。随着网络法相关学科的陆续设立，各大高校都在本科阶段开设了网络法相关课程，并开始培养网络法硕士研究生和博士研究生，虽名称各异但实质内容并无二致。然而由于各院校的学科基础和发展思路的差异，培养方案存在较大的分歧，尤其是课程设置和必修学分要求区别明显，这将导致人才培养难以形成规模化效果，并不利于网络法学教育的整体发展。因此，有必要推动网络法学科人才培养目标和方法的协调，在鼓励特色创新的同时探索共性方案，基于网络法治人才的法学功底和技术能力需求合理设置培养方案，形成通识型人才培养、应用型人才培养、学术型人才培养的差异化方案，构建系统性的人才培养体系。

最后，凝聚教材编写共识，形成相对权威的课程教材体系。网络法学教育的兴起与发展催生了巨大的教材需求，除了概论性的教材外，网络法基础理论、个人信息与数据治理、数字经济、网络犯罪、网络空间国际法等具体分支都有编写教材的现实性与可行性，也有一些学者做了具体的尝试。这些先驱性的网络法学教材做出了巨大的开拓性贡献，但并非所有的教材都被普遍采用。究其原因，很大程度是因为部分教材在编写人员、体例设计、内容结构、编写质量上并未得到普遍性的认可。对此，有必要形成网络法学共同体的合力，遴选和推荐一批高质量的代表性教材，例如程啸教授的《个人信息保护法教程》、喻海松博士的《网络犯罪二十讲》、何渊教授的《数据法学》等，在时机成熟时由权威学者组织编写网络法学相关课程的系列教材，在各大院校推广采用。

---

① 参见戴昕. 超越"马法"？——网络法学研究的理论推进[J]. 地方立法研究，2019(4).

② 苏宇."信息技术+法学"的教学、研究与平台建设：一个整体性的观察与反思[J]. 中国法律评论，2021(6).

③ 参见危红波. 数字社会的法学教育因应——基于新文科建设视角的理论考察[J]. 华东政法大学学报，2022(3).

(二)更新培养理念

作为一门新兴学科,网络法学既承继和融合了多个传统法律部门的范式和话语,又极大地体现和回应了技术变迁所带来的新型社会关系结构,有鲜明的技术特质和前瞻视野。网络法学知识结构所蕴含的法律与技术的结合,以及制度演进规律所反映的传统与现代的碰撞,对于网络法学人才培养提出了更高要求。因此,网络法学教育有必要在传统法学教育的基础上及时更新培养理念,面向网络法治的现实需要和网络法学的发展需求,培养"理解技术、通晓法律"的高素质复合型网络法律人才。

首先,要树立知识交叉融合的理念。网络法学并非我国社会主义法律体系新生的独立学科或独立部门,而是针对互联网催生的社会结构变革和数字技术带来的法治秩序挑战所形成的新兴领域,具有很强的交叉学科属性。其中既有法律与技术的交叉,也有传统部门法的交叉,还有法学与相关人文社会科学的交叉。培养优秀的网络法治人才,必须科学合理地设计培养方案和课程设置,以多学科的交叉融合全面系统地塑造学生的复合型知识结构。具体而言,一方面要以法学知识为基础,始终坚持法学学科的基本立足点,使学生具备扎实的法学功底和法律思维,深入理解法学原理、法律体系和法律程序,通晓民商事、刑事、行政等核心法律制度,构建完备的法学知识体系。另一方面要以网络信息技术知识为支撑,以相应的网络技术类课程培养学生的技术能力。当然,网络法学教育并非以培养程序员、网络工程师等技术专家为目标,而是要使学生对于网络架构和数字技术原理有充分的理解,以确保其在法学研究和法律适用时能够准确把握网络空间社会关系的技术实质,从而精准判断其内在的法律关系。此外,还需要加强通识博雅教育,以传播学、社会心理学、科技哲学等相关人文社会科学学科的知识丰富网络法学学生的知识结构,培养其运用社科法学研究范式分析问题的能力,增强其数字人文素养。

其次,要坚持立场务实前瞻的理念。网络法学的兴起原本就是法学界对网络时代数字技术的发展与挑战所作出的回应,数据权属的确定、人工智能的规制、网络主权等网络法学研究的核心议题无不反映了网络法学的前瞻性。网络法学教育无疑也需要保持前瞻性的学科底色,在教育教学过程中有针对性地通过课程设置、教学研讨等环节培养学生对数字技术发展趋势的敏锐感知,使学生能够跟上甚至预判未来技术进步的方向及其对社会关系的影响。然而,法学本质上是一门应用性学科,必须根植于当前的经济社会基础和法律制度体系,网络法学也需要务实地以现行网络法律制度为主体内容,而不能脱离技术发展阶段和现实应用场景,陷入一厢情愿的科幻法学式的臆想。① 因此,网络法学教育必须在务实的基础上适度前瞻,既培养学生未来视野和创新思维,又确保学生能够具备对现行网络法律制度的整体理解水平和现实应用能力。

最后,要探索方法多元协同的理念。必须承认当前网络法学研究与教学的主要力量来自各传统学科师资,他们出于现实需求和研究兴趣的因素将研究和教学的侧重点转移至网络法学这一新兴学科。然而由于学科背景和知识结构的局限,网络法学的研究者和教育者

---

① 参见刘艳红.人工智能法学研究的反智化批判[J].东方法学,2019(5).

目前还停留于盲人摸象式的探索，尚未对网络法的学科体系、学术体系、话语体系形成全景式的把握。同时，网络法律制度体系虽已取得显著进展，但仍处在不断完善和进化的变动过程之中，远未达到相对成形的稳定状态。因此，传统法学教育中以相对成形的法律体系为基础、以法学概念、法律解释和案例分析为主体的教学方法并不足以有效应对网络法学教育的需要，① 有必要探索多元化的方法以弥补当前法律制度不完备、师资力量不充分、教学方法太单一的缺陷。一方面，可以发挥学生的创新思维和主体地位，以研究性学习的方法推动教学相长，即鼓励和支持学生通过课业论文、创新实践项目、毕业设计等方式主动探索网络法相关议题，在研究过程中搜集和吸收相关文献资料，深入理解网络法的制度原理和完善方案；另一方面，可以推广技术增强型法学教育，② 以技术赋能法学教育实践，探索将人工智能、虚拟现实、元宇宙等技术应用于法学教育的各个环节，③ 同时培养学生大数据分析、算法设计与编程等能力，为其运用计算法学方法提供技术储备。④ 归根结底，网络法学教育应当以学生法律能力和技术能力为目标，在传统法学培养方法的基础上探索和试验更为多元化的培养方式方法。

(三) 整合多方资源

网络法学教育是新时代背景下法学教育深化和拓展的生动实践。作为法学教育的新兴分支，网络法学教育的构建和完善有赖于更为集中的资源投入。从网络法的知识生产和应用领域的链条和周期来看，网络法治人才的培养涉及产学研的各个环节，需要学校和产业界形成合力，整合各方资源，为网络法学科的高水平建设、网络法治人才素养和能力的综合提升、网络法治人才培养和使用的有效衔接提供有力的保障，从而确保网络法学教育的有序开展。

首先，要整合学科资源，以学科交叉和倾斜投入促进网络法学科建设。学科建设是网络法学教育实施与发展的重要环节。网络法学作为一门交叉学科，涉及法学、计算机科学、通信工程、信息技术等多个学科领域。因此，学校需要加强学科交叉，整合相关学科的资源，构建多学科融合的网络法学教育体系。这包括加强师资队伍建设，吸引具有法学和技术背景的优秀教师，促进不同专业背景的教师间的充分交流与互鉴，提升教师的教学水平和学术研究能力。⑤ 同时，学校要建立学科交叉研究平台，借助新文科建设的机遇期，设立跨学科研究中心或实验室，促进学科之间的融合与合作，为网络法学领域的知识融合提供平台基础。要加强学科交叉培养，按照学科交叉的思路科学制订培养计划和设置课程，鼓励学生在法学和相关学科之间进行选修和专业方向的拓宽，培养综合素养和跨学科能力。此外，学校还要加大对网络法学科建设的投入力度，加强人才引育，加快形成一

---

① 参见葛云松．法学教育的理想[J]．中外法学，2014(2)．
② 参见杨学科．数字时代的"新法学"建设研究[J]．法学教育研究，2021(2)．
③ 参见马长山．数字法学教育的迭代变革[J]．中国人民大学学报，2022(6)．
④ 参见周翔．作为法学研究方法的大数据技术[J]．法学家，2021(6)．
⑤ 参见李栗燕．网络时代法治人才培养的革新向度[J]．法学教育研究，2018(2)．

批专门从事网络法学教学与研究的师资队伍，在教学科研场所、教学研究经费等方面予以倾斜性保障。

其次，要整合产业资源，以产学研结合和实践育人推动网络法学教育发展。网络产业飞速发展是网络法学科产生的现实基础，网络产业的数字市场竞争、数据合规、平台责任等法律实践是网络法学教育的案例素材富矿，而发展网络法学教育所培养的高素质法治人才也能为网络产业的健康发展提供人才资源。因此可以说，网络法学教育并不只是法学院校的使命，产业界不仅责无旁贷，而且大有可为，整合产业资源对于网络法学教育的实施与发展至关重要。一方面，网信企业可以与高校开展产学研合作，联合高校就企业发展中面临的政策法律问题和网络法治前沿问题开展研究，将企业对网络产业的一线观察与高校师生的研究优势相结合，提升实践能力和创新思维。另一方面，网信企业可以与高校合作开展人才实训项目、订单式培养计划等，促进学校教育与产业需求的对接，为学生提供实践经验和工作机会。通过与产业界的紧密对接，学生可以接触到真实的业务环境和法律需求，锻炼解决实际问题的能力。此外，产业界还可以提供行业专家的指导和支持，通过实务课程或讲座等方式分享实际案例和经验，使学生了解行业最新发展动态和前沿法律需求。

四、结语

中国式现代化必然要求法治现代化，法治现代化又必然催生法学教育的现代化。互联网的发展和数字技术的应用给中国特色社会主义法治带来了巨大的挑战和机遇，网络法律体系快速形成，网络法学科迅猛发展，网络法治人才需求急剧增加，在此背景下法学教育需要面向时代发展需求，加快发展网络法学教育。网络法学教育的时代型构，需要紧密结合其制度支撑、学科支撑和实践支撑，积极凝聚共识话语、更新培养理念、整合多方资源，在传统法学教育的经验积累基础上，探索符合网络法学学科特点和网络法治实践需求的网络法学教育模式，培养高素质复合型的网络法治人才，为我国建成网络强国贡献力量。

混合式教学在毒理学课程改革中的实践与探索

刘　婧

（武汉大学　公共卫生学院，湖北　武汉　430071）

【摘　要】目的：探讨虚拟仿真实验在预防医学专业"卫生毒理学"实验教学中的应用及其效果。方法：采用武汉大学公共卫生学院虚拟仿真实验教学平台结合线下传统实验教学（"虚-实"结合），通过问卷调查分析虚拟仿真实验的教学效果以及教学评价。结果：调查结果显示，83.81%的学生对虚拟仿真实验课程有着较大的兴趣，并且认为能够帮助学习；88.58%的学生在虚拟仿真实验课程后能够灵活运用知识解决实际问题；87.14%的学生能够通过虚拟仿真实验课程掌握实验的基本操作方法和流程。结论："虚-实"结合的毒理学实验教学模式可以理论联系实际，提高学生的学习兴趣、锻炼其操作能力，为培养高水平公共卫生人才打下坚实的基础。

【关键词】毒理学；混合式教学模式；虚拟仿真平台

【作者简介】刘婧，博士，武汉大学讲师，E-mail：00030500@whu.edu.cn。

　　毒理学是预防医学专业的基础主干课程之一，具有实践性强，实验教学涉及的内容多、范围广等特点。因为受到教学场地、仪器设备、学习时长等多种因素的影响，毒理学的实验教学往往以演示性与验证性实验为主[1]，内容连贯性差，教学手段较为简单[2][3]。学生在实验中缺乏学习兴趣，不能理论联系实际，从实验中发现问题、分析问题、解决问题，束缚了学生主观能动性的发挥和创新思维能力的培养，教学效果不理想[4]。且随着动物伦理学提出"优化、减少、替代"的3R原则，希望通过优化实验设计或采用体外替代实验，能够减少实验动物的数量和痛苦[5]。

　　针对以上教学中遇到的"痛点"，借助计算机技术，将虚拟仿真应用到毒理学实验教学中，可以较好地解决问题。对于实验周期长、使用动物数量多的项目，虚拟仿真可缩减教学时间和动物的用量，符合动物伦理学的要求[6]。对于实验内容较多，过程复杂或涉及多学科专业知识的实验项目，采用虚拟仿真可提前让学生了解实验的关键步骤，优化实验流程，拓展交叉学科的实验教学空间，提高学生的自主学习能力和创新思维能力。虚拟仿真教学的应用，为公共卫生专业性和应用性较强的实验学科提供了一种有益的教学模式，是优化教学过程，提高教学质量，开展实验教学改革的新思路[7]。

一、"外源化学物基础毒性实验与安全评价"虚拟仿真课堂的建设

以外源化学物的亚急性吸入毒性试验为例，该化学品具有高毒、高危险的特点。染毒过程中，存在经呼吸道意外吸入的风险。且亚急性毒性试验的实验周期为 28 天。为了缩短时间，消除危险，同时满足动物实验学中的"3R"原则，设计制作虚拟仿真实验。采用 C4D 进行模块、场景和视频的制作，基础模型制作好后使用 RS 对模型进行渲染，完成动画部分，再使用 C4D 与 unity3d 结合，完成交互部分的功能。

二、实验内容

虚拟仿真实验采用了层级性任务模式，进行"四层四阶"展开，主要包括：实验介绍、实验设计、实验操作(染毒阶段、样本采集阶段、病理解剖阶段、结果分析阶段)、实验评价，最终闭环形成本次实验原理。

第一层实验介绍，主要介绍该实验的目的及基本概述、实验背景；

第二层实验设计，通过客观题和视频引导学生进行实验设计和参数设置，了解学生对基本知识点的掌握情况；

第三层实验操作，共分为染毒阶段、样本采集阶段、病理解剖阶段、结果分析阶段，通过真实环境下的仿真操作让学生沉浸式地完整体验本实验的操作过程、操作细节并实时进行引导和反馈，操作设备和实验用品均基于真实场景还原，同时，鉴于真实环境下实验周期较长的问题，仿真程序将对 14 天或 28 天的实验过程进行实验模拟；

第四层实验评价，实验结果以表格形式进行总结，采用适当的统计学方法进行统计并在教师端进行大数据汇总，以便教师分析学生的基础掌握情况、实验操作情况等数据。

三、课程实施

课堂上学生登录虚拟仿真实验中心，依次学习实验目的、原理、基本知识，再进行虚拟仿真操作，最后完成考核。课中教师讲解实验原理、材料方法和实验对象，再结合系统中的实验视频讲解实验步骤和注意事项，回答学生的疑问，然后学生进行虚拟仿真实验的实操。课后学生提交实验报告，完成实验结论。教师结合课堂表现、技能操作、虚拟仿真操作成绩以及实验报告对学生进行综合评价。

1. 学习流程

(1)学习模式：通过动画、视频、文字讲解等熟悉实验原理，设计实验流程。

(2)练习模式：进入练习模式后，学生在虚拟实验室中按照提示，通过人机交互的形式，实现对实验内容的熟悉和掌握。

(3)考核模式：进入考核模式，系统对操作人员进行计时计分，并对操作时间、操作

次数、交互操作要点等进行多维度考核，自动记录实验过程与操作步骤得分及错误情况。

2. 反复练习

能够回看自己的操作记录，反复练习从而熟练操作该实验。

3. 反馈机制

课程建立完善的反馈机制，对学生实验操作结果进行全面、系统的统计分析，为了解学生对实验掌握的程度、指导教师改进和完善实验提供参考，以提高教学效果。

四、结果

课程结束后，授课团队采用自制的问卷从学习兴趣、问题应对能力以及技能掌握程度等方面，对武汉大学公共卫生学院 2020 级的 42 名学生进行调查，发现 85.71% 的学生对虚拟仿真实验课程有着较大的兴趣，并且认为能够帮助学习（见表 1）；90.48% 的学生在学习虚拟仿真实验课程后能够灵活运用知识解决实际问题（见表 2）；83.33% 的学生能够通过虚拟仿真实验课程掌握实验的基本操作方法和流程（表 3）。

表 1　　　　　虚拟仿真实验学习兴趣情况（人（%））

条　目	非常同意	同意	不太同意	不同意
学习兴趣	15(35.71)	21(50.00)	3(7.14)	3(7.14)
我认为虚拟仿真技术的运用能够促进毒理学课程学习	15(35.71)	23(54.76)	2(4.76)	2(4.76)
我认为虚拟仿真技术的运用使课程学习变得更加容易	14(33.33)	20(47.62)	5(11.9)	3(7.14)
我认为虚拟仿真实验教学方式能够增加学习的满足感与成就感	15(35.71)	20(47.62)	2(4.76)	5(11.9)
我认为利用虚拟仿真技术进行课程学习是一件有趣的事	16(38.1)	20(47.62)	2(4.76)	4(9.52)
我认为利用虚拟仿真技术进行课程学习更有利于掌握技能	15(35.71)	18(42.86)	6(14.29)	3(7.14)

表 2　　　　　虚拟仿真学习后问题应对能力的改善情况（人（%））

条　目	肯定能	基本上能	不太能	不能
问题应对能力	16(38.10)	22(52.38)	1(2.38)	3(7.14)
虚拟仿真学习能够培养主动解决问题的习惯	16(38.10)	18(42.86)	5(11.90)	3(7.14)

续表

条　　目	肯定能	基本上能	不太能	不能
虚拟仿真学习能够更好地了解实验的操作规程	19(45.24)	20(47.62)	1(2.38)	2(4.76)
虚拟仿真学习能够更直观地预测到实验结果	15(35.71)	21(50.00)	3(7.14)	3(7.14)
虚拟仿真学习更有利于进行知识与技能的迁移	14(33.33)	24(57.14)	2(4.76)	2(4.76)
虚拟仿真学习更有利于课后反思与技能总结	16(38.10)	23(54.76)	0(0)	3(7.14)

表3　　　　　　　　　　　　**虚拟仿真实验后技能掌握情况(人(%))**

条　　目	肯定能	基本上能	不太能	不能
技能掌握情况	13(30.95)	22(52.38)	5(11.9)	2(4.76)
能清楚了解虚拟环境整体结构及各模块间的逻辑关系	12(28.57)	25(59.52)	3(7.14)	2(4.76)
能掌握基础技能模块的全部内容，并能熟练操作	12(28.57)	25(59.52)	3(7.14)	2(4.76)
能掌握核心技能模块的关键内容，并能熟练操作	15(35.71)	23(54.76)	2(4.76)	2(4.76)
能掌握拓展模块的初步内容，并能对未知领域进行探索操作	13(30.95)	21(50.00)	6(14.29)	2(4.76)
能了解毒理学所需的基本知识和技能要求	14(33.33)	23(54.76)	2(4.76)	3(7.14)

五、讨论

　　虚拟仿真教学系统的应用，为毒理学等医学实验教学改革提供了有利条件，为教师采取灵活多样的教学方法打下基础。运用虚拟仿真技术将实验过程和模拟的现场环境以直观和形象的形式向学生展现，能够激发学生的学习兴趣，调动学生的学习积极性和主动性。本次的研究也表明大部分学生通过虚拟仿真的教学，提升了实践过程中的应对能力，同时提高了实验技能的掌握程度。这与张丽等[8]研究发现虚拟仿真实验有利于学生理论与实践相结合，提升实验教学改革效果和质量的结果一致。虚拟仿真实验教学不仅拓展了课程内容的广度和深度，同时也将以教师为中心的教学模式转变为以学生为中心的个性化教学，实现了由培养经验型人才向培养创造型人才的转变[9][10]。在预防医学专业课程教学中应大力推进现代信息技术(如虚拟仿真实验)与公共卫生教育教学深度融合，为培养具有科研能力、实践能力和创新能力的高素质综合型医学人才提供坚实的基础。

◎ **参考文献**

[1] 汪洁英，李雪玲，陈水云，等．虚拟仿真实验教学对医学生学习效果的影响研究 [J]．中华医学教育杂志，2023，43（3）．

[2] 左埒莲，张楠，何平平，等．虚拟仿真在医学教学中的应用 [J]．教育教学论坛，2021（48）．

[3] 夏正新，吴昊桢，徐皓．医学虚拟仿真实验教学平台的建设 [J]．南京医科大学学报（社会科学版），2023，23（5）．

[4] 苏雄，闫涛，李乐慧，等．基于职业卫生与职业医学实验教学中使用虚拟仿真实验平台的调查分析 [J]．卫生职业教育，2023，41（4）．

[5] 刘小山，陈玉婷，孙艳芹，等．虚拟仿真实验在环境卫生学实验教学中的应用与效果评价 [J]．科教导刊，2022（30）．

[6] 常江，沈敏，潘安．推动复合型公共卫生人才培养，促进高水平公共卫生学院建设 [J]．中华疾病控制杂志，2023，27（3）．

[7] 刘彤崴，蔡旺，栗新，等．虚拟仿真联合情景模拟在基础护理学实验教学中的应用 [J]．中国继续医学教育，2023，15（12）．

[8] 张丽，阿依佳肯·阿曼太，邹冠炀，等．虚拟仿真实验在卫生毒理学实验教学中的应用 [J]．基础医学教育，2022，24（4）．

[9] 王高阳，袁媛，李筱晨，等．虚拟仿真实验平台在职业卫生与职业医学实验教学中的应用探索 [J]．卫生职业教育，2021，39（18）．

[10] 张玲，魏建峰，孙申，等．基于虚拟仿真平台的混合式教学在组织学实验中的应用 [J]．卫生职业教育，2023，41（6）．

新质生产力背景下公共卫生"新职人"培养路径探析

王　超　吴绍棠　俞　斌　丁红利　朱俊勇*

（武汉大学　公共卫生学院，湖北　武汉　430071）

【摘　要】目的：梳理新质生产力概念内涵和公共卫生人才培养现状，提出适应新质生产力发展理念的公共卫生教育教学改革建议，为培养公共卫生"新职人"提供参考。方法：通过理论分析、文献研究和现况梳理，明确新质生产力和"新职人"的理论链接，总结分析传统公共卫生人才培养的发展困境及公共卫生教育教学改革的必要性，基于此提出新质生产力背景下公共卫生"新职人"培养路径。结果：当前，我国公共卫生"新职人"培养面临学科影响力不足、学用脱节、教学形式单一等现实挑战。在新质生产力背景下，改革公共卫生教育教学、加快公共卫生"新职人"培养是发展公共卫生新质生产力的根本途径和内在要求。对此，应从课程设置科学化、课程内容综合化、课程教学实践化、课程模式创新化、课程开设特色化等角度优化公共卫生教育教学体系。结论：公共卫生教育教学改革需要以新质生产力发展理念为指引，完善教育教学体系、内容和方法，优化"新职人"成长土壤、发展路径与培养质量，为公共卫生新质生产力发展提供人才支撑。

【关键词】公共卫生；新质生产力；新职人；培养路径

【作者简介】第一作者：王超，管理学博士，武汉大学公共卫生学院副研究员，硕士生导师；吴绍棠，管理学博士，武汉大学公共卫生学院副教授，硕士生导师；俞斌，医学博士，武汉大学公共卫生学院副教授，博士生导师；丁红利，计算机技术硕士，武汉大学公共卫生学院教学办主任；*通讯作者：朱俊勇，医学博士，武汉大学公共卫生学院主任医师，硕士生导师。

【基金项目】湖北省教育科学规划课题（2022GB003）；武汉大学医学部教学改革项目（2024YB53）

公共卫生是医疗卫生服务体系的基本组成，在保障和增进全人群全生命周期健康、支持和推进健康中国建设方面发挥着无可替代的作用[1]。近年来，我国日益重视公共卫生事业发展，强调培养高水平、实用型公共卫生人才，为全民健康和社会经济高质量发展提供重要保障。新质生产力是新时代推进中国式现代化的核心动能和关键着力点。发展新质生产力，需要健全新质生产要素，其中人才要素最具决定性。在公共卫生领域，"新职人"是培育和发展公共卫生新质生产力的重要支撑。但长期以来，公共卫生人才培养遵循传统教育教学方法，人才培养质量参差不齐，难以适应新时代公共卫生事业发展需求。对此，本文将在厘清新质生产力概念内涵的基础上，结合公共卫生人才培养现状，优化教学内容、改进教学方法、完善教学形式，为培养适应新质生产力发展需求的公共卫生"新职人"提供参考。

一、新质生产力与"新职人"

马克思主义政治经济学认为生产力包括劳动者、生产资料、劳动对象三个基本要素，其中劳动者要素最为活跃也最为关键。新质生产力是脱胎于且高于传统生产力的先进质态，故对生产力三要素提出了更高要求，但人才仍是新质生产力培育和发展的根本，可称之为"新职人"。

（一）新质生产力

2023年9月，习近平总书记在黑龙江省考察时首次提出，积极培育和加快形成"新质生产力"。新质生产力的提出不仅深化了对生产力发展规律的认识，也为塑造发展新动能、新优势提供了科学指引。此后，中央经济工作会议（2023年12月）、二十届中央政治局第十一次集体学习（2024年2月）、《中共中央关于进一步全面深化改革　推进中国式现代化的决定》以及2025年政府工作报告等均强调因地制宜发展新质生产力，推进社会经济高质量发展。密集的政策呼吁，提示新质生产力发展的方向明确、工作紧迫，对于高质量推进强国建设、民族复兴意义重大。

新质生产力是由技术革命性突破、生产要素创新性配置、产业深度转型升级而催生的当代先进生产力，以劳动者、劳动资料、劳动对象及其优化组合的质变为基本内涵，以全要素生产率提升为核心标志[2]。区别于传统生产力，新质生产力以创新为主导、以人才为驱动，摆脱传统的资源消耗型生产力发展路径，以创新资源利用结构驱动社会经济发展，是符合新发展理念的先进生产力质态[3]。随着理念创新和实践发展，新质生产力的概念内涵不断丰富、理论范畴不断拓展、适用场景不断延扩，正逐渐渗透到社会经济的方方面面，并作为重要驱动要素助推整个行业的迭代发展。

（二）"新职人"

"新职人"是指在某个领域具有相应知识、经验和技能的从业者，是新质生产力的核心构成与关键驱动，包括能够创造新质生产力的战略人才和能够熟练掌握新质生产资料的应用型人才[4]。随着生产力的不断进步和创新，未来社会和职业发展将更加注重一个人的综合素质，包括专业知识、实践技能、问题处置和学习能力等，这对现行人才培养体系提出了新的更高要求。2025年政府工作报告中"投资于人"的表述更是给新时代"新职人"培养提供了新的要求。

二、传统公共卫生人才培养困境

公共卫生是以人群为对象，研究健康和疾病的发生发展规律及影响因素，制定相关策略以实现全人群全生命周期疾病预防和健康促进的一门学科。在新时代，公共卫生事业的高质量发展是推进健康中国战略的关键路径和理性选择。但长期以来，受医防割裂、重医轻防等传统观念的影响，加之传统教育教学体系的短板，公共卫生人才培养仍面临诸多现实困境。

(一) 公共卫生学科影响力不足

公共卫生与预防医学作为一级学科，却长期处于边缘位置，其学科影响力尽管在突发公共卫生事件后有所加强，但很快"归于沉寂"。究其原因，一方面，我国公共卫生学科建设起步较晚，学科体系较为薄弱，在传统医药学科群中的话语权较小，进而制约社会认知、影响招生质量、限制学科发展，甚至造成恶性循环；另一方面，公共卫生面向全人群开展疾病预防和健康促进，其健康效应往往需要经过长期投入方得以显现，且与个体健康的关系存在不确定性，因此公众对其学科价值认可度低甚至存有偏见。此外，公共卫生类专业毕业生还面临就业面窄、薪酬待遇低等现实问题，虽然公卫医师处方权能够在一定程度上改善这一困境，但目前尚处于试点阶段。这些都导致公共卫生类专业学生的专业认同感不强，甚至造成人才流失、继替断层[5]。

(二) 公共卫生人才培养学用脱节

公共卫生治理体系与治理能力现代化迫切需要兼具理论素养和实践能力的复合型公共卫生人才，但当前我国公共卫生人才培养仍存在一定的"学用脱节"。一方面，公共卫生理论课教学占比过大，不仅挤占了实践课的学时，且课程内容与实践的衔接不够，导致部分学生在疾病防控、健康促进、卫生应急等实际操作和技能应用中存在"先天不足"[6]；另一方面，尽管国内公共卫生学院纷纷与医疗机构、疾控中心、医药企业等建立合作，但"医—教—学—研—用"的协同对接往往流于形式，尚未形成有效的复合型公共卫生人才培养机制。

(三) 公共卫生教学组织形式单一

当前，我国公共卫生教学组织形式仍较为单一，主要依赖以教室为课堂、以书本为中心、以教师为主体的传统模式。虽然这种模式考虑了我国大班教学的现状，有利于知识的系统化传授，但也使得学生成为知识的被动接收者，限制了其获取知识、独立思考和自我提升的能力和机会。同时，公共卫生作为一门实践性学科，需要解决现实生活中的实际公共卫生问题，单一的理论化教学难以提供足够的实践机会，不利于学生将理论知识应用于实际情境，进而影响到对学生实践能力和创新能力的培养[7]。

三、教育教学改革对培养公共卫生"新职人"的必要性

面对新时代公共卫生挑战，培育和发展公共卫生新质生产力是治本之策，而首要任务便是加快培养适应新时代社会发展需求的公共卫生"新职人"。

(一)外界环境变化对公共卫生教育教学改革提出新的要求

随着社会发展、科技进步和全球化的加速，公共卫生知识体系和技术框架不断丰富，同时也面临着诸多新的挑战，特别是慢性非传染性疾病、新发再发传染病对健康的威胁逐渐增加，环境污染、极端天气以及不良生活方式等因素对健康的影响也日益突出。在新形势下，加快公共卫生教育教学改革，与时俱进更新公共卫生教学内容与模式，能够使公共卫生人才培养更加贴近实际需求、符合时代特点、适应社会发展[8]，以更加有效地应对纷繁复杂的公共卫生环境。

(二)教育教学改革有助于提升公共卫生"新职人"培养能力

教育教学是公共卫生"新职人"培养的基本方式。传统的教育教学模式为我国培养了大批公共卫生人才，但当前公共卫生领域面临诸多新的需求和挑战，如人口老龄化、全球化、新发再发传染病等，这要求对传统公共卫生教育教学进行与时俱进的改革。通过改革，将新质生产力的要素和原则融入公共卫生教育教学，以保障公共卫生类专业学生的新质生产力素养，培养出更具创新精神和实践能力的公共卫生"新职人"。

(三)公共卫生教育教学改革有利于提高"新职人"培养质量

通过引入新的教育教学方法、应用新的公共卫生案例、聚焦现场实践教学，不落窠臼地推进公共卫生教育教学改革，提升学生的学习热情、主动性和参与度，增强其实践能力、创新思维、社会责任感，提高公共卫生教育教学质量与效果。同时，在构建人类命运共同体的时代背景下，我国将更加主动、更有作为地参与全球公共卫生治理，因此公共卫生教育教学改革还将着力培养立足国家需求、兼具国际视野的国际化公共卫生"新职人"。

四、新质生产力背景下公共卫生"新职人"培养路径

新质生产力发展理念不仅对培养公共卫生"新职人"提出了更高要求，同时也为其提供了新的思考路径：在现行教育教学体系基础上，引入新质生产力要素和理念，完善教育教学体系、优化教育教学内容、改进教育教学方法，为发展公共卫生新质生产力提供必要的"新职人"支撑(见图1)。

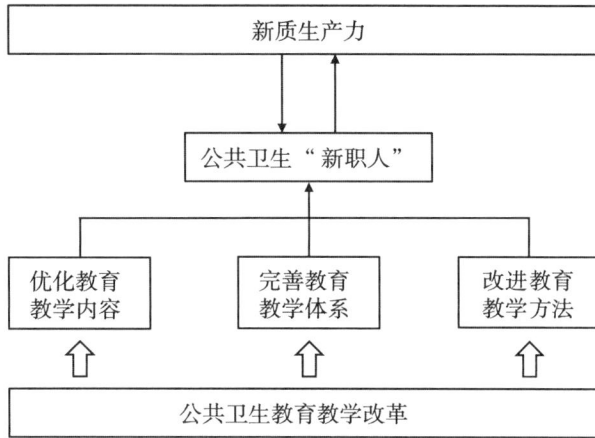

图1 新质生产力背景下公共卫生教育教学改革模式

(一)完善公共卫生教育教学体系

1. 加强公共卫生学科建设

公共卫生人才培养离不开学科支撑。以建设高水平公共卫生学院为契机,各公共卫生人才培养单位可以通过设置"学科建设年""人才培养年"等,对标国家需求和学科前沿明确学科发展方向,把补齐学科短板、创新学科理念、增强学科话语权纳入学院"十五五"规划,作为新一轮体制机制改革的重要任务提前布局并加快推进[9]。同时,学科建设要立足本土公共卫生现实需求和教育环境,紧密围绕发展新质生产力的人才需求,以现有学科体系为基础,不断创新和优化教育教学方法,改善教育教学质量,提升公共卫生学科的地位、声誉和影响力。

2. 重视公共卫生实践教学

公共卫生学科的实践性要求必须在公共卫生现实场域中强化实践技能培养。在校外,加强与各级卫生行政单位、学校附属医院、疾控部门、医药企业等的"医—教—学—研—用"人才合作培养机制,构建"公共卫生—预防—医疗—康复"全方位实践教学基地和实训基地,使学生在真实的工作环境中强化实践技能、积累实践经验[10];在校内,以提高公共卫生实践技能为目标整合教学资源,开设公共卫生实践和技能培训必修课程,将公共卫生基本操作和突发应急事件处理相结合;将实践能力作为毕业考核的必要环节,如参考公共卫生执业医师技能考试大纲中的考核要点开展 OSPHE 考试;支持有条件的高校探索发展 MPH 教育、创新试点 DrPH 改革,逐步实现专业硕士和专业博士教育成为我国公共卫生研究生教育的主体。基于此,实现公共卫生理论、技术与社会需求的有机融合,以培养具备良好"岗位胜任力"和"职业认同感"的公共卫生"新职人"。

3. 深化公共卫生交叉研究

公共卫生学科的交叉性要求进一步丰富公共卫生教育教学思维，营造兼容并包的多学科交叉研究氛围。一方面，建设以公共卫生类专业为基础，以临床医学、基础医学、心理学、管理学等学科为支撑的多元化学科师资队伍，通过学科融通，培养学生的全科思维和系统认知；另一方面，在做好"三基三严"教学的同时，鼓励公共卫生与其他学科的交叉研究，推动"医工""医理""医管""医文"协同，为学生提供更宽广的研学视角，以扩大学生眼界、激发研学热情，促进宽口径、厚基础的公共卫生人才培养[11]。此外，还应将公共卫生应急纳入教育教学体系并作为核心能力加以培养，强化学生实战型公共卫生能力。

4. 开展公共卫生国际合作

随着全球化进程的加快，公共卫生领域的国际合作日益频繁。此时，广泛开展公共卫生国际合作与交流，不仅能够启发国内公共卫生治理路径，还可以为相关教育教学提供丰富素材，培养具有国际视野的公共卫生"新职人"。对此，一方面，应加强与国际知名公共卫生教研机构合作，引进先进教育理念、教学方法以及优秀的教材和师资，掌握国际公共卫生人才培养的前沿理论，提高我国公共卫生教育的国际化水平；另一方面，应积极参与国际联合公共卫生科研攻关，围绕传染病防治、疫苗药物研发、系统流行病学等全球健康重点领域，建设国际联合实验室、联合研究中心和科技合作基地，形成稳固长效的国际合作机制。但需要强调的是，开展公共卫生国际合作务必坚持"中体西用""洋为中用"，立足我国国情和中国式现代化建设需要，做好国际经验的本地化调适，以服务中国特色公共卫生事业发展的现实需要。

5. 开展公共卫生教学评估

公共卫生教育教学改革是一个不断探索、不断精进的过程。为保障改革的连贯性和目标的一致性，需要建立开放、灵活的评价机制。对此，可以将学生的公共卫生理论知识、实践能力、团队协作、个人素质等纳入评估范围，通过案例分析、情景模拟、实践操作、报告撰写等对学生公共卫生综合素养进行定期考核，总结阶段性改革经验，反馈其中的新情况、新问题。针对改革中的堵点和难点，融入新发展理念和新质生产力要素，进而在锚定公共卫生事业发展和学科建设目标的基础上，培养适应社会发展实际需求的公共卫生"新职人"。同时，应对公共卫生学科发展和教学质量进行定期评估，并将评估结果与办学资源挂钩，倒逼办学机构重新审视和完善现行公共卫生教育教学体系。

(二)优化公共卫生教育教学内容

1. 以保障和增进全人群全生命周期健康为导向

新时代的公共卫生教育教学需要从健康中国建设的高度出发，围绕国家公共卫生治理体系和治理能力现代化的目标要求，通过思政等形式将新质生产力理念和要素有机融入公共卫生课程，实现对传统教学内容的更新，以充分反映最新的公共卫生研究热点、政策关切和技术创新，培养与时俱进、具有前瞻思维的公共卫生人才。同时，要优化公共卫生核心知识体系，将医学、心理学、社会学、伦理学等多学科知识融入教育教学[12]，加快构建现代化的公共卫生教育教学课程内容，持续深化"以人民健康为中心"的公共卫生理念，以培养公共卫生类专业学生的"大健康观"和"大卫生观"。

2. 以培养公共卫生应急能力和实践能力为重点

公共卫生应急与实践能力是现代公共卫生教育的基础与核心。因此，除了基于教材开展单一、重复的纯理论教学，公共卫生教育还应更注重案例研究和方案研究，有意识地融入公共卫生领域的最新科研成果、真实典型案例和先进实践技能，培养学生解决实际公共卫生问题的能力[13]。譬如，以猴痘疫情、X病毒病、基孔肯雅热等为例，对突发公共卫生事件的概念特征、健康危害、防控举措等进行系统介绍和充分讨论，讲授不同情境中的公共卫生问题解决方案，如流行病学调查、"三区两通道"设置、舆情管控、终末消毒等。通过模拟公共卫生应急演练，鼓励学生通过虚拟角色参与到各种假设的突发公共卫生事件中，切身体验紧急情况下如何迅速反应和协调工作，在真实情景中直接参与、锻炼和提升学生的应急和实践能力[14]。

3. 以公共卫生职业精神和服务理念培养为核心

公共卫生是面向全人群全生命周期健康的学科，因此其教育教学不仅需要"传道授业解惑"，更需要培养学生的身份认同、职业素养和社会责任感，激发其对公共卫生事业的热爱[15]。在教学过程中，开设公共卫生导论课程，讲解学科历史、领域前沿、职业定位、个人发展等内容，让学生及早接触和了解公共卫生类专业的学科价值，同时将公卫精神、职业道德、理想信念等思政元素融入课堂，从思想、专业、就业等环节深化学生对公共卫生类专业学科的认知；在科研引导中，鼓励公共卫生学生积极申报大学生创新创业项目，强化专业知识、职业素养和实践能力，提升学生的培养、升学和就业质量；在价值塑造中，各教学单位和授课教师应"身先士卒"，做好社会服务并加大宣传，通过实际案例消解学生对公共卫生学科的疑惑与偏见，增强学生的专业认同感与自豪感。同时，可以邀请优秀校友开展专业认知主题讲座、组织专业认知实习和主题班会，让学生设身处地地感受自己在公共卫生事业发展中的重要作用和价值，增强其对公共卫生职业的认同感和归属感，进而提升学生的学习兴趣和培养质量[16]。

(三)改进公共卫生教育教学方法

1. 开展"线上+线下"混合式教学

公共卫生学科的综合性决定了混合式教学在公共卫生人才培养中的基础地位，对此，应探索建立"线上+线下"公共卫生教学模式[17]。在"线下"，除课堂教学外，可以借助实践教学基地、(模拟)实验室等，让学生亲身参与公共卫生案例处理和实践实操，切实提升其公共卫生感知；在"线上"，利用大数据、人工智能等现代信息技术建设公共卫生在线课程(如教学视频、网络测试等)，课前推送学习任务单、课中演示教学重难点、课后发放知识点总结，同时可以利用线上教学平台布置课后作业、推荐扩展资源，实现远程授课、在线讨论、实时互动。此外，对于"线上"收集的问题，授课教师可以在"线下"面授课中进行有针对性的讲解和总结，从而完成"线上+线下"一体化教学，增强学生的学习体验和教学效果。

2. 引入真实案例教学和情景模拟教学

公共卫生的应用属性要求其教育教学必须依托典型案例和现实情景。通过将真实的公共卫生典型案例(可以是成功的也可以是失败的)引入教学内容，由学生充分讨论、分析，帮助其真切感知公共卫生问题的客观呈现形态，结合案例背景深入理解和掌握公共卫生防控知识与技能，提高解决实际问题的能力。然而，并非所有的公共卫生知识点都能够在现实中找到鲜活案例，此时应用情景模拟教学同样可以达到预期效果。通过人工智能、虚拟现实、人机交互等新技术手段，设计和搭建形象逼真的虚拟仿真实验教学环境，模拟和还原疾病报告、病原溯源、研判预警、预防控制、舆情监测等公共卫生应急情景，构建以"应急管理+虚拟仿真"为核心的公共卫生模拟教学体系，让学生在模拟情景中扮演不同的角色，身临其境地看待和解决问题，提高其实操能力和应急能力[18]。

3. 增强教育教学的互动性和参与度

在公共卫生教育教学中，通过小组讨论、案例分析、角色扮演、互动问答等，将"被动学习"转变为"主动学习"，激发学生学习的主观能动性，使其充分参与课堂教学。开展以问题为基础的教学和案例教学，在教师引导下，以学生为主体、以问题为导向、以典型案例为课堂，培养学生的自主学习、独立思考能力以及批判性思维和团队协作精神，在解决现实问题的过程中，真切感受公共卫生的学科价值，增强专业认同感和责任感。此外，还可以将雨课堂、超星学习通、中国大学 MOOC 等多平台智慧教学工具引入课堂，增强课堂教学的趣味性和知识讲解的针对性，提高教学质量和效率[19]。

4. 探索课堂内外"双导师"制教学

为激发学生学习潜力和提升学生实践能力，有条件的单位可以探索推行"开门办学"的"双导师"制教学模式。在对师德师风、专业能力、带教意愿进行综合考量的基础上，遴选、聘请公共卫生相关企事业单位的技术骨干和一线工作人员组成校外"导师团"，同时制定相关规章制度，明确以培养学生的创新实践能力为重点的"双导师"职责[20]。通过校外导师"请进来"、校内导师"走出去"的形式，鼓励"双导师"合作开发公共卫生教学案例、开发虚拟仿真实训软件、培训公共卫生技能大赛选手、指导学位论文选题与撰写，提高校外导师的理论水平和校内导师的实践能力。基于此，培养兼具宽厚理论基础、扎实实践经验和胜任岗位需求的复合型公共卫生"新职人"。

五、总结

公共卫生教育教学改革是一项需要师生、校企、教研等共同参与的系统性工程，需要以新质生产力发展理念为指引，结合新时代公共卫生事业发展特点，与时俱进、不落窠臼地优化公共卫生教育教学体系、内容与方法，培厚公共卫生"新职人"成长土壤、拓宽公共卫生"新职人"发展路径，为推动公共卫生新质生产力发展提供有力的人才支撑。

◎ 参考文献

[1] 李立明. 公共卫生在健康中国建设中的地位和作用 [J]. 中华流行病学杂志，2018，7（39）.

[2] 郑永年. 如何科学地理解"新质生产力"？[J]. 中国科学院院刊，2024，39（5）.

[3] 周文，许凌云. 论新质生产力：内涵特征与重要着力点 [J]. 改革，2023（10）.

[4] 周源. 以高质量技能人才供给 推动新质生产力快速发展 [J]. 中国科技产业，2024（3）.

[5] 尤小芳，汪玲，吴凡，等. 公共卫生科学学位与专业学位研究生培养模式比较 [J]. 中国卫生资源，2020，23（2）.

[6] 董昊裕，孙宏鹏. 后疫情时代我国公共卫生学科建设与发展研究 [J]. 医学与社会，2021，34（9）.

[7] 黄倩. 中美公共卫生教育对比分析及启示 [J]. 现代预防医学，2023，50（12）.

[8] 朱俊勇，王洪璐，王忠海，等. 抗疫精神融入预防医学专业课程思政探索与实践 [J]. 教育教学论坛，2022（15）.

[9] 师璐，黎莉，邢方敏. 公共卫生人才培养的问题与对策——基于新冠肺炎疫情的思考 [J]. 中国高教研究，2020（5）.

[10] 陈小雪，吕馨月，叶雨婷，等. 基于建设高水平公共卫生学院的"五育"融合培养预防医学人才路径分析 [J]. 中国公共卫生管理，2023，39（6）.

[11] 郭晓奎. 对新医科的理解与认识 [J]. 中国大学教学，2023（7）.

[12] 屈伟，陈浩，郑琪，等. 医防融合视域下基层公共卫生人才队伍的建设与发展 [J]. 中国卫生事业管理，2021，38（11）.

[13] 池方方，蔡滨欣. 我国公共卫生人才队伍现状及发展研究 [J]. 中国公共卫生管理，2021，37（3）.

[14] 江宇，刘璇，岳和欣，等. 新型冠状病毒肺炎疫情下的中国公共卫生体系改革建议与思考 [J]. 中华疾病控制杂志，2021，25（4）.

[15] 曹园园，李怡霖，郝荣章. 精神谱系在公共卫生人才培养中的应用 [J]. 医学教育研究与实践，2022，30（3）.

[16] 于晨，刘霞，陶立元，等. 新型冠状病毒肺炎疫情背景下公共卫生与预防医学专业本

科生职业认同现状调查 [J].中国公共卫生,2021,37(6).

[17] 丁蕾,汪楠楠,袁慧.以公共卫生技能为导向的预防医学实践教学改革——依托雨课堂平台的线上线下混合式实践教学 [J].教育教学论坛,2023(43).

[18] 张朱佳子,王慧,商杰.情景模拟教学在公共卫生医生重大公共卫生事件应急培训中的应用 [J].医学教育管理,2018,4(4).

[19] 李秀秀,陈泳欣,魏路通,等.基于信息技术的公共卫生智慧教学研究进展 [J].中华医学教育探索杂志,2021,12(20).

[20] 常江,沈敏,潘安.推动复合型公共卫生人才培养,促进高水平公共卫生学院建设 [J].中华疾病控制杂志,2023,27(3).

新形势下国际中文高等词汇教学的四个维度

翟颖华

（武汉大学　国际教育学院，湖北　武汉　430072）

【摘　要】国际中文高等词汇教学面临的新形势和这一阶段的学习规律，要求传统的词汇教学模式在高等阶段做出相应的调整。国际中文高等词汇教学应该包含四个维度：以意义为中心的输入训练；以语言为中心的教学；以意义为中心的输出训练和流利性训练，其中以意义为中心的输入训练在国际中文高等词汇教学中处于核心地位。该教学模式旨在弱化高等阶段教师灌输词汇知识的角色，而更加强调教师在课程规划中的组织和引导，培养学生的自主学习能力。

【关键词】高等词汇教学；刻意词汇教学；伴随性词汇教学；部分习得；全面习得
【作者简介】翟颖华，武汉大学国际教育学院副教授，E-mail：moonriver_zhai@126. com。

一、引言

2021 年，《国际中文教育中文水平等级标准》（以下简称《标准》）正式发布并实施。《标准》对国际中文音节、汉字、词汇、语法给出了详尽的量化指标（见表1），为当前中文本科教学提供了科学的参考依据和阶段性目标。

表1　　　　　《国际中文教育中文水平等级标准》语言量化指标总表[1]

等次	级别	音节	汉字	词汇	语法
初等	一级	269	300	500	48
	二级	199/468	300/600	772/1272	81/129
	三级	140/608	300/900	973/2245	81/210
中等	四级	116/724	300/1200	1000/3245	76/286
	五级	98/822	300/1500	1071/3216	71/357
	六级	86/908	300/1800	1140/5456	67/424

等次	级别	音节	汉字	词汇	语法
高等	七~九级	202/1110	1200/3000	5636/11092	148/572
总计		1110	3000	11092	572

注：表格中"/"前面的数字表示本级新增的语言要素数量，后面的数字表示截至本级累积的语言要素数量。高等语言量化指标不再按级细分。

从语言量化指标来看，国际中文高等阶段对应《标准》中的7~9级。和初中级阶段相比，《标准》中7~9级对应的音节和语法教学任务总体逐渐减少，汉字教学匀速推进，而词汇教学的任务则大幅增加。

根据《标准》中的语言量化指标以及第二语言教学规划，词汇是高等阶段国际中文教学的重点和难点。如何落实好《标准》中的高等词汇表，推进词汇教学的高质量发展，是当前国际中文本科教学亟待解决的一项课题。本研究基于中文词汇的分布规律和第二语言词汇习得理论，主要研究三个问题：（1）国际中文高等词汇教学面临的新形势和词汇学习的阶段性特征；（2）新形势下国际中文高等词汇教学的四个维度；（3）四个维度之间的关系与协同发展。

二、国际中文高等词汇教学面临的新形势

当前，国际中文高等词汇教学面临的新形势主要体现在以下两个方面：

1. 智慧教育理念不断推进

当前，智慧教育蓬勃兴起，正推动国际中文教育快速发展，带来语言教学模式、语言学习方式、语言资源建设的深刻变革。崔希亮（2024）指出，在国际中文教育数智化转型的过程中，人工智能技术的应用主要包括：（1）个性化自主学习；（2）智能学习软件辅助学习；（3）语言学习辅助工具；（4）自动评估和反馈；（5）数据分析与预测[2]。智慧教育搭建的教学资源与平台，为中文学习者提供了功能强大的自主词汇学习环境，为"学习者自主，教师赋权"提供了有利的条件。各种中文学习App以及中文教学平台资源在伴随性词汇学习和刻意词汇学习方面都能发挥很好的辅助功能，可以满足大量、实时的辅助学习和反馈需求。

通过数字资源推动词汇教学的高质量发展是新时代赋予中文教师的历史机遇。数字化转型和线上线下教育的深度融合是促进国际中文教育发展的关键。通过随时随地的学习，可以实现教育的广泛覆盖、持续发展和高质量提升。智慧教育理念不断推进，要求以综合课为主线的传统词汇教学模式做出相应的调整，以智慧教育理念与资源赋能高等词汇教学，促进智能技术与教学的深度融合。

2. 高等词汇教学在数量上的要求大幅提高

1992 年发布的《汉语水平词汇与汉字等级大纲》（以下简称《等级大纲》）是国际中文教育的第一代词汇表。从词汇的要求来看，《标准》中 1~6 级（初中等）的词汇量为 5456 个，与《等级大纲》中甲乙丙级词汇量 5253 个大致相当，而中文词汇的总量则从之前的 8822 个[3]增加到 11092 个，高等词汇教学在数量上的要求大幅提高。

在课时总量不变的情况下，以综合课为主线的传统词汇教学模式在高级阶段很难落实词汇量的要求，需要做出相应的调整。课堂教学的时间是有限的，应该引导学习者提高自主学习的能力，用好智慧教育资源。

三、国际中文高等词汇学习的阶段性特征

词汇教学需要充分考虑高等词汇学习的客观规律，与初中等词汇学习相比，国际中文高等词汇学习的阶段性特征主要表现在以下两个方面。

1. 从不同水平等级词汇在汉语中的分布规律来看，高等词汇学习需要加大对伴随性词汇学习的投入

Schmitt（2020）指出，词语的分布规律是所有词汇研究和教学法中的关键概念[4]，这是因为词汇学习需要将词汇知识适配到动态的语言中，生词在语言中的复现率越高，越有可能习得，反之亦然。不同水平等级词汇在汉语中的复现率是极不均衡的，根据齐普夫定律，在任何文本或文本的集合中，词语的分布差别巨大，按照频率等级由高到低的顺序，第 1 级词语的复现率是第 2 级词语的 2 倍，是第 3 级词的 3 倍，第 100 级词语的 100 倍，依此类推[5]。现代汉语核心语料库和现代汉语平衡语料库不同频率等级词语①的平均复现率见表 2。

表 2　　　　　　　　　　**两个语料库中不同频率等级词语的平均复现率**

频率等级	频率序位	现代汉语核心语料库②	现代汉语平衡语料库③
		平均复现率	平均复现率
1	1~1000	5822	2899
2	1001~2000	853	425
3	2001~3000	475	231

---

①　基于语料库的频率词表是筛选和确定词汇水平等级最重要的原则和依据，高频先学是词汇教学的重要原则。因此，词语的水平等级和频率等级大致对应。

②　数据来源：http://www.aihanyu.org/cncorpus/index.aspx，语料规模 2000 万字。

③　数据来源：http://elearning.ling.sinica.edu.tw/CWordfreq.html#top，语料规模 789.27 万字。

续表

频率等级	频率序位	现代汉语核心语料库	现代汉语平衡语料库
		平均复现率	平均复现率
4	3001~4000	315	155
5	4001~5000	232	115
6	5001~6000	183	90
7	6001~7000	147	74
8	7001~8000	122	62
9	8001~9000	104	53
10	9001~10000	90	46
11	10001~11000	79	41

表 2 中，不同频率等级词语的复现率与齐普夫定律的倍数关系不完全对应，但基本趋势一致。词语的水平等级和频率等级大致对应，由此可知，随着词汇水平等级的提高，词汇在汉语中的密度和复现率越来越低。

高等词汇在任何文本或文本集合中的复现率远远低于初中等词汇，这意味着伴随性词汇学习（听说读写）的投入-产出效率明显低于初中级阶段。这是因为高等词汇在语言中的密度越来越低，学习者接触和提取词汇的可能性越来越小，记忆更容易损耗，学习难度随之提高。因此，和初中级阶段相比，高级阶段需要加大伴随性词汇学习的投入。

2. 从学习者的角度来看，高级阶段的中文学习者自主学习的能力更强

初中级阶段的中文学习者往往依赖母语翻译对应词，碎片化记忆理解生词，而高级阶段的中文学习者已经初步构建了词汇语义网络，可以借助已有的中文词汇知识理解加工生词，进而丰富已有的词汇语义网络。因此，对初中级阶段的中文学习者而言，由于缺乏相关语言要素的知识储备，需要更多的指导和结构化的教学路径；而对于高级阶段的中文学习者而言，由于他们已经积累了较为丰富的语言知识和技能，能更好地借助已知词汇学习生词，具备了更强的自主学习的能力。

国际中文高等词汇教学面临的新形势和这一阶段的学习规律，要求以综合课为主线的高浓度词汇教学模式做出相应的调整。和初中级阶段的词汇教学相比，精讲细练不能满足高等阶段的教学要求，应该加大词汇学习的投入，引导学习者使用词汇学习策略自主学习生词。

四、新形势下国际中文高等词汇教学的四个维度

考虑到这一阶段词汇教学的目标、特点和规律的变化，我们认为，新形势下国际中文

高等词汇教学应该包含四个维度：以意义为中心的输入训练；以语言为中心的教学；以意义为中心的输出训练和流利性训练。其中以语言为中心的教学属于刻意词汇教学，其他三个维度属于伴随性词汇教学，每个维度都为学习者提供了不同类型的二语词汇学习机会。下面分别加以说明。

1. 以意义为中心的输入训练

以意义为中心的输入训练主要包括泛读和泛听训练，旨在帮助学习者在丰富的语境中不断接触词汇，巩固对音形义的记忆，推进词汇深度知识的理解和积累。

已有的研究显示，泛读和泛听均有助于扩大词汇量，其中更为有效的是泛读。王初明（2010）认为，在听说条件不利的外语环境里，广泛阅读并在各种不同的语境中接触生词，应成为引导学习者学习和识记词语的最主要方式[6]。对学习者而言，泛听稍纵即逝，对伴随性词汇学习的作用不像泛读那么大[7]。然而，它仍然在以意义为中心的词汇教学中发挥着不可替代的作用，尤其是能帮助学习者更好地建立生词音义之间的联系。

泛读的关键是选择适合学习者水平等级的分级读物，引导学习者进行大量的阅读输入。认知负荷理论认为，人的记忆容量有限，当学习者处理信息时，如果信息量超过其记忆的容量，就会导致认知过载，从而影响学习效果[8]。因此，适当减轻学习者的生词认知负荷在提高伴随性词汇教学效果方面有重要意义。根据克拉申（1982）的输入假说，有效的第二语言输入必须是可理解的，其难度应该控制在略高于学习者目前语言水平的范围[9]。分级阅读正是基于这一理论，给学习者提供支架式的阅读资源，严格控制文本的生词密度，通过有效的可理解输入逐步提高学习者的词汇水平。

Laufer（2003）和洪炜等（2016）的实证研究均显示，阅读过程中单次的生词接触只能获得微量的词汇知识[10][11]。少量的输入不太可能带来任何可观的学习效果，只有大量的输入才能达到扩大词汇量的目的。根据齐普夫定律，与初中级阶段的词汇相比，高等词语在汉语中的密度大幅下降，复现率急剧递减。为了达到足够的复现次数，高等阶段的泛读必须加大输入量。由于课堂时间是有限的，泛读在起始阶段需要适当的引导和督促，其后主要在课外完成。智慧教育提供的平台与海量阅读资源，可以满足学习者的个性化阅读需求，并对学习者的阅读任务完成情况进行监测和记录。

2. 以语言为中心的教学

以语言为中心的刻意词汇教学最主要的目标是帮助学生建立生词音形义的联系，加强记忆，此外还包括训练学习者在上下文中猜词的能力。具体地说，主要包括下面几个方面：

①指导学生用生词卡片学习词语。用生词卡片学习词语即传统意义的背单词，Nation（2022）指出，以语言为中心的词汇教学核心是指导学生使用生词卡片进行刻意词汇学习[12]。生词卡片的一面写着生词，另一面写着注释，以便有效地利用碎片时间记忆生词。100多年来，使用生词卡片进行刻意学习的有效性得到了二语词汇教学研究的充分验证和支持[13][14]。Elgort（2011）的研究显示，生词卡片记忆不仅有助于词汇的显性知识发展，

也有助于词汇的隐性知识积累[15]。

重复是用生词卡片学习词语过程中对抗遗忘的有效手段，认识记忆和遗忘的规律可以帮助我们制定有效的重复间隔。根据艾宾浩斯的"遗忘曲线"，大部分遗忘发生在学习结束后不久，其后遗忘的速度会逐渐减缓。因此，Baddeley（1997）提出"扩展复习"原则，建议学习者在初次接触新内容后尽快复习，然后逐渐增加复习的间隔时间[16]，学习者可以使用"扩展复习"原则来制订个性化的学习计划。智慧教育时代的记生词 App 可以为学习者提供更多定制化生词卡片资源和个性化学习模式。

②综合课上的词汇教学。综合课上的词汇教学是以语言为中心的词汇教学的组成部分，通过课文中生词的讲解和操练，旨在帮助学习者建立对其音形义的理解，了解其语法功能。对现有中文教学模式的文献分析可知，综合课是目前最广泛使用的词汇教学形式。然而，由于高级阶段词语的密度和复现率过低，仅凭综合课上的词汇教学不足以在有限的学时内完成《标准》中高级阶段的教学目标。

③猜词训练。猜词训练是以语言为中心的词汇教学中另一个非常重要的环节，包括引导学生从上下文中猜测词义，利用语素义猜词，以及查词典确认词语的意思。猜词训练需要在课堂上持续关注策略的使用，以便让学习者获得有指导的策略训练，最终内化为词汇学习能力。

3. 以意义为中心的输出训练

通过以意义为中心的输出训练进行伴随行词汇教学指的是在上述两个维度的基础上逐步培养产出性词汇能力的训练，目标是帮助学习者将词语的部分习得能力转化为全面习得能力。

以意义为中心的输出训练通常在同一主题上连续使用 2~3 种语言技能——听力、口语、阅读和写作的组合，限定主题是为了提高目标词语的复现率。听或读是这项关联技能活动的起点，说或写是终点。它们以多种形式结合在一起，提供了许多相互关联的技能活动。将语言的理解、模仿与运用有机结合。输出之前需要听读材料，充分理解其内容，并在语篇层面进一步熟悉部分习得的词语，听、说、读、写四种技能相互促进。例如，学习者可以先阅读一篇文章，然后与他人谈论这个主题，或是进行小组口头报告，最后再写下来。

语言技能的组合能促使学习者模仿听力或阅读材料中的词语来整合表达输入的内容，强化学习者对目标水平范围内的词语的注意。部分习得的词语一经学习者主动输出，记忆即可加深加固，学得更扎实有效。王初明（2005）在一项写作与词汇记忆的实验中发现，英语单词在写作中用过一次，记住的几率显著增加[17]，说明写作能够提高识记英语生词的效率。姜琳等（2016）的实证研究显示，读后写能有效促进二语词汇学习，特别是在词义和用法方面[18]。

4. 流利性训练

流利性训练通过充分利用已知词汇知识，尽可能地使用学习者熟悉的文本和主题来提高听、说、读、写四项技能的流利度，这一维度的训练不应该包含任何生词。流利性训练的特点是以意义为中心，使用非常简单的材料，要求学习者以比平时更快的速度完成，并包含相当大的语言使用量。Nation（2022）指出，流利性训练的意义在于，如果词汇和语言知识不能随时使用，就没有多大的用处[19]。具体地说，词汇的流利性训练主要包括以下四个环节：

① 听力流利性训练。听力流利性训练是以意义为中心的词汇输入的一部分。随着学习者词汇水平的提高，中级阶段的听力素材可以再次使用，成为听力流利性训练的资源。学习者对这些素材中的故事情节和人物已经非常熟悉，生词已经基本掌握。此外，低于学习者现有听力水平的音频也是提高学习者词汇流利性的有效资源。

②口语流利性训练。Nation（1989）介绍了一种提高口语流利性的"4/3/2"训练模式[20]。在这个活动中，学习者每2人一组，每组中的学习者A就一个非常简单的话题与学习者B交谈4分钟。学习者B认真聆听，表现出兴趣，但绝不打断谈话。4分钟结束后，老师组织学习者换语伴，学习者A要求加快语速向新语伴重复刚才的谈话，3分钟后，再次换语伴，学习者A要向新语伴重复刚才的谈话，时间缩短为2分钟。逐渐缩短的时间要求学习者A加快谈话速度，提高产出性词汇的流利性。随着智慧教育技术的发展，汉语口语自动化评估系统有望将口语流利性训练从课内延伸到课外，为学习者提供随时随地的记录、评估与反馈。

③阅读流利性训练。速读训练是提高阅读流利性的有效方法，要求学习者阅读简单的文本，记录阅读时间，并就文本内容回答问题以检测理解能力。Chung和Nation（2006）的研究显示，通常情况下，这种课程只需少量的课堂时间就能使学习者的阅读速度提高50%至100%[21]。另一项有助于提高阅读流利性的活动是鼓励学习者阅读非常简单的分级阅读材料，阅读的内容可以根据学习者的兴趣自由选择，并且鼓励学习者尽量多读、加快阅读速度。智慧教育技术的发展可以为阅读流利性训练提供海量阅读资源，并将阅读速度和理解准确性记录和保存下来。

④写作流利性训练。"十分钟写作"是一项旨在提高学习者写作流利性的专项训练。在这项活动中，学习者每周2到3次就非常简单的主题进行写作练习，时间严格限制在10分钟之内，鼓励学习者尽可能地多写一些。学习者会逐渐习惯在短时间内完成写作任务，从而提高写作的流利性。随着智慧教育技术的发展，"中文写作教学与评阅系统"有望在实现时间管理和即时评分的同时，从语言、内容、篇章结构、技术规范四个维度给出智能评估和反馈，充分发挥"以评促写"的优势，推进学习者写作流利性水平的提高。

词汇的流利性训练是高端中文人才培养中非常重要的环节，但在国际中文教育中重视不够，当前真正意义上的快速阅读训练几乎没有。

五、四个维度之间的关系与协同发展

上述国际中文高等词汇教学的四个维度中，以意义为中心的输入训练和以语言为中心的教学属于词汇知识和能力的输入，是词汇教学的起点和基石；以意义为中心的输出训练是在此基础上由接受性词汇能力向产出性词汇能力训练的转化，是高等词汇教学的难点；词汇流利性则是维度一、维度二、维度三基础上的熟练与速度训练。不难看出，词汇教学是渐进的，每一个维度都在推进词汇知识和能力方面迈出了极其重要的一步，促进词汇的部分习得，但任何一个维度都不能帮助学习者全面掌握词汇。

以意义为中心的输入训练和以语言为中心的词汇教学大致是交互并进的关系，二者不仅互补，而且能起到互相丰富和巩固的积极作用。在词汇教学的起始阶段，建立生词形式-意义的联系至关重要，通常以语言为中心的教学更加适合，一旦建立了这种初始的形式-意义的联系，就必须通过以意义为中心的输入训练反复接触来帮助理解和巩固。对中文学习者而言，刻意词汇学习的效果往往立竿见影而且较为持久，而通过阅读接触生词可以将静态的词汇知识适配到动态的内容中，在丰富的语境中获得更多的深度知识。

根据国际中文高等词汇教学的特点和规律，在以意义为中心的输入训练和以语言为中心的教学交互并进过程中，泛读应该处于主导地位，刻意词汇教学和泛听训练则是不可或缺的辅助教学形式。泛读的意义在于，可以帮助学生感知生词，巩固对接触过词语的记忆，还可以在丰富的语境中加深对部分习得词语的理解。在此基础上，刻意词汇训练与泛读泛听相结合的教学效果会比单一的泛读训练好很多。

胡明扬先生（2002）谈到他的外语教学经历时的一段话颇具启发意义：我在教本科高年级和研究生的专业英语的时候，根据我自己的学习经历，采用了跟其他教师完全不同的方法，那就是大剂量的阅读。我自己选阅读材料，本科高年级学生一般每周两小时读三四页的原文文章，要求读懂，并记住全部生词，效果不错。研究生每周一小时的专业英语课读四十面左右的原文书，同样要求在读懂、能回讲意思的基础上记住全部生词，并且也必须记住以前学过的生词[23]。这段话包含三层意思：① 大量的泛读在高级阶段二语词汇教学中极其重要；②阅读的内容必须是可理解的；③ 阅读材料中的生词必须通过刻意词汇学习加以巩固，前面学过的生词需要不断循环记忆。

以意义为中心的输出训练是在以意义为中心的输入训练和以语言为中心的教学基础上进行的。以意义为中心的输入训练和以语言为中心的教学交互并进获得的是接受性词汇知识和能力，然而，没有进一步努力，接受性词汇能力很难自动地发展为产出性词汇能力。从维度一、二跨越到维度三是高等词汇教学最大的挑战。Schmitt（2019）的研究指出，与从初次接触一个生词到获得接受性词汇能力相比，让学习者从接受性词汇能力发展为产出性词汇能力要困难得多[24]。

在维度一、维度二与维度三的投入比例上，我们认同胡明扬（2002）先生的观点，语言学习需要大剂量输入，小剂量输出[25]。鲁健骥（2018）也认为，听、说、读、写能力的训练，不能平均使用力量，应该把听和读的能力训练作为重点，而说和写的能力训练，则要适当[26]。大量的可理解输入是产出性词汇能力获得的前提，在词汇教学中应该处于核心地位，因此，维度三的教学投入应该低于维度一和维度二。

词汇的流利性训练是在维度一、二、三的基础上进行的，是词汇能力在听说读写四个方面的进一步熟练运用。

六、结语

《标准》的全面推广和智慧教育的推进对单一的高浓度中文词汇教学模式提出了诸多挑战。国际中文高等词汇教学应该充分考虑高级阶段词汇的分布特点、第二语言词汇学习的规律以及高级阶段中文学习者的特点。这一阶段的词汇教学应该包含四个维度：以意义为中心的输入训练；以语言为中心的教学；以意义为中心的输出训练和流利性训练。四个维度的教学需要整合到中文教学的整体课程设计中，而不仅仅是独立于语言之外的要素。其中，泛读在国际中文高等词汇教学中应该处于核心地位。

该教学模式旨在弱化高等阶段教师灌输词汇知识的角色，而更加强调教师在课程规划中的组织和引导，培养学生的自主学习能力，引导学生充分用好数字时代的国际中文教育资源。

◎ 参考文献

[1] 教育部中外语言交流合作中心. 国际中文教育中文水平等级标准 [M]. 北京：北京语言大学出版社，2021.

[2] 崔希亮. 人工智能——语言教学的机遇与挑战 [J]. 华文教学与研究，2024（2）.

[3] 国家汉语水平考试委员会办公室考试中心. 汉语水平词汇与汉字等级大纲 [M]. 北京：经济科学出版社，2001.

[4] Schmitt, N. Vocabulary in language teaching [M]. Cambridge：Cambridge University Press，2020.

[5] Zipf, G. K. The psycho-biology of language [M]. Cambridge：MIT Press，1935.

[6] 王初明. 外语是怎样学会的 [M]. 北京：外语教学与研究出版社，2010.

[7] Brown, R., Waring, R., & Donkaewbua, S. Incidental vocabulary acquisition from reading, reading-while-listening, and listening to stories [J]. Reading in a Foreign Language，2008，20（2）：136-163.

[8] Paul A. Kirschner, Carl Hendrick. How learning happens：seminal works in educational psychology and what they mean in practice [M]. London：Routledge，2020.

[9] Krashen, S. D. Principles and practice in second language acquisition [M]. Oxford：Pergamon Press Inc，1982.

[10] Batia Laufer. Vocabulary acquisition in a second language：do learners really acquire most vocabulary by reading? [J]. Canadian Modern Language Review，2003，59（4）：565-585.

[11] 洪炜，王丽婧. Focus on Form 和 Focus on Forms 两种教学法对汉语二语词汇学习的

影响 ［J］. 世界汉语教学, 2016 (2): 264-275.

［12］［14］［19］ Nation, I. S. P. Learning vocabulary in another language ［M］. 3rd ed. Cambridge: Cambridge University Press, 2022.

［13］ Griffin, G. F., & Harley, T. A. List learning of second language vocabulary ［J］. Applied Psycholinguistics, 1996 (17): 443-460.

［15］ Elgort, I. Deliberate learning and vocabulary acquisition in a second language ［J］. Language Learning, 2011, 61 (2): 367-413.

［16］ Baddeley, A. Human memory: theory and practice ［M］. Hove: Psychology Press, 1997: 112-114.

［17］ 王初明. 以写促学中的词汇学习 ［J］. 外国语言文学, 2005 (1).

［18］ 姜琳, 涂孟玮. 读后续写对二语词汇学习的作用研究 ［J］. 现代外语, 2016 (6).

［20］ Nation, I. S. P. Improving speaking fluency ［J］. System, 1989, 17 (3): 377-384.

［21］ Chung, M. & Nation, I. S. P. The effect of a speed reading course ［J］. English Teaching, 2006, 61 (4): 181-204.

［22］［26］ 鲁健骥. 汉考漫议——对改进 HSK 的几点建议 ［J］. 华文教学与研究, 2018 (4).

［23］［25］ 胡明扬. 外语学习和教学往事谈 ［J］. 外国语 (上海外国语大学学报), 2002 (5).

［24］ Schmitt, N. Understanding vocabulary acquisition, instruction, and assessment: a research agenda ［J］. LanguageTeaching, 2019 (52): 261-274.

基于社会认知职业理论的教学创新对护理专业新生职业认同的影响

（武汉大学　护理学院，湖北　武汉　430071）

【摘　要】目的：探讨基于社会认知职业理论的教学创新对护理专业新生职业认同感、职业价值观和教育环境感知力的影响。方法：采用便利抽样法，将采用传统教学的 2023级（1 班）作为对照组；2023 级（2 班）设为实验组，在护理学导论教学中融入基于社会认知职业理论的教学创新实践，比较教学前后护理专业新生职业认同感、职业价值观和教育环境感知力的变化。结果：课程教学结束后，实验组和对照组护理专业新生职业认同平均分分别为 3.65 ± 0.76 和 3.17 ± 0.59，差异有统计学意义（$P=0.041<0.05$）；实验组对教育环境评价显著优于对照组（3.23 ± 0.80 VS 2.813 ± 0.44，$P=0.015<0.05$）；护理专业新生职业价值观评分显著高于对照组（2.31 ± 1.13 VS 1.85 ± 0.45，$P=0.039<0.05$）。结论：基于社会认知职业理论的教学创新实践有助于培养护理专业新生的职业认同感和提高其教育环境感知力，有助于提高护理专业课程的教学效果。

【关键词】社会认知职业理论；职业认同；职业价值观；教育环境感知

【作者简介】欧阳艳琼，武汉大学护理学院副教授，硕士生导师，E-mail：ouyangyq@ whu. edu. com；张馨元，武汉大学护理学院护理学硕士研究生，E-mail：2816200562@ qq. com。

护理专业一年级新生处于从基础理论学习向临床实践过渡的初级阶段，他们对护理学科的系统认知尚未形成，需通过专业教育课程（如护理概念、职业伦理）建立知识框架，同时通过早期临床接触促成护理专业新生对理论知识和专业实践的具象化理解。作为护理专业的入门课程，护理学导论对护理专业新生形成专业认知、职业认同、职业责任感和使命感等有着不可或缺的作用[1]。然而，学生普遍反映该课程存在课时紧凑且理论教学与临床实践之间脱节等问题。传统以教师为中心的教学方式难以有效激发护理专业新生的学习兴趣，导致他们在课程中的参与度和学习效果不佳。社会认知职业理论（Social Cognitive Career Theory，SCCT）由美国心理学家 Lent 等人于 1994 年提出[2]，该理论认为个人的职业目标、选择等行为受到学习和实践经验的影响[3]。将该理论与实践教学相结合，通过构建积极的结果预期、设定明确可实现的学习目标、强化教育环境支持与互动和整合职业认同与价值观教育等方式广泛应用于工科[4]、心理教育[5]和仿真模拟实训中[3]，取得了较好的教学效果，但未见应用于护理学领域。基于此，本课程组通过专题讨论会，充分考虑护理专业新生学情及实践教学目标，经反复讨论、论证，最终将基于社会认知职业理论的教学创新应用于护理学导论中，取得良好效果，报告如下。

一、授课对象

采取方便抽样，选取学校全日制护理专业大一新生为研究对象，其中一个班级(1 班，34 人)设置为实验组，另一个班级(2 班，22 人)为对照组。均为高考明确填报了护理专业作为志愿的学生。其社会人口学资料详见表 1。

表 1　　　　　　　　　　社会人口学资料($n=56$)

项　目	类别	频数(%)
性别	男	18(32.14)
	女	38(67.85)
民族	汉族	50(89.28)
	少数民族	6(10.71)
政治面貌	群众	8(14.29)
	共青团员	48(85.71)
家庭居住地	城镇	26(46.42)
	城市	11(19.64)
	农村	19(33.92)
班干部	是	50(89.28)
	否	6(10.71)
兼职经验	有	16(28.57)
	无	40(71.42)
社会实践	是	45(80.35)
	否	11(19.64)
社会实践与自己的专业有关	是	5(8.92)
	否	51(91.07)
参加学校社团	是	33(58.92)
	否	23(41.07)
组织过学校或学院各类活动	是	36(64.28)
	否	20(35.71)

二、教学设计

(一)教学内容

采用李小妹等主编、人民卫生出版社出版的《护理学导论(第 4 版)》作为教材,共讲授 12 个章节,包括护理学的发展及基本概念、健康与疾病、需要与关怀、文化与护理、压力学说及其在护理中的应用、护理工作中的人际关系与沟通、护理科学思维方法与决策、护理程序、护理理论及模式、临终关怀与护理、健康教育和护理专业中的法律问题。授课总学时为 24 学时,两组在教材选择方面均保持一致性,以确保教学环境、教学目标具有同质性。

(二)教学方法

1. 对照组教学方法

对照组采用传统"课外+线下"混合式教学法,即教师课前发布学习任务,学生在规定时间内观看鉴赏视频、阅读相应专著并写观后感;线下教学时,教师依据教学大纲确定教学内容、制作多媒体课件、结合教学大纲精准讲解重难点、提出有针对性的问题,引导学生作答并整理笔记,最终总结归纳强化学习效果。

2. 实验组教学方法

实验组在传统教学基础上,经过教师线下集体研讨会商议,在"护理学的发展及基本概念""需要与关怀""护理工作中的人际关系与沟通""护理科学思维方法与决策""护理理论及模式""健康教育"等 6 个章节安排临床医院和社区教学活动,开展基于社会认知职业理论的实践教学。具体教学内容安排见表 2。

表 2　　　　　　　　　**基于社会认知职业理论的实践教学方案**

实践内容(学时)	实施方法和要点	社会认知职业元素	教学方式
护理学的发展及基本概念(1 学时)	1. 在临床环境中观察护理工作,护理专业新生需重点关注护理角色的变化、技术的进步和护理人员的职业态度 2. 访谈医院中资深护理人员,了解他们的个人职业经历和对护理职业演变的看法如何影响他们的职业认同和价值观	自我效能感:通过观察和访谈,增强护理专业新生对护理职业的信心,相信自己能胜任护理工作 结果期望:访谈中通过资深护理人员分享的社会贡献感和成就感增强护理专业新生对未来职业生涯的期待	1. 临床观察 2. 访谈与反思

实践内容（学时）	实施方法和要点	社会认知职业元素	教学方式
需要与关怀（1学时）	1. 体验以服务对象为中心的护理理念，了解护士开展促进健康及提高患者生存质量的护理活动以及需要理论在护理实践中的应用 2. 对社区中的独居老人进行探访、观察和访谈	自我效能感：实践活动增强护理专业新生在实际护理情境中的信心，肯定自身的工作价值 结果期望：形成正确的专业认知，提高学科兴趣和职业认同感，重塑职业自信，培养爱岗敬业、救死扶伤、甘于奉献、无惧艰难、大爱无疆的医者精神	社区实践
护理工作中的人际关系与沟通（1学时）	1. 应用语言性和非语言性沟通技巧，熟悉与医院各类人员进行沟通的方法，了解影响有效沟通的因素，熟悉促进护患关系的方法与技巧 2. 角色扮演：药物管理与自我护理指导	自我效能感： 1. 增强在临床情境中表达同理心和进行有效沟通的信心 2. 学会如何应对复杂的沟通挑战 结果期望：通过同理心的表达，增强患者的治疗配合度，增加护理专业新生对护理工作的成就感	1. 临床实践 2. 角色扮演
护理科学思维方法与决策（1学时）	1. 运用护理程序相关知识，主动与患者沟通，收集患者资料，为患者制定切实可行的护理措施 2. 通过纪录片《生门》进行案例讨论，面对复杂临床问题，如何在职业价值观及伦理标准的要求下，做出公正、符合患者意愿并有利于患者健康的护理决策	自我效能感： 通过系统思维训练，增强在复杂临床情境中做出有效决策的信心，学会依靠科学思维方法处理临床问题 结果期望： 1. 培养沟通能力和人文修养，启发辩证思维，启迪科学逻辑 2. 培养评判性思维能力和解决问题能力，内化慎独诚信、勇于创新的职业素养，提升依法应对重大突发公共卫生事件的能力	1. 临床实践 2. 案例讨论
护理理论及模式（1学时）	了解奥瑞姆自护理论及罗伊的适应模式在临床中的应用	自我效能感：增强在护理实践中有效应用理论的信心以及帮助患者进行自我护理的能力 结果期望： 1. 增强对护理工作的成就感和责任感 2. 增加对未来护理工作的信心和投入	临床实践

实践内容(学时)	实施方法和要点	社会认知职业元素	教学方式
健康教育(1 学时)	在社区养老院组织健康讲座,教授老年人如何预防常见健康问题,如高血压、糖尿病、骨质疏松等。同时,通过互动活动,如健康体操、营养讲座,增强老年人的健康管理意识	自我效能感: 1. 增强对提供专业健康教育的信心 2. 在社区健康讲座中获得赞美和幸福感 结果期望:培养综合护理能力和人际交往技巧,强化服务意识和奉献精神	社区实践

(三) 效果评价

在课程开课前和课程结束后即刻测量护理专业新生职业认同、职业价值观以及教育环境感知,并比较基于社会认知职业理论的教学实践前后这些变量的差异。

职业认同。在开课前采用中文版护理专业新生职业认同量表[6]测量护理专业新生的职业认同感,该量表包括 3 个维度:个人维度、社会历史维度、人际维度共 17 个条目。量表使用李克特 5 点量表评分,从"很不符合"到"很符合"依次赋 1~5 分。综合分数从 17 到 85 分,分数越高表示护理专业新生职业认同感越高。该量表信效度良好,本研究中 Cronbach's α 为 0.920。

教育环境感知。在开课前后采用教育环境测量表(DREEM)评估护理专业新生学习投入度和教育环境感知力,该量表由 Roff 等人在 1997 年编制[7],旨在全面评估医学院或相关健康专业教育机构的学习环境。量表包括 5 个维度:学生对教师的知觉、学生对学习的知觉、学生对学术的自我知觉、学生对社交的自我知觉、学生对环境的知觉,共 50 个条目。量表使用李克特 5 点量表评分,从"非常不赞同"到"非常赞同"依次赋 0~4 分。综合分数从 0~200 分,分数越高表示学生所处教育环境越好。DREEM 量表经过翻译,已涵盖 6 种语言,并在全球 12 个国家的医学教育机构中得到广泛应用和推广。本研究中量表 Cronbach's α 为 0.921。

职业价值观。在开课前后采用中文版护理专业新生职业价值观量表修订版(NPVS-R-CV)测量护理专业新生的职业价值观,NPVS 量表由 Darlene 和 Jane[8] 在 2000 年开发,2009 年 Darlene 和 Jane 对该表进行了修订。我国台湾学者 Lin 等对 NPVS-R 进行翻译和文化调适[9]。该量表包括 3 个维度:专业精神、关怀和行动主义,共 26 个条目。量表使用李克特 5 点量表评分,从"不重要"到"最重要"依次赋 1~5 分。综合分数从 26 到 130 分,分数越高表示与专业价值观的一致性越高。在这项研究中,Cronbach's α 值为 0.976。

(四) 统计学方法

采用 SPSS 26.0 软件进行 t 检验,检验水准 $\alpha = 0.05$。

三、结果

(一)教学前后护理专业新生职业认同评分比较(见表3)

表3　　　　　　　　教学前后护理专业新生职业认同评分比较(分, $\bar{x}\pm s$)

组别	人数	教学前	教学后	t	p
实验组	34	1.85±0.54	3.65±0.76	-11.56	<0.001
对照组	22	1.69±0.24	2.07±0.49	-2.87	0.051
t		1.51	3.12		
p		0.137	0.011		

(二)教学前后教育环境评分比较(见表4)

表4　　　　　　　　教学前后教育环境评分比较(分, $\bar{x}\pm s$)

组别	人数	教学前	教学后	t	p
实验组	34	2.53±0.43	3.23±0.80	-4.50	0.001
对照组	22	2.32±0.42	2.69±0.34	-2.75	0.061
t		1.81	3.13		
p		0.077	0.039		

(三)教学前后护理专业新生职业价值观评分比较(见表5)

表5　　　　　　　　教学前后护理专业新生职业价值观评分比较(分, $\bar{x}\pm s$)

组别	人数	教学前	教学后	t	p
实验组	34	1.64±0.51	2.21±1.13	-3.15	0.029
对照组	22	1.37±0.58	1.65±0.32	-1.92	0.062
t		1.85	2.06		
p		0.070	0.042		

四、讨论

(一)基于社会认知职业理论的教学创新有助于提升护理专业新生的职业价值观

护理专业一年级课程通常涵盖职业道德(如诚信、责任心)、礼仪规范及基础护理技能。作为一门专业入门基础课程,护理学导论在带领护理专业新生认识护理、了解职业价值和适应专业学习方面具有重要作用。本研究借助护理学导论的教学过程,通过临床医院和社区实践、案例讨论和角色扮演等方式在传统课堂中融入基于社会认知职业理论的实践教学。研究结果显示,实施教学后,实验组护理专业新生职业价值观总体得分显著高于教学前,提示在初始专业课程中融入基于社会认知职业理论的实践教学能更好地帮助学生形成正确的职业价值观,明确初心和职业使命。

融入基于社会认知职业理论的实践教学有助于提升护理专业新生的职业价值观,究其原因主要有三方面。一是自我效能感的提升,社会认知职业理论强调自我效能感在职业发展中的关键作用[10]。在实践教学中,护理专业新生通过参与临床观察和与优秀的临床带教老师的沟通交流,逐渐增加对护理的认知度,并建立起对护理工作的信心。随着自我效能感的提升,护理专业新生更加坚定认同护理职业的重要性,并愿意承担职业责任,从而增强其职业价值观。二是结果期望的正向塑造,研究表明,个人对职业行为结果的预期会影响其职业价值观[10-11]。在实践教学中,护理专业新生通过与患者和临床导师的互动,直接感受护理工作对患者健康和福祉的积极影响,这种正向反馈有助于塑造护理专业新生的职业价值观,使其更加重视关怀、责任感和职业道德。三是促进明确职业目标,通过在临床真实环境中体验护理工作的复杂性和社会意义,护理专业新生能够更清晰地认识到护理工作的责任与挑战,从而明确其职业目标[3]。职业目标的确立有助于护理专业新生将职业价值观内化为职业发展的动力,持续追求职业的专业性和社会贡献。

(二)基于社会认知职业理论的教学创新有助于提高护理专业新生的教育环境感知力

教育环境感知力涵盖物理空间、心理氛围、社会文化因素、教学资源与技术等多个维度,它涉及教育活动进行的所有背景和条件。既往研究表明,教育环境显著影响学生的学习方式和学业成就,同时也影响学生对学校生活的满意度和成就感[12]。学校是护理专业新生接触护理职业知识的最初场所,也为护理专业新生职业认同开始形成提供了教育环境。本研究将社会认知职业理论渗透于实验组实践教学各个层面,将知识、技能的学习与实践教学有机结合,成效较好,实验组护理专业新生教育环境感知力总体得分显著高于教学前($P<0.05$),与Wang等[13]和夏苗[14]的研究结果相似。

教育环境感知力的提升显示学生感知到的教学环境在质量和激励方面有改善。通过基于社会认知职业理论的实践教学，教师更注重培养学生的责任感和自我效能感，自我效能感的提升可以显著影响学生的学习知觉[15]。同时，实践教学帮助护理专业新生在真实环境中体验职业角色的复杂性和社会意义，使他们明确职业目标、更加关注与职业发展相关的资源和机会，增强他们对教育环境的理解和感知[16]。此外，护理专业新生通过与临床导师和患者的互动，建立起对临床和社区学习环境的认知。这种互动不仅帮助护理专业新生理解教育环境中的人际关系，也使他们能更好地适应和利用这些关系，从而提高对教育环境的感知力。

(三)基于社会认知职业理论的教学创新有助于提高护理专业新生的职业认同感

专业认同的形成始于对护理内涵的全面理解。职业认同感的核心在于学生将护理职业视为个人价值实现的载体。职业认同感是个体对职业目标、职业评价、职业期望和社会价值等因素的认识与感知[17]。护理专业新生职业认同感是护理学生对护理工作的本质和特征的认同状态，以及他们对自我的职业认知、期望、意愿、价值观和能力的感知和认同。低水平的职业认同不仅导致学生学习动力不足、自我价值感低，还会降低他们对职业的积极感知与评价，毕业后可能会选择从事其他职业，这无疑将会导致护理教育资源的浪费也无法缓解临床护士的短缺。对自身、护士行业、医疗系统等都有一定的消极影响。表3显示，教学前后职业认同量表平均分处于中等水平，差异明显($P<0.05$)，略低于王磊等[1]、惠静等[18]的研究结果。分析原因主要有以下两点：一是职业认同感需要通过持续的教育过程来不断完善。本研究干预时间仅为一学期，职业认同感的建立和提升是一个长期过程，短期的干预可能无法显著改变学生的职业认同，未来研究需要更长时间的持续干预。二是护理一年级学生刚接触护理专业，对护理职业概念了解并不深入。在基于社会认知职业理论的实践教学中，所选用的科室和社区有些局限，学生难以全方位理解护理工作。因此，未来研究中应着重于提供多方向更全面的实践机会。

通过基于社会认知职业理论的实践教学，将教学场所由课堂延伸到医院和社区，提供真实而丰富的护理情境，有助于护理专业新生深入体验护理职业的价值和意义，激发学习兴趣与职业热情，增强职业认同感。同时，在教学过程中，护理专业新生通过观察、访谈医院中的优秀护理前辈，形成积极的观察学习效应，树立职业信心，明确职业观念。此外，在医院和社区实践中，护理专业新生与患者、家属、医护人员及社区老人开展互动交流，加深了社会情感联结，增强了对护理群体的归属感，进一步提升了对护理职业的认同感。

五、小结

基于社会认知职业理论的教学创新有利于增强护理专业新生的职业价值观和职业认同感，并提高护理专业新生的教育环境感知力。本研究样本量只有56人，未来研究应考虑使用更大的样本群，以增强结果的可靠性和适用性。此外，需进一步探索不同的实践内容和方法对护理专业新生职业价值观和教育环境感知的长期影响，以及这种教学方法如何在不同教育背景和护理教育阶段中得以最佳实施。

◎ 参考文献

[1] 王磊，常晓未，吕亚茹，等. 护理学导论浸润式课程思政教学方案的构建与实践 [J]. 护理学杂志，2023，38（4）：1-4.

[2] Lent R W, Brown S D, Hackett G. Toward a unifying social cognitive theory of career and academic interest, choice and performance [J]. Journal of Vocational Behavior, 1994 (45): 79-122.

[3] 胡峰，黄耀敏. 高校仿真模拟实训对学生职业认知影响——基于社会认知职业理论视角 [J]. 贺州学院学报，2020，36（3）：137-145.

[4] 刘贤伟，谢思思，顾佳怡. 工科大学生可持续职业期望的影响因素研究——基于社会认知职业理论的检验 [J]. 北京航空航天大学学报（社会科学版），2021，34（5）：124-133.

[5] 赵蓓. 社会认知职业理论对高职生心理教育的启示 [J]. 就业与保障，2021（2）：118-119.

[6] 郝玉芳. 提升护生职业认同、职业自我效能的自我教育模式研究 [D]. 上海：第二军医大学，2011.

[7] Roff S, McAleer S, Harden R M, et al. Development and validation of the Dundee ready education environment measure (DREEM) [J]. Medical teacher, 1997, 19 (4): 295-299.

[8] Weis D, Schank M J. An instrument to measure professional nursing values [J]. J Nurs Scholarsh, 2000, 32 (2): 201-204.

[9] Lin Y H, Wang L S. A Chinese version of the revised nurses professional values scale: reliability and validity assessment [J]. Nurse Educ Today, 2010, 30 (6): 492-498.

[10] 曲蒙. 地方高校大学生就业力及提升研究 [D]. 聊城：聊城大学，2022.

[11] 周文娟. 基于社会认知职业理论的高职旅游管理专业学生职业认知研究——以青海省高职院校旅游管理专业学生为例 [J]. 黑龙江生态工程职业学院学报，2023，36（3）：112-118.

[12] 鲁校校. 湖南省护理本科生教育环境感知与学业成就的关系研究 [D]. 长沙：中南大学，2023.

[13] Wang D, Liu X, Deng H. The perspectives of social cognitive career theory approach in current times [J]. Front Psychol, 2022, 13 (1023994).

[14] 夏苗. 护生医学教育环境感知、学习投入、职业认同的关系研究 [D]. 芜湖：皖南医学院，2022.

［15］李德志．医学生的医学教育环境感知及学业自我效能感与学习投入的关系研究［D］．沈阳：中国医科大学，2019．

［16］Ekstedt M, Lindblad M, Löfmark A. Nursing students' perception of the clinical learning environment and supervision in relation to two different supervision models-a comparative cross-sectional study ［J］. BMC Nurs. , 2019 （18）: 49.

［17］Fitzgerald, Anita. Professional identity: a concept analysis ［J］. Nursing Forum, 2020, 55 （3）: 447-472.

［18］惠静，周菊，邓清红，等．基于课程思政理念混合式教学在护理学导论课程中的应用研究［J］．智慧健康，2024，10（1）：154-159．

护理生涯规划社会实践课程对护理本科新生生涯自信和学业投入的影响

张　青　李　晓　钟俊萍

（武汉大学　护理学院，湖北　武汉　430071）

【摘　要】目的：分析护理生涯规划社会实践课程对护理本科新生生涯自信和学业投入的影响。方法：方便选取 35 名 2021 级护理本科新生作为试验组，54 名 2022 级护理本科新生作为对照组。对照组采取常规生涯情景体验式教学方法，试验组在生涯情景体验式教学中增加社会实践活动，并将实践活动课程化。结果：课程结束后，试验组学业投入各维度评分及总分均高于对照组，差异具有统计学意义（$P<0.05$）；生涯自信评分高于对照组，差异具有统计学意义（$P<0.05$）。结论：护理生涯规划社会实践课程可以显著提升护理本科新生的学业投入水平和生涯自信心，促进学生以饱满的热情和坚定的信心投入学业活动。

【关键词】生涯自信；学业投入；社会实践；护理专业

【作者简介】张青，硕士，武汉大学护理学院副主任护师，E-mail：whzhqing@163.com。

职业生涯规划是指为获取并利用自身和职业信息，做出职业选择，形成计划以达到职业目标[1]。随着积极心理学发展，加强学生职业生涯教育，提升学生生涯适应力及学业投入水平成为研究热点。学业投入是学生取得良好学习绩效、获取职业胜任力的前提[2]。生涯适应力由学者 Savickas 提出，强调个体对生涯的适应能力，即个体能够运用有效的方法和策略以应对多变的环境[3]。生涯自信作为生涯适应力的重要方面是指个体对自己生涯问题解决能力的信心及其自我效能信念[4]。有研究发现，生涯适应力水平越高其学业投入程度越高[5]。护理本科新生入校后因学习生活环境陌生，学业适应困难，专业认知、学业投入水平和生涯适应力有待提升[6]。因此，作为引导学生树立正确的世界观、人生观、价值观和择业观的护理生涯规划课程，对于新时代护理专业大学生的成长与发展起着至关重要的作用。但目前，护理生涯规划课程大多以理论教学为主，普遍存在"重理论教学轻实践指导"的现象[7]。而在课程内容设计上充分体现实践性，增加社会实践活动，将社会实践活动课程化自然成为目前亟待解决的核心议题[8]。笔者对护理生涯规划课程进行改革与探索，在提高护理本科新生生涯自信和学业投入水平方面取得了较满意的效果，现报告如下。

一、对象与方法

（一）对象

选取学校 2021 级和 2022 级本科新生为研究对象。2021 级 35 名护生为试验组，其中男 10 人、女 25 人；2022 级 54 名护生为对照组，其中男 18 人、女 36 人。两组性别、是否独生子女、选择护理专业原因等无统计学差异（P 均>0.005）。

（二）方法

1. 试验组

（1）社会实践课程构建

①设计教学内容。本课程于大学一年级第 1 学期开设，选用教学团队主编的《护理职业发展与创新创业》教材。教学内容主要包括护理专业大学生职业生涯发展概述、自我探索、职业探索、职业素养提升、职业生涯发展决策和职业生涯规划管理共 6 章节。创新课程"实践性"教学内容，将课堂教学、社会实践、生涯咨询与同辈相助有机结合，开设社会实践课程。课程为 2 学分，共 32 学时，其中理论 8 学时，实践 24 学时。

②组建教学团队。本课程是向护理专业本科新生开设的一门专业选修课程。课程不仅有专业知识的传授，同时与临床、社区、养老机构联系紧密，因此组建了一支课内课外、校内校外、专职兼职相结合的多元化教学团队，主要包含护理学专任教师、临床双师型教师、专任生涯教育教师以及社区和养老机构兼职教师。团队教师定期开展生涯教学能力培训及教学研讨会议，要求教师准确把握社会实践课程教学目标、内容和实施路径，坚持立德树人，将思政元素贯穿课程教学全过程。

③制定课程目标。本课程基于生涯建构理论制定课程目标[9]，引导学生关注生涯发展中重要的影响因素，培养学生应对生涯发展变化的能力。学生通过本课程的学习能树立职业生涯发展的规划意识和积极正确的人生观、价值观，愿意为个人的生涯发展和社会发展主动付出积极的努力；能了解护理职业生涯发展的影响因素、护理职业生涯探索的方法，了解护理职业现状、护理职业发展方向；能认识自己的优势与不足，运用自我探索和职业探索及生涯决策技能做好生涯规划，其职业生涯规划能力和生涯适应能力有所提升。

（2）课程组织与实施

①课堂讲授：共 8 学时。主要内容为自我探索、职业探索、职业素养提升、职业生涯决策 4 个主题。课堂采用生涯情景体验式教学，使学生掌握职业规划的理论及方法，并在进行自我探索和职业探索的基础上，确立职业规划目标，制订实施计划，明确未来就业所需的职业素养；同时邀请杰出校友、优秀临床专科护士及参加抗击新冠肺炎疫情的护士代表等，与护生分享成长经历。

②社会实践：共 24 学时。社会实践活动分小组进行，每位同学至少需要参加 6 次社会实践，才能达到本课程学习的基本要求。社会实践活动内容为：一是早期接触临床：学生分为 10 个小组，每组 3~4 名学生，分别安排在神经内科、康复科、老年科、神经外科等科室见习，帮助学生了解医院的组织结构和临床科室的环境及护理人员的工作状态，体验以患者为中心的护理理念。二是走进老人院：了解养老机构为老年人提供的照护服务内容、管理理念、运作方法及工作程序，践行关爱，陪伴老人。三是参观社区卫生服务中心和安宁疗护中心：了解社区常见慢性病的健康管理、健康教育方法以及安宁疗护工作理念和照护模式。四是开展生涯访谈：走近医德高尚、技术精湛的一线护士，感受榜样风采，了解护理专业特点以及专业发展方向。五是观摩校园招聘会：体验求职过程，了解就业形势、用人单位需求、简历制作和面试技巧等，促进学生职业素养提升。六是生涯团体咨询：开展生涯团体咨询，每次 5~6 名学生，与学生讨论分享对自我和职业的认知，使学生职业目标更加明晰。

2. 对照组

两组由同一教学团队教师授课。对照组由于疫情原因未安排社会实践活动，采用生涯情景体验式教学。根据生涯适应性理论构建生涯团体辅导方案，将团体辅导融入课程中，开展以"相聚欢、本色我、解南丁、秀魅力、展风采、我的专业我做主"为主题的团体辅导活动。

3. 评价方法

（1）生涯自信。采用赵小云等[10]编制的大学生生涯适应力问卷中的生涯自信分量表，包括 6 个题目，采用 5 点计分，得分越高表示生涯自信感越强，量表的 Cronbach's α 系数为 0.82。

（2）学业投入。采用 Schaufeli 等[11]于 2002 年编制的学习投入量表，该表由李西营等[12]在 2010 年以中国大学生为研究对象将其修订成中文版学业投入量表，包括动机、精力和专注 3 个维度共 17 个条目，采用 Likert 7 级评分法，从"从来没有"到"总是如此"分别计 1~7 分，总分为 17~119 分，得分越高意味着学业投入程度越高，量表的 Cronbach's α 系数为 0.919。

（3）成绩评定。包括形成性评价（占 40%）和终结性评价（占 60%），其中形成性评价主要依据课前体验活动作业、课堂体验活动参与及小组讨论汇报；终结性评价包括撰写护理生涯规划报告、课堂体验和社会实践活动反思报告。

4. 统计学方法

采用 SPSS 26.0 软件进行数据录入和统计分析。符合正态分布的计量资料用均数±标准差表示，计数资料用构成比表示；计量资料的组间比较采用 t 检验；计数资料的组间比较采用卡方检验。$P<0.05$ 表示差异有统计学意义。

二、结果

（一）一般资料比较（见表1）

表1 两组一般资料比较

变量	性别		独生子女		家庭居住地		学生干部		选择护理专业原因				参加学校社团	
	男	女	是	否	城市	农村	是	否	好找工作	个人喜好	他人建议	其他原因	是	否
试验组（$N=35$）	10	25	14	21	20	15	8	27	7	3	2	23	23	12
对照组（$N=54$）	18	36	22	32	35	19	16	38	7	11	9	27	41	13
χ^2	0.223		0.005		0.529		0.495		5.542				1.096	
p	0.637		0.945		0.467		0.482		0.136				0.295	

（二）两组干预后生涯自信和学业投入等维度变量的比较（见表2）

表2 两组干预后生涯自信和学业投入等维度变量的比较（分，$x\pm s$）

维度变量	试验组（35）	对照组（54）	t	p
生涯自信	4.24±0.56	3.89±0.54	2.847	0.006
学业投入	5.36±0.93	4.74±1.00	2.931	0.004
精力	5.38±0.98	4.82±1.09	2.399	0.019
动机	5.31±0.92	4.57±1.09	3.399	0.002
专注	5.39±1.03	4.79±1.05	2.636	0.01

（三）两组干预后课程考核成绩比较（见表3）

表3 两组干预后课程考核成绩比较（分，$x\pm s$）

组别	人数	考试成绩	总成绩
对照组	54	94.15±2.65	94.05±2.26

组别	人数	考试成绩	总成绩
试验组	35	96.35±1.91	94.85±1.57
t		4.524	1.949
p		0.001	0.05

三、讨论

(一) 护理生涯规划社会实践课程提升了护理本科新生的学业投入水平

学业投入是护理本科生获得学业成功的关键，它能够反映学生积极健康的心理状态，促进学生的成熟和发展，为其从事临床护理工作打下坚实的基础[13]。学业投入已经成为学者们关注的重点，相关理论不断被提出及完善。学者费恩[14]提出了参与认同模式，他认为行为投入和情感投入在学业投入中起着重要的作用。学生与教师互动、讨论分享，早期接触临床及参与社区和老人院志愿服务等社会实践活动，其行为投入的增加会带来成功的结果，而成功的结果会增加愉悦和自豪等情感认同，情感认同可以正向促进个体行为投入。

本研究结果表明，护理生涯规划社会实践课程有效提升了护理本科新生的学业投入水平（$P<0.05$）。护理本科新生通过临床见习等实践活动接触临床护理岗位，是护生认知职业属性、培养专业兴趣的关键起点，也是早期职业规划的启蒙阶段[15]。本课程将试验组学生安排到临床科室见习，学生在临床"身临其境"地接触患者，了解患者存在和潜在的健康问题，关爱尊重患者，感受到医护人员的责任感和使命感，提升了专业兴趣，激励学生持续地投入实践活动中，并为成为白衣天使而自豪。本课程社会实践活动安排学生走进老人院、社区和安宁疗护中心，倾听和陪伴空巢、高龄及生命末期老人，邀请安宁疗护专科护士与学生分享安宁疗护故事，帮助学生认识生命意义感的重要性，学生在实践活动过程中找到意义感和成就感，激发他们更加努力学习，从而提升了学业投入水平。本研究结果表明，试验组期末考试成绩高于对照组（$P<0.05$）。可能是由于试验组参与大量社会实践活动，对自我和职业认知更清晰，职业目标更明确，学业投入更多，故其期末考试成绩高于对照组。学生在反思报告中写道："我真的很感激有这样一群人给予患者尊严，让我从内心对护士职业有一种敬佩感，争取成为一名优秀护士。"

(二) 护理生涯规划社会实践课程提升了护理本科新生的生涯自信

生涯适应力是指个体对可预测的生涯任务、所参与的生涯角色以及面对生涯变化或不可预测的生涯问题的准备程度与应对能力[16]。个体可以通过积极主动的生涯规划和职业探索实现个体与环境的相互适应[17]。高等医学护理院校为学生创设体验机会，开展社会实践及体验活动是提升护生生涯适应力的关键。本研究结果显示，护理生涯规划社会实践课程有效提升了护理本科新生的生涯自信（$P<0.05$），与叶腾等[18-19]的研究结果一致。本课程课堂理论教学采取体验式生涯团体辅导，社会实践活动将学生分成小组进行生涯人物访谈和观摩校园招聘会，引导学生积极思考，澄清不合理的价值观念，学生在职业探索的过程中不断发现问题、解决问题，生涯自信得到了明显提升。

生涯人物访谈是通过与一定数量的职场人士面谈而获取关于一个行业、职业和单位"内部"信息的一种职业探索活动。在职业心理学研究领域，进行生涯人物访谈被视作一种积极的职业探索行为[20]。课程安排学生访谈不同年资、职称和学历的临床优秀带教老师。访谈前为学生拟定访谈参考提纲，由学生据此进行修订，侧重了解护理行业岗位对护士素质要求、护理人力资源配置、护理规范化培训、护士职业发展前景、晋升路径等，深入了解自己和变化中的护理工作环境。临床教师分享他们的生涯故事，与学生们进行积极的、有意义的互动交流，激发学生们的生涯好奇，增强他们对护理职业生涯发展的信心。

生涯团体辅导是利用职业生涯规划知识设计的一种团体辅导方式，是一种体验式学习[21]。本课程理论教学采取生涯团体辅导，提升了学生的参与感和获得感，激发了学生的潜能，帮助护理本科生进一步认识自我、了解职业，明确未来规划的方向与目标。校园招聘一直是高校毕业生就业的主渠道，能使学生求职目标更明确[22]。学生前往招聘现场观摩校园招聘会，亲自体验和感受用人单位对护理人才素质的要求、面试氛围及就业形势，用人单位为学生在校学习和职业规划给出具体建议，使学生对今后的职业选择以及人生目标有了更加明确的规划，从而增强了生涯自信。

四、小结

护理生涯规划社会实践课程采取生涯体验式教学，增加大量的社会实践活动，构建了社会实践课程，帮助学生在实践活动中建立职业认知，明确职业目标，提升生涯自信和学业投入水平，取得了较好的应用效果。但本研究的结果是否适合于其他地区、其他年级的护理本科生，是否具有典型性和推广性，需要进一步的深入探究。今后教学中应进一步遵循学生成长规律，加强课程思政建设，提升护理生涯教育质量，为新时代护理本科生的健康成长和满足社会发展需求提供优质服务。

◎ **参考文献**

[1] 张青，欧阳艳琼. 护理职业生涯发展与创新创业 [M]. 武汉：武汉大学出版社，2018：2-6.

[2] 陈鸿飞，谢宝国，郭钟泽，等. 职业使命感与免费师范生学业投入的关系：基于社会认知职业理论的视角 [J]. 心理科学，2016，39（3）：659-665.

［3］ Savickas M L. Career adaptability：an integrative construct for life-span，life-space theory ［J］. The Career Development Quarterly，1997（45）：247-259.

［4］ 汤芙蓉，李欧，张佳佳. 学警职业使命感、生涯自信与学业满意度的关系 ［J］. 中国健康心理学杂志，2023，31（5）：786-790.

［5］ 钟俊萍，张青，毛红波，等. 高职护生职业使命感、生涯适应力和学业投入的现状及关系研究 ［J］. 职业与健康，2023，39（23）：3283-3288.

［6］ 程美琦，郭瑞欣，安海妍，等. 本科护生学业自我效能感与学习投入相关分析 ［J］. 卫生职业教育，2019，37（11）：137-139.

［7］ 汤春琳，何乐. 新时代大学生职业生涯教育课程思政建设路径探析 ［J］. 江西理工大学学报，2022，43（4）：69-72.

［8］ 张文. 大学生职业生涯教育课程体系改革与创新 ［J］. 大学教育科学，2017（1）：110-115.

［9］ 高艳，王瑞敏，林欣. 基于生涯混沌理论的大学生职业生涯规划课程设计 ［J］. 高教探索，2017（12）：119-123.

［10］ 赵小云，谭顶良，郭成. 大学生生涯适应力问卷的编制 ［J］. 中国心理卫生杂志，2015，29（6）：463-469.

［11］ Schaufeli W B，Salanova M. The measurement of engagement and burnout：at two sample confirmatory factor analytic approach ［J］. J Happi Stud，2002（3）：71-92.

［12］ 李西营，黄荣. 大学生学习投入量表（UWES-S）的修订报告 ［J］. 心理研究，2010，3（1）：84-88.

［13］ 薛芳，赵静，段缓. 本科护生职业使命感与学业投入的关系：积极心理资本中介作用 ［J］. 齐齐哈尔医学院学报，2020，41（18）：2339-2341.

［14］ 张娜. 国内外学习投入及其学校影响因素研究综述 ［J］. 心理研究，2012，5（2）：22.

［15］ 梁皎，周云燕. 专业学生早期接触临床对职业能力影响的研究——以"健康评估"课程教学为例 ［J］. 职业教育，2023，22（1）：27-29.

［16］ Savickas M L，Porfeli E J. Career adapt-abilities scale：construction，reliability，and measurement equivalence across 13 countries ［J］. J Vocat Behav，2012，80（3）：661-673.

［17］ 关翩翩，李敏. 生涯建构理论：内涵、框架与应用 ［J］. 心理科学进展，2015，23（12）：2177-2186.

［18］ 罗兰，龚放华. 应用职业生涯团体辅导提升新护士生涯适应力的干预研究 ［J］. 中国护理管理，2019，19（2）：220-224.

［19］ 叶腾. 高职生成就动机、生涯不确定感和生涯适应力的关系及干预研究 ［D］. 西安：陕西师范大学，2021.

［20］ 曹原，金蕾莅，白羽. 生涯课堂的教学设计——生涯人物访谈课堂实践研究 ［J］.

中国大学生就业，2021（17）34-39.

［21］樊富珉．团体辅导与危机心理干预［M］．北京：机械工业出版社，2021.

［22］孙丽媛．新时代大学生求职情况分析与就业服务提升对策——以南京理工大学为例［J］．大学生就业指导，2020（12）：54-59.

以情景化操作考试提升学生
化学实验基本操作水平和技能

胡　锴　刘欲文　丁　琼　刘海燕

（武汉大学　化学与分子科学学院，湖北　武汉　430072）

【摘　要】对学生基本操作和技能的考核和评价一直以来都是实验教学评价体系中的一个难点。本文详细阐述了武汉大学基础化学实验课程利用场景化的操作考试考查和提升学生化学实验基本操作水平和技能的具体举措。通过合理地设计考核的形式和内容，在有限的时间和人力的条件下最大限度地全面、客观、公正地评价学生的基本能力。改革实施3年来，显著提升了学生对化学实验基本操作和技能的掌握程度，根据问卷调查结果，超过82%的学生认为操作考试对提升操作规范性有帮助，有效实现了以考促学、以考促教，提升了教学质量。

【关键词】操作考试；基本操作；情景创设

【作者简介】胡锴，武汉大学化学与分子科学学院副教授，E-mail：kaihu@ whu. edu. cn；刘欲文，武汉大学化学与分子科学学院副教授，E-mail：ywliu@ whu. edu. cn；丁琼，武汉大学化学与分子科学学院高级实验师，E-mail：dingq@ whu. edu. cn；刘海燕，武汉大学化学与分子科学学院实验师，E-mail：liuhiyliu@ whu. edu. cn。

化学实验中的基本操作和技能训练是化学实验中"三基"训练的重要组成部分，也是化学实验教学最根本和最基础的教学目标。学生熟练掌握基本操作和技能是实现实验安全性、可靠性和准确性的基本保障，是学生专业素养的重要体现。同时，对基本操作和技能的掌握和理解，也反映了学生对实验基础知识的理解和掌握程度。实验基础知识是学生创新思维和能力培养的基础。在基础化学实验教学中，基本操作和技能训练可以说是教学最重要的组成和目标。通过基本操作和技能训练，解决实验"如何做"和"为什么要这样做"两大问题。其间不仅训练学生的动手能力，也训练学生理论联系实际的能力及分析问题和解决问题的能力。

实验教学中，基本操作和技能的训练主要通过实验实操进行。全面客观评价和考核学生这部分能力一直都是实验教学评价体系中的难题。目前主要通过实验结果、教师平时观察、考核性的实验[1-2]等进行评价，但这些都很难实现相对全面、客观地评价学生对基本操作和技能的掌握程度。理想的考核方式是针对每个操作的具体实操，但客观存在两个主要矛盾使这种考核实施难度很大。首先就是试题覆盖面与考试时间的矛盾；其次是监考老师人数有限与考生人数存在巨大差异的矛盾。在信息时代，已有一部分地区采用了 AI 辅助的操作考试系统[3-4]，但其技术尚不成熟。就目前而言，传统的操作考试实施存在困难，但我们认为这样的考核方式是必要且有效的，它在帮助学生和老师了解不足的同时也证明能实现"以考促学"提升教学效果的目的。

针对以往操作考试时间长、监考老师不足、试题覆盖面有限、评分存在主观性和反馈不及时的问题，我们从操作考试的考试形式、试题设计、评分标准的制定和考试安排等四个方面对操作考试进行了改革，实施 3 年来取得了一定的效果。

1. 基本操作和技能考核的形式

目前，我们对基本操作和技能的考核主要分成平时考核和考试两个部分。平时考核主要基于老师对学生日常实验表现及结果的观察，侧重于学生在长期实验过程中的综合表现；而考试则分为 3 种类型：实验项目操作考试、完整实验考核和实验笔试。实验项目操作考试聚焦于对单个或几个基本操作的精准考查，更注重操作细节和熟练度；完整实验考核要求学生在无讲解情况下独立完成一个完整实验，全面考查学生对实验流程、操作技能及知识运用的综合能力；而实验笔试主要考查学生对基本操作规范和技能相关理论知识的掌握。其中，实验项目操作考试因能在较短时间内集中考查学生特定操作技能，成为本次改革重点采用的考核方式。

2. 考试的举措和具体实施

我们的操作考试改革主要从考试形式、试题设计、评分标准和考试安排这四个方面展开，以更好地客观有效地评价学生对基本操作和技能的掌握程度，从而实现以考促学以考促教。

2.1 考试形式

针对操作考试受时间和监考老师数量限制的问题，我们的考试采取随机抽签分批入场考核的形式。一般有 10 个以上的试题，每题都围绕一个或几个基本操作展开，每题的实际操作时间为 6 分钟。这样就能在监考老师人数有限的情况下，在短时间内完成大量学生的考核。为了提高考试效率，同时也为了避免学生过度紧张，试题会提前 1 周发放给学生。考前 10 分钟，学生通过现场抽签决定考查的内容。操作考试一般会每学期一次，第一学期每学生实操考核 2 题，其后学期考核 1 题。虽然学生实操考核的题目数量有限，但通过全面覆盖基本操作的试题内容设计，学生在复习备考过程中能够对各类基本操作进行系统学习，从而达到提升能力的目的。

2.2 试题设计

操作考试的目的是考查学生基本操作和技能的掌握情况，前面已经提到了考虑到时间和人力问题，我们的实操考核需要在一个较短的时间内完成，并能在一定程度上客观反映学生的掌握程度。为此，我们的试题是以解决实际问题为目标，并通过情景辅以主题呈现（见图1）。通过创设实际问题情景，如除去 NaCl 溶液中的 Fe^{2+}，学生需将所学知识与实际操作相结合，思考每个操作步骤的目的和意义。这样不仅能考查学生对基本操作和技能的掌握情况，还能引导学生从实际应用角度出发，提升分析问题和解决问题的能力，真正理解实验操作背后的原理，实现从"知其然"到"知其所以然"的转变。

试题一　配制稀溶液

用 0.5010 M 标准溶液 A 配制浓度为 0.1002M 的标准溶液 A　50mL。（所有仪器均洗净并润洗可直接用）

试题二　配制 KOH 溶液

选择合适器皿及方法，配制 500 mL 0.02 mol·L⁻¹ 待标定的 KOH 溶液。

试题三　配制待滴定液

准确称取无水碳酸钠 0.1～0.15g 于 250 mL 锥形瓶中，加 25 mL 水溶解。

试题　四　配制 Na₂CO₃ 标准溶液

选择合适器皿及方法，准确配制 250 mL 0.02 mol·L⁻¹ Na₂CO₃ 标准液。（Na₂CO₃ 已称好可直接使用）所有仪器都可直接使用无需进一步检查。

试题八　除难溶性杂质得滤液

称取某含有泥沙的试样 A 0.3 g，加 25 mL 水溶解后，选择合适的固液分离方法除去其中难溶性杂质得滤液。

试题九　固液分离得固体产品

量取 20 mL 混合液 A 于烧杯中，选择合适的固液分离方法得到不溶性产品 B，B 用少量水洗涤一次后将沉淀转移至表面皿，滤液装至 50mL 烧杯。

试题十　定量除去溶液中 Ca²⁺、Mg²⁺

取 20 mL 溶液 A，粗略测定本溶液 pH 值。然后向其中加入 0.5 mol·L⁻¹ 的 Na₂CO₃ 2 滴，搅拌均匀，取样 2 mL 进行中间过程检验一次。

试题十一　洗涤沉淀并检验 SO₄²⁻ 的存在

沉淀 A 颗粒较大易沉降，带溶度 15 ℃ 0.20g/100g，25 ℃ 0.12g/100g，35 ℃ 0.08g/100g；取 20 mL 含 A 的浊液，选择合适的水量和洗涤方式洗涤沉淀 1 次，其后检测洗涤液是否还含有 SO₄²⁻，需要排除 CO₃²⁻ 的干扰。

图 1　部分操作考试试题

通过操作考试，我们希望在学生解决实际问题的过程中考查他们的操作和技能的同时也进一步考查他们对实验基本知识的理解。溶液配制是化学操作的基础，在考查学生溶液配制的操作和技能方面，我们给出了四个不同场景的试题（如图 1 左所示），从四个方面考查学生对溶液配制的理解和操作。涉及量器的使用、天平的使用、容量瓶和试剂瓶的使用和不同准确度要求溶液的配制等。考查过程中学生不仅要动手也要动脑，不仅要知道"怎么做"还需要知道"为什么要这样做"。如试题一有的学生就选用量筒量取溶液并稀释而非用移液管移取液体进行稀释。再例如，固液分离有多种不同的方法，需要针对产品性状和分离要求选择合适的方法进行分离。图 1 右中的四个试题就从不同的角度考查学生对固液分离操作的理解和实操能力。

此外，在考题的仪器和药品准备上，我们不仅会提供该实验操作需要的仪器和药品，也会给出一些迷惑性选项，以考查学生对知识的理解。如凡是天平的操作，我们就会提供电子天平和电子分析天平；涉及配制溶液的就会提供容量瓶和试剂瓶；涉及固液分离的就会提供长颈漏斗、砂芯漏斗以及离心管等。

2.3　评分标准

每个试题有 10 个评分点，监考老师根据评分点进行评分。图 2 为上图试题 1 对应的评分标准。评分标准和细则会根据学生实操反馈进行修订和更新，主要依据学生在操作过程中出现的典型问题和常见错误，以及教学目标的调整，确保评分标准始终能够准确反映学生对基本操作和技能的掌握程度，在保持考核核心目标不变的前提下，不断扩展和升级试题库，提高考核的科学性和有效性。

试题一　　　　　　　　　　　　　　监考老师：＿＿＿＿＿＿＿＿

用浓度为 0.5010 M 的标准溶液 A 配制浓度为 0.1002M 的标准溶液 A 50mL。(所有仪器均洗净并润洗可直接使用)

学号：＿＿＿＿＿　姓名：＿＿＿＿＿　实验室：＿＿＿＿＿

内容	分数	得分
移液管伸入液面下深度合适	10	
食指堵移液管	10	
吸液未空吸、鼓泡或将溶液吸入	10	
移液管定容正确	10	
移液管放液竖直并靠器壁	10	
液体完全放出（慢，停留）	10	
容量瓶加液操作正确	10	
约2/3 体积初步摇匀 定容后摇匀	10	
定容及其操作正确	10	
过程中无溶液撒出	10	
总评	100	

图 2　实验试题评分标准实例

2.4　考试安排

　　合理地安排考试是操作考试得以顺利进行并取得预期效果的保证。操作考试安排在学期中后段，此时学生已经过一定的训练，对基本操作和技能有了初步掌握，能够在考试中展示自己的水平。同时，后续的实验课程还能为学生提供机会，针对考试中发现的问题进行有针对性的练习和改进，强化学习效果，形成教学闭环，有助于全面提升教学质量。前面提到，我们每个操作试题的实操时间为 6 分钟，考试时长是基于考查学生熟练程度的考虑。试题提前 1 周发给学生，学生可以在头脑中进行"预实验"，以方便他们能更好地掌握不同基本操作的要点和规范。此外随试题还会附上一份考试说明，说明考试的时间、地点、流程和注意事项等，希望帮助消除学生实操考试的紧张情绪，顺利有序地完成考试。

　　每个考题由一位老师监考全程，以进一步保证评分的相对公正性。学生分批次抽签后进入考场，每场考试每位老师同时监考 2 名同学。学生进入考场找到考试地点后，有 1 分钟读题和熟悉仪器和药品的时间，其后统一进行考试。考试时间还剩 2 分钟时会提示。规定时间内没有完成会相应扣分。

　　当然，每个试题在考虑其完整度的情况下，完成所需的时长会有差异，但考虑到高效顺利地完成考试，我们每个试题的实际考查时长相同。因此在某些项目的考查中，我们会将考查的关注点放在一些操作上以缩短考查时间，如滴定操作的考查重点是学生是否熟练掌握加液、连续滴定、半滴、摇匀等操作，而不考虑实际终点的准确控制；再例如 pH 计的使用主要考查学生是否熟悉操作流程和方法，而忽略平衡等因素。从我们对操作考试的调查问卷反馈结果并结合学生实际操作来看，实操考查时间 6 分钟内绝大部分学生能完成实验(见图3)。

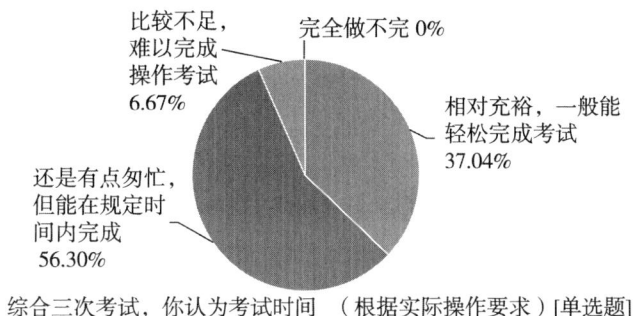

综合三次考试，你认为考试时间 （根据实际操作要求）[单选题]

图 3　关于考试时间的问卷调查结果

考试结束后我们会马上进行考试反馈，反馈分为两部分：一是面向老师以考促教，二是面向学生以考促学。反馈会以面对面教学及文字两种形式给出，以帮助老师和学生及时查漏补缺，提升教学质量。

3. 改革实施效果

操作考试是提升学生化学基本操作水平和技能的有效方式之一。通过操作考试，学生对基本操作和技能的理解加深了，同时也能发现教与学中的不足并及时进行调整。图 4 是

2、你觉得操作考试能否评判学生的实验技能强弱？[单选题]

选项	小计	比例
A.能评判，平时做的好考试才可能发挥好	27	20%
B.基本能评判，多次的考试结果大致反映基本操作和技能	67	49.63%
C.评判能力有限，成绩主要和预习准备及抽取试题相关	33	24.44%
D. 不能评判，考试有太多不可控因素	8	5.93%

3、操作考试对于提升你的基本操作规范（ ） [单选题]

选项	小计	比例
A. 很有帮助，因为参加操作考试才真正认真研究和理解规范；	39	28.89%
B. 有帮助，平时就比较注意规范，因此考试只是帮我进一步明确规范；	72	53.33%
C. 有一点帮助，影响范围主要限于考试；	22	16.3%
D. 没什么帮助，该怎么样还是怎么样；	2	1.48%

5、关于第二次操作考试必要性，你认为（ ） [单选题]

选项	小计	比例
A. 很必要，第二学期有些操作规范已经忘记了，通过考试能重新引起重视；	40	29.63%
B. 有必要，至少在意识上会注意操作的规范性；	65	48.15%
C. 可有可无，不会影响我日常操作；	19	14.07%
D. 没必要，考试和平时实验分属两个时空，互不影响。	11	8.15%

图 4　调查问卷中关于考试情况的反馈

2023 级学生调查问卷的部分结果。从问卷结果来看，学生认为操作考试基本能反映他们的操作技能，考试对提升操作规范性有帮助，并且认为有必要进行多次操作考试以促进他们掌握。从这个角度讲，操作考试不仅能评估学生当前的化学基本技能水平，还能激励他们不断提高和完善自己的实验操作能力；此外对教学也起到了积极的推动作用。除问卷调查结果外，对比改革前后学生实验操作的熟练程度、规范性和准确性都有所提高。

操作考试只是考核评价学生基本操作水平和技能的一种方法，其目的还是以考促学。操作考试也不是单纯考核学生动手能力，而是对学生化学综合素养的考核，考核的不仅是怎么做还有为什么要这样做。因此，后面操作考试的改革和模式的完善要在考查学生基本动手能力的同时更多地关注学生对实验基础知识、操作以及技能的理解，实现知行合一。

◎ **参考文献**

[1] 高洪苓，安颖，杨秋华，崔建中．对元素化学实验教学的探讨 [J]．大学化学，2011，26（4）：24-25．

[2] 萨木嘎，赵智宏．关于分析化学实验课程考试改革的设想 [J]．大学化学，1999，14（3）：23-24．

[3] 梁正誉，邓峰，石子欣，等．新加坡 GCE O-Level 化学实验操作考查评介与启示 [J]．化学教学，2023（10）：85-91．

[4] 徐睿．初中化学实验操作考试智能赋分的试验与思考 [J]．化学教育，2024（3）：22-28．

数字经济时代下金融学科人才培养质量思考

熊 琛

（武汉大学 经济与管理学院，湖北 武汉 430072）

【摘 要】中央金融工作会议提出加快建设金融强国，给我国金融业发展描绘了宏伟蓝图。提升金融人才培养质量，为金融强国夯实人才基础，是当下高校金融学科教育者面临的重大课题与时代重任。伴随着数字经济的发展以及金融科技的应用，传统的金融人才培养模式面临着重大挑战。本文分析数字经济时代下金融学科人才培养需求特点，阐述数字经济时代下金融学科人才培养质量提升面临的挑战，分析数字经济时代下保障金融学科人才培养质量的对策思路。

【关键词】人才培养质量；数字经济；金融学；金融强国

【作者简介】熊琛，武汉大学经济与管理学院副教授，E-mail：xiongchen@whu.edu.cn。

一、引言

中央金融工作会议提出加快建设金融强国，给我国金融业发展描绘了宏伟蓝图，指明了方向与目标。习近平总书记强调："金融强国应当基于强大的经济基础，具有领先世界的经济实力、科技实力和综合国力，同时具备一系列关键核心金融要素，即：拥有强大的货币、强大的中央银行、强大的金融机构、强大的国际金融中心、强大的金融监管、强大的金融人才队伍。"其中，金融人才队伍是核心要素。提升金融人才培养质量，为金融强国夯实人才基础，是当下高校金融学科教育者面临的重大课题与时代重任。

数字经济发展在当前的中国如火如荼，成为经济发展的重要推动力。近年来，大数据以及人工智能技术在产业中广泛应用，促进了电子商务、金融科技等领域迅猛发展。从中央到地方的各级政府都在积极推动数字经济相关的基础设施建设，在可预期的未来，数字经济发展将得到进一步的提速。数字经济与传统产业的融合也使得产业发展更具竞争力。

同时，伴随着数字经济的发展，其在金融行业的应用也在深入，金融科技的广泛应用也使得金融行业的业态发生了重大转型。传统的金融服务行业在逐步向数字化以及智能化快速转型，在线支付和区块链以及云计算等技术的引入拓展了金融服务的广度以及深度。同时，金融监管由于科技的加持也在某种程度上重塑了金融生态。

伴随着数字经济的发展以及金融科技的应用，传统的金融人才培养模式面临着重大挑战。在数字化时代，掌握基础的金融理论与工具的金融人才已经完全不能够胜任新时代的金融行业，必须具备数据分析、编程以及人工智能等跨学科的知识与技能。此外，随着大数据以及人工智能驱动金融决策，创新思维以及风险意识显得尤为重要。

基于上述背景，本文将分析数字经济时代下金融学科人才培养需求特点，阐述数字经济时代下金融学科人才培养质量提升面临的挑战，尝试分析数字经济时代下保障金融学科人才培养质量的对策思路。

二、数字经济时代下金融学科人才培养需求特点

在当前数字经济迅猛发展、金融科技如火如荼的背景下，提供金融服务的金融行业正在快速拥抱数字经济时代，逐步加深金融科技的应用，这对当前的金融学教育与人才培养提出了新的需求。同时作为金融服务的需求方，实体经济快速的数字化发展，也在不断对金融服务的形态与效率提出新的要求，这也意味着金融行业需要不断做出改变。这一部分将简要分析数字经济时代下金融学科人才培养需求特点。

(一) 对跨学科知识、技术与数字素养的深度需求

数字经济时代下的金融行业从业者需要具备更加广泛也更具深度的跨学科知识，需要深度掌握区块链、云计算等基础技术并具备数字素养。数字经济的发展表面是数字作为生产要素进入生产环节，但背后牵涉到大数据的应用以及生产资料硬件和软件的更新，涉及云计算、人工智能等基础信息技术发展。数字经济发展及其在金融行业的应用，对金融从业者提出了更高的要求，他们不仅需要掌握传统的金融学科知识，还需要对大数据、金融科技等技术知识有着较高的掌握程度。这意味着数字经济时代下的金融学科人才培养必须向深度的复合型人才转型才能有效应对数字经济发展冲击。

(二) 对创新思维的要求显著提升

当前大数据以及人工智能正处于快速发展的阶段，其技术基础以及潜在应用可能在极短的时间内就会发生颠覆式的发展，这就意味着新的生产业态正源源不断地涌现，这对金融行业服务带来了极大的挑战。金融行业服务只有不断以创新的思维更新自己的服务方式以及形态，才能跟上数字经济时代下实体经济发展的需求。这意味着，在数字经济时代下对金融从业人才的培养将比以往更加需要注重对创新思维的培养。

(三) 对风险管理意识与能力更加依赖

风险管理是金融业务的本质内核之一。在数字经济时代下，金融科技发展虽然给金融业注入了巨大的活力，提高了金融服务的效率与品质，也给实体经济与金融消费者带来了便捷，但是这里面可能藏着潜在的威胁。具体的表现是，在大数据以及金融科技的加持下，金融体系对市场变化的反应更加迅捷，这意味着金融体系以及金融机构可以更好地应

对和管理风险，但是这也可能意味着在出现系统性风险的时候市场会更加迅速地显现危机。因此，数字经济时代下的金融行业需要更强的风险管理意识与能力。

三、数字经济时代下金融学科人才培养质量提升面临的挑战

数字经济迅猛发展对金融学科培养的人才提出了更高的要求。然而当前的高校培养机制可能还存在一定的问题，难以有效应对人才培养质量提升的需求。这一部分将简单地剖析其中的潜在挑战。

(一) 高校内传统学科组织架构阻碍交叉与融合

数字经济时代要求金融学科培养的人才必须是深度复合型的，这要求高校内部培养必须是跨学科的，而且不是简单的相加，而是深度的交叉融合。只有深度融合的学科架构才能真正做到实质性地输出复合型人才。然而当前高校管理体制下传统的学科组织架构是垂直式的，不同的学科分属不同的院系与学部，它们之间联系甚少。这样泾渭分明的垂直型学科组织架构难以有效实现学科的交叉与融合，自然也难以担当复合型人才培养的重任。

(二) 师资考核晋升机制与人才培养所要求的体系不匹配

师资团队是培养体系的根基。在数字经济时代下，金融学科人才培养目标与需求正在快速发生变化，这对师资力量提出了更高的要求。然而在现行的师资考核与晋升机制下，其核心是科研论文与课题，与具体的金融实践尤其是数字经济与金融科技时代下的实践可能存在一定的差距，因此这一考核晋升逻辑与人才培养质量提升可能并不匹配。激励考核机制决定了高校内师资人员的根本行为逻辑，当其与人才培养机制并不匹配时将会带来严重的偏差。

(三) 管理体制响应慢，课程体系改革步伐难以跟上数字经济发展的快节奏

尽管数字经济以及金融科技的迅猛发展以及实际应用已经对金融行业产生深远影响并且对金融行业招聘带来了巨大冲击，在当前的高校管理体制下高校已经有很强意识并作出了积极的响应，但是很难说这些响应是有效并且具有前瞻建设性的 (贾君怡和于明哲，2023)。同时，课程体系建设的僵化导致整体课程体系并不能适应发展的需要，课程内部陈旧的知识体系也没有得到及时的更新，这些都导致整个学科知识体系与当前的金融实践越来越脱节。

(四) 数字经济与金融科技实践发展迅速，学科与知识体系尚未有效更新

当前数字经济与金融科技实践已经在金融行业深入开展，金融实践的进步甚至超过了理论发展的步伐。整体学科理论研究并未能充分反映新的社会实践，课程知识体系也尚未全面更新，这极大阻碍了当前金融学科人才培养质量的提升。学科研究与其社会实践是相辅相成的，而课程知识体系也是当前学科研究进度的综合体现。当前的学科研究以及课程

知识体系的滞后性使得人才培养质量已不能跟上社会经济金融实践的步伐。

四、数字经济时代下保障金融学科人才培养质量的对策思路

本文在前面分析了数字经济时代下金融学科人才需求的特点，以及金融学科人才培养质量提升所面临的挑战。接下来，本文将简单分析数字经济时代下保障金融学科人才培养质量的对策思路。

(一)"广覆盖，夯基础"，构建金融学科综合型人才培养观

数字经济以及金融科技时代下，金融行业对包括金融、计算机以及统计在内的学科知识有着深度融合的需求。因此，课程与培养体系改革应当以"广覆盖，夯基础"为根本宗旨，广覆盖是指知识面覆盖广，涵盖多学科领域知识；而夯基础则是指金融行业领域知识应用并非流于表面，而是需要全面深入掌握。当前的金融行业业态发展表明其已经与大数据、金融科技深度融合，与传统金融有着本质区别。因此，金融人才培养必须走出金融学科的小圈子，拥抱更为广阔的学科面，构建金融学科综合型人才培养观。金融科技驱动的行业变革要求建立跨学科知识体系，建议在课程设置中嵌入"金融+计算机+统计"交叉课程模块，例如增设金融科技导论、Python金融数据分析等实操性课程。基础理论教学可采用案例融合模式，如在金融数学课程中融入量化投资算法解析，在计量经济学中增加大数据建模专题。

(二)"产教融，强实践"，全方位拓展教学培养场景实践化

大数据以及金融科技的应用使得金融行业的技术应用深度前所未有，这对传统的高校-企业培养模式提出了较大的挑战(李柏洲等，2024)。传统上在学校系统学习基础理论以及学科知识，在金融行业实习或者工作后通过一段时间掌握实践技能，这种方式在数字经济以及金融科技广泛应用的时代可能很难奏效。因此，为了应对金融学科人才培养的新时代需求，应当以"产教融，强实践"为根本宗旨，强化课程学习与实际工作场景的融合。全面深化与金融机构的合作，将实践场所课堂化，并全方位拓展教学培养场景实践化，实现真正的产教融合。针对金融机构实时数据脱敏需求，可建设校企联合实验室，开展项目制实习，要求学生在金融机构真实业务系统中完成实践学分。建议引入"双场景"教学：在校内构建量化投资模拟交易平台，在合作企业建立动态岗位轮训机制，实现理论向实践的转化。

(三)"应用导向，数字转型"，以数字化引领金融学科教学与知识体系重构

随着金融科技的应用以及金融行业的数字化转型，金融学科人才培养体系也应当有着更加明确的目标，即"应用导向，数字转型"(马海涛，2024)。全面的数字化应当体现在金融学科教学过程以及课程知识体系的方方面面。在教学过程中，数字化技术的应用应当朝着更加深度的方向辅助教学培养场景实践化。在课程知识体系的重塑方面，数字经济与

金融科技应当全面融入传统以及新兴的知识体系中。教学过程中可广泛利用虚拟仿真实验平台开展教学，通过实时数据反馈系统跟踪学生决策质量。知识体系重构可建立三层递进结构：基础层保留货币银行学等传统课程，转型层开设机器学习与金融预测等课程，创新层设置监管科技与合规分析等前沿课程。

(四)"目标明确，反馈及时"，完善新商科人才培养质量管理体系

在全面数字经济化的当下，不仅是金融学科，整个经管类专业都受到了前所未有的技术导向冲击，这对新商科人才培养管理体系提出了更高的要求(卢尚坤，2024)。新商科人才培养的质量管理体系应当以"目标明确，反馈及时"为核心宗旨，通过全面梳理建立清晰可执行的目标，完善培养过程的监督管理细节，并且需要建立关键的培养质量反馈体系，及时迅速地调整培养过程中可能出现的漏洞以及问题。建议建立动态评估体系，质量反馈系统可设计双通道机制：校内通过教学大数据平台追踪课程达成度，校外依托校友追踪系统监测职业发展适配度。

(五)"打破边界，师资整合"，建立学科与产教融合的师资培育机制

师资团队作为人才培养的核心，应当成为人才培养质量保障的核心中的核心。在数字经济时代下，提升金融学科人才培养质量需要"打破边界，师资整合"，也就是在师资维度破除高校与产业的边界，建立学科与产教融合的师资培育机制。实施双向互通制度：高校教师每年需完成一定学时的企业实践，企业专家承担一定课时的金融科技实务模块教学。建议组建跨学科教研团队，整合金融、计算机、行业导师联合开发课程。师资考核标准应增加产教融合指标权重。

五、总结

建设金融强国是时代赋予金融从业者以及金融教育者的重任。当前数字经济迅猛发展，金融科技在金融行业已经落地生根，从根本上改变了金融行业的业态，也从本质上改变了金融人才培养的逻辑。

数字经济时代下金融学科人才培养需求特点表现在对跨学科知识、技术与数字素养的深度需求，对创新思维的要求显著提升，对风险管理意识与能力更加依赖。数字经济时代下金融学科人才培养质量提升面临的挑战包括高校内传统学科组织架构阻碍交叉与融合，师资考核晋升机制与人才培养所要求的体系不匹配，管理体制响应慢，课程体系改革步伐难以跟上数字经济发展的快节奏，数字经济与金融科技实践发展迅速，学科与知识体系尚未有效更新。

本文提出了如下数字经济时代下保障金融学科人才培养质量的对策思路。首先是"广覆盖，夯基础"，构建金融学科综合型人才培养观。其次是"产教融，强实践"，全方位拓展教学培养场景实践化。再次是"应用导向，数字转型"，以数字化引领金融学科教学与知识体系重构。从次是"目标明确，反馈及时"，完善新商科人才培养质量管理体系。最

后是"打破边界，师资整合"，建立学科与产教融合的师资培育机制。

◎ **参考文献**

［1］李柏洲，王雪，梁宇，等．数字经济下在"科教融合"基础上深化"产教融合"人才培养模式探索［J］．高教学刊，2024，10（28）：54-58．

［2］马海涛．发挥高校培育金融人才龙头作用 切实服务金融强国建设战略需要［J］．中国高等教育，2024（8）：34-38．

［3］卢尚坤．新商科背景下数字经济专业人才培养体系构建研究［J］．对外经贸，2024（3）：153-156．

［4］贾君怡，于明哲．金融科技专业建设与人才培养的实践探索研究［J］．科学决策，2021（12）：145-150．

［5］Jon Danielsson，Andreas Uthemann．AI financial crises［EB/OL］．https：//cepr.org/voxeu/column/ai-financial-crises．

可视化超声技术在先天性唇腭裂教学中的应用

谢 莹[1,2] 王晓乐[1,2] 杨学文[1,2] 李 健[1,2*]

（1. 口颌系统重建与再生全国重点实验室，口腔生物医学教育部重点实验室，
口腔医学湖北省重点实验室，武汉大学 口腔医学院，湖北 武汉 430079；
2. 武汉大学 口腔医院口腔颌面外科，湖北 武汉 430079）

【摘 要】目的：探讨具有高分辨率的可视化超声技术在先天性唇腭裂教学中的应用效果。方法：选取2023级口腔医学专业研究生40名，按照随机数字表法将学生分为传统组和试验组（$n=20$），传统组实施多媒体教学，试验组实施多媒体教学结合可视化超声技术阅片训练。课程结束后对两组学生进行理论考试并发放调查问卷，调查两组学生对教学方法的评价，综合评估两组教学效果。结果：两组均顺利完成教学课程，试验组学生课程考核成绩为 84.25 ± 11.72 分，明显优于传统组（75.75 ± 13.98 分），差异具有统计学意义（$P<0.05$）。传统组成绩优秀率为 45.0%，不及格者占 10%。试验组成绩优秀率为70.0%，显著高于传统组，学生对课堂教学方法的满意度更高。调查问卷结果显示，与传统组相比，试验组在"对唇裂异常解剖结构的认识程度""对唇裂诊断的综合分析能力"等条目上的评分均明显高于传统组（$P<0.01$）。结论：口腔颌面外科先天性唇腭裂教学中应用可视化超声技术可有效提高学生的理论成绩，提升教学质量。

【关键词】可视化超声技术；唇腭裂；临床教学

【作者简介】第一作者：谢莹（1997— ），女，河南兰考人，硕士研究生在读，研究方向：口腔颌面部整形与唇腭裂序列治疗，E-mail：xie_ying@ whu. edu. cn；＊通讯作者：李健（1975— ），男，湖北人，博士，武汉大学口腔医院主任医师，副教授，硕士生导师，研究方向：口腔颌面部整形与唇腭裂序列治疗；E-mail：lijian_hubei@ whu. edu. cn。

先天性唇腭裂涉及面部唇部、腭部、鼻腔等多个解剖结构的异常发育，其结构复杂多变，不仅给患者及其家庭带来沉重的心理负担，也对医学教育提出了严峻的挑战[1]。先天性唇腭裂的医学教育需要不断创新和改进，以适应疾病复杂性和治疗需求的挑战。传统教学方法无法全面展现颌面部组织错综复杂的多维度层次，不能真实反映上唇口轮匝肌浅层与皮下结缔组织层等不同层次的病变程度，在教学过程中，学生往往难以精准把握诊断依据及手术设计的关键要素，学习积极性不高[2]。因此，急需改进当前口腔医学先天性唇腭裂教学模式，提供一种具有高分辨率、可实时动态观察的教学方式供学生进行全面、直观的学习迫在眉睫。

近年来，数字医疗技术进程加快，可视化超声技术已逐步在口腔医学临床实践中得到了广泛运用[3-5]。可视化超声技术是一种专门用于研究软组织及其变化的成像技术，能清晰、准确地显示上唇口轮匝肌及与人中密切相关的交叉纤维束等相邻组织关系。运用高频超声对口轮匝肌解剖结构的可视化评估可以精细观察隐性唇裂深层组织病变，更加形象地展示复杂唇裂的特点，加深其对先天性唇腭裂的理解，本研究将可视化超声技术引入口腔颌面外科先天性唇腭裂研究生教学，通过三维超声成像技术，帮助学生从多轴面、多角度立体式观察唇部细微解剖结构，加深其对疾病诊断过程的理解，最大限度地还原临床实境，使学生更快地从实验室向临床过渡，取得了良好的教学效果。

一、资料与方法

(一) 研究对象

选取武汉大学 2023 级口腔医学专业研究生 40 名，其中男生 18 人，女生 22 人，使用计算机随机抽样法将学生分为传统组和试验组，每组 20 人。传统组采用多媒体教学，试验组采用传统组教学方法+可视化超声技术阅片训练。

(二) 研究方法

传统组与试验组两组学生均在武汉大学口腔教学基地接受课程教学，采用相同的教材、课程教授时间(每组 90 分钟)。两组先天性唇腭裂教学内容由同 1 名具有丰富临床经验的主任医师完成。

1. 传统组

①教师提前备课，明确教学目标和教学内容；②教师以教学幻灯片形式系统讲解先天性唇腭裂教学大纲内容，包括解剖、唇裂的形成、唇裂分类、序列治疗以及手术操作要点等，确保学生理解；③播放预先制作的唇裂整复术技能操作教学视频，讲解手术关键步骤；④教师运用临床案例，帮助学生更好地理解和掌握新知识；⑤课堂结束前，教师总结所学内容，强调重点和难点，汇集学生遇到的问题并进行解答，帮助学生梳理知识体系。

2. 试验组

①采用与传统组相同的教学幻灯片及视频讲解；②使用超声设备 GE Voluson E10 型彩色多普勒超声仪(美国 GE 公司)进行超声图像采集，利用计算机 4D-view 软件对储存图片进行处理；③将可视化超声技术应用到带教中：教师向学生直观展示并介绍口轮匝肌正常解剖特点、唇裂病理类型分类、异常解剖结构图像及各图像的意义。通过超声可视化教学向学生有针对性地讲解组织瓣设计、口轮匝肌解剖分离的细节要点(见图 1)；④教师运用临床案例，帮助学生更好地理解和掌握新知识；⑤教师汇集学生课堂中遇到的问题并进行解答。

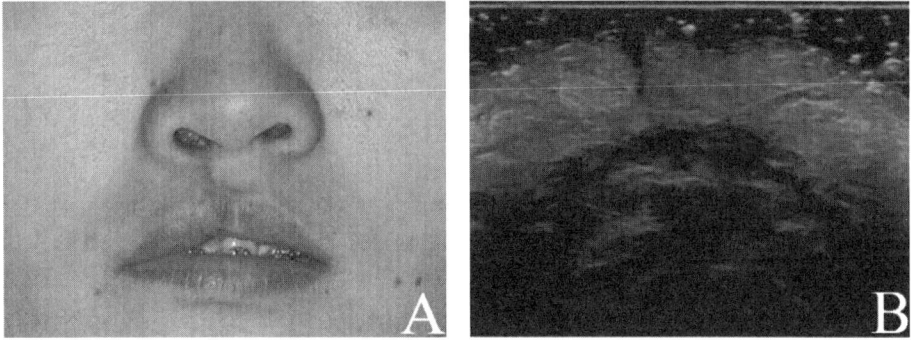

图1 高频超声下唇隐裂的解剖结构

注：A：唇隐裂患者正位照片；B：超声下见患侧肌肉断裂、口轮匝肌交叉纤维束不对称，走行止于人中嵴顶端

(三)效果评价

1. 课程理论考核

两组课程全部结束后，一同进行测试，采用相同试卷进行闭卷理论考核。评估范围包括唇腭裂的发病机制、发病因素、畸形分类、序列治疗、手术整复畸形的原理和主要技术要点等。共20题单选题，每题5分，总分为100分。两名教师对两组考核试卷进行批阅。优秀率划分标准为：100~85分优秀，84~70分良好，69~60分及格，<60分不及格。

2. 调查问卷

课程结束后，发放调查问卷，项目内容包括："学习兴趣""学习效率""对唇部解剖结构的认识程度""对唇裂异常解剖结构的认识程度""对唇裂诊断的综合分析能力""教学满意度"。每项以10分计分，最高分为10分，最低分为1分。

(四)统计学方法

将所得的数据使用SPSS 25.0统计软件进行分析，Levene方差等同性检验检测方差齐，K-S检验检测符合正态分布，数据资料用($\bar{x} \pm s$)表示，采用独立样本t检验，以$P<0.05$表示差异有统计学意义。

二、结果

1. 两组学生课程考核成绩比较

试验组学生课程考核成绩为84.25 ±11.72分，明显优于传统组(75.75 ±13.98分)，差异具有统计学意义($P<0.05$)。传统组学生85分以上者9人，占45.0%，试验组14人，

占 70.0%。传统组学生不及格者为 2 人，占 10%，试验组 1 人，占 5%（见表 1）。传统组和试验组的理论考核成绩比较表明，采用多媒体教学结合可视化超声技术进行课程教学，学生考试成绩明显进步，成绩总体优秀率明显提升。

表 1　　　　　　　　　　两组学生课程考核成绩比较

观 察 指 标	试验组	传统组	t 值	P 值
课程考核成绩（分，$\bar{x} \pm s$）	84.25 ± 11.72	75.75 ± 13.98	2.083	0.04
优秀（例（%））	14(70.0)	9(45.0)		
良好（例（%））	4(20.0)	5(25.0)		
及格（例（%））	1(5.0)	4(20.0)		
不及格（例（%））	1(5.0)	2(10.0)		

2. 两组学生调查问卷评价比较

共发放问卷 40 份，一周后完成问卷回收，回收问卷共 40 份，有效问卷共 40 份，有效率 100%。男生 18 人，女生 22 人。

调查结果显示，采用多媒体教学结合可视化超声技术阅片训练进行临床教学的试验组学生在"学习兴趣"（$t = 3.57$，$P < 0.01$）；"学习效率"（$t = 4.37$，$P < 0.01$）；"对唇部解剖结构的认识程度"（$t = 2.99$，$P < 0.01$）；"对唇裂异常解剖结构的认识程度"（$t = 4.88$，$P < 0.01$）；"对唇裂诊断的综合分析能力"（$t = 2.84$，$P < 0.01$）；"教学满意度"（$t = 5.60$，$P < 0.01$）上的评分均高于单纯采用多媒体教学的传统组学生（见表 2）。

表 2　　　　　　　　　　两组学生调查问卷比较（分，$\bar{x} \pm s$）

观 察 指 标	试验组	传统组	t 值	P 值
学习兴趣	7.67 ± 1.84	6.46 ± 2.20	3.57	<0.01
学习效率	7.26 ± 2.00	5.67 ± 2.36	4.37	<0.01
对唇部解剖结构的认识程度	6.64 ± 2.20	5.53 ± 2.25	2.99	<0.01
对唇裂异常解剖结构的认识程度	6.90 ± 2.30	5.03 ± 2.30	4.88	<0.01
对唇裂诊断的综合分析能力	6.06 ± 2.40	4.90 ± 2.41	2.84	<0.01
教学满意度	7.00 ± 2.30	4.82 ± 2.40	5.60	<0.01

三、讨论

先天性唇腭裂作为口腔颌面外科最常见且严重的先天性畸形，涉及的颜面部超微结构变异繁多，畸形结构错综复杂，导致学生在临床学习中普遍面临对深层口轮匝肌的形态变化理解难度大、教学效果欠佳[6]。当前，我国每年有数以万计的先天性唇腭裂患儿亟待手术治疗，因此，培养大批具备扎实理论知识和熟练临床技能的口腔医学专业人才显得尤为重要。然而，传统的先天性唇腭裂教学工具在空间显像信息、空间分辨率和血流显示能力方面存在明显不足，无法为学生提供真实、清晰的细微病变动态检查学习环境[7, 8]。

随着可视化超声技术的不断革新与飞速发展，实时、动态地观察人体内部结构成为可能，其逐步应用到口腔医学、麻醉科、眼科等临床实践和教学中，极大地丰富了医生对疾病的评估与治疗手段[9-11]。口腔颌面外科教学中，可视化超声技术的应用正日益成为研究焦点，Veronese 等[12]通过 24 MHz 高频探头 B 超和超声弹性扫描分析面部浅层结构，确定了真皮层和皮下层不同的解剖结构模式。Song 等[13]采用三维超声联合胎儿 3D 打印模型诊断孤立性侧面面裂，增强了诊断证据，有利于初级医生的教育。Power 等[14]应用高频超声评估唇裂患者口周肌肉组织，实时、高分辨率地可视化外侧隆起畸形的解剖差异，进一步加深医师对其解剖结构的理解。本研究中，使用可视化超声技术进行先天性唇腭裂的课程教学，学生能切实观察与人中密切相关的交叉纤维束等相邻组织关系，充分体会唇裂口轮匝肌的异位附着形式。试验组使用可视化超声技术结合多媒体学习能明显提高唇裂诊断的综合分析能力和对唇裂异常解剖结构的认识程度，更易深入理解唇裂深层组织结构病变，取得更优秀的理论考试成绩，这与 Song 等[13]的研究结果一致，验证了可视化超声技术在口腔颌面外科先天性唇腭裂教学中的有效性。

在口腔颌面外科的教学体系中，体验式学习占据着举足轻重的地位，被视为锻造学生临床思维模式和提升动手实践能力的关键路径。可视化超声技术作为辅助教学工具，为教育实践的推进与质量提升注入新动力，显著增强了口腔医学专业学生对颜面部畸形解剖形态及其结构的深入理解。尤其是在先天性唇腭裂教学中，这一优势更为凸显，它实时显示上唇内部结构的动态变化过程，助力受训者达成更优的学习成效与临床思维能力。激发学生的学习兴趣，教学效果显著提升。传统教学法往往采用单一的教学方式，依赖于文字描述和面部正位照片来解释复杂的畸形结构和发病机制。虽然也能熟悉唇裂畸形的形成和组织病变，但对于初学者而言，没有具象的可视化评估方法展现唇裂不同层次解剖结构异常的情况下，难以凭面部照片明晰后续手术方法的选择依据，对口轮匝肌的功能性重建原理理解困难。可视化超声技术既能在运动状态下观察肌肉、血管、交叉纤维束等组织结构的功能状态，也能进行动、静态双侧对比检查，为临床治疗提供准确依据。Kim 等[15]对唇隐裂特征性畸形和相关异常进行观察，发现了肌纤维发育不全、人中缺陷。Masuoka[16]分析唇部超声图像，观察到口轮匝肌从两侧扩散成喇叭状，越过鼻底和人中嵴区域延伸到人中嵴外 7~10mm，这些交叉纤维形成了人中的独特结构。本研究使用可视化超声技术显像信息丰富，病变定位准确，展现出优秀且高效的教学效果，结果表明试验组在"学习兴趣""学习效率""对唇部解剖结构的认识程度"等多个方面优于对照组，教学满意度高。表明通过此次教学，与传统教学模式相比，学生学习积极性显著提升，学习效率大大增加。通过对口轮匝肌解剖结构的可视化评估，可以有效提升学生的综合分析能力，协助学生深入理解唇裂深层组织结构病变。这归功于可视化超声技术清晰显示皮肤、肌肉和口腔黏膜等结构，真实反映上唇口轮匝肌浅层与皮下结缔组织层等不同层次的病变程度。

总之，采用可视化超声技术进行口腔医学研究生的先天性唇腭裂教学可以取得良好的教学效果。通过超声图像的直观展示和诊断技能的训练，不仅增强了学生对唇裂修复的学习兴趣，而且强化了课堂所学习的唇裂理论知识，提高了学生临床分析和解决问题的能力。学生能够更快地成长为具备扎实理论知识和熟练临床技能的口腔医学专业人才，为未来的医疗事业贡献自己的力量。

◎ 参考文献

［1］ 胡云刚，李晶，吴慧敏，等．PFCC 模式对学龄期唇裂鼻畸形患儿生活质量及心理影响［J］．中国医疗美容，2021，11（10）：83-6.

［2］ 王成刚，王一席，葛张洁，等．使用实验动物离体头颅提高颌面外科教学效果的研究［J］．中国现代医生，2023，61（19）：101-5.

［3］ Thanthoni M，Rajeev P，Sathasivasubramanian S．Caliber-persistent labial artery：a report of a rarely recognized lip swelling［J］．Journal of clinical imaging science，2018（8）：41.

［4］ Zhao W，Li Z，Wu L，et al．Medial sural artery perforator flap aided by ultrasonic perforator localization for reconstruction after oral carcinoma resection［J］．Journal of Oral and Maxillofacial Surgery，2016，74（5）：1063-1071.

［5］ Izzetti R，Vitali S，Aringhieri G，et al．Discovering a new anatomy：exploration of oral mucosa with ultra-high frequency ultrasound［J］．Dentomaxillofacial Radiology，2020，49（7）．

［6］ Wang B，Xu M，Yin N，et al．Three-dimensional computed tomography reconstruction and measurement of nasal end deformity in complete unilateral cleft lip and palate［J］．Annals of plastic surgery，2021，87（5）：562-568.

［7］ 吴发印，韩祺懿，袁倩，等．设计性实验在单侧唇裂修复术教学中的应用［J］．中国医药指南，2018，16（33）：291-292.

［8］ 塔依尔·阿力甫，王玲，胡利，等．唇裂修复三维多媒体平台的初步建立［J］．实用口腔医学杂志，2012，28（1）：55-58.

［9］ 赵文毅，罗欢嘉，方喜泉，等．超声造影技术在辅助穿支皮瓣修复口腔颌面部组织缺损中的应用［J］．医学理论与实践，2024，37（14）：2417-2419，2460.

［10］ 吴豪，殷国江，李麟，等．超声可视化教学模式在麻醉科住院医师规范化培训教学中的应用［J］．联勤军事医学，2024，38（5）：433-437.

［11］ 李清波．眼科超声检查仪在眼视光教学中的应用［J］．中国眼镜科技杂志，2019（7）：106-108.

［12］ Veronese S，Costa E，Portuese A，et al．Histological analysis of the dermal and hypodermal layers of the face and correlation with high-frequency 24 MHz ultrasonography and elastosonography［J］．European Journal of Histochemistry，2024，68（2）．

［13］ Song W L, Ma H O, Nan Y, et al. Prenatal diagnosis of isolated lateral facial cleft by ultrasonography and three-dimensional printing: a case report ［J］. World journal of clinical cases, 2021, 9 (24): 7196-7204.

［14］ Power S M, Matic D B, Zhong T, et al. Definition of the lateral bulge deformity after primary cleft lip repair using real-time high-resolution ultrasound ［J］. Journal of Craniofacial Surgery, 2010, 21 (5): 1493-1499.

［15］ Kim E K, Khang S K, Lee T J, et al. Clinical features of the microform cleft lip and the ultrastructural characteristics of the orbicularis oris muscle ［J］. The Cleft Palate-Craniofacial Journal, 2010, 47 (3): 297-302.

［16］ Masuoka H. The visualization of the functional structure of the crossing fibers of the orbicularis oris muscle using ultrasound ［J］. Plastic and Reconstructive Surgery Global Open, 2017, 5 (e1331).

数智化口腔虚拟仿真教学
在培养一流人才中的应用研究

李瑞芳　　任建岗　　陈　刚

（武汉大学　口腔医学院，湖北　武汉　430079）

【摘　要】口腔医学专业的传统实践教学面临高耗材成本和效果评估困难等问题，急需创新以适应高质量发展的要求。为此，结合虚拟仿真技术和5G技术，建设数智化口腔虚拟仿真教学平台，旨在提高实践教学的安全性和灵活性。该平台将实施"自主预约训练"系统，整合教学数据分析与管理，以促进学生掌握专业知识与技能。同时，推动虚拟与真实实验的结合，建立"教-学-训"一体化创新教学模式，满足现代口腔医学人才的需求。通过互联网与大数据，创新教学方式，提升学生的综合素质和实践能力，最终培养具备国际视野和创新能力的一流人才，为社会可持续发展贡献力量。

【关键词】口腔医学；虚拟仿真；教学改革；一流人才

【作者简介】李瑞芳（1989—　），博士，武汉大学口腔医学院口腔颌面外科副主任医师，E-mail：ruifangzw@whu.edu.cn。

【基金项目】武汉大学教研教改项目（项目编号：2024ZG144）

一、引言

口腔医学专业是一门实践性极强的医学科目，学生实践操作大多依赖于传统仿头模和离体牙来完成。传统训练会面临诸多问题，例如会产生大量耗材，且耗材成本高昂，难以客观评估训练效果。在仿头模训练中通常也难以个性化定制病例，训练操作较为单一，具有一定的训练局限性[1]。随着我国进入高质量发展新阶段，口腔医学教育教学也面临高质量发展的新挑战和新机遇，尤其是处于两个一百年目标交汇的"十四五"时期，是武汉大学、武汉大学口腔医学建设和发展的关键期。2018年4月，教育部印发《教育信息化2.0行动计划》，提出要加强高等学校的虚拟仿真实训教学环境建设以服务信息化教学需要，明确了虚拟仿真技术在信息化教学中的价值定位[2]。为有效解决口腔医学专业实践操作的局限性，结合国内先进的虚拟仿真技术和5G技术，充分利用口腔医学专业特色的口腔虚拟仿真实验教学，可供学生同时进行口腔医学虚拟仿真学习及虚拟仿真手术技能练习，打造"虚实结合、线上线下混合"的教学新范式、新常态，有效促进学生掌握相关基础知识和应用技术，同时减轻教师繁重的训练指导压力，从而为社会培养出更多具有创新能力、实践能力和国际视野的人才，为国家和社会的可持续发展贡献力量。

二、建设高质量的数智化口腔虚拟仿真实验教学平台

（1）虚拟仿真实验教学平台的建设将充分体现虚实结合、相互补充、能实不虚的原则，实现真实实验不具备或难以完成的教学功能[3]。在涉及高危或极端的环境，不可及或不可逆的操作，高成本、高消耗、大型或综合训练等情况时，提供可靠、安全和经济的实验项目。推进优质虚拟实验教学资源的共享，是学校人才培养的内在需求，也是提升高等教育国际竞争力的必然要求。

（2）在虚拟仿真实验教学平台建设中引入"自主预约训练"系统，老师和实验室管理人员可对设备进行管理。学生通过系统对实验室及设备进行预约，通过设备联网管理，还可以对部分教学练考评数据实时抓取、分析，改善教学，形成闭环管理，将每个环节智能化、数字化，助于大数据中心建设。充分应用 VR 技术加强实践教学过程管理以完善评价体系，实现创新型人才培养目的，保障实践教学质量。通过对 VR 系统所记录的各项数据进行分析，严格监控各实践教学环节的具体落实情况，建立实践教学反馈评价机制。

三、开展教学、实训相融合的数智化口腔虚拟仿真教育教学活动

（1）虚拟实验实训是对真实实验实训的模拟，真实实验实训是虚拟实验实训的基础，二者是相辅相成的[4]，在实践教学中要坚持能"真"勿"虚""虚""实"互补的原则，处理好二者之间的关系，充分发挥二者各自的优势，因此需要建立"教-学-训"的一体化教学模式。"教-学-训"一体化教学模式和课程体系的核心是在课程设置全程突出"知识、能力、职业素养"这条主线。在对口腔行业进行广泛调研的基础上，分析专业教学改革的社会背景和医药卫生行业背景，分别从数量、质量两个方面分析口腔专业的社会需求，以口腔专业面对的职业岗位工作任务与职业能力为依据，对学生的知识、能力和素养进行分析，设计知识、能力、职业素养结构表。根据知识、能力、职业素养结构表设置课程，确定知识点、能力点和职业素养要求，并以此展开虚拟仿真实验教学。

（2）学生在学习过程中可以充分利用互联网设备进行虚拟仿真实验学习，学生占有了主动地位，老师运用网络平台的各种资源和技术展开教学，打破理论课与实训课授课地点分离的传统模式，建设既能满足理论教学需要，又能进行技能训练的一体化教学场地，将传统理论教学的教室和实训场地整合，实现理论教学与技能训练融合，为学生提供体验实际工作过程的学习环境[5]。

（3）在"互联网+""大数据+""虚拟现实+"大背景下，围绕人才培养模式、课程体系、教学团队、实践实训平台和社会服务能力五方面构建跨院系、跨学科、跨专业的优质特色口腔医学类专业，为新时代口腔医学专业的人才培养奠定基础[6]。人才培养模式打

破传统，在课程体系方面打破常规、大胆改革，用课内和课外、线上及线下相结合的模式培养一流人才。

四、应用数智化口腔虚拟仿真实训推进一流人才培养创新模式

（1）口腔医学院在面向创新型人才培养的实践教学方面设置实验、实习、实训、课程设计和毕业设计等教学环节。虚拟仿真在实践教学中的应用丰富了实践教学的形式，同时也拓宽了实验教学的深度，不仅有助于在实践教学中引入虚拟实验、虚拟实训以及虚拟实习等实践教学形式，而且有助于推动探索性、创新型实验活动的开展[7]。

（2）在数智化口腔虚拟仿真实训中把教师、学生、教学内容和教学手段等教学因素有机结合在一起，以虚拟仿真技术、大数据为支撑，形成深度融合教学过程、教学内容、教学评价、质量分析与管理、人工智能的集成一体化虚拟训练中心[8]。重视教师在实训教学中的指导作用，注重实践经验和专业课程的指导作用，重视学生的主体地位，以培养学生的职业能力为根本，同时加大对学生综合素质的培养。

五、助力提高学生科学研究、自主创业与创新能力

（1）虚拟仿真技术在教学中的应用，有助于集多种教学方法为一体，变革传统的教学方法[9]。基于虚拟仿真技术创设的虚拟情境所实现的情境教学具有很强的趣味性，能够有效地吸引学生的注意力，增强学生的学习兴趣和学习动机，提高学习效率和学习深度，既为自主学习与合作学习创造了一定的条件，又有助于问题探究式教学方法的应用。

（2）教师可以通过虚拟仿真技术创设问题情境，引导学生自主地对问题进行深入思考，养成独立思考的习惯，实现探究教学和发现教学，进而达到培养学生创新能力的目的[10]。创新型人才培养实践教学体系是以创新型人才的培养为目标导向的实践教学体系，也就是实践教学的各个方面都始终围绕创新型人才培养这个目标来设计和展开，实践教学各个环节中始终突出对学生创新意识、创新能力、创新精神以及取得创新成果能力的培养。在实践教学体系中，创新能力的培养包括问题导向的学习、实验与实践相结合的学习，塑造创新精神并培养团队协作能力等，以及建立实时反馈机制和数据驱动的评估与改进机制。

六、小结

数智化口腔虚拟仿真实训能提供大量的学习操作机会，弥补传统教学中的一些不足。学生可以在传统理论课程的基础上，通过虚拟仿真实训进行实践操作练习，加深对理论知识的理解和应用。此外，通过虚拟仿真教学，学生可以在安全的环境中进行实践和探索，提高学习动力和积极性，致力于培养医德素养高、知识结构优、创新潜质大、临床能力强、国际视野广，适应国家医药卫生需要，推动国家医药卫生事业发展，立志担当民族复

兴和健康中国建设大任的拔尖创新口腔医学人才。

◎ 参考文献

［1］ 雷娟，薛声能，严励，等．21 世纪新的医学目标与医学生素质教育的探讨［J］．医学
　　 教育，2006（3）：12-13.

［2］ Serrano C M, Wesselink P R, Vervoorn J M. First experiences with patient-centered training
　　 in virtual reality［J］. J Dent Educ, 2020, 84（5）：607-614.

［3］ 施敏，沈道洁，林育华，等．虚拟仿真系统在口腔实验教学中的应用［J］．口腔材料
　　 器械杂志，2018，27（4）：234-237.

［4］ Roy E, Bakr M M, George R. The need for virtual reality simulators in dental education：a
　　 review［J］. Saudi Dent J, 2017, 29（2）：41-47.

［5］ 林育华，池政兵．两种虚拟操作系统在口腔临床前实训中的应用评价［J］．口腔材
　　 料器械杂志，2017，26（3）：155-158.

［6］ Dzyuba N, Jandu J, Yates J, Kushnerev E. Virtual and augmented reality in dental
　　 education：the good, the bad and the better［J］. Eur J Dent Educ, 2022：1-19.

［7］ Murbay S, Neelakantan P, Chang JWW, et al. Evaluation of the introduction of a dental
　　 virtual simulator on the performance of undergraduate dental students in the pre-clinical
　　 operative dentistry course［J］. Eur J Dent Educ, 2020, 24（1）：5-16.

［8］ Daud A, Matoug-Elwerfelli M, Daas H, et al. Enhancing learning experiences in pre-
　　 clinical restorative dentistry：the impact of virtual reality haptic simulators［J］. BMC Med
　　 Educ, 2023, 23（1）：948.

［9］ Haji Z, Arif A, Jamal S, et al. Augmented reality in clinical dental training and education
　　 ［J］. J Pak Med Assoc, 2021, 71（1）：S42.

［10］ Imran E, Adanir N, Khurshid Z. Significance of haptic and virtual reality simulation
　　　（VRS）in the dental education：a review of literature［J］. Appl Sci, 2021, 11（21）：
　　　 10196.

思想政治教育评价的社会认知方法初探

许丽颖　喻　丰

（武汉大学　心理学系，湖北　武汉　430072）

【摘　要】本文聚焦思想政治教育评价方法，提出了当前以心理态度为根本的评价原则，其中包括以学生为主体、以心理为主线和以态度为主题。此外，本文还分析了现有评价方法的局限，提出借鉴心理学中的社会认知方法，包括数据模型方法与内隐社会认知方法等，进行技术创新以考查学生真实态度。最后，本文阐述了该方法在科学性、系统性和实用性方面的优势，旨在为思想政治教育评价提供更科学、可靠的途径，推动思想政治教育工作发展。

【关键词】思想政治教育；社会认知方法

【作者简介】许丽颖，武汉大学前沿交叉学科研究院心理学系副教授，博士生导师，E-mail：liyingxu@whu.edu.cn；喻丰，武汉大学前沿交叉学科研究院心理学系教授，博士生导师，E-mail：psychpedia@whu.edu.cn。

一、思想政治教育评价要以心理态度为根本

思想政治教育工作是我国教育工作的重中之重。习近平总书记强调，"高校思想政治工作关系高校培养什么样的人、如何培养人以及为谁培养人这个根本问题，要坚持把立德树人作为中心环节，把思想政治工作贯穿教育教学全过程，实现全程育人、全方位育人，努力开创我国高等教育事业发展新局面"[1]。中共中央、国务院印发的《关于新时代加强和改进思想政治工作的意见》指出，要深入开展思想政治教育，坚持用习近平新时代中国特色社会主义思想武装全党、教育人民，健全用党的创新理论武装全党、教育人民工作体系，增进对习近平新时代中国特色社会主义思想的政治认同、思想认同、理论认同、情感认同。于是如何判断思想政治教育工作的成效，如何评价思想政治教育的成果便成为这项工作的重要一环。若不能正确评价思想政治教育，就可能出现表面认同而实际行为相悖的情况，这类学生在思想和行为上对党和群众不够忠诚，存在表里不一的问题。思想政治教育要内化于心、外化于行，便需系统评估思想政治教育的效果究竟如何[2]，而这一效果评价则应遵循以下三个原则：

第一，思想政治教育评价要以学生为主体。虽然思想政治教育评价包括对教育主体、

教育过程、教育方法、受教育者的评价，但是思想政治教育中的接受者是否发生改变才是最为核心的一环，学生是否产生了信念和价值观的习得，学生是否产生了态度改变是思想政治教育工作者最为关心的环节[3]。学生的信念和价值观的习得以及态度改变并不一定和思想政治教育工作的其他环节——对应，也就是说，最好的教师、最为正确的教学方法、最严格的教学过程，也不一定能使受教育者产生信念、价值观和态度的改变。而如果学生没有信念、价值观和态度的改变，教育主体、教育过程、教育方法实际上都付之东流，那么，思想政治教育评价就必须以学生为主体，以学生的信念、价值观和态度的改变作为评价对象，进行科学、系统的研究，并产生真实结果。

第二，思想政治教育评价要以心理为主线。学生的信念、价值观和态度都是学生的心理过程，这都是学生健全人格塑造的一环。对待世界万物和理念的态度会指导学生的具体行为，而信念和价值观则决定了学生是否成为合格的社会主义接班人，也决定了立德树人这个根本任务的落实成效。习近平总书记历来强调人心，他以百姓之心为心、处处用心，以真心换真心、推心置腹，聚民心成党心、上下齐心，这才领导中国共产党不忘初心，为人民谋幸福、为民族谋复兴[4]。同理，思想政治教育也是针对心理的教育，思政教师要用人格发挥价值引领功能，用理论说服力建构学生认知，自觉做知行合一的表率，这也是要求教师用心用情感化和打动学生的心理，以形成从感召到模仿，再从模仿到认同的心理改变过程。而这一过程一定是真实而非表面上的。

第三，思想政治教育评价要以态度为主题。无论是信念、价值观还是态度改变，抑或是认同、情感等概念都可以在心理上被以更为广阔的"态度"一词概括。态度即每个人对某一客体所持的评价与心理倾向，它包括认知、情感和行为三个方面[5]。因此，思想政治教育的作用抽象来说便是态度改变，而衡量态度是否发生改变的办法则必须采用心理学的态度测量方法。毋庸置疑，人可以对某一事物产生消极态度，但表现在言语和行为上则显得积极。这用传统的自我报告问卷、量表甚至访谈都很难测准。这是因为态度存在外显和内隐的分离，内隐态度是人更为真实、深层而不为人知的隐藏态度，它必须由特定方法，打开心理黑箱才能洞见，而这是现有思想政治教育评价方法所不具备的。

二、思想政治教育评价现有方法的局限

现有思想政治教育评价的方法为专家评判方法、质性访谈方法和问卷调查方法。这些实际上是传统态度和态度转变评价常见的方法。这些方法确实可以获得一些外显态度的指标，由于外显态度和内隐态度的分离，这些方法获得的结果当然可以部分作为佐证，但用它来预测行为确实有很大概率存在预测不准的情况。现对这些方法的局限分而述之。

第一，现有思想政治教育评价常用专家评判方法，这种方法由专家根据其直觉进行评判，提出意见并根据其理解的维度来进行综合判断。理论上来说，这种方法是适用的，但是这种方法的具体使用存在诸多局限。首先，专家评判方法对专家的要求高。这需要寻求到该领域最为权威的专家来进行评判，而这些专家的思维中应该囊括所有可能的思想政治教育评价的维度，同时其判断不受自身主观因素的影响，又能综合得出评断，这在理论上

是可行的，但是在实际操作中往往因为某一环节的可能缺失或者不足，由于专家自身的主观性造成结论偏颇。其次，专家评判方法的学生中心度较低。思想政治教育评价当然需要教师从专业角度，并结合学生从受众角度来进行评价，但是教师即使再出色，也很难或者无法还原学生本身的态度改变过程，从这个角度来说，专家评判方法通常情况下得不出真正需要的受众维度的真实反馈而流于自说自话。

第二，现有思想政治教育评价常用质性访谈方法，比如让教师或者学生来进行访谈，访谈可分为结构性或者非结构性，即按在询问的题目上是否有组织结构来进行区分[6]。这是一种很好地了解直接经验的方法，但是这种方法也存在一些可能的问题。首先，学生可能不愿表露。当学生想要敷衍或者说谎，抑或隐藏自己的真实态度时，是很难运用访谈方法获得其真实经验的。学生可能出于各种原因虚报自己对于思想政治教育的质量评价，而这些评价实际上并非基于其真实的学习改变，而只是基于其自己的口头表达，当其虚报时就容易产生虚假繁荣的局面，而不利于思想政治教育工作的改进。其次，对象可能经验不饱和。理论上访谈需要访谈到没有新信息出现为止，而思想政治教育涉及学生思想理论学习的方方面面，学生又因为其背景、素质、性格等因素而各异，导致很难穷尽学生经验，而经验不饱和的访谈则可能产生有偏见的评价结论。

第三，现有思想政治教育评价通常也采用问卷调查方法让人们去进行自我报告。这种内省的方式存在着显著的缺陷，这些缺陷主要体现在真实性、准确性和普适性不足等方面，并且受到多种因素的影响。首先是朴素现实主义[7]，即学生往往不认为自己不知道，而以为自己知道。在商场里买东西的顾客面对一模一样的袜子多数选择了右边的那双，这其实是因为他们是右利手，但当问起他们选择那双袜子的原因时，没有人说得出真正的原因。同样，学生在分析自己的态度、对某件事情的好恶时，往往都是自己现场编造出各种自以为是的理由，得不到真实的态度。其次是认知框架。费斯汀格发现，那些做着无聊工作拿着低报酬的人比那些拿着高报酬的人觉得这份工作更有趣[8]。这说明人们对自己的认识往往是根据自己的行为推断出来的，即我们的立场和行为经历可以决定我们的观念。内省方法很可能只是对自己立场和经历的反应，而不是真正的现实行为。同样，我们的思想政治观念也会受到认知框架的影响。再次是思维捷径。诺贝尔经济学奖获得者卡尼曼的研究表明，容易想到的事情或者具有鲜明特性的突出案例都会误导我们的分析和判断，例如在目睹了车祸后，人们对发生交通事故概率的估计会暂时提高[9]。更重要的是，我们的思维受到有限理性的局限，这使得学生对现实的分析并不一定具有普适的价值。最后是简单推广。从对学生个体的个案分析所产生的结论往往不能简单地推广到其他团体和其他个体上。由于很多人是从自己的行为来推测观念，因此推测出来的往往不是观念，而是他们行为上的差异，再用这些行为差异去解释其他人的认知、情绪和行为，是缺乏外部效度的。这说明由内省产生的结果不应该推广到有关思想政治教育好坏的普遍结论上。

三、思想政治教育评价的社会认知方法

针对上述现有常见方法的缺点，我们认为，可以借鉴心理学中考查态度的社会认知方

法，对思想政治教育评价进行技术性创新，以考查学生更为真实可靠的态度。这里的方法以数据模型方法和内隐社会认知方法为主。

思想政治教育评价可参考学生真实自然的情感表达。数据模型方法是基于现有社交媒体大数据，以学生自发自愿的自然语言表达作为分析对象，考查学生最为原始的态度[10]。可以使用社交媒体大数据来考查真实生活中思政课程学习前后，学生的语言表达中展现出的态度。可以使用这样的基本框架，亦即一种基本的分析方法来进行。我们认为具体分析方法可以分为以下四个步骤：第一，确定拟考查的维度。思政评价可以只用好坏、积极情感、消极情感来简单评价，亦可以用爱国、价值观改变等具体维度来评价，这里不赘述这些维度，但是重要的是不同的维度都是可以通过大数据来测量的。第二，确定考查维度的词表。亦即拟研究的维度是一个所谓变量，而变量则需要一个操作性定义。用大数据来进行研究，对一个变量的操作性定义一定是通过一个或者一簇词汇来表征的。比如，个体主义便被定义为第一人称单数的词频减去第一人称复数的词频[11]，道德被定义为一簇词汇。因此，词语的选择便是重中之重。通常情况下，可使用专家评定法来评价词汇是否符合这一心理维度。第三，爬取和思政相关联的数据，通常需要以思政词汇作为标签，在社交媒体上爬取词汇，可以通过编写程序来获取。第四，对频率数据进行计算。即可以根据研究维度来进行统计分析，并实施比较。当然，数据模型方法虽然考查的是最为真实的情感态度表达，但是也有其局限性，即这些数据需要学生表达才可以真实展现，而大多数学生实际上在社交媒体上是不表达类似内容的。而且网络表达本身也有态度极化的可能，导致其比学生真实态度程度要更高一些。

为了解决表达的自发性导致样本有偏的问题，我们也可以采用内隐社会认知的方法，这类方法的典型指标不再是学生对于自己态度的自我报告，而是直接考查学生的行为，这些行为典型地以学生的反应时间和活动轨迹来作为衡量标准。以反应时间为例，如果针对学生的真实态度，可以采用心理学里认知任务常用的反应时方法，即以学生的反应时间作为考查指标，设计精巧的心理学任务，依靠学生的直觉反应来考查学生对于思想政治教育课程结果的融贯程度。这类任务主要有内隐联想测验、点探测任务、线索靶子任务、情绪性斯楚普任务、视觉搜索任务、负启动任务、走-非走任务等。在此，我们简单介绍几种任务和其在思政领域的可能应用。

第一，内隐联想测验[12][13]。内隐联想测验是一种内隐态度测量方法。其原理是学生心目中的两个相似概念，比两个不相似概念的反应时快。内隐联想测验可分为七个步骤。学生按照编号的奇偶性被分为顺序组和逆序组两个组。顺序组被试的流程为：第一步要求对"我"和"非我"词进行归类，并分别按不同的键进行反应；第二步要求对包含思政思想的成语和包含非思政思想的成语进行归类，并分别按不同的键进行反应；第三步对"我"或"非我"词和包含思政思想的成语和包含非思政思想的成语进行联合归类，要求把"我"词和包含思政思想的成语、"非我"词和和包含非思政思想的成语分别归为一类，并分别按不同的键进行反应；第四步重复第三步；第五步和第二步基本相同，但反应的键与第三步相反；第六步也是对"我"或"非我"词和包含思政思想的成语和包含非思政思想的成语进行联合归类，但要求把"非我"词和包含思政思想的成语、"自我"词和包含非思政思想

513

的成语分别归为一类，并分别按不同的键进行反应；第七步重复第六步。逆序组被试的第一、三、四步为顺序组被试的第五、六、七步；逆序组被试的第二步和顺序组被试相同；此外，逆序组被试的第五、六、七步与顺序组被试的第一、三、四步相同。计算学生的相容反应，"我"和思政词语归为一类时的反应时；以及不相容反应，即"我"和非思政词语归为一类时的反应时，其差即为被试的思政课学习效果。

第二，点探测任务[14][15]。点探测任务的刺激材料为50个思政词和50个中性词，每次呈现一对，即一个思政词和一个中性词。每对词语都根据汉语语料库中的词频信息进行词频匹配。词对的位置有两种：可能是思政词在左、中性词在右，也可能是中性词在左、思政词在右；探测点的位置也有两种：点在左与点在右。正式实验包含50次试验，在每1次试验中，词对是在50个思政词在左与50个思政词在右的词对中随机选取1个词对，点位置是在点左与点右随机选取1个点位置，50次试验随机呈现。在每一次试验中，首先在屏幕中央出现一个注视符号"+"，呈现时间为500毫秒。接着在屏幕的左右两侧的中央分别呈现两个词，一个是思政词，另一个是中性词，呈现时间为500毫秒，字体为宋体，字号为48号。然后呈现一个17毫秒的全白空屏，之后呈现注视点，点可能出现在左边词语刚刚出现过的位置，也可能出现在右边词语刚刚出现过的位置。被试的任务是根据点的位置作出按键反应。在正式实验开始之前，有10组练习，练习中的词对均为正式实验中没有用过的中性词。一门教学效果良好的思政课程后学生应该会产生对思政词语的注意偏向。即学生在探测点和思政词出现的方向一致时，就会迅速产生注意的警觉，因此反应较快，即反应时小；而在探测点和思政词出现的方向不一致时，学生难以摆脱思政词的影响，表现出注意的滞留，因而反应较慢，即反应时大。

第三，线索靶子任务[16][17]。线索靶子任务共120次试验，在每次试验中，先呈现一个注视点和左右两个提示框，呈现时间为1000毫秒。之后会在刚刚出现的两个框的其中某一个内呈现一个词语，这个词语可能呈现于左边框内，也可能呈现于右边框内，它可能是思政词，也可能是中性词，词语为48号字，词语呈现的时间为100毫秒。接着，仍然呈现50毫秒的注视点加提示框。最后呈现的是需要作出反应的点，这个点可能出现在左框内，也可能出现在右框内，被试的任务是根据点的位置作出按键反应。两次试验间隔1000毫秒，呈现一个空屏。整个正式实验共有120次试验，共使用15个中性词与15个思政词，每个词呈现4次，即左右各2次，在左右两个位置上，都有线索有效1次和线索无效1次，每次试验随机呈现。在正式实验开始之前，有20组练习，练习中的词均为正式实验中没有用过的中性词。一门教学效果良好的思政课程应该会让学生产生对思政词语的注意偏向。注意偏向同时由注意警觉和注意滞留来计算，注意警觉为中性词/线索有效的反应时减去思政/线索有效的反应时；而注意滞留为思政词/线索无效的反应时减去中性词/线索无效的反应时。

第四，情绪性斯楚普任务[18][19]。情绪性斯楚普任务可分为阈下和阈上两种形式。在一次阈下试验中，首先在屏幕中央呈现一个白色的注视框，呈现时间为500毫秒。接着用17毫秒呈现同样大小和同样位置的框，不同的是此时框内有一个词语，词语为48号字，是思政词、中性词、积极词、消极词和色词中的一种，而框是有背景颜色的，其背景颜色可能是红、绿、蓝 3 色中的 1 种。接着是 17 毫秒的黑屏，最后再次呈现带背景颜色和词语的框，此时框的背景颜色和先前相同，而词语是一个与先前词语形似但没有意义的非词。此时被试需要对颜色进行判断并按键反应。每 2 次试验间呈现一个 800 毫秒的黑屏。阈上刺激中，唯一的不同是最后反应的界面将再次呈现先前呈现过的词语而不是形似的非词。词语是思政词、中性词、积极词、消极词和色词各 15 个。每个词语呈现 6 次，其中阈下 3 次，阈上 3 次，3 次中各有 1 次背景色为红、绿和蓝。正式实验总共 450 次试验，顺序为随即呈现。每做 50 次试验，被试将休息 1 次，休息的时间由被试自行掌握。正式实验开始前，有 45 次练习，练习中的词均为正式实验中没有用过的中性词，均为阈上刺激形式。理论上一门教学效果良好的思政课程后学生应该会对思政词语的语义加深，从而导致语义理解受到背景颜色的干扰。情绪性斯楚普任务典型的例子是让被试忽视词语的意义而说出词语的颜色，在词语的颜色和词语的意义上可能存在干扰，如用红色书写的"蓝"字，然后观察被试的反应时与正确率。情绪性斯楚普任务要求对思政色词进行颜色命名，如果被试在思政色词颜色命名的反应时上存在延时，则可以证明这类思政色词对被试有干扰。

以上四种任务的原理都是基于心理联结主义理论，即态度和事物在心理上存在联系，而且紧密程度和态度的偏向以及强弱有关，于是态度便可以用反应时间的快慢来加以衡量。行动轨迹也是一种区别于反应时间的考查态度的方式，常见的轨迹有鼠标轨迹和眼动轨迹两种。首先是鼠标轨迹[20][21]。比如在一个实验中，学生会首先阅读实验指导语，然后点击按键开始实验。首先他们会在屏幕正中看到一个注视点，这个点呈现 500 毫秒，接着会在屏幕中间看到一个思政词汇，这个词汇我们可以自己设置，而同时屏幕的左右上角分别会出现一个框，这个框左边是"好"、右边是"坏"。这个时候鼠标的位置是在最下面的中间处，被试的任务是要移动鼠标去判断这个词汇是好还是坏。好即把鼠标移动到左上角，而坏则把鼠标移动到右上角。每个思政词汇呈现 5 次。在开始之前会有 5 道题的练习刺激，告诉被试如何选择。练习屏幕上刺激呈现的词汇为：A、B、C、D、E。如果学生更加认可这个思政词汇，那么其拉出到"好"的曲线会弧度很小，且与对角线之间形成的半圆面积很小，而学生如果不认可这个思政词汇，那么其可能拉出到"坏"的曲线，或者其拉出到"好"的曲线会弧度很大，且与对角线之间形成的半圆面积很大。计算其鼠标轨迹曲线的弧度与面积即可。眼动轨迹则类似[22][23]，比如在一个实验中，学生首先接受一段中性材料的预实验，熟悉眼动材料和任务规则。同时给出一段 300 字左右的阅读材料，显示在屏幕中，而在此阅读材料中，有思政信息和中性信息交替出现。给学生呈现 10 段类似阅读材料，并记录学生眼动轨迹。预期思想政治教育效果好的课程结束后，学生的注视会更多停留于思政信息上。

当然，还有比反应时间和活动轨迹更为精准的指标，那便是大脑神经科学方法。态度、信念的留存与改变当然都表现于大脑活动中，这类高级心理过程尤其存在于前额叶[24]，那么考查大脑的时空变化便是能够最精准评价思想政治教育的方法。最主要的方法就是脑电和功能性核磁共振成像。首先，脑电记录是采用高时间精度的脑电作为指标，但是这个脑电成分是紧密联结于任务的，所以叫事件相关电位[25]。任务可以选择上述行为实验中的反应时任务作为任务，但是不测量反应时间，而记录脑电。这类实验原理相同，但是指标不同。脑电指标比反应时的行为指标更为敏感，因此类似 P300、N170 等经典成分更能标定思想政治教育效果，已有研究对比过党员与非党员的 P300 成分存在显著区别。其次是功能性核磁共振成像，这是高空间精度的，是对脑激活引起脑局部血流变化的描摹[26]。任务也可以选择行为实验中的反应时任务作为测量任务，但记录的是大脑激活。不同的任务中体现出的思政偏好可以反映在大脑思维加工脑区的激活中，如前额叶和信念相关脑区在对比之下产生激活，即可表明思想政治教育效果。

四、思想政治教育评价必须坚持态度真实

借由思想政治教育评价的社会认知方法，政治教育工作者更可能了解思想政治教育对象或学生的真实态度。因为这种方法的科学性、系统性和实用性都比传统方法对于还原学生真实态度要更为可靠，这对实现思想政治教育的目标和效果有重要意义。

首先是思想政治教育评价的科学性。大脑活动比行为对于心理态度的改变更为敏感，很小的心理改变便能够造成大脑活动的改变，而不一定可以造成行为改变，更遑论访谈或问卷填写上的改变。对于态度改变的测量已经产生了两个转向，即由传统访谈和问卷过渡到认知行为任务的反应时间和活动轨迹上，再由行为上的反应时间和活动轨迹过渡到脑电和功能性核磁共振成像。这两个转向代表着测量方法的科学性逐渐增强。而思想政治教育评价理应跟上科学前进的步伐，用更为科技化的方法来进行更为科学性的精确度量，推动教育目标分层细化，实现效果评估从表象观测到认知机制验证的转向。

其次是思想政治教育评价的系统性。采用思想政治教育评价的社会认知方法来考查态度，是对传统方法未能考虑到内隐态度的必要补充，也是对真实信念、态度和价值观改变的更好描摹。而数据模型方法则进一步增加了思想政治教育评价的自发性维度，弥补了传统评价方法只有受教育者被动评价而无主动自发性评价的缺点。在这个意义上，采用社会认知方法来进行思想政治教育评价，不仅使思想政治教育的目标从知识传递向信念重构跃迁，更使思想政治教育的效果评估突破表层反馈，增进思想政治教育评价的系统性，从根本上提升了思想政治教育评价的生态效度和预测效度。

最后是思想政治教育评价的实用性。毋庸置疑，传统思想政治教育评价的专家评判、质性访谈和问卷调查都有其简单实用的优势。而思想政治教育评价的社会认知方法则看似具有技术壁垒。实际上，以上介绍的各种方法在心理态度测量中均为成熟方法，而这些方法都有直接可调用的软件模板，对于思想政治教育评价者而言，不需要特别受训便可以轻易使用，这些方法的普及和广泛使用必然使思想政治教育的评价得到跨越式发展。

采用思想政治教育评价的社会认知方法来考查思想政治教育的效果，必然会得到更为真实、有效、可靠的结果，也会促进思想政治教育工作的科学性、系统性发展。思想政治工作本质是做人的工作，而做人的工作则是改变人心，这需要因事而化、因时而进、因势而新，获取真实可靠的学生信念、价值观和态度变化数据，这才是围绕学生、关照学生、服务学生，培养德才兼备的人才。

◎ 参考文献

［1］ 把思想政治工作贯穿教育教学全过程　开创我国高等教育事业发展新局面［J］.中国高等教育，2016（24）：5-7.

［2］ 朱梦洁．"课程思政"的探索与实践［D］.上海：上海外国语大学，2019.

［3］ 李萍．新时代思想政治教育学科人才培养高质量发展研究［D］.长春：吉林大学，2023.

［4］ 曾艳红．习近平干部道德建设思想对中国优秀传统道德文化的传承与弘扬［D］.南昌：江西师范大学，2017.

［5］ 黄心语，李晔．人机信任校准的双途径：信任抑制与信任提升［J］.心理科学进展，2024，32（3）：527-542.

［6］ 吴继霞，何雯静．扎根理论的方法论意涵、建构与融合［J］.苏州大学学报（教育科学版），2019，7（1）：35-49.

［7］ 骆玲．西方社会学研究方法论的评价及应用［J］.社会科学研究，2005（3）：125-129.

［8］ Festinger, L. A theory of cognitive dissonance［M］. Stanford：Stanford Univ. Pr. , 1957.

［9］ Kahneman, D. A perspective on judgment and choice：mapping bounded rationality［J］. American Psychologist, 2003, 58（9）：697-720.

［10］ 张泽文，张硕，曾剑平．社交媒体用户行为的时间模式隐私攻击方法［J］.计算机工程与应用，2017，53（17）：14-19，142.

［11］ Yu, F. , Peng, T. , Peng, K. P. , etc. Cultural value shifting in pronoun use［J］. Journal of Cross-Cultural Psychology, 2016, 47（2）：310-316.

［12］ Greenwald, A. G, Nosek, B. A. , Banaji, M. R. Understanding and using the implicitassociation test：an improved scoring algorithm［J］. Journal of Personality and Social Psychology, 2003（85）：481.

［13］ 柏阳，彭凯平，喻丰．中国人的内隐辩证自我：基于内隐联想测验（IAT）的测量［J］.心理科学进展，2014，22（3）：418-421.

［14］ MacLeod, C. , Mathews, A. , Tata, P. Attentional bias in emotional disorders［J］. Journal of Abnormal Psychology, 1986, 95（1）：15-20.

［15］ 李海峰，林世卿，万博温．价值导向的注意刷新及其机制［J］.心理学报，2023，55（8）：1234-1242.

［16］ Folk, C. L. , Remington, R. Selectivity in distraction by irrelevant featural singletons：evidence for two forms of attentional capture［J］. Journal of Experimental Psychology：Human Perception and Performance, 1998, 24（3）：847-858.

［17］ 王慧媛，张明，隋洁．线索靶子关联和搜索策略对注意捕获的作用［J］.心理学报，2014，46（2）：185-195.

［18］Eckhardt, C. I., Cohen, D. J. Attention to anger-relevant and irrelevant stimuli following naturalistic insult ［J］. Personality and Individual Differences, 1997, 23 (4): 619-629.

［19］喻丰, 郭永玉. 攻击者的注意偏向与归因偏向及其关系 ［J］. 心理科学进展, 2009, 17 (4): 821-828.

［20］Farmer, T. A., Cargill, S. A., Hindy, N. C. etc. Tracking the continuity of language comprehension: computer mouse trajectories suggest parallel syntactic processing ［J］. Cognitive Science, 2007, 31 (5): 889-909.

［21］张晓斌, 佐斌, 薛孟杰, 等. 基于鼠标追踪技术的个体建构过程实时测量 ［J］. 心理科学进展, 2012, 20 (5): 770-781.

［22］Pieters, R., Warlop, L., Wedel, M. Breaking through the clutter: benefits of advertisement originality and familiarity for brand attention and memory ［J］. Management Science, 2002, 48 (6): 765-781.

［23］陈丽君, 郑雪. 大学生问题发现过程的眼动研究 ［J］. 心理学报, 2014, 46 (3): 367-384.

［24］岳童, 黄希庭, 徐颖, 等. 价值观的稳定性与可变性: 基于认知神经科学的视角 ［J］. 心理科学进展, 2020, 28 (12): 2091-2101.

［25］张学新, 方卓, 杜英春, 等. 顶中区 N200: 一个中文视觉词汇识别特有的脑电反应 ［J］. 科学通报, 2012, 57 (5): 332-347.

［26］李雪冰, 罗跃嘉. 空间及言语工作记忆任务的情绪效应: 来自 ERP/fMRI 的证据 ［J］. 心理科学进展, 2011, 19 (2): 166-174.

理论教学如何化难为易？

——以西方社会学理论(现代部分)课程三种教学法为例

杨　敏

（武汉大学　社会学院，湖北　武汉　430072）

【摘　要】本文以西方社会学理论(现代部分)课程为例，针对理论教学过程中遇到的三个难题，也即学生对于理论的理解障碍、阅读原著障碍以及理论联系实际障碍，提出了三种教学方法，分别是文献替代法、理论比较法和经验拓展法，将艰深晦涩的理论学习过程变得通俗易懂和生动有趣。文献替代法主要指选取经典的经验案例研究著作补充和替代深奥难懂的必读理论文献，以帮助学生理解理论和热爱理论学习。理论比较法主要指通过对同一现象的不同理论解释的比较，加深学生对理论的理解，培养学生多元化的研究视野与批判精神。经验拓展法主要借助电影、纪录片等影视作品拓展学生的生活经验，引导他们学会将抽象的理论与实际生活结合起来，运用社会学理论去解释经验现象。这三种方法旨在通过指导学生自主阅读、组织课堂讨论与分享以及指导课程论文写作，全方位地提升他们学习理论、运用理论和创造理论的能力。

【关键词】文献替代法；理论比较法；经验拓展法

【作者简介】杨敏，社会学博士，武汉大学社会学院副教授，硕士生导师。

无论哪个学科，教师们对纯理论课程的教学难度都深有体会。理论教学难题主要体现在以下几个方面。第一，理解障碍。理论是对经验现象一般规律的抽象概括，学习者需要具备一定的抽象思维、想象力和逻辑推理能力才能理解。理论讲解对教师提出了非常高的要求，如果讲授者自身对理论的把握不透彻，或者表达不清晰，教学效果就会大打折扣。学生们可能只是单纯记住了某些概念和僵化的理论观点，但不求甚解。第二，阅读原著障碍。社会科学领域很多理论原著都是从各种外语翻译过来的中译本，由于作者创建的理论本身就高度抽象，并且作者所处的国家和历史时代与我们的当下处境相距甚远，再加上翻译质量问题，对于学习者特别是初学者而言，这些晦涩难懂的著作往往让人劳而无功，望而却步，从而对理论产生畏难和排斥的心理。第三，理论联系实际障碍。理论教学的意义在于指导学生如何将理论运用于实践。在教学过程中，学生们的普遍困惑是为什么要学习这些看上去与实际生活不相关的理论，以及学习理论到底有什么用。针对这些难题，笔者在西方社会学理论(现代部分)课程教学中探索了三种教学方法，分别是文献替代法、理论比较法和经验拓展法，以期突破以往理论教学中存在的困境，将艰深晦涩的理论变得通俗易懂且贴近生活，让学生不再畏惧或拒斥理论，真正对理论产生兴趣，体验理论学习的乐趣。

本文所说的文献替代法主要指当某一本理论著作或某种理论对于初学者而言理解难度过大时，除了阅读该著作，还可以阅读某些其他学者将该理论运用于经验研究的著作，通过这样的关联或替代阅读，抽象的理论观点或模型就获得了具体的形象和生命力。理论比较法主要指对于同一个研究问题，比较不同学者的解释视角，从而全面了解不同理论视角的长处与不足，培养学生的质疑和批判精神。经验拓展法主要借助电影、纪录片等影像表达形式，分析和讨论这些影视作品体现了哪些社会学理论，透过影视作品中的人物经历、社会事件、冲突关系、价值观念等发现理论与社会的关联，从而拓展学习者的个体经验，学会将社会学理论运用于经验世界的解释。这三种方法旨在通过指导学生自主阅读、组织课堂讨论与分享以及指导课程论文写作，全方位地提升他们学习理论、运用理论和创造理论的能力。本文以下内容分别介绍这三种教学方法。

一、文献替代法

本节将运用一个具体的例子来阐述文献替代法。西方社会学理论（现代部分）这门课程主要介绍现代社会学四大理论流派——功能主义、冲突论、符号互动论和社会交换论。它们是自社会学在欧洲诞生以来，继马克思、涂尔干和韦伯等古典社会学家之后最有影响力的社会学理论流派。其中塔尔科特·帕森斯作为功能主义的巨擘，在20世纪30年代后期至60年代在社会学界处于支配性地位。但帕森斯的理论偏于宏大抽象，以晦涩的文风著称，其《社会系统》一书曾被同期另一位社会学家赖特·米尔斯斥为"一堆胡乱堆砌的繁文冗词"和枯燥乏味的概念游戏[1]。《社会系统》一书目前还没有中译本。国内对帕森斯著作的推介主要有其1937年初版的成名作《社会行动的结构》。此书中译本有八百多页，主要介绍了帕森斯如何通过对经济学家马歇尔和社会学家帕雷托、涂尔干和韦伯的理论进行梳理，建构出"唯意志论的行动理论"[2]。对于初步接触社会学理论的本科生而言，《社会行动的结构》一书通常会带来非常痛苦的阅读体验。该书涉及帕雷托、涂尔干和韦伯等三大古典社会学家庞大的理论体系，以及功利主义、经验主义、实证主义、唯心主义等众多概念，没有一定的理论基础和前期阅读积累根本无法理解书中内容。如果第一堂课给学生推荐阅读《社会行动的结构》一书，绝大多数学生会丧失对社会学理论的学习兴趣。为此，笔者开始寻找既能体现帕森斯的理论观点又更具可读性的替代著作。

罗伯特·贝拉的《德川宗教：现代日本的文化渊源》一书就是非常合适的替代性著作。《德川宗教：现代日本的文化渊源》运用的不是帕森斯的唯意志论的行动理论，而是其影响力更大的社会系统四功能也即AGIL模式。贝拉现为美国伯克利加州大学埃利奥特社会学荣休教授，毕业于哈佛大学，出版过《心灵的习性》等重要著作，2000年曾被授予"美国国家人文科学奖章"。《德川宗教：现代日本的文化渊源》是贝拉在提交给哈佛大学的博士论文基础上编写而成，他的论文指导老师之一正是帕森斯。贝拉在该书中提出了一个类似于韦伯《新教伦理与资本主义精神》中的问题：第二次世界大战后的日本，作为唯一一个将自己改造成现代化工业国家的非西方国家，其现代化过程有文化因素的推动吗[3]？贝拉的观点可以说是韦伯的翻版，他得出的结论是日本德川时代的宗教文化——包括本土的神道和外来的儒教与佛教——确实是推动日本资本主义和现代化发展的前现代文化渊源。不过他的解释框架则是对帕森斯 AGIL 模式和二分模式变量不折不扣的运用。

帕森斯的 AGIL 模式主要用来描述和分析社会系统的四个功能，它们分别是适应（adaptation）、目标达成（goal attainment）、整合（Integration）、潜在模式维持和紧张关系管理（latent-pattern maintenance and tension-management）[4]。适应指系统从外部环境中获取资源和进行分配。对于社会系统而言，适应对应的是经济领域的活动。目标达成指社会系统的顺利运转需要确定系统目标次序，调动系统内部资源以实现系统目标。目标达成对应的是政治领域的运作。整合指对系统内不同行动者或不同群体之间的关系进行协调、调整和控制。整合对应的是社会共同体的秩序维持。潜在模式维持和紧张关系管理指维持系统的价值体系和管理内部紧张关系，对应的是文化领域的价值传输。帕森斯的 AGIL 模式实际上将整个社会系统划分为经济、政治、社会和文化四个领域，这四个领域分别发挥财富创造、权力分配、社会整合和文化内化的功能，且相互影响，形成一个可以不断自我调整的有机系统。如果说帕森斯所提的 AGIL 模式提供了一个宏大框架，贝拉对德川宗教与日本现代化关系的研究则在这个框架中填入了具体内容，让帕森斯的 AGIL 模式变得生动可见。

贝拉在《德川宗教：现代日本的文化渊源》一书中，根据帕森斯的两对解释传统和现代分化的模式变量，即表现业绩（achievement）和资质归属（ascription）（也即自致性和先赋性两个概念），普遍主义和特殊主义，将帕森斯的经济系统、政治系统、整合系统和文化系统纳入不同的四个维度[3]。贝拉发现，与西方资本主义国家偏重社会系统的经济价值不同，日本是一个政治价值凌驾于经济价值、整合价值和文化价值之上的国家。其政治价值表现为全体国民对天皇的无上敬畏与忠诚，而在具体日常生活中则体现为集体目标至上，忠诚是第一美德。但重视权力和忠诚的政治价值并没有抑制日本的资本主义发展，如果发展资本主义是荣耀天皇、增强国力和提高集体威信的手段，那么资本主义经济行为就会受到最高评价。值得一提的是日本的文化价值与政治价值的高度合一。在文化价值方面，贝拉主要分析了日本德川时期的宗教，主要包括本土的神道（包括武士道、国学派、水户学派、报德运动、心学等）以及外来的儒教和佛教。神道强调道德上对天皇的忠诚与献身，行为上的节俭与勤勉，儒教强调孝道和个人的道德自我修养，佛教强调报恩与禁欲，所有这些宗教因素渗透于日本各个阶层并塑造了现代职业精神：武士阶层提供了国家利益至上、具有公共服务精神和努力工作的企业主，农民和市民阶层提供了顺从、勤勉和节俭的劳动力。总之，贝拉的核心观点是现代日本社会中经济价值和文化价值如何服务于政治价值，而文化价值又如何促进经济价值的实现。其中他最想回应的问题是日本资本主义经济与传统文化之间的关系：日本德川时期的宗教如何塑造理性经济行为，推崇工商业发展，鼓励资本积累，从而促进了日本社会的经济理性化进程。

通过讲述帕森斯的抽象理论如何在贝拉的经验案例研究中得到具体呈现，帕森斯的宏大理论不再那么晦涩难懂，学生们也不再感觉理论是高高在上的飘缈之物，而是可以用来解释经验现象的有力工具。因此，笔者将此种用一本经验性和可读性强的著作补充或替代与之密切相关的另一本纯理论的、理解难度大的著作的方法称为文献替代法，用于帮助初学者更好地理解理论，爱上阅读。当然，替代文献可以有很多形式，除了经验案例研究，还可以是评述文献、文学作品、调查报告等。只要有助于理解某一理论，甚至质疑该项理论，不论文献形式，都是很好的教学借力工具。

二、理论比较法

笔者采用的第二种理论教学法是理论比较法，在此以社会学的越轨理论为例进行说明。西方社会学理论（现代部分）这门课程中，功能主义和符号互动论两个理论流派都对越轨行为进行了研究，一个是罗伯特·默顿的社会结构论，一个是霍华德·贝克尔的标签论，默顿是功能主义的代表人物，贝克尔是符号互动论的代表人物。通过不同理论视角的比较，更易于理解对于同一经验现象进行不同理论解释的意义。

默顿是美国知名社会学家，功能主义流派代表人物之一，在哈佛大学师从社会学家帕森斯、索罗金和科学史家萨顿。默顿的越轨研究体现在其《社会理论和社会结构》一书中。所谓越轨，是指偏离或违反社会规范的行为。越轨行为是社会学家非常感兴趣的行为类型，因为对越轨行为的解释可以揭示社会结构和阶级关系存在的问题。默顿对越轨行为持一种结构主义的视角，他反对将越轨行为归咎为理性计算或生物性冲动的后果，强调越轨是由文化结构所提供的目标与由社会结构所提供的实现目标的手段之间的背离导致的正常反应[5]。在默顿看来，文化结构指普遍适用于某一特定社会或群体成员的指导行为的规范性价值标准。社会结构指一整套把这一社会或群体成员以各种各样的方式联系在一起的社会关系。他以美国为例，指出美国的文化结构为美国社会各阶层设定的最重要的目标是金钱上的成功，这一文化目标促使所有人都终身为之奋斗，而将失败归结为个体自身原因。但是问题在于，美国文化强调财富的成功为最高价值，而社会结构却没有为各个阶层特别是底层提供通向这一目标的合法途径。因而默顿认为越轨行为不是个体的道德瑕疵造成的，而是因为越轨者缺乏向上流动的机会和资源而采取不被社会认可的方式实现目标的结果。简言之，越轨是社会结构的产物。

默顿根据行动者是否接受文化目标和是否拥有实现文化目标的制度化手段两个标准，将越轨行为划分为四种，分别是创新、仪式主义、退却主义和反抗。其中创新是最常见的越轨行为，创新产生于社会成员认可社会设定的文化目标，但缺乏实现文化目标的制度化手段。默顿强调运用创新这一越轨类型来解释越轨行为为何更多发生在社会下层群体身上。从创新这个概念本身可以看出，默顿并未像过去的结构功能主义者一样将越轨行为视作偏离常规的病态现象，而是试图破除人们对越轨行为的偏见与负面评价。他的越轨理论重点在于，不是要去纠正越轨者的过错行为，而是要改变产生越轨行为的不合理的社会结构。

无独有偶，另一位社会学家贝克尔也对越轨行为进行了专门研究，不过他采用的是符号互动论的视角，正好可以与默顿的越轨理论进行对照。贝克尔被认为是第二代芝加哥学派的代表人物，他是芝加哥大学埃弗里特·休斯的学生，而休斯又是鼎鼎有名的赫伯特·布鲁默的学生，后者是符号互动论的提出者。尽管默顿揭示了产生越轨行为的社会结构根源，但越轨的具体过程还是让人无从得知，并且默顿的理论也无法解释为什么同样的社会结构限制下，有的人会产生越轨行为，有的人不会产生越轨行为。相比之下，贝克尔的越轨理论就具体形象得多。贝克尔认为，越轨是社会互动的产物，越轨行为之所以被界定为越轨行为，是越轨者和规范制定者与执行者双方对该行为进行反应的结果[6]。换言之，一个行为是否为越轨行为，只有当规范制定者与执行者和越轨者都认为它是越轨行为时才算是越轨行为。也就是，越轨其实是个相对概念，是否被界定为越轨取决于互动过程，而不是某种先在的社会结构。因此贝克尔的越轨理论往往被称为"标签理论"，只有被标签为越轨的行为才算是越轨行为。不过，贝克尔自己很反对标签论这个词，他更愿意将自己的越轨论称为"越轨的互动论"[6]。

越轨是社会互动的产物，在贝克尔这里其实有两层意思。第一层意思是上面提到的越轨行为需要规范制定者与执行者和越轨者双方共同认可，第二层意思则是越轨行为的产生往往会经历一个学习过程，越轨行为是在特定的情境和特定的群体中习得的。贝克尔在《局外人：越轨的社会学研究》一书中列举的大麻吸食者是如何练就的令人印象深刻。他指出新手第一次吸食大麻时并不会获得快感，而是经过一个过程后才能进入状态。这个过程分为三步：第一步，学习用正确的也即能发挥实际药效的方式来吸食大麻；第二步，学会认识这些药效，将药效与吸食大麻联系起来才能获得快感；第三步，学会享受这些快感[6]。这个过程一般情况下不是独自一人就可以完成的，而是需要在一个群体环境中才能完成。而持续不断地保持与其他吸食大麻者的接触与互动，是成为一名真正的大麻吸食者的前提条件。

再回到越轨是越轨者和控制越轨者双方互动的问题，贝克尔强调，研究越轨行为不能只研究越轨者，而应同时研究越轨者群体和规范制定者（以及执行者），后者对前者的界定与制裁体现了权力关系，如家长对子女，上层阶级对下层阶级，特权者对无权者。这也正是贝克尔对功能主义者提出的批评：功能主义对越轨的研究缺乏政治面向。因而贝克尔的越轨理论也体现了一种强烈的价值关怀，他研究优势群体如何通过界定越轨行为以及将越轨标签加之于特定群体以维持他们的地位。

虽然默顿和贝克尔从不同的视角解释越轨行为的产生，前者强调社会结构，后者强调社会互动，前者认为是社会结构没有提供合法的途径以供行动者去实现文化设定的目标从而导致越轨出现，后者强调越轨是越轨者群体内部互动以及越轨者和规范制定者与执行者之间发生冲突的过程和结果，但其实两人都有一个共同的关切点，那就是看到越轨行为往往更多地集中于社会下层群体和无权者，说明了越轨是社会不平等的产物。对于越轨行为的控制乃至消除，需要的不是加大对越轨者的控制和惩罚，而是改变不合理的规范制度和社会结构。不过，两个理论也有一个共同的没有回答的问题，如果说越轨的结构论和互动论更适合解释社会弱势群体和底层阶级的越轨行为，那么社会上层阶级和掌权者的越轨行为又该如何解释？这个问题激发了学生们的浓厚兴趣，他主动通过阅读其他相关的文献寻找答案。

通过对默顿和贝克尔对越轨行为的不同理论解释，本节展示了理论比较法在教学中的应用。理论比较法的意义在于不仅可以帮助学生更好地理解某个或某些理论，而且可以开拓他们的思维，启发他们从不同的角度去解释同一社会现象，从而敢于质疑权威，培养独立思考能力和批判精神。

三、经验拓展法

理论教学常常需要将理论与实际联系起来，只讲理论会显得比较枯燥乏味，但老师们在举例时有时可能找不到合适的例子，组织学生讨论时也由于学生生活经验的局限性而很难展开深入的讨论。为此笔者找到了一种延展生活经验的方式，那就是借用影视作品，并尝试运用社会学理论来解释其中的社会事件或人物关系，这样就能比较容易地将理论与实际生活关联起来。

针对现代社会学四大理论流派——功能主义、符号互动论、冲突论和社会交换论，笔者分别选取了四部相对应的电影：《寄生虫》《猫鼠游戏》《羞辱》和《背靠背脸对脸》。通过电影来阐释社会学理论对现实生活的解释力。

《寄生虫》是韩国导演奉俊昊2019年推出的电影，反映了当下韩国社会贫富分化严重和阶层矛盾剧烈的社会现实。该片讲述了住在空间局促的半地下出租屋的失业的一家四口，如何通过伪造学历、冒充专业人员、陷害和排挤同行而成功进入一个上流社会富豪家庭服务的故事。哥哥基宇和妹妹基婷分别担任了富豪朴社长的女儿和儿子的家庭教师，而后他们又成功地让父亲老金当上了朴先生的司机，让母亲忠淑替代了原来的管家。一家四口就这样隐瞒真实家庭关系寄生于富豪家庭。当朴先生一家外出游玩后，老金一家就肆无忌惮地像主人一样享受着豪宅的美食与设施。然而这栋豪宅里却隐藏着另一个秘密。在一个大雨滂沱的夜晚，以前被他们设计赶走的管家雯光突然光顾，原来她把她躲债的丈夫藏在这栋房子的地下室多年，她需要回来给断粮的丈夫补给食物。两个寄生家庭就这样相遇了，最后为了争夺寄居在此的权利发生争执。在争执过程中老金一家失手打死了前管家雯光，引发雯光的丈夫于次日朴先生儿子生日宴上的疯狂复仇行动。最后在一片混乱中，雯光丈夫刺死了老金的女儿基婷，老金的妻子刺死了雯光的丈夫。而最令人意外的是，当老金被男主人要求开车送他被吓晕的小儿子多颂去医院时，老金拿刀刺死了男主人朴先生，尔后趁乱消失于这栋豪宅的地下室，重蹈雯光丈夫的覆辙。

《寄生虫》中老金一家靠欺骗和隐瞒进入富有的朴先生家提供家庭服务的行为无疑是越轨行为，最后的刺杀更是犯罪行为，但默顿对越轨行为的结构解释让我们不会仅仅停留在对某一个阶层成员的道德谴责上，而是看到越轨者在面临文化目标（在此片中是找到正式工作、住上体面的房子）与社会结构所提供的实现手段不足（一家四口都处于无业状态，无法洗刷掉身上从地下出租屋带来的难闻的气味）之间的冲突时会如何进行"创新"的越轨行为。运用默顿的越轨理论能让我们从改革社会结构的角度去思考为下层群体提供更多向上流动的机会来减少越轨行为。

《猫鼠游戏》是由美国导演斯皮尔伯格执导的经典电影，于2002年上映，讲述了一个

21 岁的男孩弗兰克伪造支票和假扮多种职业角色而被 FBI 探员汉拉蒂追捕的故事。弗兰克在 16 岁时目睹父亲破产负债,而后父母离异和母亲再嫁,天真的他伪造支票,先后冒充飞行员、医生、律师等多种专业人员,在美国和全球银行骗取了高达 600 万美元的支票,只为试图帮助父亲重整旗鼓和家庭团圆。后来他在法国被捕,在被汉拉蒂引渡回美国的飞机上得知父亲意外离世时,悲痛不已。在美国监狱服刑期间,与他有相似家庭遭遇的汉拉蒂出于同情,更出于对他才华的欣赏,引荐他正式入职 FBI 成为一名经济犯罪专家。抛开越轨、犯罪、家庭伦理等因素不谈,仅从弗兰克成功扮演各种职业角色而言,此片可以说淋漓尽致地印证了符号互动论的代表人物之一欧文·戈夫曼的拟剧论。

戈夫曼和上文提到的贝克尔是好朋友,他们都是休斯的学生,都在芝加哥大学接受学术训练,都是符号互动论的代表人物。戈夫曼影响力最大的理论被称为拟剧论,该理论借用戏剧表演的观点,将人们的日常生活比拟为戏剧舞台,人们像戏剧人物那样扮演各种角色,角色扮演过程中会借用前台、后台、剧班等工具,运用印象管理技术和其他控制策略,在他人面前维持一种想要呈现的形象[7]。弗兰克的特殊之处在于他拥有惊人的学习能力和模仿能力,小小年纪就能弄懂扮演各种职业角色的诀窍,当然应该也是利用了美国 20 世纪 60 年代动荡不定和监管不严的社会秩序,成功扮演了飞行员、医生、律师等专业人士且未被识破。弗兰克伪装和行骗的过程看似荒谬绝伦,实则本质上与普通人日常生活中的角色扮演与印象管理并无二异,只不过出于不同的动机。戈夫曼提到表演过程可能出现各种失误,人们会采用更换观众、观众对表演者的疏忽有意忽视、表演者接受暗示及时修正错误等策略来化解尴尬与失误。因此弗兰克会在 5 年中不断更换职业,假冒医生时会找借口逃离手术室。

《羞辱》是黎巴嫩导演齐德·多尔里执导的电影,于 2017 年上映。该片讲述了两个小人物的日常冲突如何上升为国家和民族之间的冲突但最终被化解的故事,非常适合用刘易斯·科塞的冲突论进行解释。巴勒斯坦难民亚西尔是一名建筑公司工头,黎巴嫩基督徒托尼是一名汽车修理厂老板,有一天托尼在二楼阳台上浇花时不小心将水洒在了正在楼下施工的亚西尔身上,亚西尔看出水管布局有问题,就擅自免费帮托尼改了管道,结果引起托尼盛怒,两人之间的冲突由要求口头道歉、言语辱骂、肢体冲突上升到法庭对峙。原本两个普通人的日常冲突最后演化为黎巴嫩公民与巴勒斯坦难民政治身份之间的冲突。通过律师的法庭辩护,观众才得知黎巴嫩人托尼为何对巴勒斯坦人充满了仇恨,原来他和他的家庭是 40 年前巴勒斯坦解放组织和闪电突击队对黎巴嫩达穆尔镇的马龙派基督徒进行大屠杀的幸存者。而今黎巴嫩政府为了维护和平,不允许对巴勒斯坦进行政治攻击,托尼的伤痛只能压抑在心底。法庭上托尼的律师对达穆尔大屠杀的揭露,虽然让托尼因过去的伤疤被暴露在大庭广众之下而感到不适,但也因为他受到的伤害被看见和被言说而舒缓了愤怒的情绪。最后两位当事人放下交织了太多爱恨情仇的国族、政治与宗教身份,对彼此多了一份理解与同情,案件以被告亚西尔无罪释放告终。

人们对冲突的认识往往会聚焦于冲突的破坏性,美国社会学家刘易斯·科塞在《社会冲突的功能》一书中却强调了冲突的积极功能。科塞是默顿的学生,冲突论的代表人物之一。他继承了默顿的功能主义,关注社会冲突的功能,特别是冲突在什么条件下会具有释放敌意、加强群体内部团结、化解群体之间的矛盾以及让社会系统在相互抵消的冲突中达至更稳定的平衡等正功能[8]。《羞辱》这部电影正是通过法庭的辩护过程直面冲突，借用法庭上有节制的语言沟通与事实呈现，将个体间情绪化的非理性冲突转化为理解与和解。压抑冲突或逃避冲突只会让人们不断积压不满情绪，长此以往会导致不满在某个临界点以不可控的暴力形式突然爆发，从而带来更具破坏性的后果。科塞认识到意识形态冲突比个人冲突更激进和更冷酷无情，因为前者代表了某个集体的立场，超越了具体的个人，因而剥离个人冲突中的意识形态因素更有利于冲突的化解，这一观点具有很重要的启发意义。《羞辱》影片中的托尼和亚西尔，剥离掉民族和政治身份，他们其实都是善良、诚实、敬业的普通人，会对对方的不公遭遇感同身受，在需要时向对方施以援手。

《背靠背脸对脸》是中国 1994 年上映的电影，由黄建新、杨亚洲执导，改编自刘醒龙的小说《秋风醉了》。故事发生在某地一个文化馆里，既有能力又能笼络下属的王双立做了多年的代馆长，只因"上边没人"，每次馆长的任命都与他擦肩而过。于是两任新馆长到任后，王双立都联合自己的派系使用各种阴招将新馆长赶走。在争夺馆长一职的明争暗斗过程中，王双立在一次突然病倒住院后幡然醒悟，决定放弃权力斗争，将心思转向找门路生二胎。第二任馆长最后因私生活问题与女员工私奔了，谁当新任馆长依然悬而未决。整部影片的主题反映了 20 世纪 90 年代中国复杂的利益关系和微妙的人际交往与人情世故。

在西方社会学理论（现代部分）课堂上，我们主要关注的是如何运用彼得·布劳的社会交换论来对影片中的社会交换进行分析。布劳和科塞一样，也是默顿的学生，创立了社会交换论理论流派。在布劳看来，社会生活是通过社会交换组织成日益复杂的人与人交往的结构，也即社会连接的机制是社会交换[9]。在《背靠背脸对脸》这部影片中，王双立之所以可以扳倒上级委派下来的新馆长，除了他自身的处世智慧外，还在于他有几个得力的帮手，比如李会计和实习生摄影师猴子，王双立与他们的关系与其说建立在交情上，不如说建立在社会交换上。他将承包歌舞厅施工项目的石经理私下送的酬金拿出一部分给李会计做新房装修费，实习生摄影师猴子能留在文化馆工作也是由于王双立的庇护。新到任的马馆长尽管是上级安排下来的人，但在文化馆并没有任何群众基础，也没有与下属们建立牢固的交换关系，因而很容易被王双立的势力捉弄和陷害。

通过四部电影，笔者向学生们展示了如何运用不同流派的现代西方社会学理论来解释现实社会中的社会现象与社会问题。电影故事拓展了他们的生活经验，激发了他们的理论学习兴趣，让他们不再感到理论高高在上与现实生活脱节，而是可以帮助他们答疑解惑，更加深入地了解所处的社会。这就是经验拓展法的意义所在，特别是在由于时间和条件的限制学生无法参与实地社会调查的情况下，借助影视作品的经验拓展法对于理论学习卓有成效。

四、结论

本文以西方社会学理论（现代部分）课程为例，针对理论教学过程中遇到的三个难题，也即学生对于理论的理解障碍、阅读原著障碍以及理论联系实际障碍，提出了三种教学方法，分别是文献替代法、理论比较法和经验拓展法，并且运用具体的例子详细阐述了三种教学法的内容，将艰深晦涩的理论学习过程变得通俗易懂和生动有趣。

所谓文献替代法，主要指选取经典的经验案例研究著作补充和替代深奥难懂的必读理论文献，以帮助学生理解理论、接受理论和热爱理论学习。本文所举的例子是阅读贝拉的《德川宗教：现代日本的文化渊源》来加深对帕森斯 AGIL 模式的理解。

所谓理论比较法，主要指通过对同一现象的不同理论解释的比较，加深学生对理论的理解，培养学生多元化的研究视野、质疑和批判精神以及未来从事学术研究的能力。所举的例子是同时阅读默顿的《社会理论和社会结构》中关于越轨研究的内容与贝克尔的《局外人：越轨的社会学研究》一书。

所谓经验拓展法，主要借助电影、纪录片等影视作品来拓展学生的生活经验，组织学生进行课堂讨论，学会将抽象的理论与实际生活结合起来，运用社会学理论去解释经验现象。本文选取了四部电影《寄生虫》《猫鼠游戏》《羞辱》和《背靠背脸对脸》，分别对应于现代社会学四大理论流派——功能主义、符号互动论、冲突论和社会交换论，将理论融入电影故事，同时借助电影故事来理解理论。

通过上述方法，该门理论课充分调动了学生们阅读、讨论、欣赏、思考和表达的积极性，不仅课堂气氛活跃，课后还经常有学生意犹未尽地留下来与笔者进行交流与讨论。该门课程在学生评教系统里也获得了较高的评价。下面摘取部分学生的留言：

"会分享很多有意思的书和纪录片。"

"这门课真的很适合做学习社会学的入门课程。老师讲课尽量将晦涩的专业理论用易懂的语言表达并且举出生活中的具体例子帮助理解。而且在这门课上，看了很多关于社会学的书籍，让我见识到不一样的社会学。老师推荐的电影都很有现实意义，让我受益匪浅。很多生活中让我百思不得其解的现象都能在这门课中找到答案。对于公共管理专业的我来说，这门课让我进入社会学的海洋遨游！很感谢老师的启迪！"

"课程设置将复杂艰深的理论整理成体系，对社会学原著的阅读有重要的引导作用；课堂讲授过程中，老师善于结合理论重点预判学生的困惑并作出细致的解答；课后思考题会在课堂展开讨论并给出点评，加深对理论的理解；老师同样关注学生综合素质的培养。"

最后值得一提的是，本文的教学方法虽然是针对社会学理论教学所提出，但是也可以运用到其他人文和社会科学专业教学中。各学科专业课程可以根据自身特点与需要选取合适的阅读文献与经典影视作品。尽管人工智能快速发展时代学习者可以运用各种 AI 工具轻松获取知识，但深度阅读和批判性思考依然无法用任何工具取代。本文所提的三种教学法旨在培养学生在专业学习上的主体性与独立思考精神，让他们在技术理性至上的潮流中保持自我，找到生命的意义。

◎ 参考文献

[1] 赖特·米尔斯. 社会学的想象力 [M]. 李康，译. 北京：北京师范大学出版社，2017.

［2］塔尔科特·帕森斯.社会行动的结构［M］.张明德，夏遇南，彭刚，译.南京：译林出版社，2012.

［3］罗伯特·贝拉.德川宗教：现代日本的文化渊源［M］.王晓山，戴茸，译.北京：生活·读书·新知三联书店，2003.

［4］汉斯·约阿斯，沃夫尔冈·克诺伯.社会理论二十讲［M］.郑作彧，译.上海：上海人民出版社，2021.

［5］罗伯特·默顿.社会理论和社会结构［M］.唐少杰，齐心，译.南京：译林出版社，2015.

［6］霍华德·贝克尔.局外人：越轨的社会学研究［M］.张默雪，译.上海：上海人民出版社，2024.

［7］欧文·戈夫曼.日常生活中的自我呈现［M］.冯钢，译.北京：北京大学出版社，2008.

［8］刘易斯·科塞.社会冲突的功能［M］.孙立平，等，译.北京：华夏出版社，1989.

［9］彼得·布劳.社会生活中的交换与权力［M］.李国武，译.北京：商务印书馆，2016.

基于知识图谱的水利工程测量学数智化重构

金银龙　严　鹏　吴云芳　刘任莉　邓念武

（武汉大学　水利水电学院，湖北　武汉　430072）

【摘　要】2023 年发布的《武汉大学数智教育白皮书》提出建设具有武汉大学特色的一体化数智人才培养体系。课程知识图谱建设是数智人才培养体系建设的基础之一，本文依托智慧水利专业人才培养方案与水利工程测量学课程知识图谱建设成果，深入分析和探讨紧扣学科前沿以教研相融为基点持续进行教学内容数智化更新，兼容并蓄以智能测量实验平台建设为核心拓展数智化课程资源途径，锚定方向以学生发展为中心提升教学方法革新效果，并展开水利工程测量学课程数智化重构。本文在教学内容设置、课程资源更新和教学方法创新三个方面的数智化重构工作，可为水利工程测量学课程建设提供一定的借鉴与参考。

【关键词】知识图谱；水利工程测量学；数智化教育；课程重构

【作者简介】金银龙（1980—　），男，博士，副教授，长期从事测量学教学工作，研究方向为精密工程测量及变形监测、智能移动测量，E-mail：wrhjinyl@ whu. edu. cn。

【基金项目】2023 年武汉大学本科教育质量建设综合改革项目

1. 引言

知识图谱作为一种知识管理与推演技术，于 2012 年由 Google 公司提出，并在近十年中逐渐广泛应用于多个领域。随着教育信息化的转型升级，知识图谱在教育领域的应用正逐步受到关注和重视[1]，在《新一代人工智能发展规划》中，国务院明确指出：要重点突破知识图谱构建与学习、知识演化与推理等技术，实现智能教育，建立以学习者为中心的教育环境[2]。

尽管知识图谱在教育领域显示出巨大潜力，但学术界对其定义尚未达成一致，导致对其的理解和应用存在多样性[3]。目前衍生出了多种形式的教育知识图谱概念，包括学科知识图谱[4]、课程知识图谱[5]、学习认知图谱[6]、学科教学图谱[7]和课堂事理图谱[8]等。从研究内容上看，现有研究主要聚焦于对教育知识图谱构建技术与应用方法的探讨。例如YANG[9]等基于高中课程知识图谱设计了智能问答系统，KE[10]等针对科学、技术、工程、艺术、数学（STEAM）方面的学习主题设计提出了学科知识图谱动态生成技术，GUAN[11]

提出了一种基于深度学习的教育领域课程知识实体和关系联合抽取方法，并将知识图谱应用于在线教育课程推荐。在教育行业的实际应用中，许多研究团队已经成功将知识图谱引入教学。王得强等引入行业知识图谱，总结了知识库建设的一般流程[12]。郎亚坤等以学生学习为中心，构建 C++课程知识图谱[13]。刘凤娟等从自我决定理论出发，构建基于知识图谱的个性化学习与支持机制[14]。张春霞等实现了离散数学课程知识图谱的构建和推理[6]。涂建华等介绍了微积分知识图谱的本体构建步骤与教学应用[15]。阿里云于 2022 年11 月推出的智慧教学产品"数学知识平台"旨在与高校合作，为高校生成教育领域专业知识图谱[16]。这些研究和应用案例表明，知识图谱已在多学科教学中得到实践验证，并在课程内容组织、知识关联挖掘、个性化学习路径推荐等方面展现出较高的应用价值。

数智化教育依托人工智能和信息技术，以资源和数据共享、知识关联驱动为基础，构建了一种智能化、泛在化的教育模式。数智化教育是水利新工科专业课程建设与教学改革发展的重要方向。水利工程测量学作为水利新工科专业基础课程为传统水利课程与空间信息技术、遥感监测、大坝智能监控等多个新兴领域的交叉融合提供重要的基础理论和前沿技术支撑。水利工程测量学课程的教学水平和质量将影响水利新工科人才与空间信息学科的交叉融合能力。在水利新工科专业培养方案中水利工程测量学课程内容和学时设置进行了较大幅度的调整，产生了学时设置与教学容量不匹配、实践教学平台滞后于前沿技术等新的教学问题，因此水利工程测量学数智化重构具有较强的紧迫性，通过数智化重构引入测绘学科前沿理论与技术，借助数智化技术优化教学资源解决教学问题。同时，随着测绘学科发展到智能测绘阶段，水利工程测量学数智化重构已具备较强的可行性。

鉴于水利工程测量学在水利新工科专业人才培养方案课程体系中的地位和作用及其虽偏重于工程测量方向但涵盖更丰富的测绘学科知识容量，具有学科交叉性强、实践性要求高、知识体系复杂等特点，水利工程测量学数智化重构需借助知识图谱强大的知识管理与推理能力，为课程数智化重构提供精准的学习资源匹配和个性化路径推荐，使不同学科之间的知识关联更加清晰，帮助学生更高效地获取所需知识内容。此外，通过对教育数据的深度挖掘与分析，知识图谱能够优化教育资源的管理与配置，促进学习过程的智能化与精准化，提升学习效果。在知识图谱的导向作用下，构建适应水利人才培养需求的数智化课程体系，将助力培养理论基础扎实、学术视野广阔、专业技能全面的水利新工科人才。

2. 水利工程测量学知识图谱建构

2.1 知识图谱建构方法

课程知识图谱用含有高度语义的实体关系将领域内的概念抽象化，通过三元组或属性图实现知识存储和表示，进一步使用机器学习、自然语言处理等技术完成具有庞大数据规模的知识图谱自动化构建。知识图谱三元组通过组元 $\kappa = \{(h, r, t)\} \subseteq \varepsilon \times \Re \times \varepsilon$ 进行表达，其中 h、r、t 分别表示三元组 (h, r, t) 中的头实体、关系和尾实体，ε 和 $\Re$ 分别表示实体集和 κ 中关系集[17]。

传统的专家系统和知识工程需要使用人工方式获取知识，知识图谱的构建可以通过自顶向下和自底向上或者将两种方式混合实现构建，湖北超星公司以多级知识点组织的方式设计了课程知识图谱建设模板，并提供了模板文件的解析系统。教学团队建设知识图谱的主要工作在于组织权威专家依据人才培养需要和学科发展前沿等先验知识对课程知识点类别实体进行分解并梳理其间的关系类型。

首先根据培养方案制定水利工程测量学课程目标，由目标出发梳理测量学课程支撑的水利专业课程对测绘领域前沿方向的需求，比如水文水资源专业和农田水利专业对遥感科学技术和地理信息系统、水利水电工程专业对精密工程测量和近景摄影测量的支撑需求，划定测量学课程知识图谱类别实体的领域知识边界。在知识需求的引导下进一步确定人才培养对基础理论、实践应用和能力提升方面的基本要求和达成目标，完成测量学课程知识图谱构建体系的基本框架。在确定的领域知识边界和知识图谱体系框架下，专家确定各层次知识点类别实体和层次关系，在知识图谱节点之间添加驱动关系，以进一步表示知识点学习的先后顺序。对每个基本术语实体，添加标签、认知维度、分类、教学目标等属性。按照以上规则，得到包含"实体—关系—实体"或"实体—属性—属性值"的三元组，并完成湖北超星公司提供的模板文件，最终搭建课程知识图谱。

2.2 知识图谱建设成果

经过科学细致的工作，测量学课程知识图谱建设完成，并形成相关成果。表1为测量学课程目标，根据知识的三个维度（基本概念、实践应用和能力提升）分别划定了相应的课程目标。

表1　　　　　　　　　　　　　　　　　测量学课程目标

课程目标名称	课程目标	课程目标描述
知识目标1（基本概念）	知识目标	理解和掌握空间参考基准、投影及投影变换、坐标变换等测量学课程基本概念和理论；掌握常规测量仪器的基本设计原理、结构和使用方法；掌握测量误差的基本属性和误差传播的基本规律；掌握课程基本内容并具备观测、计算和成果表达的基本能力
知识目标2（实践应用）	知识目标	掌握常规仪器开展角度、距离和高差三要素的观测、计算和质量评定方法；了解小地区控制测量方法，掌握导线控制测量的内外业计算；掌握全站仪数字测图、RTK数字测图的外业测量和地形图绘制方法；掌握地形图应用的基本原理和方法，并能利用地形图获取高程、坐标、坡度、断面及面积信息；掌握施工放样的一般方法和多种坐标放样的方法
知识目标3（能力提升）	能力目标	熟悉水利工程测量对测设和测定的要求，具备依据工程需要制订观测方案的能力；熟悉观测量与直接观测间的函数关系，具备利用误差理论分析和评价观测数据质量的能力；理解空间信息与水利工程设计、施工以及运维需求间的关系。了解工程测量前沿理论和方法，主要包括三维激光扫描、机器视觉与摄影测量以及智能测量

　　考虑知识图谱各层级知识点的概括程度，在保证逻辑性和实用性的前提下，本课程知识图谱最多形成七级知识点等级关系，例如"工程测量基本内容—小地区—平面控制测量—导线测量—导线测量内业工作—角度闭合差调整—闭合导线角度闭合差计算"。

　　在测量学课程知识图谱的构建过程中，我们统计了知识点资源的数量及其关联关系，如表 2 和表 3 所示。知识图谱资源的实际数量包括实体、关系三元组和实体属性等内容，构成了课程中的七级知识体系。

表 2　　　　　　　　　　　　　　　测量学课程知识图谱资源数

类别	实体	关系三元组	实体属性
总数	524	532	1101

表 3　　　　　　　　　　　　　　　知识图谱各知识点等级数量

等级	一级	二级	三级	四级	五级	六级	七级
数量	4	15	55	164	163	112	9

　　测量学课程知识图谱所体现的课程目标、认知维度和概念分类之间的对应关系如图 1 所示，不同层级的知识点、认知维度和课程目标之间存在复杂的联系，通过知识图谱可以有效构建这些关联，从而提高课程资源的结构化和可视化程度。知识目标 1(基本概念)中要求的认知维度普遍落在理解上，并流向事实性、程序性和概念性三方面，知识目标 2(实践应用)则偏向于程序性和概念性两方面，知识目标 3(能力提升)落在理解和分析上的内容比较多，并有一部分流向元认知领域。这指出了测量学这门课程的教学目标更倾向于事实和程序两方面内容。

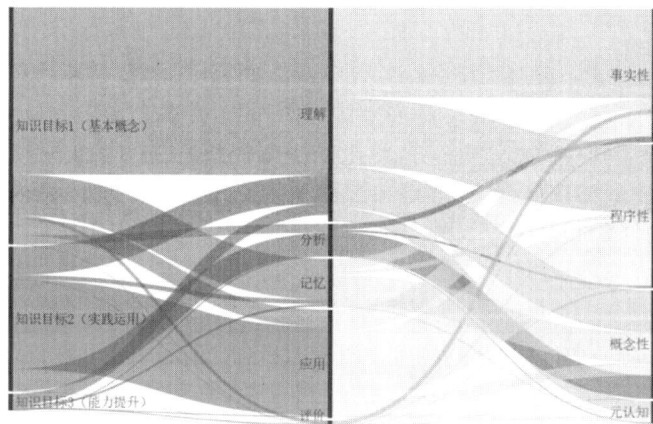

图 1　课程目标、认知维度、概念分类之间的关系

形成的测量学课程知识图谱中 4 个一级知识点对应的图谱化形式表达如图 2 所示，在可视化图谱中，各级知识点用三元组的关系表达，并采用如图 2 所示的网状结构表示知识图谱，六边形代表最高等级知识点，圆圈代表低等级知识点，内部为知识点名称，有向线条箭头指向下一级知识点，虚线连接不同体系下同等级知识点，最低等级知识点属性依附知识点填充在正方形内。

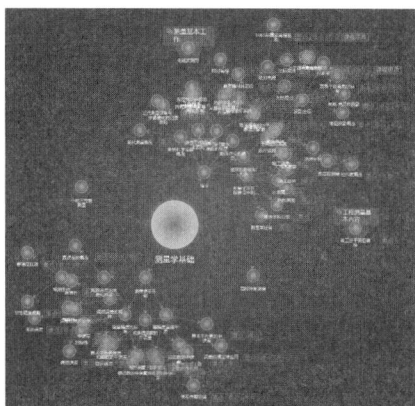

(a)测量学基础

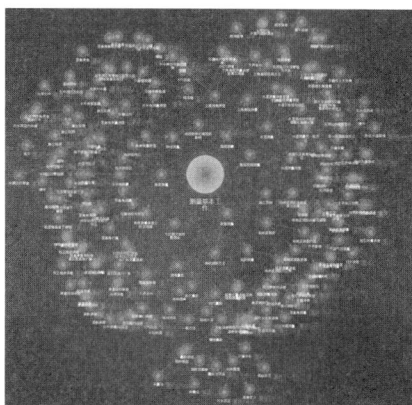

(b)测量学基本工作

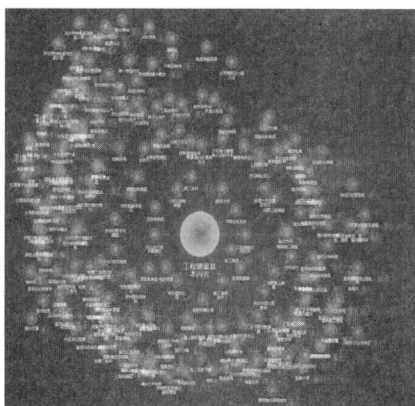

(c)工程测量学基本内容

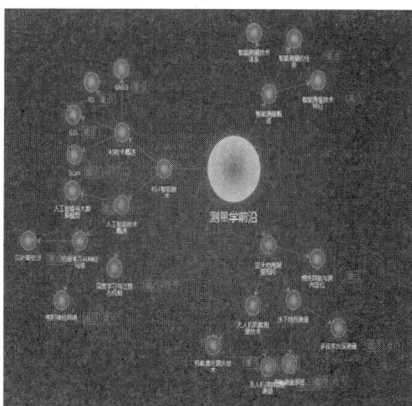

(d)测量学前沿

图 2　测量学课程一级知识图谱化表达

3. 测量学课程数智化重构

3.1　教学内容数智化设置

从水利专业数智人才对以测绘新技术为代表的空间信息技术的整体需求和水利水电智慧水利专业培养方案的课程体系要求来看，提高测量学课程教学质量具有重要意义，事关人才培养质量。依托测量学课程知识图谱框架，从测量学教学现状及问题出发，关注水利学科与测绘学科交叉前沿，夯实理论基础，以教学团队科研成果为基础，有序扩展教学内容，在教学实践过程中实现教材持续更新，让科研成果进课堂进教材。在数智化教学内容设置方面，注重以下两方面的需求。

3.1.1 增加智能测量教学内容，坚持课程数智化教学导向

智慧水利的开展与实施，严格遵循认识论对客观世界"感知-分析-控制"的基本规律，因此测量学作为获取工程信息的重要手段一直是水利工程专业课程设置中的基础课程。引入智能测绘教学内容将有助于提升智慧水利专业人才对工程信息的获取能力和效率，改变和提高水利数智化人才依托测绘技术对水利工程信息认知的层次和格局，有利于提高智慧水利专业人才的培养质量和提升学生学习兴趣，提炼科研问题，积累教学素材，让面向工程应用的科研成果进课堂进教材，增强学生对学科前沿的体验。

3.1.2 加强测量基础理论掌握和理解，夯实数智化能力基础

智慧水利专业是以培养具备空间信息感知、大数据处理和云计算、智能装备与人工智能等相关知识的人才为目标的新型水利工程专业。这些方向的拓展必须依托人才对基础理论的掌握，继而结合专业具体方向实现交叉创新。测量学作为解决有关空间信息技术学科的空间基准理论的重要前导课程，必然要注重相关基础理论教学内容的设置。水利专业数智人才培养方案中设置了水利遥感、水利智能监测与调控、水工程 BIM 设计、数字孪生河流、地理信息系统等多门与测量学强相关的课程，在测量学课程的教学内容中增加空间基准、地图投影及坐标系统转换的基础理论，强化并更新水利专业人才的知识结构，夯实多学科交叉融合能力。

3.2 数智化课程资源组织

课程资源包括教学条件和教学环境，是教学效果的重要保障，经过长期的课程建设已形成多类别多层次的教学资源，包括完备的课程内容讲解视频、测量学慕课（MOOC）、设备操作视频及模拟器、智能测量实验平台和虚拟仿真实验系统等。特别是在测量学课程知识图谱建设成果的基础上，可广泛筛选专家博客、B 站、小红书等社会化优质教育资源丰富和充实课程资源，促进培养数智化人才与人才培养数智化深度结合，体现在以下两方面。

3.2.1 应用知识图谱规划学习路径提供准确且动态的课程资源

通过知识图谱系统可以分析学生在测量学科目中的知识掌握情况，自动定位相关的核心知识点，如全站仪操作与高程控制测量之间的关系，并为学生个性化地推荐课前预习材料。这种基于知识图谱的动态推荐机制可以帮助学生在正式学习之前提前掌握智慧水利项目中必备的测量技术，尤其是在水利工程的规划、施工及运维各阶段的实际应用，为后续学习打下坚实的基础。

随着学生在不同阶段对测量学知识的掌握程度不断加深，知识图谱还能够根据其学习进度动态调整推荐内容。例如，系统可以根据学生对基础测量课程的掌握情况，进一步推荐流域分析技术中数字高程模型的构建与应用，或智能监测技术中的全球定位及视觉测量技术的相关知识点。这种基于语义关系的推荐方式，通过深度挖掘测量学知识点间的内在联系，能够有效避免传统推荐算法中数据稀疏与冷启动等问题，从而在课程学习上为学生提供更具针对性和个性化的学习路径，帮助他们更有效地应用测量学技术于实际工程中，提升专业技能。

3.2.2 应用知识图谱组织数智化课程资源构建学习真场景

测量学是水利类专业的核心基础课程之一，支撑多门专业课程，特别是在数智化教学内容重构之后增加了基础理论和学科前沿知识点的比重，在学时不变的情况下为确保教学效果完成课程目标，需要进行科学合理的教学组织。图谱知识点对应的课程目标、概念分类和认知维度三者之间的属性关系是教学设计的指导原则，据此确定学时分配、教学形式，突破时间和空间对教学工作开展的限制。

目前数智化课程资源的建设已突破传统的以课件、习题、案例分析和课堂实验为主体的格局，具备可开展组合导航、无人机倾斜摄影测量和三维激光扫描以及包括学科前沿内容的智能测量实验平台，近景摄影测量和各类设备操作及构造机理演示的虚拟仿真实验系统。图3为无人车智能导航、全站仪测量、无人机倾斜摄影测量的智能测量实验平台上课现场。课程资源的建设为突破时间和空间对教学的限制提供了可靠的保障和支撑，比如在课外时间利用开放实验和虚拟仿真实验加强基础理论课程内容的实践学习提升学生理解深度，学生根据个人学习路径规划可自由预约激光扫描与点云数据处理开放实验，通过虚拟仿真实验理解设备操作和构造机理间的关系，同时利用线上教学工具可随时了解学生学习动态，进行作业批改和知识答疑。

图3 智能测量实验平台开展实验

测量技术的应用贯穿水利工程建设和运行的全过程，应用场景复杂多样，在水利行业智慧化转型过程中，每一个应用需求都对应着技术的全面重组。为培养出具有实践能力能够解决工程实际问题的数智化水利真人才，必须以真数据、真模型构建工程应用真场景，以工程问题真处理培养学生数智真能力。针对测量与水利专业交叉应用的新方向选择典型应用场景，提供多样化的学习资源，例如应用水文高程控制测量、智慧灌区水力联系分析、大坝安全监测误差分析等科研项目中的真实数据，通过真实场景的体验发现测量技术在水利行业中应用的特点和具体要求，加深对方案设计和模型求解的理解，进一步提升学生工程实践应用能力。

在实现教学资源的数智化建设过程中，必须确保每一类资源均能够与测量学课程内容在水利工程中的实际应用紧密结合，通过逐步拓展并维护配套的教学资源库，在"构建"和"使用"阶段实现同步推进，逐步优化每个知识点的教学资源，从而为课程教学提供丰富的资源支撑。

3.3 教学方法的持续创新

课程知识图谱不仅将知识点粒度进行最小化，而且可将知识点形成最大化的整体知识架构，同时通过图形关系化和体系可视化提供知识演进分析功能，为数智赋能教学持续创新提供极大的便利和可能。

3.3.1 促进多种教学方法融合赋能课程建设与教学创新

围绕"一切以学生发展为中心"建设符合"两性一度"的"金课"标准所开展的教学方法和体系研究众多。具体到水利新工科人才培养，测量学课程主要采用项目式学习(project-based learning，PBL)和探究式学习(inquiry-based learning，IBL)两类教学方法，融合翻转课堂和线上线下方式，形成混合式教学格局。

在项目式学习教学中，知识图谱展示了测量学与遥感技术、BIM建模及地理信息系统(GIS)等相关课程之间的关联，帮助学生将多学科知识有机结合，形成完整的项目解决方案。具体到控制测量学习方面以大坝安全监测为例，学生可以通过知识图谱检索与大坝形变监测相关的水准测量技术，结合大坝健康监测中需要使用的传感器数据处理方法，制订满足大坝安全监测需求的系统方案。与此同时，教师可以通过课程知识图谱实时追踪学生在项目中的学习状况，进行有针对性的教学设计，以有效的方式提供学习反馈和具体指导，确保学生在项目实践中逐步理解并掌握关键技术。

测量学知识图谱同样能够帮助学生深入探索与水利工程相关的专业问题，开展探究式学习。结合农田水利专业对灌区沟渠水流方向分析的研究，通过知识图谱分析水流方向，具体算法原理是基于数字高程模型(DEM)格网单元的高程比较采用八方向追踪的方式实现，从而完成"问题—数据—模型"的探究路径。面向问题驱动的探究式教学方法，使学生能够更快抓住问题的关键，通过教师主导下的教学组织让学生产生探究学习兴趣，并在学习过程中将测量学课程知识应用到各类具体的工程场景，完成培养学生解决实际工程问题的能力的教学目标。

通过知识图谱数智化赋能，教师以最小粒度知识点清晰地定位需要讲授的重难点内容[20]，进一步根据知识点间的逻辑关系设计课程结构，并检索出有针对性的教学资源完成精准的教学内容配置。课程知识图谱的数智赋能能力为多种教学方法融合提供了极大的可能，是促进课程建设和教学创新的重要抓手。

3.3.2 推行个性化教学方法培养数智化创新拔尖人才

"三创"教育是新工科水利类人才培养的核心目标，数智能力是新工科创新拔尖水利人才的基本特征和属性。测量学学科前沿是支撑创新拔尖人才"创新、创造、创业"的突破方向。测量学课程通过构建学生个性化学习条件支持水利类专业学生参加多个创新创业项目和赛事，并取得一定成效。依据学生个性化学习需求，利用知识图谱技术，进行学科前沿信息提取，动态监测学生学习状况，在创新知识传授和创新团队个性化指导方面制定精准的教学方法设计。

创新创业团队成员本身具备高度的学习自觉性和扎实的学科素质，需要在学科交叉创新点和成员分工方面进行深入的指导和组织，课程知识图谱可以发挥较大的作用，以标签化信息描述学生的多维特征和管理学生学习节奏，进而匹配团队成员个性化教学方案。以第八届全国水利创新设计大赛为例，团队 5 名成员年级专业排名在前 20 以上，但个人能力和知识喜好方面依然存在差异，因此具体到团队工作方面具有不同的分工和教学指导安排。依托指导教师团队科研项目，集中分析关键问题和思考创新点，但在方案设计、模型验证、实物制作和汇报演讲的具体工作方面进行个性化教学方案设计，差异化训练团队在机理、软件和展示方面的能力，最终达到创新实践学习目标，并推动学生数智能力的全面提升。

知识图谱能够促进多种现代教学方法进行有机融合和持续创新，为测量学课程数智化教学提供强有力的技术支持，同时知识图谱支持下数智化教学重构为水利类专业创新拔尖人才的培养提供了有效途径。

4. 结束语

为适应新工科水利专业人才培养和发挥学校数智化人才培养优势，充分发挥测量学课程知识图谱数智赋能教学的优势，本文基于课程知识图谱的建设从教学内容设置、教学资源组织和教学方法创新三个方面阐述了测量学课程重构的内容和方法。教学实践证明，水利工程测量学课程数智化重构，可以提升学生学习兴趣，优化教学资源组织和促进教学方法创新，突破教学空间和时间的限制，促进水利新工科与测绘新技术融合的创新拔尖人才培养，可以为水利专业基础课程的数智化教学改革提供一定的借鉴和参考。

◎ 参考文献

[1] 中华人民共和国中央人民政府. 国务院关于印发新一代人工智能发展规划的通知 [EB/OL]. (2024-02-14). https://www.gov.cn/zhengce/zhengceku/2017-07/20/content_5211996.htm.

[2] 本刊编辑部. 九位院士、校长谈"人工智能赋能高等教育"——"'人工智能赋能教育'中国工程科技论坛"会议综述 [J]. 西安交通大学学报（社会科学版）, 2023, 43（3）: 1-15.

[3] 李惠乾, 钟柏昌. 教育知识图谱: 研究进展与未来发展——基于 2013—2023 年中文核心期刊载文的分析 [J]. 计算机工程, 2024, 50（7）: 1-12.

[4] 范佳荣, 钟绍春. 学科知识图谱研究: 由知识学习走向思维发展 [J]. 电化教育研究, 2022, 43（1）: 32-38.

[5] Fan J. R., Zhong S. C. Research on subject knowledge mapping: from knowledge learning to thinking development [J]. E-education Research, 2022, 43（1）: 32-38.

[6] 张春霞, 彭成, 罗妹秋, 等. 数学课程知识图谱构建及其推理 [J]. 计算机科学, 2020, 47（S2）: 573-578.

[7] 万海鹏, 王琦, 余胜泉. 基于学习认知图谱的适应性学习框架构建与应用 [J]. 现代远距离教育, 2022（4）: 73-82.

[8] 周东岱, 董晓晓, 顾恒年. 教育领域知识图谱研究新趋向: 学科教学图谱 [J]. 电化教育研究, 2024, 45（2）: 91-97, 120.

[9] 唐烨伟, 李施, 彭芸. 教师信息技术应用能力测评: 基于教学数据流的课堂事理图谱 [J]. 开放教育研究, 2021, 27（3）: 85-95.

[10] Ke Q., Lin J. Dynamic generation of knowledge graph supporting STEAM learning theme design [J]. Applied Sciences, 2022, 12（21）: 11001.

[11] Guan H. An online education course recommendation method based on knowledge graphs and reinforcement learning [J]. Journal of Circuits, Systems and Computers, 2023, 32（6）: 2350099.

[12] 王得强, 吴军, 关立文. 结合知识图谱的行业知识库构建方法研究 [J]. 制造技术与机床, 2022, 722（8）: 74-80.

[13] 郎亚坤, 苏超, 王国中, 等. 基于 Neo4j 的 C++ 课程知识图谱的构建和推理 [J]. 智能计算机与应用, 2021, 11（7）: 144-150.

[14] 刘凤娟, 赵蔚, 姜强, 等. 基于知识图谱的个性化学习模型与支持机制研究 [J]. 中国电化教育, 2022, 424（5）: 75-81.

[15] 涂建华, 肖珺怡, 姜广峰. 构建微积分知识图谱助推一流课程建设 [J]. 中国大学教学, 2020, 363（11）: 33-37.

[16] 阿里云. 数字知识平台 [EB/OL]. (2022-11-08). https://kg.edu-aliyun.com/#/login.

［17］ 杨波，杨美芳．知识图谱研究综述及其在风险管理领域应用［J］．小型微型计算机系统，2021，42（8）：1610-1618．

［18］ 许智宏，郝雪梅，王利琴，等．多模态课程学习知识图谱实体预测方法研究［J］．计算机科学与探索，2024，18（6）：1590-1599．

［19］ 杨文霞，王卫华，何朗，等．知识图谱赋能智慧教育的研究与实践——以武汉理工大学"线性代数"课程为例［J］．高等工程教育研究，2023（6）：111-117．

［20］ 王继茹，朱靖，王建，等．数据驱动的知识图谱在本科教学信息化改革中的作用［J］．高等工程教育研究，2024（3）：121-128．

新医科背景下医学免疫学教学创新与实践

罗凤玲* 刘 敏 刘万红 章晓联 韩 莉

(武汉大学 泰康医学院(基础医学院)，湖北 武汉 430071)

【摘 要】目的：新医科，作为国家响应新科技革命和产业变革所提出的"四新"战略之一，标志着从传统治疗为主的医学向预防、治疗及康养并重的生命健康全周期医学的转变。新医科倡导对医学教育进行深入改革和创新，强调医学与工学、理学、文学等领域的融合，旨在培养能够适应未来医疗健康挑战的复合型人才。在此背景下，医学免疫学作为医学领域的核心学科之一，其教学模式的创新与改革显得尤为迫切，以适应新时代医学教育的要求。方法：针对学生的情况梳理了医学免疫学教学中的"痛点"问题，构建了全新的教学体系：优化第一课堂，对课程内容进行重构，构建医学免疫学知识图谱，将教学内容与课程思政深度融合，课堂采用BOPPPS教学模式，让学生深度参与其中，充分体现教师主导、学生为主体的教学理念；打造第二课堂，建设系列通识课，组织病例分析大赛，鼓励科普宣传，引导学生将所学理论知识应用于实际情境中，展现生命全周期医学新理念；拓展第三课堂，开展产学共建实践活动，让学生体验精准医疗新模式，带领学生参加国际课程，举办文献解读大赛，提供创新融合新平台。结果：通过这些措施，有效提升了医学免疫学的教学质量，为培养既具有扎实理论基础又能够适应未来医疗健康需求的医学人才奠定了基础。

【关键词】新医科；医学免疫学；教学创新

【作者简介】*通讯作者：罗凤玲，博士，武汉大学泰康医学院(基础医学院)副教授，免疫学系副主任，硕士生导师，E-mail：luofengling@whu.edu.cn；刘敏，博士，武汉大学泰康医学院(基础医学院)副教授，硕士生导师；刘万红，博士，武汉大学泰康医学院(基础医学院)教授，博士生导师；章晓联，博士，武汉大学泰康医学院(基础医学院)教授，博士生导师；韩莉，武汉大学泰康医学院(基础医学院)教学办公室主任。

【基金项目】本课题由武汉大学教学研究项目、武汉大学珞珈青年学者(教学)项目资助

2018年8月，中共中央、国务院印发关于新时代教育改革发展的重要文件，首次正式提出"新医科"概念。这一战略性概念强调了医学教育的转型，从以治疗为主转向包括预防和康养在内的全方位医疗，凸显了生命全周期、健康全过程的大健康理念。在大数据、人工智能等时代背景下，加强医工理文融通，建设精准医学、转化医学、智能医学等

新专业。医学免疫学是医学基础学科中具有高理论、高技术、多边缘、多交叉等特点的学科之一，也是发展最快、应用最广的学科之一。在新医科的背景下，医学免疫学需要加强与精准医学、大数据等的交叉融合，注重实践和创新，培养学生的职业素养和大健康理念。

一、课程基本情况

医学免疫学主要研究人体免疫系统的组成、功能，免疫应答的规律、特点及其产物，以及免疫性疾病的发病机理和免疫学诊断与防治。医学免疫学是医学各专业学生的必修课，同时在生命全周期的医疗教育中具有举足轻重的地位，人类90%以上的疾病与免疫功能失调有关。

本学院医学免疫学课程具有良好的基础，2013年和2014年分别获批来华留学英语授课品牌课程和湖北省精品资源共享课。在此基础上，建设了医学免疫学知识图谱、慕课、题库和课程思政案例集，医学整合课程——损伤与反应，同时建设了神奇的人体免疫、疫苗与健康通识课程，产学共建课程，前沿技术课程和国际化课程等创新课程，构建了全新的医学免疫学教学体系。

本教学体系紧密结合时代背景和国家需求，为学生提供个性化的学习体验和课程安排，帮助学生更好地发掘自己的潜力和兴趣，培养创新精神和实践能力，以适应未来医疗卫生事业的需求和发展。教学过程中以"学生"为中心，采取多种教学方法和手段，引导学生深入理解免疫学的知识体系，培养学生发现问题、分析问题、解决问题的能力，并将思政教育贯穿于专业教育全过程。目标是培养学生的科学思维和创新精神，加强职业认同感和社会责任感，实现知识、技能和价值观"三位一体"的教学目标。

二、新医科背景下医学免疫学教学存在的"痛点"

(一) 教学内容庞杂，授课方式单一

高素质的新医科人才首先要具备扎实的医学理论知识，但医学免疫学的知识点繁多，涉及大量抽象的概念和机制，需要学生掌握大量的信息，对于初学者来说难以理解和掌握，因此大多数学生认为医学免疫学具有相当的难度，学习起来比较吃力。而且传统的教学方法以老师讲授为主，缺乏对学生主动学习、独立思考和团队协作能力的培养。

(二) 理论与实际脱节，转化应用乏力

新医科注重生命全周期、健康全过程的大健康理念。新冠疫情的暴发，让疫苗成为人人关注的"网红"，免疫疗法也成为治疗癌症、自身免疫性疾病和其他疾病的重要手段，因此医学免疫学是一门理论与实际紧密结合的学科。然而学完医学免疫学课程后，如何将理论知识转化到日常生活及临床实际中对学生来说仍是一大挑战。

（三）倚重知识灌输，缺乏融合创新

新医科强调医教产研协同的多学科交叉融合人才培养模式，但传统医学教学往往倚重知识的灌输，缺乏产学研一体的创新性和实践性教学内容，忽视对学生创新思维和实践能力的培养，导致学生知识结构和视野相对狭窄，不了解最新的行业发展趋势，难以满足拔尖创新人才的培养需求。

三、医学免疫学教学创新实践

（一）优化第一课堂：突出主体，融会贯通

以"学生"为教学主体，紧跟医学免疫学发展新动向，对课程内容重构，构建医学免疫学知识图谱，传授知识的同时帮助学生建立整体的知识框架。在此基础上将医学免疫学内容与相关课程进行整合，建设医学整合课程——损伤与反应。

在教学知识点中深度融合"免疫生活""免疫历史""免疫实验""免疫前沿"等免疫学相关元素，收集并整理各章节中的思政素材，编写《医学免疫学课程思政案例集》，在教学过程中融入思政元素和思政素材，强化新时期医学生的使命感。

对每堂课进行精心的教学设计，深入分析教学内容、学生特点和学习环境，明确教学目标和教学重难点，选择合适的教学方法和手段，制定相应的教学策略，包括课堂导入（真实病例、时事热点等）、课堂知识点更新、对教学难点的破解策略、随堂测试题的确定、学生互动点的确立等。

将 BOPPPS 教学模式和信息化手段等运用于课堂教学，构建线上线下混合式教学模式。老师讲解的过程中运用超星学习通、雨课堂等信息化方式进行实时弹幕、课堂讨论、小测试及课后问卷调查等，与学生进行有效的互动；采用翻转课堂的形式，让学生转换角色，通过学生课前预习和存疑，老师课堂回顾和答疑的形式更快地完成知识点学习及内容巩固；在教学过程中穿插小组病例讨论，培养学生的临床思维能力和解决问题的能力；定期进行优秀笔记评选，激励学生认真记笔记，整理学习内容；每节课结束后让学生变身"课堂总结小达人"，对当堂课的内容进行总结，加深记忆和理解，让学生领会本堂课的精髓及前后知识的关联。

（二）打造第二课堂：理实一体，学以致用

开设神奇的人体免疫、疫苗与健康通识课，邀请临床医生和疾控专家走进课堂，培养学生的临床思维和公共卫生理念，促进学科交叉融合，激发学生的学习兴趣和动力。定期举办"疫苗与健康"通识教育征文大赛，加强拓展互动讨论的思维观，提倡自主能力的学习观，促进不同学科理解疫苗知识的融通观，传播疫苗知识的科学观，倡导正确的疫苗接种观。每年与学生会联合举办病例分析大赛，让学生在真实的临床病例中运用学到的理论知识，引导学生主动思考，形成良好的学习和讨论氛围。

将理论与实际结合，让学生亲手培养身边的细菌，感受细菌的无处不在及免疫系统的默默守护；亲自检测自己的血型，弄清血型检测的原理、临床输血和无偿献血的注意事项，深入了解免疫反应的临床广泛应用；观察吞噬细胞吞噬异物的过程，亲眼看见免疫细胞的强大，体会固有免疫和适应性免疫的密切联系；采用超轻黏土等材料，根据免疫细胞的特点，制作免疫细胞模型，感受免疫细胞各怀绝技、各司其职和团结协作。

建设课程微信公众号——神奇的人体免疫和刘教授通识课堂，为师生提供一个交流免疫学及相关知识的网络平台，加强师生互动，促进教学相长。

(三)拓展第三课堂：产学共建，融合创新

适应新医科需求，加强产学研合作，依托上市公司建设校外实践基地，开展"免疫调控与精准医疗"实践活动，让学生亲身体验免疫组库测序服务，了解精准医疗、大数据和生物信息学在免疫相关疾病中的应用，以及科学技术走出实验室进行临床运用的过程。建设校企协同医学创新实践俱乐部，让学生到企业进行实践学习，掌握免疫学相关前沿技术的国内外进展和实际应用。带领学生与公司一起研发基于知识图谱与 AI 大语言模型的免疫学"智医慧学云台"，提供个性化的学习体验、临床辅助工具和患者教育材料。

暑期带领学生参加英国剑桥大学和新加坡国立大学的国际课程，拓宽学生的知识面和国际视野；举办文献解读大赛，布置最新的医学免疫学相关的科学文献让学生阅读，让学生更加深入地了解免疫学领域的最新研究动态和趋势；最后鼓励学生参加大创训练，开展科研讲座，让科研反哺教学。

(四)改进评价方式：既重过程，也重质效

在学生评价方法的设计上，融合了形成性评价(包括课堂互动、笔记质量、实践参与和课后讨论)与终结性评价(评价学生对医学免疫学的基本知识和理论的理解及其应用能力)。形成性评价强调对学生学习过程的持续关注，不仅能促进教师对学生学习进度的实时把握，还能帮助学生调控自己的学习过程；终结性评价则关注学习效果，能在教学周期结束时，对学生的知识掌握情况进行分析和判断。这种双轨并行的评价模式，能保证评价的全面性和有效性，以期更好地评估学生的学习情况和综合素养。

四、医学免疫学教学创新成效

(一)学生收获

进行教学创新改革后，学生对知识的掌握更加系统和牢固，近几年学生的学习成绩明显提升，且成绩普遍高于未改革组。评教结果亦反映出积极趋势：教学形式多样(课堂作业、学生总结、公众号、病例讨论等)，课程知识讲解深入浅出、生动有趣，极大帮助了学生掌握知识点，同时结合学生的专业和日后的科研方向给予指导，学生的满意度明显提高。此外，学生在教师的引导下积极扩展课堂学习，成果显著，获得一系列奖项。

(二) 教师发展

教学团队成绩斐然，先后承担了多个国家及省级教学项目，获批国家级双语教学示范课程、英语授课品牌课程和湖北省精品资源共享课程，并两次获得湖北省教学成果二等奖。主编出版了《疫苗与健康》《医学免疫学》《感染免疫学》《病毒免疫学》《免疫学双语实验技术指导》等教材9部；积极参加教学比赛，获得第九届全国医学(医药)院校青年教师教学基本功比赛二等奖、第二届MBBS项目青年教师英语授课展示三等奖、武汉大学第九届青年教师教学竞赛一等奖、武汉大学本科教学业绩奖(2人)等。团队成员入选湖北省教学名师、首届"湖北名师工作室"主持人、湖北省健康科普专家(2人)、校级教学名师、珞珈青年学者、我最喜爱的十佳教师(2人次)，获教育部宝钢优秀教师教育奖、朱裕璧医学奖(2人)等。

(三) 辐射影响

教学团队积极参加教学研究和交流活动，主持教改项目10余项，发表教学论文20余篇，相关成果在湖北省免疫学会学术年会上汇报并获得教学成果竞赛特等奖和一等奖(4人次)，参加高校课程思政实践培训班并进行专题汇报(2人次)。积极参与和组织科普宣传活动，两位老师入选湖北省健康科普专家，建设湖北省免疫学会科普与教学专业委员会微信公众号，定期更新科普及教学文章，关注人数1600余人，阅读量1万余人次。在课程基础上开发的"智医慧学云台"惠及学生和医生千余人，具有良好的辐射效应。

◎ **参考文献**

[1] 陈彦，张须龙，崔烨，等．基于创新人才培养需求的医学免疫学教学模式改革 [J]．医学教育管理，2023（z1）．

[2] 罗军，张燕，王俊伟．基于"SPOC+BOPPPS"的医学免疫学课程混合式教学创新与实践 [J]．科教导刊，2024（21）．

[3] 轩小燕，许会沙，王雷婕，等．新医科背景下医学免疫学教学改革探索 [J]．基础医学教育，2024（7）．

[4] 任欢，李强，张政．以目标感带动自主和团队学习相结合：医学免疫学教学设计、实践与反思 [J]．中国免疫学杂志，2023（7）．

[5] 霍治，王芙艳，王洁，等．医学免疫学课程的教学实践 [J]．基础医学教育，2023（10）．

医学生社会实践活动对职业发展的深远影响

彭碧文　金晓庆　冯　勇

(武汉大学　泰康医学院(基础医学院)，湖北　武汉　430071)

【摘　要】目的：探讨社会实践活动在医学生职业发展中的作用，分析其对个人成长、专业技能和未来职业生涯的深远影响。方法：通过对医学生参与社会实践的深度观察与分析，研究其在心智与情感成熟度、应变和决策能力、专业技能、组织沟通与团队协作能力、职业素养与道德意识等方面的变化。结果：个人成长：社会实践显著提升了医学生的心智与情感成熟度，增强了他们在真实世界中应对挑战的应变和决策能力。专业技能：实践为医学生提供了将理论知识应用于实际的机会，使他们在健康检查和疾病筛查中观察到病理生理的实际表现，同时促进了组织、沟通与团队协作能力的提升，为未来的多学科合作奠定了基础。职业素养：社会实践让医学生认识到医者的责任与使命，培养了其职业素养与道德意识。参与公益活动使他们体会到医疗服务对社会的影响，增强了归属感与责任感。此外，实践中建立的专业网络对其未来的求职和职业发展至关重要。结论：社会实践活动为医学生提供了全面的成长机会，使其在专业技能、职业素养和个人情感上得到全面发展，为未来成为优秀医疗工作者奠定了坚实基础。随着实践经验的积累，未来的医学生将更具竞争力，能够肩负起推动医疗行业进步的重要职责，为患者和社会创造更大福祉。

【关键词】医学生；社会实践；职业发展

【作者简介】彭碧文，医学博士，武汉大学泰康医学院(基础医学院)教授，博士生导师；金晓庆，理学硕士，武汉大学泰康医学院(基础医学院)党委副书记；冯勇，理学博士，武汉大学泰康医学院(基础医学院)副教授。

一、引言

在医学教育中，理论知识与实践能力的结合至关重要。随着医疗行业的迅速发展，医学生面临着日益复杂的职业挑战。因此，社会实践活动成为医学生教育的重要组成部分。本文旨在探讨医学生参与社会实践的意义及其对医学生未来职业发展的深远影响。

二、社会实践的形式

（一）义诊活动

义诊活动是医学生参与社会实践的重要方式。通过在社区或偏远地区开展义诊，学生不仅能够将所学知识运用到实际中，还能了解患者的需求与问题。这种实践活动帮助学生积累了临床经验，增强了应对突发情况的能力。同时，参与义诊活动的学生往往反馈称，这样的经历提升了他们的职业自信心，并加强了与患者的情感联系。

（二）社区健康宣教

社区健康宣教是医学生提升公众健康意识的有效方式。在这个过程中，医学生负责向社区居民传达健康知识，指导他们进行自我保健和疾病预防。通过这种宣教，学生们不仅锻炼了沟通能力，还学习了如何将复杂的医学知识转化为易于理解的语言，增强了他们的公众演讲技巧。

（三）医疗调研

医疗调研是医学生了解基层医疗状况的重要途径。在此过程中，学生需要走访医院、社区卫生服务中心，进行问卷调查与数据收集。这一过程帮助学生深入了解医疗系统的运作，识别基层医疗的短板，从而增强他们对未来工作的责任感和使命感。

（四）参与培训与学习

医学生在社会实践中参与各类培训和学习活动，与医生共同讨论病例，接受专业指导。这种实践不仅提高了他们的专业技能，也培养了他们的批判性思维能力，使他们在实际工作中能够更好地分析和解决问题。

三、社会实践内容与医生职业的相关性

社会实践作为医学生教育的重要组成部分，直接影响着他们的职业能力与职业素养[1]。本文将从以下几个方面探讨社会实践内容与医生职业之间的深刻联系。

（一）实践内容的多样性

1. 多元化学习体验

社会实践涵盖了义诊活动、社区健康宣教、医疗调研等多种形式。这种多样性使医学生能够在不同的情境中锻炼和应用所学知识。通过参与不同类型的实践，学生们不仅提高了自己的临床技能，也增强了对不同患者群体和疾病类型的理解。这种丰富的经验有助于

他们在未来的职业中更全面地应对各类医疗挑战。

2. 应对复杂情况的能力

在社会实践中，医学生常常碰到各种复杂的患者情况，要求他们快速做出判断和反应。这种经历提高了他们的临床思维能力，使他们在面对突发事件时更加沉稳，能够迅速分析问题并提出解决方案。

(二) 患者沟通与关系建立

1. 有效沟通技巧

医生与患者的沟通是医疗过程中的关键环节。通过参与社会实践，医学生在与患者的互动中锻炼了沟通技巧，学习如何清晰、简洁地传达医学知识。这不仅提升了患者的理解能力，也使学生能够更好地倾听患者的需求和担忧，建立有效的沟通桥梁。

2. 建立信任关系

社会实践中的面对面接触使医学生能够建立信任关系。患者往往对参与义诊活动或社区健康宣教的医学生表现出更高的信任，这为学生在未来的临床工作中打下了良好的基础。信任的建立有助于患者更开放地分享健康信息，进而提高诊疗效果。

(三) 医疗伦理与人文关怀

1. 对医疗伦理的深刻理解

在社会实践中，医学生需要面对各种伦理问题，例如患者隐私、知情同意等。通过实际案例的处理，学生们对医疗伦理有了更深刻的理解。这种理解不仅能指导他们在临床工作中的决策，还能帮助他们在面对伦理困境时保持清晰的判断力。

2. 人文关怀的意识

参与社会实践使医学生接触到不同社会背景的患者，促使他们关注患者的心理、社会和情感需求。通过与患者的交流，学生们逐渐认识到医疗不仅仅是治疗疾病，更是关心患者的整体健康。这种人文关怀意识将在他们的职业生涯中发挥重要作用，提升患者的整体就医体验。

(四) 专业技能与综合素质的提升

1. 技能的综合运用

社会实践为医学生提供了一个将理论知识与临床技能结合的机会。在义诊活动或社区健康宣教中，学生需要运用解剖学、生理学、病理学等多学科知识，进行疾病筛查和健康指导。这种综合运用能力的培养，使学生在未来的临床工作中更具竞争力。

2. 培养团队合作精神

社会实践往往需要团队合作，医学生需要与其他医疗工作者共同完成任务。在这个过程中，学生们学习如何在团队中有效沟通、协调工作。这种合作精神不仅在医学领域至关重要，也将成为他们未来职业生涯中不可或缺的一部分。

(五) 适应职业发展的能力

1. 适应性和灵活性

社会实践活动的多变性培养了医学生的适应能力。他们在不同的工作环境中学习如何迅速调整自己的工作方式和沟通风格，以应对不同的患者需求和医疗情况。这种适应性将在他们的职业生涯中帮助他们更好地应对变化和挑战。

2. 增强职业自信

参与社会实践后，医学生在面对真实患者和实际问题时会感到更加自信。通过解决实际问题和获得患者的认可，他们的职业认同感和自信心得以提升。这种自信将激励他们在未来的职业中不断追求卓越。

社会实践内容与医生职业之间有着密切的相关性。通过丰富的实践经历，医学生不仅能够提升专业技能，增强沟通能力，还能培养人文关怀意识和团队合作精神[2][3]。这些能力和素养将为他们的职业发展奠定坚实的基础，使他们在未来的医疗工作中更加出色。

四、社会实践与临床实践的联系与区别

在医学教育中，社会实践和临床实践是两个重要的组成部分，虽然它们有着各自独特的特点，但在医学生的职业发展中两者又密不可分。以下将通过具体实例深入探讨这两者的联系与区别。

(一) 定义与目的

1. 社会实践

社会实践通常指医学生在社区、学校、农村等非医院环境中进行的活动。例如，组织义诊、开展健康宣教活动、进行流行病调查等[4]。其主要目的是提高学生对社会健康问题的认识，培养他们的人文关怀意识，以及提升沟通和组织能力。

2. 临床实践

临床实践则是在医院、诊所等医疗机构中医学生直接参与患者护理和治疗的过程。例

如，参与病房查房、进行基本的体格检查、协助进行手术等。其核心目的是让学生掌握专业技能，培养临床判断能力，最终为患者提供优质的医疗服务。

(二)具体实例分析

1. 实例一：健康宣教 vs. 病房查房

在社会实践中，医学生可能参与社区的健康宣教活动，2024年7月9日我们的"重走大医之路"实践队在青海省团委进行了健康宣教讲座。"青春自护护苗行动"2024年青少年自护教育知识讲座——武汉大学基础医学院来尖扎县开展大学生暑期社会实践活动(见图1)。实践队员需要根据听众的特点，如少数民族可能存在的语言沟通问题，调整讲解内容；听众为当地中学生，于是实践队员使用简单易懂的语言传递健康知识。这种经验不仅提高了他们的沟通能力，还增强了他们对社会健康需求的敏感性。讲座得到了全场听众的广泛好评，互动良好。

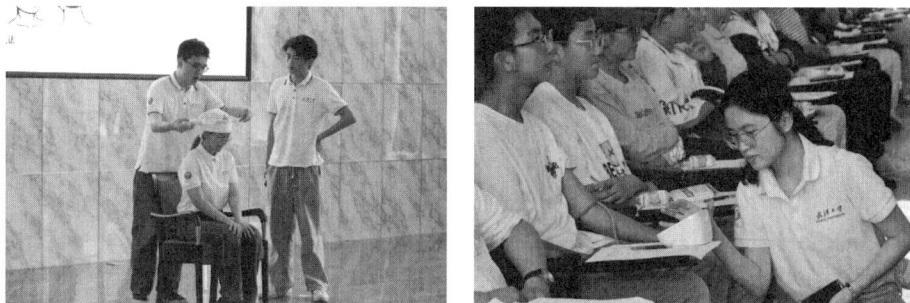

图1　实践队员向尖扎县中学生演示常见包扎方法(左)并为其测量血压(右)

相对而言，在临床实践中医学生参与病房查房时，需对每位患者的病情进行分析，提出治疗方案并与医生讨论。在尖扎县医院的实习过程中，学生不仅要具备扎实的医学知识和临床判断能力，同时还要能够清晰地与其他医务人员沟通。通过这些实践，学生们不仅能巩固专业知识，还能提高团队合作能力。

2. 实例二：义诊活动 vs. 手术实习

在社会实践中，医学生可以参与义诊活动，为社区居民提供免费的健康检查和咨询。这种经历让他们接触到不同社会背景的患者，提高他们的综合素质和人文关怀能力。通过与患者的互动，学生们学习如何建立信任关系，理解患者的需求，这对他们未来的职业发展至关重要。

7月7日，实践队前往尖扎县人民医院开展一场特别的"医心筑梦"义诊活动(见图2)，共同开启了一段系于健康、关爱与奉献的旅程。义诊期间，医生们都以他们的专业素养和人文关怀，为实践队树立了榜样。实践队员亲眼见证了医疗工作的艰辛与不易，也

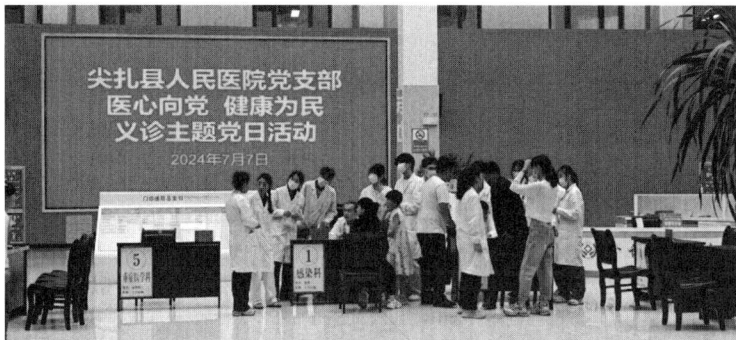

图 2　实践队在尖扎县人民医院开展义诊活动

感受到了患者康复后的喜悦与感激。实践队员也在现场认真学习义诊技巧和医学知识，并做好相关记录，整理信息形成病例，积攒宝贵的实战经验和现实案例。这些宝贵的经历，让实践队员更加坚定了投身医疗事业的决心，也让他们对"医者仁心"有了更深刻的理解。

(三) 联系

社会实践和临床实践之间存在着紧密的联系。两者都是医学生教育的重要组成部分，旨在培养全面的医学人才。在社会实践中获得的沟通和人际交往能力，能够有效地促进临床实践中的患者关系建立和团队协作。

例如，医学生在参与社区健康宣教时，学会了如何倾听和理解患者的需求，这种能力在临床实践中尤为重要。良好的沟通能力使他们能够更好地向患者解释疾病及治疗方案，提升患者的依从性。

(四) 区别

尽管两者密切相关，但社会实践和临床实践在目的、环境和内容上存在显著区别。社会实践通常侧重于公共健康和疾病预防，强调人文关怀与社会责任；而临床实践则侧重于专业技能的培养，强调疾病诊断与治疗。

另外，社会实践常常在非医疗环境中进行，参与者面对的是广泛的社区群体；而临床实践则是在医院等医疗机构中进行，医学生直接面对患者，参与具体的医疗活动。社会实践和临床实践是医学生成长过程中的两个重要方面，各具特色却又相辅相成。通过社会实践，医学生可以提升人文关怀和沟通能力；而临床实践则为他们提供了掌握专业技能和进行临床判断的机会。两者结合不仅能够培养出具有扎实专业知识的医学人才，也能使他们在职业生涯中更好地服务于患者和社会[5]。

五、社会实践帮助医学生建立大医精诚的思维

"大医精诚"是医学事业从业者的一种高尚追求，强调医者不仅要具备精湛的专业技

能，还要具备高尚的医德与人文关怀。社会实践在这一过程中扮演着至关重要的角色，能够帮助医学生在更高的精神层面上深化对医学使命的理解。

(一) 对人文关怀的深刻认识

在社会实践中，医学生走出校园，直接接触到不同社会背景和生活环境中的患者。他们参与义诊、社区健康宣教等活动，能够真实地感受到患者的生活困境和心理需求。这种体验不仅增强了他们对患者的同理心，还让他们明白医学不仅是技术的应用，更是关怀和爱的体现。

实例分析：在参与乡村义诊时，医学生可能会遇到一些因条件限制而无法获得足够的医疗服务的患者。通过与患者的交流，他们能够理解患者所承受的痛苦和无助，从而激发出对患者的深切关怀。这种人文关怀的意识，正是"大医精诚"中"精诚"的重要内涵。

(二) 培养责任感与使命感

社会实践使医学生意识到作为未来医生所肩负的责任。通过为社区居民提供医疗服务，他们体验到医学对社会的重要性，感受到自己的工作能够直接影响他人的健康和生活质量。

实例分析：在青海省尖扎县疾病预防控制中心参与公共卫生活动时(见图3)，医学生会接触到许多因疾病而受到困扰的家庭。在帮助他们解决问题的过程中，学生们会逐渐认识到，医生不仅是疾病的治疗者，更是社会健康的守护者。这种责任感和使命感是建立"大医精诚"思维的基石，促使医学生在未来的职业生涯中始终坚持为患者服务的初心。

(三) 提升沟通能力与人际关系技巧

有效的沟通是处理医患关系的核心。在社会实践中，医学生不仅要与患者进行交流，还需要与家属、社区工作者等多个角色进行互动。通过这些实践，他们能够学会如何清晰地传达医学知识、如何倾听患者的声音，进而建立起信任关系。

实例分析：在社区健康宣教活动中，医学生需将复杂的医学知识以简单易懂的方式传达给社区居民。这种能力的提升，不仅有助于患者理解自己的健康状况，还能够增强他们对医生的信任感。这种信任是"大医精诚"思维的重要体现，突显了医者与患者之间的情感联系。

(四) 增强伦理意识与自我反思能力

社会实践为医学生提供了面对真实医疗伦理困境的机会。在与患者互动的过程中，他们可能会遇到许多道德与伦理的考验，例如如何在医疗资源有限的情况下做出选择。这种经历促使学生思考医者的职业道德与社会责任。

实例分析：在参与虚拟公共卫生危机管理时，医学生可能会面临如何分配有限医疗资源的道德决策。这种情境迫使他们反思自身的价值观和伦理观，培养出一种更为深刻的医疗伦理意识。这种自我反思与伦理考量，是建立"大医精诚"思维的重要过程，能够使他

图 3　实践队在尖扎县疾病预防控制中心参与公共卫生活动

们在未来的工作中更为坚定地践行医者的职业道德。

通过社会实践，医学生不仅能够获得宝贵的实践经验，而且能够在精神层面上深化对"大医精诚"理念的理解。人文关怀、责任感、沟通能力和伦理意识的提升，使他们在未来的医疗职业生涯中更加坚定地秉持医者的使命和信念。最终，这种思维的建立将引领他们成为既具备专业能力，又充满爱心和责任感的优秀医生。

六、总结

（1）结果：以 2024 年"重走大医之路"暑期社会实践活动为例，我们发现通过实践活动，医学生不仅在专业技能上得到了锻炼，而且在职业素养和心智情感上实现了全面成长。例如，实践队在基层医疗机构中参与健康检查和疾病筛查，将理论知识与实际操作相结合，提升了临床技能和应变能力。此外，实践活动还增强了医学生的团队协作能力，培养了他们的社会责任感和职业使命感。

（2）讨论：社会实践活动不仅是医学生学业的重要组成部分，而且是其职业发展的关键环节。武汉大学"重走大医之路"活动通过实地走访和实践操作，为医学生提供了深入了解基层医疗现状的机会。这种实践活动不仅提升了学生的专业技能，还通过与基层医护人员的交流，增强了他们的职业素养和人文关怀意识。此外，实践活动还为医学生搭建了与校友和行业专家交流的平台，拓宽了他们的职业视野。随着实践经验的积累，医学生将更具竞争力和适应性，能够更好地应对未来医疗行业的挑战。

（3）结论：社会实践活动为医学生的职业发展奠定了坚实基础。我们的"重走大医之路"活动，成功地将理论与实践相结合，促进了学生的全面发展。这种实践活动不仅提升了医学生的专业技能和职业素养，而且使医学生在心智和情感上实现了全面成长。未来，随着更多类似的实践活动的开展，武汉大学的医学生将能够更好地肩负起推动医疗行业进步的重任，为患者和社会创造更大的福祉。

◎ 参考文献

［1］赵克蕊，陈静，商其杰. 社会实践与医学生职业道德培养［J］. 中华医学教育杂志，2014，34（6）：852-854.

［2］张桓，纪元，尚工淋，等. 新形势下医学生职业道德教育的探索与实践［J］. 决策探索，2020（11下）：71-72.

［3］王耀东，白璐. 医学生职业素养培养中志愿服务的实践［J］. 中国继续医学教育，2017，9（14）：45-47.

［4］于晨，杨淞淳，郑凌冰. 医学生社会实践二十年回顾性研究——以北京大学为例［J］. 中国高等医学教育，2017（9）：9-10，25.

［5］王菲，代一平，耿鑫. 医学生社会实践与专业培养有机结合的新探索［J］. 中国高等医学教育，2018（9）：24-25.

"新工科"背景下给排水科学与
工程专业实践类教学改革

朱玉华　陈轶群　刘子正　薛英文　方　正

（武汉大学　土木建筑工程学院，湖北　武汉　430072）

【摘　要】武汉大学给排水科学与工程专业以实践教学为切入点，全面修订培养大纲，建立教学及科研实验平台，聘请企业兼职导师，鼓励教师参与工程实践，构建实践教学创新体系，涵盖构建"新工科"人才培养体系、改革实践教学环节教学模式、重视师资队伍建设、调动教师与学生积极性等措施。改革后，专业多次以优异成绩通过专业认证，毕业生工程创新能力显著提高，得到用人单位好评。实践教学改革具有因材施教凸显新工科特色、实践创新全覆盖、校内校外协同并全过程控制教育教学质量等创新点，为"新工科"理念下人才培养提供了借鉴。

【关键词】给排水科学与工程专业；实践教学；教学改革；新工科

【作者简介】朱玉华，武汉大学土木建筑工程学院中级实验师，E-mail：zhuyuhua@whu.edu.cn；陈轶群，武汉大学土木建筑工程学院副教授，博士生导师，E-mail：yq.chen@whu.edu.cn；刘子正，武汉大学土木建筑工程学院副教授，硕士生导师，E-mail：lzz2015@whu.edu.cn；薛英文，武汉大学土木建筑工程学院副教授，博士生导师，E-mail：ywxue@whu.edu.cn；方正，武汉大学土木建筑工程学院教授，博士生导师，E-mail：zfang@whu.edu.cn。

【基金项目】感谢"教育部高等学校给排水科学与工程专业教学指导分委员会2022年度教育教学改革研究项目（GPSJZW2022-39）""教育部新工科研究与实践项目（E-TMJZSLHY20202115）"、2025年武汉大学本科教育质量建设综合改革项目的支持

一、前言

为主动应对新一轮科技革命与产业变革，支撑服务创新驱动发展等一系列国家战略，2017年2月以来，教育部积极推进新工科建设，发布了《教育部高等教育司关于开展新工科研究与实践的通知》[1]《教育部办公厅关于推荐新工科研究与实践项目的通知》[2]、《教育部办公厅关于公布首批"新工科"研究与实践项目的通知》[3]，先后形成了"复旦共

识"[4]"天大行动"[5]和"北京指南"[6]，并全力探索形成领跑全球工程教育的中国模式、中国经验，助力高等教育强国建设。在此背景下，教育部于 2017 年年初提出了"新工科"计划，旨在培养有跨学科能力和创新能力的新型科技人才，以应对未来 10~15 年新技术、新业态、新产业发展中各工程领域"复杂工程问题"带来的挑战。要解决复杂工程问题，需要学生参与更多的工程实践，让学生全过程了解工程问题，并培养学生解决复杂工程问题的能力。

《高等学校给排水科学与工程本科指导性专业规范》（以下简称《专业规范》）中除了规定专业理论教学外，对本专业实践教学与创新教学也有明确规定。《高等学校给排水科学与工程专业评估认证标准》中明确要求"设置完善的实践教学体系，并与企业合作，开展实习、实训，培养学生的实践能力和创新能力"。因此实践教学是"新工科"建设中人才培养的一个重要环节。实践教学的改革，将专业理论、跨学科知识与实践和创新能力融会贯通，为复合型人才培养、创新型教学发展提供保障。

（一）给排水科学与工程专业实践教学存在的问题

1. 综合实践教学与创新实践教学如何结合

随着我国经济发展，基础设计建设中各类复杂工程不断涌现，其中包含一些超规范的内容，因此在设计中就需要创新思维。而综合实践教学目前仅包括一般设计、基础性实验等，无法锻炼学生的创新能力。创新实践教学在大多数学校中主要体现在大学生科研创新项目、各类竞赛项目以及参与教师的科研项目，这些项目以理论研究和基础研究为主，一般创新性要求高，要求学生具有扎实的理论基础知识和宽广的专业知识，本科生在参加这类项目时，多数情况下很难将所负责任务与工程问题进行系统考虑。因此如何将综合实践教学与创新实践教学进行融合，需要深入探讨。

2. 传统实践教学与信息技术应用如何结合

传统实践教学中，学生主要进行实际动手实验、设计绘图、现场观摩等环节的训练，而在实践过程中，由于学分限制、实验条件有限等，教学过程中存在一些难以解决的问题，比如可动手的实验内容不能覆盖本专业要求的全部教学内容；现场观摩无法看清构筑物内部情况；无法深入了解建筑消防灭火过程等。而随着信息技术的发展，部分可视化的编程软件已逐渐在市场上推广应用，如果将这部分信息技术引入课堂教学中，则有助于解决以上问题。如通过 BIM 技术，可以把建筑信息参数化后以数字建模的方式呈现给学生，使学生更直观地认识水处理构筑物的整体特征与施工现场，让学生以更生动的方式掌握专业知识，深化学习内容；通过虚拟仿真软件，模拟水厂内水处理构筑物的结构，模拟给水管网与排水管网等；通过 SWMM、INFOWORKS 等软件，使学生紧跟社会需求，掌握海绵城设建设中的相关知识。

（二）教学实践活动改革举措

我们根据给排水行业"智慧水务"发展对毕业生具备"新工科"特征的新要求，克服传统社会实践教学环节停留在"课堂演示、现场参观、纸上画画"的肤浅方式，真正做到学生入心入脑，真正能解决复杂工程问题，实现从"认知动手能力、基本工程技能、技术创新与科学探究能力"3 个层次的本科生实践能力结构塑造，达到培养兼具技术综合应用能力与科技创新能力的给排水一流工程师的人才培养目标，构建了实践教学创新体系。图 1 为给排水科学与工程专业实践教学创新体系与本科生能力培养层次结构的相互关系示意图。

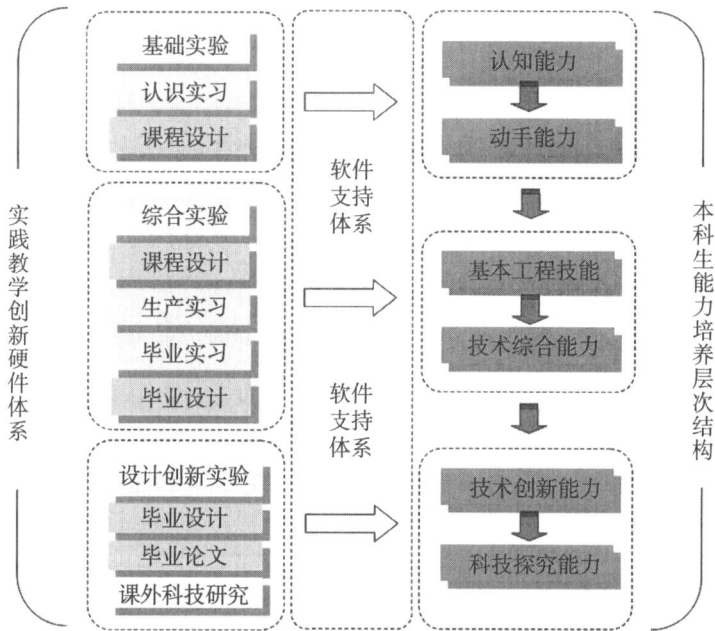

图 1 给排水学科实践教学创新体系与本科生能力培养层次结构的相互关系

1. 构建"新工科"人才培养体系，加强学生对行业应用信息技术的知识储备

针对土木类大一新生开设新生研讨课，讨论信息化社会的大数据、人工智能、物联网等新科技或新产业对传统工科专业的影响和冲击，扩展给排水专业涉及的知识面，合理架构学生在专业技术、项目管理、综合人文方面的知识体系。

针对高年级本科生，聘请行业知名专家进行学术举办讲座，使学生了解行业新动向和社会新需求，激发学生自主学习新技术的热情，合理规划专业学习计划，使其专业学习的目的性更强，促使学生加强解决实际工程问题的知识储备。

2. 改革实践教学环节教学模式，提高学生运用信息技术的能力

加强信息技术在设计中的应用。聘请企业专家和行业精英定期进校举办讲座、指导设计，强化学生对智慧水务、海绵城市等新工科内容的掌握；鼓励学生利用 INFOWORKS、PIPENET、BIM 等计算机软件，利用 GIS 平台，使用 EXCEL 表格、MATLAB 等软件自主编制给水管网平差、排水管网设计计算软件，通过与管立得等专业软件进行比对，使学生对管网计算原理与过程有清晰的认识。

整合实验课教学内容，提高综合性、设计性、探究性实验比例。在《专业规范》要求的 7 类实验基础上，在新版培养方案中增加水处理综合设计实验，包含给水综合设计实验、污水处理综合设计实验、超纯水综合设计实验、工业废水综合设计实验与建筑给排水综合设计实验，要求学生利用虚拟仿真软件进行仿真，然后利用实验室的水处理模型进行不同组合，探究不同处理工艺的水处理效果；探究不同排气管设计对建筑内排水管道中水流的影响。

改革毕业设计教学方式，加强过程控制。精心遴选课题，鼓励指导教师与企业导师联合指导毕业设计工作，并提前两个月给学生下达毕业设计/论文题目、任务书，让学生先期开展资料检索等准备工作；加强过程监督检查，在开题报告、中期检查、系列讲座、评阅检查、毕业答辩等 5 个集中检查环节，分别组织集中检查评估。

3. 重视师资队伍建设，提高教师工程实践能力

建设高水平教师队伍。引进掌握新科技的年轻教师是专业改革的关键环节，对引进教师在课堂教学及工程教学经验方面的不足进行一对一指导，同时聘请国内外著名高校教授为兼职教师；重视青年教师工程能力培养，鼓励青年教师到国内大型企业进行实践锻炼。

充分利用企业教育资源，聘请企业校友担任兼职指导教师。要求每位学生结合毕业设计到生产单位进行实习，安排企业导师全程指导；关键环节由校外企业导师和校内导师对学生进行分组检查，兼职教师参加学生实习、毕业设计指导、评阅及答辩。

4. 调动发挥教师积极性，鼓励学生创新实践活动

制定政策，激励学生自主创新。通过评奖、保研、先进评定等制度鼓励学生开展实践创新活动。近两年武汉大学给排水科学与工程专业学生参加各类科技创新、竞赛活动近 60 人，社会实践活动 76 人次，本科生获国家级竞赛奖 9 项，发表 SCI 收录论文 11 篇，申请发明专利 4 项，实用新型专利 2 项。

(三) 教学实践改革解决的教学问题与应用效果

1. 解决的教学问题

(1)结合行业需求，建设体现"新工科"特点的培养体系。通过广泛调研，深入行业第一线，充分论证，重点建设体现给排水工程知识、科研素质和综合能力特征的专业核心课

程。通过不断对专业培养方案进行修订，加强信息类课程设置。

（2）强化实践教学，提高学生解决实际复杂工程问题能力。整合实验课教学内容，提高综合性、设计性、探究性实验比例；鼓励学生参加课外实践活动，参与教师科研项目与各种科技活动；学生生产单位实际工程训练实现全覆盖；鼓励学生在企业导师指导下完成实际工程项目的毕业设计，培养学生独立自主能力及综合素质。

（3）实践创新活动覆盖全体学生。充分调动教师积极性，组织学生参加全国大学生科技创新、暑期社会实践等，结合成图、节能减排、土木结构、互联网+、给排水科技创新大赛、给排水论坛等全国性赛事，保证每个学生至少能参加一项创新活动，基本可以做到全覆盖。

2. 教学实践改革效果

（1）促进了学科及专业发展，多次以优异成绩通过国家专业认证。通过教学实践改革，专业教学质量显著提高，学生创新能力明显加强，教学管理更加规范。武汉大学给排水科学与工程专业分别于 2009 年、2014 年、2019 年三次以优异成绩通过全国高等教育给排水科学与工程专业评估（认证），教育部认证专家来校考察认为，武汉大学给排水科学与工程专业毕业生综合素质高、文理交融、学生动手能力强，在科技创新等方面具有显著特色。

（2）毕业生的工程创新能力显著提高，得到用人单位普遍好评。对 2 届应届生、5 届毕业生及用人单位的调查问卷反馈表明：①毕业生在武汉大学期间个人和团队能力、职业规范能力、沟通能力、终身学习能力等得到显著提高，学生在新产品研发、设计编程、BIM、INFOWORKS、AUTOCAD 等软件应用方面具有明显优势，具有极强的自主学习能力，对现代信息技术的领悟与掌握能力明显加强。②用人单位对本专业毕业的员工整体评价较高，特别对毕业生的专业知识能力、职业规范能力、个人和团队能力有较高认可度。用人单位特别对学校学生解决复杂工程问题的应变能力、对新技术的适应能力、编程能力印象深刻。

（四）实践教学改革创新点与结论

1. 实践教学改革创新点

（1）因材施教，新工科特色逐渐显现。根据不同的人才特质，建立工程师和科研人员两种培养模式，毕业生在信息技术知识方面后劲十足，多数毕业生在单位从事 BIM、智慧水务、海绵城市建设等工作。

（2）实践创新全覆盖。改革创新实践教学模式，充分调动教师积极性，利用各类创新实践环节，将创新实践教学从过去仅注重个别优秀学生的科研及工程能力培养，逐渐转向建立面向全体学生的教学培养模式，保证学生在校期间参加各类创新活动 1 次以上。

（3）校内校外协同，教育教学质量全过程控制。通过全过程严把毕业设计质量关，学生工程能力显著提高。充分调动校外企业导师作用，通过校企合作指导和交流，在指导学生进行工程设计的同时，也加强了校内师资的工程实践能力培养，解决了年轻教师工程经验薄弱的问题。

2. 结论

新工科建设在国内方兴未艾，建设过程中仍有诸多问题需要解决，也没有固定的模式可以借鉴。

（1）给排水专业学生实践教学应利用给排水专业知识覆盖面广的特点，培养具有跨学科知识能力的综合性人才。

（2）新工科建设过程中需要各个学校结合本校与本专业的特点，在发挥学生与老师、校内与校外各种力量的同时，协调理论教学与实践教学之间的关系，制订完善的培养方案。

（3）新工科的实践教学需要严把质量关，应严格进行全过程监控管理，不能将实践教学流于形式。

◎ 参考文献

[1] 教育部高等教育司. 教育部高等教育司关于开展新工科研究与实践的通知（教高司函〔2017〕6 号）[EB/OL]. (2017-02-20)［2024-09-20］. http：//www. moe. gov. cn/s78/A08/tongzhi/201702/t20170223_297158. html.

[2] 教育部办公厅. 教育部办公厅关于推荐新工科研究与实践项目的通知（教高厅函〔2017〕33 号）[EB/OL]. (2017-06-21)［2024-09-20］. http：//www. moe. gov. cn/srcsite/A08/s7056/201707/t20170703_308464. html.

[3] 教育部办公厅. 教育部办公厅关于公布首批"新工科"研究与实践项目的通知（教高厅函〔2018〕17 号）[EB/OL]. (2018-03-21)［2024-09-20］. http：//www. moe. gov. cn/srcsite/A08/s7056/201803/t20180329_331767. html.

[4] 教育部高等教育司. "新工科"建设复旦共识. [EB/OL]. (2017-02-23)［2024-09-20］. https：//jwc. fudan. edu. cn/2b/1b/c25319a273179/page. htm.

[5] 教育部高等教育司. "新工科"建设行动路线（"天大行动"）. [EB/OL]. (2017-04-12)［2024-09-20］. http：//www. moe. gov. cn/jyb_xwfb/xw_zt/moe_357/jyzt_2019n/2019_zt4/tjx/mtjj/201905/t20190505_380553. html.

[6] 教育部. 新工科建设指南（"北京指南"）[EB/OL]. (2017-06-13)［2024-09-20］. http：//www. moe. gov. cn/jyb_xwfb/gzdt_gzdt/moe_1485/201706/t20170610_306699. html.

微电子创新型人才培养的学科竞赛体系探索

常　胜　王　豪　江先阳

（武汉大学　物理科学与技术学院，湖北　武汉　430072）

【摘　要】在提升学生创新能力的各种手段中，学科竞赛是一个被广泛关注的方式，然而单一的学科竞赛往往存在着领域覆盖面相对窄、能力培养相对单调的不足。本文针对微电子学科的特点，构建了在学科领域上多层面、在创新能力要素上广覆盖的微电子学科竞赛体系，详述了其在创新型人才培养中发挥的作用，阐明了其有助于学生思政素质的提升，进而探讨了使学科竞赛效果落到实处的政策保障。结果表明，所构架的学科竞赛体系可很好地提升人才培养的质量。希望此文能为更好地发挥学科竞赛优势、培育符合时代需求的创新型人才提供参考。

【关键词】微电子；学科竞赛；体系；课程思政

【作者简介】常胜，武汉大学物理科学与技术学院教授；王豪，武汉大学物理科学与技术学院副教授；江先阳，武汉大学物理科学与技术学院副教授。

【基金项目】基础学科拔尖学生培养计划 2.0 研究课题（20222131）

一、引言

随着我国教育事业的不断前进，对高校学生的培养已从传统的重视知识学习逐步转换到重视能力提升，创新型人才培养更成为高等教育的重要目标[1][2]。对应的，在培养模式上，也从以前的主要聚焦于课堂教学发展为以课堂教学为根基、多手段多途径共同培育的模式，各种不同的培养手段对课堂教学起到了良好的补充和扩展作用。例如，本科生加入教师的实验室参与科研可以开拓学生的视野、使学生探索学术前沿[3]；赴企事业单位进行实习实践可以使同学们了解社会需求、更好地将所学与今后的所用相联系[4]。

在这些方式中，学科竞赛对学生创新能力的培养起到了重要的作用，学生们参与竞赛的热情也与日俱增。2022 年 2 月，中国高等教育学会发布了《2021 全国普通高校大学生竞赛分析报告》，以哈尔滨工业大学、电子科技大学、武汉大学为代表的多所高校在获奖数量和评分上都获得了非常好的成绩。同时，中国高等教育学会也发布了最新的"全国普通高校大学生竞赛榜单"，56 项学科竞赛上榜，另有 2 项赛事列入 2022 年重点观摩和考察项目。这说明学科竞赛很好地贴合了新时代的教育理念，受到了广大师生的欢迎。面对蒸蒸日上的发展形势，需要我们探索如何将学科竞赛建设得更好，使其为创新型人才培养做出更大的贡献。

二、微电子创新型人才培养的时代需求

具体到微电子学科，对学科竞赛的探讨尤为重要。众所周知，微电子集成电路是典型的"卡脖子"领域，对创新的需求非常强烈[5]。作为整个信息产业的基础支撑，它的受限使得其上的电路系统、5G（5th Generation，第五代）通信、大数据、人工智能等一系列领域根基不稳。为此，近年来国家十分重视微电子，在"十四五"规划中将微电子集成电路作为重点发展的科技领域，并将集成电路增设为一级学科，加大对此领域人才培养的力度。根据微电子的特点，我们认为时代发展对其创新型人才培养提出了以下三点要求。

首先，在专业领域上，微电子涵盖了半导体物理、电子材料、微纳器件、集成电路设计、集成电路工艺、集成电路封装等多个方向，是物理、化学、材料、电子、数学、计算机等的交叉。对应的学生今后发展的路径也较为多元，可在基础电子材料的研究、新型电子器件的开发、模拟或数字集成电路的设计、集成电路的制备生产、电子系统的设计应用等不同方向开展工作。这些方向都是我们解决微电子"卡脖子"问题的重要战场，这就要求学生能合理地选择适合自己发展的创新方向。

其次，微电子应用往往需要多方面知识的融合，例如集成电路的制备就分为40多个步骤。从培养的角度上来讲，需要学生既具备扎实的数理基础，又掌握材料制备表征、计算机编程、电子设计等应用技能才能做好创新。在本科阶段着重抓综合素质的教学理念下，专业教学学时有限，难以将所有内容都放置在课堂上学习。同时，根据"以学生为中心"的思想[6][7]，有效激发学生的学习兴趣十分重要，满堂灌的知识讲授方式很难达到好的教学效果。因此，这就要求我们的培养方式能够激发学生学习的主动性和责任感。

最后，微电子学科的发展日新月异。摩尔定律的驱动下，半导体加工工艺每18个月缩小一半；而以"后摩尔时代"集成电路为目标的"深度摩尔（More Moore）""超越摩尔（More than Moore）"和"后摩尔（Beyond Moore）"等新路线的出现，更引导着微电子知识和技术加速更新[8]。课堂教学的内容考虑到基础性和稳定性，很难随之快节奏地变化，容易出现知识滞后的问题。这就要求我们的培养能切实紧跟时代需求，在前沿展开创新。

这三点要求涵盖了国家科技的自强自立、学习的自主性和责任感以及勇于创新的精神，是课程思政的自然体现。

三、多层面广覆盖的微电子学科竞赛体系构建

面对以上问题，单一的某项竞赛难以满足时代对微电子创新型人才培养的需求。为此，我们构建如图1所示的多层面广覆盖的学科竞赛体系，以做到全面的创新能力提升。

如图1所示，整个学科竞赛体系由不同层面的四大板块构成。数理基础板块中的"全国大学生数学竞赛""全国大学生数学建模竞赛""美国大学生数学建模竞赛"提供创新能力

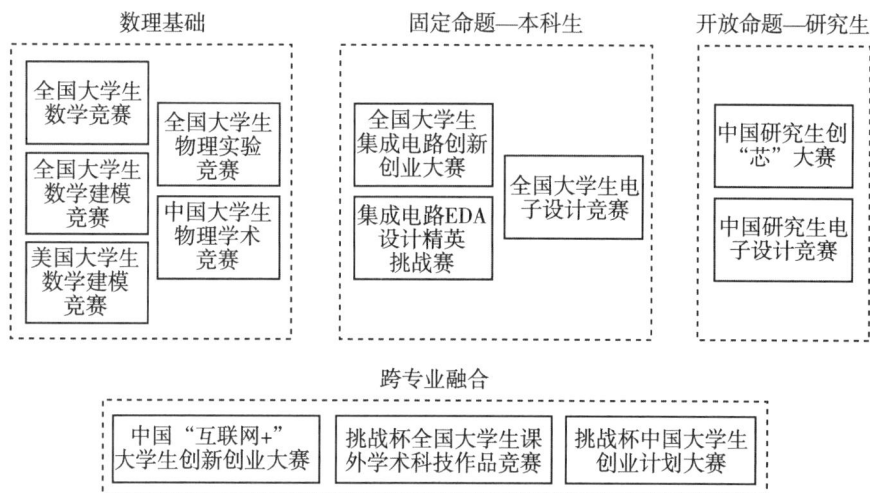

图 1　多层面广覆盖的学科竞赛体系

培养所需要的数学基础，"全国大学生物理实验竞赛"和"中国大学生物理学术竞赛"提供所需的物理基础。固定命题板块和开放命题板块均为微电子领域的专业竞赛，是此体系的核心。前者的"全国大学生集成电路创新创业大赛""集成电路 EDA（Electronic Design Automation，电子设计自动化）设计精英挑战赛"和"全国大学生电子设计竞赛"为固定命题模式，可提升相关知识学习和融合应用创新能力；后者的"中国研究生创'芯'大赛"和"中国研究生电子设计竞赛"为开放命题模式，可培养科技前沿创新能力。两板块前后接续，形成本科—研究生创新能力上的贯通培养。跨专业融合板块中的"中国'互联网+'大学生创新创业大赛""挑战杯全国大学生课外学术科技作品竞赛"和"挑战杯中国大学生创业计划大赛"是跨专业融合竞赛，可将微电子与其他领域融合，很好地拓宽微电子专业的应用范围，培养学生学科交叉解决跨领域问题的能力。这四个层面的竞赛相互补充，搭建起了厚基础、重核心、宽口径的学科竞赛整体框架，为学生的多元化发展拓宽了途径。

各板块内部通过精细设计，实现对创新能力培养要素的广泛覆盖。比如数理基础板块内，"全国大学生数学竞赛"以基础数学知识为主；"全国大学生数学建模竞赛""美国大学生数学建模竞赛"偏向于应用数学解决实际问题，其中后者为英文题目并提交英文报告，锻炼学生的国际交流能力。固定命题板块中，"全国大学生集成电路创新创业大赛"偏向于集成电路硬件设计；"集成电路 EDA 设计精英挑战赛"偏向于电路开发软件和平台的研究；而"全国大学生电子设计竞赛"偏向于基于集成电路的应用系统的搭建。开放命题板块中的"中国研究生创'芯'大赛"有基础知识考试和上机操作考试环节，强调学生要有扎实的学术功底；"中国研究生电子设计竞赛"重视现场效果的展示，对学生的表达能力和综合素质有着更好的锻炼。由此可见，这一学科竞赛体系广泛覆盖了数理基础、专业知识、领域动态、创新思维、解决复杂问题、沟通表达、团队合作、国际理解力、自主学习和职业素养等多项创新能力培养核心要素，可有效支撑专业培养目标"能力矩阵"，提升学生的综合创新能力。

基于此多层面广覆盖的学科竞赛体系,前述时代需求对微电子创新型人才培养提出的三个要求可以得到落实。对于创新方向合理选择的要求,本体系中的多个竞赛均设置了多条涵盖不同方向的赛道,给了学生方向选择的机会。例如,2022 年全国大学生集成电路创新创业大赛设置了射频与高速电路设计、模拟与混合信号电路设计、数字与 SoC(System on Chip,片上系统)设计、智能硬件开发与国产处理器应用、FPGA(Field-Programmable Gate Array,现场可编程门阵列)设计与应用、产业链创新、创业实践共 7 大赛道 20 个杯赛;2022 年中国研究生创"芯"大赛分为集成电路设计方向、半导体器件与工艺方向、EDA 算法与工具设计方向 3 大方向 18 个细分领域并提供了 11 个企业命题。挑战杯等跨专业融合竞赛则给出了更为广泛的选择空间。竞赛中某一赛道的实际问题,会使学生对该方向产生直接的认识,从而帮助其做出合适的创新方向选择。值得注意的是,近年来基于国产平台和工具的题目比重不断上升,通过尝试解决"卡脖子"问题,可有效提升学生的家国情怀和自主创新意识,使其思政素质得到升华。

对于激发学生兴趣的要求,竞赛中以团队形式完成竞争性任务的模式可使学生产生责任感和荣誉感,从而激励其自主学习相关知识并融会贯通、加以应用。以本体系竞赛中核心的数字集成电路设计方向为例,它需要学生具备电子器件和电路的基础知识,掌握编程实现数字逻辑的技能,并具有代码调试和应用系统构建的能力。通过竞赛,学生可掌握微纳器件、集成电路设计、数字逻辑、计算机编程等方面的知识,并在竞赛过程中主动探索,将这些知识有机地统一在一起,实现了兴趣驱动的学习和创新。在竞赛中完成任务所带来的责任感和荣誉感,潜移默化锤炼了学生负责任、敢担当的性格品质。

对于紧跟科技前沿的要求,本体系给出了了解知识和技能最新发展趋势的有效途径。竞赛的选题基本来自高校科研和业界应用,直接反映了科技最前沿和行业应用指向。以模拟射频集成电路领域为例,"高速高精度数模转换电路""面向 5G 通信的可变增益低噪声放大器"等前沿问题和热点题目层出不穷。这使得学生能通过竞赛了解学术发展潮流和行业社会需求,在科技的前沿开展创新,培养其勇于探索、勇立潮头的人生态度。

四、政策保障与效果分析

学科竞赛由于其选拔性,需要在较短的时间内掌握大量的知识和技能,并取得好的实践效果,这在充分锻炼学生的同时也对学生提出了更高的要求。部分同学报名时积极,随着深度和难度的展开,丧失热情以至于中途退出。为保障竞赛对人才培养的效果切实发挥,需要从多个维度上配置相应的保障政策。

给予奖学金或推免政策上的倾斜是激发学生热情的有效手段。例如,在推免上,除思政素质和专业课程成绩外,设置一定比例的专业探索分数,将学术竞赛获奖作为一部分放入其中。这样可提升学生的兴趣并激励其走完全过程。哪怕最后没有获得奖励,完整的参赛流程也会使其在知识和能力上得到收获。

教师端的政策同样值得关注。学生在学科竞赛中取得好成绩离不开老师的悉心指导。

可将指导学科竞赛获奖纳入对教师的评价体系之中，在聘用考核、职称评定、劳酬分配等环节加以体现，从而保障教师的全心投入，使学生有更大的收获。

此外，营造良好的氛围也是确保学科竞赛有序发展的长效机制。通过积极的赛前宣传、赛中培养和赛后总结与表彰，建立良好的口碑。通过师兄师姐对师弟师妹的言传身教，使得学科竞赛不断传承，良性循环，形成品牌和文化，让更多同学受益。

通过以上多层面广覆盖学科竞赛体系的构建和多维度的保障政策配置，笔者所在单位在学科竞赛中取得了较好的成绩。2018—2022 年，在各项相关赛事中共有 288 名本科生、69 名研究生获得省级以上奖励，其中全国一等奖（金奖）16 项。除获奖数量外，工作本身的内涵能更好体现我们体系的效果。以获得 2022 年中国研究生创"芯"大赛全国一等奖的"基于多尺度仿真技术的驱动 Micro-LED（Micro Light-Emitting Diode，微型发光二极管）高性能短沟道薄膜晶体管"项目为例，其中基础知识笔试部分包含微电子各方向的知识，上机部分参赛同学选择了数字集成电路设计，而项目工作中结合了原子级物理体系的仿真技术和 LED（Light-Emitting Diode，发光二极管）器件设计和制备，是数学、物理、器件和电路的融合。团队中的同学也曾经分别在"全国大学生物理实验竞赛"和"全国大学生集成电路创新创业大赛"中获奖。这充分说明了多层面广覆盖的学科竞赛体系对人才创新能力提升的成效。

从学生的出口来看，此竞赛体系的作用显著。前述获奖的本科生中，129 人于国内外知名高校继续深造，占 138 名毕业生的 93.5%，显著高于近 70% 的全体毕业生平均水平；而获得两项以上省级以上奖励的同学，100% 继续深造。从中可以看出，搭建的学科竞赛体系有效地锻炼了能力、提升了素质，为学生向更高层次发展提供了助力。同学们也均反馈从竞赛中学习了知识、提高了水平、开阔了视野、结下了友谊，明悉了人生发展的方向，坚定了为祖国科技创新而奋斗的信念！

五、结语

本文针对微电子领域的时代需求，构建了多层面广覆盖的学科竞赛体系，详述了此体系对创新型人才培养所需要的各方面能力的支撑，指出了其对学生思想政治素质潜移默化的提升作用，提出了使学科竞赛效果落到实处的政策保障。最后通过对参赛学生的分析，确定了学科竞赛体系对学生能力提升的作用。希望本文给出的体系和思考能为培养符合时代需求的创新型人才提供参考。

◎ **参考文献**

[1] Lei Li. Practical exploration of integrating practical teaching into innovation and entrepreneurship education in colleges and universities [J]. Science Journal of Education，2021，9（1）.

[2] 杨晓慧. 我国高校创业教育与创新型人才培养研究 [J]. 中国高教研究，2015（1）.

［3］ 李杨帆，朱晓东．科研训练计划与大学生创新能力培养［J］．中国大学教学，2011（4）．

［4］ 周春月，刘颖，姚东伟，等．OBE 理念下的本科生毕业实习创新模式研究［J］．实验技术与管理，2016，33（10）．

［5］ 陈劲，阳镇，朱子钦．"十四五"时期"卡脖子"技术的破解：识别框架、战略转向与突破路径［J］．改革，2020（12）．

［6］ Carl Rogers. Freedom to learn for the 80's［M］. Columbus：Merrill Publishing Company，1983.

［7］ 李嘉曾．"以学生为中心"教育理念的理论意义与实践启示［J］．中国大学教学，2008（4）．

［8］ 孙玲，黎明，吴华强，等．后摩尔时代的微电子研究前沿与发展趋势［J］．中国科学基金，2020，34（5）．

信息可视化教学创新及成效

——基于"学练赛评"一体化教学模式的案例研究

黄 颖 肖宇凡 袁 佳 张 琳 司 莉

（武汉大学 信息管理学院，湖北 武汉 430072）

【摘 要】信息可视化为人类理解数据内涵、探索数据规律提供了重要的手段。随着数智时代的来临，信息分析与可视化已成为数字与信息工作者不可或缺的技能。这种技能不仅在专业领域有广泛应用，也在教育领域发挥着重要作用。通过信息可视化的教学，不仅能提升学生数据分析和挖掘能力，还可以培养其创造力和沟通能力。本文以信息可视化课程为核心，通过"信息可视化工作坊"中"领域专家大讲坛""学生作品成果展""数据与信息可视化海报大赛"等品牌活动的联动，为学生提供了展示自己成果的平台，激发了他们的学习热情和创造力。该课程采用了"学练赛评"一体化的教学模式，不仅满足了学生对实践性教学的需求，还培养了其团队合作意识和实际操作能力。这种以实践为导向的教学模式有助于学生更好地掌握信息可视化技术，并将其应用到实际问题的解决中，所形成的教学模式能为其他高校的信息可视化类型课程建设提供新的方向。

【关键词】信息可视化；学练赛评；一体化教学模式；课程建设

【作者简介】黄颖（1990— ），男，博士，武汉大学信息管理学院教授，博士生导师，研究方向为科技计量与科技管理，E-mail：ying. huang@ whu. edu. cn；肖宇凡（2001— ），女，硕士研究生，武汉大学信息管理学院在读，E-mail：xiaoxiao_993@ whu. edu. cn；袁佳（2000— ），女，硕士研究生，武汉大学信息管理学院在读，E-mail：jiayuan@ whu. edu. cn；张琳（1980— ），女，博士，武汉大学信息管理学院教授，博士生导师，研究方向为科学计量学与科技管理，E-mail：linzhang1117@ whu. edu. cn；司莉（1965— ），女，博士，武汉大学信息管理学院教授，博士生导师，研究方向为信息组织与知识管理，E-mail：lsiwhu@ 163. com。

【基金项目】武汉大学本科教育质量建设综合改革项目："学练赛评一体化"教学模式下的课程建设探索——以信息可视化课程为例

一、引言

2019 年，中共中央、国务院印发《中国教育现代化 2035》，指出要创新人才培养方式，推行启发式、探究式、参与式、合作式等教学方式以及走班制、选课制等教学组织模式，培养学生创新精神与实践能力。2021年，湖北省教育厅启动实施湖北高校本科教学质量年专项行动计划。2023年，教育部办公厅印发《基础教育课程教学改革深化方案》，鼓励大胆探索深化课程教学改革的新路径新方法。教学模式的变革是推动中国高校教育纵深发展的关键一步。

"学练赛评"一体化教学是将学习、练习、比赛和评价作为一体的教学模式，常见于中小学和体育教学实践中。该教学模式强调各个方面的整体性作用和发展，旨在构建"一个内在统一、横向一致、纵向衔接和课堂内外联动"的课程体系。国内外不少学者认为该模式是课内外一体化的最新提法，教师应转变以往的传统教学思路，重视教学过程中的引导性，充分调动学生学习知识的积极主动性，剖析课程教学与课后实践之间的"连接点"。新时代背景下，人才培养的需求赋予了高校教育发展极大的空间，构建"学练赛评"一体化教学模式，是响应国家政策，落实"课程思政"要义和"立德树人"理念，加快构建高质量本科教育教学体系和高水平人才培养体系的重要路径。

信息可视化能够将不可见或难以直接显示的数据与信息转化为可感知的图形、符号、颜色、纹理等，是一种更为直观的现象解读、问题分析和信息传播的方式，可以帮助我们更好地洞察数据与信息的内涵，理解数据与信息中蕴藏的规律。可视化的表达形式和交互技术利用了人类视觉系统的优势，使得用户能够直观地目睹、探索以至迅速理解大量信息。可视化类课程或培训在高校、图书馆、科研院所等机构的研究与教育中占据重要地位，例如iSchool院校高度认可数据可视化素养教育并积极付诸实践，将课程向专业设置的趋势愈显[1][2][3][4]。2019年7月，世界经济论坛发布的《新经济中的数据科学》报告指出，数据可视化作为重要的数据技能，在医疗、专业服务等领域得到广泛重视和应用[5]。因此，开展信息可视化教育与服务不仅是科研领域的重要组成部分，更是多种社会场景中不可或缺的关键要素。

基于上述背景，本文以武汉大学信息管理学院开设的信息可视化课程为例，引入"学练赛评"一体化教学模式，深度剖析课程教学与课后实践之间的"融合点"，旨在探索实现"学以致用、赛以促学"的教学成效。首先，传统的"学练赛评"理念主要根植于体育教学领域，本文旨在将其迁移并应用至信息可视化素养教育的新领域，通过深入研究"学练赛评"模式在信息可视化教育中的应用实践，探讨如何在新的教育背景下发挥其独特的优势和实效。其次，面向可视化素养教育的课程体系构建问题。在数字时代和读图时代的双重推动下，数据与信息可视化素养成为一项至关重要的新兴能力。本文设计了一套面向可视化素养教育的课程体系，力求确保课程内容的前瞻性与实用性，以满足现代教育需求。最后，鉴于信息可视化课程实操性强的特性，本文在课程设计中强调"理论+实践"的有机结合。除了提供系统的理论教学之外，还安排了多样化的实践环节，旨在让学生在理论学习的基础上通过实际操作深化理解，提升应用能力。

二、信息可视化课程建设背景

作为数字时代和读图时代催生的新兴素养，数据与信息可视化素养日益受到重视[2]。2023年11月，武汉大学在全国率先发布《武汉大学数智教育白皮书——数智人才培养篇》[6]（以下简称白皮书）。白皮书中多次强调"数据可视化"对于数智人才培养的重要性，指出"数据可视化"课程应纳入本科生与研究生的基础课程之中。为了进一步培育学生的数字思维与数字素养，使他们能够理解、分析大量信息，各个高校对课程教学提出了更高的要求。然而，目前高校开设的数据与信息可视化相关的课程总体较少，已有的课程内容很多已经无法完全适应当前的时代需求。

武汉大学信息管理学院面向全体学生开设了信息可视化通识课程，该课程不仅注重培养学生信息可视化分析工具的使用能力，更强调引导学生形成信息可视化构思与布局的设计思维。作为武汉大学信息管理学院本科三年级学生的专业选修课，信息可视化在构思阶段重点考量如下三个教学问题。

第一，"理论+实践"课程的设计与安排。目前，许多课程仍然采用传统的讲授式教学模式，学生被动地接收知识，缺乏主动思考和实践的机会[7]。为了解决这一问题，需要引入更多的互动式教学方法，如案例教学、讨论式教学、项目式学习等。这些方法不仅可以激发学生的学习兴趣，还能培养他们的批判性思维和解决问题的能力。在课程设计中，除了理论教学外，还应注重实践环节的安排。例如，实验课程、比赛等都可以作为实践环节的内容。通过实践，学生不仅可以将所学理论应用于实际问题，增强解决问题的能力，还能积累实际操作经验，为未来的职业发展打下基础。

第二，适合学生科研入门的可视化软件与工具。在科研入门阶段，学生需要掌握基本的科研工具和软件。可视化软件如Tableau、R、Python（结合Matplotlib、Seaborn等库）等，不仅可以帮助学生直观地展示数据，还能促进他们对数据分析方法的理解。在课程中，教师应介绍并讲授这些工具的基本使用方法，指导学生在科研中有效利用这些工具。除了软件的基本操作外，还应注重培养学生的应用能力。例如，在教学中，可以通过具体的科研项目或案例，指导学生如何从数据收集、整理、分析到结果展示，系统地使用可视化工具。通过实际操作，学生不仅可以掌握工具的使用，还能提高数据分析和问题解决的能力。

第三，检验学生学习效果的有效考核方式。传统的考试方式往往以笔试为主，无法全面反映学生的综合能力。为了解决这一问题，可以采用多元化的考核方式，如学术海报、口头陈述、小组合作等。这些考核方式不仅可以评估学生的知识掌握情况，还能考查他们的实践能力、创新能力和团队合作精神。考核学生的学习效果，既要注重总结性评价（如期末考试），也要重视过程性评价（如平时作业、课堂表现）。通过过程性评价，可以及时了解学生的学习进度和存在的问题，给予有针对性的辅导和支持。总结性评价则可以全面检验学生在整个学习过程中的综合表现。

围绕这三个问题，课程团队引入"学练赛评"一体化教学模式，同时构建模块化课程体系，以便更加清晰、直观地梳理教学问题，找到解决方案。

三、信息可视化课程创新设计过程

一体化教学模式将"学""练""赛""评"四个环节有机地统一起来，充分体现了分级教学、全面发展和素质教育的理念。其中"学练赛"相互交融，而"评"贯穿其中。具体的创新设计过程如下。

(一)课程创新模式设计

信息可视化借鉴一体化教学的思想，开辟了"学""练""赛""评"四个环节的教学模式[8][9][10]。"学""练""赛"这三个环节形成模块化课程体系[11][12][13]，由理论沉淀、素养跃迁、技能提升、实战演练四个板块组成；"评"这一环节贯穿其中。

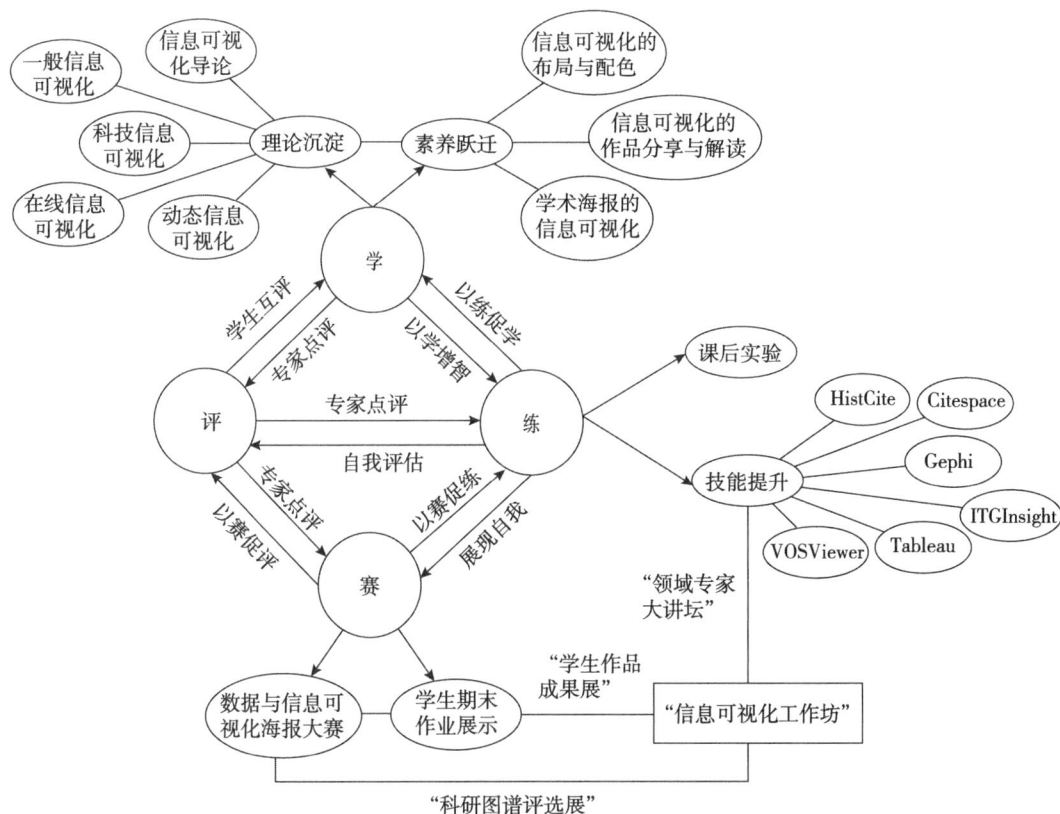

图1　信息可视化"学练赛评"一体化教学模式

1."学"环节

"学"是指任课教师或领域专家在课堂上专题讲授研究前沿内容，学生倾听的教学模式。通过"学"这一基础环节，学生们对可视化的理论知识的掌握逐步由零到一、由陌生到熟悉。在理论沉淀板块，课程团队设计了信息可视化导论、一般信息可视化、科技信息可视化、在线信息可视化以及动态信息可视化五个专题。针对学生在日常科研工作中的数据分析与可视化需求，主讲教师介绍了信息可视化的发展简史、类别、方法和流程，并利用学术论文中的典型图表作为案例讲解。课程进一步介绍了动态可视化的制作。动态可视化一般以时间为单位，以视频的形式呈现，相较于前面两种形式，其可视化难度较高但能够更为清晰展现数据变化规律。在素养跃迁板块，课程团队从信息可视化的布局与配色、信息可视化的作品分享与解读、学术海报的信息可视化三个方面进行讲授。为了满足学生对宣传海报、会议展报等情景的制定需求，课程团队专门邀请有着用户体验设计师经历的专家来讲授信息可视化布局及配色方法的技巧，从海报制作的规范性、简洁性、美观性和专业性展开，同时细致讲述字体及行距的调整、配色的选择等细节。

2. "练"环节

"练"是指学生在教师的引导下，对所学的方法与工具进行各种形式的实践和练习，内化并掌握所学知识与技能。本课程是一门理论与实践并重的特色课程。因此，在教学方式上，课程采用课堂讲授法、情景教学法、案例分析法对如今应用较为广泛的可视化工具进行详细介绍。基于问卷调研和专家访谈，课程团队最终选取 HistCite、Citespace、VOSViewer、Gephi、ITGInsight、Tableau 等可视化分析软件进行重点讲授。每个软件讲授板块采用"一节理论及操作方法课+一节实验课"的方式进行，同时布置实验作业供学生课下思考完成，以巩固课堂知识点并锻炼实际操作能力。以练促学，让学生们迅速掌握软件和工具的使用方法和应用场景，熟悉软件和工具的常用分析与可视化操作。除此之外，作为"信息可视化工作坊"的板块之一，"领域专家大讲坛"建立于课堂之外，是学生的课后技能提升的"补给站"与"加速器"，旨在通过系列公益分享方式，推介与分享当前主流领先的数据分析与可视化工具，提高相关人员开展科学研究和知识服务的专业化素养。

3. "赛"环节

"赛"是指学生参与各种形式的竞赛，包括个人赛、集体赛、趣味赛等。它不仅是对学习和练习的进一步补充，更是检验学习成果的重要环节。为了提升学生在信息时代下的信息检索、分析、呈现、解读及应用等多维综合能力，课程依托"信息可视化工作坊"打造了"学生作品成果展"，所有作品均来自信息可视化课程的学生结课作业。经过理论和实践的双重训练，学生已具备较强的可视化分析及处理能力。课程团队想提供一个真正检验和施展学生信息可视化水平的舞台，于是"数据与信息可视化海报大赛"应运而生。

4. "评"环节

"评"不仅包括学生对于代表性数据与信息可视化作品的品鉴与点评，还包括教学过程中进行的学生自我评价、学生对同伴的评价以及教师对学生的评价。"评"贯穿于整个教学过程中，是接收反馈并持续改进的重要参考。通过以上四个环节，本教学模式形成完整的学习闭环，让学生们学以致用、有所裨益。

(二) 以学增智，以练促学

"以学增智，以练促学"旨在通过学习和实践相结合的方式，提升学生的专业素养和实践能力。在这一理念的指引下，信息可视化课程特别注重知识的积累与应用，强调理论与实践相结合的教学方法。课程综合运用情景教学法、课堂讲授法和案例分析法等主流教学法对可视化软件进行讲授，不仅让学生了解软件和工具的使用原理，更让他们熟悉常用的分析和可视化操作。

除了课堂内的练习，课程还开展了"领域专家大讲坛"品牌活动，为学生搭建课外可视化交流学习的平台。通过邀请可视化领域的专家学者进行在线直播分享，学生能够更迅速地学习和掌握最前沿的可视化软件与工具，为课堂内学习提供了补充和增益。目前，"领域专家大讲坛"已经举办了四期活动，涵盖"ITGInsight 辅助科技文本数据分析与可视化""CiteSpace 科技文本数据分析与可视化""数据驱动的信息可视化原理与创意呈现"以及"智能轻量化工具辅助下的数据分析与可视化"等主题。每期活动都邀请了领域内的可视化专家进行主题分享，分享方式为腾讯会议和学术志同步直播。

(三) 以赛促学，以赛促练

"赛"是练的进阶，"赛"又可以促"学"。为了提升学生在信息时代下的信息检索、分析、呈现、解读及应用等多维综合能力，"信息可视化工作坊"依托该课程打造了"学生作品成果展"活动，所有学生作品均来自该课程的结课作业。同时，为增进师生对作品的了解，所有入选作品的作者受邀来到自己的展板前，就作品选题依据、数据获取、图谱制作、可视化解读、结论感想等进行细致讲解。

学生作品成果展为学生信息可视化实践操作能力的培养和施展提供了一个很好的平台，同时将这一创新的方式纳入期末考核体系，更加凸显了本课程以理论为基础、实践为导向的课程特色。通过自己亲手进行资料搜集、数据分析、可视化绘制、排版及配色调整，学生们对可视化知识、流程与方法的掌握更为熟练。

经过理论积淀和实践操作的双重训练，学生们已具备较强的可视化分析及处理能力。信息可视化课程致力于提供一个真正检验和施展学生们信息可视化水平的舞台，以"赛"促"学"，以"赛"促"练"。因此，本课程依托多个单位推出数据与信息可视化海报大赛①。该大赛面向全校在籍本科生及研究生，旨在提升学生的设计和表达能力，促进学科交叉合作，推动科学研究与实践应用。

---

① 武汉大学数据与信息可视化海报大赛由武汉大学信息管理学院联合武汉大学图书馆、共青团武汉大学委员会主办，武汉大学信息管理学院团委等承办。迄今已举办两届，第一届时间为 2022 年 11—12 月，第二届时间为 2023 年 10—11 月。

(四) 以赛促评, 以评促改

"赛"与"评"紧密相连, 有"赛"就有"评", 评价不仅是方向, 更是指引"学""练""赛"不断优化发展的指南针[14]。信息可视化课程的"评"分为学生点评和专家打分两个环节。在学生点评中, 学生既是参与者, 又是点评人。例如, 在信息可视化赏析与研讨环节, 每个小组选出一名代表进行分享, 助教发送问卷由学生们对每组进行评分。在数据与信息可视化海报大赛中, 需要对其他学生的作品进行评分, 学生评分的均分计入期末成绩。而专家打分则由课程教师邀请领域专家进行评分。例如, 在"数据与信息可视化海报大赛"中, 由课程教师邀请领域专家进行网络评议; 在"学生作品成果展"中, 课程教师邀请领域专家作为点评嘉宾, 与观展师生进行现场交流。

四、信息可视化课程创新实践成效

课程团队为信息可视化构建的"学练赛评"一体化教学模式, 主要在以下三个方面取得了创新成效。

"学生作品成果展"不同于课程考试与课程论文等传统的考核模式, 对于建设以面向未来、适应需求、引领发展、理念先进为目标的本科课程体系具有积极意义。"学生作品成果展"的所有作品都是来自信息可视化课程的结课作业, 主题不仅紧贴时代脉搏与社会热点, 还体现了信息资源管理学科内核和跨学科视角。学生利用多源数据与多元数据, 融合运用多种信息可视化分析工具与软件, 生动形象地讲述了一个个引人入胜的"数智故事"。"学生作品成果展"作为信息可视化课程的结课活动受到了师生的广泛关注, 参展作品在武汉大学信息管理学院走廊进行线下展出, 吸引了众多师生驻足参观, 获得了大家的高度赞赏与一致好评。系列活动被《中国教育报》、武汉大学本科生院和信息管理学院多次报道, 树立了信息可视化课程教学的典型样板。

"数据与信息可视化海报大赛"以信息可视化课程为依托, 通过可视化手段让学生们更好地挖掘数据价值, 理解互联网和当代社会, 感受数据之美, 同时促进数据可视化和信息传播的创新应用, 并为广大学生提供展示才华、交流经验的平台。第一届数据与信息可视化海报大赛共吸引百余位学生报名参与。校内外专家评审从设计、创意、数据展示和整体效果等方面对参赛作品进行了综合评估, 评选出来的优秀作品于 2023 年 6 月 15 日至 18 日在武汉大学图书馆总馆一楼大厅成功展出。此外, 该赛事自 2023 年开始被列入武汉大学珞珈之春科技文化节重点支持活动。第二届数据与信息可视化海报大赛在网络评选阶段, 作品查看 83886 人次, 有效投票数高达 40197 票。"数据与信息可视化海报大赛"有效增强了学生的专业自信心, 鼓励学生积极参与数据可视化和信息传播的研究和实践, 培养了学生的创新能力与数据素养, 有效助推了学校倡导的数智教育。

"领域专家大讲坛"是依托信息可视化课程、面向学界全体学者及研究人员的可视化培训品牌活动, 旨在通过公益分享的方式, 推介当前主流领先的数据分析与可视化方法与工具, 以期提高与会人员开展科学研究和知识服务的专业素养。该活动自发布以来受到了广泛的关注，活动热度高涨不下。截至目前，"领域专家大讲坛"已成功举办四期，在学界反响热烈。活动共吸引了来自海内外高校、科研院所、图书馆等 400 所机构的 5000 余人报名，线上直播观看人数(邀请制)超过 2 万人次。信息可视化工作坊之"领域专家大讲坛"报名身份情况统计，见表 1。

表 1　　　　　信息可视化工作坊之"领域专家大讲坛"报名身份情况统计

当前身份	第一期	第二期	第三期	第四期	总参与人数
硕士在读	309	659	468	662	2098
高校教师	125	324	354	422	1225
本科在读	116	194	147	262	719
博士在读	106	192	170	255	723
科研院所研究人员	25	71	72	137	305
其他	39	32	28	66	165
博士后	6	12	5	30	53
汇总	726	1484	1244	1834	5288

注：第一期的主题为"ITGInsight 辅助科技文本数据分析与可视化"；第二期的主题为"CiteSpace 科技文本数据分析与可视化"；第三期的主题为"数据驱动的信息可视化原理与创意呈现"；第四期的主题为"智能轻量化工具辅助下的数据分析与可视化"

五、经验与启示

总体而言，信息可视化课程综合运用影音导入、课堂讲授、翻转课堂、案例分析、随堂研讨等教学方法，深度融合可视化理论与方法讲授、可视化工具与技巧练习、可视化讲座交流与专题分享、可视化海报制作和现场汇报等形式，以练促学，以赛促学，以赛促评，以评促改，是"学练赛评"一体化教学模式下的优秀案例。

(一) 从信息可视化到数据可视化素养教育

随着全球新一轮科技革命和产业变革的深入发展，大数据、云计算、人工智能、区块链等数智技术创新活跃，数据作为关键生产要素的价值日益凸显，并深入渗透到经济社会各领域全过程。进入数字时代，数字思维与数字素养成为公民应具备的基础能力。2021年中央网络安全和信息化委员会印发《提升全民数字素养与技能行动纲要》，对提升全民数字素养与技能作出部署[15]。我国在"十四五"规划和 2035 年远景目标纲要中明确提出，要加强全民数字技能教育和培训，普及提升公民数字素养。数字素养是对信息素养的提高和拓展，数据可视化素养是数据经济时代公民应具备的基本素养之一，是大数据情境下素养研究和教育的新方向，是时代赋予图情学科的新命题[16]。作为素养培育的主力军，高校与图书馆必须响应国家提升全民数字素养的号召，通过完善数据可视化资源体系建设，强化数据可视化素养服务供给能力，不断提升用户数据可视化素养，以满足数智社会的发展需要。

(二)"学练赛评"一体化教学的价值挖掘

在当前的高校教学中，教师应认识到"学练赛评"一体化教学的价值和作用，利用这种教学模式完善教学体系。只有真正融合"学""练""赛""评"各个环节，才能发挥"学练赛评"一体化教学的效果。课内外的"学练赛评"应该是一个整体，每个环节都渗透着对学生核心素养的培养，且这种培养是有效并且长期的。在课程体系上，该教学模式对于建设面向未来、适应需求、引领发展、理念先进为目标的高校课程体系具有积极意义；在人才培养上，通过教育目标、课程体系、培养过程、评价方式的变革，推进培养方式创新，推进产学研融合的协同育人培养模式，提升学生实践能力；在案例推广上，该课程所形成的教学方案能为其他高校的数据与信息可视化类型课程建设提供新的方向。

(三)新一代人工智能技术赋予的新机遇

人工智能技术的进步为可视化的发展提供了强有力的工具[17]。伴随着人工智能技术持续迅猛发展，高级语言模型的应用日趋广泛以及人工智能工具的不断涌现，数据分析与可视化技术正跨入一个全新的纪元。智能化的人工智能工具通过优化算法和用户体验，正在推动数据处理效率的迭代升级，实现了数据分析与可视化的高效率与高精度的双重进阶，从而为学术研究与行业应用提供了更为广阔的可能性[18][19]。面对新一代人工智能发展的机遇，信息可视化将持续优化课程设计，增加生成式人工智能工具辅助可视化分析的实验教学，利用智能技术持续开展教育教学创新，赋能"学""练""赛""评"各个环节，重构考核评价方式，促进教学模式的升级与教学方法的改革。

◎ 参考文献

[1] 金洁琴，厉佳玲. 国际知名高校数据可视化相关课程分析与启示 [J].图书情报工作，2023, 67 (20).

[2] 侯雪林，应峻，宋士杰. 高校图书馆开展数据可视化素养培育的路径研究 [J]. 情报理论与实践，2022, 45 (10).

[3] 望俊成，李幸，郭传斌，等. 中信所数据可视化课堂的设计：基于翻转课堂的理念 [J].情报学报，2016, 35 (8).

[4] 温芳芳，冯玲玲，王春迎，等. 国外一流大学图书馆数据可视化服务实践与启示 [J].大学图书馆学报，2021, 39 (6).

[5] World Economic Forum. Data science in the new economy：a new race for talent in the fourth industrial revolution [EB/OL]. (2019-07-02) [2024-10-05]. https：//www. weforum. org/reports/data-science-in-the-new-economy-a-new-race-for-talent-in-the-fourth-industrial-revolution.

［6］武汉大学本科生院．武汉大学数智教育白皮书（数智人才培养篇）［EB/OL］．（2023-11-16）［2024-10-05］．https：//uc. whu. edu. cn/info/1787/17127. htm.

［7］吴磊，雷田，方浩．大数据背景下信息可视化课程教学模式与策略研究［J］．艺术教育，2017（16）.

［8］彭鲲．长沙市博才中学初一学生篮球技术"学、练、赛、评"教学模式研究［D］．长沙：湖南理工学院硕士学位论文，2021.

［9］谢小龙．基于"学、练、赛、评"四位一体的高校公共体育教学改革研究［J］．吉林农业科技学院学报，2023，32（4）.

［10］杨城荣．篮球课堂学练赛评一体化教学模式的研究与实践［J］．现代职业教育，2021（34）.

［11］许莲莲，周凤飞．创新环境下对图书馆学研究生模块化教学实践的思考［J］．图书情报工作，2014，58（S2）.

［12］花芳．以情报素养培养为目标的文献检索与利用课程教学内容的设计与模块化［J］．图书情报工作，2016，60（16）.

［13］李伟．模块化信息素质教育融入项目式专业课程教学研究［J］．现代情报，2015，35（3）.

［14］蒋新成，钱明明．基于课程一体化视域下实施"学-练-赛-评"的策略［J］．浙江体育科学，2020，42（6）.

［15］中国网信网．提升全民数字素养与技能行动纲要［EB/OL］．（2021-11-05）［2024-10-05］．https：//www. cac. gov. cn/2021-11/05/c_1637708867754305. htm.

［16］霍朝光，卢小宾．数据可视化素养研究进展与展望［J］．中国图书馆学报，2021，47（2）.

［17］夏佳志，李杰，陈思明，等．可视化与人工智能交叉研究综述［J］．中国科学：信息科学，2021，51（11）.

［18］Devineni, S. K. AI-enhanced data visualization：transforming complex data into actionable insights［J］. Journal of Technology and Systems, 2024, 6（3）.

［19］S. López-Pernas et al. Educational data virtual lab：connecting the dots between data visualization and analysis［J］. IEEE Computer Graphics and Applications, 2022, 42（5）.

"一基地-三计划"助推遥感拔尖创新人才培养

——基于遥感信息工程学院本科生发展支持的特色实践

秦 平 龚 龑 付 波 卢 冰

（武汉大学 遥感信息工程学院，湖北 武汉 430079）

【摘 要】近年来，遥感学科已逐步成为世界各国科技竞争的战略性制高点。面对遥感学科发展及国家对拔尖创新人才的需求，武汉大学遥感信息工程学院聚焦提升人才自主培养能力，全面提高人才培养质量，探索出具有学科特色的全链路本科生发展支持体系，创新优化'一基地-三计划'的拔尖人才培养模式。"一基地"为"遥感大学生创新创业中心"，"三计划"包括"绿叶计划""耕耘计划"和"薪火传承计划"。学院通过分阶段指导、专业特色布局、课程学习支持、科研助推及科创平台搭建等举措，营造了全员育人、全过程育人、全方位育人的校园育人文化。通过一系列的拔尖创新人才发展支持实践，切实提升人才培养质量。近年来，学院本科生在各类竞赛中屡获佳绩，本科生深造率达70%，一次性就业率稳定在90%以上，为国内外输送了大量遥感学科的优秀人才。

【关键词】拔尖创新人才；人才自主培养；大学生创新创业；本科生发展支持；一流学科建设

【基金项目】武汉大学遥感信息工程学院"三全育人"教育教学改革项目

【作者简介】龚龑(1979—)，男，汉族，湖北竹山人，博士，武汉大学遥感信息工程学院教授，博士生导师，主要从事定量遥感、农业遥感等领域教学及研究，E-mail：gongyan@whu.edu.cn。

一、引言

在国内外遥感学科迅猛发展的背景下，面对我国拔尖创新人才培养的实际需求，武汉大学遥感信息工程学院着眼于以一流学科孕育培养一流遥感人才。在遥感本科教育教学的实际过程中，学院研究发现以下需要着重关注的内容。

第一，本科生在大学四年各个阶段成长发展的特点和实际需求不同，有必要针对各阶段的育人实际采取差异化的办法。第二，随着课程"两性一度"的建设推进，课程的创新性和挑战度提升，学生学习压力、难度有所增加，急需在更广泛的范围内对学生学习予以常态化的支持。第三，学院各专业方向在学习思路和人才培养规律上存在差异，需要专业教师有针对性地实施差异化的培养。第四，本科生科学研究能力和素质的培养，比以往任何时候都更加迫切。如何发挥学院科研优势，高效助推本科生拔尖创新人才培养，需采取有针对性的办法。

针对当代大学生的实际特点和上述本科教学的实际情况，学院研究了分阶段培育策略、各专业培育差异、课程辅导和科研提升途径，提出了"一基地-三计划"特色化举措助推遥感拔尖创新人才培养，"一基地"是指以"遥感大学生创新创业中心"为基地，"三计划"是指"绿叶计划""耕耘计划"和"薪火传承计划"三个品牌计划。

二、剖析学生各阶段特点，凝练分阶段指导理念

遥感信息工程学院党委着力加强国家急需高层次人才培养，注重教学学工协同，深入研讨拔尖创新人才本科阶段的成长和培养规律。针对学生从进校到大类分流、专业学习、科研创新各阶段特点，逐步形成了包含预备阶段、启动阶段、成长阶段和发展阶段的特色化品牌育人计划，构建完善拔尖创新人才培养体系，提高遥感科学与技术大类拔尖创新人才自主培养质量。

由学院党委书记和院长亲自指导，学院本科教学、学工等部门密切协同，全方位保障三个特色化品牌计划的有序开展，不断探索新时代新工科教育实践的新模式和新机制。每一年三个计划的启动会，学校本科生院领导莅临指导，学院书记、院长、分管领导、本科教学部门和年级辅导员均全程参与。

自 2018 年至今，学院面向国家需求，修订、完善形成了具有宽口径、厚基础特色的《遥感科学与技术大类培养方案》，通过持续 3 个学期的大类平台课程为学院本科生奠定遥感学科知识学习的基础，通过 6 个专业方向模块课程实现交叉学科培养，课程体系之间做到相互支撑、互补衔接。在不同阶段，学生面临的学业重点和难点均有区别，平台课程和专业方向模块课程的学习思路和方法也有区别。通过特色品牌计划实现持续跟踪、有的放矢的分阶段指导，可以更好地形成综合协同育人效应。

三、着眼学院各专业差异，布局各类型特色计划

遥感信息工程学院以"遥感科学与技术""地理国情监测""空间信息与数字技术"3 个本科专业为依托，逐步形成空间信息与数字技术专业"绿叶计划"、地理国情监测"耕耘计划"、摄影测量"薪火传承计划"三个本科教育教学品牌，持续探索遥感科学与技术大类拔尖创新人才培养教育路径，有效推进本科生科学思维、科研道德和科学素养培养。

针对大类培养下的共性和差异，学院推出的三个计划在一致注重给予本科生全过程发展与支持的同时，也突出各自的特色：

空间信息与数字技术专业"绿叶计划"（2015 年至今）：针对空间信息与数字技术专业的产教融合，充分利用空间信息与数字技术系教师在空间信息和 IT 产业领域的创业经验，以"课程-科研-产业实践"为主线，为学生提供资源，培育学生产业思维和工程能力。地理

国情监测"耕耘计划"（2021年至今）：针对地理国情监测方向国家重大需求，培育本科生利用遥感技术解决我国国土资源调查问题的实践能力，以该计划为载体，形成本科生小组协作、导师全程指导模式，从大学二年级开始引导学生开展地理国情监测项目，在大三就确定毕业设计方向，真正做到将论文写在祖国大地上。

摄影测量"薪火传承计划"（2021年至今）：针对传统摄影测量优势学科的教育改革，在数字技术发展的背景下，在摄影测量系构建"摄影测量-计算机视觉-人工智能"三位一体师资，探索优势学科研究型人才培养新模式，着力培养本科生守正创新能力。

遥感信息工程学院立足专业差异、布局特色计划，在帮助本科生形成跨学科知识结构的同时，激发本科生运用跨学科的理论和方法去分析和解决实际问题，有序地培养本科生的跨学科思维、跨学科素养，提升本科生的科学精神与创新实践能力。

四、追踪学生常态性状态，夯实各课程学习基础

遥感信息工程学院在本科生培养过程中，通过特色化品牌计划，发挥导师们的领航、导航、护航作用，凝聚"三全育人"共识，共建育人新生态。遥感信息工程学院通过空间信息与数字技术专业"绿叶计划"、地理国情监测"耕耘计划"、摄影测量"薪火传承计划"这3项特色品牌，所在专业本科生与导师形成一对多的关系，时间跨度自本科生大二上学期专业分流开始到大四本科毕业。其间，本科生导师做到全程跟踪培养，除为本科生提供专业答疑、课程辅导外，还兼顾专业兴趣引导、职业规划指引、创业创新指引等育人环节。

学院立足学科交叉融合开展新工科建设，持续开展本科人才自主培养体系研究。深入推进以课堂为中心的教学改革，探索形成符合学科特点和学生个性化发展的拔尖创新人才培养课程体系。

学院优选专任教师担任空间信息与数字技术专业"绿叶计划"、地理国情监测"耕耘计划"、摄影测量"薪火传承计划"的本科生导师，切实增强专业课教师育人功能。通过深入推进以课堂为中心的教学改革，导师们全面引导和支持学生自主构建知识体系，激发学生学习的主动性和积极性。针对各专业学习特点和课程学习规律，三项计划的导师均能实时跟进、及时指导。

在三个计划的执行过程中，专业课教师担任导师，着力推动本科生掌握基于问题、基于项目、基于案例的研究型学习方法，加强本科生的课程设计能力、项目管理能力和创新实践能力。

五、依托教师高水平科研，助推本科生拔尖创新

通过本科教育教学品牌活动，"三全育人"逐步成为遥感信息工程学院教职工的集体共同意识，学院逐步建立起新型师生关系的纽带，形成了师生良性互动。在师生的良性互动中不断发现有价值的科学问题，本科生参与创新创业创造类活动的积极性也进一步调动

起来，本科生的创造力、表现力进一步加强，本科生的专业素养、专业技能和创新能力得到了全方位提升，本科生的创造潜能、自我效能进一步强化。

培养遥感拔尖创新人才离不开高水平的导师。三个特色计划的导师积极担任"领路人"，指导本科生在"互联网+""中国软件杯"、美国大学生数学建模竞赛、全国大学生GIS应用技能大赛等国内外学科竞赛、创新创业实践、行业竞赛、文体活动中多次获得最高奖。2023年，学院师生团队获第十八届"挑战杯"全国大学生课外学术科技作品竞赛主体赛特等奖、一等奖各一项，获揭榜挂帅专项赛特等奖一项。学院师生获第九届中国国际"互联网+"创新创业大赛湖北省赛金奖3项。同时，以特色计划为引领，学院"三全育人"成效显著，涌现出了一大批德智体美劳全面发展的优秀本科生，学院培养的本科生质量高、综合素质强、行业认可度高。

通过以上举措，近年来本科生深造率高，留学机会多，本科毕业生考取研究生和出国深造人数比例平均达70%。学院本科生在国内外各项竞赛和活动中屡创佳绩，并涌现出了"榜样珞珈""武汉大学三好学生""遥感星座""遥感新星"等一大批优秀本科生和先进集体。

本科生在各项学科竞赛、创新创业实践、行业竞赛中获奖，不断转化为本科生的自我认同感、投身科研创新创业创造的热情，从而为遥感拔尖创新人才的培养注入活力。

六、搭建大学生科创平台，以一基地联动三计划

遥感信息工程学院在开展本科教育教学工作中，始终将创新创业教育贯穿于人才培养全过程、融入专业教育。学院着力搭建本科生创新创业平台，打造具有学科优势、专业特色、育人实效的大学生创新创业平台。学院努力提升学生创新创业实践能力和岗位胜任力，成立"武汉大学遥感信息工程大学生创新创业中心"，并在2023年获评为武汉大学首批校级创新创业中心。

空间信息与数字技术专业"绿叶计划"、地理国情监测"耕耘计划"、摄影测量"薪火传承计划"在执行过程中，均着力构建多学科交叉融合的知识体系，有效培养复合型创新人才。三项计划形成的师生合作课题，孕育产生了多项本科生的科创萌芽，以此为基础依托遥感信息工程大学生创新创业中心，进一步孵化产生了多项大学生"三创"成果。

七、结语

遥感信息工程学院正不断加强校企合作，进一步推进多学科交叉融合，注重产学研合作交叉平台建设，积极探讨新工科教育发展新理念、新模式，激发本科生运用跨学科的理论和方法分析和解决实际问题，致力于为国家培养一批具有跨学科创新思维、跨学科能力素养的复合型拔尖创新人才。近年来，学院已为国内外知名科研院所、头部企业输送了一大批遥感拔尖创新人才，为推动全球遥感科技的发展与繁荣做出了积极的贡献。

◎ **参考文献**

［1］李德仁，龚健雅，秦昆，吴华意．面向国家需求的世界一流遥感人才培养体系创新与实践［J］．高等工程教育研究，2023（2）：1-5．

［2］龚龑，张永军，秦昆，周军其．武汉大学遥感科学与技术本科大类培养学习状态分析［J］．测绘地理信息，2022，47（S1）：1-4．

［3］杜江峰．"国优计划"：探索拔尖创新人才自主培养的新路径［J］．中国高教研究，2024（6）：6-9．

［4］郑泉水，徐芦平，白峰杉，张林，王民盛．从星星之火到燎原之势——拔尖创新人才培养的范式探索［J］．中国科学院院刊，2021，36（5）：580-588．

［5］阎琨，张佳慧．我国拔尖人才创造力培养的优化路径［J］．中国高等教育，2024（1）：13-16．

［6］党漾，詹逸思，丁若曦，李曼丽．高校"拔尖学生"学术自我认同概念及测量工具研制［J］．国家教育行政学院学报，2023（11）：31-41．

［7］阎琨，吴菡，张雨颀．构建中国拔尖人才培养体系：现状、方向和路径［J］．中国高教研究，2023（5）：9-16．

［8］孟小亮，边馥苓，崔晓晖．地信产业卓越工程师培养模式探索［J］．测绘科学，2015，40（8）：161-166．

武汉大学药学类专业创新试验班初探

谈 弋 何敬胜

（武汉大学 药学院，湖北 武汉 430071）

【摘要】瞄准科技前沿和关键领域，推进学科交叉融合，引导高校高起点布局支撑国家原始创新能力和可持续发展能力的基础学科专业。探索药学类专业本硕博贯通式培养模式，为国家未来发展储备尖端人才。武汉大学药学院在学校的政策支持下积极探索，建立"创新试验班"（本硕博衔接连读培养），目前进展顺利。

【关键词】药学专业；本硕博；衔接连读培养

【作者简介】谈弋，硕士学位，武汉大学药学院教学与科研管理办公室主任，研究方向：教学管理，E-mail：tan@whu.edu.cn；何敬胜，博士学位，武汉大学药学院教学与科研管理办公室副主任，研究方向：教学管理。

《"健康中国 2030"规划纲要》和党的十九大报告中提出要实施健康中国战略，完善国民健康政策，为人民群众提供全方位全周期健康服务，让医药卫生事业处于一个重点发展的战略位置，其发展直接关系到国民经济发展和人民生命健康。药学学科作为生命健康领域重要组成部分，在新形势下应把握机遇，明确学科发展态势，为推进健康中国战略提供强力支持。

一、目标与背景

创新型国家的建设关键在人才，国家制定的中长期科技发展规划中明确提出，要充分发挥教育在创新人才培养中的重要作用，构建有利于创新人才成长的文化环境，加快培养一批高层次创新人才。研究生教育作为高等教育的重要组成部分，作为高层次创新人才的培养基地，其人才培养质量对创新型国家的建设至关重要。随着研究生报考、招生人数的增多，为了在本科生、硕士生（硕士、博士）阶段对一些优秀人才进行贯通培养或衔接培养，同时也为了吸引优秀生源，一些综合性大学开始在理工医学科门类试点招收本-硕-博贯通考生。对此类学科学生培养的改革，不仅提高了人才培养的质量、办学效益及学位论文水平，而且大大缩短了攻读博士、硕士学位所需的时间。

据调查，目前国内开办药学类专业的高校有 1000 余所，专业包括药学、生物技术制药、制药工程等，其中具有硕士学位授权点的高校有 140 余所，具有博士学位授权点的高校有 50 所左右。北京大学目前是 6 年制本硕连读，沈阳药科大学和中国药科大学都有药学基地班，是本硕博连读，实行分流淘汰。暨南大学生命科学类药学专业是本硕博连读，四川大学华西药学院、吉林大学药学院也先后开展过试点。

这种新型培养模式为优秀学生的成长提供了良好的平台和机会，既符合现代社会对人才高知识层次和高科学研究连续性的要求，又有利于学校高层次人才的培养和办学质量的提高。这种新型的培养模式保证了科学研究的连续性，使学生可以统筹安排一些周期长、难度高和意义大的实验项目，使其从事科学研究工作的时间得到保证，进而提高了科研成果的质量和创造性。此外，连续的时间安排有利于交叉学科和跨学科培养博士生，为实施研究生教育创新计划提供了可能。

本硕博衔接连读培养将按照"3+1+4"或"3+2+3"学制分三个阶段制定相应的阶段培养要求和培养年限。第一阶段为基础学习阶段，计划年限为 3 年，主要完成公共基础课学习，包括基础课程和通开课程、学科和专业基础课程、基础实验和实践训练等环节；第二阶段为硕士生课程和本科毕业论文阶段，计划年限为 1~2 年，学生要在导师指导下完成硕士生课程学分、硕士生课题研究和本科毕业论文工作；第三阶段为博士生课程和博士生课题研究阶段，计划年限为 3~4 年，学生在完成全部培养计划和博士学位论文后获得博士学位。这样一来，本-硕-博贯通的创新人才培养模式既可以打破高年级本科生与研究生教育之间的隔离，又可以将学生的专业知识学习与学术研究能力的培养融为一体，实现研究生与本科生的贯通式培养。这不仅可以节约时间，还有利于学术的积累和突破。

本硕博衔接连读在培养过程中按照对学生知识结构既宽又厚的要求强化培养过程，在课程体系、教学方式、科研训练等方面进行改革。在培养厚基础、宽口径、高素质人才教育体系要求下不断进行创新，加强本科生-硕士生-博士生三个阶段培养方案的衔接，有机整合课程设置，优化课程的结构与系统，进行课程融合、重组、渗透与贯通，加强课程之间的有机衔接，减少不必要的重复，不过分强调学科体系完整性，从学生实际需要出发，构筑平台课程，实行课程的模块化、系列化，注重扩大学生的知识面，培育学生的创新思维和综合能力，培养"宽基础、多方向、重实践"的高素质创新人才。

二、培养目标

围绕学校建设综合性、研究型、国际化一流大学的办学定位，面对我国"大健康产业发展战略及医药产业发展"对药学拔尖人才的需求，本科阶段坚持以"创造、创新、创业"为核心，致力于培养"基础扎实、能力卓越、高素质、国际化"创新拔尖人才；在后续研究生阶段更注重培养学生把握学科前沿动态、服务国家药学领域重大战略需求的创新开发研究能力，使其成长为具有家国情怀、国际视野和学术创新意识的学科领军人才。

本科生阶段：药学专业学生应掌握药学及相关学科的基础理论和基本知识，使学生具有扎实、宽厚的数理基础，较强的实验技能，并对所学专业及交叉学科和新技术的发展有所了解。毕业生应掌握药学、化学、生物学、医学、数学、物理等方面的基础理论和基本知识；重点掌握药物化学、药剂学、药理学、药物分析、生药中药学等方面的基础理论、基本知识和基本实验技能；较好地掌握英语并通过国家英语四级或六级考试，能够阅读专业的外文书刊、资料，掌握资料查询、文献检索及运用现代信息技术获得最新参考文献的基本方法；具有一定的实验设计、归纳、整理分析实验结果、撰写论文、参与学术交流的能力；了解药学及相关学科的理论前沿、应用前景、相关高新技术最新发展动态及药学相关产业的发展状况；了解关于科学研究、知识产权、药事管理等方面的法规和政策。在此期间，还要对学生的思想政治、道德品质、治学态度、心理健康状况、课程学习情况、参加学术活动与科研训练情况进行综合考核。

考核合格者以免试或其他合理方式进入硕士培养阶段，且在完成本科阶段的培养计划后授予本科毕业证和学位证。不符合要求者转为同专业本科 4 年制培养，最终如能够完成本科阶段的培养计划，则授予本科毕业证和学位证。

研究生阶段：较好地掌握马克思主义理论，坚持党的基本路线，热爱祖国，遵纪守法，具有较强的事业心和献身精神。品行端正，诚实守信，学风严谨，身心健康；适应科技进步和社会发展的需要，在本门学科上掌握坚实宽广的基础理论和系统深入的专门知识，深入了解本学科发展方向及国际学术研究前沿。同时掌握一定的相关学科知识，掌握科学研究的先进方法，具有良好的科学文化素养和独立从事创造性科学研究及实际工作能力，在科学或专门技术上做出创造性的成果；掌握一门以上外国语，能熟练地进行本专业的学习、研究和学术交流。

三、基础与条件

早在 2015 年，学校就开展"连读式人才培养模式"改革试点工作发出通知，对改革试点模式、试点单位基本条件、改革要求等作出专门规定，明确连读式人才培养的目的是提高人才培养效率，强化科研训练与学术研究的连续性，积极探索拔尖创新人才培养规律，让优秀人才进入人才培养的"快车道"。通知强调"连读式人才培养模式"不是简单的缩短学制，重点是课程体系建设，要求试点单位对本科、研究生阶段同类课程进行整合并分级设置，消除本科、硕士、博士阶段重复课程内容，必要时进行有机整合，学分互认。要求试点单位优化人才培养过程，在严格遵循国家人才培养、保研、招生等相关政策，确保教育公平的基础上，综合考虑本培养单位学生规模，对连读式人才的选拔、培养、考核、淘汰及奖励机制等制订明确可行的实施方案。为建立连读式人才培养长效协调机制，本科生院、研究生院还联合成立连读人才培养办公室，对试点单位人才培养过程进行监控，对人才培养质量进行考核和评估。

学院在学校的政策支持下，设立了"药学创新试验班"，并积极推进相关工作：

（1）改革教学方法与手段，建立"以学生为主体，全员导师制，全方位引导式"的教学体系。强化了课程思政教学，推进了以课堂为中心全面提高学院本科课堂教学质量的工作部署。在理论课程中实施探究式、研讨式和开放式教学模式，强调突出学生的主体地位，破除传统的"填鸭式"教学，充分调动学生自主学习的主动性和积极性，鼓励学生提出自己的想法，给予学生充分展示运用学科知识剖析科学问题的机会，从而达到深刻理解理论知识、提高发现问题、分析问题和解决问题的能力的目的。

(2)强化实践教学课程体系建设，全面采用"课题型、研究型"的实验实习方式，学生的科学探究能力和实践动手能力得到充分锻炼。建立实验教学过程化管理机制和成绩评定方式，既保证基本实验技能规范化教学要求，又满足学生个性化学习发展的需求。优化课程，学生可以根据兴趣在不同的专业或方向自由选择，培养学生以问题为导向的实验设计能力，提高综合实验技能，强化运用基础实验技能进行科学探究的实践能力。

(3)以"科学志趣引领，产业报国驱动"为理念，引导学生思考产业关键基础问题，与多家单位达成战略合作协议，联合建立多层次、多形式、多方位的校外实践教育基地，打造校企协同的精英化产业人才培养模式。

(4)走出去和引进来相结合，实施国际竞争力培养计划。引入国际顶尖学者为本科生开展短期讲学，与国外一流高校及著名科研机构合作，选派优秀学生以暑期学校、短期实习的方式赴海外实验室开展交流，有效地拓展学生的国际视野，提升国际竞争力。

四、过程管理

培养拔尖创新人才，须为学习能力强的学生提供高效的课程方案。对于学习能力强的拔尖创新人才，需要在本科阶段就可以选择能连读硕士、博士的高效课程方案来满足其快进度学习特点，为其创新搭建更大空间。在统一的选课系统内，打破选课身份的障碍，支持学生按兴趣、按学习能力选课、修课。

该模式需要在已有的分段式培养方案之外重新拟定连读式培养方案；需要导师在本科阶段就介入学生的培养过程，为入选者量身制订个性化培养计划；需要单列的遴选、考核、淘汰分流环节。

(1)生源的选拔，在第4学期末进行，这一阶段学生的学习兴趣、科研能力、思想品行都逐渐成熟，独立生活能力也初步具备；

(2)加大宣传，从新生进校就开始宣传，在专业基础课中也进行讲解，导师适时跟进；

(3)淘汰与分流，优化培养机制；

(4)奖励与激励机制，在第四学制给予本科阶段的学生以研究生的同等资助待遇；

(5)合理的课程设置，它将本科生阶段、研究生阶段(硕士生、博士生)两个培养阶段打通，对课程学习、科学研究以及学位论文的写作进行统筹安排，避免了部分培养环节的重复，减少了学生从本科生到研究生阶段(硕士生、博士生)的过渡过程中，因毕业、找工作、准备研究生入学考试等花费的大量时间。

五、条件保障

1. 组织和政策保障

学院领导高度重视，组建了由院长牵头的专家委员会，指导学生选拔和培养工作，针对培养过程中涉及的问题进行评价和确定解决方案。指导拔尖学生的培养和项目管理工作。

制订拔尖学生培养方案。在培养过程中建立了具有灵活性、科学性、激励性的综合评价体系，形成了有效的多元选拔机制。

2. 经费保障

学校每年计划专项经费可用于支持本硕博连读式人才培养，另外学院也统筹利用教育教学改革专项经费支持，推动学生国际交流、科研训练和创新实践、学术交流和社会实践活动、国内外高水平教师合作交流等工作的开展。

3. 师资保障

学院有 4 个系和 1 个省级实验教学示范中心，现有以院士为首的国家级领军人才 6 人、国家级青年人才 10 余人。高层次人才 100%参与教学和科研指导，并聘请多名海外知名学者参与教学过程，为培育拔尖创新人才提供了有力支持。

4. 质量保障体系

参照执行国家专业教学质量标准，质量保障体系组织完备。学院设置有课程组、教学团队、研究所、实验中心、教学指导委员会、督导组等多重教学组织，能较好地发挥作用。

重视教学督导组建设，教学督导组发挥作用良好。教学督导组注重指导提高课堂教学质量和效果，积极组织学生开展网上评教，参评率较高；及时收集并反馈学生对教学的意见和建议。

六、实践与总结

药学创新试验班 2021 年开始实行招生，在大学二年级学生中进行遴选。采用学生个人申请，学院分阶段评估选拔、动态考核的培养方式。

（1）第一次申请选拔：本科二年级第二学期末进行，申请人需满足以下要求：必修课成绩总绩点排名应在年级前 25%；必修课无不及格。

（2）第二次考核分流：本科三年级第二学期末进行，有下列情况之一者强制分流退出：必修课程有不及格的；必修课成绩总绩点低于本专业前 25%的；未能达到学校制定的推免标准的。如果普通班学生满足上述条件的也可以提出申请，经考核符合要求者，可编入创新实验班。

（3）第五年末，进行研究生阶段第一次分流评估，通过评估，正式进入博士研究生阶段学习，如果未能通过评估，转为硕士研究生学习；

（4）除强制退出外，经学生本人申请，学院批准，可以退出创新实验班，转到药学专业普通班学习。

目前，前期入选的学生有的已经通过直博的方式开始博士阶段的学习，有的在硕士阶段学习，尚在本科阶段的学生已经提前进入导师实验室并开始进行研究生阶段的学习，导师正与相关学生进行沟通和了解，将研究生阶段的开题工作与本科生毕业论文有机融合在一起。我们将持续跟踪，并到有经验的高校或学院进行交流学习。

本硕博连读培养产生的背景是社会对高层次人才需求的多样化，硕博研究生教育大力开展分类培养、高度重视拔尖创新人才培养，客观上需要本科教育能够给予相应的支撑。因此，一方面本科教育需要及时适应人才培养方向的多元化，以与研究生分类培养相一致的精神与理念建立起不同类型的课程模块，供不同发展志趣的学生选择。另一方面也是更为重要的方面，就是本科教育要更加高效地支持拔尖创新人才培养。

◎ 参考文献

[1] 熊玲，李忠 . 本-硕-博贯通的创新人才培养模式探究 [J]. 学位与研究生教育，2012（1）：11-15.

[2] 谈弋，何敬胜 . 浅析基础学科拔尖学生培养计划中药学专业的参与 [J]. 科教导刊，2021（20）：36-38.

[3] 陈宝生 . 乘势而上　狠抓落实　加快建设高质量教育体系——在 2021 年全国教育工作会议上的讲话 [EB/OL]. http：//www. moe. gov. cn/jyb _ xwfb/moe _ 176/202102/t20210203_512420. html.

[4] 张国栋 . 贯通式博士生培养模式的特点及适用范围 [J]. 中国高教研究，2009（9）：37-39.

[5] 黄淮，李梦真 . 基于本硕博贯通的研究生培养模式创新研究 [J]. 中国管理信息化，2019（12）：221-223.

用 AI 绘图功能促进"国优计划"生概念学习的探究
——以青少年心理发展与教育为例

陈　峥

（武汉大学　政治与公共管理学院教育政策与管理系，湖北　武汉　430072）

【摘　要】为促进"国优计划"生的概念学习，本研究基于概念转变理论和概念建构理论，在概念教学中设计并实施了 AI 绘图活动。通过对 49 名学生的提示词、图片和问卷调查资料进行主题分析，研究发现 AI 绘图活动推动了学生的概念转变、共存与建构。AI 绘图功能促进了学生的概念学习：他们对概念的理解更清晰、具象，更深入、丰富；将概念置于中国的社会文化情境中；对概念学习投入更多情感。本研究首次探索了 AI 绘图功能在概念学习中的作用，对保障综合性大学教师教育的质量和人工智能赋能教学均有一定启发。

【关键词】AI 绘图；概念学习；国优计划；教师教育

【作者简介】陈峥，教育学哲学博士，政治与公共管理学院教育政策与管理系讲师，E-mail：1416787341@qq.com。

一、引言

为实现 2035 年建成教育强国的目标，加强高素质中小学教师培养，2023 年 7 月 27 日，教育部印发了《教育部关于实施国家优秀中小学教师培养计划的意见》（以下简称《意见》）。《意见》提出，从 2023 年起，国家支持"双一流"建设高校为代表的高水平高校选拔专业成绩优秀且乐教适教的学生作为"国优计划"研究生，在强化学科专业课程学习的同时，系统学习教师教育模块课程（含参加教育实践），为中小学输送一批教育情怀深厚、专业素养卓越、教学基本功扎实的优秀教师。首批试点支持 30 所"双一流"建设高校承担培养任务，每年每校通过推免遴选不少于 30 名优秀理工科应届本科毕业生攻读理学、工学门类研究生或教育硕士，同时面向在读理学、工学门类的研究生进行二次遴选，重点为中小学培养一批研究生层次高素质科学类课程教师。武汉大学作为首批试点"双一流"建设高校，于同年 12 月 19 日在图书馆报告厅举行了首届"国家优秀中小学教师培养计划"开学典礼，并于 2024 年春季学期开始授课。

研究者于 2024 年春季学期第 4～13 周为该批"国优计划"生（以下简称国优生）教授青

少年心理发展与教育一课，时间为每周六下午第六到第八课时。该课程的教学面临着数项挑战：首先，教学时间紧、任务重。该课程包含发展心理学与教育心理学两大领域，知识体系庞大，内容繁多。国优生需要在不到十周的时间里（最后一周为考试）学完，需要极高的教学效率。其次，国优生的教育专业素养基础薄弱。与师范生不同，他们没有系统学习过教育学方面的知识，大多数人也缺乏中小学教育实践经验，对青少年及其教育缺乏基本的认识。最后，国优生对教育学课程的重视程度不高。国优生在攻读本专业的学术型硕士学位课程之外，于周末和假期修读教育学专业硕士课程。相比之下，他们会更重视本专业的学习，时常因为要做实验或者参加导师组会等而缺席周末的学习，甚至在课堂上完成自己理科专业的作业。

有鉴于此，为了提高国优生的学习效率，有必要对课程内容进行重组，精选基础性、核心的、少数的科学概念，围绕概念及其之间的逻辑关系组织课程内容。此外，考虑到国优生缺乏相关知识背景和实践体验，难以理解抽象的心理学概念，有必要在教学中采用直观的、交互的、生动的教学手段，促进国优生对概念的理解和学习投入。鉴于生成式 AI 强大的绘图功能和独特的交互性质，有必要研究 AI 绘图在概念教学中的作用，通过人智协同的绘图活动提升国优生的学习效率。然而，有关 AI 绘图在概念教学中的应用研究非常有限，因此，研究者通过自己的教学实践来进行初步的探索，主要研究目的是了解 AI 绘图活动在国优生概念学习中的过程与效果，以促进国优生的概念学习，保障综合性大学培养师资的质量。

二、文献综述

概念是知识的基础与核心，使国优生理解和掌握本课程的核心概念是专业硕士教育的首要任务。本节围绕概念学习以及 AI 绘图进行文献回顾，梳理两者的关系，为本研究厘清思路。

(一) 概念学习

20 世纪 90 年代之前，学术界认为科学概念的学习就是概念转变的过程——学习者的前概念转变为科学概念，被后者取代。随着研究的积累，人们发现前概念很难被科学概念取代，两者长期处于共存的状态。这是因为前概念是在一定的生活经历基础上，经过推理和对相关现象的印证而形成的，具有一定的稳定性和牢固性；学生对其深信不疑，很难用传统的教学方法改变这些前概念。[①] 为了揭示两者之间的复杂关系，在过去的 30 年里，概念转变的研究聚焦于影响学生知识变化的认知和发展因素上，同时概念学习的多元化、个性化和反复性得以证实。如纳德尔森等人承认概念转变的动态、复杂、迭代和多层次的性质，提出了概念转变动态模型（dynamic model of conceptual change，DMCC），将概念学

---

① 吕艳坤，唐丽芳. 从"追求取代"到"承认共存"：科学概念转变研究的新动向[J]. 教育学术月刊，2023(11)：96-102.

习过程分为接受信息、信息识别、参与处理和概念转变四个基本阶段，每个阶段都由学习者自我调节，并受到学习者的动机、社会、文化、情感、个人认识论、现存知识、注意力的影响，以及个人行为和实践的作用。①

20 世纪 90 年代之后，概念学习又受到建构主义的影响，将学生的概念学习视为学生作为主体对科学知识的建构过程。研究的重点是从认识论出发建构学生概念学习的模型，以解释学生概念获得的过程。概念学习的建构主义取向不但强调学生已有知识和科学观念的重要性，而且重视科学概念学习过程中的思维与推理，主要集中于对概念学习过程中的"形式推理""逻辑推理""科学推理"等推理能力的探讨。另外，学生的自信心、认同感、动机、兴趣等非智力因素对学生科学概念学习的影响也受到重视。②

不论是概念转变理论的升级还是建构主义的加入，人们对概念学习本质的认识发生了重大转变：概念学习不是一个简单的删除前概念、记住新概念的过程，而是学习者主动建构，理解前概念与科学概念之间的关系，形成个性化的概念体系的过程。这些发现重构了概念教学的目标：教师"教"的目的不在于清除学生的前概念、以书本上的科学概念取而代之，而是应该关注学生的文化背景、生活经验、认知水平和认知方式，充分挖掘每一个学生头脑中隐藏的前概念，将前概念作为新知识的生长点，选择恰当的教学方法和策略引导学生构建自己的科学概念图式。学生"学"的目的也不再是抑制自己的前概念，复述他人口中的科学概念，而是深入理解概念，学会用科学的视角来观察世界、提出问题，能够用科学概念来分析问题、解决问题。③国优生刚刚经历了青春期，必定各自拥有大量的前概念。通过自主创作图画可以让学生将自己的前概念可视化，然后与科学概念进行对比，建构对概念的理解。虽然这些学生不一定具备绘画技能，但 AI 强大的绘图功能可以轻松解决这个问题。

(二)AI 绘图促进概念学习的潜能

在笔纸时代，学习者绘图在概念学习中的积极作用已被证实。首先，绘图能使抽象的概念具象化。例如，大学生通过画出一盒药丸或温度计来表达"疾病"④。其次，绘图能促使学习者投入更多的时间学习，重新审视自己的前概念，并通过个性化的方式来建构对科学概念的理解。然而，不管是以笔纸为媒介还是用多媒体绘图，都需要学习者具备一定的绘画知识与技能，耗费了他们很多时间和精力。

在 AI 时代，绘图在教学应用中的短板不复存在。我们只要输入"咒语"（即提示词/

---

① Nadelson L S, Heddy B C, Jones S H, et al. Conceptual change in science teaching and learning: introducing the dynamic model of conceptual change[J]. International Journal of Educational Psychology, 2018 (2): 151-195.

② 卢姗姗，毕华林. 近二十年国际科学概念学习研究的内容分析[J]. 全球教育展望，2015(4): 19-27.

③ 罗莹，张墨雨. 科学概念转变教学的新视野与新思路[J]. 教育学报，2018(2): 49-54.

④ Jones, S. Stereotype in pictograms of abstract concepts[J]. Ergonomics, 1983(26): 605-611.

prompt），AI 就能快速自动生成图片。人类无须花费大量时间磨炼绘画技能，只需专注于提升创意和审美能力。AI 绘画功能可以提升人类创造力的潜能①，包括：降低创作的门槛②③；使学生从多个角度思考问题④⑤；提供新的、偶然的发现和思考方向⑥；即时呈现人机交互绘画的生动作品，有效地激发学生的绘画兴趣⑦。

综上所述，AI 绘图功能具有笔纸手工绘图或者多媒体绘图所不具备的优势：它简单易行，不需要学习者具备绘画的技能和知识；它即时生成图片，节省了学习者的大量时间；它与学习者进行交互绘图，是一个合作的过程，可以激发学习者的想象力和思维的灵活性；它保留学习者的提示词和绘图过程，有利于研究者对学习者的思考过程进行分析。这些优势使 AI 绘图功能应用于"国优计划"生的概念教学具备了可行性。

基于概念学习以及人工智能绘图的文献，针对教学实践中遇到的问题，本研究意图在现有文献的基础上探索 AI 绘图功能在国优生概念学习中的作用。为此，本文提出以下两个研究问题：

（1）AI 绘图功能怎样影响大学生的概念学习？

（2）AI 绘图活动是否能促进大学生的概念学习？

三、研究方法

由于相关文献匮乏，研究者基于自己的教学实践进行初次探索。鉴于研究问题主要是描述和解释 AI 绘图功能在概念学习过程中的作用，遂采用定性的研究方法，分析学生的

---

① Kim, J., Ham Y., Lee, S.S. Differences in student-AI interaction process on a drawing task: focusing on students' attitude towards AI and the level of drawing skills[J]. Australasian Journal of Educational Technology, 2024, 40(1): 19-41.

② Kim, J., & Lee, S. S. Are two heads better than one? The effect of student-AI collaboration on students' learning task performance[J]. TechTrends, 2023, 67(2): 365-375.

③ Kong, F. Application of artificial intelligence in modern art teaching[J]. International Journal of Emerging Technologies in Learning, 2020, 15(13): 238-251.

④ Kong, F. Application of artificial intelligence in modern art teaching[J]. International Journal of Emerging Technologies in Learning, 2020, 15(13): 238-251.

⑤ Lin, Y., Guo, J., Chen, Y., Yao, C., & Ying, F. It is your turn: collaborative ideation with a cocreative robot through Sketch[C]//P. Bjørn & S. Zhao. Proceedings of the 2020 CHI conference on human factors in computing systems. Association for Computing Machinery, 2020.

⑥ Muller, M., & Weisz, J. Extending a human-AI collaboration framework with dynamism and sociality proceedings of the 1st annual meeting of the symposium on human-computer interaction for work[C]. Durham: ACM, 2022.

⑦ Lee, U. G., Kang, S. H., Lee, J. C., Choi, S. Y., Coir, U, & Lim, C. I. Development of deep learning based art learning support tool: using generative modeling[J]. The Journal of Educational Information and Media, 2020, 26(1): 207-236.

绘图作品、提示词以及开放式问卷调查的数据。

(一) 研究对象

本研究的对象为 2024 年春季学期青少年心理发展与教育课程的全体 49 名学生，具体信息见表 1。

表 1   **样本基本情况($N = 49$)**

变量		频率	百分比
年级	大四	12	24.49%
	研一	37	75.51%
性别	男	30	61.22%
	女	19	38.78%
院系	生命科学学院	13	26.53%
	数学与统计学院	10	20.41%
	化学与分子科学学院	10	20.41%
	物理科学与技术学院	4	8.16%
	遥感信息工程学院	6	12.25%
	电子信息学院	2	4.08%
	计算机学院	2	4.08%
	城市设计学院	2	4.08%

(二) AI 绘图活动设计

首先，研究者主要参考了全国教育硕士专业学位教材《青少年心理发展与教育》①与林崇德的《发展心理学》②，精选了五个大概念和若干子概念来组织课程内容，即心理、青少年、发展、青少年心理发展和教师。最后落脚在"教师"，以期促进学生的职业认同。

其次，研究者向学生推荐了 ChatGDP、Midjourney、智谱清言、文心一言、奇域等常见的 AI 工具，也鼓励学生使用自己熟悉的 AI。

最后，研究者布置了绘画任务。例如"描绘你心中的青少年(一男一女)。调整你的'咒语'，直到这个青少年符合你的想象。保存图像和'咒语'，并在课程群里分享你的画。"所有绘画任务都在教师讲解该概念之后布置，并最迟在下周上课前一天提交。教师

---

① 张大均. 青少年心理发展与教育[M]. 北京：人民教育出版社，2021.
② 林崇德. 发展心理学[M]. 北京：人民教育出版社，2018.

鼓励学生在课程群里分享他们的创作，也会选择优秀的作品在大屏幕上分享，并请创作者讲述绘图的心路历程。

(三)资料收集与分析

1. 资料收集

研究者收集了两类资料：一是平时的绘图作业，一共四次；二是期末的开放式问卷调查。问卷调查要求学生结合自己的四次 AI 绘图作业回答以下问题：(1)你是怎么想出这幅画的？(2)你觉得 AI 画的图与你对此概念的理解相符合吗？如果不符，你觉得哪些地方不符合？(3)如果不符，你有修改"咒语"使两者相符吗？你是怎么修改的？(4)修改"咒语"之后，你对这个概念的理解相比第一幅画时有发生变化吗？(5)AI 绘图对你理解这个概念有什么影响吗？(6)你对在本课中使用 AI 绘图有什么建议吗？研究者强调，回答没有对错好坏之分，请如实回答。问卷将作为一次作业，如果不想填这份问卷，也可以选择写一篇与本课程相关的论文。最后有 3 位同学选择写论文，2 位同学退出国优计划，最后回收问卷 44 份。

2. 资料分析

本研究根据 Braun 和 Clarke 的主题分析流程①，从识别的编码标签中发现资料中浮现的主题，用以描绘并解释 AI 绘图活动与大学生建构概念的关系。具体步骤为：(1)数据收集：研究者对学生的提示词和开放式问卷调查的文本以及所有绘画作品进行了整理。(2)数据预处理：为确保数据的质量和一致性，研究者每次收完学生的作业都会查阅，并要求没有提交提示词的学生补充完整。(3)数据编码：进一步观察和研究数据，将数据分段并标记为具有共同主题的片段。(4)主题识别：利用主题分析方法，如关键词提取、共现分析等，识别出数据中的主题或模式。(5)主题筛选：对识别出的潜在主题进行筛选和归类，去除重复或不相关的主题，确保最终的主题集合具有代表性。(6)主题分析：对每个确定的主题进行深入解释和理解，探索主题之间的内在联系和潜在含义。(7)结果呈现：将主题分析的结果进行呈现，可以使用文字、图表、可视化等形式展示。

四、研究结果

(一)AI 绘图功能影响国优生概念学习的过程

研究发现，AI 绘图推动了学生的概念转换与建构过程。

---

① Braun V. , Clarke V. Using thematic analysis in psychology[J]. Qualitative Research in Psychology, 2008, 3(2): 77-101.

1. 呈现科学概念，引发认知冲突

AI 绘图在概念理解中的第一个作用是将科学概念具象化，这常常引发了学生的认知冲突。首先，学生根据教师讲解的科学概念输入"咒语"，得出一个科学概念的直观形象。然而，学生发现教科书的概念与他们的理解不一样，便产生了认知冲突。主要出现认知冲突的概念是"青少年"。教师讲解了青少年的阶段特征，如"身心发展不平衡""情绪化""矛盾心理""叛逆"等，学生输入这些关键词或者句子，得到一个与教科书描述一致的青少年形象。AI 生成的青少年形象大多表情忧郁、身体退缩、色彩暗淡，与学生心中的青少年形象并不相符。

例如，M 同学使用智谱清言创作了男生"刘浩然"与女生"李清然"。然而，AI 第一次创作的画像并不符合该生对大多数青少年的观察与理解。她又修改了三次"咒语"，直至 AI 画像符合她心中的青少年形象(见表 2)。M 同学在作业最后写道：

> 青少年心理发展的特点就是矛盾性。通过 AI 作图，能够具体直观体会青少年应对生理变化对心理产生的冲击时产生的孤独与压抑，体会心理上的成人感和实际不成熟之间的矛盾。对于青少年的这些矛盾性，在描述后看着 AI 画出来的图，我又觉得不应该是这样的，我期望能够再多一些积极乐观与青春的活力，直到最后得出来的图像接近于我理想中的青少年形象。

M 心中的青少年是她的前概念，教师教授的青少年是科学概念。在科学概念与前概念出现冲突时，这位同学并没有简单地让后者取代前者，或者让前者压抑后者，而是巧妙地对两者进行了结合。她保留了青少年矛盾、孤独、身心发展不平衡的提示词，但加入"阳光乐观""开放交流""积极"等词汇。最后得到的青少年形象既符合教科书的定义又复合 M 的生活经验。

表 2   **M 同学创作的少年刘浩然**

顺序	"咒语"	生成的图片
1	画一个男性青少年，他同时具备反抗性与依赖性，外表看起来已经像个成熟的大人，实际内心仍然保留着不成熟，有年轻人的朝气蓬勃，也有怯懦的一面。他高傲而又自卑，对家长封锁内心而对同龄人敞开心扉	

顺序	"咒语"	生成的图片
2	画一个具有中国风格的男性青少年	
3	体现出他的孤独感	
4	眼里充满乐观，留着学校规定的发型，穿校服	

2. 唤醒记忆原型，可视化前概念

AI绘图活动的另一个作用是将前概念可视化，使原来模糊的原型跃然眼前。存在于学生头脑中的前概念是模糊混沌的，并非以定义的形式存在，而"依附"在某些原型身上。根据问卷调查的结果，他们的原型包括自己、同学、兄弟姊妹、亲戚、邻居、陌生人、影视或小说里的人物等，也有少数情况下没有原型。

将原型可视化帮助学生清晰地认识了自己的前概念。一个个鲜活生动的青少年从学生的记忆中走出来，从AI生成的图片中走出来。有了具体的前概念作为观察的对象，学生

能反思自己对概念的理解并作出调整。

3. 外化错误概念，重构科学概念

前概念有时是错误概念(misconcept)。当 AI 绘图呈现出错误的概念时，教师可以及时地发现并指出问题，使学生有机会重构他们对科学概念的理解。错误概念主要出现在"发展的得与失"上，指的是心理结构或功能上的得与失，比如随着年龄的增长，打字速度会变慢，但注意范围会扩大①。这个概念指出了发展的多向性，并非仅是上升或前进状态。可能是这个概念比较抽象，也可能是学生的思维定式太强，他们把发展的得失理解为生活中的得失。比如：S 同学的第一次'咒语'是"随着年龄发展，得到了学历、事业、金钱；失去了自己支配的时间和悠闲"(即得到一些东西，失去另一些东西)。此类理解明显不是"发展中的得与失"，属于错误概念。研究者看到后，在下次上课时重温了该概念，并要求学生重新绘图。以 S 同学为例(见表3)：

表3 错误概念的转变

	第一次	第二次
提示词	随着年龄发展，得到了学历、事业、金钱；失去了自己支配的时间和悠闲	一位 11 岁的少年右手骨折，绑着石膏和夹板，他休学在家，躺在一个靠椅上，看着金光万道，朝日如轮的日出。因为休学在家，他得到了充分的放松，有充分的时间自己思考，他躺在椅子上思考着太阳为什么从东方升起，好奇着蚂蚁为什么能相互合作玩耍，憧憬着未来的自己
图片		

他的第一幅图完全不符合科学概念，第二幅虽然也不完全对，但更接近科学概念。他以自己意外受伤的经历为基础，领悟到休养在家失去了上学可以获得的知识，但获得了心智的成长。这是"某一时间"内"某个人"的得与失，并不是发展中的必然现象。无论如何，

---

① Uttal, D. H., & Perlmutter, M. Toward a broader conceptualization of development: the role of gains and losses across the life span[J]. Developmental Review, 1989, 9(2): 101-132.

这位同学在概念理解上前进了一步。

很多同学最终对这个概念形成了正确的理解,从他们的"咒语"和反思里可见。比如:

"一位女性画家因为年龄的增加技法变得纯熟,但失去了儿时天马行空的想象力。"

"画一个青年男性,随着自己的成长,心理趋于成熟,思考也变得理性,但却失去了孩童时期的天真烂漫与乐观积极的心态。用两幅图来体现对比。"

"Gain:沉稳的作风。在做事时更加倾向于考虑利弊,不断衡量,有利则做,无利则不为。优柔寡断,害怕失败。Loss:冒险精神和求知欲,对于失败的无感。人不能同时拥有青春和对青春的感受。"

(二)AI 绘图对国优生概念学习的影响

这批国优生在没有绘画基础的情况下和 AI 共同创作了大量的图片。通过分析他们在作业后的反思和问卷调查的结果,发现 AI 绘图活动对概念学习产生了多方面的积极影响。

1. 对概念的认识更清晰、具象

许多同学表示,AI 绘图让他们对科学概念获得了直观的认识,这些概念变得更清晰、具象。科学概念的形象化和具体化对缺乏实践经验的国优生具有重要的价值,包括提升对未来学生的判断力和理解力,提升教育教学能力。

例如,问卷里有一题"这幅图对你理解'青少年'有什么影响吗?"Y 同学的回答是:

> 通过 AI 画的青少年,我对青少年有了更具象化的认识。在目前的学习环境中,还没有真实地和青少年接触,对青少年的了解基本都是来自网络或者书本,只能凭自己想象青少年形象。但通过向 AI 描述自己眼中的青少年,可以更直观地将文字与画面相对应,我认为有一个具体的青少年画面能帮助我了解真实的青少年形象,当我以后遇到不同的青少年时,就能凭借 AI 的画面判断出青少年的不同情绪,帮助我对具有不同想法的青少年采取不同的教学方式。

2. 对概念的理解更加深刻、丰富

在反复修改绘图的过程中,学生们不断地加深并丰富了对概念的理解。以图 1 为例,该同学第一次描绘了这位青少年的外表;第二次则考虑了青少年的生活环境与行为;第三次关注了青少年的心理状态。三幅图由外及内,从多个维度展现了青少年的状态。该同学在问卷中写道:

> 这幅图让我更深刻地理解了青少年作为一个复杂个体的多重面貌。青少年的情绪和心理活动丰富多样,他们在积极面对学业和生活的同时,也会有内心的挣扎与思绪的飘忽。通过这次创作,我体会到青少年在成长阶段经历的情感波动和心理变化。

青少年女孩——苹苹

（1）提示：画一个中国青少年女孩，她剪了短发，戴框架眼镜，偏瘦，年龄在 14 岁左右

（2）提示：场景在教室里，她在做题

（3）提示：她成绩中上，有自己的理想和兴趣爱好，但高考的压力让她时常焦虑，有的时候找不到最好的状态

图 1　对概念理解的深入

绘图让国优生透过现象看到本质，从青少年的外部特征去理解他们的心理特点。如 F 同学在问卷中写道：

修改"咒语"表明我对概念的理解是有变化的，我更加认识到青少年有很强的自我意识，他们把自己看作是独一无二的人，他们通过穿着一些潮流的衣服表征自己的成熟与独立。青年的活力、创造和个性在服饰中体现……从衣着打扮上我更理解了青少年追求新鲜事物、渴望个性发展的心理。青少年时期自我意识迅速增强，"酷"是青少年对张扬个性、崇尚独特的一种直观、抽象的表达。

3. 对概念的理解更注重社会文化背景

建构主义的知识观认为，知识并不是对现实的准确表征，它只是一种解释、一种假设，它并不是问题的最终答案。此外，知识不能以实体的形式存在，个体通过语言符号学习知识，这意味着不同的学习者会基于自己的经历背景、社会文化环境来建构对知识的理解。在国优生使用 AI 绘图的过程中，他们会发现作品与中国的社会现实不符，然后修改"咒语"。这些"不符合"包括：人物的种族、穿着、风格、环境、人物关系等。以 X 同学为例：

一开始画的图与我的理解不符。外表上，衣服与发型太潮流；动作与神态上，太呆板，像美国的街区女孩。我增加了国家限定词：中国；场景限定词：学校体育课；动作限定词：和好朋友聊天。

C 同学在描绘"青少年"时，一共输入了五次"咒语"，每一次都细化了社会文化背景。

第一次提示词：

请绘制两位年轻、充满活力的中国的高中生，正在他们生活中的一个关键阶段积极地学习和成长。他们通常穿着校服，这可能是传统的蓝色、白色或其他

颜色的上衣搭配深色长裤或裙子。两位学生可能背着一个书包，里面装满了书本和学习用品。

第二次提示词：

这两位男生女生的形象展现出的是大城市的高中生，请再画两幅图像，他们可能是三四线城市的高中生，穿着打扮更加朴实，穿着蓝色的普通校服，眼神中有更多的迷茫而不是自信，他们通常不知道未来会去哪里读大学，而只是先努力完成眼前的题目。

第三次提示词：

你绘制的年代和背景都不对，我希望看到在小城市的教室中努力的两位高中生，穿着打扮没有那么精致。

第四次提示词：

我希望看到在中国教育背景下的高中生。

第五次提示词：

请结合这张图和最开始你返回给我的一位 16 岁男生和一位 16 岁女生，重新分别给出一男一女的图像。

4. 对概念的学习投入更多情感

由于同学们的创作大多有一个原型，而这些原型要么是他们自己，要么与他们有密切的联系，如好友、同学、弟妹、老师，甚至初恋、暗恋对象等，因此不可避免地会投入很多情感。这些情感中有积极的，如温暖、开心，也有消极情感，如遗憾、惋惜、孤独、后悔等。无论哪种情感，都增加了对概念学习的投入。

如 Z 同学结合自己画的青少年，在问卷中写道：

在我初中时遇到过一个男孩子，当时他成绩是全年级第一、全市第二，我们初高中都是同学。高考时他考入了某大学。他皮肤黑黑的，不仅学习成绩好，体育也很好（中考体育满分），会足球、篮球、乒乓球等，还会唱歌、乐器，性格也很阳光开朗，在我眼里他就像太阳一样。AI 绘图很符合，和他运动时的样子很像。很开心能通过此次机会让我再现了过往一段给我带来温暖力量的经历。

消极情感比如 WL 同学在画"发展中的得与失"后表达了遗憾：

> 我觉得现在的青少年缺少探索欲，可能就是电子产品的使用过多，一些信息唾手可得，这是时代发展带来的便利但是忽视了孩子探索欲的发展。现在的孩子基本都会大量使用电子产品，又没有办法避免信息的获得。后续探索欲的激发还需要加强。

五、总结与展望

本研究基于概念转变理论和建构主义理论分析了 AI 绘图功能促进国优生概念学习的过程和效果，发现 AI 绘图活动促进了前概念、错误概念向科学概念的转变。学生通过修改提示词，使前概念与科学概念处于一种共存状态，体现了学生对概念的独特理解。AI 绘图活动还暴露出学生的错误概念，有利于教师及时发现问题，纠正学生的错误。AI 绘图活动在多方面促进了学生的概念学习：学生对概念的理解更清晰、具象；更深入、丰富；更符合中国的社会文化情境；对概念学习投入更多情感。本研究首次深入探索了 AI 绘图在概念学习中的作用，有助于人们深入理解人工智能与概念学习的关系，具有较高的创新程度与理论价值。在实践层面，本研究对提高综合性大学教师教育的质量，培养具有数智素养的教师具有一定的启发。

研究尚有许多不足之处。首先本研究是一个探索性的质性研究，主要是描述与解释 AI 绘图功能在概念学习中的作用。未来的研究可以进行实验研究，进一步确认两者之间是否具有因果关系。其次，AI 除了绘图还有视频生成功能，这种更为直观、生动的视觉形式也许对促进概念学习具有更大的潜力，值得未来研究进一步探索。

◎ 参考文献

[1] 罗莹，张墨雨. 科学概念转变教学的新视野与新思路 [J]. 教育学报，2018 (2).

[2] 卢姗姗，毕华林. 近二十年国际科学概念学习研究的内容分析 [J]. 全球教育展望，2015 (4).

[3] 吕艳坤，唐丽芳. 从"追求取代"到"承认共存"：科学概念转变研究的新动向 [J]. 教育学术月刊，2023 (11).

[4] Braun V, Clarke V. Using thematic analysis in psychology [J]. Qualitative Research in Psychology, 2008, 3 (2).

[5] https://www. partnershiponai. org/wp-content/uploads/2019/09/CPAIS-Framework-and-CaseStudies-9-23. pdf.

[6] Jones, S. Stereotype in pictograms of abstract concepts [J]. Ergonomics, 1983 (26).

[7] Kim, J. , Ham Y, Lee, S. S. Differences in student-AI interaction process on a drawing

task: focusing on students' attitude towards AI and the level of drawing skills [J].
Australasian Journal of Educational Technology, 2024, 40 (1).

[8] Kim, J., Lee, S. S. Are two heads better than one? The effect of student-AI collaboration on students' learning task performance [J]. TechTrends, 2023, 67 (2).

[9] Kong, F. Application of artificial intelligence in modern art teaching [J]. International Journal of Emerging Technologies in Learning, 2020, 15 (13).

[10] Lee, U. G., Kang, S. H., Lee, J. C., Choi, S. Y., Coir, U, Lim, C. I. Development of deep learning-based art learning support tool: using generative modeling [J]. The Journal of Educational Information and Media, 2020, 26 (1).

[11] Lin, Y., Guo, J., Chen, Y., Yao, C., Ying, F. It is your turn: collaborative ideation with a co-creative robot through Sketch [C] //P. Bjørn & S. Zhao. Proceedings of the 2020 CHI Conference on Human Factors in Computing Systems. Honolulu: Association for Computing Machinery, 2020.

[12] Nadelson L S, Heddy B C, Jones S H, et al. Conceptual change in science teaching and learning: introducing the dynamic model of conceptual change [J]. International Journal of Educational Psychology, 2018 (2).

[13] Muller, M., & Weisz, J. Extending a human-AI collaboration framework with dynamism and sociality [C]. Proceedings of the 1st Annual Meeting of the Symposium on Human-Computer Interaction for Work. Durham: ACM, 2022.

[14] Uttal, D. H., & Perlmutter, M. Toward a broader conceptualization of development: the role of gains and losses across the life span [J]. Developmental Review, 1989, 9 (2).

学生编

思政育人背景下医学生共情能力的多因素研究

刘　炯　朵　宏　田翠姣*

（武汉大学　第二临床学院，湖北　武汉　430071）

【摘　要】目的：调查不同因素对医学生共情能力的影响，为提高医学生共情能力给出建设性的思政育人对策。方法：使用横断面观察性研究方法，采用杰斐逊共情量表-学生版(JSE-S)对武汉大学临床医学本科生进行问卷调查。结果：医学生是否志愿学医和性别对共情得分有显著影响，实习可使医学生特别是男生和没有志愿学医学生的共情得分降低。结论：男生和没有志愿学医的学生是共情薄弱的群体，该群体在第五年的实习中共情能力急剧下降。在高校思政育人体系中，医学院校应将共情教育融入常规课程中、适时强化共情能力培训、识别和纠正不利因素，提高医学生的共情能力和社会责任感。

【关键词】共情；医学生；思政育人

【作者简介】第一作者：刘炯，武汉大学第二临床学院硕士研究生；朵宏，武汉大学第二临床学院硕士研究生；*通讯作者：田翠姣，硕士，武汉大学第二临床学院副主任护师，E-mail：ZN000985@whu.edu.cn。

一、引言

教育是国之大计、党之大计。医学教育"一肩担两义"，一头担着教育强国，一头担着健康中国。思想政治教育需要贯穿于医学教育全过程。医学生专业课和临床实践内容繁重，对思想政治内容的学习时间较少，专业老师往往重视医学知识的教学，而容易忽视思想政治教育。医德是医生职业道德的核心，它要求医生必须具备良好的道德品质和服务态度，而共情能力正是医德实践中不可或缺的一部分。

共情能力，即能够理解和感受他人情绪的能力，是人际交往和社会适应中的重要技能。临床共情对医患关系有着积极的影响，有助于减轻患者的焦虑和抑郁，提高临床治疗效果。此外，富有共情能力的医生更容易获得工作满意度和保持心理健康以及能做出更好的临床决策[1]。因此，医学生共情能力的培养对他们未来成为优秀医疗专业人士至关重要。

培养医学生共情能力已被证明有诸多好处，在当前已有的研究中有很多方法用来评估医学生的共情能力，包括患者评估、教师或标准化患者评估、自我评估，甚至神经生物学评估[2]。其中，自我评估工具被广泛使用，杰斐逊共情量表-学生版（JSE-S）被认为是评估临床医学生最合适的工具，它具有包括观点采择、同情关怀和换位思考的三因素结构[3-4]。

本研究调查不同因素对医学生共情能力的影响，旨在为提高医学生共情能力给出建设性的指导意见，增强医学生的社会责任感，促进医学生的全面发展。

二、研究方法

（1）研究对象和方法。采用横断面观察性研究方法，在2023年9月1日至9月3日分发JSE-S问卷。研究对象是来自武汉大学第二临床学院的320名自愿参加的医学本科生，包括2018级、2019级、2020级三个年级，其中84名三年级学生（2020级）、105名四年级学生（2019级）和131名五年级学生（2018级）。调查问卷涵盖了8个变量，包括性别、年级、医学志愿、家庭住址的城市化水平、临床强化训练课程完成情况、实习参与情况、恋爱关系次数以及分手经历。考虑到后续需要进行多元回归分析，样本数量采用经验法则，按照8个变量进行计算，160人符合最严格的经验法则，本研究中320人足以满足统计分析的需求。

（2）杰斐逊共情量表-学生版。杰斐逊共情量表-学生版是一个包含三个因素的结构量表："观点采择""同情关怀"和"换位思考"。由于其广泛的全球应用和坚实的心理测量基础，JSE-S被广泛认为是医学教育研究中使用最广泛的调查工具，并被视为评估医学教育中共情能力的主要工具。本研究中采用了JSE-S的中文版本来评估医学本科生的临床共情能力，并采用7点李克特量表来进行评分，包含20个问题，由10个积极和10个消极问题组成。对于积极问题，回答可以直接得分（非常不同意=1，非常同意=7）。对于消极问题，回答进行反向评分（非常不同意=7，非常同意=1），得分相加得到总分。

（3）伦理程序。该研究已获得武汉大学第二临床学院伦理委员会的批准。在开始调查之前，通过线上校园公告告知不同年级的学生该项目以及参与的重要性。此外，在分发在线问卷之前，研究人员阐明了研究的目标，并强调在研究的所有阶段保持匿名性的重要性。没有收集任何可识别个人身份的信息，并对所有个人数据实施了严格的保密措施，该问卷的填写是非强制性的。

（4）统计分析。在进行数据分析之前，进行了可靠性分析，使用克朗巴赫系数评估测量工具的内部一致性。克朗巴赫系数被广泛认可为衡量问卷或调查工具中项目相互关联程度的内部一致性的指标。收集到的数据被输入预先设计的电子表格中，并使用R语言（4.3.1版本）和IBM SPSS.25进行分析。连续变量以均值和标准误差（SE）的形式进行描述性分析。在描述性分析之后，对8个变量因素进行了总体共情得分的比较。t检验被用于根据性别、医学专业选择、临床课程、实习状态和分手经历比较共情得分。年级、城市化水平和恋爱关系次数的比较采用方差分析(ANOVA)进行。最后，以 320 名学生的中位数共情得分作为阈值，使共情分数由连续变量变为二分类变量，并建立了两个 logistic 预测模型来预测学生的共情能力水平，$P<0.05$ 被认为具有统计学意义。

三、结果

(1)可靠性分析。在可靠性分析中，获得原始克隆巴赫系数为 0.89，表明内部一致性水平较高，说明使用 JSE-S 调查学生共情得分具有良好的可靠性。

(2)不同变量分层下的共情得分。如表 1 所示，对每个变量的共情得分在不同分层水平上进行分析可知：基于性别的共情得分存在显著差异，女性表现出比男性更高的共情水平($P=0.044$)；基于年级的共情得分没有显著差异($P=0.682$)；医学志愿在共情得分上表现出明显差异($P=0.0015$)，自愿选择学医并对医学领域有浓厚兴趣的学生比被迫学习医学的学生具有更高的共情得分；居住地城市化水平在共情得分上没有显著差异($P=0.497$)，这意味着学生的原始居住背景并不显著影响他们的共情能力；此外，学生参与临床课程或临床实习经验并不显著影响他们的共情得分。尽管恋爱次数与个体的共情得分之间存在正相关，但两者之间没有显著统计相关性；分手经历与共情得分之间也没有显著的统计相关性。

表 1　　　　　　　　各种因素分层下的不同群体的共情得分

因　　素	参与者人数	共 情 得 分		P 值
		均值±标准差	95%置信区间	
性别				
男性	135	107.26±15.57	104.61-109.91	0.044
女性	185	110.66±13.79	108.66-112.66	
年级				
2020	84	109.44±14.51	106.29-112.59	
2019	105	110.07±15.13	107.14-112.99	0.682
2018	131	108.41±14.40	105.92-110.90	
医学志愿				
有 [a]	248	110.60±14.55	108.78-112.42	0.0015
无 [b]	72	104.47±14.03	101.17-107.77	

续表

因　素	参与者人数	共 情 得 分		P 值
		均值±标准差	95%置信区间	
居住地城市化水平				
大城市 c	44	111.25±13.12	107.26-115.24	0.497
小城市 d	190	109.29±14.47	107.22-111.36	
乡镇 e	86	108.05±15.76	104.67-111.43	
临床课程 f				
已参加	245	109.40±14.66	107.55-111.24	0.707
未参加	75	108.67±14.68	105.29-112.04	
临床实习				
已参加	244	109.34±14.65	107.48-111.18	0.8088
未参加	76	108.87±14.70	105.51-112.23	
恋爱次数				
0	134	107.98±15.64	105.30-110.65	
1	77	109.44±13.83	106.30-112.58	
2	61	110.57±12.78	107.30-113.85	0.15
3	32	109.09±16.91	102.99-115.19	
>3	16	113.75±11.56	107.59-119.90	
分手经历				
无	165	108.29±15.15	105.97-110.63	0.24
有	155	110.21±14.06	107.34-112.44	

　　注：该表格展示了各种因素分层下的不同群体的共情得分（均值±标准差），以及95%置信区间。a 表示自愿选择和倾向于选择医学专业；b 表示非自愿选择或不倾向于医学专业（选择受不可控因素影响，如家庭和同龄人的推荐，专业调剂）；c 表示居住在二线城市及以上；d 表示居住在低于二线城市但高于镇级的参与者；e 表示居住在镇级及以下的参与者；f 表示临床课程指的是学校在本科教育第四年开设的临床强化训练课程。后同。

　　（3）各种因素分层下的性别亚组间的共情评分。由观察可知共情得分上的性别差异。在其他变量分层的基础上对男女学生的得分进行了分析。首先，研究结果显示，只有在2018 年级的男女学生之间才观察到共情得分的显著差异（$p = 0.0037$）（见表2）。其次，参加临床课程（$p = 0.011$）和实习（$p = 0.002$）的女学生在共情方面得分显著高于男学生。此外，没有经历分手的女学生的共情得分也显著高于男学生（$p = 0.030$），而经历过分手的男女学生之间共情得分并无显著差异。在其他因素中，包括医学志愿、居住地城市化水平、恋爱次数等，并未观察到显著的性别差异（见表2）。

表2　　　　　　　　　各种因素分层下的性别亚组间的共情评分（ *n* = 320）

因　　素	性别	参与者人数	共 情 分 数		*P* 值
			均数±标准差	95%置信区间	
年级					
2020	男性	33	109.81± 13.90	104.89-114.75	0.8466
	女性	51	109.19± 15.01	108.39-114.42	
2019	男性	50	109.10± 17.08	104.24-113.96	0.54
	女性	55	110.95± 13.19	107.37-114.51	
2018	男性	52	103.87±14.70	99.77-107.96	0.0037
	女性	79	111.41±13.48	108.39-114.42	
医学志愿					
有[a]	男性	105	108.51±15.56	105.50-111.52	0.057
	女性	143	112.14±13.62	109.89-114.39	
无[b]	男性	30	102.87±15.07	97.23-108.50	0.426
	女性	42	105.61±13.30	101.47-109.76	
居住地城市化水平					
大城市[c]	男性	19	109.16±13.12	102.84-115.48	0.363
	女性	25	112.84±13.17	107.40-118.27	
小城市[d]	男性	81	107.28±15.86	103.78-110.79	0.109
	女性	109	110.78±13.22	108.27-113.29	
乡镇[e]	男性	35	106.17±16.43	100.53-111.82	0.371
	女性	51	109.33±15.31	105.03-113.64	
临床实习					
已参加	男性	106	105.99± 16.23	102.86-109.12	0.002
	女性	138	111.90± 12.79	109.75-114.06	
未参加	男性	29	111.90± 12.03	107.31-116.47	0.134
	女性	47	107.00± 15.96	102.31-111.68	
临床课程[f]					
已参加	男性	106	106.61± 15.96	103.54-109.69	0.011
	女性	139	111.51± 13.25	109.30-113.74	
未参加	男性	29	109.62± 14.07	104.27-114.97	0.653
	女性	46	108.06± 15.17	103.56-112.57	

续表

因 素	性别	参与者人数	共 情 分 数		P 值
			均数±标准差	95%置信区间	
恋爱次数					
0	男性	44	104.29± 15.76	99.50-109.08	0.059
	女性	90	109.78± 15.34	106.56-112.99	
1	男性	38	107.39± 15.28	102.37-112.42	0.203
	女性	39	111.44± 12.12	107.50-115.36	
2	男性	30	108.37± 16.36	102.26-114.47	0.193
	女性	31	112.70± 7.63	109.90-115.51	
3	男性	16	108.63± 15.43	100.40-116.84	0.878
	女性	16	109.56± 18.78	99.56-119.56	
>3	男性	7	117.28± 10.66	107.43-127.14	0.288
	女性	9	111.00± 12.07	101.72-120.28	
分手经历					
否	男性	62	105.05± 14.49	101.37-108.73	0.030
	女性	103	110.25± 15.27	107.27-113.24	
是	男性	73	109.14± 16.30	105.33-112.94	0.379
	女性	82	111.17± 11.73	108.59-113.75	

（4）各种因素分层下的医学志愿亚组间的共情评分。在其他变量分层的基础上对有无医学志愿亚组的共情得分进行了分析(见表3)。数据显示，在所有的分层变量中，原本有医学志愿的本科生的共情得分要高于没有医学志愿的学生，其中，年级变量的第五年（2018 年级）、女学生、居住地为乡镇、参加了临床强化训练课程、有临床实习经验、恋爱次数大于 3 以及有分手经历的亚组中显示出统计学差异。原本有医学志愿的本科生的共情得分几乎在所有变量上都保持平衡，平均得分约为 110 分(见表3)。

表 3　　　　　各种因素分层下的医学志愿亚组间的共情评分($n = 320$)

因 素	医学志愿	参与人数	共 情 分 数		P 值
			均值±标准差	95%置信区间	
年级					
2020	志愿 [a]	69	111.67±14.142	108.27-115.06	0.002
	其他 [b]	15	99.20±11.803	92.66-105.74	

续表

因 素	医学志愿	参与人数	共 情 分 数		P 值
			均值±标准差	95%置信区间	
2019	志愿	78	110.79±15.260	107.35-114.24	0.404
	其他	27	107.96±14.808	102.11-113.82	
2018	志愿	101	109.73±14.362	106.90-112.57	0.054
	其他	30	103.97±13.865	98.79-109.14	
性别					
男性	志愿	105	108.51±15.555	105.50-111.52	0.080
	其他	30	102.87±15.078	97.24-108.50	
女性	志愿	143	112.14±13.623	109.89-114.39	0.007
	其他	42	105.62±13.301	101.47-109.76	
居住地城市化水平					
大城市 [c]	志愿	35	111.80±13.687	107.10-116.50	0.590
	其他	9	109.11±11.096	100.58-117.64	
小城市 [d]	志愿	147	110.10±14.611	107.71-112.48	0.156
	其他	43	106.53±13.778	102.29-110.78	
乡镇 [e]	志愿	66	111.11±15.023	107.41-114.80	0.001
	其他	20	97.95±14.133	91.34-104.56	
临床课程 [f]					
已参加	志愿	188	110.49±14.726	108.38-112.61	0.033
	其他	57	105.77±13.944	102.07-109.47	
未参加	志愿	60	110.95±14.113	107.30-114.60	0.006
	其他	15	99.53±13.705	91.94-107.12	
临床实习					
已参加	志愿	185	110.38±14.701	108.25-112.52	0.048
	其他	59	106.05±14.123	102.37-109.73	
未参加	志愿	63	111.25±14.206	107.68-114.83	0.001
	其他	13	97.31±11.535	90.34-104.28	
恋爱次数					
0	志愿	98	109.18±16.145	105.95-112.42	0.141
	其他	36	104.69±13.850	100.01-109.38	

因　素	医学志愿	参与人数	共 情 分 数		P 值
			均值±标准差	95%置信区间	
1	志愿	65	110.57±13.934	107.12-114.02	0.096
	其他	12	103.33±12.018	95.70-110.97	
2	志愿	47	111.36±13.009	107.54-115.18	0.382
	其他	14	107.93±12.048	100.97-114.88	
3	志愿	26	112.08±14.840	106.08-118.07	0.035
	其他	6	96.17±20.624	74.52-117.81	
>3	志愿	12	116.25±7.689	111.36-121.14	0.368
	其他	4	106.25±18.733	76.44-136.06	
分手经历					
无	志愿	124	109.61±15.424	106.87-112.35	0.052
	其他	41	104.32±13.718	99.99-108.65	
有	志愿	124	111.60±13.617	109.18-114.02	0.014
	其他	31	104.68±14.664	99.30-110.06	

(5)不同变量与 JSE-S 的三个组分得分的关联。JES-S 包括三个组分：观点采择、同情关怀和换位思考的角度上。在各种变量分层的基础上，进一步分析了每个 JSE-S 组分的得分。观察到在医学志愿亚组的三个组分得分之间存在显著差异。与对照组相比，原本有医学志愿的医学生在所有三个方面的得分更高(见表4)。

表4　　　　　　　　　　不同变量与 JSE-S 的三个组分得分的关联

因素	观点采择	同情关怀	换位思考
性别			
男	57.13	41.16	8.96
女	57.42	43.76	9.48
年级			
2020	57.29	43.13	9.01
2019	57.40	43.35	9.31
2018	57.22	41.81	9.38
医学志愿			
有 [a]	58.06	43.15	9.39
无 [b]	54.67	40.99	8.82

因素	观点采择	同情关怀	换位思考
居住地城市化水平			
大城市 [c]	58.00	43.31	9.93
小城市 [d]	57.37	42.72	9.18
乡镇 [e]	56.77	42.18	9.08
临床课程 [f]			
已参加	57.42	42.67	9.29
未参加	56.89	42.62	9.15
临床实习			
已参加	57.55	42.47	9.32
未参加	56.51	43.28	9.08
恋爱次数			
0	56.98	42.14	8.85
1	57.59	42.58	9.26
2	57.34	43.45	9.77
3	56.90	42.59	9.59
>3	59.12	44.5	10.12
分手经历			
无	57.00	42.33	8.95
有	57.61	43.01	9.58

四、讨论

（1）性别与共情能力。许多研究表明，无论是在普通人群[5-7]还是在医护专业人员[8-10]中，女性比男性都表现出更高的共情能力。本研究的结果与之类似，这种差异背后的原因引发了广泛的讨论，Eagly 等人将人类行为中性别差异的起源归为两种主要理论：进化起源理论和社会结构起源理论[11]。由于社会分工、母性投资和生物学上的固有差异，女性在共情倾向上超过男性并不令人意外[12]。

（2）在医学培训过程中，不同性别之间的共情得分变化不同。本研究表明男性的共情得分随着医学培训而下降，而女性的共情得分则上升。在 2020 年级（第三年）男女性别之间的共情得分存在微小差异。然而，随着医学培训的进行，性别之间的共情得分差异逐渐加剧，直到 2018 年级（第五年）出现显著的性别差异（见表 2）。而且这种差异恰好出现在他们即将毕业直接与患者接触的时期。此外，研究还表明女性的共情能力在医学培训过程中并未下降；相反，男性则出现了共情下降的现象[13]。该现象背后的原因值得探究，因为共情的差异仅在 2018 年级(第五年)显现，即在完成临床实习后立即出现。无论这种现象背后的原因是什么，学校都必须认识到男性共情下降的趋势，并尽早采取相应的干预措施。

(3)实习对不同性别学生共情能力的影响。参与临床实习(四年级和五年级)的男生的共情评分逐渐下降，而且这种下降趋势在刚刚完成一年实习的五年级学生中尤为显著。实习的持续时间与男生共情下降的时间完全吻合。由此可知，临床实习可能对男生共情能力的发展有着不利的影响，深入了解医学生在临床实习期间的经历将有助于揭示男生在实习期间共情能力下降的原因。

(4)医学专业选择与共情能力。本研究发现，最初有医学志愿的学生比那些没有医学志愿的学生表现出更高的共情能力。而且最初有医学志愿的群体在本科医学教育的最后三年，包括实习的第五年，一直表现出更高水平的共情。相反，那些最初没有医学志愿的群体在最后三年的学习过程中经历了明显的共情水平波动，最终在第五年时下降。这表明，对医学的初始兴趣显著影响医学生的共情能力，无论其学术水平、性别、居住地城市化水平、实习经历、恋爱关系等如何。基于自愿选择医学的学生始终保持高水平共情的事实，说明完全尊重学生的职业规划愿望和兴趣至关重要。

(5)其他变量和共情。除了上述提到的变量外，年级、居住地城市化水平、临床课程、临床实习、恋爱次数以及分手经历等因素并没有显著影响学生的共情得分，即统计学上没有显著差异。然而，研究发现随着恋爱次数的增加，学生的共情得分呈上升趋势。尤其是随着恋爱次数的增加，男性的共情得分也呈上升趋势。当恋爱次数超过 3 次时，男生的共情得分甚至高于女性。与未经历分手的学生相比，经历过分手的学生的共情得分高出两分(见表 1)，这些发现表明，恋爱分手经历可能对共情能力产生潜在的积极影响。

(6)共情能力薄弱的医学群体。一些研究提出要把对共情能力的理解扩大到关心弱势群体中去[14]。本研究中"弱势"一词指代那些共情能力更容易受到影响而下降或本身不足的群体。提高医学生共情能力整体水平的关键是要识别出共情能力的薄弱群体。识别这些群体对于实施有针对性的共情能力培训至关重要，增强和保持这些个体的共情能力将成为未来医学教育工作的重点。本研究观察到男生和最初没有医学志愿的学生在医学培训过程中共情得分逐渐下降。因此男生和最初没有医学志愿的临床医学生应被视为共情弱势群体。

(7)优势和局限性。本研究具有超越目前该领域其他文章的优势。首先，研究创新地考察了原始医学专业选择、恋爱次数和分手经历与共情得分之间的相关性。其次，在使用 t 检验和方差分析后，对具有显著差异的变量进行亚组分析，以探索这些具有显著性差异的变量与其他变量对共情分数的交互影响。之后，还使用二元 logistic 回归分析了八个因素与共情得分之间的相关关系，这种研究方法值得被借鉴(见补充表 1 和补充表 2)。此外，还引入了共情弱势群体的概念，并在研究中确定了这种人群的特征：没有医学志愿和男生。最后，发现本科第五年的临床实习可能会降低这些学生共情弱势群体的能力。建议对医学生在实习期间的经历进行彻底调查，以确定共情能力下降的原因并及时采取纠正措施。

本研究也有一些局限性。首先，本研究不是纵向研究，无法得出明确的因果关系。然而，近年来本校在国内的入学标准并未改变，这些学生的背景也大致相同。因此，研究仍具有较高的可信度。在未来，研究组将继续跟踪这些学生共情能力的变化，进行纵向研究。其次，本研究评估共情能力的方式是通过主观的自我报告问卷，没有同时进行基于患者、医生、教师等的客观评估。

五、对策

(1)培养共情能力的必要性。许多已发表的研究表明，在医学培训过程中共情技能呈下降趋势[15]，虽然有研究认为共情评分的下降被夸大了，他们的研究显示平均下降仅约0.2分[16]，但本研究显示，共情能力薄弱群体在第五年的平均共情评分发生了显著变化，分别下降了5.23和3.99分。因此，在本科医学教育中实施相关的共情能力培训是必不可少的。

(2)将共情融入常规课程。据本研究可知临床强化训练课程对提高共情分数并没有显著影响，这是医学院校课程面临的普遍挑战，在临床课程中加入与共情相关的教学内容十分必要。虽然有针对性的共情课程可以提高医学生的共情能力[17]，但无法确认其对共情水平的长期影响。因此，建议在本科医学教育中应该持续性地培育学生的共情能力。

(3)选择共情干预的时机。共情能力提升应该贯穿整个本科医学教育全过程。特别是从入学开始，医学教育工作者应该构建出有关共情的课程规划。此外，由于本科期间医学生的共情能力呈下降趋势，有针对性的共情能力强化培训是必要的。有针对性的共情能力强化培训的最佳时机因人而异，本研究提示，在本科教育第五年，医学生尤其是共情薄弱群体的共情得分急剧下降。因此，可以推测第四年结束或第五年起始是对医学生进行共情能力强化培训的合理时间。

(4)解决与共情相关的不利因素。共情能力培训还应该侧重于纠正对共情能力提升不利的因素。尽管共情能力强化培训在本科医学教育中至关重要，但这种灌输性质的教育并不如预期有效，因为这些培训未能从根本上纠正与共情相关的不利因素。提高教师课程思政教学能力已经提出多年，然而，医学生共情能力下降的持续报道表明现有的思政课程效果有待提升，这提示当前教育工作者缺乏对影响共情相关因素的认识。纠正影响共情能力提升相关的因素应该始于识别这些因素。更具体地说，发现影响共情能力提升相关的因素意味着从学生的视角出发并调查导致学生共情能力下降的原因。本研究发现一个至关重要的可纠正因素是医学志愿。为什么说它是可纠正的呢？因为它与兴趣和价值观相符，而兴趣与价值观是可以培养的。在医学培训中，应当优先考虑增加学生对医学专业及医生职业的理解，激发他们对医学专业的兴趣。

本研究首先强调了医学志愿对塑造医学生共情能力的重要性。其次原本没有医学志愿以及男生被认为是医学培训中共情能力薄弱的群体。临床实习会对这些群体的共情能力造成不利影响，因此，有必要调查潜在原因并及时实施补救措施。最后，提出了医学共情能力干预的指导建议，包括将共情教育融入常规课程、适时进行共情能力强化训练、识别和纠正共情的不利因素。通过上述措施，高校可以在思政育人体系中有效地融入共情能力的培养，这样不仅能够提升医学生的个人素质，还能够促进医学生成为具有社会责任感和道德感的优秀医疗工作者，最终使患者受益。

补充表 1　　共情水平影响因素的二元逻辑回归分析（前向法）（样本量 $n = 320$）

变量	B 值	SE	Wald χ^2	P 值	Exp(B)	Exp(B)（95%）
医学志愿	1.118	0.294	14.425	0.000	3.058	1.718-5.444
性别	0.469	0.234	4.002	0.045	1.598	1.010-2.529
常量	−2.827	0.674	17.579	0.000	0.059	

注：该表展示了影响共情水平的二元逻辑回归分析。我们以 320 名学生的 JSE-S 量表平均分作为阈值，将共情得分转化为二元分类变量。低于平均分的被归类为低共情水平，而高于平均分的则被归类为高共情水平。我们选择了前向法来筛选变量并建立二元逻辑回归分析，最终识别出两个显著变量，即医学专业选择和性别。在这两个变量中，医学专业选择对共情水平的影响最大。

补充表 2　　共情水平影响因素的二元逻辑回归分析（进入法）（样本量 $n = 320$）

变量	B 值	SE	Wald χ^2	P 值	Exp(B)	Exp(B)（95%）
年级	0.250	0.217	1.323	0.250	1.284	0.839-1.964
医学志愿	1.134	0.298	14.477	0.000	3.109	1.733-5.577
性别	0.539	0.239	5.063	0.024	1.714	1.072-2.740
城市化水平			1.375	0.503		
城市化水平（1）	−0.371	0.354	1.095	0.295	0.690	0.345-1.382
城市化水平（2）	−0.446	0.395	1.276	0.259	0.640	0.295-1.388
实习	−0.525	0.409	1.651	0.199	0.591	0.265-1.318
恋爱次数	0.130	0.153	0.721	0.396	1.139	0.843-1.539
实习经历	−0.009	0.183	0.002	0.962	0.991	0.693-1.419
常量	−2.699	0.831	10.545	0.001	0.067	

注：该表展示了影响共情水平的二元逻辑回归分析。以 320 名学生的 JSE-S 量表平均分为阈值，将同理心得分转化为二元分类变量。低于平均分的被归类为低共情水平，而高于平均分的则被归类为高共情水平。为了解决临床实践与临床课程之间的共线性问题，我们已从分析中剔除相对不显著的临床课程。该预测模型采用进入法筛选变量，强制纳入七个变量，排除临床课程。此外，由于城市化水平是一个多分类变量，农村地区被视为参考水平，城市化水平（1）指的是居住地位于小城市，而城市化水平（2）则指居住地位于大城市。结果表明，医学专业的选择和性别是两个最显著的变量。其中，医学专业的选择对共情的影响最大，超过了性别的影响。

◎ 参考文献

[1] 苏蕾, 庞美青, 丁恒. 医学生共情能力现状调查与分析 [J]. 科教导刊, 2023 (36): 152-155.

[2] 于志英, 朱文琪, 金相宜, 等. 大学生共情能力现状研究 [J]. 西部素质教育, 2023, 9 (24): 111-115.

[3] 张子健, 沈丽佳. 本科护生共情能力与对老年人态度的相关性研究 [J]. 全科护理, 2024, 22 (4): 735-739.

[4] 刘芳, 周恒宇, 杨燕滨. 护理本科生实习早期人文执业能力与共情能力的相关性研究 [J]. 医学教育研究与实践, 2023, 31 (3): 368-372.

[5] Rueckert, L. and N. Naybar. Gender differences in empathy: the role of the right hemisphere [J]. Brain Cogn, 2008, 67 (2): 162-167.

[6] Michalska, K. J., K. D. Kinzler, and J. Decety. Age-related sex differences in explicit measures of empathy do not predict brain responses across childhood and adolescence [J]. Dev Cogn Neurosci, 2013 (3): 22-32.

[7] Mestre, M. V., et al. Are women more empathetic than men? A longitudinal study in adolescence [J]. Span J Psychol, 2009, 12 (1): 76-83.

[8] Hojat, M., et al. The Jefferson scale of physician empathy: development and preliminary psychometric data [J]. Educational and Psychological Measurement, 2001, 61 (2): 349-365.

[9] Hojat, M., et al. Empathy in medical students as related to academic performance, clinical competence and gender [J]. Med Educ, 2002, 36 (6): 522-527.

[10] Michalec, B. An assessment of medical school stressors on preclinical students' levels of clinical empathy [J]. Current Psychology, 2010 (29): 210-221.

[11] Eagly, A. H. and W. Wood. The origins of sex differences in human behavior: evolved dispositions versus social roles [J]. American Psychologist, 1999, 54 (6): 408.

[12] Campbell, A. Attachment, aggression and affiliation: the role of oxytocin in female social behavior [J]. Biological Psychology, 2008, 77 (1): 1-10.

[13] Shashikumar, R., et al. Cross sectional assessment of empathy among undergraduates from a medical college [J]. Medical Journal Armed Forces India, 2014, 70 (2): 179-185.

[14] Wellbery, C., et al. Medical students' empathy for vulnerable groups: results from a survey and reflective writing assignment [J]. Acad Med, 2017, 92 (12): 1709-1714.

[15] 陈链, 李杨, 黄冬, 等. 护理实习生共情疲乏的变化趋势及影响因素研究 [J]. 护士进修杂志, 2024, 39 (3): 230-235.

［16］Colliver, J. A. , et al. Reports of the decline of empathy during medical education are greatly exaggerated: a reexamination of the research ［J］. Acad Med, 2010, 85 （4）: 588-593.

［17］张继鸿, 张红梅, 汉园, 等. 护士共情能力和人文关怀品质现状及相关性研究 ［J］. 职业与健康, 2023, 39 （20）: 2814-2818.

隐性教育对加强医学生职业素养的作用

美娜·达再 李 越*

（武汉大学 中南医院/（第二临床学院）教学办公室，湖北 武汉 430071）

【摘 要】目的：系统评估隐性教育对培养医学生职业素养的介入效果，旨在为提高临床实习生的职业素养提供思路。方法：随机抽取某医学院校78名实习生进行问卷调查，对调查结果进行统计学分析。结果：大部分同学认为带教老师典范学习（73.1%）、同伴交流（70.5%）、医院制度环境（66.7%）等隐性因素对职业素养的培养有重要影响。结论：带教老师典范学习、同伴交流、医院制度环境能显著影响医学生职业素养的培养，高等医学教育既要加强医学生专业知识的学习和专业技能的训练，也要注重隐性教育对医学生职业素养的影响，这不仅是适应医学模式转变的关键之举，推动高等医学教育发展的内在要求，也是改善医患关系、重塑医患信任以及提高医学生就业竞争力的客观需求。

【关键词】隐性教育；职业素养；医学生

【作者简介】第一作者：美娜·达再，武汉大学中南医院/（第二临床学院）2020级五年制学生；*通讯作者：李越，武汉大学中南医院/（第二临床学院）教学办公室管理人员，E-mail：2518776039@ qq. com。

隐性教育是指在宏观主导下通过隐目的、无计划、间接、内隐的社会活动使受教育者不知不觉地受到影响的教育过程[1]。隐性教育对加强医学生职业素养至关重要。随着医学模式的转变和研究范围的拓展，学生的要求越来越高，隐性职业素养的培养成为高等医学教育发展的内在要求，能够使医学生通过观察老师的医德医风强化人文关怀，建立职业荣誉感和认同感，从而在一定程度上提高医学生的责任意识和医德情操。随着现代医学技术的迅速发展，"技术至上"的思想和言论甚嚣尘上，诊断治疗的机械化、程式化使医生远离病人[2]，而职业素养的培养有助于改善医患关系，减少医疗纠纷，重塑医患间的信任。此外，在激烈的市场竞争条件下，职业素养高的医学生更能适应未来复杂多变的职业环境，更能够考虑病患的心理状态，同时提高医疗质量，提升就业竞争力和职业发展后劲。本文通过探讨隐性教育对培养医学生职业素养的介入效果，旨在为提高临床实习生的职业素养提供参考。

1. 对象与方法

1.1 研究对象

本研究随机抽取某高校 78 名临床实习生，通过非参观式观察与问卷调查形式对临床实习医学生进行调研，来探究带教老师典范学习、同伴交流、医院制度环境的影响等临床隐性教育对加强医学生职业素养的作用及意义。所有研究对象均对研究内容知情同意。

1.2 研究内容

本研究调查时间定在本科第五年的医学生完成科室轮转后，以确保调查结果的准确性和奠定回溯性研究的基础。在开展研究时，所有实习科室已经对学生进行了评分，以避免选择在实习期间进行调查可能导致学生心理负担，以及可能产生的受访者社会称许性偏误和厌恶心理等问题[3]。

通过参考国内外有关文献，总结分析隐性教育涵盖的要素，结合临床实习情况，来设计本研究所采用的基础调查问卷以此评估"隐性教育"对医学生医德养成的各项可能影响因素，并考虑实习生填写问卷可能的排斥心理以及后续资料收集分析，调查表主体部分多采用李克特 5 点量表。对问卷进行小范围预测试，通过对几名医学实习生进行问卷调查，收集资料，运用 SPSS25.0 统计分析软件对预调研数据进行信度和效度分析，把没有贡献性的测量问题进行删除，修正并形成正式的调研量表。为确保问卷填写的完整性，所有条目均设置为必答，每台电脑或手机、每个 IP、每个微信只可作答一次。最终问卷内容包含"带教老师典范学习""同伴交流""医院制度环境"三个方面。

调查人员将向学生详细说明调查的目的、内容以及可能遇到的难点和要点，并辅导学生认真填写问卷。学生完成问卷后，将直接收回并进行数据逐项录入和整理。运用统计学分析来探究隐性教育各要素对于实习生的影响与意义。

1.3 统计学处理

数据采用 SPSS 25.0 进行统计学分析，对数据进行信度分析以及多元逐步回归检验，$P<0.05$ 表示差异具有统计学意义。

2 统计学结果

2.1 信度及多元逐步回归检验分析

运用 SPSS25.0 对问卷中的量表部分进行信度分析，检测后得到 Cronbach's alpha 系数为 0.974，所得结果的一致性程度高，样本回答结果可靠，表明此次问卷量表的信度很高。

多元逐步回归检验结果显示，最终模型共包含医院制度环境、同伴交流两个自变量，R 方值为 0.853，意味着医院制度环境和同伴交流可以解释带教老师典范学习影响医学生职业素养 85.3% 的变化原因，说明模型构建较好(如表 1 所示)。

表 1　　　　　　　　　　　　　多元逐步回归检验

隐性教育举措维度	带教老师以病人中心	带教老师的临床能力	住培医生
带教老师致力于建立融洽的师生关系			0.32*
同伴及高年级学生的所作所为		0.25*	
融洽的科室氛围		0.18*	
医护人员对学生态度友好并周到	0.60**	0.40**	0.62**
熟悉医院考核制度以及住院医师甄选评价方式			0.50**
医院处理医患纠纷的能力	0.37**	0.44**	
医院对职业暴露的相关制度措施	0.23*	0.26**	0.35*

注：$*$ 表示 $p < 0.05$，$**$ 表示 $p < 0.01$

医院制度环境的各个维度会对"以病人为中心"、临床能力、住培医生产生显著的正向影响。比如：医院对职业暴露的相关制度措施($\beta = 0.23$，$p<0.05$；$\beta = 0.26$，$p<0.01$)能够提高医生的决策能力及其对待医疗工作的认真态度和负责精神从而影响医学生的职业素养。

2.2　各维度占比情况

大部分同学认同带教老师典范学习、同伴交流以及医院制度环境对自己职业素养的影响，并且认为带教老师的伦理意识、责任心及其与学生之间融洽的师生关系都对职业素养的培养有帮助(如表 2 所示)。

表 2　　　　　　　　　　　各维度占比情况(例(%))

问题	非常赞同	赞同	一般	不赞同	非常不赞同
带教老师在治疗过程中秉持以病人为中心的服务态度，体现了人文关怀以及强烈的责任感	54(69.2)	20(25.6)	4(5.1)	0(0)	0(0)
带教老师在诊治过程中注重伦理道德问题	54(69.2)	22(28.2)	2(2.5)	0(0)	0(0)
带教老师工作过程中操作规范，相关知识丰富，能够及时发现并处理问题，使我学习上有所收获	57(73.1)	19(24.3)	2(2.7)	0(0)	0(0)

问　　题	非常赞同	赞同	一般	不赞同	非常不赞同
带教老师致力于建立融洽的师生关系，使我更好更快地融入集体中	53(67.9)	18(23.1)	7(8.9)	0(0)	0(0)
在实习过程中，同伴及高年级学生的所作所为对我产生了积极的影响	55(70.5)	17(21.8)	6(7.6)	0(0)	0(0)
临床环境中，住培医生的建议对我有很大的帮助，能让我很快融入科室中	53(67.9)	17(21.8)	7(8.9)	0(0)	1(1.2)
科室的氛围很欢快很融洽，是积极向上且具有感染力的	54(69.2)	14(17.9)	10(12.8)	0(0)	0(0)
临床带教老师及其他医护人员对学生态度友好并周到，能够对遇到困难的学生伸出援手	53(67.9)	19(24.3)	6(7.6)	0(0)	0(0)
学生感受到自己是科室的一分子，有归属感和责任感，能让学生工作投入	53(67.9)	19(24.3)	6(7.6)	0(0)	0(0)
我很了解医院考核制度以及住院医师甄选评价方式并觉得了解这些对自己有帮助	52(66.7)	14(17.9)	8(10.2)	3(3.8)	1(1.2)
我对医院处理医患纠纷的能力认可	53(67.9)	18(23.8)	7(8.9)	0(0)	0(0)
我对医院人才扶持和培养的制度与政策感到满意，并认为它们得到了落实	51(65.4)	16(20.5)	10(12.8)	1(1.2)	0(0)
我认为医院对职业暴露的相关制度措施做得很好	51(65.4)	21(26.9)	4(5.1)	2(2.5)	0(0)

3. 讨论

3.1　医学生职业素养培养的现实研究意义

习近平总书记多次在讲话中提出，高校思想政治工作关系到高校培养什么样的人，如何培养人，以及为谁培养人这个根本问题，要坚持把立德树人作为根本任务[4]，充分挖掘蕴含在专业知识中的道德内涵，将道德精神渗透、贯通于教育和教学的全过程，培养学生正确的理想信念、价值观念、政治信仰、社会责任感，全面开启以课程思政改革为主要形式的"大思政"教育新时期[2]。这是国家对医学人才培养提出的更高要求，强调通过医学知识和思政的有效协同，培育医学生的医德修养，建设健康中国。因此在德医融合的背景下，如何紧密联系思政和医学教育，如何创新教育方式优化育人机制，将德育渗透到每一个教育的环节，达到润物无声的协同育人效果，实现德才兼备高素质拔尖创新人才培育的大思政目标，是医学教育工作者值得探讨的问题。

3.2 隐性教育对加强医学生职业素养的作用效果

隐性教育是引导学生在良好的教育环境中，直接体验和潜移默化地获取有益个体身心健康和个性全面发展的教育形式[5]。许多教育家和研究人员认为，隐性教育通常比显性教育更有效。在预期的价值观、信仰和行为方面的教育中"桃李不言，下自成蹊"，老师的良好品格、职业操守、专业知识能力等都会对学生起到引领和示范作用；"三人行，必有我师焉"，同学的建议、科室和谐的氛围、老师的融入式教育等都会促进学生的发展；人与环境相互渗透、相互依赖，医院的文化和制度环境影响学生的道德、行为方式，为医学生职业素养培养发挥了激励和制约的作用。

职业素质的培养不是一挥而就的事情，它是循序渐进的过程，而隐性教育模式恰能以"润物无声"的方式隐含在显性课程中，或者体现在校园环境、学校教学氛围以及教师教学风格等非课程因素中，对学生的价值观、情感和行为等起到潜移默化的作用，有效激发学生的主观能动性，对医学生在思想政治和医学人文教育方面产生长期且深远的影响，有助于培养又红又专、德才兼备的有温度的卓越医学人才，对加强医学生的职业素养具有重要意义。

4. 结语

医学生在临床实践中的学习并不仅仅来源于明确的教学大纲或课堂讲授，更多的是来自非正式的"隐性课程"。例如，指导教师的热情、对待病人的态度、沟通技巧、诊断疾病时的逻辑思维，以及临床环境中的同事和团队合作等，这些都是医学生在医院能够观察判断、切身体会和不断学习的内容，并逐渐内化为自己的医疗理念和职业行为，形成未来的医疗模式。在国内医学教育模式的不断创新中，"隐性课程"已成为一个不容忽视的重要部分，其在医疗道德教育全程中的广泛影响值得深入研究。

从医疗道德学习的角度来看，医学生在临床前阶段对"隐性课程"的学习和记忆，甚至可能超过学校提供的正式课程。在医学教育的过程中，实习医生所接受的"隐性课程"主要来自三个方面：带教老师、同伴交流以及医院的战略规划和诊疗流程。这些都直接或间接地影响了医生的诊疗习惯和学生的学习体验。

显然，"隐性课程"在医疗环境中无处不在，它影响着医学生从学校学习到职业生涯的医疗道德发展，帮助医学生加速达到医疗道德的合格标准，有助于强化其在医学教育中的积极作用。

◎ 参考文献

[1] 吴品云. 习近平关于高校思想政治教育论述的理论与实践研究 [J]. 齐齐哈尔大学学报（哲学社会科学版），2022（7）：14-17.

［2］ 张军．基于三全育人理念的医学课程思政改革探索与反思——以本科"诊断学"为例［J］．教育教学论坛，2022（5）：62-65．

［3］ 孟颖佳．基于隐性教育理论的高校网络思想政治教育研究［D］．南京：南京理工大学硕士学位论文，2012．

［4］ 江玉莲．医学生隐性职业素养培养路径探析［J］．太原城市职业技术学院学报，2019（3）：113-115．

［5］ 范冠华，林翰，张倍恩．慢性病诊疗带教中的"隐性课程"对医德养成有心理连带效果吗？——一项基于多教学医院数据的实证分析［J］．心理学进展，2018，8（7）：1038-1045．

人工智能时代下医学人才培养的转型和创新

连峥琪　张天宇　曾　智

（武汉大学　第一临床学院，湖北　武汉　430060）

【摘　要】随着我国国民疾病谱的改变，国家发布《"健康中国2030"规划纲要》，对我国医学人才培养提出新的要求。人工智能(AI)技术在医疗领域的蓬勃发展，为临床医生带来新的机遇与考验。面对"时代变革"和"教育变革"的双重转折，培养什么样的医学人才和如何培养医学人才成为亟待解决的课题。本文通过对AI技术在医疗领域发展现状的分析，提出AI时代下医学人才应具备的基本素养以及医学人才培养模式的改革建议，以适应智能革命时代发展对医学人才的新需求。

【关键词】人工智能；医学教育；人才培养；健康中国

【作者简介】连峥琪（2001—　　）：女，河南郑州人，本科，武汉大学第一临床学院学生，E-mail：2019305231094@whu.edu.cn；张天宇（2001—　　）：女，湖北武汉人，本科，武汉大学第一临床学院学生，E-mail：2019305231038@whu.edu.cn；曾智（1982—　　）：男，湖北武汉人，博士研究生，武汉大学人民医院病理科副主任医师，副教授，主要从事消化道早癌研究，E-mail：Zhizeng@whu.edu.cn。

21世纪以来，人类进入了智能革命时代。AI作为智能革命的主要标志，为我国医疗服务带来了翻天覆地的变化[1]。AI在智能预诊、智能诊疗和智能保健服务等方面的应用，不仅提高了医疗服务的效率和质量，也推动了医疗服务向智能化、精准化转型[2]。随着全球资源面临的挑战和人口老龄化的加剧，AI将辅助未来医疗向个性化、人性化、全球化的方向转变，实现从疾病诊疗走向健康促进[3]。

面对科技的进步和时代的挑战，我们急需明确新时代医学人才的培养方向。同时，医学人才培养模式也应与时俱进，以适应时代的变革和国民健康的改变。

一、人工智能时代医学人才的核心素养

在智能革命中，AI对于医疗领域的工作并非替代而是转型。医学人才的培养需兼顾人与AI的互补性，强化AI的技术应用能力，从而实现"人机协同"。

1. 科研创新双翼：医师-医学科学家的转变

AI在存储记忆方面能力卓越，而在深度创新方面与人类无法比拟[4]。因此，医学人

才培养的重点应从重复记忆转向理解创新，将医学人才培养成为能够提炼临床工作中的科学问题，并通过科研创新来解决问题的"医师-医学科学家"[5]。具体来讲应具备以下三项能力：

其一是临床问题转化能力。AI 在处理信息方面展现了强大能力，但其难以灵活分析、挖掘信息与信息之间的联系。这就要求医学人才能够自主探索各检查指标与疾病之间的因果关系、疾病与疾病之间的关联以及不同诊疗方案的预后差异。医学人才需要将临床现象或临床问题转化为科研问题，通过实验的设计和验证来解决临床发现和疑难杂症的诊治[6]。同时，医学人才也应注重自身批判思维和科研能力的培养，不断创新疾病的预防、诊治和康复方法，为推动国民健康发展赋予新的动力。

其二是数据分析能力。AI 的庞大数据存储能力为医学人才带来了更多的挑战和更大的发挥空间。如何利用这些数据进行合理挖掘和分析，是医学人才在 AI 时代需要深思的问题[7]。随着精准医学的发展，遗传组学大数据的重要作用日益突显[8]。医学人才需要能够深入挖掘和分析数据，以识别疾病预防和诊疗的关键因素。

其三是跨学科知识融合能力。AI 时代更强调医学与其他学科的交叉融合，促进具有应用型和复合型特征的医学人才培养[9]。未来医疗发展的个性化，体现在临床医学知识与基因组学、生物信息学等跨学科知识的融合，只有具有多学科知识的医学人才才能够从多角度分析临床问题，制订综合解决方案。此外，多元化的知识还能激发医学人才在解决临床问题过程中的思考和创新，为探索医疗技术和医疗手段的新途径创造了可能。

2. 智能技术精湛：临床与科研的人工智能应用

AI 技术的发展要求医学人才熟练运用先进的 AI 技术以适应新的临床工作和科研工作。随着越来越多的新兴智能医疗器材和软件在临床的涌现，AI 技术不仅提高了手术的精确度和安全性，也为远程医疗服务提供了可能[10]。如目前流行的达芬奇手术机器人、远程手术系统等。因此医学人才需要充分掌握智能设备的应用场景和使用方法，让 AI 更好地服务于自己的工作。

在科研工作中，蓬勃发展的生成式 AI 为科研工作带来极大便利。如生成式 AI 可以根据研究者的需求快速阅读目标文献，提供文献的主要信息[11]。但要使 AI 达到精准提取文献信息、制订科学实验方案的标准，需要医学人才掌握如何有效地与 AI 对话，以确保 AI 生成的文本内容匹配要求并且准确无误。

3. 教学能力卓越："医-智"融合的师资队伍培养

在 AI 时代背景下，师资队伍的质量成为医学人才培养的关键。然而，现阶段医学人才培养只能是 AI 领域的知识由 AI 专业的教师传授，而医学知识则由医学教师讲授。这种分离式的教学方法，忽视了知识的深度整合与创新思维的培养，不利于培育出能够适应未来挑战的医学人才[12]。为了应对这一挑战，培养"医-智"融合的教师变得尤为必要。在分离式教学模式下，第一代兼具医学知识与 AI 技能的学生成为未来医学教育的中坚力量。这需要在现阶段的医学教学过程中加强对医学人才教学能力的培养，才能保障医学人才培养的可持续发展，助力在未来培育出更多适应时代需求的医学人才[13]。

4. 人文情怀深厚：AI 时代的温暖医魂

技术的进步无法涵盖医疗实践的方方面面，尤其是在人类的情感和同理心这一领域[14]。研究表明，医生与患者的情感交流能够通过患者依从性的提高和对医生信任度的增加，产生积极的心理反应和暗示，以减轻患者的疼痛、缓解疾病症状和改善疾病预后[15]。因此，在 AI 与医疗融合的时代，医学教育培养出来的人才不应该是高知的"冰冷机器"，而应该是能够在临床实践中展现出同情心和关怀，能够给予患者不可或缺的温暖力量的医学人才。

5. 伦理法律兼备：医学人才的道德指南

随着 AI 在医疗领域的深入，伦理和法律问题随之而来，如数据隐私保护、算法透明度和责任归属等[16]。这要求医学人才在专业实践中必须具备扎实的伦理和法律知识储备与判断能力，在临床实践和科研活动中能够运用伦理和法律知识来指导自己的行为。例如，在处理患者数据时，他们需要了解相关的数据保护法规，确保患者的隐私不被侵犯。当然，医学人才的伦理和法律知识体系需要随着技术的发展和社会的变化而不断更新。只有医学人才成为医疗实践中的道德楷模和法规遵守者，才能保障医疗活动的正当性和保护患者权益。

6. 国际视野广阔：医学教育的全球视野

当前全球治理体系和国际格局加速变革，"百年未有之大变局"要求我国全方位增强自身国力和国际影响力[17]。欧美等发达国家和地区目前在 AI 技术领域仍处于全球领先水平。因此，医学人才需要开拓国际视野，紧跟发达国家和地区的技术发展步伐，"取其精华、去其糟粕"，从而提升自身的国际竞争力。同时，在国际医疗的交流与合作中，医学人才需要通晓国际卫生健康治理规则，在国际公共卫生事件中贡献中国智慧和中国方案[18]。

7. 领导决断精准：医学人才的决策能力与合作能力

AI 能够为医学人才提供多样化诊疗决策辅助。然而，AI 提供的方案并非总是完美无缺，医学人才需要在多样化的选择中做出最合适的决策[14]。这要求医学人才具有良好的决断能力，通过综合考虑患者的病情、治疗方案的可行性、医疗资源的分配等因素，做出最有利于患者的选择。同时，在未来以患者为中心的多学科团队的医疗服务模式下，医学人才还需要加强团队协调、团队沟通和团队合作的能力。通过人与人的合作、人与 AI 的合作，以快速有效地解决医疗难题和响应大型公共卫生事件带来的挑战。

二、人工智能时代下医学人才培养模式的改革

1. 建设复合型师资队伍

师资队伍是医学教育的基石。高等院校需要通过"选拔、培训、评价"三步走策略，打造一支复合型和应用型师资队伍。首先，高等院校在选拔医学院教师时应注重多学科人才的引进，包括医学、计算机科学、生物学和工程学等专业。其中，学校应高度重视具备多学科交叉背景的医学教师的吸纳。其次，高等院校应定期开展教师培训。在培训过程中，通过不同专业背景教师的交流与融合，教师们共同探索培养具有跨学科能力医学人才的创新教学模式，形成具有"医学+X"的复合型能力的教师团队。随着 AI 的发展，AI 教学助理将会走进更多院校和专业的课堂。如西北民族大学通过 AI 辅助华尔兹舞的课前设计、课中教学和课后评价，提高了学生的学习兴趣和学习效果[19]。因此，教师需要加强人机合作教学的培训，以达到最佳的授课效果。教师培训还需要强化医学专业教师的技能培训，教师需要随着 AI 技术的发展不断学习新的医疗智能设备的操作。最后，需要加强教师评价及激励体系的建设。教师通过定期的教学比赛和学生对教师的网络评分，及时调整改进教学方法，提升授课质量。

2. 构建多元化创新课程

教学课程内容的设置，直接关系到医学生能否获得适应时代发展的核心素养。在 AI 时代，高等院校首先应关注 AI 技术及其衍生的相关课程在学校的开设。例如，生成式 AI、智能医疗设备使用、医学人文和伦理法律等课程。当前我国众多高校正致力于开发 AI 类课程，但教学内容往往单一、与专业实际联系不紧密、教学深度亦显不足[20]。因此，课程体系的多元化建设需要各高校和医学学科带头人深入探索，在确保课程内容综合性的同时又能够与自身院校和学科特色相结合。例如山东第一医科大学通过整合医学专业相关案例与 AI 教学，实现了教学内容与实践的有机结合，从而提升了教学效果[21]。

课程的多元化还体现在教学方法的多元化上。例如，中山大学采用 ChatGPT 为口腔专业学生提供个性化学习路径，使学生可以根据自身能力获得量身定制的学习方案。其优势还在于能够根据学生学习进度灵活调整学习策略，并在课后帮助教师快速响应学生的学习疑问。此外，ChatGPT 通过模拟临床病例，可以增进学生对知识的理解和应用能力[22]，提高教学质量和教学效果，从而优化医学人才的培养过程。首都医科大学建成的智能教育体系，集成了丰富的教学资源，为教师备课提供了便利。此外，该平台具备收集和分析课堂语音及学生答题数据的功能，实现了实时监控教学动态。同时还配置了虚拟仿真系统，通过模拟真实的临床情景，学生能够从接诊到治疗进行全过程实践操作。这种模拟训练不仅增强学生解决临床问题和应对紧急情况的能力，也加深了他们对智能医疗设备操作的熟练度[23]。

3. 共建多主体协作项目

面对 AI 引发的多样化和多变化的教育挑战,单一实体的努力显得捉襟见肘。因此,需要通过校内整合、校际联合、校企合作以及国际协作等多主体合作模式,实现教育创新和人才培养。医学院校培养医学人才的过程离不开与附属医院的合作,医院环境是医学生获取医学前沿知识和锻炼实践技能的理想平台。高等院校应有效整合校院资源,定期邀请临床医师向学生介绍先进的 AI 医疗技术和最近的医疗服务流程。此外,学校安排学生参与医院实地实习时,应注重指导学生结合临床问题进行科研创新项目的设计。这种校院合作模式不仅可以丰富学生的学习体验,也可为医学教育的发展提供有力支撑。

现阶段,部分独立设置的医科大学缺少跨学科教师资源,难以形成多学科交叉的教学体系。这种情况下,高校之间的深度合作显得尤为重要。它可在弥补单一学科师资力量不足的同时整合不同学校的特色,促进高校间创新项目的研究与发展。如福建医科大学与福州大学深度合作,两校分别利用各自的医学和工程学优势,共同创建智能医学工程专业。该专业结合了医学知识和智能技术,培育出医工复合型高端人才[24]。

新兴科技如基因测序、智能医学图像诊断系统和手术机器人的开发与应用,依赖高端科学实验室的技术支持。生物和医疗科技企业通常拥有先进的硬件设施,能够为项目实践的落实提供优越的实验条件[24]。因此,医学院校应加强与这些企业的合作,通过共享实验室资源和建立产教联合培养模式,优化人才培养的效率和效果。此外,企业的工程师们凭借其丰富的行业经验,能够与校内教师共同参与学生项目的指导,协助制订科学合理的项目方案。例如,上海交通大学与企业共建实验平台,并聘请企业导师,利用双方优势资源推动人才创新培养[25];天津大学与爱尔眼科集团互相开放科研平台,共建智能医学教育平台,实现医学教育与行业实践的深度融合[24]。

随着全球化的发展,国际合作成为推动高等教育发展的关键因素。根据《国家中长期教育改革和发展规划纲要(2010—2020 年)》,要培养具有国际视野、通晓国际规则、能够参与国际事务和国际竞争的国际化人才。世界一流学府耶鲁大学,通过与 8 个国家的 10 所顶尖研究型大学建立国际研究型大学联盟,展现其国际化战略布局,以应对全球化的挑战[26]。我国医学院校也在积极响应这一趋势,加强与国际高等学府的交流合作。例如在脑科学这一前沿领域,复旦大学通过院系、导师和学生三个层面,探索研究生国际视野培养的策略[27];电子科技大学与加拿大麦吉尔大学的国际合作培养项目,为培养创新型国际化人才提供了有益的实践案例[28]

4. 完善革新医学人才评价体系

医学人才评价体系是医学人才培养中重要的环节。随着 AI 技术的进步和医学人才培养模式的创新,传统的评价体系需及时更新以适应这些变革。我国医学院校现行的评价体系主要集中在医学知识和临床技能的评估上,已不能满足 AI 时代对医学教育的新要求。因此,评价体系需要不断更新,以能够反映医学教育新兴的能力和需求[12]。

一方面，未来应加强对学生利用 AI 技术解决临床问题能力的评估。教师可以采用 ChatGPT 等工具，结合病理学、病理生理学、内外科学以及药理学等多学科知识，精心设计临床模拟病例。在考核过程中，学生将使用计算机完成从接诊到治疗的整个临床流程。这样的考核形式不仅可以考查学生进行人机对话的能力，检验他们是否能通过精确的指令与模拟患者进行有效沟通，为其提供个性化、人性化和精准化的医疗服务；同时也能锻炼学生建立不同学科知识间的联系以灵活运用所学解决临床问题的能力，检验学生是否能够在实践中学会整合多学科知识，形成全面的临床思维。另一方面，鉴于多学科诊疗模式的兴起，未来对医学人才的评估也应更多地强调团队合作能力。根据模拟医疗场景，学生将被随机分配至不同的团队角色。评估的重点在于学生如何与团队成员协作，共同应对复杂的临床病例，实现多学科综合诊疗，以提供给患者最优化的医疗服务。

随着人口老龄化的到来和人类疾病谱的改变，国家提出新的医学人才培养方向，以应对公共卫生健康带来的新挑战[29]。而在 AI 兴起的风口浪尖，医学教育急需调整以适应新时代发展的需求。未来科技的风云变幻，要求我们不断革新教育理念，推动教育教学方法的持续创新。我们必须敏锐洞察时代的需求，灵活调整人才培养模式，以确保医学人才在时代的巨浪中踏浪前行。我们期待通过不懈的努力，能够培养出既具备深厚医学知识，又能驾驭现代科技的医学精英。作为医疗健康事业进步的中坚力量，他们将以卓越的专业能力和创新精神，为我国乃至全球人类的健康福祉作出不可磨灭的贡献，共同书写人类健康的新篇章。

◎ 参考文献

[1] 何星亮. 智能时代：东方文明的时代 [J]. 世界社会科学，2024（1）：27-43，242-243.

[2] 庹敏，侯梦婷，鲍娟. 人工智能在医疗领域的应用现状和思考 [J]. 中国现代医生，2022，60（22）：72-75.

[3] 张旭平. 习近平关于健康中国重要论述的内在逻辑探析 [J]. 继续医学教育，2024，38（6）：154-157.

[4] 程承坪. 人工智能对劳动的替代、极限及对策 [J]. 上海师范大学学报（哲学社会科学版），2020，49（2）：85-93.

[5] 田坤明. 临床型医院到研究型医院转变背景下医师科学家培养的探索 [J]. 才智，2024（14）：113-116.

[6] 陈高. 对于优秀医生来说科研训练必不可少 [J]. 中国卫生，2023（4）：65.

[7] 高园园，曹蕾，王丹丹，等. 新医科背景下医学生的 Python 课程教学设计与实践 [J]. 医学教育研究与实践，2024，32（2）：181-185.

[8] 陈润生. 基因组、大数据、精准医学 [J]. 名医，2020（13）：81-84.

[9] 钮晓音，郭晓奎.“新医科”背景下的医学教育改革与人才培养 [J]. 中国高等医学教育，2021（5）：1-2.

［10］ 韩锦川，王子洪，周晟汀，等．达芬奇手术机器人系统的临床应用与设备管理体系的建立与实践［J］．中国医疗设备，2023，38（9）：111-116.

［11］ 高丹丹．生成式人工智能在研究生科研中的应用：优势、局限与对策［J］．中国现代教育装备，2024（11）：40-43.

［12］ 汪秀衡，胡恒境．AI 医疗背景下医学人才培养改革的探索和思考［J］．科教文汇（下旬刊），2021（36）：123-125.

［13］ 周庆，丁锦宏．医学教育家培养工程：一种让良医成为良师的有效探索［J］．大学，2021（6）：125-126.

［14］ Topol E J. High-performance medicine：the convergence of human and artificial intelligence［J］. Nat Med, 2019, 25（1）：44-56.

［15］ 马翠业．医学人文关怀在构建和谐医患关系中的作用及措施［J］．现代企业，2019（12）：101-102.

［16］ 杨毅，刘卓．人工智能医疗设备应用的伦理问题分析［J］．中国医疗设备，2024，39（4）：137-141.

［17］ 柴生高．正在加速演变的世界百年未有之大变局［J］．中州大学学报，2021，38（4）：56-60.

［18］ 马坤龙．健康中国战略下医学本科生培养模式的策略研究——评《卓越医学人才培养认知与实践》［J］．应用化工，2024，53（2）：512.

［19］ 王南乔．人工智能（AI）教学在普通高校华尔兹舞教学中的应用研究［D］．兰州：西北民族大学硕士学位论文，2023.

［20］ 牛秋月，王晓鹏．新医科背景下以人工智能为导向的医学院校计算机基础课程体系构建初探［J］．中国教育技术装备，2023（13）：57-60.

［21］ 彭磊，肖延丽．"人工智能及医学应用"课程案例教学探究［J］．科教导刊，2023（27）：107-109.

［22］ 陈首丞，何依帆．基于 ChatGPT 的口腔医学本科教学个性化引导优化［C］．昆明：2023 年中华口腔医学会口腔医学教育专业委员会第 18 次口腔医学教育学术年会，2023.

［23］ 韩淏轩，吕枫枫，王强，等．人工智能技术赋能医学人才培养的应用与探究——以首都医科大学为例［J］．中国医学教育技术，2024，38（3）：261-265，270.

［24］ 黄智若，沈晓沛，陈湖星，等．"医学+人工智能"复合型创新人才培养模式探析［J］．中国医学教育技术，2024，38（3）：271-275.

［25］ 黄洁雯，倪培华，卫蓓文，等．校企联合培养模式在检验医学教学中的实践［J］．国际检验医学杂志，2023，44（7）：887-890.

［26］ 李军．世界一流大学国际合作的战略布局与核心逻辑——以耶鲁大学为例［J］．比较教育研究，2024，46（6）：54-63.

［27］ 罗赟星，高文静．国际视野背景下创新型医学研究生培养模式探索与实践［J］．教育

教学论坛, 2020 (23): 223-225.

［28］李凌, 姚静然, 权凌, 等. 国际合作培养生物医学工程-神经科学交叉领域创新型人才项目的执行分析和思考 [J]. 医学教育研究与实践, 2024, 32 (1): 1-5.

［29］丛日坤, 丁之桐, 常聪聪. "新医科" 背景下医学人才培养路径探析 [J]. 医学教育研究与实践, 2024, 32 (2): 131-135, 40.

基于信息化平台的教学质量评价体系构建与实践：
促进教学反馈的高效利用

沈其益　卢力源　吴采倩　黄佳琦　王时雨　时玉龙*

（武汉大学　中南医院(第二临床学院)，湖北　武汉，430071）

【摘　要】教学质量评价是高等教育教学水平和学生学习效果的重要保障。随着信息技术的发展，基于信息化平台的教学质量评价体系为教学质量监控和反馈机制提供了新的思路和工具。本文从临床教学的实际情况出发，探讨了如何构建基于信息化平台的教学质量评价体系，并提出了具体的质量评价标准与信息化反馈体系。通过教学实践证明，这种基于信息化平台的质量评价体系能够有效促进教学反馈的高效利用，从而提高教学效果和学生满意度。

【关键词】教学质量评价；信息化平台；反馈机制；临床教学；评价标准

【作者简介】*通讯作者：时玉龙，武汉大学中南医院(第二临床学院)主治医师，E-mail：yulong. shi@ whu. edu. cn。

随着信息化技术的快速发展，教学质量评价体系逐渐向数字化和智能化方向发展。有效的教学质量评价不仅是监控教学效果、提升教育质量的重要手段，也是在教育过程中促进教师改进教学策略以及学生提高学习质量的关键因素[1]。在临床教学中，教学质量评价体系尤为重要，因为它强调实践操作与理论知识的结合，而传统的评价方法往往存在反馈滞后和标准单一等问题[2]。因此，开发基于信息化平台的教学质量评价体系显得尤为必要。这种体系通过构建高效的反馈机制，能够实时收集和分析教学数据，及时提供改进意见和建议，从而推动教学质量的持续提升。这一系统不仅能适应临床教学的需求，还能为教师和学生提供个性化的反馈建议，进而促进教学质量的提升。

一、基于信息化平台的教学质量评价体系构建

1. 教学质量评价体系的构成要素

在临床教学背景下，教学质量评价体系需要包括评价指标体系、数据采集与分析及反

馈与改进这三个核心要素[3]。该体系不仅要评估教师的教学内容和方法，还需关注学生的学习效果、临床操作能力和对理论知识的掌握情况。具体而言，评价体系应评估教学内容的有效性，包括课程设计的合理性、内容的适用性及教学目标的达成度。此外，教学方法的科学性也是关键，需考查教师的教学方法是否科学合理，能否充分激发学生的学习兴趣和积极性。对于学生的学习成果，评价体系需关注他们在理论知识掌握、临床技能操作能力和学习态度等方面取得的成效。最后，通过学生的学习体验反馈和教师的自我评估，实现对教学内容和方法的持续改进[4]。

2. 信息化平台的技术支持

信息化平台为教学质量评价提供了重要的技术支持。现代信息技术，特别是大数据、云计算和人工智能技术的广泛应用，使得评价体系更加智能化和精准化[5]。通过这些技术，系统能够自动收集和分析教学过程中产生的各类数据，并生成实时报告和个性化反馈。例如，基于大数据分析，系统可以通过学生的学习行为数据(如课堂出勤率、考试成绩、在线讨论参与度等)分析学生的学习表现和教师的教学效果。人工智能技术的应用也让平台能够精准识别教学中的问题，如学生的学习难点和教师的教学薄弱环节，并提供相应的改进建议[6]。此外，云计算技术为系统提供了更强的存储和处理能力，支持大规模的在线评价和数据处理，从而确保了系统的高效运行。

3. 信息化平台评价的实施流程

基于信息化平台的教学质量评价体系的实施通常包括以下步骤：首先，通过教学管理系统自动采集学生的学习数据和教师的教学数据，如课堂表现、作业完成情况及考试成绩等。其次，利用大数据和人工智能技术对这些数据进行分析，识别数据中的趋势和问题，如学生学习效果和教学内容的适配度。再次，系统根据分析结果生成个性化的教学质量报告，向教师提供教学改进建议，并向学生反馈学习中的弱点。最后，教师和学生根据系统提供的反馈，分别调整教学内容、方法和学习策略，从而实现教学质量的持续提升[7]。

二、基于临床教学的质量评价标准

1. 理论与实践结合的评价标准

临床教学的核心在于理论与实践的完美结合，因此，教学质量评价标准需要从多维度出发，全面评估学生在各个方面的表现。首先，理论知识的掌握是关键，可以通过标准化测试和课后考核等方式深入评估学生对医学基础知识和临床理论的理解程度[8]。其次，实践能力的培养同样重要，这可以通过临床技能操作考试、模拟实习、临床实践报告以及观察学生在实地进行的临床操作等多种形式加以评估，确保学生具备解决实际问题的能力。

而在医患沟通能力的评估中，由于临床教学不仅是技术操作的训练，还包括对学生人际交往能力和医患沟通能力的强化训练，因此，评价标准应涵盖学生在实际临床环境下的人际交往能力、沟通技巧和团队协作能力[9]。这些能力至关重要，因为它们直接影响到未来医生与患者间的有效信息交流和治疗方案的执行。另外，学习态度和职业道德也是评价标准中不可或缺的组成部分。特别是在医学领域，学生应表现出更为积极的学习态度、良好的职业操守以及强烈的责任感。

2. 课堂教学质量的评价

课堂的教学质量直接影响学生的学习效果。为全面评估课堂的教学质量，评价标准需覆盖多个方面。首先，课堂教学目标的明确性非常重要。教师需要能够清晰地阐述课堂教学目标，并有效地组织教学内容，以确保学生在学习过程中拥有明确的方向感和目标感[10]。其次，教学方法的多样性是提升教学效能的重要策略。教师应利用多样化的教学方法(如病例教学、问题导向学习、跨学科研讨等)，激发学生的学习兴趣，提升其学习主动性和参与度。

此外，教学反馈的有效性也至关重要。教师需根据学生的反馈及时调整教学策略，确保教学内容和方法能更好地满足学生的需求并促进其学习[11]。教师的自我评估和改进能力同样需要在教学过程中体现出来，以推动教学质量的不断提升。

三、信息化反馈机制的创新与实践

1. 实时反馈机制

信息化平台中的实时反馈机制为优化教学质量提供了重要的支持。系统可以通过分析学生的学习数据，实时生成反馈信息，帮助学生在学习过程中及时调整学习策略。例如，平台能够在每次考试后立即生成个性化的成绩报告，指出学生需要关注的薄弱环节，并提供具体的学习建议，以帮助学生查漏补缺并巩固知识基础[11]。这样，学生在教学过程中能够获得持续的学习支持，并在需要时获得额外的辅导资源。

2. 教师的教学反馈

通过信息化平台，教师在教学过程中可以及时获取教学反馈。这些反馈基于系统对学生学习数据的分析，识别出教学中的薄弱环节，并生成改进建议，帮助教师优化教学内容和改进教学方法。如此一来，教师可以了解到学生在某一章节的整体表现情况，并对教学计划进行有针对性的调整。例如，如果系统提示某一章节的考试成绩普遍较低，教师就可以增加该部分的课程讲解或安排更多的练习，以确保学生对该内容的掌握[12]。

3. 多元化反馈渠道

信息化平台通过多元化的渠道进行反馈，确保学生和教师能够及时获得信息。这些渠道可能包括电子邮件、手机短信推送、移动终端应用程序通知等，旨在提升反馈的及时性和有效性[13]。同时，平台支持师生之间的在线互动交流，允许学生通过平台随时向教师反馈学习中的疑问，而教师也可以利用平台提供个性化的辅导和建议。

四、实施中的挑战与解决方案

尽管基于信息化平台的教学质量评价体系具有显著的优势，然而在实践过程中仍然存在着若干挑战。这些挑战来自技术设备的支持、平台的稳定性以及师生对于新系统的适应能力。

1. 技术设备与平台维护

信息化平台的有效运行需要强大的技术设备支撑和定期维护。但是，由于高昂的硬件成本以及复杂的软件维护，有些教育机构可能会面临资金和技术人员短缺的问题[14]。为解决这一挑战，学校需要投入足够的资金来布局和更新信息化基础设施，确保平台的平稳运行。此外，定期进行系统维护和更新是至关重要的，以便迅速修复任何技术故障，确保系统的可靠性和稳定性。

在此过程中，学校可以考虑与技术公司合作，通过外包技术支持，降低维护成本并提高技术支持的专业性与响应速度。此外，学校还应建立内部技术支持团队，以确保能够快速响应和解决教职工和学生在使用信息化平台过程中遇到的问题。

2. 师生使用习惯的改变

传统的教学评价方式大多是基于纸质和口头的形式，师生习惯于这种相对简单而直观的反馈方法。引入信息化平台后，师生需适应新的评价和反馈模式，这可能会在实践中遇到一定的阻力[15]。为此，学校需要提供充分的培训机会，帮助师生熟悉系统的操作界面和功能。此外，教学管理部门可以通过举办研讨会或培训班，以小组的形式引导教师探索如何将信息化评价工具融入日常教学工作中。在实施过程中，学校需关注收集用户体验反馈，以此优化系统设计和用户界面，使平台更加用户友好，从而提高系统的接受度和使用效能。通过逐步推广信息化平台的应用，逐渐改变师生的使用习惯，使其融入日常教学评价体系之中，从长远看，将大大促进教学质量的提升。

五、结论

基于信息化平台的教学质量评价体系为临床教学质量的提升提供了全新的解决方案。它通过大数据和人工智能技术的应用，使得教学评价体系变得更加智能化和个性化，而实时反馈机制也显著提高了反馈的时效性和有效性。通过这些改进措施，不仅提升了教学效果和学生满意度，也增强了教师在教学过程中对问题的快速响应能力和对教学策略的灵活调整能力。

尽管在实施过程中，这一体系面临技术设备维护和师生适应新系统等挑战，但只要通过合理的规划、投入和持续的改进，以及对师生进行充分的培训和引导，信息化平台就能够有效促进教学反馈的高效利用，推动医学教育的可持续发展与创新。未来，还需进一步探索更多智能化技术在教学评价过程中的应用，以进一步提高教学的精准性和有效性。

◎ 参考文献

［1］ Tuma F. The use of educational technology for interactive teaching in lectures ［J］. Annals of Medicine and Surgery，2021（62）：231-235.

［2］ AlHaqwi A I，Taha W S. Promoting excellence in teaching and learning in clinical education ［J］. Journal of Taibah University Medical Sciences，2015，10（1）：97-101.

［3］ Rosa M J，Sarrico C S，Amaral A. Implementing quality management systems in higher education institutions ［M］. Mehmet Savsar. Quality Assurance and Management. London：IntechOpen，2012.

［4］ Burgess A，van Diggele C，Roberts C，et al. Feedback in the clinical setting ［J］. BMC Medical Education，2020，20（2）：460.

［5］ Almasri F. Exploring the impact of artificial intelligence in teaching and learning of science：a systematic review of empirical research ［J］. Research in Science Education，2024，54（5）：977-997.

［6］ Zhang W，Cai M，Lee H J，et al. AI in medical education：global situation，effects and challenges ［J］. Education and Information Technologies，2024，29（4）：4611-4633.

［7］ Song C，Shin S，Shin K. Implementing the dynamic feedback-driven learning optimization framework：a machine learning approach to personalize educational pathways ［J］. Applied Sciences，2024，14（2）：916.

［8］ Liu S. Higher education quality assessment and university change：a theoretical approach ［M］//Quality assurance and institutional transformation：the chinese experience. Singapore：Springer Singapore，2016：15-46.

［9］ Qureshi A A，Zehra T. Simulated patient's feedback to improve communication skills of clerkship students ［J］. BMC Medical Education，2020，20（1）：15.

［10］ Burgess A，van Diggele C，Roberts C，et al. Key tips for teaching in the clinical setting ［J］. BMC Medical Education，2020，20（2）：463.

［11］ Kulaksız T，Steinbacher J，Kalz M. Technology-enhanced learning in the education of oncology medical professionals：a systematic literature review ［J］. Journal of Cancer Education，2023，38（5）：1743-1751.

［12］ Chugh R，Turnbull D，Cowling M A，et al. Implementing educational technology in higher education institutions：a review of technologies，stakeholder perceptions，frameworks and metrics ［J］. Education and Information Technologies，2023，28（12）：16403-16429.

［13］ Björklund K，Stenfors T，Nilsson G H，et al. Multisource feedback in medical students'

workplace learning in primary health care ［J］. BMC Medical Education, 2022, 22 （1）:
401.

［14］ Regmi K, Jones L. A systematic review of the factors-enablers and barriers-affecting e-
learning in health sciences education ［J］. BMC Medical Education, 2020, 20 （1）: 91.

［15］ Oksana C. Bridging the gap: traditional vs. modern education （a value-based approach for
multiculturalism） ［M］ //Filippo G P. Lifelong learning. Rijeka: IntechOpen, 2024:
14.

基于"双导师制"对临床医学八年制人才培养的思考

张天宇　　连峥琪　　刘　希

（武汉大学　第一临床学院，湖北　武汉　430060）

【摘　要】建成教育强国、科技强国、人才强国是我国新时代的前进方向，构建全面现代化医疗体系需要高新科技和创新人才的支持与保障，对医学人才培养和医学教育提出了更高要求。然而，受限于目前临床医学八年制人才培养存在的问题，新的教学模式急需提出。"双导师制"作为近年来提出的教育创新模式，已在多所高校开展，并逐渐向医学院校普及推进。本文结合武汉大学第一临床学院八年制人才培养实际，参考多所高校教学经验，进行"双导师制"实施的探索和思考，以期为八年制人才培养提供新思路。

【关键词】八年制培养；双导师制；临床医学；医学教育

【作者简介】张天宇（2001—　　），女，湖北武汉人，武汉大学第一临床学院2019级临床专业八年制学生，研究方向：肺损伤与肺保护，E-mail：2019305231038@whu.edu.cn；连峥琪（2001—　　），女，河南郑州人，武汉大学第一临床学院2019级临床专业八年制学生，研究方向：脑缺血再灌注，E-mail：2019305231094@whu.edu.cn；刘希（1986—　　），女，江西九江人，武汉大学第一临床学院本科生辅导员，研究方向：大学生职业生涯规划，E-mail：RM004084@whu.edu.cn。

"双导师制"是近年来提出的一种教育创新改革模式，已在许多高校非医学类专业中应用，并逐渐向医学教育拓展[1,2]。不少高校已经在临床医学八年制人才培养中逐渐尝试"双导师制"，即为每位八年制新生配备一位基础医学导师和一位临床医学导师，以期培养出具有"MD+PhD"双博士学位的优秀医学创新型人才[3,4]。然而，其在八年制医学生培养中的效果如何仍需探讨。

一、目前八年制医学培养体系的现状及存在的问题

近年来，随着国家对医学高层次创新人才的逐渐重视，临床医学八年制人才培养更加强调综合性和实践能力的培养，对医学教育提出了更高要求。由于医疗技术和知识体系的快速更新，医学教育体系逐渐向综合型方向发展，更加注重培养八年制学生具备全面的医学知识技能和科研创新能力，以应对复杂的临床情况并促进科学研究的临床转归[5]。然而，在长期实践过程中，目前八年制医学培养体系依然存在一些局限和不足。

1. 科研能力缺乏

临床医学八年制作为长学制人才培养模式，以武汉大学医学院为例，目前是先在基础医学院进行培养，完成基础课程教学后再进入临床医学院继续临床课程的学习和之后的研究生阶段学习。基础和临床学习基本处于割裂状态，二者并没有很好地串联起来共同培养，甚至有学生认为临床课程与基础课程关联不大。本该在基础医学学习阶段培养的科研能力由于没有得到足够重视，当进入临床学习阶段后受限于实验条件和尚未培养起来的科研能力，在繁忙的临床工作期间，少部分同学感慨科研吃力、科研难等，进而出现"摆烂"、厌弃科研、毕业困难等情况。而一项有关临床医学八年制学生科研能力培养的调查报告也显示，大部分八年制学生认为科研培养时长不合理[6]。

2. 临床学院平台未完全发挥作用

临床学院平台一般依托于医学院附属医院建成，附属医院常常拥有诸多博士、博士后、海归等高层次人才。但这些高层次人才因科研、临床任务重而参与临床教学的积极性不足、主动性不够，往往造成人才埋没。如何更好地发挥这些高层次人才的作用，促进科教融合，积极参与培养八年制医学生的科研创新能力和临床诊疗能力仍然值得思考。

3. 学生延毕率高

为确保所有毕业生都能达到基本的临床标准和职业道德要求，医学教育的质量和标准化问题一直是教育改革中需要持续关注和改进的重要方面。然而，临床医学八年制学生毕业要求向临床博士研究生看齐的同时，由于比传统医学博士少三年医学教育时间，加上前期缺少科研素养的培养，后期独自开展科研时学生常常感觉到吃力，每到毕业季常出现延毕率高的情况。以学校第一临床学院与第二临床学院为例，划分临床学院时两院学生人数基本均等，但几乎每年第二临床学院临床医学八年制延毕人数都高出第一临床学院，一定程度上可能与第一临床学院除给八年制学生配备班级导师外，还给每位学生配有学习导师有关。

4. 导师存在"僧多粥少"的情况

以学校第一临床学院为例，临床医学八年制学生人数远远少于上岗博士生导师人数，对资历尚浅但手握项目基金或有优秀的科研想法却苦于缺少人手的"新生代"导师来说也是如此。而从"新生代"导师成为博士生导师的过程中又的确需要在兼顾临床的同时有足够人手完成科研项目，这就导致了不少优秀的年轻导师在这一过程中因信息不对称，缺少途径招募学生而发展艰难。

综上所述，临床医学八年制教育在发展中取得了积极进展，但也面临诸多挑战。如何针对这些问题进行改革和创新，提升教育质量和教学水平，突破教育困境与难题，培养出更多具备综合能力和实践经验的优秀医学人才，仍是目前需要解决的问题。

二、"双导师制"的优势及具体构建方法

基于八年制医学生的培养目标和要求,"双导师制"主张为每位八年制新生各配备一名基础医学导师和一名临床医学导师,同时引导八年制人才培养向"4+4"转型发展,即 4 年基础医学教学结合 4 年临床医学教学[7]。基础医学导师侧重于传授学术理论知识、指导科研项目以及促进学术发展,强调批判性思维、学术探索和理论创新。而临床医学导师则更专注于培养学生在临床实践中所需的技能和经验,包括病例管理、临床决策能力以及与患者和团队合作的技巧等。

1."双导师制"模式的优势

基础医学与临床医学两位导师各司其职、相互配合、优势互补,以导师组联合培养的优势给予个性化指导,拓宽学生知识面。该模式促进了基础医学院与临床医学院的资源优化配置,不仅有利于合理规划基础与临床之间的关系,加强基础与临床的深度融合,实现科学研究与临床实践的双向互补,也为基础与临床的融合发展提供了新思路。其优势有三:一是扩大了医学教师团队,有效利用医学院高层次人才组成导师团队,并能在教学改革和学生培养等方面取得较好成效。临床医学导师通过指导学生面对实际临床问题和病例,培养其诊断、治疗和沟通技能;而基础医学导师则帮助学生进行科学研究和批判性思维的训练,提升其理论知识和学术能力。二是"双导师制"有助于促进跨学科的交流与合作。基于前期的科研能力培养,后期更有利于学生在临床上以科学研究的视角发现临床问题,进而促进科学研究的临床转化。同时,临床医学与基础医学导师在指导学生时可以共同探讨问题,从而促进跨领域、跨学科的知识交流和合作,培养学生在多学科团队中的合作能力和跨界思维能力。三是有助于提升教育质量和学生的职业发展前景。学生在接受双导师指导的过程中能够更全面地发展自己的专业技能和学术能力,为未来的医学实践和科研工作打下基础,提升其在医疗行业中的竞争力和职业发展前景。综上所述,"双导师制"不仅仅是一种医学创新教育模式,更是为培养具备丰富临床经验和深厚学术背景的优秀医学专业人才而设计的重要教育创新方式。

2."双导师制"具体构建方法

(1)优质导师遴选。类似学业导师建设,可参考《武汉大学烛光导航工程实施办法》和《第一临床学院本科生学习导师(烛光导航师)工作实施方案》等,鼓励优秀青年教师自主申报,经个人申报、科室或学科办公室推荐、学院评议、学校审核等流程,遴选出符合要求且具备资质的临床医学导师和基础医学导师。

(2)导师与学生双向选择。目前考虑有两种实施办法。一是由基础医学、临床医学两位导师双向敲定合作意向后再供学生选择,其缺点是可能并没有足够多的导师能在前期完成双向匹配以达成合作供学生选择。二是学生找到一位导师后有目的性和偏向性地去寻找下一位有意愿的导师,形成一个匹配制。由于武汉大学目前对八年制学生实行入校即分配

临床学院的策略，因此新生对自己的未来规划其实相当明晰，对于导师的选择也具有一定偏向性，该方案具备一定可行性。

（3）效果评价体系。为量化评估"双导师制"的实施效果，需构建完善相应的考核评价体系标准，可参考临床医学八年制毕业生的考核体系，如基础方面可包括科研指标达标情况、实验室技能竞赛情况等考核指标，临床方面可包括临床执业医师资格考试通过率、研究生实践能力竞赛情况、实习出科考核成绩、师生满意度调查等。

三、"双导师制"存在的问题

结合其他院校的经验，目前"双导师制"在正式推进实施前仍存在一些局限和问题。一是组织架构和管理制度尚且不完善。由于"双导师制"尚没有大规模推行，相应的组织架构和管理制度尚需摸索完善，需要结合之前的教学制度经验和各高校的具体情况逐步推进实施。二是双导师间可能缺乏足够的沟通合作。"双导师制"的良性运转，离不开双导师间的密切合作。然而受限于临床工作与科研工作的繁忙，导师间不一定有足够的时间和合适的平台交流。三是长效机制尚需探索。由于八年制医学专业并不像之前推进的其他非医学院校或研究生只有三四年的学制，长学制如何合理安排仍需摸索和改进。

四、"双导师制"的改进措施

1. 强化学生科研能力和临床能力双向发展

从学术角度来看，"双导师制"通过结合临床实践和学术研究实现双重导师指导。临床医学导师通过直接的临床指导和实践经验传授，帮助学生培养实际操作能力和临床思维模式；而基础医学导师通过理论研究和科学方法的引导，培养学生的科研能力和科学创新水平。这种结合使得学生既能够在理论与实践中取得平衡，又能够在专业领域内更深入地探索和发展。同时，基于医院对临床医学导师提出的科研要求，临床医学导师可以和基础医学导师共同合作指导八年制学生进行科研选题，利用学校现成的科研平台完成科研项目，以期培养更多能力比肩"MD+PhD"双博士学位的高层次医学创新型人才[8]。

2. 定期加强双导师间的联系合作

构建导师间交流合作的资源平台，拓宽双导师间的合作渠道。基础医学导师注重指导基础科研，强化进行科研训练；临床医学导师主要指导临床实践，解决学生在临床平台学习期间遇到的问题和困惑，共同制订培养方案。同时也需要学生成为中间桥梁，及时向各位老师汇报学习、研究进度，紧密联系，串联起两位导师的沟通交流。

五、结语

"双导师制"是近年来医学教学改革的一种创新尝试，该制度目前已陆续应用于我国医学院校的研究生教育中[9,10]，并逐渐向八年制长学制人才培养发展。传统的医学教育往往偏重于理论知识的传授，而实际临床技能的培养和科学研究能力的培养与发展相对滞后。"双导师制"的出现恰恰弥补了这一不足，通过导师的专业个性化指导，培养出既能胜任临床实践，又能深入参与学术研究的复合型高素质医学人才。但目前"双导师制"尚不完善，仍然面临很多问题与挑战。相信随着不断总结改进，"双导师制"会在实践中为我国医药事业培养出更多优秀的医学人才。

◎ 参考文献

[1] 张文敏，陈丽红，陈裕庆，等."双导师制"在病理专硕研究生实践创新能力培养中的探索 [J]. 中国继续医学教育，2024，16（12）：187-190.

[2] 贠屹鑫. 高师院校师范专业"双导师制"实施困境与路径突破 [J]. 林区教学，2024（1）：49-52.

[3] 谢雪姣，马星雨，唐婉斯，等. 中医院校实施八年制学生双导师制的问题和对策 [J]. 名医，2018（7）：191.

[4] 吴芃，赵洁. 基于双导师制的八年制临床教学方法的探索 [J]. 中国中医药现代远程教育，2012，10（14）：76-77.

[5] 方晨晨，李曼，刘璐，等. 八年制临床医学教育质量的学生评价与分析 [J]. 医学与哲学，2024，45（7）：70-75.

[6] 孙亚洁，杨坤禹. 临床医学八年制医学生科研能力培养的调查报告 [J]. 中国高等医学教育，2024（1）：12-14.

[7] 梁慧婷，吴瑶琪，付龙生，等. 双导师制在医药领域教学中的应用 [J]. 甘肃教育，2023（4）：67-70.

[8] 王黎，毛蔚，赵维莅. 八年制临床医学专业学生对科研轮训价值认可分析 [J]. 诊断学理论与实践，2023，22（6）：598-600.

[9] 曹玉涛. 基于协同创新的研究生联合培养基地双导师制的实践探索 [J]. 创新创业理论研究与实践，2023，6（24）：143-145.

[10] 康张琪，潘勇."双导师制"下的教育硕士研究生教学实践能力培养研究 [J]. 教育教学论坛，2024（4）：177-180.

构建新时代高校法治人才培养机制

冉森鹏

（武汉大学　法学院，湖北　武汉　430072）

【摘　要】新时代需要新的法治人才，更需要德法兼备的高素质法治人才。新时代法治建设需要法学院校培养大量德法兼备的高素质法治人才，要从"为谁培养""培养什么的人才""怎么培养"出发完善高校人才培养机制，要从战略层面考量完整"人"的通识教育，要在中国特色法治体系下育人，要贯通式培养法治人才，全方位设计以课程体系、实习实践、科研竞赛为主要内容的人才培养机制。

【关键词】法治人才；高校；人才培养

【作者简介】冉森鹏，法学院 2023 级硕士研究生，E-mail：1753875198@ qq. com。

党的二十大报告提出"以中国式现代化全面推进中华民族伟大复兴"，法治现代化是国家现代化的内在要求。实现法治现代化，需要一大批德法兼修的高素质法治人才。习近平总书记在中国政法大学考察时强调指出："法治人才培养上不去，法治领域不能人才辈出，全面依法治国就不可能做好。"党的十八届四中全会提出要建设一支德才兼备的高素质法治工作队伍，建设通晓国际法律规则、善于处理涉外法律事务的涉外法治人才队伍。法治人才队伍建设的源头是法学教育，高校是法治人才培养的第一阵地。因此构建并完善高校法治人才培养机制对于法治人才队伍建设意义重大。

一、新时代需要什么样的法治人才

（一）德法兼备的高素质法治人才

法学教育的目标在改革开放四十多年间有过几次变化，但是在习近平总书记 2017 年到中国政法大学考察并发表重要讲话之后，法学教育培养人才的目标得到了进一步明确，即培养德才兼备的高素质的法治人才。① 立德树人是教育的根本任务。法学教育对法治人

---

① 1977 年恢复高考招生的时候，招的是政法专业，培养"政法人才"。1979 年之后，政治学、法学分立。法学教育日益成熟化以后，人才培养目标定位为培养"法学人才"。再后来鉴于法学人才只侧重于理论，而中国法治实践需要大量的专业性的实践人才，所以培养目标由培养法学人才调整为培养"法律人才"，法律人才具有综合性，包含着理论和实践等多个层次。参见徐显明. 高等教育新时代与卓越法治人才培养[J]. 中国大学教学，2019(10)：7.

才的道德伦理素养提出了更为严格的要求。这一特殊性源于法律职业的特殊使命——法官、检察官等司法工作者以及行政执法人员肩负着守护社会公平正义的核心职责，其职业特性决定了他们必须具备超越常人的道德境界。法学教育提出的"德法共育"理念，相较于传统"德才兼备"标准，在价值维度展现出更强的实践指向性。法治人才不仅要精通法律技术，更需将职业伦理转化为行动自觉，使公平正义成为职业本能。[①] 这种育人模式聚焦三个关键层面：首先，在理论教育中实现法治信仰与国家意识相统一，通过系统化的马克思主义法学教育，将社会主义核心价值观转化为处理法律问题的思维工具；[②] 其次，在职业规范层面建立可操作的道德坐标，把抽象的伦理准则细化为司法文书撰写、庭审程序把控等具体场景中的行为指引；最后，构建"认知-认同-践行"的递进培养机制，借助法律诊所、审判观摩等实践载体，让道德判断力在真实案件处置中得到淬炼。这种教育范式的革新，既是提升法律职业社会公信力的现实需要，更是培育法治建设生力军的战略布局。

法治人才的核心素养，集中体现为战略服务能力的培育。这需要从三个维度塑造精神品格：在价值取向维度，将个人职业发展嵌入法治中国建设进程，把办理每起案件转化为推进依法治国的具体实践；在政治素养维度，始终立足人民立场研判立法趋势与司法改革方向，确保法律适用不偏离社会公平基准线；在专业视野维度，主动对接数字治理、跨境合规等前沿领域，培养运用法治思维破解国家治理难题的创新能力。塑造这种复合型素养，需搭建"理论浸润+实战淬炼"的成长路径——既通过情境式思政教育筑牢思想根基，又依托重大法治建设项目磨砺战略执行力，真正实现道德修为向治理效能的转化。

(二) 具有复合技能的高素质法治人才

当前全球产业革命正处于关键深化阶段，以大数据、云计算为代表的新技术范式深刻重塑社会运行规则，传统法学理论在应对智能司法、算法治理等新兴场景时已显现出解释力不足的困境。与此同时，现有教育体系培养的法律从业者在处理数字权利界定、区块链存证等前沿问题时存在明显能力断层。特别是在生成式 AI 技术突破性发展的背景下，法律职业面临裁判文书智能化生成、电子证据审查规则重构等系统性挑战。这要求新时代法治人才必须形成"法律+技术"的复合知识架构——既要精通法律规范的内在逻辑，又要具备理解人工智能底层算法、数据安全治理机制的技术认知能力，方能在科技创新与法律规制之间构建动态平衡。

(三) 涉外高素质法治人才

我国正面临百年未有之大变局，面对的国际局势更加复杂，国际竞争更加激烈。全面而深入地参与全球治理，需要一大批熟悉国际规则、国际法，了解各国国情，外语能力优秀的涉外法律人才。当前尽管涉外法治人才建设较以前取得了较大进步，但涉外法律人才

---

① 陈云良. 新时代高素质法治人才法律职业伦理培养方案研究[J]. 法治与社会发展，2018(4)：24.

② 张文显. 关于构建中国特色法学体系的几个问题[J]. 中国大学教学，2017(5)：12.

培养仍然迫在眉睫。以我国加入 WTO 谈判为例，当时我国能够参与 WTO 谈判的中国法律人才不足，对国际规则了解的匮乏在一定程度上使我国在谈判某些方面陷入被动，但由此推动了我国加快在合规、知识产权等领域的制度建设和法治人才培养。

二、当前培养机制存在的问题

(一)现有法学体系没有完全适应时代需要

当前我国法学理论框架的建构仍处于探索完善阶段，其与中国特色社会主义法治体系的发展要求尚未实现充分契合。首先，现有学科架构在理论设计层面未能有效统筹国内法治实践与国际法治发展之间的有机衔接。其次，学科内容体系与快速发展的法治实务存在脱节现象，特别是在应对跨国法律协作、跨境数据合规等全球化法治议题时，暴露出理论供给不足的缺陷。最后，在涉外法治人才培养方面存在明显短板，既懂国际规则体系又具本土实践能力的复合型人才储备不足，这直接制约了我国参与国际规则制定的能力。尤为突出的是，现有法学研究范式对国家治理数字化转型等重大现实问题的理论回应仍显滞后，尚未形成支撑治理能力现代化的系统性学术成果。①

(二)现有课程体系重专业、轻通识

目前，全国法学院校除少数综合性高校大力推动全校通识教育外，大部分高校的通识教育不够，专业课学分多、占比高，通识课较少。法律职业的特殊性决定了通识教育对法科生尤为重要。与强调专业深度的理工科不同，法律人需要掌握多领域知识：要懂经济、政治、社会运行，还得了解科技、医疗、心理这些专业领域。因为法律本质是处理复杂社会关系的活动，比如金融犯罪涉及经济规则，医疗纠纷需要医学常识。通识教育能培养法律人穿透表象看本质的能力，这种跨学科思维正是法律职业的核心竞争力——不是单纯套用法条，而是综合判断各方诉求，平衡社会利益。缺少这些能力，就难以应对日益复杂的法律实务。对于法律从业者来说，"通识教育甚至就是专业教育的有机组成部分"。② 法学教育必须强化通识教育根基，着力培养兼具法治思维与跨学科视野的复合型人才。这既是培养法治国家建设者的内在要求，也是为各行业输送既懂法律规范、又具战略眼光的专业化人才的现实需要——通识教育通过打破学科壁垒，塑造能够统筹法律逻辑与社会治理的法治人才，成为服务法治中国建设的必然路径。③

(三)课程体系较为封闭，更新慢

我国法学教育"学科体系的最大瓶颈在于缺乏实践性，由此带来的直接后果就是新兴

---

① 张文显.关于构建中国特色法学体系的几个问题[J].中国大学教学，2017(5)：6.
② 葛云松.法学教育的理想[J].中外法学，2014(2)：290.
③ 焦富民."法治中国"视域下法学教育的定位与人才培养机制的优化[J].法学杂志，2015(3)：44.

学科和交叉学科发展不足，社会急需的学科无法开设或是开设不足，学科知识体系封闭，不能涵括社会发展所带来的知识更新"。① 法律职业技能差，法律职业伦理训练不足，缺乏具有其他学科专业知识的法律人才。② 面对新的社会实践需求，受到传统课程惯性影响，不能及时调整学科、课程体系，也不能及时和其他学科融通。比如，面对以 Deepseek 为代表的生成式人工智能技术，不能迅速指导学生利用新技术服务法学学习和学科发展。

(四) 学科培养体系不连贯

法学院校在设计本科生、硕士生、博士生课程培养体系时"各自为政"，没有贯通式思考培养体系，如此导致本硕博衔接不够流畅，浪费了很多资源。比如"法学本科生与法律专业硕士的培养目标和课程内容还没有做出十分清晰的界定，导致高层次法律职业教育体系实际上并未成形。"③法律(法学)硕士本身学制只有两年，却要在一年内继续学习本科已经上过的很多课程，然而，法律(法学)硕士是以实务训练为导向的，在两年的学习时间内需要完成长达 4 个月的实习实训，还要准备和学术型硕士要求一样的毕业论文，且面临着当下较大的就业压力，学生时间紧张，压力较大。因此需要实现法律硕士培养体系的内在贯通。

三、战略层面设计机制

"法学教育是中国高等教育的重要组成部分，也是实行'依法治国，建设社会主义法治国家'的重要保障。"④因此培养德法兼修的高素质法治人才，需要站在更高层面思考人才培养体系建设。

(一) 要培养完整的"人"

通识教育作为高等教育的重要组成部分，其核心理念在于培养具备全面素养的社会公民。这一概念起源于 19 世纪美国学者帕卡德提出的公共课程体系，其初衷是为专业学习奠定共同基础⑤。1945 年哈佛大学发布《自由社会中的通识教育》报告(即"红皮书")，明确将教育划分为通识教育与专业教育两个维度：前者聚焦公民责任与人格塑造，后者侧重职业技能培养⑥。我国高等教育长期采用的专业化培养模式，在特定历史阶段有效支撑了

① 柴葳. 中国政法大学一年来积极贯彻落实习近平总书记考察学校重要讲话精神——打造法治人才培养体系"升级版"[N]. 中国教育报, 2018-05-09(1).

② 王新清. 论法学教育"内涵式发展"的必由之路[J]. 中国青年社会科学, 2018(1).

③ 季卫东. 中国法学教育改革与行业需求[J]. 学习探索, 2014(9).

④ 王利明. 卓越法律人才培养的思考[J]. 中国高等教育, 2013(12)：27.

⑤ A. S. Packard. The substance of two reports of the faculty of amherst college to the board of trustees, with the doings of board thereon[J]. North American Review, 1829(28)：300.

⑥ 哈佛大学委员会. 自由社会中的通识教育[M]. 剑桥：哈佛大学出版社, 1945：28-45.

经济社会发展①。但随着社会转型加速，其局限性日益显现：过细的学科划分导致学生知识结构单一，难以适应职业市场快速迭代的需求。据统计，当前约70%的大学毕业生从事着与专业不完全匹配的工作，传统"专业对口"的就业模式已发生根本性转变。这种困境源于两个结构性矛盾：其一，高校专业调整速度滞后于产业变革；其二，过度专业化削弱了学生的职业迁移能力。② 现代通识教育强调建立跨学科知识体系，其价值体现在三个方面：首先，通过人文社科与自然科学的交叉融合，培育批判性思维和终身学习能力；其次，强化道德伦理与社会责任感，塑造完整人格；最后，形成可迁移的核心能力以应对职业变迁。值得注意的是，通识教育与专业教育并非对立关系：哈佛大学2004年的研究指出，二者存在显著的渗透转化空间，通识教育为专业发展提供思维框架，专业教育则为通识理念提供实践场域。③ 当前教育改革的关键在于构建"通专融合"的育人体系。如哈佛"红皮书"建议的八大领域课程体系(涵盖人文艺术、自然科学、伦理推理等)，既保持专业深度又拓展认知广度。我国部分高校推行的书院制改革，通过打破院系壁垒、重构课程模块，正在探索通识教育与专业教育的协同路径④。这种模式既保留专业教育的优势，又注入跨学科思维和全人发展理念，更契合现代社会对复合型人才的需求。通识教育能帮助学生成为一个"全面发展的人"，对其一生的职业发展都有很大裨益。

(二)构建中国特色法治体系

法学理论体系的构建极其重要，为此，党的十八届四中全会决定"加强法学基础理论研究，形成完善的中国特色社会主义法学理论体系""推动中国特色社会主义法治理论进教材进课堂进头脑，培养造就熟悉和坚持中国特色社会主义法治体系的法治人才及后备力量"。通过推动传统学科转型升级、发展新兴学科、支持交叉学科来构建完善法学学科体现；推动教材体系建设，编写高质量教材，搞明白"教什么""教给谁""怎么教"等问题。⑤

(三)贯通式思考本硕博人才培养机制

作为法学教育体系的结构性优化路径，应当立足人才培养全周期视角，构建本硕博贯通培养范式，实现学术型与实务型人才的分层分类衔接。一是进行贯通培养的制度创新。对于具备学术潜质的本科生、硕士研究生，探索试点"本科直博""硕博连读"制度，建立学术能力梯度评估体系，对学生进行全阶段的学术能力梯度评估，制订合适的学制方案，缩短学制冗余。二是完成课程体系的衔接重构。针对不同阶段教育目标，实施课程模块化分层设计，一方面横向整合，打通本硕课程目录，建立部分基础课程的学分互认机制，减

① 教育部教育发展研究中心.新中国高等教育发展史(1949—2019)[M].北京：高等教育出版社，2020：167.

② 张文显.高等教育结构性改革的逻辑与路径[J].教育研究，2021(8)：15.

③ 哈佛大学通识教育委员会.通识教育再审视[M].剑桥：哈佛大学出版社，2004：62.

④ 中国高等教育学会.高校书院制改革实践研究[M].北京：教育科学出版社，2022：89.

⑤ 张文显.关于构建中国特色法学体系的几个问题[J].中国大学教学，2017(5)：7.

少知识重复供给；另一方面纵向分层，在硕士阶段设置进阶课程群，与本科通识课程形成能力梯度。同时进行动态分流，学生入学开始即邀请实务部门进行职业教育，引导学生尽早完成学术或者实务路径选择。三是实现法律硕士的实践转向。法律硕士（法学）作为专业型学位，其两年学制要求课程设计必须遵循实务能力本位，压缩一些理论课比重，增设实务技能模块；同时实行"高校导师+实务专家"联合指导制，将实务案件处理、参与法律法规起草等纳入毕业论文选题；还可以通过参加法律援助中心、企业法务部等部门的实岗实训，构建"理论-实践-反思"的螺旋提升机制。

（四）更新生源构成

法学专业生源结构急需优化升级，突破传统文科主导的招生模式。教学资源充足的法学院应着力构建文理交叉的生源体系，将理科生录取比例进行大幅提升。这种结构性调整既符合法律人工智能、计算法学等新兴领域对数理逻辑能力的需求，又能促进学生群体思维方式的互补融合，为培养复合型法治人才奠定基础。[①] 面对新兴技术的冲击，社会日新月异，如果没有技术思维，不了解不懂技术，就很难服务于涉及技术的法律实践。理科生拥有理科基础，对技术的理解在某种程度上会优于文科生，因此，适当扩大法学院生源中理科生的比例是合理的。

（五）构建完善的课程体系

教学内容要更新，课程体系要更新。当代法学教育亟待融入科技前沿内容体系，重点培育法律人的算法思维与人工智能应用素养。数学建模能力与算法解析技能正逐渐成为卓越法律人才的核心竞争力，这要求法科培养方案必须系统植入计算法学、智能司法等交叉学科模块，使法律专业人才既能精准理解技术原理，又能有效规制科技伦理问题。

法学课程体系改革应当着力实现三重结构整合：其一，理论法学与应用法学的协同建构，前者涵盖法理学、法制史等价值导向型学科，后者聚焦民商法、刑法等规范适用型学科，形成"价值-规范"双轨并行的知识框架；其二，程序法与实体法的动态衔接，通过行政诉讼、民事诉讼等程序规范与部门实体法的交互设计，构建"形式-实质"双重标准的教学模块；其三，国内法与国际法的系统融贯，在13门主干课程基础上有机整合国际公法、私法等涉外法律体系，形成具有国际视野的复合型课程集群。[②]

新兴领域法学的发展正推动课程体系向问题导向转型。刘剑文教授提出的领域法学范式，强调以特定社会领域为研究对象，整合经济学、社会学等多学科视角，这种跨域融合的教学模式已在国内多所法学院落地实施。[③] 除16门核心课程外，需增设法律大数据分析、计算法学等交叉学科课程，其中清华大学开设的"人工智能与法律决策"课程，通过模拟算法司法应用场景，有效提升学生技术认知能力。

---

① 徐显明. 高等教育新时代与卓越法治人才培养[J]. 中国大学教学，2019(10)：11.

② 刘同君. 新时代卓越法治人才培养的三个基本问题[J]. 法学，2019(10)：142.

③ 刘剑文. 论领域法学：一种立足新兴交叉领域的法学研究范式[J]. 政法论丛，2016(5)：78.

(六) 丰富实践教学方式

法学实践教学是法学教育重要组成部分，是将法学知识转化成为法科生就业能力的必要环节。应当鼓励学生多参加社会实践、法律专业实践。多参加学科竞赛，甚至是大型综合竞赛，比如"挑战杯""中国国际大学生创新创业大赛"等比赛，以赛促学，以赛促练，全方位提升学生综合能力、专业能力，增加学科融合度，丰富学生的学科背景。

法学专业毕业生的职业发展呈现显著多元化特征。尽管司法实践工作仍是主要就业方向，但实际职业分布已形成多维度格局。有部分本科法科学生通过相关考试等直接去了党政机关、事业单位、国有企业等泛体制内单位从事管理工作，或在立法部门从事与立法相关的工作；也有部分本科生选择攻读硕士、博士学位而后从事教学科研的；甚至也有不少"弃法从商"，而且大有成功者。这种职业选择多样性倒逼法学教育必须建立分层培养机制——以法律职业能力培养为主体架构，同步嵌入公共管理素养训练、学术研究能力培养及商业逻辑思维训练三大模块，形成"一主三辅"的复合型人才培养体系。"法学教育必须顺应全球化时代的发展趋势，培养具有全球视野、能够与时俱进的复合型人才，以提升解决复杂社会问题的能力，应对强大的现实挑战。"[1]

(七) 培养高素质涉外法治人才

创新涉外法治人才培养机制要构建好国际法学科体系，优化涉外法治人才培养方案，强化涉外法律实践教学。[2] 涉外法治人才培养机制的创新需要系统推进学科体系与教学模式的深度改革。在学科建设层面，应着重完善国际法学科架构，整合比较法、区域国别法等课程模块，同步嵌入国际政治经济、跨文化沟通等跨学科内容，形成"法律基础+国际视野+实务技能"三位一体的课程体系。培养模式的创新需突破传统教学边界，建立多元协同机制。深化与国际知名法学院校的战略合作，推动师生互访、课程共享和联合研究等实质性交流，拓展学生的全球视野。同时强化与涉外实务部门的联动，引入国际组织、跨国律所等机构的优质资源，构建理论教学与实战训练深度融合的培养路径。通过模拟国际谈判、跨境争议解决等实践项目，系统性提升学生处理复杂涉外法律问题的能力。实践教学体系的优化应聚焦三个层面：首先，推行"双师协同"指导模式，由学术导师与具有丰富涉外经验的实务专家共同设计教学方案；其次，搭建多层次实践平台，通过涉外法律诊所、国际仲裁模拟等载体，强化法律文书写作、多边协商谈判等核心技能训练；最后，完善国际组织人才输送渠道，建立定向培养机制，为学生在国际舞台施展专业能力创造机会。质量保障方面需建立动态评估机制，围绕国际法律检索、跨境纠纷解决方案设计等核心能力构建评价标准，同时开发智能化教学支持系统，整合全球法律信息资源。通过持续跟踪毕业生职业发展轨迹，及时调整培养重点，确保人才培养与全球治理需求精准对接，

---

[1] 汪习根. 美国法学教育的最新改革及其启示——以哈佛大学法学院为样本[J]. 法学杂志, 2010 (1)：37.

[2] 黄进. 完善法学学科体系，创新涉外法治人才培养机制[J]. 国际法研究, 2020(3)：8.

为新时代国际法治建设储备具有战略思维、通晓国际规则的高端法律人才。①

四、结语

高校法学教育在法治人才队伍建设中具有基础性、先导性作用，其人才培养机制的完善应当坚持战略性与实践性相统一的原则。当前形势下，构建系统化、协同化、开放式的法治人才培养体系已成为当务之急。这一体系需要以高校为主体，通过革新课程体系、强化师资力量、创新实践教学模式等基础性工作，夯实人才专业根基；同时建立与司法机关、政府部门、行业组织的常态化协同机制，搭建覆盖立法论证、司法辅助、行政执法等领域的实战平台。在能力培养维度，应当着力培育学生的三重核心能力：运用法治思维解决复杂问题的实践能力，立足中国实际开展理论创新的研究能力，以及参与全球法治对话的国际竞争力。通过持续深化法学教育改革，高校必将为国家法治建设输送更多政治坚定、专业精深、视野开阔的高素质法治人才，切实担负起服务全面依法治国战略的历史使命。

◎ 参考文献

[1] 马怀德. 法学教育法治人才培养的根本遵循 [J]. 中国党政干部论坛，2020（12）.

[2] 汪习根. 美国法学教育的最新改革及其启示——以哈佛大学法学院为样本 [J]. 法学杂志，2010（1）.

[3] 黄进. 完善法学学科体系，创新涉外法治人才培养机制 [J]. 国际法研究，2020（3）.

[4] 徐显明. 高等教育新时代与卓越法治人才培养 [J]. 中国大学教学，2019（10）.

[5] 陈云良. 新时代高素质法治人才法律职业伦理培养方案研究 [J]. 法治与社会发展，2018（4）.

[6] 张文显. 关于构建中国特色法学体系的几个问题 [J]. 中国大学教学，2017（5）.

[7] 葛云松. 法学教育的理想 [J]. 中外法学，2014（2）：290.

[8] 焦富民. "法治中国"视域下法学教育的定位与人才培养机制的优化 [J]. 法学杂志，2015（3）.

[9] 柴葳. 中国政法大学一年来积极贯彻落实习近平总书记考察学校重要讲话精神——打造法治人才培养体系"升级版" [N]. 中国教育报，2018-05-09（1）.

[10] 王新清. 论法学教育"内涵式发展"的必由之路 [J]. 中国青年社会科学，2018（1）.

[11] 季卫东. 中国法学教育改革与行业需求 [J]. 学习探索，2014（9）.

[12] 王利明. 卓越法律人才培养的思考 [J]. 中国高等教育，2013（12）：27.

---

① 马怀德. 法学教育法治人才培养的根本遵循[J]. 中国党政干部论坛，2020（12）：53.

［13］刘同君．新时代卓越法治人才培养的三个基本问题［J］．法学，2019（10）.

［14］刘剑文．论领域法学：一种立足新兴交叉领域的法学研究范式［J］．政法论丛，2016（5）.

优化小班教学的建议

——探讨小班教学在四大导引课中的应用及效果

王 焕

（武汉大学 国家网络安全学院，湖北 武汉 430072）

【摘 要】在武汉大学独具特色的四大导引课程体系中，大小班结合的教学模式为学术探索注入了新的活力与灵活性。这种创新性的教育方式不仅为学生提供了从被动吸收向主动建构知识转变的机会，更是在互动与合作学习中激发了学生的创造力。然而，尽管该模式已取得了显著成效，但在实践中仍存在一些亟待解决的挑战。本文旨在深入探讨小班教学环境下学术自由度的提升、任务导向型学习的有效实施。通过剖析这些问题，我们希望能够进一步完善这一教学模式，使之更好地服务于学生的个性化需求与发展，同时促进更深层次的学习体验与教学成果产出。

【关键词】小班教学；任务导向；课程衔接；课堂自由；教学标准化

【作者简介】王焕，武汉大学国家网络安全学院本科生。

一、从被动到主动：学生角色的转变需要一定的课堂自由

四大导引课程体系通过大小班结合的方式，尝试为学生提供更丰富、多元的学习体验。大班授课侧重于基础知识的传授，而小班教学则旨在通过深入讨论提升学生的思维能力与批判性。这一过程中涉及的不仅是知识的传递，更重要的是学生角色从被动接收者向主动探索者的转变。然而，现实中的小班教学并未如预期般有效地推动这种转变。在某些班级中小班讨论流于形式，往往沦为 PPT 展示的比拼或依赖人工智能生成对话的工具。这种情况表明，深植于应试教育背景下的僵化思维在师生之间依然存在，阻碍了课堂的真正探讨与创新精神的培育。

实际上，真正的"探讨"应是一个充满活力、富有创造性的过程，它应鼓励学生通过深入的辩论和思维碰撞来挖掘问题的本质，挑战既有观念，激发新的想法。然而，当前的小班教学实践中，这种探讨常常缺乏深度和多样性，学生的思考被限制在标准化的答案框架内，缺乏自由表达的空间和探索的余地。这样的限制使得学生难以从单纯的知识接收者转变为积极的知识探究者。

首先，小班讨论的形式过于固定。许多小班课程将探讨局限于 PPT 展示，虽然这种

形式在时间管理上较为高效，但过于单一的展示模式削弱了课堂的互动性和批判性思维的培养。这种形式的僵化使得一些学生不愿深入思考问题的本质，而更倾向于在表面层次上润色个人观点。尽管有人可能会认为，通过聆听他人的观点也能获得收获，但实际上，PPT演讲的形式常常将学生分割为演讲者与听众，难以在这个基础上形成真正的批判性对话与思维互动。

其次，小班讨论的题目设计缺乏足够的自由度与思考深度。例如，自然科学导引课程中的某些题目，如"谈谈某一原理在现实中的应用"，虽然具备实际性，但未能充分引导学生运用发散思维和进行辩证的思维训练。这类题目缺少挑战性，使学生在讨论中停留于表面，浪费了宝贵的时间资源和限制了智力潜能。因此，小班教学的探讨环节应该更多地以自由讨论为主，辅以适当的工具和方法。在给予学生充足发言空间的同时，教师需要适时引导讨论的方向，确保讨论的深度与广度。这种引导不仅有助于激发学生的主动性和创新性，还能促进思维的碰撞与深入交流。

最后，为改善这一状况，教师需定期筛选讨论题目，确保题目具有足够的思辨性和开放性，从而在真正意义上锻炼学生的批判性思维与逻辑推理能力。通过这样的优化，课堂才能真正实现从"灌输"到"探讨"的转变，学生也才能在课堂上自由表达、深入思考，最终在学习中实现从被动接受到主动探索的质变。

二、统一标准：规范小班任务性导向

小班任务导向不透明，引发了学生的功利化选课行为，降低了学生的学习积极性和参与度。选课期间，许多学生往往热衷于打听和比较不同小班的授课风格和评分标准，他们关注的问题集中在"哪个小班老师布置的任务少、给分高"和"哪个小班老师任务多、给分严格"上。这种行为反映了学生在选课时的功利性选择倾向，他们更倾向于选择那些看似更容易获取高分的小班，而非真正对其学习内容感兴趣的小班。

这一现象背后深层的原因是小班教学规则的不透明和不统一。每位小班教师在作业布置、课堂要求、评价标准等方面不一致，导致学生感到评分的随意性和不可预期性。一些学生认为教师的打分是"凭心情"或"凭感觉"，并且无法掌握评价的具体标准，这种不确定性使得学生对课程缺乏应有的信心和动力。随着时间推移，少部分学生在课堂上的侥幸心理逐渐滋生，他们往往以"混日子"的心态来面对小班教学。这不仅削弱了学生主动参与课程活动的积极性，也使得他们对课程内容的学习兴趣逐渐下降，最终影响了整体学习效果。

为了有效解决这一问题，有必要在教学管理中引入统一的标准化管理，建立透明的小班任务性导向机制。首先，学校应明确并公开每个小班的评分标准、任务要求以及评价方式。这不仅有助于学生在选课时做出更理性的选择，也能避免学生因信息不对称而导致的不公平感。其次，各小班教师之间应保持沟通与协调，制定相对统一的教学任务分配和评价体系。这样一来，即使不同小班在教学风格上有所差异，学生也能清晰了解每门课程的预期任务量和评价准则，从而减少对小班教学的不满和猜忌心理。

此外，学校可以考虑定期召开教师研讨会，针对小班教学的任务分配和评分标准进行讨论与优化，通过相互学习和借鉴经验，确保各小班教学质量的一致性。与此同时，学生的反馈也是重要的参考依据。通过开展教学问卷调查，了解学生对小班教学的真实感受和需求，为后续教学改革提供数据支持。最终，只有在规则明确、标准统一的前提下，小班教学才能真正发挥其提高学生参与度和学习效果的作用，帮助学生在课堂上积极参与讨论、完成任务并从中得到实际的学习收获。

三、结语

通过对武汉大学四大导引课程体系中小班教学的优化探讨，本文提出了提升课堂自由度、规范任务性导向的建议。这不仅有助于学生从被动学习转向主动探索，还能有效解决评分标准不透明、学生参与度低等问题。通过建立统一、透明的小班管理机制，充分调动学生的积极性与创新能力，从而推动更高质量的教学体验与教学成果产出。期待武汉大学继续发扬改革创新精神，将小班教学打造成为学校教学的亮点，为学生提供更优质的教育服务。

基于研习营的主题式教学模式新探索

——以"全球视野下的旧石器技术学高级研习营"为例

刘文丹　陈晓颖　韦　璇　李英华

（武汉大学　历史学院，湖北　武汉　430072）

【摘　要】新型教学模式对于大学的高等教育和拔尖创新人才的培养具有潜在的影响。本文以"全球视野下的旧石器技术学高级研习营"为例，对于研习营这一新型教学模式在考古学相关领域的应用进行了探索。最终的教学成果汇报展现了研习营系统高效的知识输入和跨学科的全球化思维模式对于培养拔尖创新人才具有重要意义。研习营这种教师引导、学生主动探究的多向交互式的师生交流模式让"教"和"学"实现真正的统一，实现了师生共同进步的目标。数字化技术的引入可以在一定程度上改善研习营在时间和地域上的局限性。

【关键词】研习营；教育创新；跨学科主题式教育；多向交互；国际视野

【作者简介】刘文丹，女，汉族，湖北孝感人，武汉大学历史学院文物与博物馆学专业研究生，研究方向：旧石器时代考古学，E-mail：2872609713@qq.com。

　　研习营来源于现代建筑学中一种以短期研讨和短期强化为主的教学模式，也叫workshop。① 它的实质是运用群体力量，集中教育资源，在短期内对学生实现高效指导，从而训练他们在短期内完成复杂而具有挑战性任务的教学实践工作。② 本文以武汉大学历史学院"全球视野下的旧石器技术学高级研习营"为例对这种新型的教学模式及其在考古学相关领域的实践进行探索，以期为今后相关学科的教育教学改革和创新提供借鉴。

一、研习营的发展历程

　　当前国内高校和行业机构通过研习营这一模式进行主题式教学培训的活动方兴未艾，所涉及的领域包括建筑设计、政治、医学等。近年来，在考古学、博物馆、文化遗产等领

---

　　① 张晓瑞，郑先友. 基于workshop的建筑学专业教学模式探讨[J]. 高等建筑教育，2009，18(3)：137-139.

　　② 蔡建国，吴森坤，张晋，等. 极端环境下建筑结构设计国际学生研习营实践探索[J]. 高等建筑教育，2018，27(1)：106-110.

域，诸多高校或独立或与考古研究所、博物馆合作，依据特定的主题，设定集中的课程，采用灵活的模式，举办了为期一周到一个月的研习营活动。例如 2018 年，四川大学历史文化学院、成都文物考古研究院入驻邛窑考古遗址公园，建立起一座面向社会公众的实验考古研习营；① 2019 年，四川大学-哈佛大学联合举办古蜀文明考古遗址研习营（并面向全校举办了四场高质量的学术讲座），该研习营以参观遗址为主，并通过国际合作对前沿的生物考古领域的新技术进行了介绍；② 2016 年至 2019 年，北京大学连续举办了四期"史前建筑实验考古研习营"；③ 2019 年，为了选拔对历史学、考古学、国际关系学有浓厚兴趣、具有培养潜质的学生，南京大学历史学院以讲座的方式举办了"优秀大学生暑期研习营"。④

此外，近年诸多高校和考古研究所、博物馆也举办了一些与研习营类似的教学活动，虽然名称各有不同，但都可以纳入这种主题式的教学模式，例如暑期学校、研修班、培训班等。例如从 2015 年开始，北京大学考古文博学院每年都会与不同的学院机构合作开展研修班，研修班的招生对象主要是社会行业人员或者由单位委托进行培训，课程安排为每月 4 到 5 天，共 4~5 次，课程内容包含专题讲座、案例解析、实地考察、深入访问等，主题涉及考古学、博物馆学、佛寺石窟、建筑设计、艺术学等多个学科。⑤ 此外，受国家文物局委托，2021 年、2022 年，中国科学院古脊椎动物与古人类研究所联合当地文物考古研究机构，分别在水洞沟遗址和学梁堂子举办了两届旧石器时代考古高级培训研修班。⑥ 吉林大学、山东大学、四川大学、武汉大学、南京大学等高校也以独立或国内外合作的方式，举办过不同主题的暑期学校或夏令营，为新的教学模式的实践积累了经验⑦。本次武汉大学历史学院举办的"全球视野下的旧石器技术学高级研习营"，围绕旧石器技术学的理论与实践开展，涉及全球各地的旧石器考古材料的学习和讨论，也包括对石器的观察、阅读和研究，在为期两周的时间内对研习营教学模式进行了实践，本文将结合此次研习营教学模式的探索，思考基于研习营的主题式教学模式在考古学相关领域培养拔尖创新人才的新路径。

---

① 龚靖杰．千年邛窑考古遗址公园开门迎客．[N]．成都商报，2018-12-09．

② 历史文化学院、旅游学院．四川大学-哈佛大学古蜀文明考古遗址研习营在我校举办[N]．四川大学报，2019-04-28．

③ 通辽市文化旅游广电局．北京大学史前建筑实验考古研习营在通辽市哈民考古遗址公园开班．2019-08-02．

④ 南京大学历史学院．南京大学历史学院 2022 年"优秀大学生暑期研习营"招生启事．2023-06-14．

⑤ https：//archaeology. pku. edu. cn/．

⑥ 曾晨茹．传道授业，一树百获——首届旧石器考古高级培训研修班在水洞沟结业[EB/OL]．https：//mp. weixin. qq. com/s/_xhKA6jxoisokcZnFunH8Q；刘颖杰．由表及里 格物致知——第二届旧石器考古高级培训研修班结业[EB/OL]．https：//mp. weixin. qq. com/s/_3ytKbUWC44q-4gQtl9LuA．

⑦ 王幼林，詹迪铌，雷治林．"主题实验"教学模式的研究与实践[J]．实验室研究与探索，2018，37（6）：223-226．

二、"全球视野下的旧石器技术学高级研习营"实例

2023 年 2 月 15—28 日，由武汉大学历史学院举办的"全球视野下的旧石器技术学高级研习营"邀请了来自巴黎第十大学考古学与民族学系终身教授、法国大学研究院院士艾瑞克·博伊达(Éric Boëda)作为主讲教师，授课语言以法语为主，为来自吉林大学、浙江大学、复旦大学、西北大学、云南大学、武汉大学等高校的近 20 位营员讲解了旧石器技术-功能分析的分析理论与方法体系等相关内容。研习营总体教学安排包括旧石器技术-功能分析理论教学、石器阅读与绘图展示以及结营考核与总结等内容。① 本次研习营为参与者提供了一个深入系统学习旧石器技术-功能分析的理论与方法、技术本体论等最新进展的平台，也为他们搭建了一个交流思想、分享经验、促进合作与发展的桥梁。

(一) 理论学习

2 月 15 日到 18 日，博伊达教授带领营员们进行了为期四天的理论学习，内容环环相扣，引导性强。他首先介绍了工具的四个组成部分，并以现代手工业中工具的五种凿面结构——单面、双面、双凹、双凸和双平面进行类比，寻找石器技术中的普适性和一致性，为后续介绍目前分类的几种技术谱系奠定了基础。紧接着博伊达教授引入了技术-功能分析法的基础——二面结构，强调了技术分析与技术-功能分析之间的差别。

22 日到 27 日，在营员们对前四天的基础理论进行短暂的实践后，博伊达教授以生物学中的器官运作、反馈调节类比，引入了包含元素、联系、规则和反馈作用的系统分析，展示了从工具出发反向回溯按照目标→工具→毛坯→原料的方向对石器进行技术-功能分析的方法。之后博伊达教授又详细介绍了毛坯的预制、文化传统和技术层面的影响等内容，更是通过不同类别的石器来举例分析，与营员们讨论了剥坯、修型和 affordance(暂译为"自然提供、选尽其用") 等技术现象在具体石器中的体现以及在不同区域范围内的差异。整个过程中，博伊达教授展示了来自世界各地的旧石器标本和最新的理论与实践，就史前艺术、人类学、民族学等研究领域存在的相关联现象与问题带领营员们完成了一场头脑风暴。最后，他介绍了从 A 类石核到 F 类石核的演化，引入技术哲学，论证了技术物品从分离型结构向整合型结构的发展趋势，并就旧石器时代领域内的热点问题以及中国地区旧石器时代技术与文化的特殊性与营员们进行了热烈的讨论。

(二) 石器阅读与绘图

19 日到 21 日，博伊达教授选择了一些南方地区重要地址的典型砾石石器，与营员们探讨了石器的阅读方法，讲解了理解判断刃口预设功能的方法，就不同时期的研究方法和研究目的，介绍了石器绘图中的三种类型：①传统阴影图，表现自然面、片疤轮廓和同心

---

① 武汉大学历史学院 . 武汉大学历史学院"全球视野下的旧石器技术学高级研习营"圆满落幕 [EB/OL]. http://www.history.whu.edu.cn/info/1051/5921.htm.

波阴影；②技术分析图，保留自然面，但仅展现片疤轮廓，标注片疤方向、顺序、数量、台面等标识；③技术-功能分析图，保留自然面和片疤轮廓，但不标注片疤方向、顺序、数量、台面等标识，而是使用不同的颜色表示工具使用功能单元所在表面的不同状态。总的来说，技术分析仍聚焦在工具的生产，关注片疤的打击方向、顺序等信息；技术-功能分析则更加关注反映使用功能的刃口二面结构、接触部位的技术特征，关注片疤产生的技术结果，因为其对应着打制者的目的。

绘制技术-功能分析图时，首先要观察、分析和理解，正确定位和摆放石器，确定使用功能单元的位置，判断打制者的意图，判断不同系列片疤的先后顺序和方向。涂色图中，红色表示凹面，蓝色表示凸面，绿色表示平面，需要时还可以用同种色系的不同深浅来表示不同平面的平凹凸状态。此外绘图时还要展现使用功能单元及接触部位的结构、刃角、剖面、刃缘三个观察角度的形态、比例尺、图例等内容。博伊达教授强调整个绘图过程就是进行技术-功能-分析的过程。

为了更加深入地理解刃口部分的功能和打制者的目的，博伊达教授提出还可以结合微痕分析和残留物分析等方法研究刃口部分的破损是使用造成的还是二次加工形成的等相关问题。现代 3D 建模、激光扫描和数字摄影等高新技术的运用也能够为石器研究提供辅助，更加直观、高效地展现石器的部分特征。总的来说，上述研究方式各有优势和局限，运用哪些方式取决于研究目的，但是技术-功能分析作为基础，是不可取代的，同时综合有效地运用相关联的方法才能够更加客观地还原石器本身的功能。

为了巩固知识、加深印象，每位营员挑选出土石器绘制了传统阴影图、技术分析图和技术-功能图，在此过程中大家相互交流探讨，博伊达教授也对每位同学的分析和绘图给予了充分肯定和一对一的指导。

(三) 考核与总结

28 日，每位营员各自选取标本，以全封闭、零交流的方式在限定时间内现场独立进行分析和展示，作为本次研习营教学的最终考核。随后营员们各自进行了简图绘制和讲解，对于讲解过程中部分营员存在的一些问题和不足，主讲教授博伊达及时进行了纠正和点评，然后强调了石器技术-功能分析中绘图的重要性。优秀营员代表分享了本次研习营的收获，阐述了自己对旧石器技术学的理解，向老师们表达了衷心的感谢。在最后的结营仪式上，三位教授对本次研习营做了总结，并为营员们颁发了结营证书和奖品。

三、对研习营的主题式教学模式的思考总结

研习营这个相对较新的主题式教学模式，不仅丰富了原有的长时段的课堂教学模式，也提供了多机构营员交流的平台，提升了学生对特定主题内容的理论理解力和动手实践的能力。基于此，本文抛砖引玉，对研习营的主题式教学模式在考古相关领域的开展做出了以下几点思考。

（一）主题集中系统

当前大学教育改革，科目多且杂，专业课时减少，教师教授知识的自由空间也被压缩，被迫带着学生匆匆赶课，大量重要内容仓促而过，遑论掌握基础知识、基本理论。这在一定程度上造成了大学授课质量下降，并且也让毕业时仍对相关专业抱有浓厚兴趣的人少之又少。① 旧石器考古学作为一门特殊的学科，不仅需要理论知识，同样也离不开对考古遗存的观察、分析、绘图以及在实体空间开展打制实验等重要的实践内容，一周一次、分散在一个学期的教学模式根本无法达到好的教学效果。学生只有进行了集中且系统的知识输入，才能在后续的研究中融会贯通、迅速提升。本次研习营全程为期两周，授课教授在深入了解专业课题背景的前提下拟定了完备的授课方案，又依据营员不同的专业背景对相关内容进行了扩展和补充。研习营上午授课时间为 9：00 到 11：30，下午授课时间为14：30—16：30，学生提出问题后与老师们一起研讨，且午餐后师生均可留在教室就学术问题继续讨论。整个教学过程秉承"教"与"学"一体的教学理念，将课程主动权放在学生手中，师生之间相互沟通，彼此补充，从而实现知识共享和共同进步的目标。如此集中的教学和多向交互的沟通方式让即使不了解旧石器技术学的学生在短时间内也能够获得系统的知识储备，迅速迈进专业领域的大门。

（二）跨机构跨学科交流的平台

本次研习营招收了来自吉林大学、浙江大学、复旦大学、西北大学、云南大学、武汉大学等高校的近 20 位营员，他们各自拥有不同的学科背景，涉及旧石器时代考古学、微痕分析、残留物分析、地理科学、人类行为研究和电子信息等多个专业。营员们基于兴趣报名参加，不仅突破了学校与地域的限制，让交流协作得以实现，打破了单一学科思维狭隘的局限，也为营员们扩展了学术交流的范围。考古学作为国家一级学科，在现代科技和植物学、生物学、物理学、人类学和民俗学等多种学科的理论与方法的引入下，学科门类的发展欣欣向荣。研习营结束后，来自不同机构和学校的学员在参加类似活动的基础上有了更深入的交流。2023 年 7 月 1—3 日，浙江大学艺术与文博考古学院举办"第二期玉石器微痕分析工作坊"，本次研习营相关学员受邀报名参加。本次研习营的旧石器技术-功能分析与工作坊涉及的微痕分析和残留物分析两者之间宏观与微观的差异性视角，为深入分析旧石器技术、研究人类行为提供了新的研究思路。2023 年 7 月 21 日，武汉大学举办"文化遗产三维建模与数字化暑期学校"，授课教师们带领学员在理解技术原理的基础上学习了文化遗产数字化、数据采集方法和三维建模技术。其中云端地球、重建大师、DasViewer、CloudCompare 等软件的培训能够帮助学员建立高精度的遗址数字模型，这在考古学中具有重要作用。考古发掘是一个不可逆的过程，基于三维数字建模技术不仅能够实现文物修复、遗址复原，还能为后续的研究人员提供遗址发掘过程中的真实面貌和变化

---

① 彭春霞.大学英语教育适应社会发展的改革升级研究——基于通识教育视角［J］.海外英语，2019（19）：5-6，10.

的状态等信息。研习营结束后，武汉大学上线了首个中英双语的"世界旧石器技术虚拟仿真实验平台"，借助计算机技术进行石器拼合与复原的过程让学生们对旧石器技术-功能分析有了更深入的理解。

人才的培养需要创新，创新的过程离不开学科的交叉与融合。本次研习营的举办以及后续学员们的进一步交流本质上是一种高质量的通识教育，参加研习营相关活动的学员们具备不同的学科背景，却又都有强烈的兴趣导向，为推动高等教育课程体系和教学内容改革提供了新的思路。在跨专业选课模式中因人而异为学生的选择进行指导，提供有深度的主题式专业教育，不仅能够促进拔尖创新人才的发展，还能为强化学科特色发展、促进学科交叉融合和打造学科优势领域贡献力量。

(三) 国际化视野

学科的发展以及新的研究理论与方法既要有本土化的检验与磨合，也要有国际化的理念和思维。本次主讲的博伊达教授创立的旧石器技术-功能分析的理论与方法体系，代表了国际旧石器技术学研究领域的最前沿。其丰富的田野发掘经验以及对史前学深度的科学思考为营员们解放思想、了解世界多个区域旧石器时代考古学的内涵打开了大门。多向交互的课堂氛围让营员们的问题能够及时得到解答，不留学习疑点，对于课程的顺利进行也起到了很好的作用。中方教师结合多年的研究经验，对相关术语的翻译与解释也十分慎重，既减少了教学过程中营员对于知识的理解偏差，也为后续需要进一步了解相关内容的学生指明了正确的方向。2015 年，厦门大学设置博伊特勒书院，通过整合优势资源，建立"普适计划"和"拔尖计划"两套培养体系，"拔尖计划"中组建了一批来自国际知名高校的顶尖师资队伍，为国内各知名高校的拔尖学生整合了国内外一流平台进行科研训练。[1]高校设置考古学研究前沿课程、邀请国内外专家举办前沿讲座的重要性不言而喻。只有拥有全球化的视野，才能在立足本土的基础上，围绕长江经济带发展、长三角一体化发展等国家战略，针对高校人才培养与市场需求错位的问题，以先进的理念和方法构建具备中国特色的考古学理论与方法体系，培养具备国际竞争力的拔尖创新人才，真正推动考古学教学科研的同步发展。

总的来说，本次研习营多向交互式的指导教学、"教"与"学"一体的教学理念、精准高效的教学环节、兼容并蓄的国际视野都是其成功举办的重要经验。文史哲作为不同的学科门类，已经形成各自的学科范畴，但是一直以来都有"文史哲"不分家一说，大学的通识教育也印证了只有借助于艺术、哲学与科学等学科的理论方法，科学研究中的思考才能趋于完善，才能更好地综合多元学科的优势。术业有专攻是现行学术体制的常态，但是融会贯通其他学科的思考方式和理论却也是必不可少的。[2] 本次研习营全程教学过程中，博伊达教授引入技术哲学，多次从工业科技的角度出发，借用了民族学和人类学的思想，对技术现象、系统反馈、分离与整合等多个晦涩难懂的概念进行了通俗且不失专业的解释，

---

① 张荣. ChatGPT 倒逼教学改革，应重视培养学生独立思考 [N]. 南方都市报，2023-03-11.
② 涂佳煜. 浙大文史哲：分院不分家 [N]. 浙江新闻客户端，2022-12-15.

不仅打破了学科壁垒，也为今后营员们思考问题提供了更多方向。

四、结语

世界旧石器遗址众多，最早的甚至可以追溯到 330 多万年前的非洲。中国地域辽阔，旧石器文物资源也相当丰富。试图在两周的时间内将全部内容讲解完几乎是不可能的，学生对知识的吸收与运用也会相当困难。只有更加深入地学习与交流才能推进一门方法的系统性运用，加速其在中国的本土化进程。此次研习营安排在开学的两周，在一定程度上也限制了在校学生的参与度。研习营总体时间上的不足仍是其发展的重要问题。此外，来自不同学校的营员本身的专业基础差异可能也会影响研习营的教学效果。最好的解决方案就是营员们之间能够具备相似的学科背景、相同的学习兴趣和相近的学习能力。教育工作者们可以通过引入数字化技术打破学科专业壁垒。人工智能时代下，ChatGPT 等技术大大扩展了学生获取知识渠道的广度和深度，这意味着传统的知识传授型教学模式需要改进。考古学由于学科自身特点，要求知识与技术并重、理论与实践同步，这对研习营的教学内容和教学方案设计也会有不同程度的要求。为保证教学质量，需要完备的理论教学、实践教学、综合考核的闭环过程，与国内外同行的交流探讨也需要一定的条件。然而数字化所带来的挑战和机遇是并存的，教育工作者们不仅需要与时俱进，适应时代发展，转换教学理念和方式，及时学习利用数字化手段更新教学模式，还需要引导学生合理利用人工智能工具，提升自主创新能力，进一步培养学生探索世界和解决问题的能力。

总而言之，借助研习营这一主题式的教学模式仍是未来非常具有潜力的发展方向，其鲜明的"教"与"学"一体式的授课特色展现了高等教育中师生交流的重要性。相信今后在考古学领域的研习营会越来越多，也会逐步完善，为学科整体的教学科研和拔尖创新人才的培养发挥独有的作用。

人口老龄化背景下医养结合多层次人才培养新探索

李如梦　　左文静*

（武汉大学　泰康医学院(基础医学院)，湖北　武汉　430071）

【摘　要】随着老年人口比例不断上升，人口老龄化成为国内现阶段急需解决的问题。为应对人口老龄化，党的十九大报告中强调"实施健康中国战略，积极应对人口老龄化，构建养老、孝老、敬老政策体系和整体社会环境，推进医养结合，加快老龄事业和产业发展"。医养结合是将医疗资源与养老资源有效结合的一种新型社会养老模式，需要政策保障、资金支持、健全机制以及相应的人才配置，并分为居家养老、医疗机构与养老机构协议合作养老、由医疗机构引入养老服务等三种养老模式。随着社会老龄化趋势的发展以及医养结合产业的发展，医养结合的多层次人才需求急剧增加，加强专业人才培养势在必行。现阶段医养结合对人才需求的多样性，也要求高校根据市场不同需求以及自身特点与优势进行有针对性的多层次人才培养。

【关键词】人口老龄化；医疗机构；养老机构；医养结合；多层次人才培养

【作者简介】第一作者：李如梦，武汉大学泰康医学院(基础医学院)2022级临床医学5+3一体化本科生，E-mail：2022305233060@whu.edu.cn；*通讯作者：左文静，临床医学博士，武汉大学泰康医学院(基础医学院)本科生辅导员，讲师(二级)，E-mail：whdxzwj@whu.edu.cn。

现阶段，世界上越来越多的国家进入人口老龄化社会。根据1956年联合国《人口老龄化及其社会经济后果》确定的划分标准，当一个国家或地区65岁及以上老年人口数量占总人口比例超过7%时，则意味着这个国家或地区进入老龄化社会。1982年维也纳老龄问题世界大会确定60岁及以上老年人口占总人口比例超过10%，意味着这个国家或地区进入严重老龄化社会。

一、我国人口老龄化现状

根据国家统计局发布的第七次全国人口普查公报，我国60岁及以上人口2.64亿，占总人口的18.7%，其中65岁及以上人口为1.9亿，占13.50%。与2010年第六次全国人口普查相比，60岁及以上人口的比重上升5.44个百分点，65岁及以上人口的比重上升4.63个百分点[1]，中国老年人口的比例不断上升。

为积极应对国内人口老龄化，2017 年 10 月 18 日，习近平总书记在党的十九大报告中指出，实施健康中国战略，积极应对人口老龄化，构建养老、孝老、敬老政策体系和整体社会环境，推进医养结合，加快老龄事业和产业发展[2]。2019 年 11 月，中共中央、国务院印发了《国家积极应对人口老龄化中长期规划》。该规划近期至 2022 年，中期至 2035 年，远期展望至 2050 年，是直至 21 世纪中叶我国积极应对人口老龄化的战略性、综合性、指导性文件[3]。经长时间与多地探索发现，相对独立的医疗服务体系与养老服务体系均无法充分应对现状，医疗服务体系与养老服务体系相结合的医养结合养老模式开始被提出。这也是我国顺应时势将两者进行统筹管理，提出用以积极应对人口老龄化的国家战略。近年来国家还相继出台了一系列的医养结合政策文件，也有大量相关文献发表。2021 年 11 月，《中共中央、国务院关于加强新时代老龄工作的意见》发布，提出 2025 年年底前，每个县(市、区、旗)有一所以上具有医养结合功能的县级特困人员供养服务机构[4]。

(一) 医养结合现状

医养结合就是将医疗资源和养老资源有效结合和相互补充，是将老年人疾病防治与生活照料两大需求结合起来统筹管理，是社会迫切需要的一种可负担、可持续的老年人综合服务模式[5]。现指具有专业医疗、护理资质的医疗养老结合机构为老年人提供医疗照护服务和日常生活照料，使高龄、患病、失能和半失能老人能够在一个固定的机构内享受"一站式服务"甚至临终关怀，满足其多种养老需求并给予其多重护理保障，形成一个既不同于医院、又不同于养老院，但兼顾两者优势的统一新功能体系。简单来说，医养结合就是一种未病疗养、有病治病、病后护理，医疗和养老相结合的机构养老模式[6]。

目前我国医养结合模式大致可以分为以下三类：(1)居家养老，主要以社区卫生服务中心为依托，采用家庭医生签约或家庭病床服务的模式。(2)医疗机构与养老机构协议合作养老，其中一种是医疗机构定期开展上门巡诊，即"养医合作"；还有一种是在有条件的养老机构独立设置康复医院、护理院和卫生室等，即"养内设医"。(3)由医疗机构引入养老服务，在原医疗单位内创办医疗、康复相结合的养老单元[7]。但每种养老模式都面临一些急需解决的问题。

1. 居家养老的现状

居家养老并不是传统老式的家庭养老，而是指以家庭为核心、以社区为依托、以专业化服务为依靠，为居住在家的老年人提供以解决日常生活困难为主要内容的社会化服务，是一种分散式养老模式。服务内容包括生活照料与医疗服务以及精神关爱服务。居家养老服务的特点是更经济高效，同特定机构养老相比，投入更小、经济和社会效益更高的养老方式。但居家养老是分散式养老模式，使得对家庭空间的要求更高，对家庭或入住小区的老年化设计要求也更高。同时，家庭里无法配置齐全老人平时所需要的药品、辅助器材、重症或失能失智老人需要的疾病监测器材等物质资源，也无法配置齐全的医疗人员与养老护理人员。且不同地区关于居家医疗服务内容的政策在规范化、标准化、制度化上相差较大，以及相应的法律法规、行业监督管理细则上不均衡，都极大地制约了居家社区养老的发展[8-10]。

2. 医疗机构与养老机构协议合作养老现状

"养医合作"与"养内设医"都是养老机构将医疗资源引入的模式。其中，"养医合作"是较多见的模式，社会上的中低端养老院往往采用这种模式，是市场需求的主体，但其能提供的医疗服务内容十分有限。以北京市为例，养老机构根据老年人的身体状况收费设置在 4000～5600 元/月，在多数老年人月收入(含退休金、赡养费、投资等)可承受范围内[11]。该种模式多采用养老机构内设置简易医务室，增加由合作医院定期派医务人员的形式开展医养结合。但由于医院专业医护上门时间有限，导致无法提供理想的连续性、实时性服务；另外，机构医疗服务人员关于老年医疗与护理的知识水平有限，医养结合欠缺紧密性。"养内设医"模式由于需要养老机构自己内设医疗机构，需要配置较高的物质资源与人力资源，尤其是需要自行配置养老相关专业医疗人员，因此需要高投入，导致开设门槛较高。目前只有收费高昂的高端养老机构能配备自己的康复医院、护理院。这些养老机构往往需由雄厚经济实力的企业集团支撑[12]。

3. 医疗机构引入养老服务的现状

医疗机构设立养老床位需要通过专设政策以获得开设资格，特别是需要解决医保报销和入住时间等限制。原国家卫生计生委办公厅与民政部办公厅于 2016 年 6 月公布了《关于确定第一批国家级医养结合试点单位的通知》，确定北京市东城区等 50 个市(区)作为第一批国家级医养结合试点单位。例如"部省共建"养老示范项目——湘潭市养老康复中心，系湖南省湘潭市最大的公办二级养老医院——湘潭市第六人民医院转型而成。该医院在转型之前处境困难，常年资不抵债，由于其公有制的固有属性，社会资本难以进入；而开展医养结合工作后，有助于二级医院争取到更多的政府补贴和财政收入，并且作为公立医院，有能力构建全国养老信息网络[13]。但是这种模式一是需要更多的政策倾斜，二是需要当地已有具备影响力的公立品牌，三是需要更高要求的信息化整合水平。

(二)医养结合多层次人才培养

1. 医养结合所需资源

从医养结合的三类模式可以看出，医养结合需要政策保障、资金支持、健全机制以及人才配置。从政策保障来看，各级政府要出台相应的政策标准对医养结合产业提供有力支持，为医养结合产业的发展提供明确的指导方向，同时要紧密结合当地的实际情况，将医养结合养老模式纳入当地经济社会建设发展的总体规划。从资金支持来看，政府应根据实际情况加大资金投入，适度引入社会资金，建立公立、私营、联合型等多种性质的医养机构，同时将城乡居民医疗保险制度、养老金制度和医养结合机构紧密联系，共同减轻养老的费用负担。从健全机制来看，卫生部门、社保部门、民政部门等多政府职能部门要加强彼此之间的联系，明确医养结合机构的所属负责职能机构、建设标准、服务内容、服务标准、从业人员标准、从业人员待遇等科学规范化的制度体系，以便于监督管理。对于医养结合所需要的人才配置，则情况更为复杂。

2. 医养结合人才需求

当今我国老年人口不断增加，为积极应对人口老龄化，中央及各级政府出台了一系列的政策扶持，时代决定了当今医养人才培养的迫切性。医养结合并非片面强调医疗服务与养老服务各自的优势和重要性，而是将二者的服务资源进行优化整合，全方位为老龄人口提供优质的医、养、护、康服务。因此，大力培养医疗服务技能和养老服务技能兼具的复合型多层次医养结合人才，是全面实施医养结合健康养老的关键支撑[14]。

但我国医养结合人才市场仍存在巨大缺口，有数据表明，现在全国养老机构人员不到60万人，持证上岗的则更少，支撑医疗养老行业发展的专业人员配给不均衡、专业技能低下、综合素质参差不齐。一方面，老年护理人才的缺口巨大；另一方面，虽然目前有多所院校开设该专业，但该专业在校生和毕业生较少，难以满足养老服务业快速发展对该专业人才的迫切需要。且国内医养结合人才主要为护理人才，老年医学及慢性病相关的专业人才从事医养结合领域的情况则更少[15]。"老年人没有活力、工作环境压抑、工作性质不被认可、工资水平不高、工作难度大"是影响年轻人不愿从事养老护理的五个重要原因[13]。因此，一方面高校不断增设养老护理专业培养护理人才，但很多学生毕业后并不从事老年护理职业，另一方面医养结合所需要的医疗、医技、社会、心理等人才仍缺少，且年轻人才流失严重。提高医养结合人才待遇、加大医养结合人才培养力度，增加医养结合多层次人才培养，同时提高医养人才待遇，才可能真正解决当前的困境。

二、医养结合多层次人才培养的思考

(一) 社会对医养人才的需求

政府加强对医养行业的重视是医养建设的基础条件。政府主导、全社会参与，增加全民对医养行业的认可与重视，才能有效地推动医养事业的发展。例如成立养老服务社会化工作领导小组，或将推进与发展医养事业列入经济社会发展规划、城乡建设规划及其他专项规划，或是将医养机构与医养服务体系是否完善列入为民办实事项目和目标考核责任内容等。让医养行业的重要性深入人心，才能保证整个社会对该行业的认可，从社会层面保证人才选择该行业的可能性，才能从根本上保障医养结合人才培养的顺利开展。

人才资源的时代决定了当前可实行"订单式"医养结合人才培养，打造从"1"到"X"的人才网络。2019年1月，《国家职业教育改革实施方案》提出在应用型本科高校和职业院校进行深化复合型技术技能人才培养模式改革，开启"学历证书+若干职业技能等级证书"(即"1+X"证书)制度试点。学校培养医养人才将专业设置与定向招生作为起点，开始实行订单式管理，针对性强地向医养行业输入人才。在校园内由学校引导，学生自主参加，直接签订工作合同，保证毕业后有就业岗位[16]。

(二)高校对医养结合多层次人才的培养探索

现阶段医养结合对人才需求的多样性，也要求高校根据市场不同需求进行多层次人才培养。本科院校应集中教学优势开展医养结合专业的本科生与研究生培养，力求培养高层次、研究性人才，专业集中于老年医疗、老年护理、老年心理、健康管理等，同时也要紧跟国内外心身医学的发展趋势，针对高发、多发老年性疾病谱，开展老年心身医学的研究与临床实际应用。高职高专院校则应根据自身职业技能与培养周期短平快的优势开展医养结合专业专科教育，培养护理、康复、老年人际沟通、临终关怀等专业人才，可灵活采用现代学徒制、四位一体人才培养制、基地+学院人才培养制[17]，同时安排相对合理的流行病、卫生事业管理、心理、预防等跨领域选修课，构建宽领域、早就业的有针对性的教育体系。此外，本科院校与专科院校还应加强医养结合人才的继续教育，以更新补充知识、扩大视野、改善知识结构、提高创新能力为目的，为已毕业的医养结合人才提供新知识、新技术、新理论、新方法、新信息、新技能，促进其更好地适应科技发展、社会进步和本职工作的需要。

高校除增设医养专业和进行定向就业招生外，还应该对现在已有的医养相关专业进行调整与整合，以适应时代的需求，培养跨学科、多学科和交叉领域的医养人才。本科院校与高职高专院校应根据自己的实际情况与优势对课程体系进行改革，如将临床医学专业知识与职业技能深度融合，在临床医学专业人才培养中渗透职业技能教育，依据医养结合复合型技术技能人才培养目标和岗位胜任力来设计课程，最终形成健康养老战略目标下的本科及高职高专院校医养结合复合型人才培养新型课程体系[14]。对于就业形势良好但招生形势不好的护理专业，可与听力学、视光学、心理学、管理学等相关学科进行结合，对已有的护理课程进行适当改革，增加如老年护理、护理管理、人际沟通、临终护理、营养学、药理学、康复学、中医学等多学科、跨学科的课程，增加有关人文方面的课程如伦理学、社会学、美学、体育等。同时还应增加思想政治教育课程，增强学生乐于助人、甘于奉献的职业精神。以此拓宽毕业生的职业选择范围，增强毕业生的专业技能，从而提高医养结合人才的社会认可度与影响力，吸引更多年轻人从事医养结合相关行业。

医养结合人才的培养不仅仅是在高校阶段，社会实践阶段培养也很重要。各高校还要与政府管理部门、医疗养老行业、企业积极合作，联合建立校内、校外实训基地与政校企联动的教学运行模式。让学生在学习阶段就能定期去医疗养老机构进行实践、调研，参与到实际的医养结合工作实习当中，不仅能提高学生的实践技能力，还能更好地培养学生理论联系实践的能力。

三、总结

我国正处于百年未有之大变局中，新时代的变化要求我们对国内人口老龄化现状作出积极应对。加强国内医养结合发展，要从强化政府引导、全社会宣传医养理念、培养医养结合人才、建设和改造适老化环境等方面出发，在政策保障、资金支持、健全机制以及人才配置方面制定政策，才能真正实现健康老龄化。

◎ 参考文献

[1] 国家统计局．第七次全国人口普查公报（第五号）——人口年龄构成情况［EB/OL］．http：//www. stats. gov. cn/xxgk/sjfb/zxfb2020/202105/t20210511_1817200. html.

[2] 新华网．习近平提出，提高保障和改善民生水平，加强和创新社会治理［EB/OL］．http：//www. xinhuanet. com//politics/2017-10/18/c_1121820849. htm.

[3] 新华网．中共中央　国务院印发《国家积极应对人口老龄化中长期规划》［EB/OL］．http：//www. xinhuanet. com/politics/2019-11/21/c_1125259663. htm.

[4] 央视网．《中共中央　国务院关于加强新时代老龄工作的意见》发布［EB/OL］．https：//content-static. cctvnews. cctv. com/snow-book/index. html? toc_style_id = feeds_default &share_to = wechat&item_id = 14405235899809576496&track_id = 0AF4279E-B769-480E-8F89-E8EBBB4D787F_659444429159.

[5] WHO. World report on aging and health［R］. Geneva：World Health Organization，2015.

[6] 张维嘉．"医养结合"型机构养老模式研究：以武汉市城区为例［D］.武汉：湖北中医药大学硕士学位论文，2015.

[7] 姬飞霞，张航空．北京市医养结合养老资源空间均衡研究［J］.中国卫生政策研究，2020，13（10）：7-13.

[8] 石龙．居家型医养结合养老模式的困境及对策研究［J］.医学与社会，2019，32（2）：14-17.

[9] 刘佳，冯泽永．社区首诊制的实施困境分析及对策研究［J］.中国全科医学，2012，15（7）：720-722.

[10] 庄昱，张拓红，陈鹤．国家和北京市医养结合政策现状研究［J］.医学与社会，2016，29（9）：14-17.

[11] 刘诗洋，刘梦，桂玥，等．北京市医养结合养老机构的发展问题与对策［J］.中国全科医学，2016，19（33）：4034-4038.

[12] 张杰．建立医养结合服务模式满足养老需求［J］.中国卫生标准管理，2017，8（22）：20-23.

[13] 杨倩，常钰仪，叶昊，等．湖南医养结合发展现状及对策研究——以部省共建示范项目"湘潭市养老康复中心"为例［J］.当代经济，2020（5）：4.

[14] 刘理静，隆献，罗春艳，等．"1+X"证书制度下医养结合临床医学专业人才培养研究［J］.卫生职业教育，2022，40（5）：4.

[15] 冯丹，冯泽永，王霞，等．对医养结合型养老机构的思考［J］.医学与哲学，2015（4）：25-28.

［16］李小鹰．老龄化挑战应加强老年医学人才培养［J］．中国卫生人才，2015（3）：25-28．

［17］吴晓飞，陈锋，闫乾，等．基于 SWOT 分析国内外医养结合模式［J］．中国老年学杂志，2021，41（4）：883-887．

依托第二课堂探索新时代
医学强基人才的培养模式创新

钟鸣婧　左文静*

（武汉大学　泰康医学院（基础医学院），湖北　武汉　430071）

【摘　要】第二课堂在培养医学拔尖创新人才、落实强基计划等方面具有重要的作用与意义。第二课堂具备提升学生综合素质和增强学生综合能力的育人功能。近年来，第二课堂作为素质教育实施的主要载体，因育人功能的独特性和模式的创新性，成为当代高等教育研究者颇为关注的领域。本文以武汉大学泰康医学院（基础医学院）组织开展的暑期社会实践、企业拔尖人才实验班、"互联网＋"多媒体教学、成建制出国（境）交流等四类特色品牌活动为例进行分析，有助于客观认识当前高校的第二课堂教育，为高校重视第二课堂建设、发挥第二课堂教育作用、提高人才培养质量、更好地服务于大学生全面成长成才，提供有效的参考依据和实践支持，实现高校人才培养模式的创新。

【关键词】第二课堂；强基计划；创新人才；医学教育

【作者简介】第一作者：钟鸣婧，2022级基础医学强基班，武汉大学泰康医学院（基础医学院）本科生，E-mail：mingjing2022@whu.edu.cn；*通讯作者：左文静，临床医学博士，武汉大学泰康医学院（基础医学院）本科生辅导员，讲师（二级），E-mail：whdxzwj@whu.edu.cn。

进入21世纪后，随着知识经济的到来和经济全球化的不断深入，我国高等教育全球化的进程日渐加速。在我国高校人才培养模式中，第一课堂是培养学生掌握基础理论知识和专业技能的主渠道，是具有严格的课程标准、教学管理模式和师资配备等的完整教育教学体系。1983年，著名教育家朱九思在《高等学校管理》中首次提出"第二课堂"一词。狭义上，它指在教学计划之外展开的各种有意义的健康课外活动；广义上，它指学生在第一课堂之外的时间参与的各种课外活动和社会实践经历。

在高校教学实践中，人们逐步发现第一课堂存在教学形式单一、"满堂灌"等弊端，高校人才培养目标的达成度不高，这使得大学生们在知识储备、科研能力等方面出现滞后的现象，难以将现有知识学以致用。第二课堂作为第一课堂的有机补充，旨在构建知识、能力、素质三位一体的新型模式，可以为培养学生专业技能、创新能力、道德素养、人文底蕴等打下坚实基础。因此，为弥补第一课堂在新时代医学生培养方面的不足，武汉大学泰康医学院(基础医学院)根据不同医学专业学生们急需提升的不同能力,为医学生们打造了第二课堂,作为第一课堂的重要补充,促进学生理论与实践的有机结合。

一、新时代中国特色社会主义教育体系中第二课堂的开展成果

(一)融合各界资源,聚焦现代社会人才需求

1. 暑期社会实践——精准帮扶,厚植社会责任

从2017年至2024年,武汉大学"暖医之家"大学生暑期社会实践队每年暑假前往湖北省恩施州恩施市芭蕉侗族乡白果树村,通过实地问卷调研和走访,对当地村民进行视力、听力、口腔等基本检查。白果树村是武汉大学常年精准帮扶的乡村之一,该村地理位置偏僻且条件艰苦,留守人群大多是老人和儿童,由于知识素养水平不高,缺乏健康意识和正确的指导,卫生基础知识欠缺及就诊困难一直是困扰当地人民的一大问题。因此,作为医学生的实践队队员们在白果树村展开了健康科普宣传、健康讲座以及配合专家义诊等活动。他们不仅帮助乡村居民解决身体健康问题,同时也充实了自己的医学知识储备,以扎实的医疗素养和专业知识为村民解决实际问题,为乡村振兴贡献自己的力量。

"暖医之家"实践队立足医学专业特色,致力于支教、健康和扶贫三位一体助力乡村振兴,实践队灵活运用医学知识,改善贫困地区居民的生活,积累宝贵的实践经验,培养诊断和治疗技能。通过对当地居民的问诊,队员们能够真实地感受到当前农村居民所面临的健康问题,进而激发他们改善贫困地区人民健康的愿望,切身体会医疗服务过程中的社会责任感。不仅如此,在与其他医务人员、志愿者和社区成员合作的过程中,学生们的团队合作和领导能力在无形之中得到了提升。相较于第一课堂的被动学习模式,暑期社会实践证明了参与实践活动能有效地促进学生主动学习,在应用知识、解决问题的过程中温故而知新,真正做到理论与实践相结合,使学生们切实体会到学习知识的重要性,激发学生们的学习动力,同时也能将思政教育融入各项活动。

2. 企业拔尖人才实验班——产学结合,驱动人才培养

2023年6月27日,在泰康集团的大力支持下,武汉大学泰康医学拔尖人才试验班师生进行了一次意义非凡的实地考察。他们共同参观了泰康研修院、泰康集团总部、泰康之家·楚园、泰康同济(武汉)医院以及湖北仙鹤湖自然生态人文纪念园。

在此次泰康大健康产业的超体之旅中,师生们首先参观了泰康研修院——一个为多个智库和科研机构服务的优质平台。它促进了不同领域与学科的交叉合作,实现了跨领域创新和泰康集团"医养康宁"理念在全国的布局;泰康之家·楚园则向师生们呈现了泰康集团"五位一体"的医疗健康服务概念——"温馨的家,开放的大学,优雅的活力中心,高品质医疗保健中心,长辈精神和心灵的家园"。另外,泰康医院急诊科医生带领师生们体验了一堂急救知识教学课程。课上,学生们了解了CPR和AED仪器使用方法的重要性和必

要性，共同学习了具体操作步骤，并在实操中进行了演练，有效提升了学生的理论知识水平与实际操作技能。

泰康集团致力于打造自身的大健康生态，包括建设自身的康复、口腔和脑科三大专科体系，并聚焦核心赛道进行投资布局。同时，他们注重全球合作，加强与国际国内主流医疗体系的合作，促进支付创新与医教研发展双轮驱动。泰康集团通过自身的理念宣讲与实绩展示鼓励医学院校的学生们为公众服务、回馈社会。面对当今人口的不断老龄化，医养结合的理念逐步深入人心，泰康作为医疗健康服务界的领军集团，此次与武汉大学泰康医学院(基础医学院)的产学研结合，推动知识传递、技术创新和人才培养，唤起学生们对"尊重生命、关爱生命、礼赞生命"的社会责任感，以先进的医疗技术和深厚的集团文化理念激励着学生们为医疗科研工作贡献力量。这类宝贵的第二课堂活动，从 2023 年开始每年开展，力求让医学院学生们的生涯规划不再局限于书本一隅，而是体会到将专业技术与科技产业发展需求结合起来的重要性，促进学生们树立远大志向和与时俱进地提升自身综合素养。

(二)接轨海外课堂，开拓国际化视野

1."互联网+"多媒体教学——线上课堂，集成全球智慧

自 2019 年起，武汉大学全面实施"三学期制"。在第三学期的课程安排中，感染和免疫反应是武汉大学(基础医学院)为开阔学生国际化视野，满足学生国际化学习、发展需求，面向医学、生命科学、药学、公共卫生等其他相关专业开设的一门通识课程。除教学大纲中安排的基础课程外，学院聘请海外知名教授作为课程负责人，于每周举行一次全英文线上学术会议，其主题涵盖近年来出现的主要感染性疾病，包括乙型肝炎病毒、艾滋病毒、肿瘤病毒等热点研究问题；学术会议的主讲人不仅来自武汉大学相关研究所，而且包括来自布隆伯格研究所(美国)、国立卫生研究院研究所(美国)、自然历史博物馆(英国)和拉什大学医学中心(美国)的研究学者。通过线上会议的形式，优秀的国内外学者们为学生介绍世界各地的前沿研究成果，并在全英文的教学环境下鼓励学生提出问题和发表观点，以提高学生的积极性和参与度。

随着基础医学研究技术不断发展，其国际化、综合化、标准化等特点日益凸显。因此，只有不断提高自身科研基本能力，才能在科研入门时期良好适应科研活动。第三学期课堂基于 PBL 模式，让学生在问题讨论中提升口语能力，积累大量医学专业词汇。同时，学生们在老师的指导下阅读理解相关科学前沿文献，分析整理其中的图表和数据，提升自己的数据收集与数据分析能力，为科研打下良好的基础。最后，学生们会在结课时根据自己感兴趣的研究方向撰写一篇英文综述，以达到学有所获、学有所成的目标。

2. 成建制出国(境)交流——海外研学，搭建沟通桥梁

2023 年 7 月，由武汉大学泰康医学院(基础医学院)组织的剑桥大学与 UBC(不列颠哥伦比亚大学)研学项目作为第二期成建制组织学生出国(境)交流学习活动拉开序幕。对于

从未接触过全英文交流环境的学生们来讲，此次研学的难题不仅在于理解掌握课程内容，更是面临着全英语沟通、陌生的新环境、全方位的独立生活等重重挑战。此次研学中，不同医学专业的学生们被分配到不同的院校，学习对应的专业知识。以 UBC 项目为例，为了让学生们更好地融入课堂，学习到新知识，UBC 的教师也做了极大努力。例如，在牙科学课程中，老师通过幻灯片、实物模型等方式，将材料学与口腔医学有机地结合在一起，从最简单的力、压强等物理概念的推导开始，再到复杂的力学模型和材料的性质介绍，最后引导学生思考如何提高材料的强度，使其更能适应口腔医疗的应用。这种循循善诱、由浅入深的教学方式，让初来乍到的学生们能以更轻松的状态融入全新的课堂，最快速地让学生们敞开心扉，融入 UBC 的学习之中，学生们可以积极地与小组中来自世界各地的同学交流讨论，完成老师布置的小组任务。

UBC 研学项目并不仅仅局限于知识学习，学生们在异国他乡深切地感受到当地的风土人情——同 UBC 的学长学姐们欣赏特色舞蹈表演，参观艺术博物馆，在温哥华海边享受异域风景，与外国友人交流，分享彼此的文化和经验……为期一个月的研学之旅让学生们置身于不同文化和语言环境中，帮助他们更好地理解世界的复杂性和价值观的多样性，建立起更广阔的社交网络。随着我国经济的不断发展以及科研实力的不断增强，走出国门与国际友人们学习交流不再是遥不可及的一件事。成建制出国(境)交流的经历让学生们拓宽了国际视野，同时也坚定了他们为国家医疗事业发展不懈奋斗的决心。2024 年 7 月，学院继续成建制组织学生前往剑桥大学与麦吉尔大学进行出国(境)研学交流，通过海外研学来搭建沟通桥梁的做法将会持续下去。

二、强基计划背景下第二课堂的优化方式

(一)强基计划教学模式的特点

强基计划，又称基础学科招生改革试点，是教育部推行的一项招生改革工作，旨在选拔、培养有志于服务国家重大战略需求且综合素质优秀或基础学科优秀的学生。在武汉大学泰康医学院(基础医学院)基础医学专业，对于强基计划的学生采用了专门的人才培养模式。从顶层设计上专门制订基础医学"强基计划"本科、硕士、博士有效衔接的培养方案，并实行年度考核及动态进出机制。每学年结束后根据学生课程成绩、科研训练表现等方面综合考核进行动态管理[1]。基础医学强基计划的最终目的是培养创新型拔尖基础医学人才，为服务国家生物安全战略和应对人类重大健康挑战做出贡献。

基础医学强基计划的特点之一，是其为期八至十年的灵活学制。对于科研任务繁重的专业而言，长学制有利于推动科研课题进展，进而取得显著科研成果，避免研究工作半途而废，造成时间与资源的双重损失。从另一角度来看，长学制有利于学校为学生提供更为丰富的教育资源，在培养方案中根据学生的科研成长进度合理安排教学计划。

本科生导师制度也是基础医学强基计划的一大优势。一方面，指导教师关注、尊重学生的个性特点，因材施教，通过"导学、导思、导心"的理念，在学生的生活和学习中帮

助他们积极健康地成长，成为他们的良师益友；另一方面，导师在指导学生的过程中也需要不断学习，更新和丰富已有的知识体系，促使自己不断提升教学水平和科研能力，有力地实现"教学相长"。

(二)强基计划教学模式中第二课堂的价值

基础医学强基计划学生在大二第一学期就会进入不同的实验室进行轮转学习，初步接触科研实践活动，寻找自己感兴趣的研究方向，在大二结束时确定最终的研究方向。科研实践的关键在于学生应该融入团队，与他人合作实现科研目标。一方面，本科学生处于科研的起步阶段，存在知识和技能积累不足的缺陷，需要在老师的指导下参与到科研课题中以尽快找到自身特长，准确发挥自身能力，实现自身科研价值，为科研课题贡献自己的力量。为此，学院为每位学生安排了专业教师作为本科生导师，这也是第二课堂科研创新实践适宜在本科生导师制度下进行的原因。另一方面，本科生在初期保有对科研工作的好奇心与强烈兴趣，同时本科生思维活跃，属于时刻接触新思想、新知识的时期，在开展新课题、学习新知识的过程中能较好地运用发散性思维与批判性思维，向科研团队提供新的视角，帮助科研团队从新层面解决问题。在这个过程中，本科生导师制与第二课堂相互促进的科研模式突破了传统的学生被动学习的单一授课形式，学生与导师互相促进，形成了学生与老师之间教学相长的合作关系。

随着社会发展，我国对高素质应用型医学专业人才需求不断加大，全国各医学院校纷纷积极展开第二课堂的研究布局与实践。根据长春中医药大学临床医学院对于 2017—2020 级参与第二课堂的学生的调查，94.16% 的学生对各项第二课堂活动兴趣浓厚，89.76% 的学生积极参与第二课堂活动，91.49% 的学生在第二课堂中达到了令自己满意的学习目标[2]。包头医学院开展的一项"普通医学院校第二课堂实践"调查显示，55.36% 的学生觉得第一课堂的内容形式单一，76.81% 的学生表示支持第二课堂学分化，但是有64.01% 的学生认为第二课堂存在质量不高的问题[3]。由此可见，学生们对第二课堂保持开放包容的积极态度，普遍认为此种教学形式能帮助他们理解在第一课堂中学习到的理论知识，并掌握其在科研中的具体应用，在实践中提升个人能力。研究表明，第二课堂具有第一课堂所没有的教育功能——导向功能、凝聚功能、社会功能，这些功能为指导本科生参加"大学生创新创业训练项目"等创新型竞赛发挥了关键作用。但是第二课堂的开展并非全无弊端，如果要使第二课堂的培养模式在强基计划中得到长足发展，应着手发现并弥补其不足之处，在肯定——否定——否定之否定的良性循环中优化第二课堂的教学模式。

在第二课堂的开展过程中，会产生许多教与学相关的问题。例如，指导老师科研任务繁重，需要指导的研究生众多，难以找到合适渠道与本科生沟通；而本科生初入第二课堂，不了解第二课堂的机制，缺乏渠道与导师沟通，可能出现本科生找不到合适的指导老师的尴尬情况。这也进一步导致了指导老师对本科生的培养缺乏年级连续性，以至于指导本科生开展第二课堂断断续续，师生之间缺乏密切的科研纽带，易使双方产生消极懈怠的心理，最终影响科研成果产出进度。

如何不断优化第二课堂的开展方式，使其能够适应不断变化的科研工作，是师生应该共同思考的问题。针对此情况，部分高校建立了第二课堂信用档案，遴选优秀本科生导师，开展对本科生导师制和第二课堂创新实践活动的有效评价，确保学生"学有所得，研有所成"。这一方面体现了对本科学生积极参加第二课堂的认可，另一方面有助于形成导师之间的良性竞争，强化导师对学生的责任意识，逐渐建立起本科生第二课堂的优秀师资力量。

三、结语

随着我国经济进入高质量发展阶段，人们的生活条件不断改善，人类对于医疗健康的重视程度与日俱增。一位优秀的医疗工作者不仅应拥有临床诊疗能力，还应具备一定的探索发现、研究和解决问题的科研能力。通过开设形式多样的第二课堂活动，对学生感兴趣的科研方向进行系统性的科研训练，可以培养学生的科研创新思维能力，有效促进学生将理论知识与实践相结合，在实际研究中增长才干，对于解决医学前沿领域的科学难题具有重要意义，并为我国高素质医疗人才的储备蓄积力量。

◎ **参考文献**

[1] 许志威，吴敏昊，郭开华，等．基础医学拔尖创新人才培养机制的探索与实践 [J]．医学教育管理，2022，8（3）：255-259，275.

[2] 徐慧颖，刘畅，王晓燕，等．以第二课堂促进医学生创新能力培养的研究与实践 [J]．创新创业理论研究与实践，2022，5（17）：7-9.

[3] 李娟，郭伟颖，贺冰月，等．普通医学院校第二课堂实践设计研究 [J]．校园英语，2019（3）：16.

力学学科青年学生培养模式探索

靳蕊华

（武汉大学　土木建筑工程学院，湖北　武汉　430072）

【摘　要】力学学科作为一门兼具基础性与应用性的学科，长期以来在推动基础科学发展和促进国民经济建设中扮演着关键角色。随着科技进步和经济发展的加速，力学学科对青年人才的培养提出了新的要求。本文立足于当前的发展形势，深入分析力学学科的人才需求，提出了以"导师制与个性化培养""课程制与创新化培养""科研制与开放化培养"为核心的"三制三化"培养方案，旨在共同探讨力学学科中青年人才的培养路径与创新实践。

【关键词】力学学科；"三制三化"；本科培养

【作者简介】靳蕊华，武汉大学土木建筑工程学院本科生。

力学学科作为一门古老而基础的学科，在自然科学的研究中始终占据核心地位，也是众多工程技术学科发展的基石。其深厚的理论基础和广泛的应用领域，使得力学为传统工业提供了重要技术支撑，也在推动现代工业技术进步中扮演了至关重要的角色。随着科技的快速发展和社会需求的不断变化，力学学科也在持续创新与进步，其应用范围逐渐扩大，推动了相关行业的技术革新和社会发展。这一发展趋势对力学人才的需求也随之发生了显著变化：传统上，力学学科的研究主要集中在建筑工程、机械工程、航空航天等基础工业领域[1]，然而，随着新兴技术的出现和多学科交叉研究的推进，力学学科的应用领域已经大大拓展，覆盖了新能源、智能制造、生物医学工程、绿色建筑等多个新兴行业[2]。这种变革不仅对力学研究本身提出了新的挑战，也对培养能够应对复杂工程问题、具备创新思维的复合型力学人才提出了更高的要求。

针对上述发展趋势，本文提出了"三制三化"培养方案，即"导师制与个性化培养""课程制与创新化培养""科研制与开放化培养"，以此深入探讨力学学科青年学生的培养模式，旨在为新时代背景下的力学人才培养提供创新路径和实践方向。

一、导师制与个性化培养

导师制是高等教育中极为重要的一种模式[3]。通过为每位学生配备专属导师或导师团队，提供个性化的学术指导、科研支持和职业规划建议，帮助学生实现全面的成长与发展。学院实行"烛光导航师"制度，每五位学生配备一名烛光导航师，为学生提供职业规划与学业指导。导师在指导过程中与学生进行深入沟通，全面了解其学术兴趣、未来职业目标及现有能力与经验，并基于学生的兴趣、特长和职业目标，因材施教，为其提供定制化教育与科研支持，帮助学生选择合适的课程和研究方向。

同时，导师会为学生提供定期的指导，及时解答学生在学习中遇到的问题，并在关键学习节点上给予反馈与建议。通过这一体系，学生能够获得更加精准的指导和长期的支持，确保学生在每个学习阶段都能获得最佳的学习和科研体验。

除了学术支持外，导师还会协助学生进行职业规划，并根据学生的职业发展目标提供相关建议与资源。例如，导师可能推荐适合的实习机会、就业信息或学术职位。对于有志于继续从事学术研究的学生，导师会帮助其申请博士项目、研究员职位或其他学术资源；而对于打算进入行业工作的学生，导师则会帮助其了解行业动态，推荐相关职业机会与培训课程。

导师还会根据学生的进展情况动态调整培养计划。比如，当学生在某一阶段对特定研究领域表现出浓厚兴趣，或在某些课程中遇到困难时，导师会及时调整计划，提供新的学习资源或指导方法，帮助学生克服挑战，进一步深入探索感兴趣的领域。通过这种灵活的调整机制，导师能够确保学生在学业与科研中持续取得进展，帮助学生不断适应新的挑战并保持长远发展。

二、课程制与创新化培养

在课程设置方面，学院采取了基础课程、专业核心课程与实践课程相结合的方式，构建了多层次的知识体系。基础课程涵盖数学、物理、计算机编程等基础科学领域，旨在培养学生的逻辑思维和解决问题的能力，为后续的专业课程学习以及未来的科研工作打下坚实的理论基础；专业核心课程围绕学科前沿展开，涉及弹塑性力学、振动力学、断裂力学等关键主题，重点培养学生的研究能力，帮助学生深入理解学科的最新动态和发展方向；实践课程(如工程实践课)则通过自选课题或参与"零一学院 X-challenge"挑战[4]，提升学生的动手能力和实践经验，使学生具备应对复杂工作环境的能力。

为确保课程内容的前沿性和实用性，学院紧密跟踪学科发展和社会需求的变化。例如，学院开设了现代力学前沿课程，邀请行业专家、企业家参与授课，确保学生能够接触到最前沿的学术研究和行业动态。课程内容涵盖最新的技术应用和产业需求，为学生提供创新性、跨学科的学习平台，帮助学生更好地应对未来的职业挑战。

此外，学院积极鼓励学生参加各类创新竞赛和科研论坛，如"挑战杯"大赛和教育部拔尖学生培养计划2.0的"提问与猜想"活动。这类活动不仅增强了学生的竞争意识和创新实践能力，还为学生提供了展示创新成果的机会。通过竞赛中的展示和交流，学生可以获得来自同行专家学者的反馈，进一步完善其创意和解决方案。同时，学术论坛与研讨会也为学生提供了与国内外专家学者交流的机会，帮助学生了解学术前沿，拓展创新思维，提升综合素质和学术能力。

三、科研制与开放化培养

科研能力的培养贯穿于学生的整个学习生涯，学院从本科阶段就着力激发学生的科研兴趣和能力。自本科起，学院便鼓励力学系学生积极参与导师的科研项目，将基础理论学习与力学实验、计算模拟等实际操作相结合，逐步培养学生的科研思维和科研实践能力。每位力学系本科生都可以自由选择科研导师，导师不仅负责课程学习的指导，还会引导学生进入科研领域，帮助学生确定适合的科研方向和课题。

科研训练采用多样化的形式，包括特定课题探讨、文献调研与阅读、定期组会讨论等。这些形式有效地培养了本科生的文献调研与阅读能力、实验动手能力、程序编写能力、数据分析能力以及科研论文写作能力等科研生涯中至关重要的技能。此外，学院还鼓励本科生探索跨学科领域的研究，结合多学科知识和方法解决科研问题。例如，通过力学与物理学、化学等学科的交叉融合预测和制备具有超高力学性能的材料。这种跨学科的探索不仅拓宽了学生的视野，也增强了其创新思维。

学院定期举办校内外的学术交流活动、讲座、研讨会，邀请国内外知名专家学者前来分享力学相关科研经验与前沿成果，激发学生的学术热情。通过这些活动，学生不仅可以了解到最前沿的科研动态，还可以与不同领域的学者进行思想碰撞，培养多维的学术思维能力。同时，学院鼓励本科生积极参加国际合作项目，与世界一流的科研团队开展合作。这不仅有助于学生提高自身的科研能力，还可以帮助学生积累国际化的科研经验，为未来的科研生涯打下良好的基础。

四、结语

随着新兴技术的不断涌现和多学科交叉研究的深入推进，力学学科的应用领域得到了极大扩展。在这一背景下，本文提出的"三制三化"培养方案为力学学科本研贯通培养模式提供了创新的人才培养路径。该模式通过导师制的个性化指导、课程制的创新化设置，以及科研制的开放化培养，可以有效提升学生的科研能力，帮助学生更好地适应未来的学术和职业挑战，使力学学科的青年人才具备更强的创新思维和国际化视野，从而为未来科技进步和社会发展贡献力量。

◎ **参考文献**

［1］吴愿民．力学三大基本观点的综合应用研究［J］．数理天地（高中版），2024（12）：
　　2-3.

［2］商希芹，李雪梅，王文静．生物力学在心胸外科术后患者排痰护理中的应用［J］．医
　　用生物力学，2024，39（3）：561.

［3］孙勇强．导师制下大学生创新创业教育改革［J］．河南广播电视大学学报，2023，36
　　（3）：99-103.

［4］陈彬．深圳零一学院：回到创新人才培养的农业时代［N］．中国科学报，2024-03-19
　　（4）.

工科试验班模式下的新工科人才培养
——以武汉大学给排水科学与工程为例

吴 芊

（武汉大学 土木建筑工程学院，湖北 武汉 430072）

【摘 要】随着新一轮科技革命和产业革命的深入推进，"新工科"理念应运而生。为积极响应国家战略需求，应对新时代人才培养的挑战，武汉大学对传统工科人才培养模式进行改革创新，启动了工科试验班（一流学科群）建设工作。本文结合政策背景，以武汉大学给排水科学与工程为例，对工科试验班模式下的新工科人才培养的现状进行了分析，发现了目前所存在的一些问题并提出了相应的解决建议。

【关键词】新工科；工科试验班；给排水科学与工程；创新创业型人才培养

【作者简介】吴芊，武汉大学土木建筑工程学院本科生。

一、前言

2017 年以来，教育部积极推进新工科建设，先后形成"复旦共识""天大行动"和"北京指南"，为人才培养及工程教育改革开拓了新路径。新工科是新的工科形态，主要是为了适应新的经济社会发展需要，引入新理念、新模式、新技术等，面向未来、面向国际、面向经济社会发展的一个重要教育战略。

随着新一代的科技革命、产业革命不断发展，国家越来越看重在创新驱动发展方面的人才培养。为了响应国家战略，应对时代需求，武汉大学决定对传统工科人才培养方式进行改造升级，因此做出了工科试验班的尝试，于 2020 年正式启动工科试验班（一流学科群），首次实施大类招生，大类培养。

笔者于 2021 年被"工科试验班（一流学科群）"专业录取，进入武汉大学学习，并在 2022 年 6 月分流进入"给排水科学与工程"专业学习。文章从学生的角度出发，结合相关文献资料，以给排水科学与工程为例，探讨在工科试验班模式下的新工科人才培养。工科试验班模式下新工科人才培养体系见图 1。

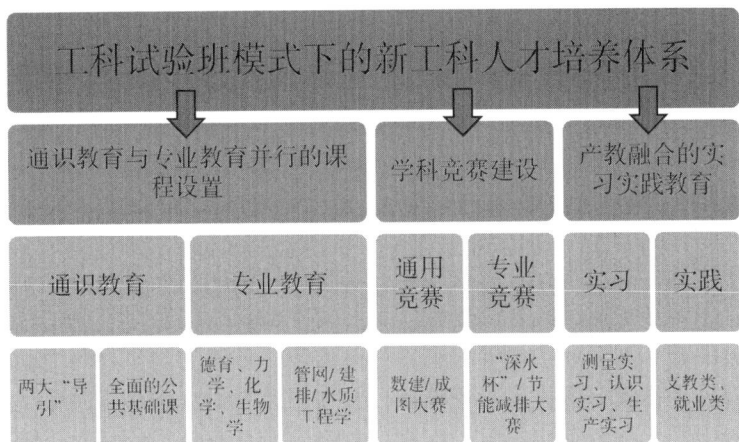

图 1 工科试验班模式下新工科人才培养体系

二、通识教育与专业教育并行的课程设置

(一)通识教育

1. 武汉大学"新生通识课"

2018 年 9 月，学校面向全校本科新生开设两门基础通识课程——人文社科经典导引、自然科学经典导引，这是建校 120 多年来首次开设全校共同的通识教育必修课。两大导引课程精选中外 22 部伟大著作的经典内容，集全校优秀师资力量组建教学团队，围绕"何为'人'，成为何'人'，如何成'人'"展开课程教学。

这两门课程的设置，恰如其分地弥补了工科教育中不重视通识教育的短板，体现了学校坚持"人才培养为本、本科教育是根"的办学理念，以"成人"教育统领"成才"教育。

2. 工科试验班公共基础课程

由于不同的专业对基础课程的要求不一样，为了协调这一矛盾，让同学们更好地进入下一阶段的学习，2020 年 11 月到 12 月本科生院多次召集学院开会，最终确定了工科试验班(一流学科群)的培养方案。

最终形成的方案中，在大一学年工科试验班的学生不仅会学习高等数学、大学物理等工科类专业均适用的公共基础课，还会学习电路原理、理论力学等专业针对性较强的专业基础课。

"新工科"概念提出前后，我国工科类产业结构不断变化，衍生出许多突破原有边界的新产业，而这些新产业对人才培养提出了新的要求，越来越需要具有多学科交叉融合背景的创新创业型复合人才。工科试验班(一流学科群)的课程设置有利于这种创新创业型复合人才的培养。学科交叉融合可以打破原有的单一专业壁垒,解决科学与生活中的复杂问题,有利于培养学生的综合素质,为创新创业型复合人才的培养提供新的途径。

(二)专业教育

1. 专业课程设置

武汉大学给排水科学与工程专业以力学、化学和生物学为主要专业基础,专业教育与通识教育相结合,使学生掌握扎实的基础理论与专业知识,注重对学生的设计能力、实践能力与创新能力的培养。专业主干课程有:理论力学、流体力学、材料力学、水文学、水分析化学、水处理生物学、给排水工程结构、泵与泵站、给水排水管网系统、建筑给排水工程、水质工程学、水资源利用与保护、水工程经济及概预算、给排水工程施工、水工艺设备基础、给排水工程仪表与控制。专业实验课程包括大学物理实验、水处理生物实验等。

2. 专业教育课程中存在的问题与解决建议

武汉大学给排水科学与工程专业课程对于传统工科教学来说体系完善,本科学生能获得工程师基本训练,能在水的开采、净化、输配、使用以及污(废)水的收集、处理、清洁排放或再生利用这一可持续发展的社会循环中,成为从事规划、设计、施工、管理、教育和研究开发的给排水科学与工程高级技术人才。但在"新工科"人才亟待培养的社会背景下,课程设置存在许多问题。

第一,新工科以新产业和新经济为背景,更加注重学科专业的交叉融合与创新创业型人才的培养,"工科试验班"基于此在大一学年设立了 C 语言程序设计和 Python 语言程序设计两门课程,旨在促进学生掌握创新创业型技能,提高核心竞争能力。但在大二进行专业分流之后,课程设置却仍是工科的"老一套",创新型教育出现断层,新技术理论较为缺失,课程的创新性、延伸度有待提升。

对于此问题,笔者认为可以参考"工程力学"专业的解决方法,在专业必修或选修课程中设置一些编程语言、专业软件的教学课程。

第二,课程教学大多采用传统的教学模式进行授课,主要以"灌输式"教学为主,对学生的考核评价过多地注重卷面考试成绩,忽略了学生内在创新精神和动手能力的过程性培养。学科之间的交融性与创新性不够,学生参与度不高,教育教学的成效不明显,在很大程度上制约了给排水科学与工程专业的创新发展,难以达成新工科建设提出的新要求与新目标。

对于此问题,应注重创新创业教育实践环节,完善创新创业才培养体系。可以参考借鉴人文社科经典导引、自然科学经典导引的教学模式,将理论讲解与学生研学实践相结合,在理论课之后以研讨会、展示分享会的形式让学生对所学知识进行创新运用。

第三,对于实验课程的教学,考核方式主要为实验报告,导致少数同学做实验时敷衍甚至是不做，课后参考别人的数据来完成实验报告。这种现象忽略了学生内在创新精神和动手能力的过程性培养，不利于创新创业型人才的培养。

笔者认为，在实验考核方式上应该更注重学生的操作过程，让学生把重心放在"学会使用仪器，了解原理"上，而非仅仅为获得漂亮的数据，完成实验报告。

三、学科竞赛建设

(一)现状与优点

按照"新工科"理念，工科类专业人才培养的重点是学生的创新创业能力，其中创业能力是指行业或企业主导者通过努力对资源进行优化整合从而创造出更大社会价值的能力，创新能力则是指工程技术人员持续提供具备经济价值、社会价值、生态价值的新思想、新理论、新方法与新发明的能力。要提高专业人才的创新创业能力，必然需要完善的"创意、创新、创业"人才培养体系。由此可见，在"新工科"背景下，创新创业型人才培养需要结合实际工程项目进行训练，在项目训练中将创意、创新思维付诸实际行动，以此培养学生的动手能力。针对传统的实践课程知识体系落后于学科前沿的现状，学科竞赛可以将行业热点、社会焦点、工业难点等问题带给学生，让竞赛参与者既可以在专业知识领域有收获、感悟和启迪，又能在人文素养、团队协作，以及正确看待成功和失败等方面有提升。

给排水科学与工程专业本科生可参加的学科竞赛除了较基础的工科类竞赛、数学建模竞赛、全国大学生先进成图技术与产品信息建模创新大赛等比赛之外，还有专业性较强的"深水杯"全国大学生给排水科技创新大赛、全国大学生节能减排社会实践与科技竞赛。

武汉大学给排水科学与工程专业教学团队对专业竞赛的参赛队伍会指派对应导师进行指导，帮助本科生提前接触科研，增长自身见识并提高个人能力，也正因此，每年本专业在学科竞赛中都取得了不凡的成绩。

(二)问题与建议

相应的，在学科竞赛建设方面也存在一些问题。

第一，大部分学生在获取竞赛相关信息时面临诸多挑战。尽管学校和学院会定期发布学科竞赛的相关通知，但信息都较散，缺乏一个信息整合平台。再者，大部分学生平时获取资讯的平台多是微信公众号和QQ空间，在学校和学院的公众号中虽然也会定期发布相关竞赛资讯，但大多数是竞赛获奖的成果推送，同时存在缺乏信息整合平台的问题。

对此，笔者认为可以在学院公众号设立一个"竞赛资讯"栏目，不仅仅发布竞赛获奖推送，也希望能定期发布每年主要学科竞赛的比赛时间、经验分享等相关信息，并进行整合。

第二，许多学生缺乏参加学科竞赛的"垫脚石"。许多专业性质较强的学科竞赛考查的是学生的科研能力和动手实践能力，而大部分学生在大一大二时期缺乏科研经验与研究能力，不敢参与相关学科竞赛。尽管本专业为每个参赛团队配备了指导老师，但老师能指导的时间和内容都有限，许多东西还是得靠学生自己去摸索，大部分人到了大三才去参与相关学科竞赛，这就大大减缓了创新创业型人才的培养效率。

笔者认为，学院可以定期开设一些帮助本科生认识科研、参与科研的讲座或培训班，并加强相关资讯的宣传，为本科生参与学科竞赛递上第一块"垫脚石"。

第三，竞赛团队中分工不合理。就笔者几次参与学科竞赛的经验，加上询问部分同学的经验来看，参与一次学科竞赛，不同学生的收获简直迥异。有的学生个人能力较强，承担了大部分工作，而有的同学可能只负责简单的文字工作，这样一来就导致有的学生负担过重，而有的学生无所收获的情况。

本质上这是一个团队领导问题。笔者认为学校与学院可以为改善这个问题提供一些帮助。一方面，可以运用上一条建议中提到的办法，开设一些帮助本科生认识科研、参与科研的讲座或培训班，提升学生个人能力；另一方面，在组织学科竞赛参与人员时可以进行合理的选拔，既可以防止人才流失，又保证了团队的合理性，让大家都有所得。

四、产教融合的实习实践教育

(一) 现状与优点

校企合作、产教融合是培养新时代高素质应用型人才的内在要求，是促进教育链、人才链、产业链与创新链有机衔接的迫切要求，是提高人才培养质量、破解当前应用型人才培养与企业对高素质应用型人才需求"两张皮"难题的重要保障。将校企融合的人才培养方式在高校大力推广，有助于进一步推进产教融合发展，从而提高高校学生在新工科背景下的创新创业能力和实践能力，培养适应社会发展需求的复合型人才，使毕业生具有更好的适应能力和更强的竞争能力。

武汉大学给排水科学与工程专业实习课程包括测量实习、认识实习、生产实习等，根据工程教育认证中对课程考核的要求，对实习教育的考核采用课程目标达成度评价。评价内容包括实习过程中专业基本能力、工作能力和素养、工作态度、实习报告撰写及汇报表现等方面。

而社会实践方面，学校与学院每年都积极开展社会实践活动，内容丰富多彩，既有培养学生交流沟通能力的支教类项目，也有例如"珞珈职航"等帮助学生提前接触工作行业的项目。

(二) 问题与建议

实习课程体系完备，从认知到生产逐步帮助学生将所学知识运用到生产实践中，提高就业时学生的核心竞争力。但实习内容多注重于专业技术层面，忽视了学生在接触行业时对于行业现状与前景判断能力的培养，社会实践活动对此就有了很好的弥补。

支教类实践活动能培养学生的沟通能力和同理心，下乡类实践活动能培养学生吃苦耐劳的精神和洞悉国家政策要求的能力，而如"珞珈职航"这种与专业及其所对应行业密切相关的社会实践则能让学生了解行业现状与前景，提前适应就业环境。

实践教育目前存在的主要问题是它是一个自主性的活动，而且名额有限，无法让大多数学生参加，进而造成学生在能力和见识上的差异。笔者建议学校和学院应该重视实践活动的建设，加强投入和宣传，筛选出更多适合学生参与的实践项目。

五、总结

随着我国不断推动创新驱动发展战略，以新技术、新业态、新模式、新产业为代表的新经济蓬勃发展，在新工科人才急需的今天，武汉大学在工科专业教学中做了许多努力，并取得了许多成效，但目前仍存在一些不足。

在工科试验班模式下，我们要转变人才培养理念，完善专业人才培养课程体系，将创新创业教育融入专业课程教育、学科竞赛建设和实习实践教育中，构建给排水科学与工程专业创新创业人才培养体系，从而突破新工科背景下给排水科学与工程专业创新创业人才培养的困境，培养在设计、施工、运行管理等方面具有创新创业能力的高素质应用型工程技术人才。

◎ **参考文献**

[1] 杨鹏. 产教融合背景下地方本科高校新工科人才培养体系构建 [J]. 科技风, 2023 (26): 99-101.

[2] 张建军, 林海军, 汪鲁才. 新工科背景下工科创新人才培养模式构建与路径探析——基于湖南师范大学探索的案例分析 [J]. 宁波职业技术学院学报, 2023, 27 (5): 65-70.

[3] 杨亚萍, 李妍, 宋祥龙. 新工科背景下高校创新创业人才培养研究——以西安航空学院给排水科学与工程专业为例 [J]. 教育教学论坛, 2023 (25): 176-179.

[4] 通识教育前置: 两门"导引课"助新生启航 [EB/OL]. https://news.whu.edu.cn/info/1002/51727.htm.

[5] "新工科"试验班: 大类招生, 大类培养 [EB/OL]. https://news.whu.edu.cn/info/1751/438757.htm.

[6] 金亚旭, 秦凤明, 宫长伟, 等. "新工科"背景下以学科竞赛培养学生创新创业能力——以材料类专业为例 [J]. 海峡科技与产业, 2023, 36 (1): 30-33.

[7] 熊岑, 张玲, 赵俊仁, 等. 新常态下实习教育改革助力实用型工科人才培养——以食品科学与工程专业为例 [J]. 农产品加工, 2023 (7): 115-117.

[8] 王洁, 于志国, 黄鹏年, 等. 面向新工科的气象特色水利类专业人才培养模式探索与实践 [J/OL]. (2023-09-26). http://kns.cnki.net/kcms/detail/11.4655.TV.20230908.0942.004.html.

..颖，刘鹏，张聪，等 . 新工科视域下面向工程管理专业人才培养的工程财务管理课程教学改革 [J]. 西部素质教育，2023，9（17）：25-28.

[10] 谢聪，朱晓明，王军涛，等 . 新工科理念下应用化学人才培养模式的建设研究——以湖北科技学院核技术与化学生物学院为例 [J]. 广东化工，2023，50（16）：218-220.

[11] 杜彦斌，曾丹 . "双碳"战略背景下机械类新工科人才培养模式改革探讨 [J]. 创新创业理论研究与实践，2023，6（16）：95-98.